U0143284

五代十國文獻叢書

杜文玉 主編

国家出版基金项目
NATIONAL PUBLICATION FOUNDATION

五代十國史料輯存 三

杜文玉 編

鳳凰出版社

五、人物類

1. 帝王類

(1) 後梁

"（梁太祖）追尊曾祖茂林"云云，薛史作"茂琳"，王溥等《五代會要》卷一亦作"琳"。

（清）王鳴盛：《十七史商榷》卷九四《茂林》

歐史《梁紀》：開平二年三月戊寅，"封鴻臚卿李崧介國公"。徐無黨注云："梁嘗更戊曰武，而《舊史》悉復爲戊。"按凡有改制，史當因而書之，以著其實。梁既更"戊"曰"武"，史何以仍復爲"戊"乎？此非是。予得《重修墻隍神廟兼奏進封崇福侯碑》拓本，碑末書"大梁開平二年，歲在武辰，吳越王鏐記"。顧寧人《金石文字記》謂以"城"爲"牆"，以"戊"爲"武"者，全忠父名誠，曾祖名茂琳，城，誠之嫌名；戊，茂之嫌名。此説是矣。又謂鄭樵謂十辰十二日皆爲假借，甲本戈甲，乙本魚腸，丙本魚尾，丁本薑尾，戊本武，己本几。又據後漢《執金吾丞武榮碑》，白居易"有木名櫻桃"詩，以證"茂"可讀"武"，"戊"可與"露""去"等字爲韻。此説則非也。盜賊篡竊之朝，何知學問？彼欲避嫌名，强改"戊"爲"武"耳。鄭樵妄談，本不足援引。語轉可通，理雖有之，要豈朱梁所計及哉！"牆"從床省聲，不從土，亂世不識字，亦不足責。

（清）王鳴盛：《十七史商榷》卷九四《改戊爲武》

　　梁太祖以唐大中六年歲在壬申十月二十一日夜，生於碭山縣十溝里。是夕，所居廬舍之上有赤氣上騰，里人望之，皆驚奔而來，曰："朱家火發矣。"及至，則廬舍儼然，既而鄰人以誕豫告，衆咸異之。帝仲昆三人，俱未冠而孤，母王氏携養寄於蕭縣人劉崇之家。帝既壯，不事生業，以雄勇自負，里人多厭之。崇以其慵惰，每加譴杖。唯崇母自幼憐之，親爲櫛髮，嘗戒家人曰："朱三非常人也，汝輩當善待之。"家人問其故，答曰："我嘗見其熟寐之次，爲一赤蛇。"然衆亦未之信也。唐乾符中，木星入南斗，數夕不退。諸道都統晉國公王鐸觀之，問諸知星者吉凶安在。咸曰："金火土犯斗即爲灾，唯木當應爲福耳。"或亦然之。時有術士邊岡者，洞曉天文，博通陰陽曆數之妙，窮天下之奇秘，有先見之明，雖京房、管輅不能過也。鐸召而質之，岡曰："惟木爲福神，當以帝王占之。然則非福於今，必當有驗於後，未敢言之，請他日證其所驗。"一日，又密召岡，因堅請語其詳，至於三四。岡辭不獲，鐸乃屏去左右，岡曰："木星入斗，帝王之兆也。木在斗中，朱字也。以此觀之，將來當有朱氏爲君者也，天戒之矣。且木之數三，其禎也應在三紀之内乎？"鐸聞之，不復有言。及爲梁王，迎駕於鳳翔。天復二年九月甲辰，帝以敵寨聯絡稍盛，躬統千騎乘高診之。時秋空澄霽，四絶纖靄，望者見龍旌上紫雲如傘，遠邇同矚，或曰："馬氣上騰，往往若是。"或曰："前後騎士屯集，豈一二乎，曷無是耶？兹固奇瑞，非常者所當也。"三年十月甲午，有大聲出於梁邸之聽事，帝甚驚駭，占者曰："當有大慶。"後封魏王。天祐四年正月，自河北還。壬寅，至梁。是日，有五彩雲覆於府署之上，士庶靡不睹者。又軍庫前有苦井，常以備灑滌之用。一旦，其味忽變，甘美若飴，冠於他井，今見在焉。二月戊申朔，家廟主者言："廟之左棟産五色芝，狀如芙蓉，紫烟蒙護，數日不散。"是日，福建帥遣吏持箋幣通好，仍以白鸚鵡一同至爾。自旬朔之内，諸州郡繼以白鳥、白雀、白兔洎白蓮之並蒂者相次來獻。上睹之謙畏彌極，咸命具表歸天朝。四月，帝將受禪，宋州刺史王皋進赤烏一雙。又宰臣張文蔚正押傳國寶、玉册、金寶及文武群官、諸司儀仗、法物及金吾左右三軍離鄭州。丙辰，達上源驛。是日，慶雲見。

（宋）王欽若等編纂：《冊府元龜》卷二〇三《閏位部》

梁太祖以唐大中六年壬申歲十月二十一日，生於碭山縣午溝里。是夕，所居廬舍之上，有赤氣上騰，里人望之皆驚奔。來曰，朱家火發矣，及則廬舍儼然，既而鄰人以誕孩告，衆咸異之。

（宋）王欽若等編纂：《冊府元龜》卷一八二《閏位部》

梁太祖初爲梁王，唐天祐二年十月，自襄州引軍繇光州路趨淮南，將發，判官敬翔切諫，請班師以全軍勢，帝不聽。及次於棗陽，遇大雨，頗阻師行之勢。軍至壽春，壽人堅壁清野以待帝軍，帝乃退，舍於正陽。十一月，大軍北濟，帝至汝陰，深悔淮南之行。

（宋）王欽若等編纂：《冊府元龜》卷二〇九《閏位部》

梁太祖開平元年四月己未，將受唐禪，賜文武百官一百六十人本色衣一副。丁卯，大酺，賞賜有差。

（宋）王欽若等編纂：《冊府元龜》卷一九七《閏位部》

梁太祖開平元年六月癸亥，詔以前朝官僚譴逐南荒，積年未經昭雪，其間有懷抱材器爲時所嫉者，深負冤抑，仍令録其名姓，盡復官資，兼告諭諸道令津致赴闕。如已亡殁，並許歸葬，以明恩蕩。

（宋）王欽若等編纂：《冊府元龜》卷一九一《閏位部》

梁太祖開平元年九月辛丑，西京大內放出兩宮內人及前朝宮人，任其所適。

（宋）王欽若等編纂：《冊府元龜》卷一九五《閏位部》

梁太祖開平元年十月，帝以用軍，未暇西幸，文武百官等久居東京，漸及疑訝，令就便各許歸長安，只留宰臣韓建、薛貽矩、翰林學士張策、韋郊、杜曉、中書舍人封舜卿、張袞，並左右御史、司天監、宗正寺兼要當諸司節級外，其宰臣張文蔚已下文武百官，並先於西京祗侯。

（宋）王欽若等編纂：《册府元龜》卷二〇五《閏位部》

（開平元年）十一月壬寅，帝以征討未罷，調補爲先，遂命盡赦逃亡、背役、髠黥之人，各許歸鄉里。是髠黥也，皆四方赤子。二十年以來，兵戈之地，擒俘蒸人爲將中子弟，遂黥之以記軍號，冀絶其逋逸。逮於年月寢遠，倦於征役，或懷鄉土，遂多奔叛。所在關防察而執之，皆謂之背軍，復送本所，無不誅者。近年尤多此色，洎潛竄之後，鄉里不容，乃皆結黨群集山藪之間以求生，因之爲盜，實州邑之大患。今乃許歸鄉里，無問從來，各得安便營生。故寇攘之徒，十去八九焉。斯亦甚關政化也。

（宋）王欽若等編纂：《册府元龜》卷一九五《閏位部》

梁太祖開平二年五月，王師敗於潞州。壬辰，軍前行營都將康懷英、孫海金以下主將四十三人於左銀臺門進狀待罪，帝以去年發軍之日不利，有違兵法，並釋放，兼各賜分物，酒食勞問。

（宋）王欽若等編纂：《册府元龜》卷二〇九《閏位部》

（開平二年）八月辛亥，敕應有暴露骸骨，各委差人埋瘞。

（宋）王欽若等編纂：《册府元龜》卷一九五《閏位部》

（開平）二年十一月戊子，賜文武百官帛。

（宋）王欽若等編纂：《册府元龜》卷一九七《閏位部》

（開平）三年正月，賜南郊行事官儀禮使趙光逢已下分物。甲午，上御文思殿，宴群臣，賜金帛有差。甲申，賜文武官帛有差。命宣徽使王殷押絹一萬匹並茵褥圖氊二百六十件，賜張宗奭。

（宋）王欽若等編纂：《册府元龜》卷一九七《閏位部》

梁太祖開平三年四月，翰林學士鄭珏、盧文度以書詔漏略王言，罰兩月俸。

（宋）王欽若等編纂：《册府元龜》卷五五三《詞臣部》

（開平）三年六月，同州節度使劉知俊據郡叛，知俊弟内直右保勝指揮使知浣自洛奔至潼關，右龍虎軍十將張温以上二十二人於潼關擒獲劉知浣，送至行在。敕：“知浣，逆黨之中，最爲頭角。龍虎軍，親兵之内，實冠爪牙。昨者攻取潼關，率先用命；尋則擒獲知浣，最上立功。頗壯軍威，將除國難。所懸賞格，便可支分；許賜官階，固須除授。但昨捉獲劉知浣，是張温等二十二人一時向前，共立功效，其賞錢一千貫文數内，一百貫文與最先打倒劉知浣衙官李惆，四十三貫文與十將張温，二十人各與錢四十二貫八百五十文。立功敕救命，便授郡府，亦緣同時立功人數不少，所除刺史難議偏頗，宜令逐月共支給正刺史料錢二百貫文數内，十將張温一人每月與十貫文，餘二十一人每月每人各分九貫文，仍起七月一日以後支給。人與轉官職，仍勘名銜，分折申奏，當與施行。”

（宋）王欽若等編纂：《册府元龜》卷二一〇《閏位部》

（開平三年）九月，制内外使臣復命未見便歸私第者：朝廷命使，臣下奉行，唯於辭見之儀，合守敬恭之道。近者凡差出使，往復皆越常規。或已辭而尚在本家，或未見而先歸私第，但從己便，莫稟王程。在禮敬而殊乖，置典章而私舉。宜令御史臺別具條流事件，具黜罰等奏聞。

（宋）王欽若等編纂：《册府元龜》卷一九一《閏位部》

（開平三年九月）是月，河中奏準宣詔使有銅牌者，所至即易騎以遣。

（宋）王欽若等編纂：《册府元龜》卷一九一《閏位部》

　　（開平三年）是年，贈牢墻使梁祖諱誠，故曰牢墻。王仁嗣司空，故同州押衙史肇右僕射，押衙王彥洪、高漢詮、丘奉言、仇瓊並刑部尚書，王筠御史司憲。初，知俊將叛，謀會諸將詢所宜，仁嗣等持正不撓，悉罹其酷。至是褒贈之。

　　　　（宋）王欽若等編纂：《册府元龜》卷二一〇《閏位部》

　　（開平）四年正月壬寅，幸保寧毬場，錫宴宰臣及文武百官，賜宰臣張宗奭已下分物有加，又賜廣王分物。

　　　　（宋）王欽若等編纂：《册府元龜》卷一九七《閏位部》

　　（開平）四年四月壬戌，詔曰：“追養以禄，王者推歸厚之恩，欲静而風，人子抱終身之感。其以刑部尚書致仕張策及三品、四品常參官二十二人先正，各追贈一等。”

　　　　（宋）王欽若等編纂：《册府元龜》卷二一〇《閏位部》

　　（開平四年）七月丙辰，宴群臣於宣威殿，賜物有差。

　　　　（宋）王欽若等編纂：《册府元龜》卷一九七《閏位部》

　　（開平四年）八月，車駕西征，次陝府。丙子，宴文武從官、軍使已下，設龜兹樂，賜物有差。

　　　　（宋）王欽若等編纂：《册府元龜》卷一九七《閏位部》

　　梁太祖開平四年十月乙亥，東京留守博士友文入覲，召之也。

　　　　（宋）王欽若等編纂：《册府元龜》卷二六八《宗室部》

　　（開平）五年正月庚寅，制曰：“扈氏不恭，固難去戰；鬼方未服，尚或勞師。其蟻聚餘妖、狐鳴醜類，弃天常而拒命，據地險以偷生。言事討除，將期戡定。問罪止誅於元惡，挺灾可憫於遺黎。每念傷痍，良深愧嘆！應天兵所至之地，宜令將帥節級嚴戒軍伍，不得焚燒

廬舍,開發丘壠,毀廢農桑,驅掠士女。使其背叛之俗,知予吊伐之
心。"又制曰:"戎機方切,國用未殷,養兵須籍於賦租,輓粟尚煩於力
役。所在長吏,不得因緣徵發,自務貪求。苟有故違,必行重典。立
法垂制,詳刑定科,傳之無窮,守而勿失。中書門下所奏新定格式律
令,已頒下中外,各委所在長吏切務遵行,盡革煩苛,皆除枉濫,用副
哀矜之旨,無違欽恤之言。"

（宋）王欽若等編纂:《册府元龜》卷一九一《閏位部》

（開平）五年三月丙申,幸甘水亭,召宰臣、翰林學士、尚書、侍郎
孔續已下八人扈從宴樂,上甚歡,賜物有差。

（宋）王欽若等編纂:《册府元龜》卷一九七《閏位部》

（開平五年）四月丁卯,幸龍門,召宰臣、學士、金吾上將軍、大將
軍侍宴於廣化寺,賜物有差。

（宋）王欽若等編纂:《册府元龜》卷一九七《閏位部》

梁太祖開平中,晉州汾西縣百姓蔡奉言論本州游奕將李建不法
一十二事。帝覽奏曰:"李建職司防察,事極重難,若徇愛憎,便罷刑
網,則何以委用邊吏?"因命奉言移貫内地。

（宋）王欽若等編纂:《册府元龜》卷一九〇《閏位部》

梁太祖乾化元年正月朔,日有食之。庚寅制曰:"兩漢已來,日蝕
地震,百官各上封事,指陳得失,蓋欲周知時病,盡達物情,用緝國章,
以奉天誡。朕每思逆耳,罔忌觸鱗,將洽政經,庶開言路。況兹謫見,
當有咎徵,其在列辟群臣,危言正諫,極萬邦之利害,致六合之殷昌,
毗予一人,永建皇極。"

（宋）王欽若等編纂:《册府元龜》卷二一二《閏位部》

乾化元年五月甲申朔,大赦,改元,詔方伯州牧近未加恩者並遷

爵秩,復大賚軍旅,溥宴於宣威殿,賜帛各有差。

（宋）王欽若等編纂:《册府元龜》卷一九七《閏位部》

乾化元年八月戊寅,幸興安鞠場大教閲,帝自指麾,無不踊抃,坐作進退,聲振宮掖。立神武統軍丁審衢對御,以紅帛囊劍,擬乘輿物。帝曰:“宿將也,恕之。”以劉重霸代其任。

（宋）王欽若等編纂:《册府元龜》卷二〇九《閏位部》

乾化元年九月,帝駐相州,賞左親騎指揮使張仙、右雲騎指揮使宋鐸,常身先陷陣,各賜帛。

（宋）王欽若等編纂:《册府元龜》卷二一〇《閏位部》

梁太祖乾化元年十二月,命大理卿王鄩使於安南,左散騎常侍吳藹使於朗州,皆以旌節官告錫之也。又命將作少監姜弘道爲朗州旌節官告使副。

（宋）王欽若等編纂:《册府元龜》卷二一三《閏位部》

乾化元年,以權知輝州事前鄆州支使檢校金部郎中段知新爲輝州刺史,仍進階超至銀青光禄大夫,進官超至檢校工部尚書、武威郡開國男,食邑三百户。帝英果迅邁,顧事之繫於司存者,皆逶迤不速,意甚惡之,況肇樹丕構,方以肥養生物,總一赤縣爲念,故戒將之超寵異數咸宜,發宸旨靡縣宰司,用之以激諸勇毅,冀夫急效,亦王者之權道也。

（宋）王欽若等編纂:《册府元龜》卷二一四《閏位部》

（乾化）二年三月,敕以攻下棗彊縣有功將校杜暉等一十一人,並超加檢校官、銜官,宋彦等二十五人並超授軍職。

（宋）王欽若等編纂:《册府元龜》卷二一〇《閏位部》

（乾化）二年，命供奉官朱嶠於河南府宣取先收禁定州進奉官崔騰並傔從一十四人，並釋放，仍命押領漢送至具。

（宋）王欽若等編纂：《冊府元龜》卷二〇九《閏位部》

（乾化）二年，詔曰："謗木求規，集囊貢事，將裨理道，豈限側言。應內外文武百官及草澤，並許上封事，極言得失。"

（宋）王欽若等編纂：《冊府元龜》卷二一二《閏位部》

（乾化）二年四月，幸魏州之金波亭，賜宰臣、文武官及大學士羊酒有差。

（宋）王欽若等編纂：《冊府元龜》卷一九七《閏位部》

末帝龍德元年正月，改元，詔曰："郊禋大禮，舊有渥恩，御殿改元，比無賞給。今則不循舊例，別示特恩。其行營將士賞賚，已給付本家，宜令招討使霍彥威、副招討使王彥章、陳州行營都指揮使張漢傑曉示諸軍知悉。"

（宋）王欽若等編纂：《冊府元龜》卷一九七《閏位部》

梁太祖神武元聖孝皇帝，姓朱氏，宋州碭山人。其先舜司徒虎之後。高祖黯，曾祖茂琳，祖信，父誠。帝即誠之第三子，母曰文惠王皇后。唐哀帝天祐四年四月，以相國梁王受禪，即皇帝位。在位八年，年六十一。明年，第四子東京留守均王友貞平庶人友珪，紹位，是爲末帝，母曰元貞張皇后。在位十一年，爲後唐所滅。

（宋）王欽若等編纂：《冊府元龜》卷一八二《閏位部》

梁太祖神武元聖孝皇帝，宋州碭山縣人也。未冠而孤，母王氏携養寄於蕭縣人劉崇之家。帝既壯，以雄勇自負。唐僖宗乾符中，關東薦饑，群賊嘯聚，黃巢因之起於曹、濮，饑民願附者凡數萬。帝乃辭崇家，與仲兄存俱入巢軍，以力戰屢捷，得補爲隊長。唐廣明元年十二月甲申，黃巢陷長安，遣帝領兵屯於東渭橋。是時，夏州節度使諸葛爽率所部屯於櫟陽，巢命帝招諭爽，爽遂降於巢。中和二年二月，巢以帝爲東南面行營先鋒，使令攻南陽，下之。六月，帝歸長安，巢親勞於灞上。七月，巢遣帝西拒邠、岐、鄜、夏之師於興平，所至皆立功。二年二月，巢以帝爲同州防禦使，使自攻取。帝乃自丹州南行以擊左馮，拔之，遂據其郡。時河中節度使王重榮屯兵數萬，糾合諸侯，以圖興復。帝時與之鄰封，屢爲重榮所敗，遂請濟師於巢。表章十上，爲僞軍使孟楷所蔽，不達。又聞巢軍勢蹙，諸校離心，帝知其必敗。九月，帝遂與左右定計，斬僞監軍使嚴實，舉郡降於重榮。重榮即日飛章上奏。時僖宗在蜀，覽表而喜曰：“是天賜予也！”乃詔授帝左金吾衛大將軍，充河中行營副招討使，仍賜名全忠。自是帥所部與河中兵士偕行，所向無不克捷。三年三月，僖宗制授帝宣武軍節度使，依前充河中行營副招討使，仍令候收復京闕，即得赴鎮。四月，巢軍自藍關南走，帝與諸侯之帥俱收長安。乃率部下一旅之衆，仗節東下，七月丁卯入於梁苑。是時，帝年三十有二。時蔡州刺史秦宗權與黃巢餘孽合從肆虐，共圍陳州。久之，僖宗乃命帝爲東北面都招討使。時汴宋連年阻饑，公私俱困，帑廩皆虛。外爲大敵所攻，内則驕軍難制，交鋒接戰，日甚一日，人皆危之，惟帝銳氣益振。是歲十二月，帝領兵於鹿邑與巢衆相遇，縱兵擊之，斬首二千餘級，乃引兵入亳州，因是兼有譙郡之地。四年春，帝與許州田從異下諸軍同收瓦子寨，殺賊數萬衆。是時，陳州四面，賊寨相望，驅虜編氓，殺以充食，號爲舂磨寨。帝分兵翦撲，大小凡四十戰。四月丁巳，收西華寨，賊將黄鄴單騎奔陳，帝乘勝追之，鼓噪而進。會黃巢遁去，遂入陳州，刺史趙犨迎於馬前。俄聞巢黨尚在陳北故陽壘，帝遂遄歸大梁。是時，河東節度使李克用奉僖宗詔，統騎軍數千同謀破賊，與帝合勢於中牟。比邀擊之，賊衆大敗於王滿渡，多束手來降。時賊將霍存、葛從周、張歸厚、張歸霸皆匍匐於馬前，悉宥而納之。遂逐殘寇，東至於宛句。五月甲戌，帝與晉軍振旅歸汴，館克用於上源驛。既而備犒宴之禮，克用乘醉任氣，帝不平之。是夜，命甲士圍而攻之，會大雨雷電，克用因得於電光中逾垣遁去,惟殺其部下數百人而已。六月,陳人感解圍之惠,爲帝建生祠堂於其郡。是歲,黃巢雖没,而蔡州秦宗權繼爲巨擘,有衆數萬,攻陷鄰郡,殺掠吏民,屠害之酷,更甚巢賊,帝患之。七月,遂與陳人共攻蔡賊於溵水,殺數千人。九月己未,僖宗就加帝檢校司徒、同平章事,封沛郡侯,食邑千户。光啓元年春,蔡賊掠亳、潁二郡,帝帥師以救之,遂東至於焦夷,敗賊衆數千,生擒賊將殷鐵林,梟首以徇於軍而還。三月,僖宗自蜀還長安,改元光啓。四月戊辰,就加帝檢校太保,增食邑千五百户。十二月,河中太原之師逼長安,觀軍容使田令孜奉僖宗出幸鳳翔。二年春,蔡賊益熾,時唐室微弱,諸道州兵不爲王室所用,故宗權得以縱毒,連陷汝、洛、懷、孟、唐、鄧、許、鄭,圍幅數千里,殆絶人烟。惟宋、亳、滑、潁,僅能閉壘而已。帝累出兵與之交戰,然或勝或負,人甚危之。三月庚辰,僖宗降制就封帝爲沛郡王。是月,僖宗移幸興元。五月,嗣襄王温僭即帝位於長安,改元爲建貞。遣使賫僞詔至汴,帝命焚之於庭,未幾襄王果敗。七月,蔡人逼司州,節度使鹿宴弘使來求救。帝遣葛從周等率師赴援,師未至而城陷,宴弘爲蔡賊所害。十一月,滑州節度使安師儒以怠於軍政,爲部下所殺。帝聞之,乃遣朱珍、李唐賓襲而取之,由是遂有滑臺之地。十二月,僖宗降制就加帝檢校太傅,改封吳興郡王,食邑三千户。是歲,鄭州爲蔡賊所陷,刺史李璠單騎來奔,帝宥而納之,以爲行軍司馬。宗權既得鄭,益驕,帝遣裨將邏於金堤驛,與賊相遇,因擊之,賊衆大敗。追至武陽橋,斬首千餘級。帝每與蔡人戰於四郊,既以少擊衆,常出奇以制之,但患師少,未快其旨。宗權又以己衆十倍於帝,恥於頻敗,乃誓衆堅決以攻夷門。既而獲蔡之謀者,備知其事,遂謀濟師焉。三年春二月乙巳,承制以朱珍爲淄州刺史,俾募兵於東道。且慮蔡人暴其麥苗,期以夏首回歸。珍既至淄、棣,旬日之内,應募者萬餘人。又潛襲青州,獲馬千匹,鎧甲稱是,乃鼓行而歸。四月辛亥,達於夷門,帝喜曰:"吾事濟矣!"是時,賊將張晊屯於北郊,秦賢屯於版橋,各有衆數萬,樹柵相連二十餘里,其勢甚盛。帝謂諸將曰:"此賊方今息師蓄鋭,俟其時必來攻我。況宗權度吾兵少,又未知珍來,謂吾畏懼,止於堅守而已。今出不意,不如先擊之。"乃親引兵攻秦賢寨,將士踴躍爭先,賊果不備,連拔四寨,斬首萬餘級,時賊衆以爲神助。庚午,賊將盧塘領萬餘人於圍田北萬勝戌夾汴水爲營,跨河爲梁,以扼運路。帝擇精銳以襲之。是日,昏霧四合,兵及賊壘方覺,遂突入掩殺,赴水死者甚衆。盧塘自投於河。河南諸賊連敗,不敢復駐,皆並在張晊寨。自是蔡寇皆懷震讋,往往軍中自相驚亂。帝旋師休息,大行犒賞,由是軍士各懷憤激,每遇敵無不奮勇。五月丙子,出酸棗門,自卯至未,短兵相接,賊衆大敗。追斬二十餘里,殭仆相枕。宗權恥敗,益縱其虐,乃自鄭州親領突將數人徑入張晊寨。其日晚,大星殞於賊壘,有聲如雷。辛巳,兗、鄆、滑軍士皆來赴援,乃陳兵於汴水之上,旌旗器甲甚盛。蔡人望之,不敢出寨。翌日,分佈諸軍,齊攻賊寨。自寅至申,斬首二萬餘級。會夜收軍,獲牛馬、輜重、生口、器甲不可勝計。是夜,宗權、晊遁去,遲明追之,至陽武橋而還。宗權至鄭州,乃盡焚其廬舍,屠其郡人而去。始,蔡人分兵寇陝、洛、孟、懷、許、汝,皆先據之。因是敗也,賊衆恐懼,咸弃之而遁。帝乃慎選將佐,俾完緝壁壘,爲戰守之備。於是遠近流亡復歸者衆矣。是時,揚州節度使高駢爲裨將畢師鐸所害,復有孫儒、楊行密互相攻伐,朝廷不能制,乃就加帝檢校太尉,兼領淮南節度使。九月,亳州裨將謝殷逐刺史宋衮,自據其郡。帝親領軍屯於太清宮,遣霍存討平之。帝之御蔡寇也,鄆州朱瑄、兗州朱瑾皆領兵來援。及宗權既敗,帝以瑄、瑾宗人也,又有力於己,皆厚禮以歸之。瑄、瑾以帝軍士勇悍,私心愛之,乃密於曹、濮界上懸金帛以誘之。帝軍利其貨而赴者甚衆,帝乃移檄以讓之。自朱瑄來詞不遜,乃命朱珍侵曹伐濮,以懲其奸。未幾,珍伐曹州,執刺史丘禮以獻,遂移兵圍濮。兗、鄆之釁,自茲而始矣。十月,僖宗命水部郎中王贊撰紀功碑以賜帝。是月,帝親騎數千,巡師於濮上,因破朱瑄援軍於范縣。丁未,攻陷濮州,刺史朱裕單騎奔鄆。尋爲鄆人所敗,逾月乃還。十二月,僖宗遣使賜帝鐵券,又命翰林承旨劉崇望撰德政碑以賜帝。閏月甲寅,帝請行軍司馬李璠權知淮南留後,乃遣大將郭言領兵援送以赴揚州。文德元年正月,帝率師東赴淮海,行次宋州，聞楊行密已拔揚州，遂還。是時，李璠、郭言行至淮上，爲徐戎所扼，不克進而還。帝怒，遂謀伐徐。二月丙戌，僖宗制以帝爲蔡州四面行營都統，由是諸鎮之師皆受帝之制度。三月庚子，昭宗即位。是月，蔡人石璠領萬衆以剽陳、亳，帝遣朱珍率精騎數千擒璠以獻。四月戊辰，魏博樂彥禎失律，其子從訓出奔相州，使來乞師。帝遣朱珍領上軍濟河，連收黎陽、臨河二邑。既而魏軍推小校羅弘信爲帥。弘信既立，遣使送款於汴。帝優而納之，遂命班師。是月，河南尹張全義襲李罕之於河陽，克之。罕之單騎出奔，因乞師於太原，李克用爲發萬騎以援之。罕之遂收其餘衆，與晉軍合勢，急攻河陽。全義危急，遣使求救於汴，帝遣丁會、牛存節、葛從周領兵赴之，大戰於溫縣，晉人與罕之俱敗。於是河橋解圍，全義歸於河陽。因以丁會爲河陽留後。五月己亥，昭宗制以帝檢校侍中，增食邑三千戶。戊辰，詔改帝鄉曰衣錦鄉，里曰沛王里。是月，帝以兼有洛孟之地，無西顧之患，將大整師徒，畢力誅蔡。會蔡人趙德諲舉漢南之地以歸於朝廷，且遣使送款於帝，仍誓戮力同討宗權。帝表其事，朝廷因以德諲爲蔡州四面副都統，又以河陽、保義、義昌三節度爲帝行軍司馬，兼糧料應接使。至是，帝領諸侯之師，會德諲以伐蔡，敗蔡賊於汝水之上，遂傳其城。五日之內，樹二十八寨以環之，蓋象列宿之數也。時帝親臨矢石，一日飛矢中其左腋，血漬單衣，顧謂左右曰：“勿泄。”九月，以糧運不繼，遂班師。是時，帝知宗權殘孽，不足爲患，遂移兵以伐徐。十月，先遣朱珍領兵與時溥戰於吳康鎮，徐人大敗，連收豐、蕭二邑，溥携散騎馳入彭門。帝命分兵以攻宿州，刺史張友携符印以降。既而徐人閉壁堅守，遂命龐師古屯兵守之而還。是月，蔡賊孫儒攻陷揚州，自稱淮南節度使。龍紀元年正月，龐師古攻下宿遷縣，進軍於呂梁。時溥領軍二萬，晨壓師古之軍而陣，師古促戰，敗之，斬首二千餘級，溥復入於彭門。二月，蔡將申叢遣使來告，縛秦宗權於帳下，折其足而囚之矣。帝即日承制以叢爲淮西留後。未幾，叢復爲都將郭璠所殺。是月，璠執宗權來獻，帝遣行軍司馬李璠、牙校朱克讓檻進於長安。既至，昭宗御延喜樓受俘，即斬宗權於獨柳樹下。蔡州平，昭宗詔加帝食實封一百户,賜莊、宅各一區。三月,又加帝檢校太尉,兼中書令,進封東平王,賞平蔡之功也。大順元年四月丙辰,宿州小將張筠逐刺史張紹光,擁衆以朋時溥。帝率親軍討之,殺千餘人,筠遂堅守。乙卯,時溥出兵暴碭山縣,帝遣朱友裕以兵襲之,敗徐軍三千餘衆,獲沙陀援軍石君和等三十人,斬於宿州城下。六月辛酉,淮南孫儒遣使修好於帝,帝表其事,請以淮南節度授於儒焉。辛未,昭宗命帝爲宣義軍節度使,充河東東面行營招討使。時朝廷宰臣張濬將兵討太原故也。八月甲寅,昭義都將馮霸殺沙陀所署節度使李克恭來降,帝請河陽節度使朱崇節爲潞州留後。戊辰,李克用自率蕃漢步騎數萬以圍潞州,帝遣葛從周率驍勇之士,夜中銜枚犯圍而入於潞。九月壬寅,帝至河陽,遣都將李讜引軍趨渾、潞,行至馬牢川,爲晉人所敗。帝又遣朱友裕、張全義率精兵至澤州北,以爲應援,既而崇節、從周弃潞來歸。戊申,帝廷責諸將敗軍之罪,斬李讜、李重裔以徇,遂班師焉。十月乙酉,帝自河陽赴滑臺。時奉詔將討太原,先遣使假道於魏,魏人不從。先是,帝遣行人雷鄴告糴於魏,既而爲牙軍所殺,羅弘信懼,故不敢從命,遂通好於太原。十二月辛丑,帝遣丁會、葛從周率衆渡河,取黎陽、臨河,又令龐師古、霍存下淇門、衛縣,帝徐以大軍繼其後。二年春正月,魏軍屯於内黄。丙辰,帝與之接戰,自内黄至永定橋,魏軍五敗,斬首萬餘級。羅弘信懼,遣使持厚幣請和。帝命止其焚掠而歸其俘,弘信由是感悦而聽命焉。乃收軍屯於河上。八月己丑,帝遣丁會急攻宿州,刺史張筠堅守其壁,會乃率衆於州東築堰,壅汴水以浸其城。十月壬午,筠遂降,宿州平。十一月丁未,曹州裨將郭紹賓殺刺史郭饒,舉郡來降。是月,徐將劉知俊率衆二千來降,自是徐軍不振。十二月,兗州朱瑾領軍三萬寇單父,帝遣丁會領大軍襲之,敗於金鄉界,殺二萬餘衆,瑾單馬遁去。景福元年正月,遣丁會於兗州界徙其民數千户於許州。二月戊寅,帝親征鄆,先遣朱友裕屯軍於斗門。甲申,次衛南,有飛鳥止於峻堞之上,鳴噪甚厲。副使李璠曰:"將有不如意之事。"是夜,鄆州朱瑄率步騎萬人襲朱友裕於斗門,友裕拔軍南去。乙酉,帝晨救斗門,不知友裕之退,前至斗門者皆爲鄆人所殺。帝追襲鄆人至瓠河，不及，遂領兵於村落間。時朱瑄尚在濮州，丁亥，遇朱瑄率兵將歸於鄆，遂來衝擊。帝策馬南馳，爲賊所追甚急，前有浚溝，躍馬而過，張歸厚援稍力戰於其後，乃免。時李璠與都將數人皆爲鄆軍所殺。五月丙午，遣朱克讓率衆暴兗、鄆之麥。十一月，遣朱友裕率兵攻濮州，下之，擒刺史邵儒以獻，濮州平。遂命移軍伐徐州。二年八月，帝遣龐師古移兵攻兗，駐於曲阜，與朱瑾屢戰，皆敗之。十二月，師古遣先鋒葛從周引軍以攻齊州，刺史朱威告急於兗、鄆。既而朱瑄以援兵至，遂固其壘。乾寧元年二月，帝親領大軍由鄆州東路北次於魚山，朱瑄覘知，即以兵徑至，且圖速戰。帝整軍出寨，時瑄、瑾已陣於前。須臾，東南風大起，帝軍旌旗失次，甚懼失色。帝即令騎士揚鞭呼嘯，俄而西北風驟發。時兩軍皆在草莽中，帝因令縱火，而烟焰亘天，乘勢以攻賊陣，瑄、瑾大敗，殺萬餘人，餘衆擁入清河。因築京觀於魚山之下，駐軍數日而還。二年正月癸亥，遣朱友恭帥師復伐兗，遂塹而圍之。未幾，朱瑄自鄆率步騎援糧欲入於兗，友恭設伏以敗之，盡奪其餉於高吳，因擒蕃將安福順、安福慶。二月己酉，帝領親軍屯於單父，以爲友恭之援。四月，濠、壽二州復爲楊行密所陷。是時，太原遣將朱嚴兒、李承嗣以萬騎馳入於鄆，朱友恭遂歸於汴。八月，帝領親軍伐鄆，至大仇，遣前軍挑戰，設伏於梁山以待之。既而獲蕃將史完府，奪馬數百匹，朱瑄脫身遁去，復入於鄆。十月，帝駐軍於鄆，齊州刺史朱瓊遣使請降。瓊即瑾之從父兄也，帝因移軍至兗，瓊果來降。未幾，瓊爲朱瑾所紿，掠而殺之。帝即以其弟玭爲齊州防禦使。十一月，朱瑄復遣將賀瓌、柳存及蕃將何懷寶等萬餘人以襲曹州，庶解兗州之圍也。帝知之，自兗領軍策馬先路至鉅野南，追而敗之，殺戮將盡，生擒賀瓌、柳存、何懷寶及賊黨三千餘人。是日申時，狂風暴起，塵沙沸涌。帝曰：“此乃殺人未足耳。”遂下令盡殺所獲囚俘，風亦止焉。翌日，縶賀瓌等以示於兗。帝素知瓌名，乃釋之，惟斬何懷寶於兗城之下，乃班師。十二月，葛從周領兵復伐兗。既至，與朱瑾戰於壘下，殺千餘衆，擒其將孫漢筠已下二十人，遂旋師。三年正月，河東李克用既破邠州，欲謀爭霸，乃遣蕃將張污落以萬騎寨於河北之莘縣，聲言欲救兗、鄆。魏博節度使羅弘信患之，使來求援。四月辛酉，河東泛漲，將壞滑城。帝令決堤岸以分其勢，爲二河夾滑城而東，爲害滋甚。是月，帝遣許州刺史朱友恭領兵萬人渡淮，以便宜從事。時洪、鄂二州累遣使求援，故有是行。五月，命葛從周統軍屯於洹水，以備蕃軍。六月，李克用帥蕃、漢諸軍營於斥丘，遣其男落落將鐵林小兒三千騎薄於洹水，從周與戰，大敗之，生擒落落以獻。克用悲駭，請修舊好，以贖其子。帝不許，遂執落落送於羅弘信，斬之。越七日，我軍還屯陽留，以伐鄆。八月，復壁於洹水。是時昭宗幸華州，遣使就加帝檢校太師、守中書令。四年正月，帝以洹水之師大舉伐鄆。辛卯，營於濟水之次。龐師古令諸將撤木爲橋。乙未夜，師古以中軍先濟，聲振於鄆。朱瑄聞之，弃壁夜走。葛從周逐之，至中都北，擒瑄並其妻男以獻，尋斬汴橋下，鄆州平。乙亥，帝入於鄆，以朱友裕爲鄆州兵馬留後。時帝聞朱瑾與朱儼兒在豐沛間搜索糧饋，惟留康懷英以守兗州，帝因乘勝遣葛從周以大軍襲兗。懷英聞鄆失守，俄又我軍大至，乃出降。朱瑾、朱儼兒遂奔淮南，兗、海、沂、密等州並平。乃以葛從周爲兗州留後。八月，陝州節度使王珙遣使來乞師。是時珙弟琦實爲蒲帥，迭相憤怒，日尋干戈，而珙兵寡，故來求援。帝遣張存敬、楊師厚等領兵赴陝，既而與蒲人戰於猗氏，大敗之。九月，帝以兗、鄆既平，將士雄勇，遂大舉南征。命龐師古以徐、宿、宋、滑之師直趨清口，葛從周以兗、鄆、曹、濮之衆徑赴安豐，淮人遣朱瑾領兵以拒師古，因決水以浸軍，遂爲淮人所敗。師古歿焉，葛從周行及濠、梁，聞師古之敗，亦命班師。光化元年正月，帝遣葛從周統諸將略地於山東，遂次於邢、洺。三月，昭宗以帝兼領天平軍節度使，餘如故。四月，滄州節度使盧廷彥爲燕軍所攻，弃城奔於魏，魏人送於汴。是月，帝以大軍至鉅鹿，屯於城下，敗晉軍萬餘衆於青山口，俘馬千餘匹。丁卯，遣從周分兵攻洺州，斬刺史邢善益，擒將五十餘人。五月己巳，邢州刺史馬師素弃城遁去。辛未，磁州刺史袁奉滔自到而死。五日之內，連下三州。因以葛從周兼邢州昭義軍節度留後，帝遂班師。是時，襄州節度使趙凝聞帝軍有清口之敗，密附於淮夷。七月，帝遣氏叔琮率師伐之，未幾，其泌州刺史趙璠越壕來降，隨州刺史趙琳臨陣就擒。二年正月，淮南楊行密舉全吳之衆，精甲五萬，以伐徐州，帝領大軍御之。行密聞帝親征，乃收軍而退。時幽州節度使劉仁恭大舉蕃漢兵號十萬，以伐魏，遂攻陷貝州。州民萬餘户，無少長悉屠之。進攻魏州，魏人來乞師，帝遣朱友倫、張存敬、李思安等先屯於内黄，帝遂親征。三月，與燕軍戰於内黄北，燕軍大敗，殺二萬餘衆，奪馬二千餘匹，擒都將單無敵已下七十餘人。是月，葛從周自山東領其部衆馳以救魏，翌日乘勝，諸將張存敬已下連破八寨，遂逐燕軍，北至於臨清，擁其殘寇於御河，溺死者甚衆。仁恭奔於滄州。六月，帝表丁會爲潞州節度使，以李罕之疾亟故也。又遣葛從周由固鎮路入於潞州，以援丁會。七月壬辰，朔海陳漢賓擁所部三千奔於淮南。戊戌，晉人陷澤州，帝遣召葛從周於潞，留賀德倫以守之。未幾，德倫爲晉人所逼，遂弃潞而歸。由是潞州復爲晉人所有。十一月，陝州都將朱簡殺留後李璠，自稱留後，送款於帝。三年四月，遣葛從周以兗、鄆、滑、魏之師伐滄州。五月庚寅，攻德州，拔之，梟刺史傅公和於城上。己亥，進攻浮陽。六月，燕師劉仁恭大舉來援，從周與諸將逆戰於乾寧軍老鴉堤，大破之，殺萬餘衆，俘其將佐馬慎交已下百餘人。既而以連雨，遂班師。八月，河東遣李進通襲陷洺州，執刺史朱紹宗，帝遣葛從周自鄴縣渡漳水，屯於黄龍鎮，親領中軍涉洺而寨，晉人懼而宵遁，洺州復平。九月，帝以仁恭、進通之入寇也，皆由鎮、定爲其囊橐，即以葛從周爲上將，以伐鎮州，遂攻下臨城，渡滹沱以環其城。帝領親軍繼至，鎮帥王鎔懼，納質請盟，仍獻文繒二十萬以犒戎士，帝許之。十月，晉人以帝宿兵於趙，遂南下太行，急攻河陽。留後侯言與都將閻寶力戰固守，僅而獲全。十一月，以張存敬爲上將，自甘陵發軍北侵幽、薊，連拔瀛、莫二郡，遂移軍以攻中山。定帥王郜以精甲二萬戰於懷德亭，盡殪之。郜懼，奔於太原。遲明，大軍集於城下，郜季父處直持印鑰乞降，亦以繒帛三十萬爲獻，帝即以處直代郜領其鎮焉。是月，燕人劉守光赴援中山，寨於易水之上，繼爲康懷英、張存敬等所敗，斬獲甚衆。由是河朔知懼，皆弭伏焉。

是歲,唐佐軍中尉劉季述幽昭宗於東宮內,立皇子德王裕爲帝,仍遣其養子希度來言,願以唐之神器輸於帝。時帝方在河朔,聞之遽還於汴。大計未決,會李振自長安使回,因言於帝曰:"夫豎刁、伊戾之亂,所以資霸者之事也。今閹豎幽辱天子,王不能討,無以令諸侯。"帝悟,因請振復使於長安,與時宰潛謀反正。天復元年正月乙酉朔,唐宰相崔胤潛使人以帝密旨告於侍衛軍將孫德昭已下,令誅左右中尉劉季述、王仲先等,即時迎昭宗於東內御樓反正。癸巳,降制進封帝爲梁王,酬反正之功也。昭宗之廢也,汴之邸吏程岩牽昭宗衣下殿。帝聞之,召岩至汴,折其足,送於長安,杖殺之。是時,河中節度使王珂結援於太原,帝怒,遣大將張存敬率將涉河,由含山路鼓行而進。戊申,攻下絳州。壬子,晉州刺史張漢瑜舉郡來降,帝即以大將侯言權領晉州,何綢權領絳州,晉、絳平。己未,大軍至河中,存敬命繚其垣而攻之。壬戌,蒲人揚素幡以請降。庚午,帝至河中,以張存敬權領河中軍府事,河中平,帝乃東還。是月,李克用遣牙將張特來聘,請尋舊好,帝亦遣使報命。三月癸未朔,帝歸自河中。是月,遣大將賀德倫、氏叔琮領大軍以伐太原。叔琮等自太行路入,魏博都將張文恭自磁州新口入,葛從周以兗、鄆之眾自土門路入,洺州刺史張歸厚以本軍自馬嶺入,定州刺史王處直以本軍自飛狐入,晉州侯言自陰地入。澤州刺史李存璋弃郡奔歸太原。叔琮引軍逼潞州,節度使孟遷乞降。河東屯將李審建、王周領步軍一萬、騎二千詣叔琮歸命,乃進軍趨太原。四月乙卯,大軍出石會關,營於洞渦驛。都將白奉國自井陘入,收承天軍。張歸厚引兵至遼州,刺史張鄂迎降。氏叔琮即日與諸軍至晉陽城下,城中雖時出精騎來戰,然危蹙至甚,將謀遁矣。會叔琮以芻糧不給,遂班師。五月癸卯,昭宗以帝兼領護國軍節度使、河中尹。六月庚申,帝發自大梁。丁卯,視事於河中。七月甲寅,帝東還梁邸。十月戊戌,奉密詔赴長安。是時,朝廷既誅劉季述,以韓全誨、張弘彥爲兩軍中尉,袁易簡、周敬容爲樞密使。是時,軍國大政專委宰相崔胤,每事裁抑宦官,宦官側目。崔一日於便殿奏,欲盡去之,全誨等屬垣聞之,嘗於昭宗前祈哀自訴。自是昭宗敕崔,每有密

奏,令進囊封。全誨等乃訪京城美婦人十數以進,使求宮中陰事。昭
宗不悟,崔謀漸泄。中官視崔眥裂,以重賂甘言誘藩臣以爲城社,時
因讌聚,則相向流涕。時崔掌三司貨泉,全誨等教禁兵伺崔出,聚而
呼譟,訴以冬衣減損,又於昭宗前訴之。昭宗不得已,罷崔知政事,崔
怒,急召帝,請以兵入輔,故有是行。戊申,行次河中。同州留後司馬
鄴,華之幕吏也,舉郡來降。辛亥,駐軍於渭濱,華帥韓建遣使奉箋納
款,又以銀三萬兩助軍。是日,行次零口。癸丑,聞長安亂,昭宗爲閹
官韓全誨等劫遷,西幸鳳翔,蓋避帝之兵鋒也。翼日,遂命旋師,夕次
於赤水。乙卯,大軍集於華州下城,韓建惶駭失措,即以城降。丙辰,
帝表建權知忠武軍事,促令赴任,同、華二州平。是時,唐太子太師盧
知猷等二百六十三人列狀,請帝速謀迎奉。己未,遂帥諸軍發自赤
水。壬戌,次於咸陽。偵者云:“天子昨暮至岐山,旦日宋文通扈蹕入
其闉矣。”是時,岐人遣大將符道昭領兵萬人屯於武功,以拒帝。帝遣
康懷英敗之,虜甲士六千餘衆。乙丑,次於岐山。文通遣使奉書自陳
其失,請帝入覲。丙辰,及岐闉,文通渝約,閉壁不獲通,復次於岐山。
是時,昭宗累遣使賫朱書御札賜帝,遣帝收軍速還本道。帝診之曰:
“此必文通、全誨之謀也。”皆不奉詔。癸酉,飛章奉辭,且移軍北伐。
乙亥,至邠州,節度使李繼徽舉城降。繼徽因請去文通所賜李姓,復
本宗楊氏,又請納其孥以爲質,帝皆從之,仍易其名曰崇本。邠州平。
己丑,唐丞相崔胤、京兆尹鄭元規至華州,以速迎奉爲請,許之。二年
正月,帝復次於武功。岐人堅壁不下,乃回軍於河中。二月,聞晉軍
大舉南下,聲言來援鳳翔,帝遣朱友寧帥師會晉州刺史氏叔琮以御
之,帝以大軍繼其後。三月,友寧、叔琮與晉軍戰於晉州之北,大敗
之,生擒克用男廷鸞。帝喜謂左右曰:“此岐人之所恃也。今既如此,
岐之變不久矣。”四月,岐人遣符道昭領大軍屯於虢縣,康懷英帥驍騎
敗之。丁酉,唐丞相崔胤自華來謁帝,屢述艱運危急,事不可緩;又慮
群閹擁昭宗幸蜀,且告帝,爲之動容。崔將辭,啓宴於府署,帝舉酒,
崔情激於衷,因自持樂版,聲曲以侑酒。帝甚悦,座中以良馬珍玩賫
之。既行,命諸將繕戎具。五月丁巳,帝復西征。六月丁丑,次於虢

縣。癸未，與岐軍大戰，自辰至午，殺萬餘衆，擒其將校數百人，乘勝遂逼其壘。七月丙午，岐軍復出求戰，帝軍不利。是月，遣孔勍帥師取鳳、隴、成三州，皆下之。是時岐人相率結寨於諸山，以避帝軍，帝分兵以討之，浹旬之內並平之。九月甲戌，帝以岐軍諸寨聯結稍盛，因親統千騎登高診之。是時，帝以岐人堅壁不戰，且慮師老，思欲旋斾以歸河中。因密召上將數人語其事，時親從指揮使高季昌獨挺出抗言曰：“天下雄傑，窺此舉者，一歲矣。今岐人已困，願少俟之。”帝嘉其言，因曰：“兵法以正理，以奇勝。奇者，詐也。乘機集事，必由是乎！”乃命季昌密募人入岐以紿之。尋有騎士馬景堅願應命，且曰：“是行也，必無生理，願戮其孥。”帝淒然，止其行。景固請，乃許之。明日軍出，諸寨屛匿如無人。景因躍馬西走，直叩岐闉，詐以軍怨東遁爲告，且言列寨尚留萬餘人，俟夕將遁矣，宜速掩之。李茂貞信其言，遽啓二扉，悉衆來寇。時諸軍已介馬待之，中軍一鼓，百營俱進。又分遣數騎以據其闉，岐人進不能駐其趾，退不能入其壘，殺戮蹂踐，不知其數。茂貞由是喪膽，但閉壁而已。十一月癸卯，鄜帥李周彝統兵萬餘人屯於岐之北原，與城中舉烽以相應。翌日，帝以周彝既離本部，鄜時必無守備，因命孔勍乘虛襲下之。甲寅，鄜州平。周彝聞之，收軍而遁。茂貞既失鄜州之援，愕然有瓦解之懼，由是議還警蹕，誅閹寺以自贖焉。三年正月甲寅，岐人啓壁，昭宗降使宣問慰勞，兼傳密旨，尋又命翰林學士韓偓、趙國夫人寵顏賫詔押賜帝紫金酒器、御衣玉帶。丙辰，華州留後李存審遣飛騎來告，青州節度使王師範遣牙將張厚輦甲胄弓槊，詐言來獻，欲盜據州城，事覺，已擒之矣。是日，師範又遣其將劉鄩盜據兗州。丁巳，昭宗遣中使押送軍容使韓全誨已下三十餘人首級以示帝。甲子，昭宗發離鳳翔，幸左劍寨，權駐蹕帝營。帝素服待罪，昭宗命學士傳宣免之。帝即入見，稱罪拜伏者數四，既而促召升殿，密邇御座。且曰：“宗廟社稷，是卿再造。朕與親屬，是卿再生。”因解所御玉帶面以賜，帝亦以玉鞍勒馬、金器、紋錦、御饌酒果等，躬自拜進焉。及翠華東行，帝匹馬前導十餘里，宣令止之。己巳，昭宗至長安，謁太廟，御長樂樓。禮畢，謂帝曰：“朕生入舊京,是卿之力也。自古救君之危,曾無有如是者。況今日再及清廟,得親奉觴酒,奠於先皇帝室前,卿之德,朕知不能報矣。"即召帝執手,聲泪俱發者久之。翌日,誅宦官第五可範等五百餘人於内侍省。二月庚辰,制以帝爲守太尉兼中書令,宣武、宣義、天平、護國等軍節度使,諸道兵馬副元帥,加食邑三千户,實封四百户,仍賜回天再造、竭忠守正功臣。戊戌,帝建旆東還,昭宗御延熹樓送之。既醉,遣内臣賜帝御制《楊柳詞》五首。三月戊午,至大梁。時以青州未平,命軍士休瀚,以俟東征。四月丙子,帝巡師於臨朐,亟命逼其城,與青州戰於城下,大敗之。是夕,淮將王景仁以所部援軍宵遁,帝遣楊師厚追及輔唐,殺千人,乘勝攻下密州。八月戊辰,以伐叛之柄委於楊師厚,帝乃東還。九月癸卯,師厚率大軍與王師範戰於臨朐,青軍大敗,殺萬餘人,並擒師範弟師克。卯時,徙寨以逼其城。辛亥,偏將劉重霸擒棣州刺史邵播來獻。播,師範之謀主也,帝命斃之。戊午,師範舉城請降,青州平。翌日,分命將校略地於登、萊、淄、棣等州,皆下之。由是東漸至海,皆爲梁土也。帝復命師範權知青州軍州事,師範乃請以錢二十萬貫犒軍,帝許之。十月辛巳,護駕都指揮使朱友倫因擊鞠墜馬,卒於長安。節至,帝大怒,以爲唐室大臣欲謀叛己,致友倫暴死。十一月丁酉,青將劉鄩舉兖州來降。鄩,王師範之將也,師範令竊據兖州久之,及聞師範降,鄩乃歸命。帝以鄩善事其主,待之甚優,尋署爲元帥府都押牙,權知鄆州留後。天祐元年正月己酉,帝發自大梁,西赴河中。京師聞之,爲之震懼。是時,將議迎駕東幸洛陽,慮唐室大臣異議。帝乃密令護駕都指揮使朱友諒矯昭宗命,收宰相崔裔、京兆尹鄭元規等殺之。時又邠、岐兵士侵逼京畿,帝因是上表,堅請昭宗幸洛。昭宗不得已而從之,帝乃率諸道工匠財力,同構洛陽宮,不數月而成。二月乙亥,昭宗駐蹕於陝,帝自河中來覲,謁見行營。因灑涕而言曰:"李茂貞等竊謀禍亂,將迫乘輿,老臣無狀,請陛下東遷,爲社稷大計也。"昭宗延命於寢室見何皇后,面賜酒器及衣物。何后謂帝曰:"此後大家大婦委身於全忠矣。"因嘘唏泣下。後數日,帝開宴於陝之私第,請駕臨幸。翌日,帝辭歸洛陽,昭宗開内宴。時有宮人與昭宗附耳而語,韓建躡帝之足,帝遽出,以爲圖己。因連上章,請車駕幸洛。三月丁未,昭宗制以帝兼判左右神策及六軍、諸衛事。是時,昭宗累遣中使及内夫人傳宣,謂帝曰:"皇后方在草蓐,未任就路,欲以十月幸洛。"帝以陝州小藩,非萬乘久留之地,時以四月内東幸。閏月丁酉,昭宗發自陝郡。壬寅,次於穀水。是時,昭宗左右唯小黃門及打毬供奉、内園小兒,共二百餘人,帝猶忌之。是日,密令醫官許昭遠告變,乃設饌於別幄,召而盡殺之,皆坑於幕下。先是,選二百餘人,形貌大小一如内園人物之狀,至是使一人擒二人,縊於坑所,即蒙其衣及戎具自飾。昭宗初不能辨,久而方察。自是昭宗左右前後皆梁人矣。甲辰,車駕至洛都,帝與宰相百官導駕入宮。乙卯,昭宗以帝爲宣武、宣義、護國、忠武四鎮節度使。時帝請以鄆州授張全義,故有此命。五月丙寅,昭宗宴群臣,曰:"昨來御樓前,一夜亡失赦書,賴梁王收得副本。不然誤事,宰執不得無過矣。"是日宴次,昭宗入内,召帝於内殿曲宴。帝不測其事,不敢奉詔。又曰:"卿不欲來,即令敬翔入來。"帝密遣翔出,乃止。己巳,奉辭東歸。乙亥,至大梁。六月,帝遣都將朱友裕率師討鄆州,節度使楊崇本叛故也。癸丑,帝西征,遂朝於洛陽。七月甲子,昭宗宴帝於文思鞠場。乙丑,帝發東都。壬申,至河中。八月壬寅,昭宗遇弑於大内,遺制以輝王祝爲嗣。乙巳,帝自河中引軍而西。癸丑,次於永壽,邠軍不出。九月辛未,班師。十月癸巳,至洛陽,詣西内,臨於梓宮前。畢,祗見於嗣君。辛丑,制以帝至自西征。十一月辛酉,光州遣使來求援。時光州歸款於帝,尋爲淮人所攻,故來乞師。戊寅,帝南征,度淮次於霍丘,大掠盧、壽之境,淮人乃弃光州而去。二年正月庚申,進攻壽州,壽人堅壁不出。丁亥,帝自霍丘班師。二月辛卯,帝至自南征。甲午,青州節度使王師範至大梁,帝待以賓禮,尋表授河陽節度。七月辛酉,天子賜帝迎鑾紀功碑,樹於洛陽。庚午,遣大將軍楊師厚率前軍討趙凝於襄州。辛未,帝南征。表凝罪狀,請削奪官爵。八月,楊師厚進收唐、鄧、復、郢、隨、均、房等七州,帝駐軍漢江北,自循江干,經度濟師之所。九月甲子,師厚於陰谷江口造梁以濟師,趙凝率兵二萬振於江濱,師厚麾兵進擊，襄人大敗，殺萬餘衆。乙丑，趙凝焚其州，率親軍載輕舸沿漢而遁。丙寅，帝濟江，至中流舟壞，將没者數四，比及岸舟沉。是日，入襄城。帝因周視府署，其帑藏悉空。惟於西廡下有一亭，窗户儼然，扃鎖甚密，遂令破鎖啓扉，中有一大匱，緘鐍甚至，又令破其匱，内有金銀數百錠。帝因嘆曰：“亂兵既入，公私財貨，固無孑遺矣。此帑當有陰物主之，不令常人所得，俟我以有之邪？”遂以百餘錠賜楊師厚。襲荆州，留後趙明並城上峽，奔蜀。荆、襄二州平，帝以都將賀環權領荆州，楊師厚權領襄州，即表其事。十月丙戌朔，天子以帝爲諸道兵馬元帥。辛卯，帝自襄州引軍，由光州路趨淮南。將發，敬翔切諫，請班師以全軍勢，帝不聽。壬辰，次於棗陽，遇大雨，頗阻師行之勢。軍至壽春，壽人堅壁清野以待帝，帝乃退舍於正陽。十一月丙辰，大軍北濟，帝至汝陰，深悔淮南之行，躁撓尤甚。丁卯，帝至自南征。辛巳，天子命帝爲相國，總百揆，以宣武、宣義、天平、護國、天雄、武順、佑國、河陽、義武、昭義、保義、武昭、武定、泰寧、平盧、匡國、武寧、忠義、荆南等二十一道爲魏國，進封帝爲魏王，入朝不趨，劍履上殿，贊拜不名，兼備九錫之命。癸未，唐中書門下奏，中書印已送相國，中書公事權用中書省印。甲申，中書門下奏，天下州縣名與相國魏王家諱同者，請易之。十二月乙酉朔，帝讓相國、魏王、九錫之命。丙戌，京百司各差官賚本司須知孔目並印赴魏國送納。甲午，天子以帝堅讓九錫之命，乃命宰相柳璨來使，且述揖讓之意焉。丁酉，帝又讓九錫之命。詔略曰：“但以鴻名難掩，懿實須彰，宜且徇於奏陳，未便行於典册。”又改諸道兵馬元帥爲天下兵馬元帥。是時，帝以唐朝百官服飾多闕，乃製造逐色衣服，請朝廷等第賜之。其所給俸錢，仍請自來年正月全支。三年正月，幽、滄稱兵，將寇於魏。魏人來乞師，且以牙軍驕悍，謀欲誅之，遣親吏臧延範密告於帝。帝陰許之。乙丑，北征。先是，帝之愛女適羅氏，是月卒於鄴城，因以兵仗數千事實於橐中，遣客將馬嗣勛領長直軍千人，雜以工匠丁夫，肩其橐而入於魏，聲言爲帝女以設祭，魏人信而不疑。庚午夜，嗣勛率其衆與羅紹威親軍數百人同攻牙軍，遲明盡殺之，死者七千餘人，洎於嬰孺，亦無留者。是日，帝次於内黄，聞之，馳騎至魏。時魏之大軍方與帝軍同伐滄州，聞牙軍之死，即時奔還。帝之軍追及歷亭，殺賊幾千，餘衆乃擁大將史仁遇保於高唐，帝遣兵圍之。是月，天子詔河南尹張全義部署修制相國魏王法物。三月甲寅，天子命帝總判鹽鐵、度支、户部等三司事。帝再上章切讓之，乃止。四月癸未，攻下高唐，軍民無少長皆殺之，生擒逆首史仁遇以獻，命支解之。未幾，又攻下澶、博、貝、衛等州，皆謂魏軍殘黨所據故也。是時晉人圍邢州，刺史牛存節堅壁固守，帝遣符道昭帥師救之，晉人乃遁去。五月，帝略地於洺州，既而復入於魏。七月己未，自魏班師。是日收復相州，自是魏境悉平。壬申，帝歸自魏。八月甲辰，以滄州未平，復命北征。九月丁卯，營於長蘆。一夕，帝夢白龍附於兩肩，左右瞻顧可畏，怳然驚悟。十月辛巳，邠州楊崇本以鳳翔、邠寧、涇邠、秦隴之衆合五六萬來寇，屯於美原，列十五寨，其勢甚盛。帝命同州節度使劉知俊、都將康懷英帥師禦之。知俊等大破邠寇，殺二萬餘衆，奪馬三千餘匹，擒其列校百餘人，楊崇本、胡章僅以身免。十一月庚戌，康懷英乘勝進軍，遂收鄜州。十二月乙丑，帝以文武常參官每月一、五、九日赴朝奏，請備廊飡，詔從之。閏月，晉人、燕人同攻潞，帥丁會舉城降於太原。帝聞之，遂自長蘆班師。以寨内糧糧山積，帝命焚之。滄帥劉守文以城中絶食，因致書於帝，乞留餘糧以救饑民，帝爲留十餘囷以與之。四年正月丁亥，帝回自長蘆，次於魏州，節度使羅昭威以帝回軍，慮有不測之患，由是供億甚至，因密以天人之望切陳之。帝雖拒而不納，然心德之。壬寅，帝至自長蘆。甲辰，天子遣御史大夫薛貽矩來傳禪代之意。貽矩謁帝，陳北面之禮，帝揖之升階。貽矩曰："殿下功德及人，三靈所卜已定。皇帝方議裁詔，行舜禹之事，臣安敢違！"既而拜伏於砌下，帝側躬以避之。四月，内出傳國寶、玉册、受禪寶及文物儀仗，朝於梁國，改元開平。

（宋）王欽若等編纂：《册府元龜》卷一八七《閏位部》

梁太祖諱晃，初名温。唐僖宗中和三年授宣武軍節度使，賜名全忠。天祐四年受禪,下令曰:"王者創業興邦,立名傳世,必難知而示訓,從易避以便人;或稽其符命,應彼開基之義,垂諸象德之言。爰考簡書,求於往代,周王昌發之號,漢帝詢衎之文,或崇一德以徽稱,或爲二名而更易,先王令典,布在縑緗。寡人本名,兼於二字,且異帝王之稱,仍兼避易之難,郡職縣官,多須改換;況宗廟不遷之業,憲章百世之規,事葉典儀,豈憚革易?寡人今改名晃,是以天意雅符於明德,日光顯契於瑞文,昭融萬邦,理斯在是。庶順玄穹之意,永臻康濟之期。宜令有司,分告天地宗廟。其舊名,中外章疏不得更有回避。"

(宋)王欽若等編纂:《冊府元龜》卷一八二《閏位部》

梁太祖性孝願,奉太后未嘗小失色。朝夕視膳,爲士君子之規範。帝嚴察用法,無纖毫假貸。太后言之,嘗頗爲省刑。

(宋)王欽若等編纂:《冊府元龜》卷一八九《閏位部》

梁太祖初爲梁王,以唐乾寧二年二月領親軍屯於單父。會寒食,帝乃親拜文穆皇帝陵於碭山縣午溝里。

(宋)王欽若等編纂:《冊府元龜》卷一八九《閏位部》

梁太祖多大略,恢弘遠度,合於霸王之道。

(宋)王欽若等編纂:《冊府元龜》卷一九〇《閏位部》

朱太祖統四鎮,呼中令曰名溫,與崔相國連構大事。崔每奏太祖忠赤,委之關東國無患矣。昭宗遽敕太祖改名全忠。議者曰:"全字,人王也,又在中心,其不可也。"近臣亦奏,上方悔焉。敕命既行,追之弗及。後果有大梁皇帝之號。是時四分天下,其在中心。乃賜名之應也。

(明)陶宗儀:《説郛》卷九《鑒戒録》

（梁）太祖入覲昭宣。昭宗開宴，坐定，伶倫百戲在焉。俳恒□□
聖。先祝帝德，然後説元勛梁王之功業曰：“我元勛梁王，五百年間生
之賢。”九優太史胡趙應曰：“酌然如此。□□□□□□，固教朝廷如
□向。”侍宴臣僚無不失色，梁太祖但笑而已。昭宗不懌，如無奈何。
趙又自好博奕。嘗獨跨一驢，日到故人家棋，多早去晚歸，年歲之間，
不曾暫輟。每到其家，主人必戒家童曰：“與都知於後院餵飼驢子。”
趙甚感之。夜則跨歸。一日非時宣召，趙倉忙索驢。及牽前至，則覺
喘氣，通體汗流，乃正與主人拽磑耳。趙方知自來與其家拽磨，明早，
復展步而至，主人亦曰：“與都知抬舉驢子。”曰：“驢子今日偶來不
得。”主人曰：“何也？”趙曰：“只從昨回宅，便患頭旋惡心，起止未得，
且乞假將息。”主人亦大笑。□以趙之點也如是，而不知其所乘，經年
與人旋磑亨利，亦數爲同人對衙挪揄之。

　　　　　　　　　（宋）李昉：《太平廣記》卷二五二《俳優人》

　　梁祖圖霸之初，壽州刺史江彥溫以郡歸我，乃遣親吏張從晦勞
其勤。而從晦無賴酗酒，有飲徒何藏燿者與之偕，甚昵狎，從晦致
命於郡。彥溫大張樂，邀不至，乃與藏燿食於主將家，彥溫果疑恐
曰：“汴王謀我矣。不然，何使者之如是也。”乃殺其主將，連誅數十
人，而以狀白其事。既而又疑懼曰：“訴其腹心，亡我族。”乃自縊而
死。梁祖大怒，按其事，腰斬從晦，留何藏燿，裂其禁械，斬於壽
春市。

　　　　　　　　　（宋）李昉：《太平廣記》卷二六四《張從晦》

　　唐世梁太祖未建國前，崔禹昌擢進士第，有別業在汴州管内。
禹昌敏俊善接對，初到夷門，希梁祖意，請陳桑梓禮，梁祖甚喜。以
其不相輕薄，甚蒙管領，常預賓次，或陪褻戲。梁祖以其有莊墅，必
藉牛，乃問曰：“莊中有牛否？”禹昌曰：“不識得有牛。”意是無牛，
以時俗語“不識得有”對之。梁祖大怒曰：“豈有人不識牛，謂我是
村夫即識牛，渠則不識，如此輕薄，何由可奈！”幾至不測，後有人

言,方漸釋怒。

(五代)孫光憲:《北夢瑣言》卷四《崔禹昌不識牛》

　　梁祖親征鄆州,軍次衛南。時築新壘工畢,因登眺其上,見飛烏止於峻坂之間而噪,其聲甚厲。副使李璠曰:"是烏鳴也,將不利乎?"其前軍朱友裕爲朱瑄所掩,拔軍南去,我軍不知,因北行。遇朱瑄軍至,梁祖策馬南走,入村落間,爲賊所追。前有溝坑,頗極深廣,匆遽之際,忽見溝内蜀黍稈積以爲道,正在馬前,遂騰躍而過。副使李璠、郡將高行思爲賊所殺。張歸宇爲殿騎,援戈力戰,僅得生還,身被十五箭。乃知衛南之烏,先見之驗也。

(宋)李昉:《太平廣記》卷四六二《梁祖》

　　梁祖既有移鼎之意,求賓席直言骨鯁之士。一日,忽出大梁門外數十里,憩於高柳樹下,樹可數圍,柯幹甚大,可庇五六十人,游客亦侍坐。梁祖獨語曰:"好大柳樹。"徐遍視賓客,注目久之,坐客各各避席對曰:"好柳樹。"梁祖又曰:"此好柳樹好作車頭。"末坐五六人起對:"好作車頭。"梁祖顧恭翔等,起對曰:"雖好柳樹,作車頭須是夾榆樹。"梁祖厲聲言曰:"這一隊措大,愛順口弄人。柳樹豈可作車頭,須是夾榆木,便順我也,道柳好作車頭。我見人説秦時指鹿爲馬,有甚難事。"顧左右曰:"更待甚。"須臾,健兒十五七人,悉擒言柳樹好作車頭者,數以諛佞之罪,當面撲殺之。梁祖雖起於群盗,安忍雄猜甚於古昔,至於剛猛英斷,以權數御物,遂成興王之業,豈偶然哉。

(明)陶宗儀:《説郛》卷五一《洛陽搢紳舊聞記》

　　梁祖之初兼四鎮也,英烈剛很,視之若乳虎,左右小忤其旨立殺之。梁之職吏,每日先與家人辭訣而入,歸必相賀。賓客對之,不寒而慄。進士杜荀鶴以所業投之,且乞一見。掌客以事聞於梁祖,默無所報。荀鶴住大梁數月,先是凡有求謁梁祖,如已通姓名而不得見者,雖逾年困躓於逆旅中,寒餓殊甚,主者留之,不令私去,不若是即公人輩及禍矣。苟鶴逐日詣客次。一日,梁祖在便廳謂左右曰:"杜苟鶴何在?"左右以見在客次爲對,未見,適有馳騎至者,梁祖見之。至巳午間方退,梁祖遽起歸宅。苟鶴謂掌客曰:"某飢甚,告欲歸。"公人輩爲設食,且曰:"乞命,若大王出要見秀才,某言已歸館舍,即某等求死不暇。"至未申間,梁祖果出,復坐於便廳,令取盆骰子來。既至,梁祖擲數十擲,意似有所卜,擲且久,終不愜旨,怒甚。屢顧左右,左右怖懼,縮頸重足,若蹈湯火。須臾,梁祖取骰子在手,大呼(去聲)曰:"杜苟鶴。"遂擲之,視之六隻俱赤,乃連聲命屈秀才。杜苟鶴主客者引入,令趨驟至階陛下,梁祖言曰:"秀才不合趨階。"苟鶴聲喏,恐懼流汗,再拜。叙謝訖,命坐。苟鶴慘悴戰慄,神不主體。梁祖徐曰:"知秀才久矣。"苟鶴欲降階拜謝,梁祖曰:"不可。"於是再拜,復坐。梁祖顧視階下,謂左右曰:"似有雨點下。"令視之,實雨也,然仰首視之,天無片雲。雨點甚大,霑階檐有聲,梁祖自起,熟視之,復坐,謂杜曰:"秀才曾見無雲而雨否?"苟鶴答言:"未曾見。"梁祖笑曰:"此所謂無雲而雨,謂之'天泣',不知是何祥也。"又大笑命左右將紙筆來,請秀才題一篇無雲雨詩。杜始對梁祖坐,身如在然炭之上,憂悸殊甚,復令賦詩不敢辭,立成一絕,獻之。梁祖覽之大喜,立召賓席共飲,極歡而散,且曰:"來日特爲秀才開一筵。"復拜謝而退。杜絕句云:"同是乾坤事不同,雨絲飛灑日輪中。若教陰朗都相似,爭表梁王造化功。"由是大獲見知。杜既歸,驚悸成疾,水瀉數十度,氣貌羸絶,幾不能起。主客守之,供侍湯藥,若事慈父母。明晨,再有主客者督之,且曰:"大王欲見秀才,請速上馬。"不獲已而巾櫛上馬。比至,凡促召者五七輩,杜困頓無力,趨進遲慢。梁祖自起,大聲曰:"杜秀才爭表梁王造化功。"杜頓忘其病,趨走如飛,連拜,叙謝數四。自是梁祖特遇,張設賓館,賜之衣服錢物,待之甚厚。

(明)陶宗儀:《説郛》卷五一《洛陽搢紳舊聞記》

末帝諱瑱,初名友貞,即位下制曰:"朕仰膺天眷,近雪家仇,旋開將相之謀,請紹祖宗之業,群情見迫,三讓莫從,祗受推崇,懼不負荷。方欲蒸嘗寢廟,禋類郊丘,合徵定體之辭,用表事神之敬。其或於文尚淺,在理未周,亦冀隨時,別圖制義。雖臣子行孝,重更名於已孤;而君父稱尊,貴難知而易避。今則虔遵古典,詳考前聞,允諧龜筮之占,庶合帝王之道。載惟涼德,尤愧嘉名,中外群僚,當體朕意。宜改名鍠。"貞明中又改爲瑱,或解云:瑱字一十一十月一八。果以一十一年十月九日亡。

　　　　（宋）王欽若等編纂:《册府元龜》卷一八二《閏位部》

　　梁末帝瑱,太祖第四子。開平元年,封均王。四年,出爲東京馬步軍都指揮使。乾化二年六月三日,庶人友珪爲逆,遂即僞位。明年改元鳳曆。是年二月,侍衛親軍使袁象先引禁兵誅友珪,遣趙岩賫傳國寶至東京,請帝即位於洛陽。帝報之曰:"夷門,太祖創業之地。公等如堅推戴,册禮宜在東京。賊平之日,即謁洛陽陵廟。"是月,帝即位於東京,乃去鳳曆之號,復稱乾化三年。

　　　　（宋）王欽若等編纂:《册府元龜》卷一八八《閏位部》

　　梁大帝山庭月角,舜目堯眉,鸞鳳之姿自然也。

　　　　（宋）王欽若等編纂:《册府元龜》卷一九〇《閏位部》

　　末帝美容儀。

　　　　（宋）王欽若等編纂:《册府元龜》卷一九〇《閏位部》

　　後梁太祖神武元聖孝皇帝,單州碭山縣人,姓朱氏,名晃,初名溫,賜名全忠。以丁卯受唐禪,即皇帝位,年五十六,在位六年。壬申,爲其子郢王友珪所弑,年六十一。
　　改元二。開平四。乾化二。
　　末帝,名瑱,太祖第三子,母張皇后。封均王。友珪弑逆,討誅之。以癸酉嗣立,在位十一年。癸未,唐兵入汴,爲其下所弑,年三十六。

改元三。乾化三。貞明六。龍德二。

右，後梁二帝，共十七年，首丁卯，盡癸未。

（元）馬端臨：《文獻通考》卷二五〇《帝系考一》

梁祖，宋州碭山縣午溝里人。本名溫，賜名全忠，建國後，改名晃。家世爲儒，祖信，父誠，皆以教授爲業。誠早卒，有三子俱幼，母王氏攜養寄於同縣人劉崇家。昆弟之中，唯溫狡猾無行。崇母撫養之，崇弟兄嘗加譴杖。一日，偷崇家釜而竄，爲崇追回，崇母遮護，以免撲責。善逐走鹿，往往及而獲之。又崇母常見其有龍蛇之異。它日，與仲兄存入黃巢中作賊，伯兄昱與母王氏尚依劉家。溫既辭去，不知存亡。及溫領鎮於汴，盛飾輿馬，使人迎母於崇家。王氏皇恐，辭避深藏，不之信，謂人曰：“朱三落拓無行，何處作賊送死，焉能自致富貴？汴帥非吾子也。”使者具陳離鄉去里之由，歸國立功之事，王氏方泣而信。是日，與崇母並迎歸汴，溫盛禮郊迎，人士改觀。崇以舊恩，位至列卿，爲商州刺史。王氏以溫貴，封晉國太夫人。仲兄存於賊中爲矢石所中而卒。溫致酒於母，歡甚，語及家事，謂母曰：“朱五經辛苦業儒，不登一命，今有子爲節度使，無忝先人矣。”母不懌，良久，謂溫曰：“汝致身及此，信謂英特，行義未必如先人。朱二與汝同入賊軍，身死蠻徼，孤男稚女，艱食無告，汝未有恤孤之心。英特即有，諸無取也。”溫垂涕謝罪，即令召諸兄子皆至汴，友寧、友倫皆立軍功，位至方鎮。

（五代）孫光憲：《北夢瑣言》卷一七《梁祖爲傭保》

朱溫父誠，以五經教授鄉里，號朱五經。溫爲節度使，其母王氏猶備食蕭縣劉崇家。始迎以歸，溫舉觴爲壽，啓曰：“朱五經平生讀書，不登一第，有子爲節度使，無忝於先人矣。”母惻然良久，曰：“汝能至此，可謂英特，然行義未必如先人也。”賢哉此媼，深哉此言。其於朱五經之學，必槪嘗有聞矣。溫篡位之日，與宗戚飲博。

酒酣,其兄全昱,忽投瓊擊盆中迸散,睨曰:"朱三,爾碭山一百姓,從黃巢爲盜,天子用汝爲四鎮節度使,於汝何負? 而滅唐家三百年社稷! 吾行見汝赤其族矣,何以博爲?"全昱此言,亦甚賢也。然則溫之父賢,母又賢,兄又賢,獨溫凶德耳。荀卿謂人性惡,其然,豈其然乎?

(宋) 羅大經:《鶴林玉露》乙編卷六

《五代史》:朱溫之父誠,以五經教授鄉里,號朱五經。卒,溫既爲帝,乃追尊爲烈祖。

(清) 趙翼:《陔餘叢考》卷四二《館師爲帝王》

汴帥朱公再圍鳳翔,與茂貞軍戰於虢縣西槐林驛,大敗岐軍,橫尸不絶,鮑氣聞於十里。昭宗遂殺宦官韓全誨已下二十二人首宣示,茂貞亦斬其義子繼筠首以送。於是車駕還宮,朱令俛首馬前請罪,涕泣攬帝馬行千步,帝爲之動容。至京師,以宰相崔胤判六軍。乃下詔誅宦官第五可範已下七百一十人,又鳳翔駕前宰相盧光啓等一百餘人,並賜自盡。

(五代) 孫光憲:《北夢瑣言》卷一五《朱令公爲昭宗攬馬》

梁祖宿兵岐下,以迎昭宗,敵壘尚堅,且思班退。親從指揮使高季昌抗言曰:"天下雄傑窺此舉者一載矣,今奸黨已窘,更少俟之。"季昌乃密募人入岐爲告事者,有騎卒馬景應命,因朱友倫總騎軍且至,將大出兵迓。景請其時給駿駬,雜所出隊中。十許里,躍馬西逸,叩岐闉,以軍怨東遁爲告。且言列寨留卒尚萬,俟夕將逝,宜速掩之,當落我機内矣。然是往也,決無生理,願録其妻孥。梁祖凄然止其行,景固請,乃徇之。明日軍出,諸寨屏匿如無人,不十里,果風騎却走,岐人納之。不失厥料,岐軍啓兩扉悉衆來。我師宿已秣馬飽士,中軍一鼓,百營俱進,大破岐軍,十不存三四焉。李茂貞喪膽,昭宗降詔還京,始遂奉迎矣。功歸高公,而馬景妻孥倍加軫恤。且解揚以守正爲忠,不顧其身也。馬景以死命行詐,非圖身也,人之難事,唯景有之。

（五代）孫光憲:《北夢瑣言》卷一六《馬景設詐》

梁祖以宛、朐群盜之黨而附黃巢爲盜,後歸命於王重榮,遂秉旄宣武。巢陷京師,以朱温爲東南面行營先鋒。天子在蜀,諸鎮會兵討賊,賊勢日蹙。温乃就王重榮以降,天子賜名全忠,拜宣武軍節度使。已而挾聽命之唐,鞭笞天下,卒收神器。其用兵嗜殺,且言天怒我殺人少,而殺降卒三千。太祖攻朱瑾,賀環馳救,擊敗之,降其卒三千。是日大風,揚沙蔽天,太祖曰:"天怒我殺人少耶!"盡殺降卒。李存孝出兵窺山東,三州赤地數千里,而不相救。孟方立以邢、洺、磁三州自爲昭義軍。晉數遣李存孝出兵以窺山東,三州之人俘掠殆盡,赤地數千里,無復耕桑者累年。方立以孤城自守,求救於梁,梁方東事兗、鄆,不能救也。然精於兵算,遣將受略,五日而下山東三州。晉兵出山東,攻相衛,太祖遣從周略地山東,五日而下三州,洺州、邢州、磁州。置銀槍效節軍。太祖與晉戰河北,乃以楊師厚爲招討使,悉領梁之勁兵,矜倨難制,復置銀槍效節軍。置落雁都。梁攻兗、鄆,鄆州朱瑾募驍勇,黔雙手號燕子都;太祖勇士數百人,號落雁都。又選富家子之材武者置帳前,號廳子都。干戈日尋,負大惡,逆民心,携貳弱子,與莊宗爲敵,此其所以亡也。

案:梁起於盜賊,值時之亂,擾竊神器,幸以有成。當是之時,環境之外,皆其至讎勍敵。李克用居河東,與之鏖戰,蓋三十餘年。李茂貞居鳳翔,被圍經歲,而不得食。朱瑾以勁騎奔淮南,楊行密據强兵王吳,王鎔王趙,羅紹威王魏,劉仁恭王燕,王師範節度青州。使合謀并力,連山東之卒,以擊其東,率關隴之衆,以攻其西,吳以江淮、荆襄之兵挫其南,趙以燕上之騎奪其北,四面并合,爲梁者蓋束手就虜耳,雖僅免於身而失之於子矣。

（宋）陳傅亮:《歷代兵制》卷七《五代》

朱高祖幼名温,後改名全忠。以功加封節度使,兼四鎮令公。如汴，□□高燭，既寢，驚中鬼聲甚惡，若不救者，左右□共扶□□方清醒，□左右嘆嗟。侍者謂曰："何故而驚魘也?"高祖曰："吾適夢中所見甚怪，不可卒語。"乃起坐，後且召敬翔而問焉。曰："我既寐，一若常時，升廳據案決事。有一錦衣金帶吏自外入，白吾曰：'有界吏來參見。'未久，有一人金冠而翠纓，朱衣綠履，立於庭下。錦衣吏抗聲曰：'天下城隍土地主周厚德參拜真人。'再拜乃去。少頃，有一僧牽一驢來，曰：'貧僧專來請令公齋。'其僧升廳，與吾對坐。吾夢中私念：'吾已建節作貴矣，又居重地，掌握精兵十五萬，而一僧敢召吾也?'吾乃謂僧曰：'爾何敢率易而請吾也。'其僧曰：'今日事又安得由令公哉！'乃起，而引吾衣曰：'便請行。'吾意大怒，欲呼左右擒僧，則為僧引下階。吾意曰：'若然，當召驥而去。'僧曰：'不用，自有乘騎。'乃抱吾上一驢，驢甚劣，意似南而去。驢行甚速，不久至一上臺，隆隆然，吾在臺，乘驢坐於臺上。而僧曰：'令公請坐，貧道去取齋食。'吾竟尤不樂，去而其僧不至。俄有猿猴百餘人，四面而來，升臺引吾衣而與吾體。吾大怒，連臂擊之。方鬥酣，吾怒益張，而揮臂猶擊，吾或一臂墮地，吾大呼，不覺睡覺。吾猶引手攔臂，方知臂存焉，而顧左右。待曉，召子而告，以吾察之，必非吉兆。每出兵尚忌見乎婦人僧人輩，乘驢墮臂之理，實非美事，子意如何?"翔俛首，少傾起而再拜曰："此乃大吉，神明先告，是以翔拜賀也。"高祖曰："何以言之，請子急解而明我。"翔曰："錦衣吏衣錦還鄉，榮之極也，廳下吏尚錦衣，即公之貴不言可知也；天下城隍土地來參，令公合為天下城隍土地也；僧乃是喜門中人，抱令公升驢者，登位也。南去上臺上者，高處面南稱尊像。猿猴之來，天下諸侯必與公爭戰；方鬥而墮臂者，獨權天下也。"高祖起，顧敬翔曰："若如君言，不敢相忘，交你措大作宰相。"由是高祖益有覬覦大器之意。

　　翌日，逼昭宗遷都，竟有望夷之禍焉，悲矣！

（宋）劉斧：《青瑣高議》別集卷七

　　梁高祖為宣武節帥，及受禪，乃升汴州為開封府，其詔曰："興王

之地,受命之邦。集大勛有異庶方,沾慶澤所宜加厚。故豐、沛著啓
祚之美,襄、鄧有建都之榮。用壯鴻基,且旌故里。"則汴州爲開封府
自朱梁時也。

(宋)吴處厚:《青箱雜記》卷八

梁太祖初兼四鎮,先主遣押衙潘岧持聘。岧飲酒一石不亂,每攀
謙飲,禮容益莊,梁祖愛之。飲酣,梁祖曰:"押衙能飲一盤器物乎?"
岧曰:"不敢。"乃簇在席器皿,次第注酌,岧並飲之。岧愈溫克,梁祖
謂其歸館,多應傾瀉困卧,俾人偵之。岧簪笋籇冠子,秤所得酒器,滌
而藏之。他日,又遣押衙鄭頊持聘,梁祖問以劍閣道路,頊極言危峻。
梁祖曰:"賢主人何以過得?"頊對曰:"若不上聞,恐誤令公軍機。"梁
祖大笑,此亦近代使令之美者也。

(五代)孫光憲:《北夢瑣言》卷一六《蜀使洪飲》

梁開平中,潞州軍前李思安奏:"壺關縣庶穰鄉人因伐樹倒,分爲
兩片,内有六字,皆如左書,曰'天四十載石進'。"乃圖其狀以獻。仍
付史館。爾後唐莊宗皇帝自晉王登位,以爲應之。中間石氏自并門
受國,稱晉朝,湖南馬希範解釋此字表聞焉。

(五代)孫光憲:《北夢瑣言》卷一六《木中異文》

朱全忠嘗與僚友及游客,坐於大柳之下。全忠獨言曰:"此木
宜爲車轂。"衆莫應。有游客數人起應曰:"宜爲車轂。"全忠勃然厲
聲曰:"書生輩好順口玩人,皆此類也。車轂宜用夾榆,柳木豈可爲
之!"顧左右曰:"尚何待?"左右數十人捽言宜爲車轂者,悉撲殺之。
予觀唐太宗惡宇文士及佞其喜嘉木,太宗英主,固宜爾。彼全忠一
凶人,猶知以順旨爲可殺,而世之小人,方以阿諛爲保身之良策,
何哉。

(宋)吴曾:《能改齋漫録》卷一○

梁祖常言於昭皇："趙崇是輕薄團頭，於鄂州座上，佯不識駱駝，呼爲山驢王。"遂阻三事之拜。此亦挫韓偓也。

（宋）錢易：《南部新書》甲

梁太祖問吳越進奏吏曰："錢公有所好乎？"吏曰："好玉帶名馬。"太祖喜曰："真英雄也。"乃以玉帶一匣、打球御馬十匹賜之。

（宋）葉寘：《愛日齋叢抄》卷二

五代梁太祖微時，嘗備力徐州蕭縣人劉崇家。及即位，召崇爲商州刺史。崇之母撫梁祖有恩，梁祖號爲"國婆"。

（宋）馬永易：《實賓錄》卷三

梁祖朱溫，子郴王友裕，早卒。郢王友珪，以弒逆被誅。養子博王友文，爲友珪矯殺。均王友貞，嗣位，是爲末帝，唐兵入，自殺於建國樓。康王友孜，末帝時先以謀反誅。賀王友雍，福王友璋，建王友徽，歐史謂此三人不知所終，薛史亦不載其卒，而王禹偁《五代史闕文》謂唐莊宗入，盡誅朱氏，則友璋等皆被殺也。《通鑒》則謂唐師將至，末帝疑兄弟乘危謀亂，盡殺之。是梁祖後無子孫也。唐武皇李克用有子落落及廷鸞，洹水、晉州二戰，皆爲梁所擒殺，見於《梁本紀》，而薛史《宗室傳》、歐史《家人傳》俱不載。其見於二史者，長子莊宗存勗，爲郭從謙所弒。睦王存義，以郭崇韜婿，先爲莊宗所殺。永王存霸，申王存渥，國變後俱逃太原，爲軍士所殺。通王存確，雅王存紀，爲霍彥威所殺。惟邕王存美，薛王存禮，薛史謂皆不知所終，《通鑒》則謂存美以病風偏枯，得免，居於晉陽，是武皇后僅存一廢疾之子也。莊宗子魏王繼岌，聞莊宗之變，自縊死。繼潼、繼嵩、繼蟾、繼嶢，薛史謂並不知所終。惟《清異錄》謂唐福慶公主下降孟知祥，莊宗諸子削髮爲僧，間道走蜀，知祥以公主之任，厚待之，則莊宗子有延於蜀者。明宗長子從審，莊宗改爲繼璟，爲元行欽所殺。次秦王從榮，以率兵入宮，爲安從益所殺。宋王從厚，即位，是爲愍帝，失國後以酖死。從璨，先以戲登御榻，爲安重誨陷死。許王從益，廢居於洛，契丹主北歸，蕭翰令知南朝軍國事，漢祖入洛，賜死。愍帝有子重哲，見《明宗紀》，而薛、歐二史皆無傳，蓋亦不知所終。是明宗後無子孫也。廢帝長子重吉，爲愍帝所殺。次雍王重美，同廢帝自焚死。是廢帝後無子孫也。晉高祖子剡王重胤，本高祖弟，養爲子。虢王重英，皆高祖起兵時，爲唐廢帝所誅。楚王重信、壽王重（義）〔乂〕，皆爲張從賓所殺。齊王重貴嗣位，本高祖兄敬儒子。是爲出帝，後降契丹北遷。夔王重進、陳王重杲，早卒。少子重睿，從出帝北遷。重信有二子，及出帝子延寶、延煦，皆隨北遷，不知所終。是晉帝後亦無子孫在中國也。漢祖長子魏王承訓，先卒。次承祐，嗣位，是爲隱帝，爲郭允明所弒。次陳王承勛，以廢疾不得立，廣順初卒。是漢祖後無子孫也。周祖起兵於鄴，漢以兵圍其京邸，子青哥、意哥皆被誅。是周祖後無子孫也。世宗以養子嗣位，其子宜哥、喜哥、三哥，先在京邸，同爲漢所誅。次恭帝，遜位於宋。次熙謹，宋乾德二年卒。次熙讓、熙誨，不知所終。而恭帝遜位後，又十四年而殂。周子孫封崇義公，歷宋三百餘年，世襲不替，比於諸帝獨幸矣。

（清）趙翼撰，王樹民校證：
《廿二史劄記校證》卷二二《五代諸帝皆無後》

貞明末，帝夜於寢間擒刺客，乃康王友孜所遣。帝自戮之，造雲母匣貯所用劍，名匣曰護聖將軍之館。

（宋）陶穀：《清異録》卷下《護聖將軍》

唐昭宗爲朱全忠劫遷洛陽，至陝，以何皇后臨蓐，留青蓮佛寺行宮，全忠怒逼行甚急。今寺中佛坐蓮花葉上，有當時宮人書“願皇后早降生”，墨色如新。

（宋）邵博：《邵氏聞見後録》卷二六

五代史《寇彦謙傳》：“朱全忠迫遷昭宗於洛陽，昭宗顧瞻陵廟，彷徨不忍去,謂其左右爲俚語云:'絃干山頭凍死雀,何不飛去生處樂?'相與泣下沾襟。"餘以干字非是。蓋酈元水經注曰:"絃真山,冬夏積雪,鳥雀死者,一日千數。"故絃干爲無據。

(宋)吴曾:《能改齋漫録》卷三

昭宗丁不可爲之時,遭無所立之地,人戲上尊號曰"避賢招難存三奉五皇帝"。蓋帝常曰:"朕東西所至,禍難隨之,願避賢者路。"三謂三主,帝后及楊柳昭儀,五謂全忠、行瑜、克用、茂貞、韓建。

(宋)陶穀:《清異録》卷上《避賢招難存三奉五皇帝》

全忠殺昭宗,方醉臥,遽起,單衣遶柱走,追而弒之。晉王北遷,自采木實草葉食之。馮后陰令左右求毒藥,欲與晉王俱自殺,不果。嗚呼! 君天下,得其道,則富有四海;失其道,求爲匹夫而不得,况妻子乎? 哀哉!

(宋)陳世崇:《隨隱漫録》卷二

(2) 後唐

後唐太祖武帝,本姓朱耶氏,其先隴右金城人也。始祖拔野,唐貞觀中爲墨離軍使,從太宗討高麗、薛延陁有功,爲金方道副都護,因家於瓜州。太宗平薛延陁諸部,於安西、北庭置都護以屬之。分同羅、僕骨之人,置沙陁都督府,蓋北庭有磧曰沙陁,故因以爲名焉。永徽中,以拔野爲都督,其後子孫五世相承。曾祖盡忠,貞元中繼爲沙陁府都督。既而爲吐蕃所陷,乃舉其族七千帳徙於甘州。盡忠尋率部衆三萬東奔,俄而吐蕃追兵大至,盡忠戰没。祖執宜,即盡忠之長子也,收合餘衆,至於靈州,德宗命爲陰山府都督。元和初,入爲金吾將軍,遷蔚州刺史、代北行營招撫使。莊宗即位,追謚爲昭烈皇帝,廟號懿祖。烈考國昌,本名赤心,仕唐朔州刺史。咸通中,討龐勛有功,入爲金吾上將軍,賜姓李氏,名國昌,仍係鄭王一房。出爲振武節度使,尋爲吐蕃所襲,退保於神武川。及武皇鎮太原,表爲代北軍節度使。中和三年薨,莊宗即位,追謚爲文皇帝,廟號獻祖。太祖,即獻祖之第三子也,母曰秦氏。仕唐爲河東節度使,累封晉王。天祐四年,唐哀帝已禪於梁,改元開平,而太祖猶稱天祐,至五年,薨,年五十三。長子嗣晉王位,是爲莊宗。同光初,追謚爲武皇帝,廟號太祖。莊宗母曰貞簡曹皇后。天祐二十年,即皇帝位於鄴都。其年平梁,在位四年,年四十三。蕃漢馬步總管李嗣源爲三軍所立,百僚勸進,是爲明宗。明宗北代人,生於應州之金城縣,世事太祖,及其賜姓也,遂編入屬籍。四代祖聿,贈麟州刺史,天成初,追尊爲孝恭皇帝,廟號惠祖。曾祖敖,贈朔州刺史,追尊爲孝質皇帝,廟號毅祖。祖琰,贈蔚州刺史,追尊爲孝靖皇帝,廟號烈祖。考霓,贈汾州刺史,追尊爲孝成皇帝。初,孝成事獻祖,爲愛將。獻祖之失振武,爲吐渾所攻,部下離散,孝成獨奮忠義,解蔚州之圍。明宗即孝成之元子,母曰劉氏,追尊孝成懿皇后。在位八年,年六十七。第三子宋王立,是爲愍帝,母曰昭懿皇后,在位百五十日,出奔於衛州。太后令降爲鄂王,薨,年二十一。明宗養子潞王立,是爲末帝,姓王氏,鎮州人,母曰宣憲魏皇后。在位三年,年五十三,晉高祖入洛,自焚。後唐自莊宗癸未歲建國至末帝丙申,凡三代,四主,十四年。

(宋)王欽若等編纂:《册府元龜》卷一《帝王部》

朱耶赤心者,或云:"其先塞上人,多以騎獵爲業。胡人三十輩於大山中,見飛鳥甚衆,鵲鳩於一谷中。衆胡就之,見一小兒,約纔二歲已來,衆鳥銜果實而飼之。衆胡異之,遂收而衆遞養之。成長求姓,衆云諸人共育得大,遂以諸耶爲姓。"言朱耶者,訛也。

(宋)錢易:《南部新書》癸

某嘗考彼部,自唐僖宗時,從朱耶赤心討叛勛,蓋咸通之九年、十年也。朱耶赤心,即五代唐莊宗之祖,曰李國昌。其後李鴉兒,又以彼兵復京師,則其鷙悍殘忍,於今三百四五十年矣。事會之來,無有終極,百餘載間,滅遼滅金,而今茲又將滅彼,伏惟飛輓之暇,所以討論其故者,詳某輒贅言之,以裨幕府末議。

(宋)佚名:《翰苑新書》別集卷四

河東李克用,其先回紇部人,世爲蕃中大酋,受唐朝官職。太宗於北方沙陀磧立沙陀府,以招集降户。後克用祖朱邪執宜與其父曾依吐蕃。背吐蕃歸朝,德宗於鹽州置陰山府,以執宜爲都督。後遷於神武川黄花堆之别墅,即今應州是也。執宜生赤心,以討徐州龐勛功,賜國姓並名,號李國昌。懿宗問其先世所出,云本隴西金城人,依寓吐蕃。帝曰:"我先與汝同鄉里。"敕令編籍鄭王房。始爲雲州大同軍節度,次授鄜延、振武、代北三節度,其侄克讓爲羽林將軍。其子克用最聞名,以破黄巢功,爲太原節度使。子存勖平梁、蜀,奄有中原,追尊執宜號懿祖,國昌號獻祖,克用號太祖皇帝。太祖在姙十三月,載誕之夕,母后甚危,令族人市藥於雁門,遇神人,教以率部人被介持旌,擊鉦鼓,躍馬大譟,環所居三周而止,果如所教而生。是日,虹光燭室,白氣充庭,井水暴溢。及能言,喜道軍旅。年十二三,能連射雙鳥,至於樹葉鍼鋒馬鞭,皆能中之。曾於新城北以酒酹毗沙門天王塑像,請與僕交談。天王被甲持矛,隱隱出於壁間。或所居帳内,時如火聚;或有龍形,人皆異之。嘗隨獻祖征龐勛,臨陣出没如神,號爲"飛虎子"。眇一目,時號"獨眼龍",功業磊落,不可盡述。或云"睛邪",非眇也。

(五代)孫光憲:《北夢瑣言》卷一七《朱邪先代》

後唐太祖在姙十三月,生時虹光照室,白氣充庭。

(宋)謝維新:《古今合璧事類備要》後集卷一

後唐太祖嘗隨火征龐勛,臨陣出没如神,號爲"火龍子"。

(宋)錢易:《南部新書》癸

唐李克用年十五從征,摧鋒陷陣,出諸將之右,軍中目爲"飛虎子”。

（宋）馬永易：《實賓錄》卷八

五代後唐李克用少驍勇，善騎射，軍中號曰“李鴉兒”。黃巢陷京師，克用舉兵赴難，進屯乾坑。巢驚曰：“鴉兒至矣！”京師平，克用功第一。

（宋）馬永易：《實賓錄》卷八

五代李克用，懸針於木上，或立馬鞭，越百步射之，百發百中。

（明）彭大翼：《山堂肆考》卷一八二

唐太原李克用，既平黃巢。楊復光捷布曰：“克用殺賊無非手刃，入陣率以身先，可謂雄才，得名飛將。”

（宋）馬永易：《實賓錄》卷一

後唐武皇，議欲修好於梁祖，命李襲吉爲書云：“毒手尊拳交相於暮夜，金戈鐵馬蹂踐於明時。”梁祖曰：“李公斗絕一隅，安得此文士，如吾之智算，得襲吉之筆才，如虎傅翼矣。”

（宋）孔平仲：《續世說》卷二

後唐明宗從武皇與葛從周戰，徑犯其陣，奮擊如神，梁軍退去。明宗四中流矢，血流被服。武皇解衣授藥，手賜卮酒，撫其背曰：“吾兒神人也！微吾兒。”幾爲從周所笑。

（宋）孔平仲：《續世說》卷五

唐李克用以沙陀唐德宗時有朱邪盡忠者，居於北庭之金滿州，其子執宜歸唐，號沙陀軍。執宜子國昌，國昌子克用。因黃巢之亂，有功於王室。巢陷京師，中和二年，克用以步兵萬七千來赴，敗巢，橫尸三十里，京師平，克用功第一。至張濬之戰，殺戮酷矣。大順元年，朱全忠及宰相張濬等請討克用，戰於陰地。濬軍三戰三敗，克用掠至河中，赤地千里。天復初，爲梁所困，鋒銳亦衰，僅保一隅。比莊宗嗣位，當時之兵，楊行密號黑雲都，楊行密據廬州，收兵數千，以皂衣蒙身，號黑雲都。劉仁恭號定霸都。梁攻滄州，劉仁恭調其境內，凡年十五以上，七十以下，皆文其面，曰"定霸都"。而麾下諸將，皆老於行陣，與武皇齊駕並驅之人，莊宗皆能養之以恩，抑之以氣，遂服其心。從定山東，取漁陽，兼魏博，置帳前銀槍都。楊師厚卒，梁以魏博兵强，欲分爲兩鎮，魏兵不願，縱火大掠。效節軍校張彥逼賀德倫求援於晉，晉王軍於臨清，張彥選效節銀槍軍五百人自衛，謁晉王。王以其陵脅主帥，誅之，即以其卒爲帳前銀槍都。然楊劉短兵之戰，不其危乎！王彥章破德勝，唐軍東保楊劉，彥章圍之。莊宗引短兵出戰，爲彥章伏兵所射，大敗。遣繼岌伐蜀，凡七十五日，蜀王衍降，兵不血刃，誠用兵之最易也。弃鄆之舉，非郭崇韜幾失之。從鄆入汴，八日而滅梁焉。唐自失德勝，梁兵日掠澶、相，諸將皆曰："不若弃鄆與梁，西取黎陽，以河爲界。"莊宗問崇韜，對曰："臣自康延孝來，盡得梁之虛實矣，此天亡之時，願陛下分兵守魏，固楊劉而自鄆長驅搗其巢穴，不出半月，天下定矣。"莊宗夜度楊劉，從鄆入襲汴，八日而滅梁。明宗以所將騎五百號橫冲都。進擊葛從周，由是李橫冲名重四方。以"肥戰馬，瘠吾人"爲愧。明宗問范延光馬數幾何？對曰："三萬五千。"明宗嘆曰："太祖在太原時，不過七千，莊宗取河北，與梁戰河上，馬才萬匹。今有三萬五千，馬多奈何。"延光曰："一馬之費，可養步卒五人，三萬五千匹馬，十五萬人之食也。"明宗曰："肥戰馬而瘠吾人，吾所愧也。"而敗契丹，殺戍軍之暴，何其甚耶！定州王都反，晏球爲招討使，契丹遣托諾將萬騎救都，晏球敗之，橫尸弃甲六十餘里。明宗遣烏震往代房知溫，知溫誘殺之。軍亂，知溫又以騎兵盡殺亂者。明宗詔悉誅其家屬，魏州九指揮三千餘家，數萬口，驅至德水上殺之，漳水爲之變色。

　　案：歐陽公史論云："朱邪，部族之號耳；沙陀者，大磧也。"至盡忠孫，始賜姓李氏，後代遂以沙陀爲貴。然克用以朱邪之裔，奄踐汾晉，莊宗襲位，與梁對壘河上，卒之朱氏失國。既登大位，日與群伶俳戲，劉后喜聚斂而饑其師，郭崇韜以勛舊見戮，曾未三年，遽取顛覆。清泰間，呂琦言石敬瑭必以契丹爲援，卒立晉者，契丹也。使帝能從其言，亦可以紓禍，惜其莫之能用，才十年而易四姓，禍亂極矣。

（宋）陳傅亮：《歷代兵制》卷七

後唐莊宗光聖神閔孝皇帝,其先沙陀人,唐賜姓李氏,名存勖,武帝之子。以癸未即皇帝位,滅梁,在位四年。丙戌兵亂,中流矢崩,壽四十二。

改元一。同光四。

明宗聖德和武欽孝皇帝,代北金鳳城人,姓李氏,名亶。以丙戌嗣立,在位八年。癸巳崩,壽六十七。

改元二。天成四。長興四。

愍帝,名從厚,明宗第三子,封宋王。癸巳嗣立,甲午,潞王兵入汴,廢之而自立,遇害,壽二十一。

改元一。應順。

廢帝,名從珂,本姓王氏,明宗養爲子,封潞王。以甲午廢閔帝即位,三年。丙申,石敬瑭舉兵犯闕,帝兵敗,自焚死,壽五十二。

改元一。清泰三。

右,後唐四帝,共十四年,首癸未,盡丙申。

(元)馬端臨:《文獻通考》卷二五〇《帝系考一》

唐莊宗時,禁旅王慶乞叙功賞,曰:"侍從濟河日,臣係第一隊入汴,又屬前鋒,乞遷補。"莊宗頷之。他日又言,亦不納。李嗣源亦言其勞,莊宗曰:"知慶薄有功,但每見慶則憤然,安得更有賜與之意?"因舉唐太宗詩曰:"待予心肯日,是汝運通時。"夫主天下生靈賞罰之柄,而所言如此,則進退誠有命也。

(清)王士禎、鄭方坤:《五代詩話》卷一

莊宗公子時,雅好音律,又能自撰曲子詞。其後凡用軍,皆以所撰詞授之,使揚聲而唱,謂之御制。至於入陣,不論勝負,馬頭纔轉,則衆齊作,故人忘其死。斯亦用軍之一奇也。

(清)王士禎、鄭方坤:《五代詩話》卷一

同光二年二月癸酉,"群臣上尊號曰昭文睿武光孝皇帝",薛史

"睿武"下多"至德"二字,此當時實事也。歐公乃加删削,則何以傳信乎? 大約歐史此類非一,不能枚舉。

(清)王鳴盛:《十七史商榷》卷九四《尊號删削》

唐閔帝,明宗之子,據薛史,乃晉高祖即位後所補謚。本紀内此字凡數見,甚明析,而《末帝紀》中又屢見之,確然無疑,而歐史改爲愍帝,原歐意,當因唐莊宗謚爲光聖神閔孝皇帝,嫌復閔字,遂率意改之,但《説文》卷十下《心部》:"愍,痛也。從心,敃聲。"卷十二上《門部》:"閔,吊者在門也。從門,文聲。"二字判然不同,何得輒改? 改之則失實矣。《通鑑》雖不爲閔帝作紀,但附見其事,然亦作"閔"。王溥《五代會要》第一卷《帝號》同。至後唐廢帝,薛史本作末帝,《五代會要》同。考陳振孫《書録解題》有張昭等撰《後唐廢帝實録》十七卷,係周世宗時所修。若果彼時已稱廢帝,則後來王溥、薛居正何苦必改爲末帝,反使其與梁末帝相混。王溥、薛居正一輩人,誠實謙退,必無此事,必是歐公所改。陳振孫係宋南渡後微末小儒,震駭大名,反改張昭原稱末帝者,以就歐稱廢帝耳。至《宋史》出元季陋儒手,《藝文志》作"愍帝""廢帝",更無怪矣。晉出帝,薛史作"少帝",《五代會要》同。歐以其爲契丹所虜,援周衛輒及魯哀公號出公之例改之。

《通鑑》於被弑或失國者,輒降稱王、公,如劉宋少帝,改稱營陽王,後廢帝改稱蒼梧王,陳廢帝改稱臨海王,後主改稱長城公之類,此等本是帝,何以降爲王、公。又如五代梁末帝則仍稱均王,後唐廢帝則仍稱潞王,晉少帝則仍稱齊王,皆復其初封之王號,恐皆非是。

《通鑑》第二百七十九卷考異引《閔帝實録》,作閔,又引寶貞固《晉高祖實録》、蘇逢吉《漢高祖實録》,則又稱爲"少帝"。要之,《閔帝實録》最在前,當從之。

(清)王鳴盛:《十七史商榷》卷九四《閔帝改愍》

後唐太祖爲晉王,天復元年六月,以汴寇方盛,難以兵伏,佯降心以緩其謀，乃遣牙將張特持帛馬書檄以諭之，陳當時利害，請復舊好。

（宋）王欽若等編纂：《册府元龜》卷四五《帝王部》

後唐太祖武皇帝，獻祖第三子。獻祖以上事具《帝王·帝系門》。少爲雲中守捉使。唐僖宗乾符三年，段文楚爲代北水陸發運、雲州防禦使，時歲薦饑，文楚稍削軍食，諸軍咸怨。帝部下爭訴以軍食不充，邊校程懷素、王行審、蓋寓、李存璋、薛鐵山、康君立等即擁帝入雲州，衆且萬人，營於鬥雞臺，城中械文楚出，以應於外。諸將列狀以聞，請授帝旄鉞，朝廷不允，徵諸道兵以討之。五年，黄巢渡江，其勢滋蔓，天子乃悟其事，以帝爲大同軍節度使、檢校工部尚書。是歲，獻祖以振武軍節度使出師討党項，會吐渾赫連鐸乘虚陷振武，舉族爲吐渾所虜。帝至，定邊軍迎獻祖歸雲州，雲州守將拒關不納。帝掠蔚、朔之地，得三千人，屯神武川之新城。赫連鐸晝夜攻圍，帝昆弟三人四面應賊，俄而獻祖自蔚州引軍至，吐渾退走，自是軍勢復振。天子以赫連鐸爲大同軍節度使，進軍以討。六年春，又以昭義節度使李鈞充北面招討使，將上黨、太原之師過石嶺關，屯於代州，與幽州李可舉會赫連鐸同攻蔚州。獻祖以一軍禦之，帝以一軍南抵遮虜城以拒李鈞。鈞中流矢而卒。廣明元年春，天子復命元帥李涿率兵數萬屯代州，獻祖戰不利，乃率其族奔於轄轕部。是歲十一月，黄巢寇潼關，天子令河東監將陳思景爲代北起軍使，收兵破賊。十二月，黄巢犯長安，僖宗幸蜀，思景與李友金發沙陀諸部五千騎南赴京師。友金即帝之族父也。中和元年二月，友金軍至絳州，將渡河，刺史瞿稹謂陳景思曰：“巢賊方盛，不如且還代北，徐圖利害。”四月，友金軍雁門。瞿稹至代州，半月之間，募兵三萬，營於崞縣之西。其軍皆北邊五部之衆，不閑軍法，瞿稹、友金不能制。友金謂景思曰：“舉大衆，成大事，當威明素著，則可以服人。今軍雖數萬，苟無善帥，進亦無功。吾兄李司徒父子，去歲於國家獲罪，今寄北郡，雄武之略，爲衆所推。若驃騎急奏召還，代北之人一麾響應，則妖賊可平也。”景思然之，促奏行在。天子乃以帝爲雁門節度使，仍令以本軍討賊。友金發五百騎賣詔召帝於

韃靼,帝即率韃靼諸部趨雁門。五月,整兵二萬,南嚮京師。太原鄭
從讜以兵守石嶺關,帝乃引軍出他道,至太原城,會大雨,班師於雁
門。二年十月,帝率忻、代、蔚、朔、韃靼之軍三萬五千騎赴難於京師。
十二月,至河中。三年正月,諸道都統王鐸承制授帝東北面行營都
統。帝令弟克修領前鋒五百騎渡河視賊,黃巢遣將米重威賫重賂及
僞詔以奉帝,帝納其賂以給諸將,燔其僞詔。以兵自夏陽濟河。二
月,營於乾坑店。黃巢大將尚讓、林言、王璠、趙璋等引軍十五萬屯於
梁田坡。翌日,大軍合戰,自午及晡,巢賊大敗。是夜,賊衆遁據華
州。帝進軍圍之,巢弟黃鄴、黃揆固守。三月,尚讓引大軍赴援,帝率
兵萬餘逆戰於零口,巢軍大敗,帝進軍滑橋。翌日,黃揆弃華州而遁。
四月,黃巢燔長安,收其餘衆,東走藍田關。帝進收京師。七月,天子
授帝金紫光禄大夫、檢校左僕射、河東節度使,時年二十有八。十一
月,平潞州,表其弟克修爲昭義軍節度使。潞帥孟方立退保於邢州。
十二月,許帥田從異、汴帥朱温、徐帥時溥、陳州刺史趙犨各遣使來
告,以巢、蔡合從,凶鋒尚熾,請帝共力討賊。四年四月,帝帥蕃漢之
師萬五千,合徐、汴之師破尚讓於太康,斬獲萬計,進攻賊於西華,賊
將黃鄴弃營而遁。帝引軍營於中牟,大破賊於王滿渡。巢賊大至,濟
汴而北。帝渡汴,遇賊將渡而南,半濟擊之,大敗。殘衆保於胙縣、冤
句。大軍躪之,黃巢乃携妻子兄弟千餘人東走。帝追賊至於曹州。
還至汴,汴帥朱温館於上源驛,夜將圖之,帝縋城而出。事具《帝王·神
助門》。光啓二年三月,幽州李可舉、鎮州王景崇連兵寇定州,節度使
王處存求援於帝,帝遣大將康君立、安老老、薛可、敦啜率兵赴之。五
月,鎮人攻無極,帝親領兵救之。鎮人退保新城,武皇攻之,斬首萬餘
級,獲馬千匹。王處存亦敗燕軍於易州。十一月,河中王重榮遣使來
乞師,且言邠州朱玫、鳳翔府李昌符將加兵於己。初,帝與汴人構怨,
前後八表,請削奪汴帥官爵,自以本軍進討。天子累遣内臣楊復恭宣
旨,令且全大體,帝不時奉詔,天子頗任汴帥。時觀軍容使田令孜君
側擅權,惡王重榮與帝膠固,將離其勢,乃移重榮於定州。重榮告於
帝,帝上章言:"李昌符、朱玫挾邪忌正,黨庇朱温。臣已點檢蕃漢軍

五萬,取來年渡河,先斬朱玫、李昌符,然後平蕩朱溫。"天子覽表,遣使譬喻百端,軺傳相望。既而朱玫引邠、鳳之師攻河中,王重榮出師拒戰朱玫於沙苑,對壘月餘。十二月,帝引軍渡河,與朱玫決戰,玫大敗,收軍夜遁,入於京師。時京師大駭,天子幸鳳翔,帝退軍於河中。二年正月,僖宗南幸興元,朱玫於鳳翔立嗣襄王熅爲帝,以僞詔賜帝,帝燔之,械其使,馳檄諸方鎮,遣使奉表於行在。九月,武皇遣昭義節度使李克修討孟方立於邢州,大敗方立之衆於焦岡,斬首數千級。以大將安金俊爲邢州刺史,以撫其降人。十月,進攻邢州,邢人出戰,又敗之。三年六月,河中節度使王重榮爲部將常行儒所殺,帝表重榮兄重盈爲帥。文德元年二月,僖宗自興元還京。三月,昭宗即位,以帝爲開府儀同三司、檢校太師兼侍中、隴西郡王。十月,邢州孟方立遣奚忠信將兵三萬寇遼州,帝大破之,斬首萬級。大順元年,遣李存孝攻邢州,孟遷以邢、洺、磁三州降,執汴將王虔裕三百人以獻。帝徙孟遷於太原,以安金俊爲邢洺團練使。三月,帝攻雲州,拔其東城。赫連鐸求援於燕,燕帥李康威將兵三萬以赴之,戰於城下,燕軍大敗。康威與雲州赫連鐸及汴帥協謀,連上表請加兵於帝。六月,天子削奪帝官爵,以宰相張濬爲招討使,以京兆尹孫揆爲副,華州韓建爲行營都虞候,以汴帥爲河東東面招討使,李康威河東北面招討使,赫連鐸爲副。汴將朱友裕將兵屯晉、絳,時汴軍已據潞州,又遣大將李讜等率軍數萬,急攻澤州,帝遣李存孝自潞州將三千騎以援之。汴將鄧季筠以一軍犯陣,存孝進擊,擒其都將十數人,獲馬千餘匹。是夜,李讜收軍而退,大軍掩擊至馬牢關,斬首萬餘級,追襲至懷州而還。存孝復引軍攻潞州。九月,汴將葛從周弃潞州而遁,帝以康君立爲潞州節度使。十月,張濬之師入晉州,游軍至汾、隰。帝遣薛鐵山、李承嗣將騎三千出陰地關,營於洪洞,遣李存孝將兵五千營於趙城。華州韓建以壯士三百人宵犯存孝之營,存孝追擊,直壓晉州西門,張濬之師出戰,爲存孝所敗,自是閉壁不出。存孝引軍攻絳州。十二月,晉州刺史張行恭弃城而奔,韓建、張濬由含山路遁去。二年正月,帝上章申理,其略曰:"臣今身無官爵,名是罪人,不敢歸陛下藩方,且欲於河中

寄寓。進退行止，伏候聖裁。"天子尋就加守中書令。是月，魏博爲汴
將葛從周所寇，節度使羅弘信遣使來求援，帝出師以赴之。三月，邢
州節度使安知建叛，奔青州。天子以知建爲神武統軍，自棣州泝河歸
朝。鄆州朱瑄邀斬於河上，傳首晉陽。以李存孝爲邢州節度使。四
月，帝大舉兵討赫連鐸於雲州。七月，平之。邢州節度使李存孝以鎮
州王鎔托附汴人，謀亂河朔，北連燕寇，請乘雲、代之捷，平定燕趙，帝
然之。八月，大蒐於晉陽，遂南巡澤、潞，略地懷、孟，河陽趙克裕望風
送款，請修鄰好。九月，蒐於邢州。十月，李存孝董前軍攻臨城，鎮人
五萬營於臨城西北龍尾岡。帝令李存審、存質以步軍攻之，鎮人大
敗，殺獲萬計，拔臨城，進攻元氏。幽州李康威以步騎五萬營於鄗邑，
以援鎮州。帝分兵大掠，旋軍邢州。景福元年正月，鎮州王鎔恃燕人
之援，率兵十餘萬攻邢州之堯山。帝遣李存信、李嗣勛、李存審將兵
援之，大破燕、趙之衆，斬首三萬，收其軍實。三月，帝進軍渡滹沱，攻
欒城，下鼓城、稿城。八月，赫連鐸誘幽州李康威之衆八萬，寇天成
軍，遂攻雲州，營於州北，連亘數里。帝潛軍入於雲州，詰旦，出騎軍
以擊，斬獲數萬，李康威燒營而遁。乾寧元年十二月，帝攻媯州。壬
子，燕兵復合，入居庸關拒戰，帝命精騎以疲之，令步將李存審由他道
擊之，自午至晡，燕軍復敗。李儔携其族弃城而遁，將之滄州，隨行輜
車、臧獲、妓妾甚衆。滄帥盧彥威利其貨，以兵攻儔於景城，殺之，盡
虜其衆。丙辰，進軍幽州，其守城大將請降，帝令李存審與劉文恭入
城撫勞。三年六月，表三帥之罪，復移檄三鎮，三鎮大懼。是月，次絳
州，刺史王瑤登陴拒命，帝攻之，旬日而拔，斬瑤於軍門，誅其黨千餘
人。七月，次河中，王珂迎謁於路。同州節度使王行約弃城奔京師。
右軍指揮使李繼鵬，茂貞假子也，劫天子幸鳳翔。左軍指揮使王行
實，行瑜弟也，劫天子幸邠州。又行瑜、茂貞聲言自來迎駕，天子遂幸
南山，駐蹕於莎城。帝遣判官王環奉表奔問，天子遣使賜詔，令與王
珂討邠、鳳。時帝方攻華州，俄聞李茂貞領兵三萬至盩厔，王行瑜領
兵至興平，欲往石門迎駕，乃解華州之圍，進營渭橋。天子遣延王戒
丕及丹王允賚詔，促兵直抵邠、鳳。八月，帝進營渭北，遣史儼將三千

騎往石門扈駕,遣李存信、李存審會郾、延之兵攻行瑜之梨園寨。天子削奪行瑜官爵,以帝爲天下兵馬都招討。天子還宮,加帝守太師、中書令、邠寧四面行營都統。時王行瑜弟兄固守梨園寨,帝攻之甚急。又表李罕之爲副都統。十月,李存信於梨園寨北遇賊軍,斬首千餘級,自是賊閉壁不出。帝令李罕之晝夜急攻,賊軍乏食,拔營而去。李存信與罕之等先伏軍於阨路,俟賊軍至,縱軍擊之,殺戮萬計。是日,收梨園等三寨,生擒行瑜之子知進,並冊丘氏、大將李元福等二百人,送赴闕庭。十一月,收龍泉寨。時行瑜以精甲五千守之,李茂貞出兵來援,爲李罕之所敗,邠賊遂弃龍泉寨而去。行瑜復入邠州,大軍進逼其城,行瑜弃城而遁。帝收其城,封府庫,遂以捷聞。既而慶州奏,王行瑜將家屬五百人到州界,爲部下所殺,傳首闕下。帝既平行瑜,還軍渭北。十二月,天子賜號忠貞平難功臣,進封晉王,加實封二百户。帝復上表請討李茂貞,天子不允,遂班師。光化元年正月,鳳翔李茂貞、華州韓建皆致書於帝,乞修和好,同獎王室,兼乞助丁匠修繕秦宮,帝許之。四月,汴將葛從周寇邢、洺、磁等州,旬日之内,三州連陷。二年三月,從周自土門陷承天軍,又陷遼州。三年十月,遣李嗣昭率步騎三萬攻懷州,下之。天復元年正月,汴將張存敬攻陷晉、絳二州。三月,汴師自大梁至河中,王珂出迎。天子以汴帥兼鎮河中。帝自是不復能援京師,霸業中否。天祐三年九月,遣周德威、李嗣昭合燕軍三萬以攻澤、潞。十二月,潞州節度使丁會開門迎降。四年四月,哀帝禪位於汴帥。五月,梁祖遣其將康懷英率兵十萬圍潞州,築壘環城。帝遣周德威將兵赴援,梁祖以懷英無功,乃以李思安代之。是歲,西川王建遣吏至,勸帝各王一方,俟破賊之後,訪唐朝宗室以嗣帝位,然後各歸藩守。帝不從。以書報之曰:"竊念本朝屯否,巨蘗淪胥,攀鼎駕以長違,撫彤弓而自咎。默默終古,悠悠蒼生,遭此厲階,永爲痛毒,視横流而莫救,徒誓楫以興言。別捧函題,過垂獎諭,省覽周既,駭惕異常。泪下霑衿,倍鬱申胥之素;汗流浹背,如聞蔣濟之言。僕經事兩朝,受恩三代,位叨將相,籍係宗枝,賜鈇鉞以專征,徵包茅而問罪。麈兵接戰,二十餘年,竟未能斬新莽之頭顱,斷蚩尤之肩髀,以至廟朝顛覆,豺虎縱横,且受任分憂,叨榮冒寵，龜玉毀櫝，誰之咎歟！備閱指陳，不勝慚恧。然則君臣無常位，陵谷有變遷，或篝塞長河，泥封函谷，時移事改，理有萬殊。即如周末虎争，魏初鼎據。孫權父子，不顯授於漢恩；劉備君臣，自微興於涿郡。得之不謀於家世，失之無損於功名，適當逐鹿之秋，可靳華蟲之服。唯僕累朝席寵，奕世輸忠，忝佩訓詞，粗存家法。善博弈者唯先守道，治蹊田者不可奪牛。誓於此生，靡敢失節，仰憑廟勝，盡殄寇讎。如其事與願違，則共臧洪游於地下，亦無恨矣。唯公社稷元勛，華嵩降祉，鎮九州之上地，負一代之宏才，合於此時，自求多福。所承良訊，非僕深心，天下其謂我何，有國非吾節也。懁懁孤懇，此不盡陳。"同光初，莊宗即位，追尊號曰武皇帝，廟曰太祖。

（宋）王欽若等編纂：《册府元龜》卷七《帝王部》

後唐武皇初爲河東節度使，追黃巢至於曹州，班師過汴，汴帥朱温迎勞於封禪寺，請帝休於府第。乃以從官三百人及監軍使陳景思館於上原驛。是夜，張樂陳宴席，汴帥自佐饗，出珍幣侑勸帝酒，酬戲諸侍妓，與汴帥握手叙破賊事以爲樂。汴帥素忌帝，乃與其將楊彥洪密謀竊發，彥洪於巷陌連車樹柵以扼奔竄之路。時從官者皆醉，俄而伏兵竊發，來攻傳舍。武皇方大醉，噪聲動地，從官十餘人捍賊。侍人郭景銖滅燭，扶帝以茵幕裹之，匿於床下，以水灑面，徐曰："汴帥謀害司空。"帝方張目而起，引弓抗賊。有頃，烟火四合，復大雨震電，帝得從者薛鐵山、賀回鶻等數人而去。雨大，如不辨人物，隨電光登尉氏門，縋城而出，得還本營。

（宋）王欽若等編纂：《册府元龜》卷二六《帝王部》

後唐武皇始言，喜軍中語。齠齔善騎射，與儕類馳騁嬉戲，必出其右。年十三，見雙鳧翔於空，射之連中，衆皆神伏。又嘗與達靼部人角勝，達靼指雙雕於空曰："公能一發中否？"武皇即彎弓發矢，連貫雙雕，邊人拜伏。年十五，從獻祖討龐勛，摧鋒陷陣，出諸軍之右，軍中目爲"飛虎子"。及爲河東節度使，與汴軍戰於洹水之上。帝長子鐵林指揮使落落既戰，馬踣，帝馳騎以救之，其馬亦踣，汴之追兵將及,帝背射,一發而斃,乃退。

（宋）王欽若等編纂:《册府元龜》卷四四《帝王部》

後唐太祖以龍紀元年,討孟方立於邢州,旋師於潞,因校獵於三垂崗,有玄宗原廟。太祖於祠前置酒樂作,伶人秦有年歌者陳其衰老之歲,聲調悽苦,太祖引滿,捋鬚指莊宗曰:"老子壯心未已,二十年後,此郎子必戰於此。"及夾城之役,果符是言。時莊宗纔五歲。及太祖有疾,召監軍使張承業、大將吳珙謂曰:"吾常愛此子志氣遠大,可付後事。"

（宋）王欽若等編纂:《册府元龜》卷一四八《帝王部》

後唐太祖,在姙十三月而生。載誕之夕,母后甚危,令族人市藥於雁門。遇神人,教以率部人,被介持旄,擊鉦鼓,躍馬大噪,環所居三周而止。果如所教而生。是時虹光燭室,白氣充庭,井水暴溢。及能言,喜道軍旅。年十二三,善騎射,曾於新城北,酒酹於毗沙門天王塑像,請與交談。天王被甲持矛,隱隱出於壁間,所居帳内,時有火聚,或有龍形,人皆異之。嘗隨火征龐勛,臨陣出没如神,號爲"龍虎子"。

（宋）李昉:《太平廣記》卷一三六《後唐太祖》

後唐莊宗以哀帝天祐三年正月嗣晉王位於太原。四月,召潞州行營將周德威歸晉陽。時梁軍圍上黨,梁祖自將兵至澤州。既見班師,知其國禍,以爲潞州必取,援軍無復再舉,遂停斥候。梁祖亦自澤州歸洛。帝知其不備,籌之曰:"賊帥寢謀,唯憚先帝,今聞我新有家禍,必謂不能興師。又以我少年嗣位,未習戎事,幸聞變故,必有驕怠之心。若簡練兵甲,倍道兼行,出其不意,以吾憤激之衆,擊彼驕惰之師,拉朽摧枯,未方其易。解圍定霸,在此一役。"遂率親軍,直抵夾城。梁軍大恐,南向奔走,投戈委甲,噎塞行路,俘斬萬級。梁祖聞其敗也,大懼,既而嘆曰:"生子當如是,李氏不亡矣! 吾家諸子豚犬爾。”

（宋）王欽若等編纂：《册府元龜》卷五七《帝王部》

張敬達，字志通，代州人，小字生鐵。少以騎射著名，明宗即位，拜檢校太保、應州節度使。清泰中，自彭門移鎮平陽，加檢校少傅。末帝詔以敬達爲北面行營都招討使，以定州節度楊光遠副焉。以軍敗，爲安審琦、楊光遠斬敬達首以降晉。

（宋）陳思：《小字録》

楊光遠，字德明，小字阿檀。其先沙陀部人也。事莊宗爲騎將，明宗朝，歷嬀、瀛、冀、易四州刺史，累加檢校少傅，將兵戍蔚州。晉高祖舉義兵於太原，唐末帝遣光遠與張敬達屯兵於城下，俄而契丹大至，爲其所敗。光遠與次將安審琦殺敬達歸命高祖。少帝嗣位，册拜太師，封壽王，後謀叛逆，拉殺之。

（宋）陳思：《小字録》

後唐莊宗初爲晉王，天祐四年四月，召周德威軍歸晉陽。汴人既見班師，知其國禍，以爲潞州必取，援軍無復再舉，遂停斥候。梁祖亦自澤州歸洛。帝知其不備，籌之曰：“賊帥寢謀，唯憚先帝。今聞我新有家禍，必謂不能興師。又以我少年嗣位，未習戎事，幸聞變故，必有驕怠之心。若簡練甲兵，倍道兼行，出其不意，以吾憤激之衆，擊彼驕惰之師，拉朽摧枯，未方其易，解圍定霸，在此一役。”甲子，軍發自太原。己巳，王師潞州北黃碾下營。五月辛未朔，晨霧晦冥，帝率親軍伏三垂岡下。詰旦，天復昏霧，進軍直抵夾城。明宗時總帳下親軍，攻東北隅，李存璋、王霸率丁夫燒寨，斷夾城，爲二道。周德威、李存審各分道進攻。軍士鼓譟，三道齊進。明宗壞夾城東北隅，率先掩賊。不意我師遽至，賊黨大恐，南向而奔，投戈委甲，噎塞行路。俘斬萬級，獲賊將副招討使、前鋒都指揮使符道昭，洎大將三百人，夾城中芻粟百萬。僞招討使康懷貞得百餘騎，出天井關。梁祖聞其敗也，大懼，既而嘆曰：“生子當如是。李氏爲不亡矣！吾家諸子豚犬耳。”

（宋）王欽若等編纂：《册府元龜》卷四五《帝王部》

天祐七年十一月，梁祖遣供奉官杜廷隱、丁延徽監魏將夏諲兵三千，分入深冀，言懼幽州侵軼就糧守禦爲名，既而皆殺郡兵。鎮州王鎔遣使楊審謀乞師於帝。帝集軍吏，議出師之謀，或曰：“鎮人首贊僞梁，推崇僭竊，稱藩納賂，重以婚姻。今又未見釁端，必無離貳，賊將前圖深冀，趙人殊不枝梧，量彼事情，恐苞奸計。兵者機事，不可輕行，但且按甲治兵，徐觀勝負，實知其病，則與之師。”帝曰：“不然。趙王比無經遠之謀，繕甲治兵，幸保一隅之地，擾之則離叛，姑息則稱藩，逆溫雖及於前朝，王氏不殊於曩昔，當本朝承平之日，猶或叛或臣。逆溫雖納女和親，未及壽安公主。既懼逆溫窺盜，則思反仄偷安，況劉守光坐握勝兵，逼於東境。我又養兵練卒，壓彼西鄰，南距逆溫，僅餘千里，我與守光合勢，王公不得不憂。昨告我乞盟，必如此算，逆溫知吾和好人情，固有猜嫌，詭計發兵，懼我合鬥。我若遲回不救，則落彼奸謀，既違要約之言，又失輔車之勢。勝負之理，斷自予懷，師出井陘，破賊必矣。”乃遣周德威將兵赴援，屯於趙州。梁祖既令杜廷隱等襲深冀，以寧國軍節度使王景仁爲北面行營都招討使，韓勍爲副，相州刺史李思安爲前鋒，會軍於魏州。時汴之知數者仇殷謂梁祖曰：“是月太陰虧，不利出師。”因命退軍。

（宋）王欽若等編纂：《册府元龜》卷五七《帝王部》

後唐莊宗初爲晉王，天祐十一年正月，平幽薊還，以劉守光告南宮七廟。是日，與其黨李小喜、鄭藏斐皆伏法。

（宋）王欽若等編纂：《册府元龜》卷一二《帝王部》

後唐莊宗天祐十三年冬，李存審破楊劉，進營麻家口爲都營，使築壘以拒汴人。時帝勇於接戰，每以輕騎當賊，遇窘數四。存審凌旦，度其必出，叩馬泣諫曰：“王將復唐宗社，宜爲天下自愛，搴旗挑戰，一劍之任，無益聖德，請責效於臣。昔耿弇不以賊遺君父，臣雖不武，敢不代君之憂。"帝即時回駕。

（宋）王欽若等編纂：《冊府元龜》卷一〇一《帝王部》

（天祐）十三年二月，與梁將劉鄩相拒於澶州。帝知劉鄩將速戰，乃聲言歸晉陽，誘動其兵。帝令副總管李存審守營嚴駕，如西行之備，實勞軍於貝州。劉鄩覘知，謂帝已歸晉陽，乃令楊延直自澶州率兵萬人，會我城下。延直夜半至於南門，城中選士五百，持短兵竊出，乘其無備，突入其中，譟聲動地，梁軍自亂，逾垣赴塹，爭相蹈藉。遲明，鄩軍自莘至於城東，與延直殘衆合。劉鄩軍之起也，李存審率兵蹑其後。時命明宗典親軍自魏州出戰。俄而帝自貝州至，與明宗當其前。劉鄩卒見帝軍，懼形於色，曰："乃晉王邪？"引軍漸却。帝追之，至於故元城西，李存審大軍已成列矣。我師前後爲方陣，賊於其間爲圓陣。賊四面受敵，初一合，擒賊騎軍數百，再合，劉鄩引騎軍突西南而走，我騎軍追擊之，賊步兵合戰。短兵既接，我軍鼓譟，圍之數重，埃塵漲天。明宗馳鐵騎千餘，突入其間，賊四向披靡，相輾如積，我師四面斬擊，弃甲之聲聞數十里。追討敗衆，皆匿於村園茂樹，登者既衆，其枝殆折，皆命下樹遁去。騎軍追及河上，十萬爲群，赴水而死。時賊步軍七萬，殲亡殆盡。既定魏州，梁將劉鄩據洹水而軍。魏人上言曰："張源德擅據我貝州，源德比是吾人，事急必來歸我。貝州若下，北面無虞，可以東出兵師，徇地滄海，先收郡縣，控扼河津，不出半年，瀕海以西皆爲吾土矣。"帝曰："吾策則不然。貝州，魏之邊郡，壁壘完堅。張源德托附劉鄩，勢難卒解。昨投來者說，已又添軍，必若攻之，未見其可。德州是橫海支郡，西接貝州，張源德每用軍機，又與滄帥共爲首尾。昨偵德州無備，可以輕騎取之。我若在彼駐軍，二賊自然勢解。滄州門外，是我戰場。待二豎各保孤城，然後乃圖進擊。"於是遣騎軍五百，晝夜兼行襲之。郡將不意我師至，逾垣而遁，遂拔其城，以遼州守捉將馬通爲刺史。

（宋）王欽若等編纂：《冊府元龜》卷四五《帝王部》

後唐莊宗在鄴時，明宗爲相州刺史。天祐十三年，滄州小校毛璋以城歸款。莊宗命明宗率師至滄州慰撫軍民。明宗既至，毛璋開門迎謁，遣璋入覲，軍城乂安。時書吏誤爲申狀云：“某已至滄州，禮上畢。”莊宗覽狀，大怒曰：“諱諱，明宗名。反邪？”時末帝掌莊宗親軍在帳下，顧謂末帝曰：“爾父固予所悉，此蓋王建及、安重誨戲予，斬二僕之首而還！”末帝惶恐。既而明宗旋師行臺，斬其書吏謝之。乃移安國軍節度使李存審鎮滄州承制，授明宗安國軍節度，邢、洺、磁等州觀察處置等使。

（宋）王欽若等編纂：《册府元龜》卷一八一《帝王部》

後唐莊宗初爲晉王，天祐十四年二月，契丹攻幽州，命諸將進討。八月辛丑，獻捷於鄴。九月，班師。帝以橫海軍節度使李存審檢校太傅，邢洺節度使閻寶檢校太尉，並平章事，方鎮如故，將士賞給有差。

（宋）王欽若等編纂：《册府元龜》卷一二八《帝王部》

後唐莊宗天祐十八年，鎮州大將張文禮殺其帥王鎔，文禮請旄節於帝。帝曰：“文禮之罪，期於不赦，適當斬首，以謝冤魂，詎敢邀於旄節？”賓友曰：“王氏之冤，實由文禮，方事之殷，且須含垢，不欲與人生事。但假之以吾命，徐爲後圖。”帝不得已，從之。四月，乃遣上介盧質承制，授文禮爲鎮州兵馬留後。文禮既殺王鎔父子，舉族灰滅，鎔子及其妻朱氏，以通梁人，尋間道告於梁曰：“王氏喪於亂軍，普寧公主無恙。”文禮徇賊張友順所請，因爲留後，於潭城視事，以俟上疏，兼要節旄。尋亦奉箋勸進，莊宗姑示含容，而可其請。

（宋）王欽若等編纂：《册府元龜》卷一七八《帝王部》

後唐莊宗，太祖長子。年十一，從太祖討王行瑜，因令獻捷，昭宗一見駭之，除隰州刺史，尋改汾、晉二郡，皆遥領之。天祐五年正月，太祖厭代，帝嗣晉王位。四月，召周德威軍歸晉陽。汴人既見班師，知其國禍，以爲潞州必取，無復再舉，遂停斥堠。梁祖亦自澤州歸洛。

帝知其不備，率親軍直抵夾寨，破之，梁軍大敗，招討使康懷真得百餘騎出天井關。事具《帝王·謀略門》。帝乃班師晉陽。九月，邠、岐、蜀三鎮復大舉攻長安，帝遣李嗣昭、周德威將兵三萬攻晉州以應之。三鎮攻長安，梁祖懼，自洛率親軍屯於陝州，令其將尹皓將兵赴援平陽。周德威與尹皓之師戰於神山北，梁人大敗。六年七月，邠岐劉知俊遣使來告，將大舉討靈、夏，兼收平關輔，請出兵晉、絳以張犄角。八月，帝御軍南征，令周德威、李存審、丁會統大軍出陰北關攻晉州。刺史邊繼威登陴拒守。梁祖令其將楊師厚領兵赴援，屯於絳州。我軍攻城急，小校莨諫募兵，寡不敵而退。我爲地道，壞城二十餘步，城中血戰拒守，夜復成城。汴軍至蒙坑，周德威逆戰，敗之，斬首二百級。師厚退保絳州。七年七月，茂貞、知俊及邠州楊崇本各遣使來告，言靈武韓遜、夏州將李仁福朋附梁孽，屢犯邊陲，請出師協力以討。時岐人言劉知俊三敗汴軍於寧州，韓遜危慼，岐、隴之師大舉，決定取河西。帝命振武節度使周德威將兵萬人，西渡河以應。會劉知俊爲岐人所構，乃自退。九月，周德威軍旋晉陽。十一月，梁祖欲兼并鎮、定，遣魏軍三千入於深、冀。鎮州王鎔懼，求援於帝。帝遣周德威率軍屯於趙州。梁軍王景仁等營於柏鄉，帝遂親征。八年正月，周德威、史建瑭帥三千騎致師於柏鄉，設伏於村塢，間遣三百騎直壓賊營。賊軍怒，悉其軍結陣而來。德威與之轉戰，至於鄗南。賊陣橫亘六七里。時我軍未成列，李存璋引諸軍旋陣於野河之上，賊五百人薄我爭橋，鎮、定步軍偏師與之血戰，賊敗而復整。周德威、李嗣源、李存璋等大破之，斬首二萬級。餘賊弃深、冀而遁。德威與史建瑭前軍徇地邢、洺，先馳檄諭邢、洺、魏、博、衛、滑諸郡縣，曰："王室遷屯，七廟被凌夷之酷；旻天不弔，萬民罹塗炭之災。必有英主奮庸，忠臣伏順，斬長鯨而清四海，廓祅祲以泰三靈。予位忝維城，仍當分閫，念茲顛覆，詎可宴安。故仗桓、文輔合之規，問羿、浞凶狂之罪。逆溫碭山傭隸，巢孽餘凶，當僖宗奔播之初，我太祖掃平之際，束身泥首，請命牙門，包藏奸詐之心，惟示婦人之態。我太祖俯憐窮鳥，曲爲開懷，特發表章，請帥梁汴，纔出萑蒲之澤，便居茅社之尊，殊不感恩，遽行猜忍。

我國家祚隆周、漢，迹盛伊、唐，二十聖之鎡基，三百年之文物。外則五侯九伯，內則百辟千官，或代襲簪纓，或門傳忠孝，皆遭陷害，永抱沉冤。且鎮、定兩藩，國家巨鎮，冀安民而保族，咸屈節以稱藩。逆溫惟仗陰謀，專行不義，欲全吞噬，先據屬州。趙州特發使車，來求援助。予情惟蕩寇，義切親仁，躬率賦輿，赴茲盟約。賊將王景仁將兵十萬，屯據柏鄉，遂驅三鎮之師，授以七擒之略。鸛鵝纚列，梟獍大奔，易如走坂之丸，勢若燎原之火。殭尸仆地，流血成川。組甲雕戈，皆投草莽；謀夫猛將，盡作俘囚。群凶既快於天誅，大憝須懸於鬼錄。今則選蒐兵甲，檢練車徒，乘勝長驅，翦除元惡。凡爾魏、博、邢、洺之眾，感恩懷義之人，乃祖乃孫，爲聖唐赤子，豈徇虎狼之黨，遂忘覆載之恩。蓋以封豕長蛇，憑陵薦食，無方逃難，遂被脅從。空嘗膽以銜冤，竟無門而雪憤，既聞告捷，想所慰懷。今義旅俎征，止於招撫。昔耿純焚盧而向順，蕭何舉族以從軍，皆審料興亡，能圖富貴，殊勛茂業，翼子貽孫，轉禍見機，決在今日。如能詣轅門而效順，開城堡以迎降，長吏則改補官資，百姓則優加賞賜，所經註誤，更不推窮。三鎮諸軍，已申嚴令，不得焚燒盧舍，剽掠馬牛，但仰所在生靈，各安耕織。予恭行天伐，罪止元凶，已外歸明，一切不問，凡爾士眾，咸諒予懷。”於是帝親御軍。邢帥王檀懼，請師於洛，梁遣其將徐仁溥將兵五百夜入邢州，助檀固守。帝令張承業、李存璋以三鎮步卒攻邢州，遣周德威、史建瑭將三千騎長驅澶、魏，帝與李嗣源率親軍繼進。王師所至，壺漿塞路，郡邑長吏村閭文學咸扣馬言曰：“久罹喪亂，獲見義師。”帝躬自臨問勞之。軍法甚嚴，秋毫無所犯，但討其拒命者。時汴軍自王景仁敗後，殺戮大半，其餘漏刃亡散皆青、徐、兗、鄆諸道之軍，各歸本鎮。梁祖遣楊師厚於河陽招聚亡敗之眾，旬餘，方得萬人。二月，帝自洛、磁、相三郡次於洹水，謀報汴、滑之軍據黎陽，周德威進至臨河。己未，魏帥羅周翰出兵五千塞石灰窯口。周德威以騎三千掩擊，迫入觀音門。帝舍於狄公祠，東西列營十數。羅周翰閉壁自固，我軍攻西南北隅，城幾陷。朱溫遣杜廷隱將兵五百送李振爲魏博副使，夜入鄴城。是時，朱溫出兵萬餘將渡赴援，聞王師至，弃舟而退。鄆州步騎二千自黎陽來歸。梁祖自汴歸洛陽。周德威自臨清徇地貝郡、夏津、高唐，攻博州，下東望、朝城。攻澶州，偽刺史張可臻弃城而遁。進擊黎陽，下臨河、淇門，逼衛州，掠新鄉共城。是月，梁祖在潞，聞我師將攻河陽，率親軍屯白司馬坡，令楊師厚戒嚴。八月，幽州劉守光僭稱大燕皇帝。十二月，帝遣周德威、劉光濬、李嗣源及諸將率蕃漢之兵討之。九年正月，燕將王行方等以部下四百人來奔。二月，梁祖率舉河南之衆以援守光。三月，周德威遣李存暉攻瓦橋關。四月，李嗣源攻瀛州，皆下之。五月，德威大破燕軍於羊頭岡，斬首五千餘級，自涿州進軍於幽州城下。六月，梁祖爲其子友珪所弒。八月，友珪遣其將韓勍、康懷英、牛存節率兵五萬急攻河中，朱友謙遣使求援，帝令李存審率師救之。十月，帝自澤、潞赴河中，遇梁將康懷英於平陽，破之，斬首千餘級，追至白徑嶺，友謙會帝於猗氏，梁軍解圍而去。十年正月，德威攻順州。二月，攻安遠軍，皆下之。三月，收盧臺及古北口。五月壬寅朔，劉光濬逼營州，刺史楊靖以城降，得李知諲馬步兵四百，因令五院將李益權典州事。六月，帝遣監軍張承業至幽州。是月，收下莫州。九月，守光率衆夜出，遂陷順州。十月，入檀州，德威自涿州將兵躡之，守光循山而南，德威追及，大敗之。守光復之諲城。十一月，帝親征幽州。十二月，執偽燕主劉守光並其父仁恭，班師晉陽。次行唐，鎮州節度使王鎔迎謁於道路，鎔啓曰：“燕主劉太師頃爲鄰國，謀之不臧，患生膝下。今既伏罪，履新之會，僕欲挹其風儀，可乎？”帝促命主者破械引守光、仁恭至，與鎔答拜，同宴久之。十一年正月，至自幽州。是日，於汾亭令軍士數百組練係仁恭、守光，號呼而入，與其黨李小喜、鄭臧斐皆伏法。是月，鎮州王鎔、定州王處直再遣使奉書推册帝爲尚書令，帝可之，乃撰日受册，開霸府，建行臺，如武德故事。帝以燕薊初平，將軍南伐，七月，帥師自黃沙嶺東下，會周德威、王鎔於趙州，大軍進至洺州，徇地而還。十二年三月，梁主朱友貞分魏博六州爲兩道，以賀德倫爲魏博節度使，張筠爲澶相節度使，魏人不從，乃歸於帝。帝命馬步副總管李存審自鎮州帥前軍先進，屯臨清。五月，帝帥親軍會之。德倫遣從事於司空陳密旨言：“軍士張彥爲亂軍之首,迫德倫上章請却復六州。大王鎮撫魏人,宜誅首惡。”及帝進軍次於永濟,張彥選銀槍效節軍五百人,皆勇悍者,持矛仗戟,自衛而來。帝登驛樓,數其罪而斬之。六月,入府城,撫勞軍士。賀德倫上符印,請帝兼領魏鎮,帝承制授德倫大同軍節度使。是月,帝遣騎軍五百襲德州,拔其城。七月,攻梁澶州,下之。八月,復爲梁將賀瓌所陷。十三年三月,攻梁衛州,降之,進攻磁州。四月,攻洺州,並皆拔之。相州節度使張筠遣人納款,師旋於魏州。五月,還晉陽。八月,大閱師徒,進攻邢州。令降將張溫率汴軍五百於城下招降之,邢州平。九月,帝還晉陽。梁滄州節度使戴思遠弃城遁,舊將毛璋入其城,復命明宗帥師招撫之,毛璋以城降,以李存審爲節度使。是月,貝州降,河朔悉平。十四年十二月,黃河冰合,帝觀兵河上,汴人據楊劉城,緣河數十里間,列柵相望。我軍急攻,皆平之,進至楊劉城中,登堞者甲士三千。帝率善射者萬餘,環城馳射,步兵持斧斬其鹿角,以茛葦埋塹,帝率先負茛葦以勵,士衆四面鼓譟,拔戟乘城,其衆因潰。騎軍掩擊,自辰及酉,斬戮千計,徇地至鄆濮而還。閱兵於魏州,時幽州盧龍軍節度使、蕃漢馬步總管周德威帥幽薊步騎之師三萬,橫海軍節度使、蕃漢馬步副總管李存審帥滄景步騎之師萬人,成德軍節度使王鎔遣其將王德明帥鎮冀步騎之師三萬,昭義軍節度使李嗣昭帥澤潞步騎萬人,安國軍節度使李嗣源帥邢洺步騎之師萬人,義武軍節度使王處直使其將帥易定之步騎萬人,麟、勝、雲、蔚、新、武等州,諸部落奚、契丹、室韋、吐谷渾等馬萬匹,總河東、魏博十鎮之師,閱於魏州。部陣嚴肅,精甲曜日,師旅之盛,近代未之有也。梁將賀瓌、王彥章帥兵屯於濮州北行臺里,結壘相持,百有餘日。十五年六月,帝與梁軍戰於楊劉,大破之,收其四寨。十二月,帝令軍中老幼悉歸魏州,塞井夷竈,起軍赴汴。攻濮陽,拔之。李存審城德勝,夾河置禦捍之備。十六年四月,梁將賀瓌攻德勝南城,圍塹既周,又以蒙衝戰艦斷其津渡,百道齊攻。帝陣於北岸,親從將王健選勇卒三百人,斬其竹纜,由是得渡。梁軍弃城逃遁,帝命騎軍追襲,至於濮陽。十二月,帝軍於河南,御鐵騎千餘突入梁陣,諸軍繼進,左右斬擊,梁軍大奔。獲馬三千餘匹,俘斬萬級。十八年八月,鎮州王鎔爲其將張文禮所殺,帝授鎮州行營偏將符習成德軍兵馬留後,以所統鎮、冀兵進討。又遣閻寶、史建瑭將兵以益之。文禮聞王師至,憂悸病疽而卒,子處球代其任。十九年九月,鎮州平。鎮人請帝兼領,因以符習領天平軍節度使。同光元年二月,諸藩鎮相繼上箋勸進。四月,遂即帝位。

(宋)王欽若等編纂:《册府元龜》卷八《帝王部》

　　後唐莊宗初嗣晉王,居喪過制,毀瘠不自勝,將吏不得謁見。監軍使張承業排闥至廬所,言曰:"大孝在不墜家業,不同匹夫之孝。且君父厭世,嗣主未立,竊慮凶猾,不逞之徒有懷覬望。又汴寇壓境,利我凶哀,苟或搖動,則倍張賊勢。訛言不息,懼有變生,請依顧命,墨縗聽政,然後經略南征,保家安親,此爲大孝,勿拘常制以敗遠圖。"於是聽斷大事,乃平定趙魏。雖萬事之殷在鄴城,每一歲之內,馳駕歸寧太后者數四,士民服其仁孝。同光二年正月甲寅,帝在洛京,太常奏定皇太后到闕儀,皇帝合於銀臺門內奉迎。敕:"頃以未平國耻,須運戎機,十年親統於驍雄,千里久違於定省。寧辭櫛沐,常切晨昏。今已剪蕩元凶,宅居中土,仰稟庭闈之訓,獲寧宇宙之心,恨不得躬詣汾川,攀迎法駕。況皇太后遠涉山阻,將及近畿,朕何以端坐闕庭,爲拘常禮,雖云舊制,未叶斯懷。朕今親至懷州奉迎。"丙辰,中書奏:緣自二十三日後,在散齋之內,不合遠出。敕旨:"到河陽奉迎。"庚申,幸河陽,奉迎皇太后,悲泣久之。太后素與劉太妃善,分決之後,思心鬱陶,雖娛玩充庭,常怏然不樂。俄聞太妃違豫,日命尚醫中使問訊結轍。使言有瘳即喜,言加則不御飲膳,自是終始無敢言加者。既而謂帝曰:"吾與太妃恩如伯仲,彼經年抱病,但見吾面,差足慰心。吾驟歸晉陽,旬朔與太妃復來。"帝曰:"時方暑毒,山路崎嶇,無煩往復,且可令存渥輦迎侍太妃。"譬諫久之,方止。及凶問至,太后慟哭累旬,自是漸不豫,帝朝夕嘗藥視膳,后妃衣不解帶,請禱山川,竟不效。帝居喪哀毀,殆至滅性。皇族伏苦諫,譬五日方食。

(宋)王欽若等編纂:《册府元龜》卷二七《帝王部》

後唐莊宗同光元年四月己巳，即位於魏州。升告禮畢，御應天門，改元，肆赦。制曰：“法天取象，令王以降衷下民；秉籙承乾，哲后以膺圖受命。莫不運推曆數，道濟艱難，經綸於草昧之中，式遏於亂略之始，君臨兆庶，子惠萬邦，壽域將登，眚灾是宥。朕顧慚涼德，誠愧前修，祇荷鴻休，恭修清問，將布維新之政，是覃革故之思，遹按彝章，溥頒成憲。爰自凤承丕構，世奉本朝，誓雪耻於君親，欲再安於廟社，所以躬提義旅，力殄凶徒，漸致小康，永清中夏。俄屬列藩群後，不謀同辭，咸稱僞逆於天；宗祧乏享，眷命所屬，主鬯攸歸以朕。籍係鄭王，志存唐室，合中興於景祚，須再造於洪基，推戴既堅，讓辭靡獲。既難違衆，遂命有司，乃擇元辰，率尊前典。尋升壇而奠玉，仍即位以建元，欽若舊章，敬敷霈澤。宜改天祐二十年爲同光二年，可大赦天下。自四月二十五日昧爽已前，除大辟罪已下，罪無輕重，已發覺未發覺、已結正未結正，咸赦除之，唯犯十惡五逆、火光行劫、持刃殺人、官典犯贓、屠牛鑄錢、合造毒藥不在原赦之限。鎮州自收復已來，累行告諭，或因緣危艱，爲保家族，久在山中寨柵，懼罪遲疑，或被張文禮脅從事不獲已者，昧爽已前，一切不問，咸從赦宥，宜體予懷。應六軍及行馬步蕃漢諸道將校兵士等，皆以身先冒刃，志切勤王，或竭節於忠勞，或連年而征戍，須加恩獎，倍撫苦辛。其將校尉並賜功臣名號，未有官者即起一子與檢校官，已有官者亦超一資，如官資已高者與加爵邑，如曾封爵者即給一子六品已上正員官。其長行兵士並賜功臣多，應將士等並勒逐處各定等第優賞。應有大勳上將，元老重臣，或盤維每賴於急難，或邦國早資於經濟。即安義令公，實昆仲之長；護軍特進，同骨肉之恩。不可以名氏標文，不可以臣下同等，嘉庸如在，崇德未申。其次有戰没陣場，身終王事，須顯忠彝之美，咸隆贈諡之榮。周德威、盖寓、李存璋、李思恩、李嗣本、李存進、伊廣等兼應該敕文者，並委中書門下各令所司一一具録聞奏，各加追贈，仍定諡號，貴流王澤，永飾泉扃。應諸道管内有高年逾百歲者，便與給優，永俾除名。自八十至九十者，與免一子免役，州縣不得差役。鄉里有孝子順孫義夫節婦，委在所長吏録其節行，具以聞奏，盡據典章，必行旌表。内外文武官及諸色人任封事。兼有賢良方正抱器懷能，或利害可陳無所隱諱直言極諫，將一一行之，亦委諸道長吏具姓名申奏。或所在有義行頗高爲鄉里所推者，並仰準例舉選，所司量才任使。澤潞封疆，兄弟之國，進思舊績，言念疲民，惠在綏懷，恩加招撫，各仰沿邊鎮戍布命宣陳，咸令樂業營生，使無侵疆爲患。應有奉使危邦，罹殃殊域，既遭陷害，深可憫傷。如伊鐸、盖寓、戴漢超、李承勖之徒，並仰所司具名録奏，朝廷必議襃贈。其貢舉之道，誘導爲先，切要便行，貴申獎士，委中書門下速商量聞奏。其云應邊陲北山八軍易定幽燕邊陲諸縣，自鮮卑入寇，仍歲纏灾，睠彼流人，良堪興歎，或乍來復業，纔擬營農，尚怯侵擾，須加慰恤，其税率仍委長吏量與矜减。凡有逋毒孤貧惸婺鰥寡，歷代皆聞於教化，自古共切於軫傷，勉致唤咻，遍加惠養。應有欠負，不繫公私，若曾重出利累經徵理填還不迨者，並皆釋放。夫掩骼著在前經，敬神垂於古典，告布諸道州縣，所在應有暴露骸骨，並勒逐處埋瘞。及山林川澤祀典神祇，各隨處差官崇修祭享。教之爲本，禮儀是先，德之所崇，昭報在上。其民間有曾經三世已上不分居者，並與蠲免諸雜差徭。倘兵銷患息，何須有丹鳳白麟；若歲稔人和，何必有紫芝赤雁？起今後諸道應有祥瑞，並不要奏聞。其赦文中有未該詳事節者，即仰所司條件録奏。如敢以赦前事相告者，以其罪罪之。"

　　　　　　（宋）王欽若等編纂：《册府元龜》卷九二《帝王部》

　　後唐莊宗同光二年四月即位於魏州，下制曰："應有奉使危邦，罹殃殊域，既遭陷害，深可憫傷，如伊鐸、盖寓、戴漢超、李承勖之徒，並仰所司具名録奏，朝廷必議襃贈。"

　　　　　　（宋）王欽若等編纂：《册府元龜》卷一四〇《帝王部》

　　後唐莊宗同光元年四月即位於魏州，閏月，平梁鄆州。梁末帝聞鄆陷，大恐。七月丁未，帝御軍沿河而南。戊午，遣騎將李紹貼直抵梁壘，梁軍益恐。八月，還鄴。十月壬申，帝御大軍自楊劉濟河。甲

戌,攻中都,擒梁將王彥章等將吏二百餘人,斬馘二萬,奪馬千匹。丁
丑,次曹州,郡將出降。己卯遲明,前軍至汴城,明宗令左右捉生攻封
丘門,梁開封尹王瓚請以城降。俄而帝與大將繼至,瓚迎帝自梁門
入。梁末帝已爲其將皇甫鏻所弒,函首以獻。三年九月,大舉伐蜀,
以魏王繼岌爲西川四面行營都統,以樞密使郭崇韜爲招討使。十月
丙辰,蜀主王衍降。自興師出洛至定蜀城,計七十五日,走丸之勢,前
代所無。檢蜀之府藏,得步騎兵一十三萬、兵仗七百萬、糧三百五十
三萬、錢一百九十三萬貫、金銀共二十二萬、珠玉犀象二萬、錦綾羅五
十萬,得節度軍額十、州六十四、縣二百四十九。

(宋)王欽若等編纂:《册府元龜》卷二十《帝王部》

後唐莊宗同光元年四月,制曰:"夫掩骼著在前經,敬神垂於古
典。告布諸道州縣所在,應有暴露骸骨,並勒逐處埋瘞。"

(宋)王欽若等編纂:《册府元龜》卷四二《帝王部》

(後唐莊宗)帝即位初,制曰:"儻兵銷患息,何須有丹鳳白麟?
若歲稔人和,何必有紫芝赤雁? 今後諸道應有祥瑞,並不要奏聞。"

(宋)王欽若等編纂:《册府元龜》卷六五《帝王部》

(同光元年)閏四月,帝御延英殿,顧謂侍臣曰:"朕自創業已來,
勤於軍旅,至聖王治道,殊未經心。陸生有言:'以馬上得之,不可以
馬上爲治。'朕惟寡昧,夙夜惕然,實賴卿等,獻納忠言,箴規得失。朕
不學曹丕云舜禹之事,吾知之矣。遂非拒諫,自取厥違,敬俟語言,輔
兹不逮。"

(宋)王欽若等編纂:《册府元龜》卷一〇三《帝王部》

同光元年九月壬寅朔,在朝城。梁將段凝兵至臨河已南,與騎兵
接戰。是時澤潞叛渙,衛州、黎陽爲梁所據,自弃德勝,澶州已西、相
州已南寇鈔日至,編户流亡,稅額漸少,計其軍賦,不支半年。又王

都、盧文進誘扇契丹,每過瀛涿,恐草枯冰合,深入侵攻。又聞汴人將圖大舉,帝深憂之,召諸將吏,謀其大計。或對曰:"今汴人躁動,但緣我襲取鄆州。自我得汶陽以來,須大將固守,城門之外,元是賊疆。以臣料之,得不如喪。今若馳檄告諭梁主,却取衛州、黎陽以易鄆州,指河為界,約且休兵。待我國力稍集,則議改圖。"帝曰:"嘻!行此謀則吾無葬地矣!"詔問郭崇韜,對曰:"臣不知書,不敢遠徵古昔,可以時事言之。且陛下十五年仗義興兵,為雪家仇國恥,甲冑生蟣蝨,黎人困轅輸。今既纂大號,河朔士庶日望平定中原,纔得汶陽彈丸之地而不能有,何盡有中夏乎?將來歲賦不充,物議怨讟,設若劃河為界,誰為陛下守之?自康延孝言事後來,晝夜籌度,料我兵力,算賊事機,不出今年,雌雄決矣。且汴人決河,自滑至鄆,非舟楫不能濟渡。近自賊中來皆言汴州無備,悉以河南精兵在段凝麾下,王彥章師衆萬餘,時寇鄆郊。後既以大軍臨我南鄙,復又憑恃決河,牽制我軍,謂我不能南渡,志在收復鄆州。外以彥章之兵朝夕侵寇,內冀奸人搖動幸有變生,此汴人之深謀也。段凝雖有精兵,素無將略,緩急機權未能獨斷。臣有末策,雖為狂妄,敢不盡言,唯陛下圖之。臣謂段凝保守河壖,苟欲持我,我但留兵守鄴,保固楊劉。陛下親御六軍,與鄆州合勢,長驅倍道,直向汴州。汴既無兵,望風自潰。若既偽豎授首,賊將自然倒戈,半月之間,天下大定。臣終始畫度,成敗已決。且今秋不稔,兵糧纔支數月,糧盡兵散,坐見不堪。決計則成敗未知,端坐則今年不濟,力屈勢窮,稅駕無所。臣聞作舍道邊,三年不成,采浮言故也。帝王應運,必有天命。成敗,天也。唯在陛下獨斷。"發言盈庭而孰是臧否。帝曰:"正合朕意。大丈夫得則為王,失則為虜。行計決矣!"詔問司天,皆曰:"陛下但弃鄆州,且守河朔,天文歲時,不利深入,必無成功。"郭崇韜奏:"古之命將,鑿凶門出軍,示其果敢,況一人親征,成算已定,區區常談,無足據也。"是月,梁將王彥章率衆至汶河,明宗遣騎軍偵視至遞坊,鎮兵來挑戰,王師以精騎擊之,渡汶水,大敗之,生擒梁將任釗、田章等三百人,俘斬二百級。彥章引衆保中都,明宗飛驛告捷。帝置酒大悦,且曰:"鄆州之捷,實壯我謀。"繇是決行渡河之策，遂平梁氏。

（宋）王欽若等編纂：《册府元龜》卷五七《帝王部》

（同光元年）十月己丑，御崇元殿，降德音曰："伏順討逆，少康所以誅有窮；纘業承基，光武所以滅新莽。咸以中興景命，再造皇猷，經綸於草昧之中，式遏於亂略之際。朕以欽承大寶，顯荷鴻休，雖繼前修，固慚凉德，此以誓平元惡，期服本朝。屬四海之阽危，允萬邦之推戴，近自親提組練，徑掃氛妖，振已墜之皇綱，殄偷安之寇孽，國讎方雪，帝道爰開，拯編甿覆溺之艱，救率土倒懸之苦。粤自朱温構逆，友貞嗣凶，篡弑二君，殞殘九命，虺毒久傷於宇宙，狼貪肆噬於華夷，剥喪元良，凌辱神主，帝里動黍離之嘆，朝廷多棟撓之危，弃德崇奸，窮兵黷武，戰士疲勞於力役，蒸民既竭其膏腴。言念於斯，軫傷彌切。今則已梟逆堅，大愜群情，睹曆數之有歸，顯神靈之匪昧，得不臨深表志，馭朽爲懷，將弘濟於艱難，宜特行於眚宥。應僞命流貶責受官等已經量移，並可復資。徒流人放歸鄉里。京畿及諸道見禁囚徒，大辟罪降從流，流已下並赦除之。其鄭珏等一十一人未在移復之限。懋德賞功，百王明訓；疏封列爵，國有通規。應扈從征討將校及諸官員職掌軍將、節級馬步兵士及河北諸處屯駐守戌兵士等，皆情堅破敵，業茂平讎，副予戡定之謀，顯爾忠勤之節，並據等第，續議獎酬。其有交鋒戰陣没於王事未經追贈，各與贈官；如有子孫成立堪任使者，並量才甄録。叛之則懲，服之則舍，蓋前經之奧旨，爲當代之通規。既屬纂承，是務遵守。應舊僞庭位居藩翰任處專城，或掌握兵權，或捍防邊鄙，各爲其主，以全其名。既解甲以歸明，或飛章而送款，變通斯睹，忠節可嘉。其逐處節度、觀察、防禦、團練等使，及諸州刺史、監押及僞庭先差出行營將校都監等，並頒恩詔，不議改更。仍許且稱舊銜，當候別加新命。理國之道，莫若安民，勸課之規，宜從薄賦，庶遂息肩之願，冀諧鼓腹之謡。應諸道户口宜並罷其差役，各務營農。新係殘欠稅賦及諸務懸欠積年課利及公私債負等，其汴州城内自收復日已前，並不在徵理之限，應天下諸道自壬午年十二月已前並放。其兵戈蹂躪之地，水旱灾沴之鄉，苗稼不登，徵賦既減，應今年經霜旱所損田苗處，檢覆不虛，便據畝隴蠲免。兼北京及河北先爲妖祲未平，配買征馬，如有未請却官本錢及買馬不迨者，可並放免。往哲弘仁，有興滅繼絶之道；前王惻隱，垂矜孤恤寡之文。應有本廟宗屬及内外文武臣僚被朱温無辜屠害者，並可追贈之。如有子孫及本身逃難於諸處漂寓者，並所在尋訪，津送闕庭，當行升陟。其有義夫節婦孝子順孫，並宜旌表門閭，量加賑給。或鰥寡孤獨無所告仰者，所在各議拯救。或有身過八十者，免一子從征。殷王以恩推解綱，並務好生；帝堯以引過責躬，乃思含垢。應有先投過僞庭將校官吏等，一切不問事繇，無令輒有恐動。側席求賢，將臻至理，懸旌進善，或贊鴻猷。應名德有稱才藝可取，或隱居朝市，或遁迹林泉，並逐處長吏遍加搜訪，津致赴闕，朕當量才任使。兼僞庭僭逆已來，凡有冤抑沉滯之人，宜並特與申雪，仍加遷陟。封遺冢而葬枯骨，義出周王；祀名山而祭大川，禮傳虞帝。既立規於前古，足垂訓於後昆。應所在賢士丘墳，並仰聞奏，當議封樹。或有暴露骸骨，亦委逐處葬埋。或有百神祠宇，不得有虧時祭。應德音内有節文不該者，並仰所司重具起請分折聞奏，當議施行。於戲！患難以平，咸自忠良之力；瘡痍未息，宜施撫育之恩。更在文武元臣，中外耆德，睹覆亡而立戒，竭忠藎以爲謀，無縱驕矜，須知廉慎，同致昇平之道，永全開創之功。布告遐邇，當體朕懷。”

（宋）王欽若等編纂：《册府元龜》卷九二《帝王部》

（同光元年）十月己卯，入汴，己亥，宴於崇元殿，僞將段凝、霍彦威、戴思遠、王瓚等侍。酒酣，帝以酒屬明宗曰：“今辰宴客，皆吾前日之劲敵也。一旦與吾同筵，蓋卿前鋒之效也。”僞將等泥首稱謝。帝曰：“吾與總管話舊，公輩勿以爲嫌。”因賜服玩撫慰之。

（宋）王欽若等編纂：《册府元龜》卷一三三《帝王部》

後唐莊宗同光元年十月入汴州，賜樂人周匝幣帛。周匝者，帝之

寵伶也。胡柳之役陷於賊,帝素喜優笑,每思之,至是復得,欣然慰
接。周匝叙其違奉契闊,因言偶獲全者,皆偽廷教坊使陳俊之恩也,
垂泣保薦,請除郡守,即時許之。議者憤其佞幸。

(宋)王欽若等編纂:《册府元龜》卷一八〇《帝王部》

後唐莊宗同光元年十月入汴州,詔曰:"朕既殄僞庭,顯平國患。
好生之令,含弘雖切於予懷;懲惡之規,決斷難違於衆請。況趙岩、趙
鵠等自朕收城數日,布惠四方,尚匿迹以潛形,罔悛心而革面。須行
赤族,以謝衆心。其張漢傑昨於中都與王彦章同時俘獲,此際未詳行
止,偶示哀矜。今既上將陳詞,群情激怒,往日既彰於僭濫,此時難漏
於網羅,宜實國刑,以塞群論。除妻兒骨肉外,其他疏屬、僕使並從釋
放。敬翔、李振首佐朱温,共傾唐祚,屠害宗屬,殺戮朝臣,既寰宇以
皆知,在人神而共怒。敬翔雖聞自盡,未豁幽冤,宜與李振並族於市,
疏屬僕使並從原宥。朱珪素聞狡蠹,唯務讒邪,鬥惑人情,枉害良善。
將清内外,須切去除,況衆狀指陳,亦宜誅戮。契丹撒剌阿撥既弃其
母,又背其兄,朕比重懷來,厚加恩渥,看同骨肉,錫以姓名,兼分符竹
之榮,叠被頒宣之渥。而乃輒孤重惠,復背明庭,罔顧欺違,竄歸僞
室,既同梟鏡,難貸刑章,可並妻子同戮於市。其朱氏近親趙鵠正身、
趙岩家屬仰嚴加擒捕,其餘文武職員將校一切不問。"是日,趙岩、張
希逸、張漢傑、張倫、張漢融、朱珪、敬翔、李振及契丹撒剌阿撥等並其
妻孥,皆斬於汴橋下。並梁室臣佐也。

(宋)王欽若等編纂:《册府元龜》卷一五四《帝王部》

(同光元年)十月,制曰:"懋德賞功,百王明訓,疏封列爵,有國
通規。應扈從征討將校及諸官員、職掌軍將節級馬步兵士及河北諸
處屯駐守戍兵士等,皆情堅破敵,業茂平讎,副予勘定之謀,顯爾忠勤
之節,並據等第,續議獎酬。"

(宋)王欽若等編纂:《册府元龜》卷一二八《帝王部》

（同光元年）十月，平汴州。詔有交鋒戰陣，没於王事，未經追贈，各與贈官。

（宋）王欽若等編纂：《册府元龜》卷一四〇《帝王部》

後唐莊宗同光元年十月，敕：“邇聞京百官俸錢至薄，骨肉數多，支贍不充，朝夕難遣。僞庭時，刻削嚴急，不敢披陳。今既混同，是行優恤。下御史臺，在班行有欲求外職，或要分司，各許中書門下投狀奏聞。”

（宋）王欽若等編纂：《册府元龜》卷四八《帝王部》

後唐莊宗同光元年十二月，車駕在洛京。丁丑，太原耆老薛漢等八十人詣闕稱慶，見於嘉慶殿。帝以豐沛之民，親自慰諭，給賜有差。

（宋）王欽若等編纂：《册府元龜》卷一七二《帝王部》

同光元年十二月，敕：“自十數年來，累經戰陣，殺傷暴露，有足憫嗟。其德勝寨、莘縣、楊劉鎮、通津鎮、胡柳陂戰陣之所，宜令逐處差人檢收骸骨埋瘞，取係省錢，備酒紙招祭，以慰亡魂。”

（宋）王欽若等編纂：《册府元龜》卷一三五《帝王部》

（同光）二年二月己巳朔，有事於南郊。禮畢，還御五鳳樓。宣制曰：“體元立極，樹司牧者大君；創業開基，定禍亂者貞主。是以肇分正氣，斷鰲足而定四維；眇覿玄風，抗龍首而朝萬國。兆人歸往，率土駿奔，同興牧野之師，共赴塗山之會。恭行吊伐，廣示驅除，纔應順於人心，俄恢張於戎略。未逾半歲，悉集大功，剪窮后於夏郊，擒漸臺於新室，配天纂祀，冤恥咸申，向闕來庭，華夷率服。再移星律，得事郊禋，獲申報本之義，已展告虔之禮。顧惟寡薄，愧畏尤深，久屬僞室凶狂，彝倫失序，照臨之內，愁疾略同。爰當改物之辰，乃布維新之慶，與人更始，以答天休。可大赦天下，應同光二年二月一日昧爽已前，大辟罪已下所犯罪無輕重，已發覺未發覺、已結正未結正、見禁囚徒常赦所不原者，咸赦除之。十惡五逆、屠牛鑄錢、故意殺人、合造毒藥、持杖行劫、官典犯贓不在此限。賞不失勞，百王令典；人惟求舊，有國通規。當宜廣示優恩，務酬嘉績，應自來立功將校兵士等，皆久經戎陣，備睹辛勤，並宜各轉官資，仍加賞給。應僞朝流人並左降官，未經量移者即與量移，已量移者即與復資。尚慮道路遐遥，未盡知悉，中書門下再舉赦文。應內外文武常參官、節度、觀察、防禦、刺史、主軍都指揮使等，夙夜在公，冰泉斯戒，既著顯親之道，宜嘉事主之誠，父母亡歿並與追贈追封，在者各與加爵增封四品已上。扈從翊衛，整肅威儀，展我國容，俾成大禮。應南郊掌儀仗隨駕官員，各有勞獎，其扈駕樓下立仗將士及河南將校兵士等，亦各賜等第優賞。睠惟盡瘁，言念輸忠，率玉帛以來庭，贊郊廟而貳事，既崇丕烈，特顯殊恩，凡關竭力之元勛，宜舉報功之茂典。應藩鎮使臣各賜一子出身，仍加功臣名號。諸道留後刺史，官高者加爵階一級，官卑者加官一資。宗子維城，本支百代，禮既行於配祖，情敢怠於睦親？應本朝皇親近屬因緣僞梁，竄逭遐遠，並仰所在搜訪，如非謬妄，即與奏聞，到京委宗正寺檢勘不虛，並與量才叙錄。網羅之中，無由自奮；蜂蠆之內，竟至無辜。既淪没於濫刑，宜申明於真節。凡本朝內外臣僚枉被朱温殺害者，並仰所司具銜申奏，特與追贈，仍搜訪子孫，量加叙錄。事主之道，以立節為先；致理之方，以賞善為本。其懷才抱器，不事僞朝，衆所聞知，顯有節行，仰所在長吏將所著狀具姓名聞奏，當別甄獎，兼授官秩。皇王御宇，禮三恪而為賓；士庶敦風，賴五常而濟世。當宜封崇後嗣，欽若前修，應前代二王三恪及文宣王之後，並可各令繼襲，仍加恩命。所有祖宗廟宇，亦宜各與增修，其隨處合得俸户並子孫户下差税征徭，仍委中門下較本朝格律施行。堯鼓明懸，貴聞進諫；舜旌旁建，比為來賢。是宜廣納話言，庶箴闕政。洎僞梁人滋澆薄，朝掩忠良，蔑聞投水之規，莫識從繩之路。此後應內省文武常參官並前資草澤之士，有謀分利害事既機宜，並許上表敷陳，朕當選長旌錄；如有性多毁譽，私貯愛憎，承寬偶恃於得言，縱志惟專於罔善，朕亦潜令伺察，親要審詳，狡蠹有彰，罪刑無捨。錢者古之泉布，蓋取其流行天下，布散人間，無積滯則交易通，多貯藏則士農困。故西漢興改弊之志，立告緡之條，所以權畜賈而防大奸也。宜令所司散下州府，常須檢校，不得令富室分外貯見錢。又工人銷鑄而爲銅器，兼沿邊州鎮設法鈐轄，勿令商人搬載出境。被服錦綉，貴賤有倫，裁製衣裝，短長有度，苟無彝則，必害女工。近年已來，婦女服飾異常寬博，倍費縑帛，有力之家不計卑賤，悉衣錦綉。念蠶織之匪易，顧法制之不行，須示條流，冀漸遵守。委所司散下文榜曉諭，御史臺及諸道觀察糾舉違敕。水旱之鄉，而饑寒宜恤；兵戈之地，勞弊堪傷。鄴城及河東久興師旅，頗困生靈；其近裏州縣又輦運徭役，無時暫息。應北京以北諸州川界，及至新州、幽州、鎮定管界，契丹侵掠，並邑凋殘，兼遼州、沁州南界及安義北界、澤州諸縣、河陽向下，至鄆、濮、齊、棣已來邊河州縣，數年兵革，至甚凋殘，自此並宜倍加撫安，召令復業。應人戶所輸租稅，特與蠲減，已從別敕處分。兼諸道州縣有經霜水旱之災，所損田苗，納稅不迨，懸欠處仰子細檢詳，如不虛妄，特與蠲放。頃以未殄寇讎，常勞戰伐，況於邊鄙，足見凋傷，既歲月滋深，在逋逃而可念。或主持錢穀，管係牛羊，既已罄空，須憂徵督，將叶來蘇之咏，宜施在宥之恩。應近邊界州縣人戶有舊主持官錢斛斗牛羊諸雜課利送納不迨者，並令蠲放。自兵屯郊境，事迫機宜，互有侵漁，交相虜掠，既變良而爲賊，實威脅以勢驅，人或銜冤，朕寧無慮？可各下諸處，有百姓婦女俘虜他處爲婢妾者願歸，即並不得占留，一任骨肉識認。其丈夫曾被刺面者，仰勘所在村保，如委不係食糧人數，便勒本州府各與憑據，放逐營生。鄉村糴貨斗斛及賣薪炭等物，多被牙人於城外接賤糴，買到房店增價邀求，遂使貧困之家常買貴物，秤量之際又罔平人。宜令府縣及御史臺於諸門嚴切條流，不得更相違犯。應天下見使斗斛，並是僞朝所定，宜令所司別造新朝斗秤，頒下諸道，其見使者納官毀廢。三館蘭臺，藏書之府，動盈萬卷，許列九流。爰自亂離，悉多遺逸，須行搜訪，以備討尋。應天下有人能以經史及百家之言進納者，所司立等第酬獎。喪葬之典，合式具言，使貧者足以備其儀，富者不得逾其制。頃自淳風漸散，薄俗相承，不守等威，競爲僭侈，生則不能

盡其養,没則廣費飾其終。自今後仰所司舉名條制,勿令逾越,若故
違犯,嚴加責罰。歷代以來,除桑田正稅外,只有茶鹽銅鐵,出山澤之
利,有商稅之名,其餘諸司並無稅額。僞朝已來,通言雜稅,有形之
類,無稅不加,爲弊頗深,興怨無已。今則軍須尚重,國力未充,猶且
權宜,未能全去。且檢天下桑田正稅,除三司上供既能無漏,則四方
雜稅必可盡除,仰所司速檢勘天下州府戶口正額、墾田實數,待憑條
理,以息繁苛。國以人爲本,人困則國何所依?人以食爲天,食艱則
人何以濟?聞僞朝已來,恣爲掊斂,至於雜色斛斗柴草受納倉場,邀
頡人戶,分外誅求,納一斗則二斗未充,納一束則三束不了,互相蒙
蔽,上下均分,疲斃生靈,莫斯爲甚。自今後仰長吏選清强官吏充主
納,仍須嚴立條制,以防奸欺,兼具逐色所納加耗申奏。當官者宜守
於朝章,力田者宜遵於王制,苟容僥幸,必亂規繩。訪聞富戶田疇,多
投權勢影占,州縣不敢科役,貧下者更代征徭,轉致凋殘,最爲蠹弊。
將安疲瘵,須擇循良。應僞庭内班朝僚及諸色主掌職員等遭無辜殺
害者,並許昭雪歸葬。共理者太守之官,親人者縣宰之任,戈鋋稍弭,
政術爲先。刺史、縣令有勸課農桑、招復戶甲、增加稅額,撿勘不虛,
委本道觀察使條件奏聞,當加進陟。如貪墮不理害及於人者,速便停
替,務於葺養,稱朕意焉。況親人之官,無先於令録;致理之道,必擇
於才能。苟選任不自於朝廷,則恩澤全歸於侯伯。今日諸道奏請授
官人數轉多闕員全占,交隳體例,須正條綱,委中書門下舉舊例條理
聞奏。刺史總一州之政,縣令專百里之權,至於糾督之司,並謂親人
之任。僞朝取士,多不擇才,蓋自藩方奏論,及因權勢屬托,公行賄
賂,蔑顧典章,到官唯務於追求,在任莫思於葺理,或聚蓄更希後任,
或掊斂以報前恩,上下相蒙,遠邇爲害,生靈困斃,職此之繇。自此牧
守令録之官,委中書門下精加選擇,至於三銓注擬,亦在審詳吏能,如
貪猥有聞,不得更授令録。及到官後,委本道觀察使切加鈐轄,仍勒
本州判官專爲訪察。如掩贓罪不具聞奏,豈唯獨罪本官,兼亦累及長
吏。至於義夫節婦孝子順孫,并合搜揚,以行旌表。德音之所未至,
赦文之所不該,凡百有司,各宜申舉。於戲!圓蓋方輿,布陰陽而貿萬

物;賢臣聖主,守紀綱而馭四方。所寶者黎元,所重者神器,久落奸凶之手,每傷忠義之心。朕以訓練五兵,憂勤三紀,收復而親經百戰,輯寧而敢忽萬機? 得不居安慮危,慎終如始,內則委樞衡於元輔,庶顯彌綸,外則分符印於列侯,務觀製緝,股肱惟肅,宗社是依。朕有過而須言,臣有善而無掩,使百姓時序,萬國咸寧,共全可大之功,式表中興之道。"

（宋）王欽若等編纂:《册府元龜》卷九二《帝王部》

（同光)二年正月丙午,前新鄉鎮將李洪玫詣闕首罪,斬於天津橋南。洪玫先以城歸梁故也。

（宋）王欽若等編纂:《册府元龜》卷一五四《帝王部》

（同光)二年二月,南郊禮畢,制曰:"賞不失勞,百王令典,人惟求舊,有國通規,當宜廣示優恩,務酬嘉績。應自來立功將校兵士等,皆久經戎陣,備睹辛勤,並宜各轉官資,仍加賞給。"

（宋）王欽若等編纂:《册府元龜》卷一二八《帝王部》

（同光)二年二月,詔曰:"自兵屯郊境,事迫機宜,互有侵漁,交相虜掠。既變良而爲賤,實威脅以勢臨,人或銜冤,朕寧無慮! 可各下諸處,應有百姓婦女俘虜他處爲婢妾者願歸,即並不得占留,一任骨肉識認。其丈夫曾被刺面者,仰勘所在村保,如委不是食糧人數,便勒本州府各與憑據,放還營生。"

（宋）王欽若等編纂:《册府元龜》卷四二《帝王部》

（同光)二年六月,贈故河東節度副使、右諫議大夫李襲吉禮部尚書;故河東節度副使、禮部尚書蘇循爲尚書左僕射;故河東節度副使、戶部侍郎盧汝弼爲兵部尚書;故河東管內觀察判官、檢校尚書、左僕射司馬揆爲司空;故河東留守判官、工部尚書李敬義爲尚書左僕射。皆河東舊僚也。

（宋）王欽若等編纂:《册府元龜》卷一七二《帝王部》

（同光二年）六月，蕃漢總管李嗣源遣使部送安義賊首領楊立、左重、趙實、韓貴等二十人到闕，令兩軍號令磔於鎮國橋。

（宋）王欽若等編纂：《册府元龜》卷一五四《帝王部》

（同光二年）十一月癸卯，帝畋於伊闕，命從官拜梁祖之陵，物議非之。

（宋）王欽若等編纂：《册府元龜》卷一八〇《帝王部》

（同光二年）十二月壬午，敕：“《周易》博士冀軫貶磁州司户，《禮記》博士宋澶貶石州司户，《春秋》博士陳處中責授國子監丞。誤保選人故也。選人吳延皓取亡叔告身，改舊名行事，付河南府處死。銓吏尹致職居行首，但恣奸欺，窮奇備驗於行藏，積弊須去，其元惡可處死。鄭傳身爲堂吏，事昧公心，勾當逾濫，選人曲委，寫造文狀保奸，斯在，情故可知，可流決邢州。承旨官王處環是臺司首吏，職名不卑，誠宜助憲府之準繩，豈得叶選人之逾濫，決流忻州。裴溫玉、皇甫源、邵仁郅勾當選人，有涉逾濫，或出公驗，都昧精詳，各決杖，退充本司最下。令史三銓官崔沂等既已貶謫，效其有司；冀軫與諸令史共爲囊橐故也。”

（宋）王欽若等編纂：《册府元龜》卷一五四《帝王部》

（同光二年）十二月庚午，帝與皇后劉氏幸河南尹張全義第。酒酣，帝命皇后拜全義爲養父，全義皇恐致謝，復出珍貨貢獻。翌日，皇后傳旨，令學士草謝全義書。趙鳳密疏陳國后無拜人臣爲父之禮，帝雖嘉之，竟不能已其事。

（宋）王欽若等編纂：《册府元龜》卷一八〇《帝王部》

（同光二年十二月）是月，以教坊使王承顏爲興州刺史。末年，誅郭崇韜、朱友謙之後，闔豎伶官，交相讒諂，邦國大事，皆聽其謀，由是漸多猜惑。及魏博軍變，宰臣豆盧革率百官上表，請出内府金帛，優給將士，不報。時知星者上言，客星犯天庫，宜散府藏。又云，流星犯天踏，主御前有急兵。帝召宰臣於便殿，皇后出宮中妝奩、銀盆各二並皇子滿哥三人，謂宰臣曰：“外人謂內府金寶無數，向者諸侯貢獻，旋供賜與，今宮中有者，妝奩嬰孺而已。可鬻之給軍！”革等皇恐而退。

（宋）王欽若等編纂：《冊府元龜》卷一八〇《帝王部》

（同光）三年正月丁酉，中書門下奏：“選人劉邦、麻溫、田昭遠、賈思義、盧琢皆是家狀內收豎，丁父母憂，年月不同，已榜示駁放。劉邦、麻溫塗毀告身，委本州重處色役。田昭遠已下殿五選。”從之。

（宋）王欽若等編纂：《冊府元龜》卷一五四《帝王部》

（同光）三年，正月甲午朔，帝御文明殿，受朝賀如常儀。是月庚子，車駕幸鄴都。庚戌，車駕至鄴都，帝自千秋亭乘輦，備法駕，晡晚歸宮。辛亥，帝御武德殿受朝賀，以百官扈從之勞，放十九日至二十日朝參。三月癸巳朔，車駕在鄴。帝御武德殿視朝。是月車駕還洛都。六月壬戌朔，帝御文明殿視朝。癸酉，敕：“泥塗稍甚，放文武常參三日。”丁亥，以霖雨放朝。七月乙未，敕：“霖雨未止，泥塗頗甚，宜放五日、六日朝參。”戊戌，敕：“泥塗頗甚，放八日、九日朝參。”丁亥，以霖雨放朝。八月己丑，敕：“如聞天津橋未通，往來百官以舟船濟渡。因茲傾覆兼踏泥途。自今文武百官三日一趨朝，宰臣即每日中書視事。”閏十二月己丑朔，帝御文明殿視朝。

（宋）王欽若等編纂：《冊府元龜》卷一〇八《帝王部》

同光三年閏十二月，兩省諫官上疏，請車駕不巡幸汴州，批答曰：“忽披諫疏，深沃朕心，非因讜直以上聞，豈致焦勞之外達？卿以饋運不繼，軍食有虧，在京則廩食闕如，支計則供頓莫備。卿等若別陳意見，動叶機宜，儻得稍濟軍儲，不移警蹕，即當傍詢。眾懇盡述，良籌佇聞，敷敷浣予宵旰。”戊申，諫官上疏，請不巡幸汴州，批答曰：“朕以四海雖寧，五兵不可不訓，聚之王室，務壯神京。其如人賴餱糧，馬資蕘秸,飛輓動勞於四達,經謀全繫於有司。近以水潦爲灾,賦租失額,欲巡方岳,貴便兵民。卿等細察輿情,備陳忠懇,慮沸騰於物議,俾鎮静於宸居。載覽封章,深誠嘉畫。"時諫官言:"天子有四海之富,何慮闕供? 當須節儉省費,以濟六軍。自古及今,未有鑾輿就食。今吴揚未滅,示其虚實,轉益凶驕。"三疏乃允。

(宋)王欽若等編纂:《册府元龜》卷一〇一《帝王部》

(同光)三年閏十二月,詔曰:"朕聞古先哲王,臨御天下,上則以無偏無黨爲政治,次則以足食足兵爲遠謀。緬惟前修,誠可師範。朕纂承鳳曆,嗣守鴻圖,三載於兹,萬機是總。非不知五兵未弭,兆庶多難,蓋賴卿等寅亮居懷,康濟爲務,冀盡賦輿之理,洞詢盍徹之規。今則潛按方區,備聆謡俗,或力役罕均其勞逸,或賦租莫辨於後先,但以督促爲名,煩苛不已。被甲胄者何嘗充給,趨朝省者專困支持;州閭之貨殖全疏,天地之灾祥屢應。以至星辰越度,旱潦不時,農桑失業於丘園,饑饉相望於郊野。生靈及此,寢食寧遑? 豈非朕聖政未孚,焦勞自掇者耶? 朕昨親援毫翰,軫念瘡痍,一則詢而謀猷,一則表予宵旰。未披來奏,轉撓於懷,敢不翼翼罪躬,乾乾軫慮? 咨爾四岳,弼予一人,何不舉爾賢才,輔予寡昧? 百辟之内,群后之間,莫有盡忠者被掩其能,抱器者難陳其力。或草澤有遺逸之士,山林多屈滯之人,爾所不知,吾將何助? 卿等位尊調鼎,名顯代天,既逢不諱之朝,何吝由中之説? 當宜歷告中外,急訪英髦。應在任及前資文武官,下至草澤之士,有濟國治民除奸革弊者,並宜各獻封章,朕選擇施行。其近宣御札,亦可告諭内外,體朕意焉。"

(宋)王欽若等編纂:《册府元龜》卷一〇三《帝王部》

(同光)四年,正月乙亥,敕:"風雪稍甚,宜放三日朝參。"

(宋)王欽若等編纂:《册府元龜》卷一〇八《帝王部》

(後唐莊宗)同光四年二月,有司奏僞蜀主王衍到闕日,准禮差官告太微宮、太廟、太稷、武成王廟。從之。

（宋）王欽若等編纂：《册府元龜》卷一二《帝王部》

（同光）四年三月壬戌，宰相豆盧革率百官上表，請出内府財帛勞軍，以軍情有變故也。其辭略云：“臣竊知内府所積有餘，租庸贍軍不足，今内外諸軍，室家不能相保，儻非此時安恤，臣懼人心離合。”表奏不報。時知星者上言：“昨夜惡星入大庫，宜散帑藏以給三軍。”又奏：“流星犯天棓，主御前有急兵，宜爲之備。”帝召宰臣於便殿，劉皇后出宮中妝奩、銀盆各二，並皇子滿喜等三人，謂宰臣曰：“外人不知，謂内庫金寶無數，諸道所進，旋以給賜，今宮中有者，即妝奩、嬰孺而已。可市之贍軍。”革等惶恐而退，時出錢帛，給賜諸軍；樞密使張居翰、李紹宏、宣徽使李唐玉、供奉内使景進各獻錢幣數千，以助賞軍。是時，編甿饑饉，軍士之家乏食，連營婦女，掇蔬於野，衛軍日望頒給，復怨租庸，刻削月糧，諸軍騰口，流言不息。宰臣延英奏對，每請出内府財以給諸軍，帝將行之，尋爲劉后所沮而止。既而鄴城變擾，軍人幸其搖動，縱行優賞，不滿其心。至是，積錢帛金銀賜之，軍士負物而詬曰：“吾妻子已殍，方與賞錢，冀吾陳力，一何謬也？”議者聞之，知禍亂旦夕矣。

（宋）王欽若等編纂：《册府元龜》卷一八一《帝王部》

後唐莊宗，諱存勗。

（宋）王欽若等編纂：《册府元龜》卷三《帝王部》

後唐莊宗，便騎射，膽略絕人，其心豁如也。采録善言，聽納容物，爲晉王時，躬親庶務，每與賓僚參議，以恤物爲心，視民如傷，孜孜不倦。嘗有疑獄，法司以狀具聞，帝猶慮獄吏榜笞誣枉，覆訊曰：“非獄吏榜笞乎？非勢門排陷乎？”點囚或誣讕，帝以具獄，按格令條其罪以示之。囚既俛首伏罪，帝愍然謂之曰：“非吾殺爾，爾當自殺。”每出於路，遇飢寒無告者，必駐馬臨問，解衣衣之，推食食之。其山林群盜、邑里酋豪,皆革心從化,各務生產。屏出貪吏,杜塞幸門,登任循良,振拔沉滯,不逾期月,民俗丕變。市無強賈,路不拾遺,閭里之間,無復犬吠之警,流傭畢復,頌聲聞於道路,三農稔熟,上下翕然。

　　（宋）王欽若等編纂:《冊府元龜》卷一八《帝王部》

　　後唐莊宗洞曉音律,武皇常令歌舞於前,十三,習《春秋》,手自繕寫,略通大義。

　　（宋）王欽若等編纂:《冊府元龜》卷四三《帝王部》

　　後唐莊宗爲嬰兒,體貌奇特。年十一,從太祖討王行瑜,因令人觀獻捷,唐昭宗一見駭異之,曰:“兒有奇表。”乃撫其背,曰:“此兒將來之國,慎勿忘忠孝於予家。”

　　（宋）王欽若等編纂:《冊府元龜》卷四四《帝王部》

　　莊宗初爲晉王,嘗勞軍於魏縣,因率百餘輕騎循河而上,將覘梁軍。時陰晦未霽,劉鄩率群賊五千,伏於河曲叢木間,伺帝已過,群賊大譟,圍帝數十重,戈稍如林。帝以百騎馳穿其間,左右奮擊,賊稍皆萃於帝,帝躍馬大呼而乘之,梁軍辟易四處,斬十餘級,決圍而出。會援軍至,梁軍遂退。帝顧軍士曰:“幾爲寇嗤。”軍士咸曰:“大王神武應天,英才間世,故非殘孽敢犯車塵。今日之事,適令賊見大王之威略耳。”又嘗與梁軍對壘於濮州北,謝彥章夜率精甲五千餘衆伏堤塢之下,帝嘗觀兵於塢上,俄以十餘騎輕行登塢,梁軍竊發,圍帝數十重。我後騎繼至,攻於圍外,帝於圍中躍馬斬擊,觸鋒冒刃,決圍而出,合外騎接戰。俄而李存審至,賊遂退走,斬首數百級。時帝銳於接戰,每馳出營,常身先士卒。存審叩馬進諫,請無輕行。帝伺存審有間,即策馬而出,顧近臣曰:“老子妨吾戲。”其英才如是。王鎔、王處直亦遣使致書,請帝不躬御士卒,曰:“天下元元繫於王,本朝中興繫於王,王無自輕。”言甚切至,帝笑謂其使者曰:“漢高祖馬上得天下,身百餘戰,然後成帝功。予不敢希慕前人,安能局促於床簀以肥其軀耶?"及進軍胡柳陂,梁軍亦至。帝親率軍出視,諸軍從之。梁軍已成陣,橫亘數十里,帝亦以橫陣抗之。時帝與李存審總河東、魏博之衆居其中,周德威以幽薊之衆當其西,鎮定之師當其東。梁將賀瓌、王彥章居中軍。兩軍接戰,帝以銀鎗軍突入梁軍陣中,斬擊十餘里,賀瓌、王彥章皆單騎而走。周太祖嘗謂侍臣曰:"朕五六歲時,每聞莊宗破夾寨,與梁太祖爭天下,自是十五年終滅梁朝,中興唐室。夾河戰陣,朕預其間。若神武英豪,近古無此人主。"

(宋)王欽若等編纂:《册府元龜》卷四四《帝王部》

後唐莊宗初爲晉王,既誅從事司空頲,尋以悔之。明年,駐軍於河上,軍校郭夜义者,有罪伏誅。元行欽已下,惜其驍勇,列拜以救之。帝厲聲曰:"殺司空頲時,爾等何不救也?"其追惜之意如此。

(宋)王欽若等編纂:《册府元龜》卷一七五《帝王部》

後唐莊宗入汴,齊州刺史孟璆上章請死,詔原之。璆初事帝爲騎將,天祐十三年,帝與劉鄩等縣對壘,璆領七百騎奔梁。至是,來請罪。帝報之曰:"爾當吾急,引七百騎投賊,何面目相視?"璆惶恐請死,帝恕之。未幾,移貝州刺史。

(宋)王欽若等編纂:《册府元龜》卷四一《帝王部》

後唐莊宗同光初,既平朱梁,齊州刺史孟璆上章請死,帝原之。璆初爲騎將,天祐十三年帝與劉鄩莘縣對壘,璆領七百騎奔投梁末帝,以爲齊州刺史。至是首過,帝恨之曰:"爾當吾急時,引我七百騎投賊,何過之有。但予推心御物,不欲坐汝,我不阻爾,來將何面相視耶!"璆皇懼請死,帝恕之,移爲貝州刺史。

(宋)王欽若等編纂:《册府元龜》卷一四九《帝王部》

莊宗膽略絕人,其心豁如也。初與梁對壘於河上,梁將陸思鐸以善射,日預其戰,嘗於箭笴之上,自鏤其姓名,一日射中帝之馬鞍。帝拔箭視之，睹思鐸姓名，因而記之。及帝平梁，思鐸以例來降，帝出箭以示之，思鐸伏地待罪。帝慰而釋之，尋授龍武右厢都指揮使，加檢校太保。

（宋）王欽若等編纂：《册府元龜》卷四三《帝王部》

後唐莊宗初爲晉王，梁冀王朱友謙爲友珪所伐，乞師於帝。帝親總軍赴援，與汴軍遇於平陽，大破之，因與友謙會於猗氏。友謙盛陳感慨，願敦盟約，帝歡甚。友謙乘醉鼾於帳中，帝熟視之，謂左右曰："冀王真貴人也，但恨其臂短耳。"

（宋）王欽若等編纂：《册府元龜》卷一四八《帝王部》

後唐莊宗初從太祖起義雲中，部下皆北邊勁卒，及破賊迎鑾，功居第一。由是稍優寵，士卒因多不法。或陵侮官吏，豪奪士民，白晝剽攘，酒博喧競。太祖緩於禁制，獨帝不平之，從容白曰："堤防所以止水，禮法所以禁人，未有壞堤防而止橫流，廢禮法而禁凶暴，雖堯、舜、禹、湯之明聖，捨此則無由致理。竊見將吏驕縱，軍士凶豪，不唯蠹耗於生靈，終慮爲國之後患。古人防微杜漸，何況事已顯然，不可不禁。"太祖依違之。及安塞不利之後，時事多難，凶焰日熾，氏叔琮屢傾郡邑，康懷貞頻犯郊圻，鄰援携離，土疆侵削，城門之外，鞠爲戰場，太祖憂形於色，寢膳不怡。嘗宴居，帝侍側，因啓曰："夫盛衰有常理，禍福繫神道。家世二代，盡忠王室，勢窮力屈，無所愧心。物不極則不返，惡不極則不亡。今朱氏攻逼乘輿，窺伺神器，陷害良善，誣詿神祇，以臣觀之，殆其極矣。大人當遵養時晦，以待其衰，何事輕爲沮喪？"太祖釋然，因奉觴作樂而罷。

（宋）王欽若等編纂：《册府元龜》卷四六《帝王部》

後唐莊宗年十一從晉王討王行瑜。初令入覲獻捷，昭宗一見，駭異之，曰："此子有奇表。"乃撫其背曰："兒將來之國棟，勿忘忠孝於吾家。"乃賜鸂鶒酒巵、翡翠盤。十三讀《春秋》，略知大義。騎射絕倫。其心豁如，采錄善言，聽納容物，殆劉聰之比也。又云，昭宗曰：
"此子可亞其父。"時人號曰"亞子"。

（宋）李昉：《太平廣記》卷一七〇《亞子》

莊宗撰詞

莊宗雅好音律，凡用軍前後隊伍，皆自撰詞，使揭聲而鳴唱。至入
於陣，不問勝負，馬頭纔轉，眾樂齊舉，故人忘其死，亦用兵之一奇也。

（宋）曾慥：《類說》卷二六《五代史補》

待予心肯日，是汝命通時

唐莊宗有從行禁旅，乞叙功遷補，帝終不納。李嗣源爲述其勞，
帝曰："朕亦知慶薄有軍功，但見其面即憤然。"因舉唐太宗詩曰："待
吾心肯日，是汝命通時。"

（宋）曾慥：《類說》卷五二《翰府名談》

用桔橰打泪不出

敬新磨，河東伶人。莊宗出自沙陀部，既得天下，左右侍衛多用
蕃部子弟，高鼻深目者甚眾。新磨每譏之，眾皆切齒訴於莊宗，泣下。
莊宗以責新磨，新磨曰："此輩泪用桔橰打亦不出。"莊宗大笑。

（宋）曾慥：《類說》卷二六《五代史補》

明宗同光四年四月即位，時河中軍校王舜賢奏節度使李存審今
月三日弃城出奔，不知所在。敕曰："寡人允副群情，方監國事，外安
黎庶，内睦家親，庶諧敦叙之規，永保隆平之運。一昨京師變起，禍難
薦臻，至於戚屬之門，不測驚奔之所，慮因藏竄，濫被傷夷，言念於兹，
自然流涕。宜令下河南府及諸道，應諸王眷屬等，昨因變起出奔，所
至即時津送。如不幸物故者，即量事收瘞以聞。"

（宋）王欽若等編纂：《册府元龜》卷三九《帝王部》

　　明宗天成元年四月丙午即位。甲寅,御文明殿,受朝,改元肆赦。
制曰:"天生蒸民,樹之司牧,立君臣之位,定治亂之機,撫之則爲后
王,虐之則爲讎敵。以今况古,何代不然? 先皇帝親總干戈,而奄宅
區夏,功既成而稍忘戒懼,道未濟而不慎驕矜,遂致貪吏藏奸,群小多
辟,勛舊無名而被禍,忠良飲憤而見危,比屋由是怨咨,連營以之愁
嘆,俄成否運,遂至橫流。朕昔奉武皇,而幼承明訓,早承締構,備歷
艱難,敢忘作礪之規,以奉維城之固。一昨趙在禮遽從其群,徑入鄴
都,一則迫於饑寒,從其糧穀,一則痛於離析,就彼妻孥。朕既事於專
征,亦冀成於靖亂,豈意群情見迫,衆意相推,雖於擾攘之中,彌勵扶
持之節。無奈軍中散卒,亂若棼絲;闕下禁兵,勢如烈火。繇是指河
流而南渡,誓軍旅以西馳,志欲救於顛危,情冀申於忠赤。豈謂兵搖
畿甸,釁結蕭牆,慚赴難以無功,徒撫心而掩泣。深誠未達,群議同
詞,以爲奉廟社之蒸常,紹宗祖之基業,軍民所繫,神器難虛。辭避雖
至於再三,推戴尤形於迫切,竟將寡昧,獲奉宗祧。御朽索而敢載馳,
涉大川而莫知往,夙夜戒懼,罔敢底寧。所賴中外藎臣,弼予冲眇。
援今引古,爾既以大寶尊予;濟國安民,予亦以忠貞賴爾。庶將此道,
共致治平。宜推更始之恩,以布維新之化。今以改同光四年爲天成
元年。鄴都赴難之際定策功臣,宜特恩以彰豐報。其扈從將士及六
軍諸衛諸道行營將校等,委中書門下次第酬獎。夫人不能自理,立君
以理之,豈可殫天下之賦租爲宮中之玩好? 後宮內職量留一百人,其
餘任歸骨肉。臣守閣掌扇量留三十人;教坊音聲量留一百人;鷹犬之
事,以備蒐狩,量留二十人;御厨膳夫量留五十人,其餘任從所適。內
諸司使務有名無實者,並從停廢。先皇運關外之量資,供洛中之戎
馬,遂致百姓困弊者不勝餽輓之勞。今則須爲制置,令度支與總管使
會定在京兵數,據所供饋,積貯京師。其近畿糧儲,可令諸軍就食諸
道,營田租庸司先專差舜使無益勸農。起今後並委州使管係,所納農
具斛斗據數申省。應納夏秋稅糧,先有省耗一升,起今後只納正數,
不得別量省耗。其輸芻藁,亦不得別徵加耗。征賦上供,國之常典;
別申進獻,懼削生靈。今後節度、防禦等使除正、至、端午、降誕四節

量事達情，自於州府圓融，不得輒科百姓，其四節刺史不在貢奉。諸州使造麴，如聞省數之外，長吏私更加造，價錢多入於私門，滯麴常存於省數；省司及諸府置稅茶場院，自湖南至京六七處納稅，以致商旅不通，及州使置雜稅務交下煩碎，宜定合稅物色名目，商旅即許收稅，不得邀難百姓。諸道監務破腳價極多，獲租課極少，須有條流，以成規制。租庸司先將係省錢與人回圖，所供課利，或爛茶弊物，積年之後，和本乾沒，爲弊最深，宜令盡底收納，以塞倖門。已上五件委三司使條理聞奏。力學登第，承蔭出身，或欠文書，侵成逾濫，先遭沒毀，幾至調選無人，州縣多是攝官，爲弊滋甚，宜令銓別爲起請，止除僞濫，餘復舊規。昨自魏汴至京大將所歷戎馬，騰踐麥苗，下本州使檢量，據所傷殘與蹦地稅，自今年四月一日已前並與放免；如已徵入州縣者，即據數納省；若取宮中回圖錢立契取私債未曾納本利者，不在限，其餘並不徵理。先緣漕運，京師租庸司應借私船，今既分兵就食，停於漕運，其諸河渡私船並仰却付本主，如有滯留，許本主論告。先朝屢降德音，所司不與宣行，遲留奏改，利在虐人。赦書所至，仰三司諸道丁寧宣布，限一月内便須施行，不得遺漏；條件仍於要路榜壁，貴示衆多。嗚呼！除舊布新，雖更於法制；承祧繼世，敢怠於纂修？惟上天之匪忱，則下民之康定。水能利物，有載舟覆舟之文；言可立身，有興邦喪邦之喻。敢不日慎一日，業業兢兢？庶乃三事大夫，百辟卿士，共修正道，以啓遠圖，復先皇帝已墜之基，副億兆人相推之意，冀上天之悔禍，回下土之沉憂。雖唐堯之茅茨土階，夏禹之惡衣菲食，納隍御朽，不憚於憂勤；履薄臨深，無忘於夙夜。必能自勵，以慰人情。惟爾尊獎之誠，興復之志，有始有卒，是所望於群公；無怠無荒，冀不移於薄德。凡百有司，宜體朕懷。"

（宋）王欽若等編纂：《册府元龜》卷九二《帝王部》

明宗以同光四年四月即位，改元天成，制曰："鄴都赴難之際，定策功臣，宜特加恩，以彰豐報。其扈從將士及六軍諸衛諸道行營將校等,委中書門下,次第甄獎。"

(宋)王欽若等編纂:《册府元龜》卷一二八《帝王部》

明宗天成元年四月,入洛陽。甲申,始御文明殿,改元肆赦。五月丁巳,内出御劄一封賜宰臣,曉示文武百寮:"每日正衙常朝外,五日一度赴内殿起居。宰臣百官班於文明殿庭謝。其中書非時有急切公事請開延英,不在此限。"乙酉,敕:"每月十五日賜廊下食。"本朝承平時,常參官每日朝退賜食廊下,謂之廊餐。自乾符亂離已後,庶事草創,百司經費不足,無每日之賜,但遇月旦入閣日賜食。帝初即位,始因諫官疏奏,請文武百僚五日一起居,見帝於便殿。李琪以爲非故事,以五日爲繁,請每月朔望日皆入閣,賜廊下食,罷五日起居之儀。至是宣每月朔望皆入閣,依奏。五日一度起居不得停廢,遂以爲常。七月乙卯朔,帝御文明殿視朝。八月壬辰,以積雨泥甚,放百寮朝參。己亥,帝御文明殿,百官入閣如月朔之儀,從新例也。九月丙辰,帝御文明殿,入閣新制次日例也。十月甲申朔,帝御文明殿視朝。己亥,帝御文明殿,對南詔、蠻、兩林鬼主等,百寮稱賀。是月,右拾遺曹珍上疏内一件,百寮朔望入閣,及五日一度内殿起居,請許三署寺監官輪次轉對奏事。從之。十一月甲寅朔,帝御文明殿。癸亥日南至,帝御文明殿,百寮稱賀。十二月甲申朔,帝御文明殿見百僚。

(宋)王欽若等編纂:《册府元龜》卷一〇八《帝王部》

(天成元年四月)是月,齊州防禦使安審通加檢校太傅,食邑四百户。鄴都馬步軍都指揮使李正綱加檢校司空、湖州刺史,賜竭忠建策興復功臣,賞盧臺之功也。時盧臺戍軍亂,害副招討寧國軍節度使烏震,正剛尋與審通斬殺亂兵。

(宋)王欽若等編纂:《册府元龜》卷一二八《帝王部》

明宗天成元年四月辛丑,敕:"鄧州節度使李紹欽,太子少保李紹沖,汴州都麴務使辛廷尉、李繼宣等,並勒歸田里。"紹欽,本姓温,名韜;紹沖,本姓段,名凝;廷尉,僞開封尹王瓚之牙將也,朱友貞時依瓚勢曲法亂政,汴人深惡之;繼宣,汴將孟審澄之子,審澄誅,亡命歸莊宗,劉皇后蓄之爲子。時宮掖之間,穢聲流聞,比之四凶。帝在藩邸時惡其爲人,故並誅黜之。

　　(宋)王欽若等編纂:《册府元龜》卷一五四《帝王部》

　　明宗天成元年四月即位,以莊宗時六宮内人數千,洎蕭墻之變,率多流散。及帝自關東赴難,居至德宮稱制,宣徽使據按簿,引進猶千餘人。時宮使選數百人皆少年端麗者進御。帝曰:“何事須此?”宮使奏曰:“宮中内職,各有典掌,故事不可闕。”帝因詔老宮人謂曰:“入宮幾時?”對曰:“曾事乾符帝,諳悉故事。”帝曰:“宮闈典故,非耆艾者曷記,所進少年,定非前輩。”因戲謂老宮人曰:“非惟爾識事,故且與予,顏狀同耳。”是日,敕少年宮人並令還其家,無家可歸者任從所適,西川所送者亦令罷歸。宮中所識,但其舊宮人而已。

　　(宋)王欽若等編纂:《册府元龜》卷四二《帝王部》

　　(天成元年)五月辛酉,華州節度使史敬鎔奏:“准宣放散西川宮人,各歸骨肉。”

　　(宋)王欽若等編纂:《册府元龜》卷四二《帝王部》

　　明宗天成元年五月丙寅,差供奉官張殷祚押夏衣一萬副,賜湖南行營將士。

　　(宋)王欽若等編纂:《册府元龜》卷一三五《帝王部》

　　明宗,諱亶。初名嗣源,天成元年六月敕曰:“古者酌禮以制名,懼廢於物;難犯而易避,貴便於時。況徵彼二名,抑有前例。以太宗文皇帝自登寶位,不改舊稱,時即臣有世南,官有民部,靡聞曲避,止禁連呼。朕猥以眇躬,托於人上。止遵聖範,非敢自尊。應文書内所有二字,但不連稱,不得回避。如是臣下之名,不欲與君親同字者,任自改更,務從私便,庶體朕懷。"

（宋）王欽若等編纂:《册府元龜》卷三《帝王部》

（天成元年）七月,宋州節度使王晏球與護駕親軍都指揮使張虔釗攻定州,帝令中使押御馬二匹,賜晏球、虔釗。

（宋）王欽若等編纂:《册府元龜》卷一二八《帝王部》

明宗天成元年七月庚辰,賜諫議大夫蕭希甫衣段二十匹、銀器五十兩,以訟豆盧革、韋説之罪,非賞典也。

（宋）王欽若等編纂:《册府元龜》卷一八〇《帝王部》

（天成元年）八月癸巳,賜攝湯陰縣令王延禧、主簿柳承翰等緋魚,以帝今春赴難時經過供頓之勞也。然主簿賜緋,賞典太過。

（宋）王欽若等編纂:《册府元龜》卷一八〇《帝王部》

（天成元年）九月己未,幸前隰州刺史袁建豐之第。帝在藩邸,嘗爲副,相得甚歡。至是,建豐風病沈廢於私第,以舊愛親幸撫慰之。

（宋）王欽若等編纂:《册府元龜》卷一七二《帝王部》

明宗天成元年九月,制:"扶天輔國翊佐功臣、天策上將軍、武安等軍節度、湖南鄂岳等道管内觀察處置兼三司水陸發運等使、開府儀同三司、守太師兼尚書令、潭州大都督府長史、使持節都督鄂州諸軍事、守鄂州刺史、上柱國、楚王、食邑一萬七千户、食實封一千五百户馬殷,可檢校太師、守尚書令。餘並如故。"天策上將軍之號,舊無此官名。僞梁時,馬殷驕僭,求尚書令,僞梁以唐太宗爲此官,歷朝不置,今既革命,隨請與之。殷又以太宗爲天策上將,遣紀綱求之,梁宣於制册内,又加軍字,馬殷以謬,論請數四,且云人臣舊無此號,將來更處何官? 梁人不聽,殷黽勉不能辭,至今爲號也。

（宋）王欽若等編纂:《册府元龜》卷一七八《帝王部》

　　（天成元年）十月壬子，制：“叶盟輔國功臣、静江軍節度使、桂管内觀察處置等使、開府儀同三司、檢校太師兼中書令、使持節桂州諸軍事、守桂州刺史、上柱國、扶風郡王、食邑六千户馬賨，可加食邑一千户，食實封一百户。”制云：“爾已名尊四輔，位冠三師，既無品秩升遷，準以井田增益，此要語也。”名器假人及此，賈誼所以長嘆息者，無如之何。

　　　　（宋）王欽若等編纂：《册府元龜》卷一七八《帝王部》

　　（天成元年）十月，詔曰：“嫌疑之釁，多起於蒼黄，似是之名，卒難於明辨。應去年四月一日諸州府軍變，内有註誤身殁者，並許子孫禮葬。頃以兩軍對壘，仍歲交鋒，亡殁甚多，暴露不少。宜令滑、濮、鄆、澶、衛等州，各據地界内應有暴露骸骨，並與埋瘞。”

　　　　（宋）王欽若等編纂：《册府元龜》卷一三五《帝王部》

　　（天成）二年正月制曰：“王者祗敬宗祧，統臨寰宇，必順體元之典，特新制義之文。朕以眇躬，獲承丕構，襲三百年之休運，繼二十聖之耿光。馭朽納隍，夕惕之心罔怠；法天師古，日躋之道惟勤。今則載戢干戈，混同書軌，荷玄穹之眷佑，契兆庶之樂推。簡玉泥金，非敢期於薄德；耕田鑿井，誠有慕於前王。將陳享謁之儀，即備郊丘之禮，宜更稱謂，永耀簡編。今改爲‘亶’，凡在中外，宜體朕懷。宣記百僚稱賀，兼差官告郊廟社稷。”清泰二年五月中書門下奏：“准天成元年正月十六日敕，本朝列聖及四廟諱，近日中外表疏，偏旁文字，皆闕點畫。凡當出諱，止避正呼，儻回避於偏旁，則虧闕於文字，宜從樸素，庶便公私。凡廟諱但回避正文，其偏旁文字不在減少點畫。今定州節度使楊壇，檀州、金壇縣等名，酌情制義，並請改之。其表章文案，偏旁字闕點畫，凡臣僚名涉偏旁，亦請改之。”詔曰：“偏旁文字，音韻懸殊，止避正呼，不宜全改。楊壇宜賜名光遠，其餘依奏。”

　　　　（宋）王欽若等編纂：《册府元龜》卷三《帝王部》

　　（天成）二年二月丙申，曲赦京城臺府軍巡見繫囚徒。十月辛丑，詔曰：“朕聞後來其蘇，動必從於人欲；天監厥德，静宜布於國恩。近者優恩，多因州使倖門淹留敕命，或公然隱匿，全不施行。官吏但言幸浚郊，暫離洛邑，蓋逢歲稔，共樂時康。不謂奸官，遽彰逆狀，爲厲之階既甚，覆宗之禍自貽，俾我生靈，遘茲紛擾，永言軫惻，無輟寐興。宜覃雨露之恩，式表雲雷之澤。應汴州城內百姓既經驚劫，須議優饒，宜放二年屋稅兼公私債負。如是在城回圖錢物及公私質庫，除點檢見在外，實經兵士散失者，不計年月遠近，並宜蠲放。兼不得輒差配管內戶。有因納稅入州，便值更變，或散失車牛，其車牛許本主識認。勤王之節，雖自勖賢；入貢之勞，抑繇於使介。其有諸道進奉使或已入汴州，陷失土貢，宜與收破，無勞重有。貢輸專人經劫奪者，宜與優給。不軌之徒，已加顯戮；無辜之士，當慰幽冤。馬彥超、宋景殷等宜與追贈。逆人有子及弟姪者，仰並釋放，一切不問。輦轂之下，奸逆遽興，既難戢於戈鋋，因莫分於玉石。昨王師攻下汴州之時，剪除凶逆之際，恐其士庶偶陷鋒鋩，言念傷殂，良多嗟憫。宜令石敬塘遍加存問，兼勘在城殺傷人口奏聞，量加給恤。衛主亡軀，摧凶效命，偶徇脅從之勢，終懷忠藎之誠，首議向明，理宜行賞。昨車駕初到城下之時，有將士率先開門及下城朝見，宜令石敬塘奏聞，當與甄酬。禁暴戢兵，實由武德；安民和衆，乃契天心。車駕自離洛京，戒嚴兵士，不配一物，不役一夫，河流井水，此外無取，尚恐州縣以迎駕爲名，妄有配率，如或察知，必不容恕。布澤之命，必叶於群心；宥過之文，庶臻於至理。應天下諸州府見禁囚徒，除十惡五逆、殺人光火、劫盜、合造毒藥、官典犯贓、僞行印信、屠牛外，罪無輕重，並宜釋放。瑕疵可滌，既責其自新；稂莠未除，必從於去害。應諸道或有人先偶曾爲非及有背役衙官懼罪藏隱，宜令隨處長吏設法招攜，各勒歸家，一切不問。諸色人不得輒有搖動，如或自守狂迷，尚且結集，當令嚴加捕捉，無致遁逃。貴靜封隅，永安黎庶。策名筮士，誠切於進身；制祿命官，義從於責實。既懲黷貨，宜有代耕。應天下州縣官員逐月俸料如聞支給多不及時，縱或支遣，皆是爛弱斛斗。既闕供輸，難責廉慎，自此隨處官員所破料錢，宜逐縣人戶於合送納稅物內計折充支，一則免勞於人戶輸納，一則便於官僚，仍下三司速與計度。掄選之道，雖在精研;調業之勞,頗聞艱苦。應選人內有過格年深,無門參選,縱有材器,難遂進趨。宜令三銓磨勘行止,即於今年冬集判成選人例量材注官;如或詐稱,不在此限。爲政之要,切在無私;聽訟之方,唯期不濫。天下諸州府官員如有善推疑獄及曾雪冤濫兼有異政者,當具姓名聞奏,別加甄獎。敬老之規,前王所重;養親之道,爲子居先。應有年八十已上及家長有廢疾者,宜免一丁差役,俾遂奉養。計國之心,忠貞爲本;承家之法,孝友爲先。應天下有孝子順孫、義夫節婦、兄弟繼世義居者,隨處長吏聞奏,當行旌表。嫌疑之釁,多起於蒼黃;似是之非,率難於明辨。應去年四月一日諸州府軍變內有註誤身没者,並許子孫禮葬。頃以兩軍對壘,仍廢交鋒,亡殁甚多,暴露不少,宜令滑濮鄆澶衛等州各據地界内有暴露骸骨,並與埋瘞,仍差官致祭。其餘諸道州府有暴露者,亦委長吏指揮埋瘞。夫天災流行,時雨愆亢,既關地分,宜減國租。今歲岐華登萊自夏稍旱,須加軫念,以示優恩,四州所管百姓宜令長吏切加安恤,其所旱損田苗宜令撿行詣實申奏,與蠲減税租,仍不得有差徭科配。於戲! 罪己責躬,前王之大德;滌瑕蕩穢,往世之深仁。致逆孽之亂常,蓋眇冲之寡德,誠深惕厲,罔敢怠荒。既行逮下之恩,當守不移之信,更在朝廷卿士藩翰侯王,同交奉守之心,共致治平之道。宜布遐邇,當體朕懷。"

(宋)王欽若等編纂:《册府元龜》卷九二《帝王部》

(天成)二年四月,贈故振武軍節度使李嗣昭爲太尉。嗣昭天祐十五年卒於太原,帝舊敦分義,臨御之後,念深故人,故有是詔。

(宋)王欽若等編纂:《册府元龜》卷一七二《帝王部》

(天成)二年四月,兗州節度使、充北面招討使房知温奏:"盧臺屯兵殺冀州刺史、招討副使烏震。"初,詔震代知温歸鎮,知温怒震遽至,有怨言,因縱博,誘牙兵殺震於席上。會次將安審通保騎軍隔河按兵不動,知温懼其不濟,乃束身渡水,復結審通,逐其亂軍以奏。朝廷姑息知温,下詔鄴盡殺軍兵家口老幼數萬,清淇爲之變色。尋詔遣知溫就便之鎮，以安反側。

（宋）王欽若等編纂：《册府元龜》卷一七八《帝王部》

（天成）二年四月，右諫議大夫梁文矩上言：“平蜀以來，軍人將到西川，人口甚多，骨肉阻隔。恐傷和氣，請許收認。”帝仁慈素深，因文矩之奏，河南、北舊因兵火虜隔者，再令條理，並從識認。

（宋）王欽若等編纂：《册府元龜》卷四二《帝王部》

後唐明宗天成二年十一月壬申，詔太宗朝左僕射李靖可册贈太保，鄭州僕射陂可改爲太保陂。時議者以僕射陂者，後魏孝文帝賜僕射李冲，故因以爲名。及是命之降，以爲李靖，蓋誤也。

（宋）王欽若等編纂：《册府元龜》卷五五三《詞臣部》

明宗天成二年十一月，敕：太宗朝僕射李靖贈太保，鄭州僕射陂改爲太保坡。此坡蓋後魏時賜僕射李冲，今云李靖，非也。

（宋）王欽若等編纂：《册府元龜》卷一四〇《帝王部》

明宗天成三年二月，敕：朕聞爲賢諱過，含垢匿瑕，而皆載在。《春秋》顯其懲勸，是以孟明不懈，遂霸西戎；曹沫有謀，克寧東魯。列國之臣尚爾，爾何異焉。責授擅州刺史劉訓，早負變通，咸推忠壯，自隰川而嚮化，繼領竹符；平汶上以立功，遂分茅社。去春以荆門叛逆，須議討除，將戮賊臣，俾司戎律。攻城稍滯，略地未前，屬炎燠以班師，責逗遛而削爵。自居遠郡，俄換流年，亟聞惕屬以自新，宜降恩華而求舊。使昇環列，取象鈎陳。可守右龍武大將軍。

（宋）王欽若等編纂：《册府元龜》卷一四九《帝王部》

明宗天成三年三月丁未，宣御札曰：“朕奄有四海，於今三年，敬事天明，敢忘日慎？上憑列聖，賴祖宗之垂休；下設庶官，思邦家之共治。聞過必服，見善則師，靜惟省躬，動懷畏相，每從人欲，方布時和。

不謂仲春已來，繁陰未散，雖如膏之澤，可待豐年，而飛霰其濛，恐傷粟麥。實關稽務，深軫納隍，卿等陳力有方，直言無避，共熙帝載，以沃朕心，更吐嘉謀，庶裨闕政。應文武百官奏對，恐有隱密之事不敢當庭敷揚，即許上章，極言時政善惡，貴合天道弛張。"

（宋）王欽若等編纂：《冊府元龜》卷一〇三《帝王部》

（天成）三年六月，招討王晏球獻曲陽之捷，令殿直陳知隱押銀腰帶鞍轡，賜北面立功將校。時帝在汴，王晏球討定州王都故也。

（宋）王欽若等編纂：《冊府元龜》卷一二八《帝王部》

（天成）三年六月，詔内園鹿七頭，命放於深山。

（宋）王欽若等編纂：《冊府元龜》卷四二《帝王部》

（天成三年）十月甲子，安州上言，屯駐左神捷右懷順兵士作叛，主帥高行珪襲殺出城，命使賜行珪鞍馬、御衣、寶帶，及賜都將已下有差。時行珪預覺其事，遂潛移鎧甲於別室，叛卒果先奔其庫，行珪有備，乃能禦之。

（宋）王欽若等編纂：《冊府元龜》卷一二八《帝王部》

（天成三年十月）是月，代州刺史、檢校司空張朗超授檢校太保。初，契丹主赴援太原，代州張朗、忻州丁審琪守城，蕃軍由城下過，都不誘迫。時端明殿學士吕琦在忻州，及供奉殿直四五人，州兵僅千人。琦謂審琪曰："虜勢經城不問，可見其心，回日必無全理。與使君率在城軍民入五臺，避虜於鎮州界，策之上也。"審琪從之。翌日詰旦，琦等遣人會，審琪拒關不納，軍士欲攻牙城，琦曰："家國如斯，自相屠害，非人情。"遂率州兵趨真定。審琪即日降契丹，唯朗屢煞虜族帳，故超授獎之。

（宋）王欽若等編纂：《冊府元龜》卷一二八《帝王部》

後唐明宗天成三年十一月,帝顧侍臣而言曰:"自古鐵券,其事如何?"趙鳳對曰:"此則帝王誓之,賜其子子孫孫,長享爵禄。"帝曰:"先朝所賜,惟三人耳,崇韜繼恩,尋皆族滅。朕之危疑,似朝露耳。"嗟嘆久之。趙鳳曰:"帝王執信,故知不必銘金鏤石。"帝曰:"敢不深誠。"

（宋）王欽若等編纂:《册府元龜》卷一〇四《帝王部》

（天成三年）十一月,詔賜故夔州節度使西方鄴男錢、絹各五百貫、匹,布一百匹,米麥共二百石,以父没王事故也。

（宋）王欽若等編纂:《册府元龜》卷一四〇《帝王部》

明宗天成四年二月,王晏球平定州王都,獻俘馘。帝御咸安樓受之,刑部侍郎張文寶奏曰:"逆賊王都首級,請付所司。"大理卿蕭希甫受之以出,獻於郊社畢,於街市號令王都男四人、弟一人、禿餒父子二人並磔於開封橋,文武百官稱賀於樓前。

（宋）王欽若等編纂:《册府元龜》卷一二《帝王部》

（天成）四年二月,北面馳報今月三日收復定州,舉酒遍賜侍臣,喜除腹心之疾,賜教坊絹五百匹,内臣進馬稱賀。丙午,百辟入賀,馮道從容言曰:"元惡既除,猶望陛下安不忘危,即太平非遠。"戊申,宴群臣於玉華殿,樂作,王晏球馳報已獲王都首級,生禽契丹禿餒等二千餘人。百官就班稱賀。崔協酒酣,不能抃蹈,踣於地,命左右掖之方興,不久,協卒。宴罷賜物加等。

（宋）王欽若等編纂:《册府元龜》卷八一《帝王部》

（天成四年）四月,以龍武都虞候、北面行營諸道左厢馬軍都指揮使符彦卿爲耀州團練使,神武都虞候、北面行營右厢馬軍都指揮使、守端州刺史高行周爲潁川團練使,賞中山之功也。

（宋）王欽若等編纂:《册府元龜》卷一二八《帝王部》

　　(天成)四年七月，帝御中興殿，對宰臣，帝問馮道曰："外邊有何事?"道曰："無事。"帝曰："何云無事?"道曰："政平訟理，人安歲稔，故無事。"

(宋)王欽若等編纂:《册府元龜》卷一〇四《帝王部》

　　(天成四年)八月，帝御中興殿，宰臣論時政何者爲切。馮道對曰："務惜生靈爲切。臣記近代詞人爲古調詩云:'正月賣新絲，二月糶新粟，救得眼前瘡，剜却心頭肉。我願君王心，化作光明燭，不照綺羅筵，偏照逃亡屋。'此詩意雖俚淺，規諫殊深。臣諷誦之，實覺有理。"帝深納之。

(宋)王欽若等編纂:《册府元龜》卷一〇四《帝王部》

　　(天成四年)九月，帝御中興殿，顧謂宰臣曰："時事近日如何?"馮道奏曰："臣省事已來，無歲不聞戰伐，蓋政令不一，王綱弛紊。伏自陛下纂隆五載，服之以武威，懷之以文德，任賢不貳，去邪不疑，天下歸心，人知恥格。近歲已來，可謂無事。"趙鳳進曰："《詩》云:'靡不有初，鮮克有終。'願陛下常以此道始終，則運祚無窮矣。"

(宋)王欽若等編纂:《册府元龜》卷一〇四《帝王部》

　　天成中，車駕在汴。樞密使安重誨延諸藩侯議平吳之舉，霍彥威權其利害，事未能決。翌日，聞僞吳昇府節度使徐温卒，議在必行。帝謂侍臣曰："四海之内，唯淮南未賓正朔，乘彼紛紜，適宜吊伐。朕豈貪土疆耶? 姑務德訓兵，後圖未晚。"又供奉官丁延徽盜倉糧，禁繫經年。延徽性纖巧，權貴多庇護，比望至應聖節則釋放，乃至節前中要取聖旨放繫囚。明宗曰："除盜倉糧官典外，餘可疏放。"侍衛指揮使張從賓言事，帝多容之，因奏佗事，從賓言及延徽情非盜粟，意本賠填。帝曰："食我厚禄，偷我倉儲，期於決死，蘇秦説予不得，非但卿言!"衆於是不敢言。翼日，帝御中興殿，謂近臣曰："丁延徽禁繫經年，竊盜倉儲，何須擁護，不然則合原則原淹滯如此，復何計較耶?"既知擁護不及，乃據法寺具獄斷決。

（宋）王欽若等編纂：《冊府元龜》卷五七《帝王部》

明宗天成末，王都據定州叛，契丹王遣原知感等九人將騎三萬援都，嘉山之戰，爲王晏球、符彥卿、高行周追擊，敗之。至幽州界，並爲趙德鈞所擒，獻於京師。諸將請誅之，帝曰：“此八九人，胡之驍將也，彼以死報主，蕃中絶望矣。不如留之，以愧其情，必紓邊患。”長興中，乃賜姓名，易蕃號。

（宋）王欽若等編纂：《冊府元龜》卷四五《帝王部》

長興元年正月，賜故靈武行營馬軍指揮使邢彥洪男恩進錢絹米麥，以其父歿王事故也。

（宋）王欽若等編纂：《冊府元龜》卷一四〇《帝王部》

長興九年正月，荆南奏：峽州刺史高季雍、歸州刺史孫文乞且依舊任，從之。

（宋）王欽若等編纂：《冊府元龜》卷一七八《帝王部》

後唐明宗長興元年二月乙卯，郊祀畢，還御五鳳樓，宣制曰：“王者法天爲子，長人爲君，必在於上奉天明，下從人欲。奉天莫先於孝敬，從欲莫先於矜寬，則必上下叶和，陰陽調序。朕顧惟寡德，猥紹丕圖，祗荷景靈，敢不寅畏？屬以域中作梗，邊上多虞，纔除梟獍之妖，累殄豺狼之族，阻行大禮，於兹五年。負芒刺以靡寧，積冰湯而爲懼。今幸五兵偃戢，百穀豐登，謁清廟以寫心，陟泰壇而瀝懇。孝敬之道，誠益勵於夙宵；寬宥之懷，固難忘於頃刻。上承玄祐，冀永無疆之休；下念黔黎，宜覃莫大之慶。況天地交泰之始，雷雨作解之初，布澤益示於滂沱，發號重新於渙汗，滌瑕蕩穢，屈法申恩。宜改天成五年爲長興元年，可大赦天下。應諸道見禁囚徒，十惡五逆、光火劫舍、屠牛、官典犯贓、僞行印信、合造毒藥外，罪無輕重，已發覺未發覺、已結正未結正,咸赦除之。其天成四年十二月終已前諸道州府人户應有殘欠稅物鹽鹽食鹽乾搉濕搉,既係積年之欠,俄逢作解之恩,並與免放。諸州府營田户部院應欠租課房店利潤逃移人户死損牛畜,或先遭剽劫及水潦處欠負斛斗無所徵填已收納到家産財物,其餘所欠並與蠲除。所在倉場積年損壞,使臣盤覆欠折尤多,其主持專知官等據通收到産業物色外,亦與放免。應諸道商稅課利撲斷錢額去處,除納外年多蹙欠,枷禁徵收,既無抵當,並可放免。諸道采造材木欠數,定州材木錢及閭鄉船務遭火,所司累行催促,無可填納,亦與放免。先南北兩軍前倉場持主損爛欠折,及江河轉運拋失舟船並斛斗茭稈錢,諸鎮欠少過軍準被糧草等,據主持人見在家業勒收納外,餘放所欠。天成元年二月諸州般納到上供庫秤盤積欠物色並遭兵火燒劫,及耀州前後身死刺史界分欠省庫錢物劫勒州司官吏賠填者,並特放免。天成二年,終諸色人於西川省庫內借過錢,並省司先差人收買羊馬欠折死損無填還,及天成二年終,已前諸道銅銀鐵冶銀錫水錫坑窟應欠課利兼木炭農具等場欠負,亦與放免。諸州府或經水旱灾沴,恐人户闕欠餱糧,方值春時,誠宜賑恤,宜令逐處取去年納到新好屬省斛斗,各加賑貸,候秋收日徵納完數。應天下府州,合徵秋夏苗稅。土地節氣,各有早晚。訪聞州縣官於省限前預先徵促,致百姓主持送納博買供輸,既不利其生民,今特議其改革,已令所司更展期限。輔相之榮,必資德望;公侯之貴,蓋選賢能。欲展徵猷,貴在彰顯。內外群臣職位帶平章事兼侍中、中書令,與改鄉名里號。欲通和氣,必在申冤;將設公方,實資獎善。州縣官僚能雪冤獄活人生命者,許非時選,仍加階超資注官與轉服色,已着緋者與轉兼官。其朝臣及藩侯郡守等亡父母、祖父母在並妻室未沾恩命者,並與追贈及叙封。應有諸色私債納利已經一倍者,只許徵本年外欠數,並放納利;已經兩倍者,本利並放。昭宗、太祖、莊宗時,或有犯罪籍没人若有子孫在者,並許識認上祖墳塋,主祭莊田已係官及有主承佃不在識認之限。河陽管內人户每畝上舊徵橋道錢五文,今後並放不徵。諸道州府人户每畝上元徵麴錢五文,今特放二文,只徵三文。敢以赦文前事告者,以其罪罪之。

赦書有不該者,所司各具條例聞奏。夫施令覃恩,比期及物,苟有壅滯,曷浣焦勞?如聞近年赦書所在不廣宣佈,爲人臣者豈若是乎?其在輔弼公卿藩侯郡守各轉忠力,副朕憂勤,共致治平,永躋仁壽。仍令御史臺嚴加訪察,無縱稽留。赦書日行五百里,告諭天下,咸使聞知。"

(宋)王欽若等編纂:《册府元龜》卷九三《帝王部》

長興元年二月,郊禋禮畢,下制曰:"朕恭荷丕圖,獲申大禮,蓋股肱之叶力,環衛之輸忠。將士等扈從乘輿,警巡晝夜,咸彰勞瘁,深所嘉稱,各示頒宣,以明酬獎。宜令三司依等第勘會,指實人數,指揮支給。其諸道州府如本處有絹帛,準價折支;無見在錢物,即就便支遣。兼差使臣各往逐處宣賜。仍下六軍諸衛,准此告諭。"是月,宴群臣於長春殿,百僚各賜鞍馬銀器,分物有差,酬郊祀行事也。五月丁丑,詔賜皇后册禮使馮道,副使、兵部尚書盧質錢絹衣著銀器鞍馬有差。

(宋)王欽若等編纂:《册府元龜》卷八一《帝王部》

長興元年三月庚辰,宰臣馮道率百僚拜表,請上尊號曰"聖明神武文德恭孝皇帝"。表曰:"先以中外同詞,華夷叶慶,敬遵往制,特上徽名。天眷未回,王言叠降,過持謙柄,尚拘群情,將永顯於洪休,須再陳於丹素。伏惟皇帝陛下,中興纘祀,下武應期,務實去華,還淳返樸。有聞善必行之聖,有無幽不燭之明,以神武戡定四方,以文德懷柔八極,惟恭與孝,繼祖承祧。臣等考尋帝載,奉揚休烈,請上尊號曰'聖明文武恭孝皇帝',約就望而臆譚堯德,叙聲身而首贊禹謨。此際,陛下以郊禋未展於泰壇,帝饗未修於清廟,易水之殘妖未殄,江陵之閫境未寧,堅違丹赤之誠,更待和平之日。今則乾坤大定,書軌混同,北暨幽陵,南窮丹徼,東逾滄海,西越流沙,率梯航者,願布腹心,俟干羽者,已陶聲教。圓丘報本,顯陳燔燎之儀;宗祐告虔,親奉雲韶之薦。而況萬邦胥悦,百穀順成,天垂上瑞之文,人樂繇庚之化,雞竿作解,風紀維新,野喧擊壤之歌,兵入囊弓之咏,人祇訢合,日月重光,明哉康哉,美矣盛矣。臣等生逢景運,仰纘丕圖,是將億兆之心,虔貢再三之請,冀茂實永光於圖史,徽猷式冠於古今,上契天心,下從人欲,凡厥臣庶,恭俟允俞。"詔曰:"朕顧惟涼德,獲紹丕基,賴心膂之訏謨,繄股肱之寅亮,懼難負荷,常勵齋莊,唯誠荒寧,敢自滿假。卿等謨猷迭著,翼亮彌勤,遽以鴻名,將加眇質,雖驗忠貞之懇,誠非謙慎之懷。往年繼上封章,累增宣達,近者告虔宗廟,展禮郊丘,皆輔弼之盡心,亦纘承之常道。縱頻摧北虜,烽燧猶存;雖稍靜南方,車書未混。至於年穀豐稔,皆由台輔爕調,豈予冲人,當斯盛美。爾宜明予畏相,體朕師臣,勉務弼諧,無忘裨救,堯舜禹湯之大道,足可敷陳,聖明神武之虛名,無煩往復。諒茲深意,即斷來表。"章三上,從之。

　　(宋)王欽若等編纂:《冊府元龜》卷一七《帝王部》

　　長慶(興)元年三月,以吐谷渾薛萬通爲嵐州刺史,與帝有舊故也。

　　(宋)王欽若等編纂:《冊府元龜》卷一七二《帝王部》

　　(長興元年)四月,河中楊彥溫叛,遣殿直都知范氲押金鞍轡馬、金帶、散馬衣一襲及絳州刺史官告救牒,往河中賜彥溫。

　　(宋)王欽若等編纂:《冊府元龜》卷一七八《帝王部》

　　(長興元年)五月,敕曰:"本朝列聖受冊徽號,多施霑澤,蕩滌瑕疵,今緣纔過南郊,不可便行大赦,其中有恩未及者,宜示優矜。其諸色官員中或有經罰殿停替者,宜並許以停任時官資理選數赴調。其諸徵科不了勒定州縣官等,除已赴南郊行事該恩外,慮有在外赴行事不及者,宜並準上許理選序。貴普沾於恩惠,免永滯其身名,俾得自新,皆期受任。"

　　(宋)王欽若等編纂:《冊府元龜》卷九三《帝王部》

（長興元年）六月，契苾指揮使李骨西等來朝。

（宋）王欽若等編纂：《冊府元龜》卷九七二《外臣部》

長興元年七月壬午，敕：“先朝諸王，頃因同光末年宮門變起，諸王多奔北京，沿路爲部下所害，宜於北京留守尋訪之，所各依品秩禮葬。訖，奏聞。”

（宋）王欽若等編纂：《冊府元龜》卷三九《帝王部》

（長興）二年四月己巳，敕旨：“應諸色官曾貶官者，昨遇郊天，量移近地，想能知過，宜漸服勤。其量移官等各與特恩，流竄者更與寬宥。”乙卯，敕：“久愆時雨，深疚予心，雖遍虔祈，猶未溥足，宜廣推恩之道，更敷恤物之懷，貴獲感通，必彰靈應。宜令諸道州府各委長吏親問刑獄，省察冤濫。應見禁囚徒除犯死刑外，餘盡時疏放，除省司主持回圖敗闕軍將及諸色人等見別指揮。三司商量，或有情可矜憫，或非欺罔，積年致有逋懸，各具分拆，續行敕命，並公私債負放至秋熟填納，今年取者不在此限。”

（宋）王欽若等編纂：《冊府元龜》卷九三《帝王部》

明宗長興二年八月，太傅致仕王建立、太子少保致仕朱漢賓上章求歸鄉里，敕曰：“凡爲食禄，無不盡忠，既以縣車，永期樂道。若妨養性，豈是優賢。況非縈滯之名，宜遂逍遥之便。宜依。應內外致仕官，自此凡要出入，不在拘束之限。”

（宋）王欽若等編纂：《冊府元龜》卷四八《帝王部》

長興二年八月庚申，以右金吾衛大將軍充街使高允真爲右衛大將軍。先是，以據占編户役於仗下，故免其官，今復敘任。

（宋）王欽若等編纂：《冊府元龜》卷一四九《帝王部》

（長興二年）九月丙戌，太傅致仕王建立不由詔旨，至京，而通事不敢引對,留於閤門久之。自至後樓朝見,帝以故將,不之罪。

(宋)王欽若等編纂:《册府元龜》卷四一《帝王部》

(長興)三年正月,白波新修軍營,帝駕幸觀之,稱旨。賜部署軍吏等物有差。八月戊申,受册尊號。庚戌,以馮道撰玉册文,李愚書寶,劉昫書册,各賜絹二百匹、銀器百兩。秦王從榮、延光、延壽各賜絹五百匹、銀器百兩、金帶一、銀鞍馬一。宣徽使馮贇、孟漢瓊絹三百匹、銀器百兩、鞍轡馬一匹。客省使宋敬塘、樞密直學士李崧絹百匹、蓋碗一。侍衛指揮使康義誠已下三人、六軍統軍李從昶已下六人,各賜錢二十千。諸軍都指揮使人各十五千,諸軍指揮使人各十千,副指揮使人各七千,都頭人各五千,副兵馬使人各四千,親直捧聖等散指揮使、嚴衛軍將等人各三千,龍武、神武、羽林、六軍馬步兵士人各二千,雜作諸軍將士人各一千。徽號赦後恩賞也。又賜侍衛都將康義誠絹二百匹、馬一匹,馬步都將安彦威、張從賓各絹百匹、馬一匹。捧聖嚴衛都將宋洪實、皇甫遇絹各百匹。

(宋)王欽若等編纂:《册府元龜》卷八一《帝王部》

(長興)三年二月,以李從臻檢校尚書右僕射、右衛將軍;劉遂凝檢校户部尚書、右監門衛將軍;韓昭胤檢校户部員外郎、守太子左贊善大夫,仍賜紫金魚袋;趙筠檢校兵部尚書;王再友檢校刑部尚書;胡漳檢校國子祭酒;史延韜檢校右散騎常侍,皆帝在藩舊參佐也。

(宋)王欽若等編纂:《册府元龜》卷一七二《帝王部》

(長興)三年五月,東川董璋爲孟知祥所殺。樞密使范延光等奏曰:"荆南所奏兩川事宜,雖未有興元奏報,此事的不憑虚。臣等料孟知祥若兼有兩川,雖除心腹之患,然其軍衆皆吾將士,寧不思歸! 知祥縱若專制劍南,仍憂此董謀變,料其籌算,必欲外恃。朝廷形勢,以制諸軍,然陛下苟不能屈意招携,彼亦無由革面。"帝曰:"知祥,予故人也。以賊臣間諜,致茲阻隔,撫吾故人,何屈意之有!"即令供奉官李環使西川，賜知祥詔曰："省洋州及興元奏，探聞得董璋把截劍門關路，不通利州與西川往來，兼稱董璋自領徒黨，侵逼西川管界，西川已出兵士禦備。其利州人情不安，未知兩川的實音耗等事。朕聞天惟福善，神必禍淫，玄鑒昭然，冥符定矣。故積功累仁者，無所不濟；窮兵黷武者，未或不亡。是以齊國尊周，終全霸業；吳王伐越，自取喪亡。略驗古今，足分成敗！卿時推間傑，世仰全才，知治亂於未萌，測安危於未兆，首參締構，再復宗祧，英謀迴掩於耿吳，茂業遐超於申甫。論功爲最，錫壤居先，自居守於北門，往鎮臨於西蜀，安民有術，撫衆多恩，方靜治於龜城，期永扶於鳳闕。董璋比膚朝寄，薦領戎旃，曾無犬馬之勞，但縱豺狼之性。頃歲潛懷逆節，密設奸機，志欲兼併，懇謀間諜。始奏卿之得失，知朕不容，後説朝廷之短長，圖卿相信。只憑詭詐，便欲侵吞，欲西犯於蜀川，遂東窺於閬郡，不煩覙縷，可驗包藏。亂常之罪惡既彰，伐叛之刑書難赦。朕乃睠求良帥，殄滅凶渠，此際尋委卿兼都川行營，供饋應接，使方倚仗於戚藩，俄阻艱於寇境，路岐雖隔，情好如初。中間令進奏官蘇願及進奉軍將杜紹本等，相次歸還，令傳詔旨，想其到彼，備達予懷。卿初敵多方，折衝有備，雖深嫉惡，猶示睦鄰，尚抑驍雄，觀其釁隙。而董璋果然顛蹶，盡露奸邪，初控扼於劍門，遽侵騷於錦里。爲臣若此，滅族非遥！卿可嚴誡師徒，妙絶籌畫，接茲良便，速殄元凶。朕亦尋遣軍前，徑臨境上，爲卿掎角，扼賊咽喉，佇掃蕩於氛霾，復流通於信使。當覃異渥，式獎殊功，卿宜慎固遠圖，秉持大節，保君臣之重義，成家世之美名。況卿骨肉至多，丘園在此，自來存問，並得安全。可表朕之倚卿，所冀卿之爲朕，佇觀英斷，定集大勛。豈惟只委於節旄，長居貴盛；兼俟別頒於綸綍，更廣封崇。妍醜自分，始終可鑒，其爲眷注，無忘寐興。今遣卿外甥李環賫詔慰諭，想當知悉。"

（宋）王欽若等編纂：《册府元龜》卷一七八《帝王部》

長興三年七月丁酉，雲州節度使沙彦珣奏桑遷謀應太原，遷報應州尹暉，謀逐殺沙彦珣，暉復部送遷至伏罪。遣太子賓客聶延祚宣賜彦珣、尹暉戎服、金帶、錢幣，及犒賞在城軍士。

（宋）王欽若等編纂：《冊府元龜》卷一二八《帝王部》

（長興三年）九月乙未，供奉官李環自西川使回，進呈西川節度孟知祥表三封並信物、先賜金盤盞注子、紗羅盂子等，又奏福慶長公主以今年正月十二日薨，兩川因環而通也。環，太祖弟、忻州刺史克寧子也。克寧事見《莊宗實錄》。克寧妻孟氏，知祥之妹，克寧既誅，歸孟氏，時隨知祥在蜀。朝廷既聞知祥殺董璋，收復東川，無人通信，乃令李環省母，因賫詔慰諭。環具陳朝廷相厚之意，知祥復稱藩如初。自此，驕倨不法矣。甲辰，先遣供奉官陳延矩往遂、合等州，值董璋叛，隔在西川，至是延矩、李環同來，賫到孟知祥表三道，一謝昭雪；一請酬獎破董璋立功將校趙季良等五人，乞加節鉞；一部內刺史令錄官員，乞許行墨制。乙巳，遣閤門使劉思政充西川宣諭使，與知祥詔曰："省所奏東川董璋，爰自爲鄰，從初不睦，常厚誣於表疏，每深間於朝廷，欲竊兵權，來併土宇。忽去年四月二十八日暴興兵士，至五月一日驟入漢州。尋差馬步都指揮使兼知武信軍節度留後李仁罕、右廂馬步都指揮使兼知寧江軍節度兵馬留後張知鄴、衙內都指揮使兼知昭武軍留後李肇等，各於界分警備。又令副使、權知武泰軍節度留後趙季良在府巡守，其左廂馬步都指揮使兼知保寧軍節度留後趙廷隱，先次部領兵士三萬人，出次新都。卿自統領衙隊二萬人騎繼進，至三日交戰，殺敗董璋，斬首萬餘級，執八千人，擒賊將校八千餘員、甲馬七百匹，收衣甲器械十萬事。其董璋與男光嗣四日巳時，走入東川。前陵州刺史王暉斬璋父子首級，來獻軍門，尋收下東川城。又奏今夏方議賞功，其文武將吏等，眾意難違。已取六月十一日權兼東川指揮，公事具悉。朕以董璋，位列山河，名兼將相，全昧輸忠事主，以禮睦鄰，輒恣凶狂，擬謀吞噬。譖卿則妄呈章奏，誣朕則欲竊兵權，奸計未成，賊機尋露，既無間於構惑，唯有志以攻侵。卿雖認包藏，久從含忍，但務戢兵而靜治，只期應敵以禦衝，俟落彀中，即加勦撲，若居度外，且示協和。而董璋果出妖巢，暴興叛黨，忽犯成都之境，驟逾漢郡之疆，蟻聚蜂屯，鴟張豕突，謂錦川而可取，謂天網而可逃。及卿密運戎機，大張軍勢，劍戟山排，而亘野旌旗，雲布以蔽天。鵝鸛繽交，豺狼已殄。弃甲者追擒既盡，投羅者剿戮無遺。尋迫元凶，遁歸孤壘，不暇守陴而慟哭，便當傳首以迎降。惡蔓頓除，禍胎全拔，永肅潼江之波浪，盡收郫道之封疆。不有賢良，誰分憂寄？儻非英特，孰靜方隅。紀功而煥耀旗常，載德而輝華簡冊。捷音初至，慶快良深，嘉嘆之餘，旌酬是切。況聞衆懇已請兼權，實契朕懷，即加真命，其爲睠矚，無忘寐興。其立功將校權兼留務李仁罕、張知鄴、李肇、趙季良已下，咸著忠良，亦須正授。續行渥澤，相次獎酬，想宜知悉。"又詔曰："朕猥以眇躬，纘承丕構，賴忠良之共理，冀寰宇之永康。矧念元勛，早聯懿戚，永保君臣之分，足論終始之心。卿出應貞期，生符間氣，洞曉圯橋之兵略，玄通渭水之戎韜。重整漢儀，首參大計，再隆周道，迥立殊功，實有令名，載於良史。是膺朝獎，繼領藩宣，外則覃聲教於百蠻，内則效忠勤於雙闕。交修職貢，備竭臣誠，方表率於諸侯，永維持於景運。不謂董璋，夙懷蠆毒，潛貯狼貪，擬吞并於仁封，詐傾輸於直節。密飛章奏，累述事機，或叙卿之短長，或報卿之動静，無非鬥激，每欲攻侵。朝廷貴要協和，久從隱忍，表文具在，事狀甚明，及知不納其讒邪，乃去反陳於離間。仍於鄰道，頓起釁端，只憑誑惑之詞，便縱窺覦之暴。既干紀律，須舉憲章，爰命帥臣，共平寇孽。此際遂委卿兼東川行營供饋應接使，如斯倚注，豈有猜嫌？渥澤方行，使車將發，旋屬道途之阻塞，復當邊境之沸騰。由是去意莫通，來音亦絕，偶致關防之多事，久聞分野之延灾，蓋以朕至德未孚，純風未洽，每自責躬罪己，敢忘旰食宵衣。況卿動稟箴規，深懷鑒識，從初料其操守，豈敢徇彼狂迷。只應屢中巧言，偶生疑論，遂且徐觀其向背，終圖自别於奸媚。其間但務訓兵，止期應敵，遐想勤王之力，詎移許國之心！所以中間先令進奏官蘇愿及進奉軍將杜紹本等，相次歸還，式明安慰。朕又知董璋果謀鼠竊，轉恣鴟張，輒侵岷益之崇封，俄越梓橦之末界，兹察詭計，究彼初心。附皮毛唇齒之歡，足明矯妄；竊郡邑金湯之利，可驗包藏。朕乃尋遣近臣，徑齎明詔，示其掎角，表此招懷，仍許優思，别傳密旨。果聞卿意，備體予懷，即決遠圖，亟回英斷。驅銳旅而既殲寇黨，取危城而方剿渠魁。爰效至忠，克全大節，盡傾衷素，叠貢封章，併袪往日之疑襟，細述此時之戎事。大朝正朔，奉之不渝；列鎮規程，守之無易。仍厚支其館穀，濟隔過之王人，載認恭勤，益明尊獎，尚未舛誤，得以平持。今後協和，自然悠久，魚水之情宛在，山河之任永居。足保勛榮，轉期富貴。至於封賞，固不食言！凡在繫文，更宜宣力，嘉嘆之外，注矚斯深。"

（宋）王欽若等編纂：《冊府元龜》卷一七八《帝王部》

（長興三年）十月乙酉朔，帝見群臣於端明殿，再遣李環奉使劍南。初，同光末，魏王繼岌平定兩川，及班師，留兵五千人鎮守。自後安重誨潛釀兵釁，欲圖兩川，每除授川中刺史，必以兵從，小郡不下五百人，以牙隊爲名。先是，夏魯奇所率兵三千人，赴鎮遂州，及董璋先留東川兵士，我之精甲不下三萬人陷在蜀川。孟知祥豐給厚賜將校與妻孥、田宅，邀其死力。而趙廷隱、李仁罕、李肇等，皆吾之將校也。知祥自補授藩鎮。知祥既敗董璋，兼東川，亦不遣使以聞。洎李環往宣詔旨，知祥驕矜自恃，乃上章云："臣當道先隔留川中兵士，乞發遣家口骨肉來入川。"今再遣李環與知祥詔曰："供奉官陳延矩回，覽所奏遂、閬、黔、夔等州，自此差來所屯軍都將士等，當府已厚給衣糧，盡令優足。其指揮都頭，各隨職次悉以安排。雖因事以在川，固係籍而爲國，但念各有家口骨肉在本管軍營居此者，已有生涯在彼者，寧無離戀，伏乞敕見在營幕放前件將士家口入川等，事具悉切。自釁起梓綿，灾延巴蜀，由茲奸賊，累我藎臣，阻湮澤以不通，搆猜嫌而莫解。果招神感，自就天誅！卿有勇有謀，克忠克孝，雖偶遭詿誤，而每切推崇，率師徒而繼殄鄰凶，貢表章而尋輸臣節，兼以諸方戍卒，皆厚給於衣糧；數道王人，亦優加於供待。周勤若是，嘉嘆良深！並奏人名，已係兵籍，朕既推誠而待物，卿方盡瘁以事君。卿安即是朕安，在彼何殊在此。所謂家眷東地，更乞發西行，既覽奏陳，固議俞允。尋命宣茲表意，采彼輿言，皆以久抱睽離，極思團聚。但以舍茲九族，就彼一

身,雖絲蘿琴瑟之情,分飛甚苦;而松柏丘園之戀,抛弃尤難! 又知已
有生涯,恐虞却相弃擲。況聞兩川,曾經戰鬥,必有殺傷,既難輕議於
往來,兼恐不實其存没,切恐去不相見,住無所依,轉令兩地之困空,
盡致一家之沉没。聞兹哀訴,又可憫懷。其如口數頗多、地里極遠,
如或正身,自來般取,即應此輩,不貯憂疑。卿可體彼人情,詳兹物
理,妙加籌度,貴叶便宜。故兹詔示,想宜知悉。"知祥別表:"兩川部
内將校、州縣官員,緣地里遥遠,一時奏報不暇,乞許臣權行墨制,除
補訖聞奏。"與知祥詔曰:"據所奏以文武之將僚,希尺寸之官賞;請卿
自稱王爵,權行制書。卿以未經先奏於宸聰,不欲便加於衆意,却緣
熊羆之武旅,懷鐵石之壯心,或立功勞,須加爵賞,難以具排官氏,繁
奏聖聰,敢希顯降明文,許行墨制。亦自朝廷之成命,委藩翰以奉宣,
凡有施行,後當聞奏,免憂迢遞,庶從便宜等事具悉。卿等最親最舊,
不溢不驕,爰自中興,夙參佐命,厭大權而不處,守高節以自全,成兹
令名,標於信史。洎總兹千乘,鎮彼一隅,不將富貴爲心,惟以邦家是
念,盡血誠而推戴,竭土産以貢輸。每念忠良,正深繫賴。忽被董璋
之逼迫,遽令蜀郡以携離,卿雖外合元凶,而内全大節,文翰每深於恭
敬,使臣盡厚於接延。兼聞曾興議於東川,欲拜章於北闕,彼既他説,
此難獨行,察卿此際之誠,契朕從初之料。今則詔書纔降,章表繼來,
阻推勸之衆情,高辭王爵;執變通之獨見,遠貢臣誠。去假號而就真
封,抑異端而全大計,非卿不能斷此意,非朕不能悉此心。載閲敷陳,
備詳披瀝,自然可久可大,傳子傳孫,長爲一面之藩維,永作四方之表
式。其文武將寮等,或武有折衝之術,文多經濟之材,咸能贊佐元戎,
削平大憝,功勛顯著,酬獎必行。所請權行制書,貴從宜便,雖隨方設
教,叶遠藩衆庶之情;而引古證今,異本朝全盛之事。切念道途久絶,
人使纔通,在朕方務於綏懷,於卿固無於愛惜。緬思盡節,必認注心。
自今已後,劍南諸道應節度使、刺史,并州縣官軍府文武將吏等,或升
降賢愚,或黜陟功過,一切委卿逐便選擇差署,施行訖奏,朝廷更不除
人。豈惟叶彼權宜,抑亦表吾委任。故兹詔示,想宜知悉。"知祥別表
又奏:"大將軍趙季良、李仁罕、趙廷隱、張知鄴、李肇等五人,昨有破

董璋之大功,臣已權補充五鎮兵馬留後,伏乞正授節旄者。"與知祥詔曰:"據所奏:節度副使、知武泰軍節度兵馬留後趙季良,馬步諸軍都指揮使、知武信軍節度兵馬留後李仁罕,左厢馬步都指揮使、知保寧軍節度兵馬留後趙廷隱,右厢馬步都指揮使、知寧江軍節度兵馬留後張知鄴,衙内馬步都指揮使、知昭武軍節度兵馬留後李肇等,臣各已簡署列藩,委之共理,伏乞特頒詔令,各降真恩,儻蒙委以節旄,則望付臣宣賜,仍希眷澤,各轉官階等事具悉。卿則鎮彼遠方,迫以近患,欲作婉成之計,須爲苟合之容,果中含弘,自貽誅戮。趙季良等體卿忠孝,感卿撫綏,或獻謀於帷幄之間,或效勇於鼓旗之下,賴兹奮發,致彼廓清。今則纔翦凶徒,尋輸忠節,雖知祥之通變,亦季良之贊成。況彼皆是重藩,並難虛位,言念數子,參佐一心,不惟功合獎酬,兼亦材堪任使。但能致理,何爽從權,所委留司,悉諧朕意。應希渥澤,並可允俞。但緣卿自建大功,未加殊寵,即俟相次,便與施行,其旌節官告等,更不差使頒宣,亦便委卿分付。所乞墨制,已從別詔處分。故兹詔示,想宜知悉。"便令李環押賜晉國雍順長公主祭贈絹三千匹及賜知祥玉帶等。

(宋)王欽若等編纂:《册府元龜》卷一七八《帝王部》

(長興三年)十月丙寅,敕曰:"朕聞君臣一也,善否同之,比之於人,心安則體逸,方之於木,枝盛則華繁。朕自父天子民,宗文祖武,輔弼上憑於廊廟,獻替次賴於縉紳。四海無波,敢自矜於清晏;一人有慶,思共樂於雍熙。近又允副群情,增崇大號,雖中外元輔,已議序遷,而文武庶僚,未聞普及。而況咸著恪居之績,悉堅欣戴之誠,將顯示於獎酬,當廣頒於渥澤。應在朝文武臣僚並宜加恩。其有八月四日已後遷官者,不在此限。"時帝欲遍與百僚轉官,而馮道等以爲轉官須論資考,乃奏敘階勛而已。

(宋)王欽若等編纂:《册府元龜》卷八一《帝王部》

(長興)四年二月乙丑,敕:"倉門開河役夫,數日春寒稍甚,宜俟晴暖作役。"

（宋）王欽若等編纂：《册府元龜》卷一三五《帝王部》

（長興）四年七月乙未，帝於廣壽殿對回鶻使，都叔、李未等二十一人進白鶻一聯。敕禮賓使解緤，放之山林。

（宋）王欽若等編纂：《册府元龜》卷四二《帝王部》

長興四年八月戊申，受尊號畢，下制曰："在朝文武臣僚並諸色職員，有能直言極諫者，如上封事，盡當開納。"

（宋）王欽若等編纂：《册府元龜》卷一〇三《帝王部》

（長興）四年八月戊申，册尊號。禮畢，制曰："朕聞爲而不有曰天，使而不知曰道，下覆萬物，中含兩儀，難以常名加，難以常德報。是故賢君哲后，則而象之。雖有唐堯之聰明，不伐其善；雖有夏禹之勤苦，不矜其功。朕善愧唐堯，功慚夏禹，屬六十年亂離之後，承億兆人塗炭之餘，兒童悉習於戰爭，耆艾罕聞於聲教，強吞弱吐，禮壞樂隳，涼德眇躬，豈易爲治？所賴王公卿士，戮力一心，善無細而不行，惡無大而不去，革彼積弊，成斯小康。夫化自心生，平其心則化洽；令從身出，正其身則令行。朕御兹九州，迨今八載，常懷戒懼，罔敢怠荒。每務推心感人，謹身率下，刑必有罪，豈以喜怒而死生？賞必有功，豈以親讎而厚薄？却雕鏤之麗日，慮淫巧以蕩心，罷畋獵之游娛，恐逸豫之敗度，未能全臻於富庶，未能盡偃於干戈，誠宜業業以兢兢，詎可自尊而自大？中外文武，不謀同辭，謂朕弘清净之風，載以廣道，樹生成之德，而推之以法天。堅讓固辭，至於數四，遏之不止，去而復來，雖義乃爾心，深可嘉也。而名過於實，良所愓焉。既大舉於徽章，宜溥覃於霈澤。可大赦天下，應八月四日昧爽已前，在京天下州府見禁囚徒，已結正未結正、已發覺未發覺，罪無輕重，常赦所不原者，咸赦除之。長流人並諸色徒流人，不計年月遠近，已到配所，並放還。或有亡命山澤及爲事關連逃避人等，並放歸鄉，一切不問；如過百日不歸首者，復罪如初。在京諸道將士各與等第優給。應貶降官未復資者，咸與復資。州縣官內有先爲事勒停止者，並許參選。殿犯者免其所殿。

（宋）王欽若等編纂：《冊府元龜》卷九三《帝王部》

（長興四年）八月，帝受尊號畢，制曰：“諸道凡無主丘墓，自兵革以來經發掘者，宜令觀察使、刺史差人量事掩瘞。”

（宋）王欽若等編纂：《冊府元龜》卷四二《帝王部》

（長興四年）八月，夏州自署李彝殷爲綏州刺史，乞正授，從之。

（宋）王欽若等編纂：《冊府元龜》卷一七八《帝王部》

（長興）四年八月乙丑，帝顧謂侍臣曰：“前洋帥陳皋稱病甚，乞致仕，信乎？”對曰：“實然！”帝因愴然改容，良久曰：“陳皋昔爲健兒，從吾征伐，操戈擐甲，氣吞豺虎，今衰落如此！浮生壯健，都幾何時哉！”咄嗟久之，因令孟漢瓊往勞問。

（宋）王欽若等編纂：《冊府元龜》卷一七二《帝王部》

後唐明宗，太祖養子。莊宗朝爲蕃漢馬步軍總管，兼中書令。同光四年二月，趙在禮盜據魏州，莊宗遣元行欽將兵攻之，不利。河南尹張全義密奏，請委帝將兵赴鄴。時趙太據邢州，王景戡據滄州，皆自稱留後，軍鎮多叛。三月六日，帝至鄴都西南隅御水之南，在禮登水樓謝罪，帝謂之曰：“謀之不臧，一至於是。吾來招撫，尚可保明，當與將士善謀，勿貽族滅。”又出牲餼勞師，帝皆領慰之，令蒐閱期，以九日攻城。八日，帝移營渡河觀音門外，分命詰旦進攻。是夜，從馬直軍吏有張破敗者，號令共殺都將，縱火焚營，讙譟雷駭。五鼓，亂軍徒黨逼帝營，言已共諸軍商量，且與城中合勢，擊退諸道之師，欲主上帝河南，令公帝河北，且與軍民爲主，幸延晷漏矣。帝泣而諭之，亂兵乃抽戈露刃，環帝左右，呼曰：“今公欲何之？不帝河北，則爲他人所有!"安重誨、霍彥威躡帝足,請詭從之,亂兵逼帝入鄴都。懸橋已發,皆扶帝越河。帝既入,在禮引將校奉迎泣謝。是日,饗士於行宮,而始謀亂者,城內拒關不內,擘隊流散,無所歸向。帝登南樓望見,謂在禮曰:"卿等欲建大計,非兵不能集事,此輩可不令流散。卿等城守,吾自於城外招撫之。"在禮不敢留,帝紿群凶得出,夜宿魏縣,部下不滿百人,又無兵仗。時霍彥威所將鎮州兵五千人營西北隅,一軍獨不亂,聞帝得出,又本藩使長也,其將校相率歸帝,由是牙軍稍集。詰朝,帝登城,掩泣曰:"邦家患難,一至於此! 予既失勢,時事可知。來日歸藩上章,徐圖再舉。濟之與否,非吾所知也。"重誨、彥威對曰:"公言非便也。國家付公閫外之事,不幸師徒逗撓,爲賊驚奔。元行欽狂妄小人,彼在城南,未聞戰聲,無故弃甲;如朝天之日,信其奏陳,何所不至! 若歸藩聽命,便是強據邀君,正墮讒慝之口也。正當星行歸闕,面叩玉階,讒間沮謀,庶全功業,無便於此者也。"帝曰:"善。"十一日,離魏縣之相州。時國家小馬在鉅鹿放牧,遣就牧所,驅壯馬二千匹至,始得成軍。時元行欽退保衛州,果以飛語上奏,帝上章申理,莊宗遣帝愛子從璟及內官白從訓宣詔諭帝。從璟至衛州,爲行欽所械,帝奏章不達。又以行欽在衛州,乃自白高渡河,是月二十六日至汴州。時莊宗親軍至滎澤,遣龍驤都尉姚彥溫爲前鋒。是日,彥溫率八百騎歸帝,且曰:"京師危迫,主上爲行欽所惑,事勢已離,難與共事。"帝曰:"卿且不忠,言何悖也!"即奪其師,乃令部下曰:"主上不亮吾心,遂令軍情至此,所宜但赴京師。"命石敬瑭前軍入汜水,而房知溫、杜晏求自北面繼至。四月丁亥,帝入罌子谷,聞蕭牆釁作,莊宗晏駕,慟哭不自勝,謂諸將曰:"吾比星行赴難,君父如此,吾安所歸?!"詰旦,朱守殷遣人馳報,言:"京城大亂,兩日以來燔剽不息,願令公速至京師救難。"三日,帝幸至德宮,分命諸將止焚剽。百官敝衣旅見,帝謝之,斂衽獻欷。時皇太子繼岌征蜀未還,皇弟存霸已下皆領麾鉞,內難前歸鎮。帝謂朱守殷曰:"公善巡徼,以待魏王。淑妃、德妃在宮,供膳尤宜豐備。吾奉大行梓官幸山陵畢,社稷有奉,則仗鉞歸藩,爲國家當北面之事。"是日,宰相豆盧革率百僚拜箋勸進,帝不從。又三箋勸行監國之儀，以安宗社。霍彥威、孔循等請改國號，不行土德正朔，豆盧革不能決。安重誨具奏，上顧謂藩邸、近侍曰："若何改國號爲正朔？"左右奏曰："先帝以錫氏宗屬，爲唐雪冤，繼爲昭宗皇帝後，國號曰唐。今僞朝舊人，不欲殿下稱唐，請更名號耳。"帝因嗚噎泣下曰："異乎予所聞也！予年十三事獻祖文皇帝，以予宗屬，愛幸不異所生。事武皇帝垂三十年，何艱險之不嘗！排難解紛，櫛風沐雨，冒刃血戰，體無完膚，闢土開基，以至今日，即武帝功業，予功業也，先帝天下，予天下也。兄亡弟紹，於義何嫌？同宗異號，出何典禮？人之多僻，可見其心。曆之衰隆，吾當自受，莠言無所取也。"彥威等言"唐之運曆已衰，不如自創新號"，故上言"衰隆自受"。執政召廷臣議，依違不能決，吏部尚書李琪曰："殿下以宗室勛賢，立大功於三世，一昨雨泣赴難，安定廟朝，撫事因心，不失舊物。若一旦別移統制，先朝便是路人，煢煢梓宮，何所歸往！不惟殿下失追感舊君之義，吾輩何安！況以前事宗室，言之則漢昭帝無後，霍光徵劉賀宣帝典喪事是也；以本朝言之，則孝和元玄真文宗、武宗皆以兄弟出繼典喪事，即位如儲后之儀。遵行此禮，斷自不疑。"遂即帝位。

（宋）王欽若等編纂：《冊府元龜》卷一一一《帝王部》

（長興）四年六月丙午，宰臣馮道、文武百僚拜章請上徽號，內加廣道法天四字，曰："臣等聞乾文上布，常居莫大之尊；坤體下凝，克闡無疆之道。以是發生悠久，亭育運行。人識玄功，遂配高明之號，世祥陰德，爰標博厚之名，皆彰得一之靈，盡合通三之稱。帝王繼統，古今同符，皇風愈至於治平，群願並虔於將順。伏惟聖明神武文德恭孝皇帝陛下，乾坤正氣，日月並明，千年膺出震之期，萬乘發承祧之日；寬仁大度，映惇史於前王，儉德淳風，契徽猷於太古。而自削平多難，纂紹洪基，視兆庶以如傷，致八紘之丕變，蠻夷率服，稼穡豐登，普天揚溢美之聲，當寧固持謙之旨，夙堅衆志，久抑鴻名。洎展禮祖宗，告虔天地，乃從人而降命，獲奉冊以陳誠，紀述聖謨，但務屬詞之實，申明拜典,方諧得理之宜。郊祀以來,日新其化,四年益理,九土咸寧。惡黨挺妖,仗天威而悉殄,遠藩效順,感帝德以皆來。塞外休兵,域中無事,保深根而固蒂,延地久以天長。臣等輒據群情,虔徵故事,合增加於徽稱,免漏略於宸猷。伏以道爲廣大之宗,天布生成之惠,仰惟一德,宜總二名。臣等伏請於尊號內加'廣道法天'四字,庶得彰明典禮,若傾翊戴之心,輝煥簡編,永表雍熙之運。"詔答曰:"朕猥以眇躬,虔承丕構,統臨區宇,綿歷星霜,九有所賓,萬務思治,鑒往代興廢之本,稟前王嗣守之規,馭朽索以兢懷,攬宵衣而惕慮。顧惟寡昧,罔敢怠荒,而猶帝道未臻,皇猷罕著。至於五兵銷偃,九穀豐穰,內由調燮之功,外假勛賢之力,豈茲涼德,擅彼徽名。今則漸冀小康,將凝大化,諒緊台輔,俾契混同,何乃遽貢飾辭,爰加溢美。乍披來奏,深匪素懷,致君不在於斯文,尊主寧勞於懿號,未若馨舟揖濟川之業,竭股肱宣力之誠,使化被八荒,澤及四海,武功文德,感叶於休期,君賢臣忠,永標於良史。今茲來請,具驗乃心,徒切嘆嘉,必難依允。所上尊號宜不允。"表三上,從之。

（宋）王欽若等編纂:《册府元龜》卷一七《帝王部》

後唐明宗長興四年六月丙寅,見百僚於廣壽殿,時不豫旬日,至是稍平。帝勤於聽政,接臣下無倦,聖恙纔似和裕,即戒尚宮曰:"吾今日見百官。"六宮請曰:"聖體虛羸,且候平復,無宜勉強。"上曰:"吾坐即似健。"乃以烏帽便服見群臣。

（宋）王欽若等編纂:《册府元龜》卷五八《帝王部》

（長興四年）十月辛酉,上顧謂侍臣曰:"宰臣久不相見,何也?"因令孟璞瓊傳詔。馮道奏曰:"臣等以五日起居稟中旨召見,不敢大進也。"是月,道率百僚見於中興殿。

（宋）王欽若等編纂:《册府元龜》卷五八《帝王部》

唐昭宗乾寧三年四月,魏府節度使羅弘信背盟,襲破李存信於華縣。帝奮命殿戰，信宿至洛州，諸軍稍集。太祖怒存信奪其兵符，賞帝殿戰之功，乃以帝所屬五百騎號曰"橫衝都"，侍於帳下。天復中，梁太祖遣氏叔琮將兵五萬，營於同渦。是時，諸道之師畢萃於太原，郡縣多陷於梁，晉陽城外，營壘相望。太祖命帝與李嗣昭分兵四出，突入諸營，梁軍由是引退，率偏師追襲，復諸郡邑，都府復完。天祐五年五月，莊宗將兵救潞州之圍，帝入夾城，大破梁軍，即日解圍，其功居最。七年十二月，鎮冀節度使王鎔爲梁軍所擊，營於柏鄉，遣使來求援。帝時掌內衙親軍，從莊宗赴援，東出贊皇，次於趙州，命帝與史建瑭徑趨柏鄉。嘗寇獲賊士，詰兵數，曰："精兵七萬，堅取鎮州。"周德威以賊勢雄盛，憂之，與監軍使張承業謀退舍，莊宗從其謀，退保鄗邑。八年正月二日，命帝與周德威將三千騎致師於柏鄉，設伏於村塢間，帝率百騎直壓賊營。韓勍怒，悉其軍結陣而來，帝與之轉戰，所向靡不克捷，以功授代州刺史。十年，莊宗遣周德威伐幽州，帝分兵略定山後，八軍與劉守光愛將元行欽戰於廣邊軍。凡八陣，帝控弦發矢，七中行欽，遂降之。十三年二月，莊宗與梁將劉鄩大戰於故元城北，帝以三千騎環之，鼓譟奮擊，內外合勢，鄩軍殆盡，帝徇地磁、洛。四月，梁相州守將張筠遁走，乃以帝爲相州刺史，尋除邢州節度使。十四年四月，契丹阿保機率衆三十萬攻幽州，周德威間使告急，莊宗命帝與李存審、閻保率軍赴援，帝爲前鋒。距幽州兩舍，虜騎當谷口而陣，帝與末帝舞撾奮擊，萬衆披靡，挾其酋帥而還。虜衆大敗，勢如席卷。委弃鎧仗羊馬殆不勝紀，是日，解圍。十八年十月，從莊宗大破梁將戴思遠於戚城，斬首二萬級。加同平章事，充蕃漢馬步副總管。二十年，代李存審爲滄州節度使。同光元年四月，莊宗即位，加侍中。閏月，命帝率步騎五千人星馳襲梁鄆州，下之。授天平軍節度使。九月，梁將王彥章以步騎萬人迫鄆州，自中都進渡汶河，帝出騎逆賊，至遞坊鎮，遇彥章都校任釗等數千騎，因與之戰，生獲任釗、田章二百餘人。十月癸酉，莊宗親御六師至鄆州。是夜，命帝以騎軍爲前鋒大將繼進。詰朝，遇賊軍，一戰敗之，追至中都。俄而大圍合，城無所備，賊潰圍而出，擊之，大破，生擒大將王彥章及監軍張漢傑、趙廷隱等。時梁將段凝率大軍屯於澶淵,帝言於莊宗曰:"奇兵貴速,今破是賊,段凝輩必未傳聞,縱走人告彼,信否之間,更須三日。假使察吾所向,便發救軍,直路且阻決河,須由滑州濟渡,數萬之衆,舟楫亦難卒辦。此去汴程咫尺,前無山險,方陣横行,晝夜兼程,信宿即至,段凝未起河壖,友貞爲吾俘矣。徑取汴州,上計也,請陛下御軍徐進,臣願以千騎前驅。"莊宗嘉之,帝即時騎軍前進。乙亥,莊宗發中都。己卯遲明,帝先至汴州,令左右捉生都攻封丘門,城中震駭,倒戈請罪。開封尹王瓚開門迎降,汴州平。

（宋）王欽若等編纂:《册府元龜》卷二〇《帝王部》

明宗初爲太祖親騎,雄武獨斷,謙和下士,每有戰功,未嘗自伐。居常唯治兵仗,持廉處静,晏如也。太祖常試之,召於泉府,命恣其所取,帝唯持束帛數縎而出。

（宋）王欽若等編纂:《册府元龜》卷一八《帝王部》

明宗初爲邢州節度使,從莊宗南伐,次胡柳陂。前軍周德威爲輜重所撓,一軍不利。莊宗以中軍戰勝,兩軍勝負相半,而左馳右趣,皆無部伍,或號曰:"晉王渡河而北矣。"日晡晚,帝與末帝相失,軍無所止。河冰初解,以無舟楫,帝泣曰:"吾兒安在? 吾主安歸? 身世盡於斯矣。"是夜大寒,雪深盈尺,兵士凍死者衆。河冰有復合處,帝試踐行可渡,不旋踵而冰解,繼行者陷矣。是夜,帝得渡,宿先鋒砦。翼日,莊宗遣内官訪帝時,已獲土山之捷矣,軍聲復震。

（宋）王欽若等編纂:《册府元龜》卷二六《帝王部》

明宗初在太祖左右,居常唯治兵仗,不喜專事生産,家財屢空,處之晏如也。太祖知其廉,欲試其誠,召於泉府,命恣意取之。帝所取不過束帛數縎而已。

（宋）王欽若等編纂:《册府元龜》卷四三《帝王部》

明宗初在太祖左右，凡出畋游，仰視飛鳥，命帝射之，控弦必中。景福初，黑山戍將王弁謀叛，據振武。武皇命李存信誘而襲之，弁嬰城固守，士衆乘城，多爲所傷，軍衆沮撓。帝率其屬登梯奮擊，士衆退者，瞋目叱之，夷傷復起，人百其勇。弁勢危蹙，遲明遁走，帝單騎追禽，獻於軍門，太祖尤所嘉獎。

　　（宋）王欽若等編纂：《册府元龜》卷四四《帝王部》

後唐明宗及應運以君臨，能力行於王化，政皆中道，時亦小康。

　　（宋）王欽若等編纂：《册府元龜》卷五八《帝王部》

後唐明宗皇帝微時，隨蕃將李存信巡邊，宿於雁門逆旅。逆旅媼方姙，帝至，不時具食。腹中兒語謂母曰："天子至，速宜具食。"聲聞於外，媼異之，遽起親奉庖爨，敬事尤謹。帝以媼前倨後恭，詰之，曰："公貴不可言也。"問其故，具道娠子腹語事。帝曰："老嫗遜言，懼吾辱耳。"後果如言。

　　（宋）李昉：《太平廣記》卷一三六《後唐明宗》

閔帝，明宗第三子。初封宋王，出鎮鄴宫。長興四年八月，明宗不豫。十一月二十一日，秦王從榮謀逆，伏誅。明宗徵宋王，令宣徽使孟漢瓊馳驛召帝於鄴，二十九日至自鄴。十二月癸卯，即皇帝位。

　　（宋）王欽若等編纂：《册府元龜》卷一一《帝王部》

愍帝以長興四年十一月癸卯即位。己酉，詔中外將士賜物有差。

　　（宋）王欽若等編纂：《册府元龜》卷八一《帝王部》

愍帝長興四年十一月即位。丙辰，以天雄軍節度判官唐汭爲左諫議大夫；掌書記趙象爲起居郎；攝觀察推官吳承範爲左拾遺；左都押衙宋令詢爲磁州刺史，皆帝帥鄴時文武參佐也。唐汭舉進士，自帝帥宣武時從事，歷太原、真、定三府，帝喜儒學，汭之所啓也，故有此授。又以天雄軍巡官殷鵬爲右拾遺。鵬與吳承範俱魏州人,舉進士,會帝爲帥,歸鄉里依之,故有是超授焉。

（宋）王欽若等編纂:《册府元龜》卷一七二《帝王部》

愍帝應順元年正月戊寅,受朝於明堂殿,大赦,改元。

（宋）王欽若等編纂:《册府元龜》卷九三《帝王部》

應順元年正月,改元。諸藩鎮文武臣僚皆次序加恩,帝嗣位覃慶澤也。是月,宴將相百僚於廣壽殿,賜幣馬有差。二月,詔兩班常參官各加階進爵,從改元赦書恩例也。

（宋）王欽若等編纂:《册府元龜》卷八一《帝王部》

閔帝應順元年正月,陝州康思立言河中節度使洋王從璋在任日,用内省絹未填。帝以昆仲,不之報。

（宋）王欽若等編纂:《册府元龜》卷三九《帝王部》

愍帝應順元年正月,以内皇城使安重益爲陳州刺史。去冬秦王之釁,重益將騎追王至府廨出之,伏下害之。至是,帝心惡之,不欲在左右,仍令典方州。

（宋）王欽若等編纂:《册府元龜》卷一八一《帝王部》

（應順元年）三月,遣供奉官王廷悅、劉贊各以玉帶、金錯刀賜秦州張延朗、興元張虔、劉竺帥,各進潞王書,疑其兩端,故有是賜。

（宋）王欽若等編纂:《册府元龜》卷一八一《帝王部》

閔帝時,朱洪寔與康義誠有隙。應順元年,潞王據岐陽,將稱兵向闕。二月辛酉,義誠將議出征,閔帝幸左藏庫,親給軍士錢帛。是日,義誠與洪寔同於庫中面論用兵利害。洪寔言:"自出軍討逆,累發兵師,今聞小衄,無一人一騎來者,不如以禁軍據門自固,彼安敢徑來? 然後徐圖進取,全策也。"義誠怒曰:"若如此言,洪寔反矣!"洪寔曰:"公自惟誰反?"其聲漸厲。帝聞,召而訊之。洪寔猶理前謀,又曰:"義誠言臣圖反,據發兵計,義誠反必矣!"閔帝不能明辨,命逐洪寔。既而義誠果以禁軍迎降潞王。

(宋)王欽若等編纂:《冊府元龜》卷一八一《帝王部》

閔帝即位,初御中興殿,群臣列位,馮道升階進酒,帝曰:"比於此物無愛,除賓友之會,不近樽罍,況在沉痛之中,安事飲啖?"命徹之。

(宋)王欽若等編纂:《冊府元龜》卷二七《帝王部》

《五代史》曰:後唐應順末,少帝失位,自洛涉河與數百騎欲奔鄴,時晉高祖改鎮常山,亦自郡詣闕,夜與帝遇於獲嘉東,遂俱入衛郡郵舍中。是夜,少帝伏甲,欲與徒臣謀害晉高祖,詐屏人對語。方坐於亭廡,帝密遣御士石敢袖鎚立其後,伏甲者俄起,左右驚擾,敢素有勇力,擁高祖入一室,以巨木塞門。敢力當其鋒,尋死焉。

(宋)李昉:《太平御覽》卷四一七《人事部五十八》

愍帝,諱從厚,小字菩薩奴。

(宋)王欽若等編纂:《冊府元龜》卷三《帝王部》

愍帝貌類明宗。後爲河南尹,判六軍諸衛事,時年十四,形氣豐厚。

(宋)王欽若等編纂:《冊府元龜》卷四四《帝王部》

末帝清泰元年四月即位,大赦。應内外文武臣僚,節鎮州府等使、刺史、文武職員將校,並與加恩。應自鳳翔扈駕員僚凡主兵主事者,各賜功臣名。見在京隨駕並諸道馬步將士,並與等第優給,並從別敕處分。隨駕前資文武官寮,並量材任使。是月,詔:"禁軍鳳翔城下歸明將校賞給,龍武都指揮使安審琦、羽林都指揮使馬萬、楊思權、嚴衛都指揮使尹暉各二馬、一駝、錢七十貫。諸軍廂指揮使、壕寨使各一馬、一駝、錢五十貫;諸軍指揮、副指揮使一馬、一駝、錢四十貫;軍使都頭一馬、錢三十貫;諸軍軍使、副兵馬使至長行契丹直錢三萬,軍頭十將至軍人各十貫;其元在京城守營及新招軍都人廂軍十將至官健各錢十貫。"又詔曰:"應勸進諸選人前京兆府武功令龐濤而下四百九十有四人,方在京都,遭茲際會,既同勸進,宜示獎酬。其前資州縣官及黃衣進選人,近日緣少闕員,難於減選,候合格日各超一資。注擬行事官亦於注擬時優與處分。長流人已歸本貫,即以赦書節文處分。攝試官、推巡、令錄宜並許比三轉出身,判司、衙推、主簿比明經出身,各守選限,自今年始,合格日與初官。宗子未有出身者與出身,有出身者同選人例處分,給與憑據。"

(宋)王欽若等編纂:《册府元龜》卷八一《帝王部》

末帝清泰元年四月乙亥,即位。乙酉,帝衮冕御明堂,宣制曰:"王者司牧兆民,寵綏四海。爰屬統臨之始,宜布渙汗之恩,仰測天心,俯從人欲。所以春夏秋冬,四時先布於發生;草木禽魚,萬彙乃期於蘇息。伏念大行皇帝承天眷祐,立極艱難,緊予眇躬,常佐興運。櫛風沐雨,從湯征而多歷勤劬,匣劍櫜弓,贊周道而克成底定。爾後繼持玉節,獲受桐珪,事君必盡於忠誠,爲子益堅於孝道,諒穹蒼之可鑒,冀宗社之永寧。旋屬杞國人憂,荆山鼎就,痛攀髯之靡及,念同軌之將臻。爰自汧岐,徑朝伊洛,所冀宿參屬纊,親奉山陵。纔覲宮闈,旋承告令,百辟堅陳於勸請,三讓莫諧,六師共切於推崇,群情益固。昔夏啓以謳謌有屬,能承大禹之基;漢文以將相叶心,克嗣高皇之業。顧惟小子,豈迨前王?自纘鴻圖,如登虎尾,惟當慎終若始,居安慮危,保七百載之延昌,致億兆人之開太,將布改元之令,爰敷在宥之文。宜改應順元年爲清太元年,可大赦天下。四月十六日昧爽已前,内外見繫囚徒,據罪已發覺未發覺、已結正未結正,罪無輕重,常赦所不原者,咸赦除之。應左降官及徒流人與量移,已量移者更與量移,已放歸者量與敘錄。應內外文武臣僚、節鎮州府等使、刺史、文武職員、將校並與加恩。應自鳳翔扈駕員僚凡主兵主事者，各賜功臣名。見在京隨駕並諸道馬步將士並與等第優給，並從別敕處分。自二月十四日西來文武參佐没於王事者各與追贈，仍敘錄子孫。隨駕前資文武官僚，並量才任使。鳳翔民李存、劉實罄出家財，以助軍賞，並與命官。起事之初，鳳翔三城民戶多遭燒毁，並宜本道檢視，量給瓦木工價，各令修葺。自岐雍華陝已來，王師所經踐履去道叁里内夏稅並與放免。應三京諸州府長興三年十二月已前，欠夏秋殘稅並與除放，其鳳翔即自長興四月十二日終已前並放。"

（宋）王欽若等編纂：《冊府元龜》卷九三《帝王部》

末帝清泰元年五月辛亥，以隨駕嚴衛指揮使領費州刺史尹暉爲齊州防禦使，捧聖都指揮使、綉州刺史康進海爲曹州刺史。先是，尹暉、進海與楊權始構軍入城奉帝故也。

（宋）王欽若等編纂：《冊府元龜》卷一二八《帝王部》

清泰元年五月，中書門下言，以改元分命朝臣奏告，其應州四廟差、左監門衛將軍孔知鄴稱疾改差；右驍衛將軍華光遠稱墜馬傷足。詔曰："改元重事，告廟常規，凡在班行，宜思策勵。孔知鄴等方當任使，皆合恪恭，豈可居常則各冒寵光，臨事則自圖便穩。苟無懲誡，何肅紀綱！孔知鄴、華光遠並停見任，其告廟官差右武衛將軍高允崇。"

（宋）王欽若等編纂：《冊府元龜》卷一五四《帝王部》

（清泰元年）六月，以前均州刺史韓遠爲羽林將軍；前申州刺史李干爲右驍衛將軍；前河東行軍司馬李繼忠爲左驍衛將軍；前鄜州行軍司馬韓昭爲左武衛將軍；前彰義行軍司馬喬神劍爲右武衛將軍；前青州行軍郭師肇爲右武衛將軍；前安州行軍司馬石延贇爲右監門衛將軍；前同州行軍司馬趙彦鐸爲左監門衛將軍。帝久親戎事，皆舊部校也,故有是獎録焉。

（宋）王欽若等編纂:《册府元龜》卷一七二《帝王部》

末帝清泰元年七月甲子,詔:"鳳翔西面來往兵士,或疾病傷損者,留醫養候住行李則人給千錢,勒歸本處。"

（宋）王欽若等編纂:《册府元龜》卷一三五《帝王部》

（清泰元年）七月,詔鄭州防禦使宋敬塘、宿州團練使潘環、潁州團練使孫鐸、亳州團練使康文審、洺州團練使田武、密州刺史張篯、鄆州刺史武廷翰、懷州刺史周光輔、商州刺史侯益,並叙進爵邑,從恩例也。文武兩班崔居儉而下一百七十有一人,各轉階一級,或賜勛一轉,或進爵一等,示新恩也。

（宋）王欽若等編纂:《册府元龜》卷八一《帝王部》

末帝清泰元年九月庚戌,詔曰:"朱弘昭、馮道、孟漢瓊、康義誠、王思同、樂彦稠等,朕志切行仁,情唯念舊,雖顛覆自貽其伊,戚而愍傷,猶軫於予懷。宜降特恩,許其歸葬。其親屬骨肉及元隨職員,並放逐便,所在不得恐動。"

（宋）王欽若等編纂:《册府元龜》卷四二《帝王部》

（清泰元年）十一月壬子,侍御馬軍都指揮使安從進奏:"護聖軍使王彦塘先西南面行營,所至州府,乞索錢物,恃酒訛言,抵忤本指揮使,趙廷昭詰之,伏罪,已斬於本軍門。"詔曰:"夫命將所以行兵,聚兵所以遏亂,必在上下有理,進退無違,入則畏法以謹身,出則圖功而效命。畏法必無罪戾,圖功則有寵恩,以此言之,不可不慎。王彦塘方期任使,輒敢恃憑,既都將以上言,在軍法而難恕。況屬環衛,並在藩方,上至偏裨,下及行伍,皆是久經訓練,備曉條章,官爵甚高,衣糧極厚,必能共思整戢,自務保全。是宜特舉規程,遍加曉諭,責令遵守,務肅轅營。今後在京及諸道馬步將士,上至都尉,下及長行,並須各據職資,共存禮體,遞相鈐轄,遵稟指揮。如紊亂條章,下不從上,指使前却,使酒詆言,其長行犯者,委本都副兵馬使已下節級科罰;其副兵馬使節級犯者,委本都頭科罰。其都頭犯者,若無事不出時,錄罪申奏;若出軍指使之時,便委隨處統將科罰。其或所犯人自負罪僭,不伏首領刑責,便即奏聞。如指揮使都頭已下,但務顏情,藏庇凶輩,自招負累,必不恕容,頒下內外諸軍知悉。"

(宋)王欽若等編纂:《册府元龜》卷六六《帝王部》

(清泰)二年五月乙巳,御札曰:"王者父天子民,深居高視,恭己以行道,褒賢以勸功。蓋以上承天休,下除民瘝,率輦下以勸天下者,一人而惠萬人,爲子爲臣不可不察。朕惟寡德,獲纘丕圖,奉先聖之神靈,荷皇天之眷祐,寅畏夕惕,罔敢遑寧,思與將相王公良牧賢宰共敷政教,同致雍熙。繇是詳酌政刑,搜求利病,以今觀古,夜思朝行。才濟於時,雖蒿萊而必采;言干於道,雖誹謗而必容。然而近歲已來,多事之後,邊陲尚擾,府庫未殷,扞防必假於兵師,供饋須資於民力。既未能便停征伐,固不可頓減賦税,念乃疲羸,勞於鑒寐。今歲爰自初夏,稍屬愆陽,朝昏正積於焦勞,祈請果垂於甘澤,所宜行慶,以答殊休。言念狴牢之人,屬此鬱蒸之候,苦毒之狀,所不能言,況當長養之時,特降哀矜之令。應王京諸道州府見禁囚徒,自五月十二日已前,除五逆十惡、光火劫舍、持杖殺人、官典犯贓、僞行印信、合造毒藥外,委逐處長吏據已發覺未發覺、已結正未結正,不在追呼支蔓,只正身招罪,便疾速斷遣,並見欠省司錢物外,諸罪無輕重,一切釋放。應天下藩侯郡守令錄等爲我股肱,作民父母,必在精窮事理,杜塞倖門,副我憂勤,察民疾苦,刑獄不可以阿曲,法令不可以滋章,私不得害公,利不得傷義,長思砥礪,共致隆平。凡百庶官,宜體朕意。"

(宋)王欽若等編纂:《册府元龜》卷九三《帝王部》

末帝,諱從珂。清泰二年中書言:"御名上一字與諸王相連,太宗、玄宗故事，人臣、諸王合避相聯字，單名。"從之。

（宋）王欽若等編纂：《册府元龜》卷三《帝王部》

（清泰三年）十月，詔金州斬屯戍都監陳知隱。先是，蜀人侵軼，禦侮不嚴，突至城下，水寨失守故也。

（宋）王欽若等編纂：《册府元龜》卷一五四《帝王部》

末帝清泰三年千春節，魏國長公主自河東入覲，既上壽辭歸。帝酒酣，謂曰："何不且留闕下？促去，欲與石郎反邪？"時以晉高祖去年爲總管，巡忻州，軍亂，欲推崇高祖爲天子，高祖斬其魁首，奏之，故有是語以戲之。及醒，左右具告，深悔焉。

（宋）王欽若等編纂：《册府元龜》卷一七五《帝王部》

末帝嘗與房知溫失意於杯盤間，以白刃相恐，及即位，知溫憂甚，帝乃封列土以寧之。知溫徑赴洛陽，申其宿過，且感新恩。帝開懷以厚禮慰而遣之。

（宋）王欽若等編纂：《册府元龜》卷四三《帝王部》

後唐明宗長子，即末帝也，初與樞密使安重誨在常山，因杯盤失歡，末帝以拳擊重誨腦，中其櫛，走而獲免。末帝旦謝重誨，重誨終銜之。及末帝鎮蒲中，知其出入不時，重誨因矯宣中旨，令屯將楊彥溫遇出郭則閉門勿納。後末帝游舜廟回，爲彥溫所拒。末帝知重誨構之，馳還洛陽，以求自雪。重誨繼奏，請行重典。帝曰："朕爲小將校時，家徒衣食不足，賴此兒荷石炭、收馬糞存養，以至身達。今貴爲天子，而不能庇一兒！卿欲行朝典，朕未曉其意，卿可速退，朕自令居閑便了。"遂詔歸私邸。末帝尚懼重誨多方危陷，但日諷佛書陰禱而已。明年，重誨出鎮河中。帝召見，泣而謂之曰："如重誨意，爾安得更相見耶？"乃以末帝爲左衛大將軍。

（宋）王欽若等編纂：《册府元龜》卷四七《帝王部》

清泰之在岐陽也，有馬步判官何某，年逾八十，忽暴卒。云有使者拘録，引入冥間，見陰君曰：“汝無他過，今放汝還。與吾言於潞王曰：‘來年三月，當帝天下。’可速返，達吾之旨。”言訖引出，使者送歸。及蘇，遂以其事密白王之左右，咸以妖妄而莫之信，由是不得聞於王。月餘，又暴卒入冥，復見陰君。陰君怒而責之曰：“何故受吾教而竟不能達耶？”徐曰：“放汝去，可速導吾言，仍請王畫吾形及地藏菩薩像。”何惶恐而退。見其庭院廊廡之下簿書雜亂，吏胥交横。何問之，使者曰：“此是朝代將變，升降去留將來之官爵也。”及再活，托以詞訟見王。及見之，且曰：“某有密事上白。”王因屏左右問之，備述所見，王未之信。何曰：“某年逾八十，死在旦夕，豈敢虚妄也。”王默遣之。來春，果下詔攻岐陽，唯何叟獨喜，知其必驗。至期，何叟之言，毫髮無差矣。清泰即位，擢何叟爲天興縣令。固知冥數前定，人力其能過之乎？

（宋）李昉：《太平廣記》卷一三六《潞王》

唐清泰主，乃晉高祖之婦兄也。明宗始爲太原將帥，二主軍職未高。因擊鞠，入趙襄子廟，俱見土偶避位而立，甚訝之。潛亦自負。及明宗功高，常危懼，二主曰：“趙襄子終能致福邪？”爾後二主迭享大位。

（宋）李昉：《太平廣記》卷三一四《清泰主》

末帝，明宗養子。天成初，除河東節度使。二年，加同平章事。長興二年，授京兆尹、西京留守。三年，移鳳翔節度使。四年五月，封潞王。閔帝即位，加侍中。應順元年二月，移鎮太原。是時不降制書，惟以宣授，帝聞之，召賓佐將吏謀之，皆曰：“主上年幼，未親庶事，軍國大政，悉委朱弘昭等，王必無保全之理。”判官馬裔孫曰：“君命召，不俟駕行焉。諸君凶言，熒惑聞聽，非令圖也。”乃罷。是夕，召行軍副使謀，令判官李專美草檄書乞援於諸道藩侯，請助兵糧，欲問君側之罪。閔帝命王思同率兵攻鳳翔，三月十五日，大集城下。十六日，帝登城垂泣，告諭於外曰：“我年未二十，從先帝征伐，出生入死，金瘡滿身,樹立社稷,軍士從我登陣者多矣。今朝廷信任賊臣,殘害骨肉,且我有何罪!"因慟哭,聞者哀之。時羽林都指揮使楊思權謂衆曰:"大相公,吾主也。"遂引軍自西門入嚴衛,都指揮使尹暉亦引軍自東門入,外軍悉潰。十七日,索居民家財以賞軍士。是日,建大將旗鼓,整衆而東。二十日,次長安,副留守劉遂雍以城降。二十三日,次靈口,駕下軍執王思同來降,是日,誅之。二十四日,次華州,收節度使樂彥稠繫獄。二十五日,次閿鄉,王仲皋父子迎謁,命誅之。二十六日,次靈寶,河中節度使安彥威來降,待罪,宥之。是日,陝州節度使康思立奉迎。二十七日,次陝州。二十八日,閔帝招討使康義誠前軍弃甲結隊纍纍而至。二十九日,義誠至,泥首請罪。帝上太后箋,取進止。三十日,太后傳令至并,内司迎奉。是夜,閔帝出奔。四月壬申,帝至蔣橋,文武百官立班奉迎,教旨以未拜梓宮,未可相見。是日,入謁太后、太妃,伏梓宮慟哭,宰臣馮道等上箋勸進。癸酉,太后下令,以帝爲監國。甲戌,又下令曰:"先皇帝櫛風沐雨,平定華夷,嗣洪業於艱難,致蒼生於富庶,八年臨御,萬彙舒蘇,歸牛休馬,方期於偃戟,宵衣旰食,久積於憂勞,竟至倦勤,俄悲厭代。爰自鄂王嗣位,奸臣弄權,作福作災,不誠不信,離間我骨肉,猜忌我親賢;不自制書,擅移藩邸,而又遽興戈甲,大撓軍民。遂致鄂王輕釋宗祧,不克負荷,洪基大寶,危若綴旒,須立長君,以紹丕構。皇長子潞王從珂,日躋孝敬,天縱聰明,有神武之英姿,有寬仁之偉量;先朝經綸草昧,廓静寰區,辛勤有百戰之勞,竭盡贊一平之運。臣誠子道,冠古越今,而又克己化民,推心撫事,率土之謳歌有屬,上玄之睠命攸臨。一日萬機,不可以暫曠;九州四海,不可以無歸。況因山有期,同軌斯至,永言嗣守,屬在元良,宜即皇帝位。"是日,暴雨。乙亥,帝赴西宮告奠,遂即帝位。

(宋)王欽若等編纂:《册府元龜》卷一一一《帝王部》

末帝長七尺餘,方頤大顱,材貌雄偉,以驍果稱。明宗甚愛之。在藩時,洛陽市人王安者,世稱其善相,嘗竊視帝曰:"形如毗沙門天王,非常人也。"帝知之,竊喜。清泰二年,魏府進天王字甲冑千二百副,乃選諸軍之魁偉者,被以天王甲,俾居宿衞。

(宋)王欽若等編纂:《冊府元龜》卷四四《帝王部》

廢帝在位,尤好諮詢,乃詔宣徽使李專美、端明殿學士李崧、吕琦,樞密直學士薛文遇、天文趙延乂等,更直於中興殿。庭設穹廬,每至宵分,與之評議。

(宋)王欽若等編纂:《冊府元龜》卷一〇四《帝王部》

朱耶赤心者,或云:"其先塞上人,多以騎獵爲業。胡人三十輩於大山中,見飛鳥甚衆,鵲鳰於一谷中。衆胡就之,見一小兒,約纔二歲已來,衆鳥銜果實而飼之。衆胡異之,遂收而衆遞養之。成長求姓,衆云諸人共育得大,遂以諸耶爲姓。"言朱耶者,訛也。

(宋)錢易:《南部新書》癸

某嘗考彼部,自唐僖宗時,從朱耶赤心討叛勛,蓋咸通之九年、十年也。朱耶赤心,即五代唐莊宗之祖,曰李國昌。其後李鴉兒,又以彼兵復京師,則其鷙悍殘忍,於今三百四五十年矣。事會之來,無有終極,百餘載間,滅遼滅金,而今兹又將滅彼,伏惟飛輓之暇,所以討論其故者,詳某輒贅言之,以裨幕府末議。

(宋)佚名:《翰苑新書》別集卷四

河東李克用,其先回紇部人,世爲蕃中大酋,受唐朝官職。太宗於北方沙陁磧立沙陁府,以招集降户。後克用祖朱邪執宜與其父曾依吐蕃。背吐蕃歸朝,德宗於鹽州置陰山府,以執宜爲都督。後遷於神武川黃花堆之別墅,即今應州是也。執宜生赤心,以討徐州龐勛功,賜國姓並名,號李國昌。懿宗問其先世所出,云本隴西金城人,依寓吐蕃。帝曰:"我先與汝同鄉里。"敕令編籍鄭王房。始爲雲州大同軍節度,次授鄜延、振武、代北三節度,其侄克讓爲羽林將軍。其子克

　　用最聞名，以破黃巢功，爲太原節度使。子存勗，平梁、蜀，奄有中原，追尊執宜號懿祖，國昌號獻祖，克用號太祖皇帝。太祖在娠十三月，載誕之夕，母后甚危，令族人市藥於雁門，遇神人，教以率部人被介持旄，擊鉦鼓，躍馬大譟，環所居三周而止，果如所教而生。是日，虹光燭室，白氣充庭，井水暴溢。及能言，喜道軍旅。年十二三，能連射雙鳥，至於樹葉針鋒馬鞭，皆能中之。曾於新城北以酒酹毗沙門天王塑像，請與僕交談。天王被甲持矛，隱隱出於壁間。或所居帳内，時如火聚，或有龍形，人皆異之。嘗隨獻祖征龐勛，臨陣出没如神，號爲“飛虎子”。眇一目，時號“獨眼龍”，功業磊落，不可盡述。或云“睛邪”，非眇也。

（五代）孫光憲：《北夢瑣言》卷一七《朱邪先代》

　　後唐太祖在娠十三月，生時虹光照室，白氣充庭。

（宋）謝維新：《古今合璧事類備要》後集卷一

　　後唐太祖嘗隨衆征龐勛，臨陣出没如神，號爲“火龍子”。《新書》一云“龍虎子”。

（宋）馬永易：《實賓録》卷八

　　後唐太祖嘗隨火征龐勛，臨陣出没如神，號爲“火龍子”。

（宋）錢易：《南部新書》癸

　　唐李克用年十五，從征，摧鋒陷陣，出諸將之右，軍中目爲“飛虎子”。

（宋）馬永易：《實賓録》卷八

　　五代後唐李克用，少驍勇，善騎射，軍中號曰“李鴉兒”。黃巢陷京師，克用舉兵赴難，進屯乾坑。巢驚曰：“鴉兒至矣！”京師平，克用功第一。

（宋）馬永易：《實賓録》卷八

五代李克用,懸針於木上,或立馬鞭,越百步射之,百發百中。

(明)彭大翼:《山堂肆考》卷一八二

唐太原李克用,既平黃巢。楊復光捷布曰:"克用殺賊,無非手刃,入陣率以身先,可謂雄才,得名飛將。"

(宋)馬永易:《實賓録》卷一

後唐武皇,議欲修好於梁祖,命李襲吉爲書云:"毒手尊拳交相於暮夜,金戈鐵馬蹂踐於明時。"梁祖曰:"李公斗絶一隅,安得此文士,如吾之智算,得襲吉之筆才,如虎傅翼矣。"

(宋)孔平仲:《續世説》卷二

後唐明宗從武皇與葛從周戰,徑犯其陣,奮擊如神,梁軍退去。明宗四中流矢,血流被服。武皇解衣授藥,手賜巵酒,撫其背曰:"吾兒神人也! 微吾兒,幾爲從周所笑。"

(宋)孔平仲:《續世説》卷五

唐李克用以沙陀唐德宗時,有朱邪盡忠者,居於北庭之金滿州,其子執宜歸唐,號沙陀軍。執宜子國昌,國昌子克用。因黃巢之亂,有功於王室。巢陷京師,中和二年,克用以步兵萬七千來赴,敗巢,橫尸三十里,京師平,克用功第一。至張濬之戰,殺戮酷矣。大順元年,朱全忠及宰相張濬等請討克用,戰於陰地。濬軍三戰三敗,克用掠至河中,赤地千里。天復初,爲梁所困,鋒鋭亦衰,僅保一隅。比莊宗嗣位,當時之兵,楊行密號黑雲都,楊行密據廬州,收兵數千,以皂衣蒙身,號黑雲都。劉仁恭號定霸都。梁攻滄州,劉仁恭調其境内,凡年十五以上,七十以下,皆文其面曰"定霸都"。而麾下諸將,皆老於行陣,與武皇齊駕並驅之人,莊宗皆能養之以恩,抑之以氣,遂服其心。從定山東,取漁陽,兼魏博,置帳前銀槍都。楊師厚卒,梁以魏博兵强,欲分爲兩鎮,魏兵不願,縱火大掠。效節軍校張彥逼賀德倫求援於晉,晉王軍於臨清,張彥選效節銀槍軍五百人自衛,謁晉王。王以其陵脅主

帥,誅之,即以其卒爲帳前銀槍都。然楊劉短兵之戰,不其危乎! 王彦章破
德勝,唐軍東保楊劉,彦章圍之。莊宗引短兵出戰,爲彦章伏兵所射,大敗。遣
繼岌伐蜀,凡七十五日,蜀王衍降,兵不血刃,誠用兵之最易也。弃鄆
之舉,非郭崇韜幾失之。從鄆入汴,八日而滅梁焉。唐自失德勝,梁兵
日掠澶相,諸將皆曰:“不若弃鄆與梁,西取黎陽,以河爲界。”莊宗問崇韜,對曰:
“臣自康延孝來,盡得梁之虛實矣,此天亡之時,願陛下分兵守魏,固楊劉而自鄆
長驅搗其巢穴,不出半月,天下定矣。”莊宗夜度楊劉,從鄆入襲汴,八日而滅梁。
明宗以所將騎五百號橫冲都。進擊葛從周,由是李橫冲名重四方。以肥
戰馬,瘠吾人爲愧。明宗問范延光馬數幾何? 對曰:“三萬五千。”明宗嘆曰:
“太祖在太原時,不過七千,莊宗取河北,與梁戰河上,馬才萬匹。今有三萬五
千,馬多奈何。”延光曰:“一馬之費,可養步卒五人,三萬五千匹馬,十五萬人之
食也。”明宗曰:“肥戰馬而瘠吾人,吾所愧也。”而敗契丹,殺戍軍之暴,何其
甚耶! 定州王都反,晏球爲招討使,契丹遣托諾將萬騎救都,晏球敗之,橫尸弃
甲六十餘里。明宗遣烏震往代房知溫,知溫誘殺之,軍亂,溫又以騎兵盡殺亂
者。明宗詔悉誅其家屬,魏州九指揮三千餘家,數萬口,驅至德水上殺之,漳水
爲之變色。

　　案:歐陽公史論云:朱邪,部族之號耳,沙陀者,大磧也。至盡
忠孫,始賜姓李氏,後代遂以沙陀爲貴。然克用以朱邪之裔,奄踐
汾晉,莊宗襲位,與梁對壘河上,卒之朱氏失國。既登大位,日與群
伶俳戲,劉后喜聚斂而饑其師,郭崇韜以勋舊見戮,曾未三年,遽取
顛覆。清泰間,呂琦言石敬瑭必以契丹爲援,卒立晉者,契丹也。
使帝能從其言,亦可以紓禍,惜其莫之能用,才十年而易四姓,禍亂
極矣。

　　　　　　　　　　　　　　　　(宋)陳傅亮:《歷代兵制》卷七

　　莊宗年十一,從晉王討王行瑜,初令入覲獻捷,昭宗一見,駭異
之,曰:“此子有奇表。”乃撫其背曰:“我兒將來之國棟,勿忘忠孝於
吾家。”乃賜鸂鶒酒卮、翡翠盤。十三讀《春秋》,略知大義。騎射絕
倫,其心豁如,采録善言,聽納容物,殆劉聰之比也。又云,昭宗曰:

"此子可亞其父。"時人號曰"亞子"。

（五代）孫光憲:《北夢瑣言》卷一七《晉世子入覲賜鸂鶒酒器》

後唐莊宗年十一,從晉王討王行瑜。初令入覲獻捷,昭宗一見駭異之,曰:"此子有奇表。"乃撫其背曰:"兒將來國之梁棟,勿忘忠孝於吾家。"乃賜鸂鶒酒卮、翡翠盤。十三讀《春秋》,略知大義。騎射絕倫,其心豁如,采録善言,聽納容物,殆劉聰之比也。又昭宗曰:"此子可亞其父。"時人號曰"李亞子"。

（宋）錢易:《南部新書》癸

李存勗,克用長子,年十一,從克用破王行瑜,遣獻捷於京師。昭宗異其狀貌,賜以鸂鶒卮、翡翠盤,而撫其背曰:"兒有奇表,後當富貴。"

（宋）楊伯嵒:《六帖補》卷一五

後唐莊宗,克用長子也。初,克用破孟方立於邢州,還軍上黨,置酒三垂崗,伶人奏百年歌。至於衰老之際,聲甚悲,坐上皆悽愴,克用慨然捋鬚,指而笑曰:"吾行老矣,此奇兒也,後二十年,其能代我戰於此乎?"莊宗年十一,從克用破王行瑜,遣獻捷於京師,昭宗異其狀貌,賜以鸂鶒卮、翡翠盤。而撫其背曰:"兒有奇表,無忘予家。"克用卒,梁夾城兵聞晉有大喪,因頗懈。莊宗欲乘怠擊之,乃出兵趨上黨,行至三垂崗,嘆曰:"此先王置酒處。"集攻夾城,破之,梁軍大敗,凱旋告廟。

（宋）馬永易:《實賓録》卷六

莊宗謂周德威曰:"梁謂我新立,宜出其不意擊之。"疾馳六日,至北黃碾。會天大昏霧,伏兵三垂岡,直趨夾城,攻破之,懷英大敗。

（唐）白居易、（宋）孔傳:《白孔六帖》卷三

後唐莊宗南伐,周德威軍不利,或號曰"晉王渡河而北矣"。曰

晚,明宗與末帝相失,軍無所止,河冰初解,比無舟楫。帝泣曰:"吾兒
安在,吾主安歸,身世盡於斯矣。"是夜大寒,雪深盈尺,冰有複合處,
帝踐之以渡。不旋踵,而冰解。帝宿先鋒砦。翌日,聞莊宗土山之
捷,軍聲復振。

(明)陳耀文:《天中記》卷一〇

鄴中環桃特異,後唐莊宗曰:"昔人以橘爲千頭木奴,此不爲餘甘
尉乎?"

(宋)陶穀:《清異録》卷上《餘甘尉》

唐莊宗或自傅粉墨,與優人共戲於庭,以悦劉夫人,名謂之"李天
下"。嘗因爲優,自呼曰:"李天下!李天下!"優人敬新磨遽前,批其
頰,帝失色,群優亦駭愕。新磨徐曰:"理天下者只此一人,豈有兩人
耶!"帝悦,厚賜之。

(宋)孔平仲:《續世説》卷六

曹操在兗州,引兵東擊陶謙於徐,而陳宮潛迎吕布爲兗牧,郡縣
皆叛,賴程昱、荀彧之力,全東阿、鄄、范三城以待操。操還,執昱手
曰:"微子之力,吾無所歸矣。"表爲東平相。唐莊宗與梁人相持於河
上,梁將王檀乘虛襲晉陽。城中無備,幾陷者數四,賴安金全帥子弟
擊却之於内,石君立引昭義兵破之於外,晉陽獲全。而莊宗以策非己
出,金全等賞皆不行。操終有天下,莊宗雖能滅梁,旋踵覆亡,考其行
事,概可睹矣。

(宋)洪邁:《容齋隨筆》卷一五

唐莊宗既取河北,屯兵朝城,梁之君臣,謀數道大舉,令董璋引
陝、虢、澤、潞之兵趣太原,霍彦威以汝、洛之兵寇鎮定,王彦章以禁軍
攻鄆州,段凝以大軍當莊宗。莊宗聞之,深以爲憂。而段凝不能臨機
決策,梁主又無斷,遂以致亡。石敬瑭以河東叛,耶律德光赴救,敗唐

兵而圍之，廢帝問策於群臣。時德光兄贊華，因爭國之故，亡歸在唐，吏部侍郎龍敏請立爲契丹主，令天雄、盧龍二鎮分兵送之，自幽州趣西樓，朝廷露檄言之，虜必有内顧之慮，然後選募精鋭以擊之，此解圍一策也，帝深以爲然。而執政恐其無成，議竟不决，唐遂以亡。

（宋）洪邁：《容齋續筆》卷一

　　唐莊宗時，禁旅王慶乞叙功賞，曰：“侍從濟河日，臣係第一隊，入汴臣屬前鋒，乞遷補。”莊宗頷之。他日又言，亦不納。莊宗好樂，樂工子弟至有得官者，謂慶曰：“子何不學我吹管，稍稍能之，亦不獲用！”後事李嗣源亦言其勞。莊宗曰：“知慶薄有功，但每見慶則心憤然，安得更有賜與之意。”因舉唐太宗詩曰：“待余心肯日，是汝命通時。”夫人主，天下生靈賞罰之柄，而所言若此，則進退誠有命也。

（宋）祝穆：《古今事文類聚》前集卷三九

　　唐莊宗得天下，有從行禁旅王慶乞叙功賞，奏大軍濟河日，係第一隊，及入汴日，又係前鋒，合遷補，帝頷之，使且去。他日又奏，帝不納，或謂曰：“帝方好音樂，今樂工多被恩賞，子何不爲之。”慶乃學吹管，得供御，終不獲。慶後事李嗣源，嗣源亦陳述其事，帝曰：“朕亦知慶有功，但吾見其面則憤然，安更有賜與之意。”帝因舉太宗詩曰：“待余心肯日，是汝命通時。”信哉，莊宗之言也。人君提賞罰之柄，一喜怒爲人之禍福，王慶雖有功，而前定不合富貴，雖區區陳述，烏能回帝之意哉。

（宋）佚名：《分門古今類事》卷一八

　　唐莊宗好優，優者郭從謙，優名門高，爲從馬直指揮使。明宗入汴，莊宗至萬勝，不得進，還洛。欲復東扼汜水，其日，門高作亂，從樓上射中莊宗，崩。五方人聚樂器焚之。傳曰：“君以此始，亦以此終，莊宗好伶，而弒於門高，焚以樂器，可不戒哉。”

（宋）祝穆：《古今事文類聚》前集卷四三

明宗入汴，莊宗與元行欽登道旁冢，置酒相顧泣。野人獻雉，問其冢名，曰"愁臺也"。因罷酒去。

（唐）白居易、（宋）孔傳：《白孔六帖》卷一〇

同光末，魏博亂，明宗討之，至城下爲兵所擁，南入汴州。帝乃自統驍騎征之，至一高臺，乘馬立其上，問其臺名？對曰"愁臺"，帝不樂，即西歸。尋爲郭門高所害。愁臺者，本賈誼爲梁王傅，王薨，誼悒悒不樂，常登此臺，悲吟愁嘯，後人因以名之。至是而爲帝之讖，乃柏人之類也。

（宋）佚名：《分門古今類事》卷一三

莊宗爲郭門高所弒，五坊人聚樂器而焚之。歐陽公云："君以此始，必以此終。莊宗好伶而弒於門高，焚以樂器，可不戒哉！"余曰："非也，其禍蓋起於劉后之擅殺郭崇韜也。始劉后聽宦者讒言，遣繼岌殺郭崇韜。皇弟存義，崇韜之婿，讒者曰存義且反，爲婦翁報仇，乃因而殺之。又讒朱友謙不自安，必反，於是及其將五六人皆族滅之。門高姓郭，拜崇韜爲叔父，而存義又以門高爲養子。時馬直軍王溫宿衛禁中，夜謀亂被誅。莊宗戲門高曰：'汝黨存義、崇韜負我，又教王溫反復，欲何爲乎？'門高恐，退而激軍士爲變，從樓上射，莊宗傷重，踣於絳霄殿下。其禍起於劉后之擅殺崇韜，特成於門高爾。門高優伶，傳名從謙。"

（宋）謝采伯：《密齋筆記》卷二

太宗淳化五年《日曆》載："上謂侍臣曰：'聽斷天下事，直須耐煩，方盡臣下之情。昔莊宗可謂百戰得中原之地，然而守文之道，可謂懵然矣。終日湛飲，聽鄭衛之聲，與胡家樂合奏，自昏徹旦，謂之聒帳。半酣之後，置畎酒箇，沈醉射弓，至夜不已，招箭者但以物擊其銀器，聲言中的。與俳優輩結十弟兄，每略與近臣商議事，必傳語伶人，叙相見遲晚之由。縱兵出獵，涉旬不返，於優倡猱雜之中，復自矜寫

《春秋》。不知當時刑政如何也！'"蘇易簡書於《時政》，曰："上自潛躍以來，多詳延故老，問以前代興廢之由，銘之於心，以爲鑒戒。"上來數事，皆史傳不載，秉筆之臣，以記録焉。

（宋）楊億：《楊文公談苑》

內臣李承進逮事唐莊宗。太祖嘗問莊宗時事，對曰："莊宗好畋獵，每次近郊，衛士必控馬首，曰：'兒郎輩寒冷，望陛下與救接。'莊宗隨所欲給之，如此者非一，晚年蕭墙之禍，由賞賚無節，威令不行也。"太祖嘆曰："二十年夾河戰爭，不能以軍法約束此輩，誠兒戲。"

（宋）曾鞏：《隆平集》卷二

唐莊宗命魏王繼岌伐蜀，滅之，以孟知祥節度西川。莊宗館知祥於宫中，酒酣，謂知祥曰："吾輩老矣，繼岌乳臭兒，今年代父破賊，慰喜，外復增悲爾。"

（宋）馬永易：《實賓録》卷六

上親録京師繫囚，謂近臣曰："爲君勤政，即得感召和氣。如後唐莊宗不恤國事，惟務畋游，動經旬浹月，每出大傷苗稼，及還蠲其租税。此甚不君也。"張弘曰："莊宗兼惑於音律，縱酒，伶官典郡者數人。"

（宋）李攸：《宋朝事實》卷一六《兵刑》

唐莊宗遣郭崇韜副魏王繼岌平蜀，既而疑崇韜，赤其族。俄又殺河中府冀王朱友謙三百口，又詔西京留守至洛守上東門，伺岐府節度使李從曬至，欲誅之，諸侯無不憂懼。閹尹縱權，倡優富寵，而師旅窮匱，恩賞不流，遂至貝州之亂。先是，蕃漢都總管、宣武軍節度使李嗣源，本蕃人，姓名邈結烈，雖有佐命大功，莊宗既得天下，頗疑之，盡奪兵權，處以閑逸。至是聞變，急起嗣源，將兵討之。洎至鄴，諸軍推以爲主。嗣源涕泣，告其副霍彦威曰："與君受命討賊，豈料天時人事如此。然諸軍只因飢寒思亂，當奏加恩賞，以圖安靖爾。"親衛指揮使元行欽不能審其由，徑奔洛陽告亂，塗中逢嗣源子金鎗指揮使從璟，驅之同見。莊宗遂斬從璟，自將以禦之。距汴城五十里，聞嗣源入汴，軍潰而歸洛。時屬中官乘馹就長安，殺偽蜀王衍一行。樞密使張居翰嘆曰："上方寸已亂，一行五千餘人，豈可盡殺？"乃改"一行"爲"一家"。及絳霄之禍已三日，而殺王衍一家使人方到長安，蜀人冤之。

（宋）田況：《儒林公議》卷下

魏王繼岌每薦羹，以羊兔豬臠而參之。時盧澄爲平章事，趨朝待漏堂厨，具小饌，澄惟進粥，其品曰粟粥、乳粥、豆沙加糖粥，三種並供。澄各取少許，並和而食。厨官遂有"王羹亥卯未，相粥白玄黃"之語。

（宋）陶穀：《清異錄》卷下《王羹亥卯未，相粥白玄黃》

五代唐莊宗，年邁多疾，馮道入朝，奏曰："臣願陛下寢膳之間，尤宜調衛。"因指御前果實曰："如食不康，他日見李，而思戒可也。"

（明）彭大翼：《山堂肆考》卷二〇五

莊宗年邁多疾，馮道奏曰："臣願陛下寢膳之間，動思調衛。"因指御前果實曰："如食桃不康，見桃而思戒可也。"

（宋）陳景沂：《全芳備祖》後集卷五

又云："是月，奉職程若英乃文臣程博文之子，上書言：'皇子名亶，及御名皆犯唐明宗名，宜防夷狄之亂。'詔改皇子名。至是，又上書乞換文資，從之。"時亦建中靖國元年，後來果驗，亦異事也，因著之。

（宋）王明清：《揮麈後錄》卷一

明宗即位之後，不事華侈，無浮費，故先除二稅、省耗，止絕刺史進奉，今又蠲逋近二百萬緡。一人寡欲，受賜者不知其幾何人也。以

夷狄之人，臨中土殘弊之後，尚能如此，何況聰明睿智，高出群倫，昭
儉德以表正萬。其效宜如何，夫豈有守虐令，以逋爲生財之源，徵而
又徵，償而又償，無有窮已者也。

（宋）胡寅：《讀史管見》卷二八

明宗始在軍中，居常唯治兵仗，不事生產。雄武謙和，臨財尤廉，
家財屢空，處之晏如也。太祖欲試以誠，召於泉府，命恣意取之，所取
不過束帛數緒而已。所得賜與，必分部下。戰勝凱還，儕類自伐，帝
徐言曰：“人戰以口，我戰以手。”衆皆心服其能。

（五代）孫光憲：《北夢瑣言》卷一八《明宗不伐》

莊宗晏駕，明宗皇帝爲將相推舉，霍彥威、孔循上言，唐運已衰，
請改國號。明宗謂藩邸近侍曰：“何爲改正朔？”左右奏曰：“先帝以
錫氏宗屬，爲唐雪冤仇，爲昭宗皇帝後，國號唐。今朝之舊人，不欲殿
下稱唐。請更名號耳。”明宗泣下曰：“吾十三事獻祖，洎太祖至先帝，
冒刃血戰，爲唐室雪冤，身編宗屬。武皇功業，即吾功業也，先帝天
下，即吾天下也，兄亡弟紹，於意何嫌？運之衰隆，吾當身受。”於是不
改正朔，人服帝之獨見也。

（五代）孫光憲：《北夢瑣言》卷一八《明宗獨見》

趙在禮作亂，諸將擁明宗入闕。未到間，從馬直郭從謙攻興教
門，帝母弟存渥從上戰，及宮車晏駕，存渥與劉皇后同奔太原，至風
谷，爲部下所殺。劉皇后欲出家爲尼，旋亦殺之。存霸先除北京留
守，亦自河中至太原，兵衆請殺存霸，以安人心，符彥超不能禁。時存
霸已翦髮，衣僧衣，謁彥超，願爲山僧，竟不免也。存紀、存確匿於南
山民家，人有以報安重誨，重誨曰：“主上已下詔尋訪，帝之仁德，必不
加害，不如密旨殺之。”果並命於民家。後明宗聞之，切讓重誨，傷惜
久之。

（五代）孫光憲：《北夢瑣言》卷一八《莊宗諸弟遇害》

初，後唐明宗即位，每夕焚香禱天曰："臣出戎狄，世亂爲衆所推，願上天早生聖人，與中國爲主。"天成二年二月十六日，太祖生。周顯德七年正月三日，統師北征劉筠，次陳橋，軍士推戴，勢不可避。四日，周帝遜位，太祖登極。

（宋）曾鞏：《隆平集》卷一

後唐明宗天成元年六月，以舊宅爲至德宮。

（宋）李上交：《近事會元》卷一

後唐明宗天成二年十一月，詔册故僕射李靖爲太保，改鄭州僕射陂爲太保陂。及後魏李文賜僕射李靖冲，因以爲名，今改之，誤也。

（宋）李上交：《近事會元》卷五

明宗廢內藏庫四方所上物，悉歸之有司。

（唐）白居易、（宋）孔傳：《白孔六帖》卷一一

唐明宗與馮道語及年谷屢登，四方無事，道曰："臣嘗記昔在先皇幕府，奉使中山，歷井陘之險，臣憂馬蹶，執轡甚謹，幸而無失；逮至平路，放轡自逸，俄至顛隕。凡爲天下，亦猶是也。"上深以爲然。上又問："今歲雖豐，百姓贍足否？"道曰："農家歲凶則流於餓殍，歲豐則傷於穀賤。豐凶皆病，惟農家爲然。嘗記進士聶夷中詩云：'二月賣新絲，五月糶新谷。醫得眼下瘡，剜却心頭肉。我願君王心，化爲光明燭。不照綺羅筵，唯照逃亡屋。'語雖鄙俚，曲盡田家之情狀。農於四民之中，最爲勤苦，人主不可不知。"命左右錄之，常諷誦之。

（宋）孔平仲：《續世說》卷三

明宗遣皇子從榮出鎮鄴都，或一日，上謂安重誨曰："從榮左右，有詐宣朕令旨不接儒生，儒生多懦，恐鈍志相染。朕方知之，頗駭其事。今此皇子方幼，出臨大藩，故選儒雅，賴其裨佐。今聞此奸險，豈

朕之所望也。"鞠其言者,將戮之。重誨曰:"若遽行刑,又慮賓從聞後,稍難安處,且望嚴戒。"遂止。

(五代)孫光憲:《北夢瑣言》卷一八《明宗睿相》

天成中,帝謂侍臣曰:"自古鐵券其事如何?"趙鳳對曰:"此則帝王誓文,賜其子子孫孫,長享爵祿。"帝曰:"先朝所賜,惟三人耳,崇韜、繼麟,尋皆族滅。朕之危疑,事慮朝夕。"嗟嘆久之。趙鳳曰:"帝王所執,故知不必銘金鏤石。"帝曰:"敢不深誡。"

(宋)錢易:《南部新書》癸

明宗謂侍臣曰:"馮道純儉,頃在德勝寨,所居一茅庵,與從人同器而食,臥則芻藁一束,其心晏如。及以父憂退歸鄉里,自耕耘樵采,與農夫雜處,不以素貴介懷,真士大夫也。"

(五代)孫光憲:《北夢瑣言》卷一九《明宗獎馮道》

明宗戒秦王從榮曰:"吾少鍾喪亂,馬上取功名,不暇留心經籍。在藩邸時,見判官論説經義,雖不深達其旨,大約令人開悟。今朝廷有正人端士,可親附之,庶幾有益。吾見先皇在藩時,愛自作歌詩。將家子文非素習,未能盡妙,諷於人口,恐被諸儒竊笑。吾老矣,不能勉强於此,唯書義尚欲耳裏頻聞。"時從榮方聚雜進士浮薄之子,以歌詩吟咏爲事,上道此言規諷之。或一日,秦王進時,上説於俳優敬新磨,敬新磨贊美而曰:"勿訝秦王詩好,他阿爺平生愛作詩。"上大笑。

(五代)孫光憲:《北夢瑣言》卷一九《明宗戒秦王》

秦王從榮之爲元帥,輕佻淺露,狎近浮薄。列坐將帥,而與判官論詩。未躋大位,而許人禍福。由是中外忌憚,竟及誅敗。上聞從榮伏誅,悲駭幾落御榻,氣絶復蘇者再。由是不豫轉增,以至晏駕。自云:"我今日自作劉窟頭也。"

(五代)孫光憲:《北夢瑣言》卷二〇《輕佻致禍》

明宗在藩,不妄費,嘗召幕屬論事,各設法乳湯半盞,蓋罌中粟所煎者。

(宋)陶穀:《清異録》卷下《法乳湯》

天成中,帝令作同阿餅。法用碎肉與麪搜和如臂,刀截,每只二寸厚,蒸之。

(宋)陶穀:《清異録》卷下《同阿餅》

明宗天資恭儉,嘗因苦寒,左右進蒸黃透綉襖子,不肯服,索托羅氊襖衣之。

(宋)陶穀:《清異録》卷下《蒸黃透綉襖子》

癸巳天顯七年後唐長興四年。冬十一月,唐主明宗崩,年六十七。明宗性不猜忌,與物無競,登極以來,每夕於宮中焚香祝天曰:"某胡人,因亂爲衆所推;願天早生聖人,爲生民主。"在位年穀屢豐,兵革罕用,較之五代,粗爲小康。

胡文定公曰:"明宗美善,頗多過舉,亦不至甚求於漢、唐之間,蓋亦賢主也。其尤足稱者,內無聲色,外無游畋;不任宦者,廢內藏庫,賞廉吏,治贓蠹。若輔相得賢,則其過舉當又損矣。其焚香祝天之言,發於誠心。天既厭亂,遂生聖人。由是觀之,天人交感之理,不可誣矣。"

(宋)葉隆禮:《契丹國志》卷二《太宗嗣聖皇帝上》

後唐閔帝,自終易月之制,即召學士讀《貞觀政要》《太宗實録》。有致治之意,然不知其要,寬柔少斷。李愚私謂同列曰:"吾君延訪,少及吾輩,位高責重,事亦堪憂。"衆惕息不敢應,果有潞王之事。

(宋)孔平仲:《續世説》卷四

後唐閔帝殂,潞王立。諸軍以賞薄怨望,謡曰:"除却生菩薩,扶起一條鐵。"以閔帝仁弱,潞王剛嚴,有悔心也。

(宋)孔平仲:《續世説》卷七

潞王從珂出馳獵,從者皆輕零衫、佛光褲。佛光者,以雜色橫合爲褲。

(宋)陶穀:《清異録》卷下《佛光褲》

(天顯八年)夏四月,唐潞王從珂入洛陽,至蔣橋,馮道率百官班迎,傳教以未拜梓宫,未可相見。入謁太后、太妃,詣西宫,伏梓宫慟哭,自陳詣闕之由。馮道帥百官班見,拜,潞王答拜。道等上箋勸進,潞王曰:"予之此行,事非獲已。俟皇帝歸闕,園寝禮終,當還守藩服。"明日,太后下令廢少帝爲鄂王,以潞王知軍國事。又明日,太后令潞王即位於柩前。遣王弘贄遷愍帝於衛州廨内,隨遣弘贄之子王巒往鴆之。愍帝不飲,巒縊殺之。帝之在衛州,惟磁州刺史宋令詢遣使問起居,聞其遇害,慟哭半日,自縊死。

胡文定公曰:"歐陽公《五代史》取死節者三人,死事者十人,而不及宋令詢,豈以其君微,其事略,故遺之歟?夫潞王非明宗之子也,愍帝真其國矣。所以不終者,身乏股肱,朝無禎干,非其罪也。令詢不以其微而廢君臣之義,雖王彦章、裴約何以加焉,是以表而出之。"

(宋)葉隆禮:《契丹國志》卷二《太宗嗣聖皇帝上》

清泰,本姓王氏,恒州平山人也。天祐中,明宗掠地於恒定間,清泰立於崇福寺階上,明宗見而異之,因曰:"與我作兒得否?"乃拜曰:"萬年之幸。"既歸見夫人,乃抱頭哭曰:"真我親生子也。"及明宗即位,封潞王,後即位,小字二十三,蓋正月二十三日生也。及爲君乃以是日爲千春節,凡奏對皆避,但云兩旬三日,或數物則云二十二,更不過二十四,蓋不敢斥尊也。在位三年,果爲晉所滅。

(宋)佚名:《分門古今類事》卷一四

平山人也至明宗養以爲子。《通鑑考異》：張昭於國初修《唐廢帝實錄》云："廢帝諱從珂，明宗皇帝之元子也。母曰貞憲皇后，魏氏鎮州平山人。中和末，明宗徇地山東，留戍平山。得魏后，帝以光啓元年正月二十三日生於外舍。屬趙人負盟，用兵不息，音問阻絶。帝甫十歲，方得歸宗。"薛史：末帝諱從珂，本姓王氏，鎮州人也。母魏氏，以光啓元年生帝於平山。景福中，明宗爲武皇騎將，略地至平山，遇魏氏，虜之。帝時年十餘歲，明宗養爲己子。劉恕取《廢帝録》。按，張昭仕明宗爲史官，異代修《廢帝録》，無所諱避，而不言養子事，似可信。然李克用光啓以前未嘗徇地山東。又從珂若果是明宗子，必不舍之而立從榮，從珂亦當不服。今從薛史，附識以廣異聞。

（清）何焯：《義門讀書記》卷二九

五代時，後唐清泰帝患晉祖之鎮太原也，地近契丹，恃兵跋扈，議欲徙之於鄆州。舉朝之士皆諫，以爲未可，帝意必欲徙之。夜召常所與謀樞密直學士薛文遇問之，以決可否，文遇對曰："臣聞作舍道邊，三年不成。此事斷在陛下，何必更問群臣。"帝大喜曰："術者言我今年當得一賢佐，助我中興，卿其是乎！"即時命學士草制，徙晉祖於鄆州。明旦宣麻，在廷之臣皆失色。後六日，而晉祖反書至，清泰帝憂懼，不知所爲，謂李崧曰："我適見薛文遇，爲之肉顫，欲自抽刀刺之。"崧對曰："事已至此，悔無及矣。"但君臣相顧涕泣而已。

（宋）歐陽修：《文忠集》卷一七

（3）後晉

清泰中，晉高祖潛龍於并部也。嘗一日從容謂賓佐云："近因晝寢，忽夢若頃年在洛京時，與天子連鑣於路。過舊第，天子請某入其第。某遂讓者數四，不得已，即促轡而入。至廳事下馬，升自阼階，西向而坐。天子已馳車去矣。"其夢如此，群僚莫敢有所答。是年冬，果有鼎革之事。

（宋）李昉：《太平廣記》卷一三六《晉高祖》

　　石高祖微時,唐明宗時爲伐州刺史,每深心器之,妻以愛女,則武憲胄后之生也。明宗既即位,封永寧公主。清泰中,高祖鎮太原,既封晉國長公主。

　　　　　　(宋)王欽若等編纂:《册府元龜》卷三〇〇《外戚部》

　　晉高祖天福元年十一月己亥,即位於北京,大赦,改元。詔曰:"文武官僚等各輸推戴之誠,宜示獎酬之道。應在京文武官僚及軍府將校並勸進官等,兼前資官内自五月後來未曾分掌職任,並各與遷轉官資;自五月後已來曾受官者,不在此限。其軍府諸色職掌將吏等已及押衙職者,並與加官;未及押衙職者,各與遞遷職次。應超魏府行營及係侍衛諸軍將校等並已加恩外,所有六軍及諸道本城並替換在諸處將校未加恩者,凡執干戈,皆爲社稷,雖守役或分等次,而傾心盡著勤勞,且被渥恩,各升官秩,用獎輸忠之效,俾堅禦侮之誠。其六軍及諸道州府本城並替換在諸處將校未加恩者,宜令並與依資轉官,仍令六統軍及諸道州府據前項,軍都自副將已上分折名銜申奏。"是月甲申,至洛都。壬午,詔曰:"賞罰二柄,激勸萬方,儻稽甄獎之恩,何答勤劬之效?應扈駕及相州歸順軍都並與重加優賞。但緣宫内燒爇,庫藏虚乏,宜令三司疾速抽徵諸道税物,以充賞給。其指揮使節級等並與超轉官資,五月後來已曾授恩命者亦與依資轉官。高懸朗日,臨照必被於遐陬;大扇仁風,亭育罔遺於纖芥。應天下歸順節度使、刺史下賓席郡職及將校等,委中書門下各與改轉官資。"

　　　　　　(宋)王欽若等編纂:《册府元龜》卷八一《帝王部》

　　晉高祖天福元年十一月己亥,即位於晉陽,御崇元殿。肆赦改元,制曰:"古者君臨大寶,子育黎民,爰當御曆之初,宜布惟新之令,將冀昭蘇品物,蕩滌瑕疵,大推作解之恩,俾樂咸亨之運。恭以明宗皇帝經綸草昧,統御寰瀛,垂衣而八表歸心,負扆而十年無事,必謂盤維永固,鼎社無遷,立萬代之基圖,爲百王之軌範。洎遺弓劍,遂起干戈,逆豎延災,宗英失守,劫奪神器,侮亂天常,誅戮至親,虐害無告。

顧予何咎,忽有異謀,無名而大舉甲兵,不道而廣勞生聚,寰中板蕩,天下驚搔,內外離心,遐邇積怨,嗷嗷士庶,若無所依。契丹皇帝不忘先朝,特存舊好,親提銳旅,遠殄群凶,未整鸛鵝,盡殲蛇豕。而復念中原之無主,憫四海之倒懸,欲泰群情,特申大義。猥惟涼德,俾纂寶圖,成命不回,固讓莫得。殷湯以東征西怨,乃踐帝圖;夏禹以地平天成,遂興王業。矧予寡昧,有愧推崇,雖勉副群心,恭臨大位,將何以祇膺眷祐,統和人神?以是馭朽興懷,宵衣在念,躋生民於富壽,保社稷於延洪。頒曆紀年,既有遵於典冊;推恩行慶,將普及於幽遐。宜改長興七年爲天福元年,大赦天下。十一月九日昧爽巳前,應在京及諸州郡邑罪犯,及曾受偽命職掌官吏並見禁囚徒,已結正未結正,已發覺未發覺,罪無輕重,常赦所不原者,咸赦除之。應曾相連賊黨軍人百姓有奔竄山谷者,一切不問,任歸本貫;如却願在軍者,亦仰所司申送,當令本軍收管。易俗移風,宜遵善教,尊本敬始,自有常規。應明宗朝所行敕命法制,仰所在遵行,不得改易。悉力爲時,罄財助國,苟不推於恩信,亦何示於賞酬?自舉義已來,應借率人户及經抄括商旅資財錢物,委所司明置文籍,候平定之後,當議給還。京城將士,降附軍戎,自舉義以來,悉聞忠藎,宜加賞賚,以勸勤勞。應在京諸軍將領兵士等候並破賊寨,當議各加優賞。有没於王事者,各與贈官,其子孫並與量才叙用。文武官僚等又輸推戴之誠,宜示獎酬之道,應在京及文武官僚及軍府將校並勸進官等,兼前資官内自五月後來未曾分掌職任,並各與遷轉官資,自五月後來已曾受官者不在此限。其軍府諸色職掌將吏等已及押衛職者,各與遞遷職次。鹽麥之利,軍府所須,倘不便放户人,宜別從於條制,所期濟衆,無患妨公。在京鹽貨,元是官場出糶,自今後並不禁斷,一任人户馭使雜易,仍下太原府,更不得開場糶貨,其麴每斤與減價錢三十文。恩推掩骼,義顯燭幽,允諧遐邇之心,冀叶陰陽之序。應自舉義已來,或有因事抵法之人,及九月十四日後殺戮賊寇,所在暴露骸骨未有骨肉收認無主者,委逐處長吏埋瘞。弓旌聘士,岩穴徵賢,式光振鷺之班,將起維駒之應。山林草澤賢良方正隱逸之士,委逐處長吏切加采訪,咸以名聞,當議量才叙任。昨以寇戎久在郊境，頗傷禾稼賦租，應近京畿五十里內委逐處令長檢覆，當與免今秋稅租差科。於戲！甘澤配天，萬物以之膏潤；震雷出地，百卉繇是發生。將欲道和氣於八方，示深仁於三面，永康聖曆，普洽民心。凡百庶僚泊方伯連帥，克奉明恩，勉揚厥職，共臻至化，稱朕意焉。赦書日行五百里，敢以赦前事言者，以罪罪之。布告中外，咸使聞知。"

（宋）王欽若等編纂：《冊府元龜》卷九三《帝王部》

晉高祖天福元年十一月即位，敕曰："恩推掩骼，義顯燭幽，允諧遐邇之心，冀叶陰陽之序。應自舉義已來，或有因事抵法之人，及九月十四日後，殺戮賊寇所在暴露骸骨未有骨肉收認無主者，委逐處長吏指揮埋瘞。"

（宋）王欽若等編纂：《冊府元龜》卷四二《帝王部》

晉高祖天福元年閏十一月壬午，敕："鳴諫鼓以俟讜言，列肺石以申冤滯，將聞善以自戒，思與物而垂恩，備著前規，用光大業。或直辭可責，或有理可矜，各務奏陳，皆當鑒納。"

（宋）王欽若等編纂：《冊府元龜》卷一〇三《帝王部》

晉高祖天福元年閏十一月壬午，敕應自起義已來，或盡節捐軀，歿於王事，宜加褒贈，兼恤妻孥，俾義激於忠貞，庶恩沾於幽顯。

（宋）王欽若等編纂：《冊府元龜》卷一四〇《帝王部》

晉高祖初隸明宗帳下，號左射軍。廢帝立，徙鎮天平，而不受命，求援契丹，以竊帝位。天福元年，徙鎮天平，敬瑭不受命，謂其屬曰："先帝授吾太原，使老焉，今無故而易，疑吾反也。太原地險而粟多，吾當內檄諸鎮，外求援於契丹。"桑維翰、劉智遠等以為然。乃上表論，廢帝遣張敬達討之，敬瑭求援於契丹，約為父子。契丹將兵至晉陽，陳於汾北之虎北口，與唐兵戰，大敗之。十一月，立敬瑭為晉皇帝。安重榮反，為偃月陣，以杜重威擊破之。安重榮反，杜重威逆戰於宗城。重榮為偃月陣，重威擊之，不動，欲少却以伺之。王重胤曰:"兩軍方交,退者先敗。"乃分兵爲三,重威先以左右隊及其兩翼戰酣,重胤以精兵擊中軍,重榮大敗。出帝籍民爲武定軍,與契丹絕盟,雖連戰敗之,及梁漢璋、王清繼以敗績,而晉卒滅。

案:石敬瑭父臬捩鷄,出於西夷,自朱邪歸唐,明宗妻之以女,及地尊勢重,猜貳既生,乘隙而奮,求援契丹,自非邪律德光之師,不足以亡唐立晉。然彼雖有德於我,其遂可無以弭其後患耶。暨再傳而爲其所滅,桑維翰輩可謂失謀矣。

(宋)陳傅亮:《歷代兵制》卷七

(天福)閏十一月辛巳,入洛。壬午,詔御史府促朝官入見,敕曰:"朕遠提義旅,尋克皇都,六部相次以奉迎,兆庶盡時而安堵,旋茲底定,已遂廓清。應文武百官等早列通班,各懷忠節,掩迹雖淪於污俗,推誠必候於維新,但當共罄嘉謨,副予虛佇。虞秦可鑒,在於用舍之間;堯舜爲心,方務含弘之德。勉堅臣節,深體朕懷。其兩班臣僚應事僞庭者,並宜釋罪。"是日,百辟謝恩於行宮之外。甲申,御文明殿,受朝賀,用唐禮樂。制曰:"蓋聞神無常祀,惟德是歆;民無常懷,非賢不乂。曆數有歸者,人祇共替;文明懷遠者,龜筮叶從。所以周開七百之基,夏作三王之首。伏自莊宗失馭,天下分離,萬國懷賢,三靈改卜。明宗皇帝潛符景運,克紹寶圖,一苞寰區,八周星律。僞主從珂,始因微績,序在維城,遇大國之多艱,以列藩而入統,剿絕裔嗣,屠害忠良,臨大寶而罔以德聞,御諸侯而惟將威脅。朕以明宗皇帝每弘厚遇,益勵微誠,無纖粟而使人可疑,無絲毫而事君不謹,豈期深苞禍釁,暗抱猜嫌,欲用奸謀,擬相魚肉。初以北門之事委朕一生,忽將汶上之田遷予十乘,二三其德,始終違心。既欲害於無辜,孰肯扶其不道? 而遇北朝皇帝英明鑒古,威武冠今,嫉彼不平,閔予多難,遂致累殱凶寇,繼納降兵,每借巨功,俾成大業。朕自興基構,頗歷艱難,冀兆億而保安,敢興寐而輕怠? 今則重光日月,再造乾坤,宜覃在宥之恩,以布鼎新之命,可大赦天下。今月二十九日昧爽已前,應在京及諸州府,凡有所禁囚徒,已發覺未發覺、已結正未結正,罪無輕重,常赦所不原者,咸赦除之。雷雨作解,瑾瑜匿瑕,宜加湯滌之恩,用示包容之應。中外諸色職掌官吏有受偽命者,一切不問。既除巨蠹,亦愍俱焚,難全者須正吕刑,可恕者特開湯綱。偽庭賊臣張延節、劉延皓、劉延郎等,並奸邪害物,貪威弄權,罪已滿盈,理難容貸。除此三人已行敕命外,其有宰臣馬裔孫、樞密使房暠、宣徽使李專美、河中節度韓昭裔等四人,雖元事偽庭,咸居重位,每持忠愨,不務詭隨。偽主不任才謀,遂致傾覆。朕昔在藩邸,備所諳知。今並釋放,一切不問。應中外官僚之外有自舉義已來歸順者,委中書門下別加任使。應偽庭貶降官未量移者與量移,已量移者與復爵受官,亦與復資。應徒流收管人,並放還。伏以少帝,地居嫡裔,位纂洪圖,王從珂始構異謀,非理屠害一家骨肉。將正承祧之典,式敦敬始之名,宜令中書門下追尊定謚,擇日禮葬。妃孔氏宜行追册祔葬。應有宿舊臣僚,並與量加叙用。昨者舉義之地,稱師之邦,必蹂踐於川原,要矜躅於興賦。其河東管内諸縣稅租,今年秋及來年夏稅各與減放一半。警蹕經過之地,望幸雖榮;蕃漢雜處之兵,禁暴難備。既頒渥澤,須示優矜。昨大將軍兵士自河東以至京畿沿路擾踐之處,宜委逐處長吏公當檢覆,據頃畝特與蠲放今年秋稅一半。朕昨於霸府,創置新軍,救時昔在於從權,恤下今徇於所欲,河東所有新招置義勝軍人並放逐。便賞罰二柄,激勸萬方,倘稽甄獎之恩,何答勤劬之效?應扈駕及相次歸順軍都,並與重加優賞。但緣宮内庫藏虛乏,宜令三司疾速抽徵諸道稅物,以充賞給。其指揮使等並與超轉官資,五月後來已曾受恩命者亦與依資轉官。高懸朗日,照臨必備於遐陬;大扇仁風,亭育罔遺於纖芥。應天下歸順節度使、刺史下賓席郡職及將校等,委中書門下各與改轉官資。覆車難襲,弊政宜遷,恤鄉邑之瘡痍,救民人之疾苦。其北京管内鹽當户合納逐年鹽利,昨者偽命指揮使每斗須令人户折納白米一斗五升,極知百姓艱苦,自後宜令人户以元納食鹽石斗數,自每斗依時價計定錢數,所取人户便隱折納。一人湯沐之奉,實在王畿;兆民凋弊之風,宜行仁恕。其洛京管内逐年所配人户實鹽,起從來年每斤特量減價錢十文。應道州府所徵百姓正稅斛斗錢帛等,除

係省司文帳外,所在州府並不得裹私增添紐配稅物。應有懷才抱器,
隱遁山林,方切務於旁求,宜遍行於搜訪,委所在長吏備達朝旨,具以
名聞。致仕官或箸力未衰才能可任,將表乞言之敬,難從歸老之心,
委中書門下商量奏聞,當議昇擢。義夫節婦、孝子順孫,委逐道奏聞,
當加旌表。應自起義已來,或盡節捐軀,歿於王事,宜加褒贈,兼恤妻
孥,俾義激於忠貞,庶恩沾於幽顯。鳴諫鼓以俟讜言,列柱石以申冤
滯,將聞善以自戒,思與物以垂恩,備著前規,用光大業。或直辭可
貢,或有理可矜,各務奏陳,皆當鑒納。明宗朝屬之內宿舊之中,或功
名曾著於輿情,或材氣可裨於公政,宜委中書門下量才叙錄。關防凡
有征稅,省司曾降條流,慮多時而或有隱藏,因肆赦而再頒條貫。應
諸道商稅仰逐處將省司各收稅條件文牒於本院前,分明張懸,不得收
卷,榜內該名目分數者即得收稅,如榜內元不該説著係稅物色,即不
得收稅。宜令所在長吏常加覺察,如敢有違條流不將文榜張懸,將不
合係稅物色收稅,欺罔官法,停滯商賈,盡時具名申送。奇伎淫巧,往
詰不容;務實去華,哲王所尚。應有浮虛假偽之物不鬻於市肆,委所
在常加覺察,犯者加重刑責。士流之內有懷才抱器碩學殊能者,委中
書門下搜訪任使,勿拘門地資歷。於戲!愛民如子,王者之所以勃
興;損己從人,眇躬而安敢自忽。況朕驟主百靈之祀,創開萬乘之基,
朽索在懷,求衣益勵,更賴庭中多士,閫外諸侯,咸罄良籌,共裨不逮,
初寧鯨浪,適啓龍圖。冬陽開温照之光,春雨灑涵濡之澤,惟新正令,
不宰玄功。中外臣僚,體予深意。"

（宋）王欽若等編纂:《册府元龜》卷九三《帝王部》

（天福元年）十二月庚寅,御札宣示百寮曰:"朕猥以眇沖,式承
眷命,雖宵衣旰食,不敢怠荒。而一日萬機,有虞曠闕。應在朝文武
臣僚等,早升班序,並蘊器能,懷康濟之才,展經綸之術,既逢昌運,宜
罄讜言,須務救時,各思舉職。勿取容而避事,勿尸祿以曠官。或時
經未叶於和平,必思獻替;或命令未諧於允當,必在箴規。苟有敷陳,
並當開納,俟汝匪躬之節,副予仄席之求。凡在朝廷,共裨寡德,咨爾

卿士，宜體朕懷。”

（宋）王欽若等編纂：《册府元龜》卷一〇三《帝王部》

（天福）二年四月甲申，入汴州。丁亥，制曰：“歷代省方，蓋觀風而設教；前王展義，皆利國以便民。雖今古以有殊，在皇上而無異。朕艱難創業，宵旰臨朝，每軫念於瘝痍，敢自辭於癃瘵？近以浚郊粵壤，梁苑名區，乃舟車通會之都，實人物殷繁之地。春秋租稅，可贍給於兵師；遠近蒸民，免煩勞於餽運。爰從清洛，遂整鳴鑾，六飛既議於按巡，四海漸期於開泰。今則已臨汴水，宜順薰風，思覃渙汗之恩，特布如綸之命。普安區宇，首念狴牢，況當長養之時，曲示矜寬之澤。應天福二年四月五日昧爽已前，諸道州府見禁囚徒，大辟已下，罪無輕重，並從釋放。凡關布澤，務在及民，宜加軫惘之恩，俾遂蘇舒之望。天福元年已前諸道州應係殘欠租稅，並特除放。諸道係徵諸色人欠負省司錢，宜令自偽主清泰元年終已前所欠者，據所通納到物業外，並與除放。或水旱為災，蟲螟作沴，儻無軫恤，何致阜豐？朕昨行至鄭州滎陽縣界路旁，見有蟲食及旱損桑麥處，委所司差人簡覆，量與蠲免租稅。河陽管內酒户百姓應欠天福元年閏十一月二十五日已前，不敷年額麴錢，並放。其諸處應經兵火者，亦與指揮。當罪即誅，式明常典，既往可憫，宜示深仁。偽主清泰中臣僚內有從誅戮者，並許收葬。要荒之內，鄉黨之中，宜弘養老之規，式表問年之道。天下百姓有年高八十已上者，與免一子差徭，仍令逐處簡置上佐官。過滎陽而因思紀信，屆夷門而尚想侯贏，著高義者猶足嘆嘉，蹈忠節者固宜旌賞，事資激勸，恩在褒揚。梁故滑州節度王彦章敕命當時，致身所事，凜千年之生氣，流百代之令名，宜令超贈太師，子孫量才叙録。亡命藏奸，此自攖搶之際；好生惡殺，宜弘曠蕩之恩。應諸道州府管界內有自偽命抽點鄉兵之時，多是結集劫盜，因此畏懼刑章，藏隱山谷，宜令逐處曉諭招携，各令復業。自今年四月五日已前為非，一切不問；如兩月後不來歸業者，即令所在長吏嚴加捕逐，復罪如初。於戲！撫俗安民，御宇式明於敏政；行慶施惠，爲君用顯於推誠。況潛躍之時，開創之始，外則五侯九伯協力裨助，内則四輔三公同心翼戴，已寧華夏，實賴忠良。既光帶礪之勛，無忘盤盂之誠，凡百有位，更竭乃誠，共致隆平，永輔寡昧。布告遐邇，宜體朕懷。"

（宋）王欽若等編纂：《册府元龜》卷九三《帝王部》

（天福）二年四月丁亥，制："當罪即決，式明常典，既往可憫，宜示深仁。僞清泰中臣僚，内有從珂誅戮者，並許收瘞。"

（宋）王欽若等編纂：《册府元龜》卷四二《帝王部》

（天福二年）五月己卯，敕太社内先收掌唐朝罪人首級等："王業肇興，德音屢降，念兹既往，屬我維新，宜弘掩骼之仁，以廣燭幽之德。其太社内應收掌唐朝罪人首級，並許骨肉或親舊僚屬收葬，其喪葬儀注，聊備飾終，不得過制。仍付所司。"

（宋）王欽若等編纂：《册府元龜》卷四二《帝王部》

（石）敬塘在陝爲政以廉聞。是時諸侯多不奉法，鄧州陶玘、亳州李鄴皆以贓污論死。明宗下詔書褒廉吏普州安崇阮、洺州張萬進、耀州孫岳等，以諷天下，而以敬塘爲首。

（唐）白居易、（宋）孔傳：《白孔六帖》卷四〇

五代晉高祖皇后，後唐明宗女也。廢帝立，疑高祖必反，公主自太原入朝千春節，辭歸，留之不得。廢帝醉語公主曰："爾歸何速，欲與石郎叛邪？"既醒悔之。後以反聞，群臣請帝親征，帝心憂懼，常惡言高祖事，每戒人曰："爾毋説石郎事，令人心膽墮地。"

（宋）馬永易：《實賓録》卷六

《五代史》：契丹立晉少主，指重貴曰："此眼大者可也。"《十國春秋》：錢武肅年八十餘，目盲矣，聞曾孫宏俶生，問兒眼大小，曰眼小，

武肅嘿然不樂。果傳至宏俶而國亡。

(清)袁枚:《隨園隨筆》卷二七

晉少主志於富貴,才進姓名,即問幾錢;拜官賜職,出於談笑。倖臣私號容易郎君。

(宋)陶穀:《清異録》卷上《容易郎君》

其(胡致堂)論晉出帝追封敬儒爲宋王曰:"服而或加或降者,以恩屈於義也。屈所生之恩,以伸所厚之義,則恩輕而義重矣。恩輕而義重,則所生父母,固可名之曰伯父母、叔父母矣。爲此論者,是皆欲借此以自解,然持論太過,所謂欲蓋而益彰,前輩蓋嘗評之,故今詳著始末於此,固非敢輕議先儒也。若夫定陶立後,敬儒封王,紛紛爲是無定者,皆父子私心不能自克,互相爲欺,以致此耳。若昭陵立英宗爲皇子詔曰:'濮安懿王之子,猶朕之子也。'思陵立壽皇爲皇子詔曰:'藝祖皇帝七世孫也。'明白洞達,大哉王言,後世安得而擬議之哉。"

(宋)周密:《齊東野語》卷六

五代晉出帝天福間,募民捕蝗易以粟。

(宋)祝穆:《古今事文類聚》前集卷五

五代晉出帝天福間,募民捕蝗以易粟。

(宋)謝維新:《古今合璧事類備要》前集卷二〇

晉少帝開運四年正月,爲契丹所劫,蒙塵於封禪寺也。

(宋)李上交:《近事會元》卷五

晉少主北還,至孟津界一古寺,遺下所張紫羅傘,五層疊垛簷,仍泥金作盤花,但朱柄折耳。

(宋)陶穀:《清異録》卷下《金泥五簷傘》

（天福）二年五月，御札示百寮曰："朕自祇膺大寶，虔奉丕圖，每念創業之艱難，未嘗終食而懈墮。所冀照臨之內，將臻康泰之風，庶幾億兆之中，漸息瘡痍之痛。雖疚心罔暇，而逆耳無聞，豈視聽之不開，無箴規之未貢？應在朝文武臣僚等，各懷異術，早踐通班，宜陳經濟之謀，用贊興隆之道，勿失讜直之議，無苟循避之規，咸罄乃誠，同規不逮。宜令在朝文武臣寮，每人各進封事一件，仍須實封通進，務裨闕政，用副虛懷。凡百棻僚，宜體朕意。"

（宋）王欽若等編纂：《冊府元龜》卷一〇三《帝王部》

（天福二年）閏七月壬申，尚書户部奏："李自倫義居七世，準敕旌表門閭。先有登州義門王仲昭六代同居，其旌表有廳事步欄，前列屏樹，烏頭正門閥閱一丈二尺，二柱相去一丈，柱端安瓦桶，墨染，號爲烏頭，築雙闕一丈，在烏頭之南三丈七尺，夾衝十有五步，槐柳成列。今舉此爲例，則令式不該。"詔："王仲昭正廳烏頭門等事，不載令文，又無敕命，既非故事，難黷大倫，宜從令式，只表門閭。於李自倫所居之前量地之宜高其外門，門安掉揳，門外左右各建一臺，高一丈二尺，廣狹方正，稱臺之形勢，以白泥，四隅染赤，其行列樹植，隨其事力，其同籍簿課役，一準令式。"

（宋）王欽若等編纂：《冊府元龜》卷六一《帝王部》

（天福二年）八月乙巳，制曰："雷雨作解，表天道之推恩；瑾瑜匿瑕，顯國君之含垢。顧惟師古，敢怠弘仁？關河既靜於昏霾，綸綍宜覃於慶澤。昨者張從賓輒萌逆節，遠結叛臣，蠆起三城，悲躔兩地，占據我都邑，虜劉我士民，丸泥欲閉於虎牢，祅霧幾迷於鳳闕。賴乾坤垂祐，將相協謀，渠魁送死於網羅，凶黨咸膏於原野，捷音繼振，惡蔓皆除。宜施曠蕩之恩，以撫驚搔之地，仍頒霈澤，遍及纍囚，貴感召於淳和，速蕩平於氛祲。天福二年八月二十五日昧爽已前，天下見禁囚徒，除十惡五逆、光火劫舍、持杖殺人、合造毒藥、官典犯贓、欠負官錢外，其餘不問輕重，已發覺未發覺、已結正未結正，並宜釋放。應自張從賓作亂已來，有曾被張從賓及張延播脅從、染污，及符彥饒下隨身軍將等兼安州王暉徒黨，除已誅戮外，並從釋放，一切不問。尚恐無知之人，暗有恐動物色，委洛京留守、河陽節度使明加察訪，犯者重斷。或無辜被害，或徇節忘生，既抱沉冤，宜申贈典。應自張從賓作亂已來諸色官僚內有沒於王事者，並與追贈，有子孫量才叙錄。或是諸軍小節級長行已下沒於王事者，具給本家三年糧賜，有男成長者，委侍司衛典諸軍內酌量安排。富父春喉，須誅元惡；文王葬骨，式表至仁。自張從賓作亂已來所在殺傷者，並委逐處差人收拾骸骨葬瘞。張繼祚在喪紀之中，承逆豎之意，顯從叛亂，難貸刑章。乃睠先臣，實有遺德，遽茲之祀，深所軫懷。其一房家業準法雖已籍沒，所有先臣並祖及母墳莊祠堂，並可交付親的骨肉主張。應有犯事人親的骨肉，除已誅戮外，並放，一切不問，所有祖先墳塋亦仰準此交付。負國者天地不容，爲逆者人神共怒，永惟盼饗，實有感通。昨出師之時，將帥虔禱，頗聞陰祐，成此戰功。唐衛國公宜封靈顯王，其餘鄭州並汜水管內神祠，宜令長吏差官點檢，如有隳損處，便委量事修葺，貴伸嚴飾，以答陰功。五嶽承天，四瀆紀地，自正當陽之位，未伸望秩之儀。宜令差官遍往告祭，兼下逐州府量事修崇。所有近廟山林，仍宜禁斷采樵。降黜之科，既然不濫；洗滌之道，足使自新。應自創業已來降黜者並可放還。兵興已來，邊疆多事，或因虜掠，或偶滯留，歲序遷移，家鄉迢遞。魚腸雁足，常懸骨肉之恩；月夕霜天，必起桑榆之思。宜令收贖，俾遂歸還。自梁朝、後唐已來，前後奉使及北京沿邊管界虜掠往向北人口，宜令官給錢物，差使賫持往彼，一一收贖，放歸本家。興兵動衆，蓋殄元凶；伐罪吊民，須安兆庶。應內府管界內今年夏稅，近指揮只徵五分，今以方駐兵師，無不勞役，並宜蠲放。於戲！顧惟薄德，屬此多艱，敢忘御朽之規，思廣納污之道。爰敷渙汗，貴洽蒸黎，更在中外輔臣、文武列辟，同扶寡昧，以致隆平。告報寰區，宜體朕懷。”

（宋）王欽若等編纂：《册府元龜》卷九三《帝王部》

晉胡漢榮爲安州節帥李金全元隨左都押衙。天福二年十一月，金全奏奉詔,抽漢榮以近染重疾,候損日赴闕。漢榮本猾吏也,從金全歷數鎮而濫聲喧聞,知有旨,欲授以他職,免陷功臣。漢榮懼其得罪,遂托疾勸金全貳於朝廷,自此之始。

（宋）王欽若等編纂:《册府元龜》卷七三〇《幕府部》

晉高祖天福二年十一月,詔賜北朝曷魯相公、聶相公、幽州趙思温繒帛、器皿,以前屯瀛州,援王師討魏故也。

（宋）王欽若等編纂:《册府元龜》卷九七三《外臣部》

（天福二年）十一月,詔賜北朝曷魯相公、聶相公、幽州趙思温繒帛、器皿,以前屯瀛州,援王師討魏故也。

（宋）王欽若等編纂:《册府元龜》卷九七六《外臣部》

晉高祖天福二年十二月,宣遣承旨劉貞義押風藥往軍前,賜中傷將校。

（宋）王欽若等編纂:《册府元龜》卷一三五《帝王部》

晉高祖天福二年,以沂州刺史李繼忠爲單州刺史。帝以繼忠勛舊之後,數月之中連改三郡,從其欲也。

（宋）王欽若等編纂:《册府元龜》卷四八《帝王部》

晉高祖天福三年正月乙丑,西京留守李周奏乞改鄉名里號。敕:"李周位列藩宣,秩居臺輔,忠能佐國,孝以成家。今貢表章,請改鄉里,既允符於舊典,當普示於新恩。宜賜俞允兼諸道應帶平章事已上,並準唐長興二年。"正月十五日敕命施行。

（宋）王欽若等編纂:《册府元龜》卷一三三《帝王部》

（天福）三年正月,詔命供奉官張殷祚往魏博管内收藏暴露骸骨。

（宋）王欽若等編纂:《册府元龜》卷四二《帝王部》

（天福）三年二月，御札曰："百官，曾有宣示，令進封事，據到者未及十人。朕雖無德，自行敕後數月，至懵人也應有一件事。食祿於朝，卒無一言。可不知《貞觀政要》説：'言而不用，朕所甘心；用而不言，誰之責也？'"帝急於時病，務求致理。時命吏部尚書梁文矩等十人置詳定院詔，遣百官上封事，夫封事箴時致之闕，達於一人，否者留中，可者行之。今下詳定司，未敢有盡其言者，自是數月，僶俛滯命，故有御札促焉。

（宋）王欽若等編纂：《册府元龜》卷一〇三《帝王部》

（天福）三年四月，諸道藩侯郡守皆等第加恩。

（宋）王欽若等編纂：《册府元龜》卷八一《帝王部》

晉高祖天福三年四月，詔："責授朝散大夫、衛尉寺丞陳保極，夙蘊才名，早登科第，泪居班列，深顯器能。近者假限既違，朝章是舉。自聞左降，深悟前非，宜推宥罪之恩，俾奉自新之命，勉伸傾竭，繼俟陟遷。可復行尚書倉部員外郎，賜紫金魚袋。"

（宋）王欽若等編纂：《册府元龜》卷一四九《帝王部》

（天福三年）八月，敕："魏府城下自去歲屯軍以來，管界墳墓，多經刐掘。雖已曾差使勾當收掩，今更遣太僕卿邢德昭祭奠，其科例宜令度支給付。"

（宋）王欽若等編纂：《册府元龜》卷四二《帝王部》

（天福）三年九月己巳，敕："魏府城内馬步諸軍將校員僚、節級軍將長行及參佐官員、僧道百姓等，朕以范延光是明宗舊臣，與朕素敦分義，因開懷而舍釋，果瀝懇以歸明，君臣之義宛然，金石之言無改，亦繇諸軍將士參佐職員同輸歸向之誠，共感懷柔之道，備觀忠孝，深所歡嘉。將遍示於渥恩，宜先行於慰撫，表予大信，安爾衆心。應在城官員將校常行今日已前，罪無輕重，一切不問。范延光已除授鄆州節度使，賜鐵券，封本郡王。孫漢威等將校等第除授防禦、團練、刺史,已各別行制敕,命使往彼宣賜恩命,仍令各取便路赴任。恩命未到間,仍且委薛霸充都巡檢使、喬謹充副巡檢。候范延光赴任後,即可取便路發赴所任。其餘將帥及參佐官吏隨職員,並一一分折名銜奏聞,當議各加渥澤。其應在城馬步軍將廳子指揮散員,親從左右義勇先鋒,並入馬直有馬步人神勇弩手,鄭韜、張進手下兵士,並薛霸、王建遣諸色將校衙隊名額軍都,並升爲侍衛親軍排連。所有今年冬衣見闕綿數,已指揮楊光遠收寨内綿勘會俵散。應有先被張從賓脅從、符彥饒驚擾及衛州黎陽陷失,因茲走入及隔過官員使臣將士等,兼自興師以來前後離背軍都住彼者,並不問罪。其官員使臣等並與錄任,其將士等各與依舊請受諸軍收管。如有入城後遷轉職名者,便據見守職名支給請受。如有諸色人輒敢恐動,並當深罪。在城將校及諸色官員應有物業爲人請射者,並許給還依舊爲主。先有抽入城義軍,並放歸本家。如是已配在諸軍者,各隨本人所願。如願在軍者,即依舊收管;願歸農者,即放歸本家。所有府城四面人户三十里内,與放二年秋夏租税;三十里外,委逐縣令佐專切點檢,如實曾經砍伐桑柘、毀折屋舍者,分析申奏,盡與蠲放租税。切仰招携,速令歸業。應九月二十五日已前因事被殺之家,不得更有論訟及相讎報,妻孥家産已配没者,並給還。如有自去年七月十九日後來,曾經在城將校及諸色人請射合干等,或爲配率柴薪,或爲自要供燒毁折却者,只據九月二十五日後見在者舍宇交割,其有已破除却間未數日,不得更有論索。如内有屬官捨宇,亦仰準此指揮。應自去年七月十九日已前有諸色商旅,或城内與城外親情相識,應是寄留諸色錢物羊馬牛畜等,或經括率,或以没納入官,或破罄盡,不計是何公私官員寄付,並不許更有論索。如敢以救前事相告言及相讎報者,以其罪罪之。朕方啓基局,務安華夏,每推誠而待物,日仗信以懷來,布兹誓言,質諸天地。天雄軍節度副使、朝請大夫、檢校刑部尚書、賜紫金魚袋、刑部李式可中大夫、檢校尚書右僕射;亳州團練使、金紫光禄大夫、檢校司徒、貝州刺史孫漢威可檢校太保、隴州防禦使;天雄三城都巡檢使、檢校户部尚書薛霸可檢校司空、衛州刺史;天雄軍馬步都指揮使、檢校工部尚書王建可檢校司空、虢州刺史；天雄軍內外馬軍都指揮、檢校户部尚書樂元福可檢校司空、深州刺史；天雄軍內外步軍都指揮使、檢校兵部尚書、綉州刺史元霸可檢校司空、隨州刺史；李式本延光舊客，歷數鎮從之；薛霸，延光妻弟。自餘皆同惡相濟之腹心也。"

（宋）王欽若等編纂：《册府元龜》卷九三《帝王部》

晉高祖天福三年九月己巳，復魏府節度使范延光官爵。庚午，遣客省使李守貞押器幣，賜魏府立功將校。

（宋）王欽若等編纂：《册府元龜》卷一二八《帝王部》

晉高祖天福三年十月戊寅，北朝命使以寶册上帝徽號曰"英武明義皇帝"。左右金吾、六軍儀仗、兵部法物、太常鼓吹、殿中省傘扇者等並出城迎，引至崇元殿前陳列。帝受徽號畢，御殿受百官賀。

（宋）王欽若等編纂：《册府元龜》卷一七《帝王部》

晉高祖天福三年十月戊戌，敕曰："天有四時，首布和陽之命；君臨萬國，先弘曠蕩之恩。所以垂眚肆之文，則周基遠大；示寬仁之詔，則漢業興隆。朕猥以眇躬，獲膺大寶，顧惟涼薄，每懼顛躋。旰食宵衣，恐一夫之失所；臨深履薄，憂庶政之未孚。雖粗致小康，而未臻大化。一昨灾躔沙鹿，兵駐銅臺，擐甲執兵，頗勞師旅，飛芻輓粟，重困生靈。賴天地垂休，將相叶力，克寧邦家，永静烟塵，凱歌共樂於班還，喜氣實騰於遠邇。豈一人之感召，蓋群后之扶持。弓矢載櫜，大慶已流於中外；雷雨解作，普恩宜被於寰區。庶使齊人，咸沾需澤。可大赦天下。應十月二十五日昧爽已前，除犯十惡、光火殺人、僞行印信、官典犯贓、合造毒藥、屠牛鑄錢外，其餘罪無輕重，已結正未結正、已發覺未發覺，咸赦除之。侵官潤己，爾其有諸？督責暴徵，我所不忍。應係省司課利場院官等，宜依近行宣命期限磨勘徵督，內有送納所欠錢物得足者，其違限懲罪特放；如有没納本人及保人家業盡底外，尚欠錢物更無抵當者，其所欠並與蠲放。其逐人罪犯，特從减等。

其去年降宣命月日後來欠負者，不在此限。昨以水旱爲沴，什一未均，冀便蒸黎，因令檢覆。未明公法，或彰隱漏之愆；爰念小民，宜示矜寬之典。近令檢田有隱漏合當罪犯者，並放。所有合罰令陪納租稅者，特放，並令却依實頃畝輸納。貨泉所聚，徵督必行，况係省之逋懸，宜應期之供辦。但以兵戈之後，帳籍空存，已行蠲放之恩，尚憂未普；再示優饒之命，式表推恩。天福元年應經兵火處，州府諸色場院因此失陷錢物等，先曾指揮蠲放一半者，今並全放；未曾經減放者，今與蠲放一半。天災或降，地分所招，携老幼以流離，弃田園而蕪没，深懷惻憫，宜示招安。蒲同晉絳滑濮魏府鎮定等州人户，或經亢旱，或屬兵戈，逃移人户等應移户所欠今年已前，諸雜税物並特除放，宜令州縣曉示招携。如有復業者，仍放一年秋夏租税、二年諸雜差徭。爰自攻圍，每多徭役，或因兵死，尚有户存。言念傷痍，屢宜優恤。應差赴魏府城下人夫内有傷中身死者，除已支孝贈外，特放户下三年諸雜差徭。勤官奉國，既彰盡瘁之誠；賞善酬勞，爰舉必行之命。應魏府側近州，或曾只應供饋，或曾部領人夫，當職員僚及州縣官等宜令逐處速具名銜分折申奏，當與加恩。區宇之表，咸在照臨；疆場之間，寧容隔限？示王者之無外，期國家之大同。應淮南西川兩處邊界，自今後不得阻滯商旅。明堂欲構，必自群才；大道曲全，俱無弃物。將期多士，詎可遺賢？累朝廢弃官員與量才叙用，頃者借率，猶有逋懸，方務優饒，豈宜徵督？先率借洛京舍錢，其所欠並放。七萃師徒，五營吏士，偶因罪負，遂至逋逃，念曾效於忠勤，宜顯行於招誘。自用軍已來應有諸軍及諸色負罪逃背諸處人等，限一百日内，許所在陳首，並不問罪，却與放管；如限内不出，復罪如舊。諸州府應有見禁此色人家口骨肉，並從釋放。恩隆加等，固有明文；道在恤孤，宜弘異渥。自去年出師來諸軍將校有没於王事者，子孫並與量才叙録。皋陶五刑，既從流放；商王一德，用解網羅。想其憔悴之容，爰示哀矜之道。應貶降官與量移，已量移者與復資，流配人等並放還。仁及枯骨，澤渥重泉，睿哲后之芳蹤，乃有國之令典。魏府管内用軍已來墳墓所毁無主者，委逐處官吏指揮，隨事修整祭奠，仍費官中支給。賦歛未省，杼軸猶空,言念疲羸,聊得蠲貸。諸道州府營田户部院務省莊等,天福元年秋夏租課錢帛斛斗諸雜物色等除已納外,應有逋欠,並與蠲放。於戲! 萬靈蠢蠢生成,咸賴於上玄;六合茫茫舒慘,悉由於元首。朕每興念慮,莫釋焦勞,遂覃在宥之恩,將合好生之德。朝野士庶,中外臣僚,體予蕩蕩之懷,而贊我巍巍之治,無怠於協謀戮力,共期於偃革修文,益勵乃誠,永俾寡德。布告遐邇,咸使知聞。"

(宋)王欽若等編纂:《冊府元龜》卷九四《帝王部》

(天福三年)十月戊戌,敕曰:"仁及枯骨,澤漏重泉,眷哲后之芳踪,乃有國之令典。魏府管内軍兵已來墳墓所毀無主者,委逐處官吏指揮隨事修整,祭奠仍仰官中給支。"

(宋)王欽若等編纂:《冊府元龜》卷四二《帝王部》

(天福)四年二月,中書門下上言:"陛下應天順人,握圖御宇,電繞虹流之地,既焕禎符;出潛離隱之鄉,宜光稱謂。其太原潛龍莊望建爲慶昌宮,使相望鄉改爲龍飛鄉,都尉里望改爲神光里。"從之。

(宋)王欽若等編纂:《冊府元龜》卷一七二《帝王部》

天福四年六月,陳郡民王武穿地得黃金數餅,州取而貢之。帝曰:"宿藏之物,既非符寶,不合入官。"遂召所獲之家至闕,給而遣之。

(宋)王欽若等編纂:《冊府元龜》卷五七《帝王部》

(天福)四年七月甲子,敕:"符彥饒、張繼祚、婁英、尹暉等皆受國恩,悉虧臣節,孽非天作,戚實自貽,尋正典刑,屢遷歲月。宜示燭幽之道,用推掩骼之仁,宜令近親任便收葬。"

(宋)王欽若等編纂:《冊府元龜》卷四二《帝王部》

晉高祖天福四年秋七月,御史奏太子賓客韓惲、國子祭酒唐汭、左丞崔棁、吏部侍郎盧導、左司郎中趙上交、左贊善大夫李專美、太常博士祝格、左龍武將軍李藏希、左衛將軍李崇本入閣後至，衝班失儀。帝以人之小過，不用情，不撓法，雖曰失恭，恕而已矣。遂不令罰俸。

（宋）王欽若等編纂：《册府元龜》卷四一《帝王部》

（天福）五年正月，詔曰：“朕自御萬方，於今五稔，每推誠而待物，貴舍己以從人。乃有不體朕懷柔，恣行凶慝，顯干紀律，須舉憲章。福州王昶，恃彼偏方，亂其彝典，於使臣而倨傲，向朝闕以邀求，深虧臣子之儀，固掇神祇之怒。尚全大體，特示寬恩，所有貢輸，悉令回復，舞羽而聿思修德，轉規而猶冀省譽。而王建立三上奏章，楊光遠繼陳表疏，朝行之内，邦計之司，同有敷敏，謂非允當。且王昶以無用之物，取利中華，萌不軌之心，僭稱大號，盜乘輿之式度，竊冠冕之威儀，眩誘良家，招收奇貨。此而可恕，孰不能容！或貢讜言，請從籍録，鄭元弼等相次上狀，不願回歸，亦可憫傷，各令存恤。其福州貢物私商，宜准律處分。”

（宋）王欽若等編纂：《册府元龜》卷六六《帝王部》

（天福）五年七月己巳，詔曰：“故銀青光禄大夫、檢校左散騎常侍兼御史大夫賈仁沼，頃自内廷，出爲外職，李金全愚冥而猜忌，胡漢筠邪佞而貪殘，竟罹塗地之殃，誠堪嘆息；爰示漏泉之澤，用表褒崇。必有貞魂，欽兹茂典。可贈右衛將軍。”又曰：“故安州馬步軍副都指揮使桑千、威和指揮使王萬金、成彦溫等，皆精武略，咸著軍功，或列偏裨，或嘗屯戍，當奸臣之叛國，或執節不從；全烈士之徇名，或銜冤而死。實興永嘆，宜示追崇。或列部符，或升環衛，賁諸幽壤，彰彼明誠。千可贈峽州刺史，萬金可贈左監門衛將軍，彦溫可贈左千牛衛將軍。”

（宋）王欽若等編纂：《册府元龜》卷一四〇《帝王部》

（天福）五年七月乙丑，福建鄭元弼以下三百五十人放還故土。

（宋）王欽若等編纂：《册府元龜》卷四二《帝王部》

（天福）六年八月己亥，帝至鄴都。壬寅，制：“經過郡縣，迎奉乘輿，既供億以爲勞，宜旌酬而示寵。應自東京至鄴沿路供頓官員職掌等，並與加恩。載念雀臺，昔居侯服，撫綏六郡，臨莅四年，睠彼職員，依然父老，無吝推恩之典，仍敦尚齒之風。鄴都並相澶貝博衛等州官員職掌内有頃歲潛龍時在職者，並與加恩；管内耆老八十已上者，並與版授上佐。”

（宋）王欽若等編纂：《册府元龜》卷八一《帝王部》

（天福）六年八月己亥，帝至鄴。壬寅，制曰：“自昔聖皇明帝，膺圖受命，必觀風而設教，或展義以省方，上則順彼天道，下則從其人欲。朕創開基業，每遵舊章，期四海之混同，法五載之巡狩，乃睠全魏，肇啓新都。頃屬經綸，嘗兹潛躍，宜從望幸，俾慰來蘇，遂整明鑾，旋臨舊地。雷雨作解，式覃曠蕩之恩；日月無私，用廣照臨之道。應三京新都諸道州府天福六年八月十五日昧爽已前，諸色罪犯，已結正未結正、已發覺未發覺，罪無輕重，常赦所不原者，咸赦除之。其持杖行劫並殺人賊，免罪移鄉，仍配逐處軍都收管；其犯枉法贓人雖免罪，即不得再有任用。或始因罪犯，久處竄流，特行洗滌之恩，各遂歸還之望。應配流人並已前逢赦不在放還人等，並放還。徒罪年限未滿者，並放。偶負瑕疵，爰從黜降，俾量移於近地，宜漸復於舊資。應貶降官等未量移者與量移，已量移者約資叙進用。或歲因灾沴，民用艱辛，久係逋懸，宜示蠲免。應欠天福五年終已前夏秋税租並公徵諸色及營田租課，並與除放。朕頃當開創，爰在并汾，或傾歸順之心，首謀翊戴；或擁驍雄之旅，力效推崇。洎汜水興妖，鄴城伐罪，每令致討，皆立奇功，漸臻開泰之期，愈念艱危之節，宜頒殊渥，允答茂勛。應河東起義之初，佐命效順，及收復鄴都、汜水立功臣僚將校等，並與加恩。其亡歿者，更與追贈子孫。已有官職者，與遷改。未有身名者，與叙用。經過郡縣，迎奉乘輿，既供億以爲勞，宜旌酬而示寵。自東京至鄴都沿路供頓，官員職掌等並與加恩。六飛行幸，萬騎扈從，慮旁午於路岐，微損傷於苗稼。應沿路有傍道稍損却田苗處，其合納苗子及沿徵錢物等據畝數，並與除放。載念雀臺，昔居侯服，撫綏六郡，臨莅四年，睠彼職員，依然父老，無怪推恩之典，仍敦尚齒之風。鄴都並相、澶、貝、博、衛等州官員，職掌內有頃歲潛龍時在職者，並與加恩。管內耆老八十已上者，並與版受上佐官。爲國之規，利物爲本。農器俾從於改革，畊民必致於便宜。諸道鐵冶三司先滌疏百姓農具破者，須於官場中賣鑄時，却於官場中買鐵。今後並許百姓取便鑄造買賣，所在場院不得輒有禁止攪擾。擢文武之才，今之急務；旌孝義之行，古有明文。贊治道以克隆，致人倫之式序。山林草澤內有文才武藝爲衆所推者，委長吏切加搜訪，具以名聞，當議量才叙用。孝子順孫、義夫節婦，並與旌表門閭。天覆地載，無所不容。改過自新，於斯爲美。應亡命山澤負罪潛藏者，並放罪招携，各令歸業，所在切加安撫；如過百日不出者，復罪如初。唐室忠臣，鄴臺靈廟，濟蒼生於一境，正皇統於中區。宜命褒崇，用彰激勸。唐梁國公狄仁傑與追贈官秩。主掌曠敗，錢物逋懸，宜示矜容，聊加蠲免。應天福三年終已前諸色場院官欠負官中錢物人等，累經徵理通勘實無錢物家業者，並與除放，其人免罪，任從逐使，不得再任使。無黨無偏，徇至公之道；去泰去甚，戒求利之心。私下債負徵利已及一倍者，並與除放；如是主持者，不在此限。邊陲管界，藩部經縣，言念疲羸，良深軫恤。忻、代、蔚、并、鎮州管界內，有經藩部踐踏却苗稼者，其合納苗子沿徵錢物等，據頃畝與除放；其經燒爇舍室、殺傷人命者，據戶下合徵苗稅並與除放。於戲！居域中之大，爲天下之君，按巡既展於盛儀，渙汗宜覃於慶澤，人情允洽，帝道有光，更期忠藎之臣，永贊隆平之運。布告遐邇，知朕意焉。」

（宋）王欽若等編纂：《册府元龜》卷九四《帝王部》

（天福）六年八月壬寅，制：「朕頃當開創，爰在并汾，或傾歸順之心，首謀推戴；或擁驍雄之旅，力效扶持，洎沼水興妖，鄴城伐罪，每令致討，皆立奇功，漸臻開泰之期，愈念覲危之節，宜頒殊渥，允答茂勛，應河東起義之初，佐命效順，及收復鄴都、沼水立功臣僚將校等，並與加恩。"

（宋）王欽若等編纂：《册府元龜》卷一二八《帝王部》

（天福）六年八月，前平盧軍節度行軍司馬顏衎爲駕部郎中，充鹽鐵判官。時衎在外地，堂帖追令赴朝。衎以母氏耄年，無人侍奉，狀聞中書，尋有敕只守本官。

（宋）王欽若等編纂：《册府元龜》卷四八《帝王部》

（天福）六年十月壬寅，詔曰："唐室中圮，賢臣挺生，凜然英風，迥冠千古，不有典册，曷旌忠良！唐梁國公狄仁傑，禀五行正氣，聳九諫直操，鼎祚危而復安，黔庶否而獲泰，惠流河北，名振寰中。惟爾事君，無愧臣節，用光遺像，式示明恩。筠簡寶函，著周官之貴位；貞魂英爽，焕魏土之靈祠。欸是寵嘉，永光緹素。可追贈太師，仍令所司擇日備禮册命。"

（宋）王欽若等編纂：《册府元龜》卷一四〇《帝王部》

（天福）七年正月戊午，以收復鎮州，曲赦廣晉府禁囚及襄州、鎮州惡黨一百餘人。

（宋）王欽若等編纂：《册府元龜》卷九四《帝王部》

晉高祖姓石氏，北京晉陽人也。本衛大夫碏之後，至漢，奮自河內徙家長安，與子慶等德位俱盛，時號萬石君。漢衰，關輔亂，子孫流徙西裔，有居甘州者。四代祖璟，以唐元和中與沙陀軍都督朱耶氏靈武入附，憲宗嘉之，隸爲河東陰山府較。以邊功累官至朔州刺史。天福二年，追尊孝安皇帝，廟號靖祖。三代祖郴，早薨，贈右散騎常侍，追尊孝簡皇帝，廟號肅祖。祖昱，任振武防禦使，贈尚書右僕射，追尊孝平皇帝，廟號睿祖。考紹雍，蕃字曰臬捩雞，善騎射，有經遠大略。始從後唐太祖平定巢賊。及事莊宗，拒梁人，戰上黨、柏仁，討薊門劉守光有功，功與周德威相亞。德威鎮薊，莊宗承制授平州刺史，行事多抗於德威,德威憚其名,常以禮下之。俄改洺州刺史,薨於任,贈太傅,追尊孝元皇帝,廟號憲祖。高祖即憲祖第二子也,母曰何氏,追謚孝元懿皇后。高祖事後唐,尚明宗女永寧公主,爲河東節度使兼中書令,封趙國公。清泰三年,契丹酋長耶律氏至太原,册立爲大晉皇帝,是年入洛,在位七年,年五十一。從子齊王立,是爲少帝,父曰敬儒,爲莊宗騎將,早薨,母曰安太妃,在位五年,爲耶律氏所陷。晉自高祖丙申歲建國至少帝丙午,凡二代,二主,十一年。

（宋）王欽若等編纂:《册府元龜》卷一《帝王部》

晉高祖,憲祖第二子。憲祖以上事具《帝王·帝系門》。後唐明宗初爲代州刺史,妻以愛女,領親騎左射軍。天祐十三年,梁將劉鄩率兵攻鄆城,莊宗至自甘陵,未陣,爲鄩所掩截。帝領十餘騎,橫槊深入,收部伍而旋,莊宗壯之。十四年,鄩兵陣莘之西北,明宗從莊宗酣戰,久之而塵埃四合,帝與明宗俱陷陣中,帝挺身躍劍,反覆轉鬥,行數十里,遂敗鄩於故元城之東。十五年,梁將賀瓌設伏無石山,明宗爲瓌所迫,帝爲後殿,破賊五百餘騎,按轡而還。十二月,莊宗大蒐兵胡柳坡下,衆號十萬,總管周德威將左軍,雜以燕人,前鋒不利,德威死之。莊宗率步衆五千,固守高陵,以避敵之銳氣。明宗獨完右廣,伏於土山之下,顧謂帝曰:"梁人首獲其利,旌旗甚整,何計可以挫之?"帝曰:"臘候如此,出手墮指,彼多步衆,易進難退,莫若啜糟飲水,徐而困之。且超乘徒行,其勢不等,一擊而破,期在必勝。"明宗曰:"是吾心也。"會日暮,梁軍列於平野,不下五六萬人,爲一方陣,麾游騎迫我。帝曰:"敵將遁矣!"乃請明宗令士整胄寬而羅之,命左射軍三百人鳴矢馳轉,漸束其勢,以數千騎合之。敵人迫夜,旌旗皆靡,而一角先潰,三面躍之,其牙干若火爆之聲,橫尸積甲,不可勝計。由是梁人勢削,進營德勝渡矣。十八年十月,從明宗戰梁人於德勝渡,敗梁將戴思遠,殺二萬餘人。十九年,戰胡蘆套,唐軍稍却,帝睹其敵銳,拔劍鬪道,肩護明宗而退,人望之,無敢襲者。二十年,從明宗觀梁人之楊村寨,部曲皆不擐甲,俄而敵出不意,以兵掩明宗,刃將及背,帝挾戟而進，一擊而凶酋落馬者數輩，明宗遂解其難。是歲，莊宗即位於鄴，改元“同光”，遣明宗越河，懸軍深入以取鄆。鄆人殆不之覺，帝以五十騎從明宗涉濟，突東門而入，俄而鄆兵拒我，帝中刃，翼明宗而羅於通衢，嶷然不動，會後騎繼至，遂拔中城以據之，汶陽遂定。俄而平汴。莊宗朝官未顯者，以帝不好矜伐故也，唯明宗心知之。四年三月，明宗討趙在禮於鄴，會諸軍有變，叩馬請明宗帝河北。明宗受霍彥威勸，將自訴於天子，遂紿諸諸軍，諸軍亦恐事之不果而散者甚衆，明宗所全者，惟常山一軍。西次魏縣，帝密籌於明宗曰：“猶豫者，兵家大忌。必若求訴，宜決其行。某願率三百騎先趨汴水，以探虎穴，如遂其志，請大軍速進。夷門者，天下之要害也，據之可以自雪。安有上將與三軍言變，他日有平手乎！危在頃刻，不宜恬然。”明宗至相州，遂分驍騎三百付之，遣帝由黎陽濟河，自汴水西門而入，因據其城。使人促明宗，明宗趨白馬渡繼焉。及明宗犒師於鄆，莊宗親統師至城之西北五里，登高嘆曰：“吾不濟矣！”由是莊宗從兵遂大潰，來歸明宗。明宗尋遣帝率兵爲前鋒，趨汜水關，收撫亂兵。俄而莊宗爲親將郭從謙流矢所中。是月，明帝入洛，嘉帝功，自總管府署陝州兵馬留後。明宗即位，改元“天成”。五月，以帝爲保義軍節度，陝、虢等州觀察處置等使，賜“竭忠建策興復功臣”。時莊宗皇子魏王繼岌降，西蜀王衍督軍而還，軍亂於雍，繼岌自害。朝廷又遣帝慰撫諸軍，示以恩旨，自陝至洛，秋毫無有犯者。二月，兼六軍諸衛副使。十月，明宗幸汴，以帝爲御營使，始次凉水。汴帥朱守殷叛命，命帝董親軍倍道星行，信宿及浚城，一鼓而登之。守殷自屠其家，賊中遂定。詔以帝充宣武軍節度，汴、曹等州觀察處置，侍衛親軍馬步軍都指揮使兼六軍諸衛副使。三年四月，加同中書門下平章事、興唐尹、鄴都留守、天雄軍節度、管內觀察處置等使。長興元年九月，東川董璋悖命，有制削奪官爵，命帝爲東川行營都招討使。二年春，以川路險艱，糧運不繼，帝懼人情有變，請以急詔徵還，朝廷然之。四月，復兼六軍諸衛副使。六月，改河陽節度使。十一月，以契丹犯雲中，加侍中，充河東節度使兼大同、振武、彰國、威塞等軍蕃漢馬步總管。三年十月，契丹引吐渾、突厥犯塞，秦王從榮奏"宜早命大將"，與范延光俱言帝可用。帝素不欲禁軍之副，即奏曰："臣願北行。"明宗曰："卿爲吾行，事無不濟。"即宣旨施行。及受詔，不落六軍副使，帝却遷延辭避。閔帝即位，加中書令，移鎮常山。末帝清泰元年五月，復除河中節度使、蕃漢馬步總管。二年夏，帝屯軍於忻州，朝廷遣使送夏衣，傳詔撫諭，後軍人遽呼萬歲者數四，帝懼，斬挾馬都將李暉三十餘人以徇。三年五月，移鎮暉州，帝心疑之，召僚佐謂曰："孤再受太原之日，主上面宣云：'與卿北門，一生無議除改。'今忽降命，莫以去年忻州亂兵見迫，過相猜乎？又今年以千春節，請公主入覲，當辭時，謂公主曰：'爾歸心甚急，欲與石郎反邪？'此疑訝之狀，固且明矣。今國家用后族，委邪臣，沉湎荒惑，萬機停擁。張令昭逐延浩於鄴，以延浩后之愛弟，不加其罪，是失刑也；副樞密使劉延朗黷貨賂，抑功勛，侯伯爲之長嘆，是失賞也。二者皆去，不亡何待！吾自應順中少主出奔之日，睹人情大去，不能扶危持顛，憤憤於方寸者三年矣。此際我無異志，朝廷自啓禍機，不可頹然死於道路。況太原險固之地，積粟稍多，若且寬我，我當奉之。必若加兵，我當內告鄰方，北構強虜，興亡之數，皎皎在天。今欲發表稱病，以伺其意，諸公以爲如何？"判官趙瑩懼形於色，但唯唯。桑維翰與漢高祖贊成其事。乃不奉詔。末帝削奪帝爵，遣晉州節度使張敬達圍帝晉陽。末帝既有詔促令攻取，敬達長城連棧，勇者盡其力，工者運其思，日夜窮土木之力。時督事者每有所構，則暴風大雨，平地水深數尺，而城柵摧墮，竟不能合其圍。帝求援契丹，俄遣人復書諾之，約以中秋赴義。六月，北面招討指揮使安重榮以戍卒部曲數千人入城。七月，代州屯將安元信背刺史張朗，率軍與西北面先鋒指揮使安審信引五百騎俱至。八月，懷州彰聖軍軍使張萬迪等各千餘騎來歸。是月，張敬達攻圍甚急，帝親與矢石，人心雖固，廩食漸困。九月辛丑，契丹大酋長邪律氏率衆自雁門而南，旌騎不絕五十餘里，與南軍騎將高行周、符彥卿等合戰。時張敬達、楊光遠列陣西山之下，士未及伍，而行周、彥卿爲伏兵所斷，舍軍而退，敬達等步兵大敗，死者萬人。是夜，帝出城北門，與邪律相見，因論父子之義。

明日,帝與契丹圍敬達營寨,南軍不復出矣。是月,末帝率親軍三萬出次河橋,遣樞密使趙延壽分衆二萬,爲北面招討使。又詔魏博節度使范延光統本軍二萬人屯遼州。十月,幽州節度使趙鈞領所部萬餘人自上黨吳兒谷合延壽兵屯團柏谷,與敬達寨相去百里,彌月不能相通。十一月,戎王築臺於晉陽城南,册帝爲大晉皇帝,改元天福。閏十一月甲子,唐將楊光遠殺敬達,以諸軍來降。甲戌,帝至昭義,受趙德鈞、趙延壽降。己卯,至河陽北,節度使萇從簡降。辛巳,末帝自焚,帝遂入洛都。

(宋)王欽若等編纂:《册府元龜》卷八《帝王部》

晉高祖初事後唐明宗,領親騎左射軍。莊宗以天祐十二年後併有河北之地,開霸府於鄴。梁祖遣上將劉鄩以兵五萬營於莘。

(宋)王欽若等編纂:《册府元龜》卷四四《帝王部》

晉高祖後唐應順末,自河東改鎮常山,承詔詣闕。會少帝失位,與數百騎欲奔鄴,夜與少帝相遇,獲嘉東,遂俱入衛郡。泊郵舍中,時劉譓(即漢高祖也)從行。是夜,偵知少帝伏甲欲與從臣謀害晉高祖,詐屏人對語。方坐於亭廡,劉譓密遣御史石敢袖鎚立於後,伏甲者俄起,左右驚擾。敢素有勇力,擁晉高祖入一室,以巨木塞門,敢力當其鋒,尋死焉。劉譓乃解所佩刀,隔窗授晉高祖,既出,有數卒逐劉譓,劉譓時無佩刀,遇夜晦,以在地葦炬未燃者奮而擊之,人謂其短兵也,遂敗走。帝乃匿身長垣下,隔垣聞人相告云:“石太尉已死矣。即晉高祖也。”劉譓審其語,則帝所親驍將李洪信也,劉譓因譁而召之,曰:“石太尉無恙。”由是坎垣求出,其垣劃然頹落,有神助焉。劉譓乃與洪信合衆,護晉高祖殺建謀者,以少主授刺史王引贄,晉高祖乃能脫難赴闕。

(宋)王欽若等編纂:《册府元龜》卷二六《帝王部》

漢高祖素有大志,所至輒觀山川形勢,心畫都邑營壘之宜,同輩異之。明宗嘗與梁人對柵澶州德勝口，晉高祖以懿戚領親兵。一日與帝俱行，爲敵人所襲，晉高祖馬甲鞶擔連革忽斷，帝素勇捷，輟騎以授，取斷革者綴以自跨，徐殿其後，追者謂其有伏，乃得解。晉高祖壯而感之。有明宗腹心王繼弘見之，以事聞明宗。明宗深加賞異，謂晉高祖曰："此可任之。"及明宗即位，晉高祖復領其軍，帝又事焉。天成中，晉高祖自六軍諸衛副使出爲北京留守，以帝有權略，嘉疇昔護援之力，奏移麾下，署爲牙門都校。

（宋）王欽若等編纂：《册府元龜》卷四四《帝王部》

晉高祖性沉澹，寡言笑。讀兵法，重李牧、周亞夫之所行事。初爲太原尹，未嘗有絲竹滋味而輒自燕樂。每公退，必召幕客論民間稼穡及刑政得失。幕客常俸，皆曰"但使人輦青白銅錢給之"。常俸之外，優以品食，但日在公宮，不許游適。士人亦傾心自效，無所倦焉。

（宋）王欽若等編纂：《册府元龜》卷一八《帝王部》

晉高祖初爲鎮州節度使，九門縣有人鬻地與異居兄，議價不定，乃移於他人，他人須兄立券，兄抑之，因訴於令。令以兄弟俱不義，送帝。帝曰："人之不義，由牧長新至，教化所未能及，吾甚愧焉。若以至理言之，兄利良田，弟求善價，順之爲是，阻之則非，其兄不義之甚也，宜重笞焉。市田則以高價者取之。"上下服其明。

（宋）王欽若等編纂：《册府元龜》卷四六《帝王部》

晉高祖初爲太原尹，明而難犯。帝素好施，施物必精，常以百縑贈客。謂所齎牙吏曰："吾本救人爾，勿受遺。"因密使步健躡而偵之，果囊束素以還。帝怒，笞背遣焉。左右畏之，有如神明。

（宋）王欽若等編纂：《册府元龜》卷五七《帝王部》

《晉史》曰：高祖明而難犯，事多親決。嘗有店婦與軍士鬪訴，無以自明。帝爲鞫吏曰："雖屬官，吾可市而代之。兩訟未分，何以爲斷？可殺馬刳腸而視，其粟有則軍士誅，無則婦人死。"遂殺馬，馬腸無粟，因戮其婦。境内肅然，莫敢以欺。

（宋）李昉：《太平御覽》卷八四〇《粟》

晉高祖從父弟贇，少而無賴，弃其家私竄，久流落於民間。及帝鎮太原，訪求，始獲之，署爲牙較。

（宋）王欽若等編纂：《册府元龜》卷三九《帝王部》

五百斤肉磨

晉祖時，寺宦者廖習之，體質魁梧，食量寬，博食物，勇捷有若豺虎。晉祖嘗云："卿腹中不是脾胃，乃五百斤肉磨。"

（宋）陶穀：《清異録》卷下《五百斤肉磨》

姑夫

《五代史》：石敬瑭入篡時，皇后云（下有殘缺）

（明）陶宗儀：《説郛》卷三五《續釋常談》

後晉高祖聖文章武明德孝皇帝，太原汾陽里人，姓石氏，名敬瑭。丙申，以北京留守舉兵入洛，即皇帝位，在位七年。壬寅崩，壽五十一。

改元一。天福七。

出帝，名重貴，本高祖從子，封齊王。以壬寅嗣立，在位四年。丙午，契丹入汴，北遷，卒於黄龍府，壽三十四。

改元二。天福二。開運三。

右，後晉二帝，共十一年，首丙申，盡丙午。

（元）馬端臨：《文獻通考》卷二五〇《帝系考一》

少帝以天福七年六月乙丑即位。丁卯，賜侍衛諸軍將校錢一百貫至五十貫,以初即位示大賚也。

(宋)王欽若等編纂:《册府元龜》卷八一《帝王部》

少帝以天福七年六月即位。七月庚子,御正殿,制曰:"古先哲王,開創丕業,未嘗不櫛風沐雨,旰食宵衣,安黔首於八紘,保鴻圖於萬世。恭惟先皇帝艱難啓運,恭儉臨朝,以武功定寰區,以文德安黎庶。日慎一日,無怠無荒,載洽隆平,永傳基構。顧惟冲渺,獲奉纂承,念負荷以爲難,集哀摧而罔極,期終喪制,旋逼群情,竭推戴以彌堅,執讓辭而不獲,勉臨大寶,以御兆民。宜頒在宥之文,用布惟新之澤。可大赦天下,應天福七年七月十七日昧爽已前,四京及諸道州府諸色罪犯,除十惡五逆、殺人强盗、官典犯贓、合造毒藥、屠牛鑄錢、諸色偽造外,其餘罪犯已結正未結正、已發覺未發覺,咸赦除之。已前諸色配流人等,除終身不齒,嘗知所在縱逢恩赦不放還人及曾爲强盗已配諸處收管人外,其餘並放還。其今日已前放還人内舊有職官者,量與叙用。吊民伐罪,用遵懲勸之恩;改過自新,必務含弘之道。其襄州安從進如能果決推誠,一禀朝旨,並從舍釋,各與官榮。朕恭承顧命,初嗣丕基,而文武群臣,中外良佐,肅清輦轂,保佐國家,備彰忠孝之心,咸竭推榮之力,宜覃恩渥,用表旌酬。在朝内外臣僚侍衛諸軍將校及諸道節度使、防禦、團練、刺史並與加恩。修奉園陵,考詳故實,務遵禮典,副朕孝思。凡曰在官,悉能陳力,爰逢昌運,宜示溥恩。諸道賓幕將校職員、見任京六品已下官、州縣官、三司場院監冶帶使額者,普與加恩。其諸道職員,押衙已上與轉官,兵馬使已下與轉職。懸車官秩,前任職資,載敦尚齒之風,爰示念功之典。致仕官前任文武朝臣内諸使司已下、前任節度使防禦團練刺史行軍兵從少尹上佐官、前諸道都指揮已下、前任京六品以下官及前資州縣官帶使額場院官等,並與加恩。京師職掌,夙夜勤勞,竭力有聞,推恩無吝。應在京諸司職掌亦量與恩澤。奉守文之業,敦孝治之風,宜加幽顯之恩,用慰哀榮之意。内外臣僚、内諸司使及侍衛、諸軍指揮使已上,父母在者與官封,已有官封別與遷改;已亡殁者並與封贈,已有封贈更與妻封贈；其有郡邑國號者與進封，未有者與叙封。曾竭臣誠，歿於王事，良深悼往，宜示賞延。自天福元年後來文武臣僚終有歿於王事與追贈，已追贈者更與追贈；有子孫未有職官者與録用。蝗蟲作沴，苗稼重傷，特示欽䘏，俾令蘇息。應諸道州府經蝗蟲傷食苗稼者，並差官檢覆，據所損頃田與蠲放稅賦，仍委逐處長吏切加安撫，務令存濟。山林逸士，草澤遺賢，將裨教化之風，宜廣搜羅之道。應有懷才抱器隱遁丘園者，委隨處長吏切在搜訪，具以名聞。敦崇孝義，旌顯門閭，式恢王化之基，用正人倫之本。應有孝子順孫、義夫節婦，委逐處長吏具名聞奏，當議旌表。於戲！纂繼大業，司牧群黎，小心必本於舊章，恭己難忘於朽索，不敢逸豫，以召和平。更賴將相大臣，文武多士，遵顧托於先帝，永翊戴於冲人。開保延洪，爰覃渥澤，報告遐邇，咸使聞知。敕書日行五百里，敢以赦前事相告言者，以其罪罪之。"

（宋）王欽若等編纂：《册府元龜》卷九四《帝王部》

少帝天福七年六月即位。九月，敕曰："留守之任，委寄非輕，凡降絲綸，宜同將相。起今後，除授留守，宜降麻制，仍付所司。"

（宋）王欽若等編纂：《册府元龜》卷六一《帝王部》

（天福七年）六月戊午，敕：故襄州元隨都押衙王令謙贈忠州刺史，押衙潘知麟贈順州刺史。令謙與知麟早事節度使安從進，歷數鎮，從進臨漢上，所爲多不法。令謙、知麟每諫之。及萌逆節，數形讜言。會從進子弘超自宫苑副使省父至郡，郡有山寺，弘超率令謙登賞，酒酣臨峭壁，使人推落，誣云令謙因醉墮崖而死，皆從進之意也。知麟相次遇害，朝廷聞其事，故有贈典，旌其忠也。時詔旨仍委高行周候收復城池，訪覓兩家骨肉，切加安撫，具以名聞，當與叙録。潘知麟本貫陝州，兼下本處，如有親的骨肉，亦仰録奏。

（宋）王欽若等編纂：《册府元龜》卷一四〇《帝王部》

（天福七年）八月丁亥，以襄州安從進平，詔："在城官員將校職掌等,蓋被脅從,素非黨類,除已送赴闕外,其餘一切不問。自圍閉已來,餓殍不少,言念銜冤之魄,宜行掩骼之文。應有餓死及殺戮並安從進毀拆却墳墓暴露骸骨等,並官與埋瘞,仍令致祭。諸道商旅或有被安從進威脅配軍者,並仰給與公憑,放歸本貫;內有淮南商旅,亦給與公憑放歸。纂嗣之初,收復之始,特行軫恤,用表渥恩。宜令三司依此施行,仍付所司。"九月癸未,御乾明門,觀襄州行營都部署高行周等獻俘馘,曲赦京城禁囚。

(宋)王欽若等編纂:《冊府元龜》卷九四《帝王部》

少帝天福七年,襄州行營都部署高行周奏收下逆賊城,其安從進並骨肉並自焚,擒到從進男弘贊,斬之。差人監送襄州行軍司馬安友規到闕,釋罪,賜服帶靴笏。

(宋)王欽若等編纂:《冊府元龜》卷四一《帝王部》

(天福七年)七月庚子,御正殿,大赦。內外臣僚侍衛、諸軍將校及諸道節度使、防禦、團練、刺史及諸道賓幕將校職員,見任京官六品已下,州縣官三司場院監治帶使額者,並與加恩。其諸道職員押衙已下與轉官,兵馬使已下與轉職。致仕官前任文武朝臣內諸司使已下,前任節度使、防禦、團練、刺史、行軍賓從、少尹、上佐官、前諸道都指揮使已下,前任京六品已下官及前資州縣官帶使額場院官等,並與加恩。應在京諸司職掌亦量與恩澤。

(宋)王欽若等編纂:《冊府元龜》卷八一《帝王部》

(天福)八年二月庚戌,御札取今月十一日還幸東宮。己未,發鄴都,曲赦禁囚。辛酉,幸澶州,赦獄囚。

(宋)王欽若等編纂:《冊府元龜》卷九四《帝王部》

(天福八年)五月甲辰,敕曰:"朕荷上天之睠命,守先帝之丕基,日午坐朝,恐一物之失所;夜分不寐,思比屋之可封。身雖安於九重,心常懸於億兆。屬飛蝗作沴，膏雨久愆，流民倍切於撫安，征賦頻令於蠲減，未能感召，深軫焦勞。念獄訟之繁，當炎蒸之候，欲臻和氣，宜去深文。特行寬大之恩，用叶哀矜之旨。應三京鄴都諸道州府見禁罪人，除十惡、行劫、諸殺人者及偽行印信、合造毒藥、官典犯贓外，人犯死罪者減一等，餘並放；內有欠官錢者，宜令三司酌量與限監出徵理。中外遐邇，宜體朕意。”

（宋）王欽若等編纂：《冊府元龜》卷九四《帝王部》

（天福）八年七月丁酉，幸南莊，宣隨駕臣僚射於後園，賜酒食物帛有差。沿路農人各賜布衫褲並鞋，貧子共賜錢一十貫文。

（宋）王欽若等編纂：《冊府元龜》卷八一《帝王部》

開運元年七月辛未朔，御崇元殿。降制曰：“王者化家爲國，既開創以惟難；纂業承基，亦負荷而尤重。朕虔承遺命，嗣守丕圖，顧眇躬而懼不克堪，持小心而曾無暇逸，外以生靈是念，內以宗社爲憂，若涉大川，如馭朽索。然猶功非及物，德不動天，蟲螟爲害苗之災，夷狄作亂華之患。尚賴謀臣猛將，義士勇夫，共成戡剪之功，復致澄清之運。今則狂戎逃遁，年穀豐登，時屬小康，禮當終制。雖三年無改義，欲化於人倫；而正朔有常理，宜新於鳳曆。爰布改元之令，仍覃在宥之恩。天福九年宜改爲開運元年，可大赦天下。應今年七月一日昧爽已前，三京鄴都諸道州府見禁囚徒，除十惡五逆、光火劫殺、屠牛鑄錢、官典犯贓、偽行印信、合造毒藥外，罪無輕重，已發覺未發覺、已結正未結正，咸赦除之。流竄之徒，其實有咎；和平之道，亦許自新。其流配人除終身不齒常知所在人外，未經量移者與量移，已經量移者與敘用。蟲蝗灾疾之邦，流夷頗甚；玁狁經過之地，凋弊尤深。須議優饒，用明軫憫。其岐雍同華蒲陝涇邠耀威管內人戶，委長吏切在招携，復業之家免一年租稅。魏、博、貝、冀、滄、景、德等州，曾經虜騎剽攘，特放今年秋稅；其餘經過之地，亦量與矜蠲。乃睠親軍，實推忠節，或從征醜虜，顯立勛勞，或出討叛臣，方期平定。至於邊陲守戍，藩鎮分屯，盡繫捍防，皆施勤效，雖賦稅未集，帑藏猶虛，宜示頒宣，用明獎賞。應將校兵士量與等第優給。連年失稔，常賦愆期，國用未充，軍須不足，是行率借，以濟贍供，誠非欲爲，蓋不獲已。敕書到日，盡時罷征，出彼家財，資予國力，宜加甄別，以示優隆。出一千貫已上者，特免科徭。出一萬貫已上者，咸授官秩。無資給者，與本處上佐。有官名者，依本品序遷。竭彼臣誠，没於王事，恩宜加等，禮有明文。當契丹侵犯之時，有守城臨陣盡節亡身者，宜令逐處長吏以名銜奏聞，當議超加褒贈，或孫或子並與旌酬。含垢匿瑕，舍過宥罪，前王令典，有國通規。應有曾行劫盜之人，並宜放罪，願在軍者與配軍收管，願歸農者委本縣安存。務局因循，職掌敗闕，空係連懸之數，徒行徵督之文，宜示哀矜，並令除放。於戲！承祧繼統，御極居尊，雖旰食宵衣，每勤庶政，而利兵秣馬，未息殷憂。更賴四輔三公，五侯九伯，文武叶力，上下同心，竭彼忠貞，佐予寡昧，舉朝廷之急務，盡軍旅之沉謀，使鼓臥旗偃，俾成寧謐，同文共軌，速洽隆平，表乃有功，致我無事。"

（宋）王欽若等編纂：《冊府元龜》卷九四《帝王部》

（開運元年）閏十二月乙酉，以牧青州，制曰："高祖皇帝應天順人，化家爲國，勤勞庶政，安輯四方，御衆以寬，懷遠以德，高秩厚祿，以獎勳勞，推食解衣，以重賢戚。至於匹夫匹婦，皆被亭毒之恩；草木昆蟲，悉覃忠厚之德。朕恭承丕訓，嗣守宗祧，奉以周旋，不敢失墜，兢兢業業，若涉大川。所賴將相公卿，同德比義，共扶不逮，庶洽於隆平。而楊光遠頃以微功，驟升亞將，後承僞命，來拒義師，始則爲桀犬吠堯，終則背楚降漢。先皇帝方弘大義，推以赤心，忘彼仇讎，歡如魚水，亟承重寄，久綰親軍，累典大藩，亦兼重鎮。邇後選男，尚主待之，以懿親裂地封王，寵之以極致，人臣之盛，近代無儔。至於諸子之中，皆擢爲牧守；家臣之內，多有遙領郡符。比外有非理邀求，違法僭濫，國家務存終始，悉與含弘。奈何自至滿盈，不勝富貴，恩深致怨，物盛乃衰？而輒信奸邪，虛有怨望，聞我大喪之後，乘我饑饉之年，外則勾引蕃戎倚爲勢援，内則竊據城壘，潛肆窺覦，遂使河朔數州頓成瘡痏，青丘一境獨陷罻羅。朕所以命將興師，吊民問罪。然猶堅壁拒命，自夏徂冬，固執其迷，自稔其惡。其子楊承勛見衆情之携貳，知孤壘之困窮，深懷滅族之憂，遂有悛心之請，解其戈甲，待罪軍門，梟彼凶徒而傳首於闕下。氛霾遽息，中外同歡。此皆宗社降靈，乾坤眷祐，將帥戮力，士卒齊心。掃千里之封狐，不爲民患；除三穴之狡兔，甚泰物情。念彼一方，未能高枕，宜行在宥，用拯疲羸。可取閏十二月十七日昧爽已前，應諸州管内州縣見禁囚徒，已結正未結正、已發覺未發覺，罪無輕重，咸赦除之。舍爵策勛，前王之令典；録功旌義，有國之常規。應收復青州將校兵士等，一自征行，再罹寒暑，頻親矢石，備歷艱辛，賊壘既平，秋毫不犯，雖已行頒賞，而更議甄酬，厚秩美名，我無愛惜。其將校自副兵馬使已上員僚並監押使臣並與加恩，十將已上各賜功臣名號，已有功臣者更宜改賜。自楊承勛納款歸明，楊光遠亦拜章請罪，朝廷務弘恩貸，而特與全生，既許自新，終懷憂悒，遂至疾作，以及亡身。雖悖逆之人，衆所憤怒，在君臣之分，朕實憫憐，斷棺戮尸，情所不忍。其楊光遠尸首許令骨肉收葬。楊承勛比從頑父，同作不臣，志力既窮，覆亡可待，而能轉禍爲福，全身保家，果傾向義之心，所謂見幾而作，宜加恩澤，以示獎酬。其楊承勛宜與起復，除授防禦使，仍加官秩，其一家骨肉並放罪。其弟承祚、承信已在哀制，放歸私第。烈火焚山，始識珪璋之性；嚴霜殞夜，方知松柏之心。適當危亂之時，乃見忠貞之節。故淄州刺史翟進宗清風凛物，貞骨凌秋，當光遠跋扈之初，被逆黨脅驅之際，而仗節守義，經死徇忠，終異叛徒，以及遇害，雖已行褒贈，而未稱朕懷，宜覃延賞之恩，仍示殊常之禮。其翟進宗靈櫬委本處類會本人骨肉加禮歸葬，葬事官給；其子仁欽可特授官資，補充東頭供奉官。去順效逆，頗蠹人倫；濟惡助奸，難逃國典。前登州刺史張萬迪，恩隆郡寄，顯受朝恩，不能事君盡忠，輒敢從人於亂，備彰逆節，須舉明章。其張萬迪宜從別敕處分，尚在寬宥，特免族誅，其骨肉並從釋放。國家兵士，恩澤頗隆，賞賜以時，衣糧甚厚。其中有凶惡之輩，輕狡之徒，不顧妻孥，輒背軍伍，如期僥幸，難逭嚴誅。其青州城下兵士有走投入賊城者，並令指揮殺戮，所有逐人骨肉宜從釋放。叛城既下，污俗宜新，同惡者皆就剿除，詭隨者並從停廢，其餘詿誤，宜示矜寬。其楊光遠下惡黨皆已梟首，所有隨幕賓從除已殺戮外，餘皆配送邊遠州府，常知所在，終身不齒，縱逢恩赦，不在放還之限。其在城及管內州縣鎮員僚將校曾被楊光遠脅從者，一切放罪。亡命之人，比來懼罪，所宜招諭，却復耕農。自楊光遠作叛已來，或有鄉村百姓接便遞相劫殺逃竄山林者，並皆釋放，仍委本處官吏明宣朝旨，招喚歸業；如敕命到兩月不歸者，復罪如初，當令擒捕，顯行刑戮，其莊田物業亦許力及人戶請射佃蒔。忠力之士，稟君命而不避危難；良善之人，入亂邦而橫遭迫脅。罹茲患難，實可憫傷。自楊光遠作叛之初，應有差去使臣非理而死者，如子孫量與量才叙用。攻圍之際，役使實煩，凡有區分，皆繫急速，稽緩者固當抵罪，辦集者豈惜酬勞？應青、淄、登、萊、兖、沂、密、鄆、齊、棣等州職員、州縣等曾部署輦運者，並與加階減選及轉官加職。軍旅所至，雖切戒嚴，營寨所經，寧無踐食？宜寬常賦，以慰編甿。自王師攻討逆賊，大軍下寨之處所有田苗桑棗應遭蹂踐砍伐，宜委本處官吏子細通檢，除今年見苗供輸外，來年夏稅並與放一半。其去青州三里內，更免今年秋夏殘租。興師動衆，勞費生靈，或則負畚鍤以從軍，或則徵輦運而赴役，疲於供命，不暇息肩，言念蒸黎，宜加優恤。應青州管內及鄆、齊、棣、兖、沂、密、等州諸縣人戶，自攻討已來差役科配頻並，其今年夏麥殘欠並沿徵錢物，並與除放。所有逃移戶口，宜令逐處長吏切加招携。青州城市居人等久經圍閉，頗是凋殘，楊光遠率彼資財，奪其糧食，至此餓殍，宜示憫傷。其在城見在貧民委本道以食糧賑恤，所有城內屋稅特放一年。應洞子頭及城下夫役有遭矢石致死者，宜令逐處長吏子細通勘，與放二年徭役。城郭之內，餓殍極多；墟墓之間，暴骨甚衆。方隆渥澤，豈限幽明？其青州城內餓死百姓及城外墳墓曾遭發掘者，並令本道掩藏埋瘞。於戲！亂常干紀，天地不容，負國欺君，人祇共怒。是知福善禍淫之道，信而有徵；孤恩背義之人，敗不旋踵。今則干戈少息，海岱已寧，凡在股肱，更思康濟，庶臻治道，同享升平。布告寰區,咸知朕意。”

(宋)王欽若等編纂:《冊府元龜》卷九四《帝王部》

開運二年正月辛亥,宴青州立功將校於永福殿,賜李守貞、符彥卿玉帶衣一襲、衣著、銀器、鞍轡、馬;都監王景崇、護聖厢主楊實、都指揮使靳霸等各等第賜金銀帶、衣服、匹段、銀器等。

(宋)王欽若等編纂:《冊府元龜》卷八一《帝王部》

少帝開運二年正月甲辰,以青州平,詔行營將校自副兵馬使已上,各賜功臣名號。是月,宴青州立功將校於永福殿,賜李守貞、符彥卿玉帶衣一襲、衣著、銀器、鞍轡、馬。散馬都監王景崇,護聖厢主王裔、楊實,都指揮使靳霸等各等第賜金銀帶、衣服、段匹、銀器等。

(宋)王欽若等編纂:《冊府元龜》卷一二八《帝王部》

少帝開運二年二月乙酉,敕曰:“契丹違天背惠,猾夏渝盟,無名侵犯於封疆,縱暴殺傷於生聚,毒流數郡,怒積群情,果敗衂於漳州,乃退歸於燕塞。今則長驅虎旅,誓滅胡塵,雪萬姓之沉冤,期四方之昭泰。每念蕃寇經過之處,邊隅陷沒之人,未掩僵尸,何安恨魄!軫傷既切,惠澤宜加。其常、定、邢、洺管界,蕃寇經過之處,枉遭殺害無主收葬者,宜令本州差大將一人,所在收瘞,量事祭奠,訖具事以聞。”

(宋)王欽若等編纂:《冊府元龜》卷一三五《帝王部》

(開運)二年五月丙申朔,御崇元殿,受朝。制曰:“堯仁御極,尚興丹浦之師;軒後承乾,亦有阪泉之戰。是知五材並用,王者不能去兵;四氣同功,天道不能止殺。朕自躬傳神器,勉徇人謀,戢干戈而寧耀武威,撫夷狄而但修文德。而契丹見利忘義,負約渝盟,大爲猾夏之災,屢肆窺邊之暴。須爲民而除害,遂將命以伐戎,駐五輅於大河,勞六師於極塞。賴乾坤祐助,社稷威靈,將相一心,貔貅戮力,致群凶之敗衂，血滿平川；使元惡之奔逃，魂消廣漠。今則朔陲稍静，中夏小康，宜上答於穹旻，俾特施於赦宥，用道和平之氣，適符長養之風。可大赦天下。開運二年五月二十一日昧爽已前，應三京鄴都諸道州府見禁囚徒，除十惡五逆、持杖殺人、强盗、官典犯贓、合造毒藥、屠牛鑄錢、僞行印信外，其餘罪犯，已發覺未發覺、已結正未結正，咸赦除之。諸色配流人，除終身勿齒並縱逢恩赦不在放還人及曾爲盗賊並自契丹内來諸色人已於諸處收管外，其餘配流人並常知所在者，並放歸。其開運二年正月一日後來配流人等，不在放還之限。兵戈之地，可料傷殘，惻隱之心，不舍晝夜，所宜優惜，用恤疲羸。應常定邢貝相并鄴都已北管界，自今年契丹犯境已來，有人户實經虜殺劫人者，所通檢到夏苗十分已令減放二分苗子，並沿徵錢物今更特減放一分。其今年徵正税錢物等，亦與十分内減放二分。行幸之時，往來之處，奉迎不闕，供億實繁，宜示渥恩，以奬勤效。應滑澶兩州迎奉車駕並沿路供頓官員職掌等，仰逐處具名銜申奏，當與加恩。出師已來，遇敵之處，忠烈之士，皆效命以衝鋒；行陣之間，遂捐身而報國。宜加延賞，用慰真魂。應北面行營將士等除已與加恩及第支賜優應給外，其有没於王事者職員，宜令逐處分折聞奏，當議超加褒贈，子孫已有官者當與叙用；其節級長行等如有親男堪充征行者，宜令逐處酌量配軍收管，支給衣糧。戎夷侵軼，驅脅吏民，雖陷虜庭，旋歸漢境，所宜慰納，以示綏懷。應近北沿邊州縣軍鎮官員職掌被契丹脅擁入蕃得便逃得歸來者，並放罪，仍仰切加安撫。睠彼易水，最處邊陲，經戎虜之攻圍，賴軍民之固守，將校齊一，生聚保全，念此忠勇，宜加旌賞。其易州被契丹圍逼之時應在州守把城池刺史官員職掌等，仰具名銜申奏，並與加恩。征討之際，饋運之民，不唯飛輓之勞，或有抄截之患，宜令存恤，用示優弘。應鎮、定、邢、洺先差隨軍運糧百姓偶有不回者，委逐處用勘，如有此色，其本户骨肉切加安撫，免三年差徭。俶擾之際，輕俠之徒而偶聚；盗於萑蒲，遂亡命於山澤。宜令招携，俾復農桑。訪聞鄆齊棣等州管界及河北諸縣百姓内，有昨因蕃賊入界接便爲非，今遇安寧怕罪未來歸業者，宜令逐處長吏遍行榜示告諭，所有今月一日已前罪犯，一切不問，宜令並放歸田業，各務營生，仍委縣鎮鄉村切加安撫，不得恐動；如告諭後過百日不來歸業仍前為惡者，復罪如初。逃背軍都，誠為極罪，誅夷家口，乃是常刑，將議寬矜，並從舍釋。應諸州府見禁及本營枷項並常知所在諸軍逃走兵士家口等，並宜釋放。場院積弊，官吏承寬，致課額之逋懸，勞朝廷之徵督。久淹刑獄，深軫予懷，爰示優容，俾令除放。其安邑、解縣兩池前催鹽使王居敏、王景遇，禁盤鹽欠折軍將兩界逋懸，累年禁繫，宜令三司各詳逐人所欠，如有人家業錢填納者，可與盡底據數納官，餘欠並本人並放；如有欠負錢物數內全無家業錢物填納者，宜與免死，配送邊遠諸處收管，仍永不得差使，所欠特放。河中府、雍、同、華、陝、虢等州管界內人戶，有欠王居敏、王景遇盤鹽腳價者，並特放。於戲！雁磧方秋，稍息烟塵之患；雞竿肆赦，是覃雷雨之恩。更賴文武大臣、中外宿德，或決策岩廊之上，或提戈軍旅之間，嘗膽為懷，摧凶是念，速除餘孽，共集殊勛，克致澄清，永銷氛穢。仍遣赦書日行五百里，敢有以赦前事相擾告者，以其罪罪之。布告遐邇，當體朕懷。”

（宋）王欽若等編纂：《册府元龜》卷九四《帝王部》

少帝開運三年二月，詔：“自冬徂春，稍愆雨雪，掩骼埋胔，必契陰靈，將召純和，宜藏暴露。宜令所在長吏，依此掩藏，仍付所司。”

（宋）王欽若等編纂：《册府元龜》卷四二《帝王部》

少帝開運二年春，誅青州節度使楊光遠部下指揮使張迴等五人。時光遠叛命，帝以戎事方興，慮其扇搖故也。

（宋）王欽若等編纂：《册府元龜》卷一五四《帝王部》

少帝，諱重貴。

（宋）王欽若等編纂：《册府元龜》卷三《帝王部》

晉少帝，高祖從子。天福元年，為北京留守。二年，授開封尹。

三年,封鄭王,俄加同平章事。六年,高祖幸鄴,十二月以帝爲廣晉尹,封齊王。七年六月,即皇帝位。

（宋）王欽若等編纂:《册府元龜》卷一一《帝王部》

殺狐林

契丹主怒晉少帝不取我命,擅登皇極,自將南下,執少帝並母后、大臣而歸。至鄴西愁死岡得疾,至欒城殺狐林而死。岡者,本陳思王不爲文帝所容,於此悲吟,號思岡,訛爲愁死。殺狐林,村人林内殺死一狐,因以名之。

（宋）曾慥:《類説》卷一二《記異録》

契丹怒石晉

駐輦轂久之,誅張彥澤,怒其不忠也。責少主,爲其無信也。夏漸逼,欲歸塞北,臣下留之,亦怒,欲誅晉臣。馮道曰:“夏則處北京,秋則住南京。”遼主大喜,遂北轅矣。

（宋）曾慥:《類説》卷一九《見聞録》

容易郎君

晉少主志於富貴,才進姓名,即問幾錢,拜官賜職,出於談笑。倖臣私號“容易郎君”。

（明）陶宗儀:《説郛》卷六一《清異録》

(4) 後漢

後漢高祖睿文聖武昭肅孝皇帝,太原人,姓劉氏,名暠,初名知遠。契丹入中國,以丁未即皇帝位於晉陽,繼遷於汴,在位二年。戊申崩,壽五十四。

改元一。乾祐二。

隱帝,名承祐,高祖第二子,封周王。以戊申嗣立,三年庚戌,郭威擁兵犯闕,遇弑,壽二十。

右，後漢二帝，共四年，首丁未，盡庚戌。

（元）馬端臨：《文獻通考》卷二五〇《帝系考一》

漢高祖晉天福八年鎮太原，奏："以太原往例，每年差人押送葡萄往北朝，今年伏候敕旨。"晉少帝有詔罷之。高祖曰："此土産常物，廢而不行，必啓戎心，以生怨也。"又十一年八月，朝廷以前遣李守貞、皇甫遇、張彦澤再援糧入易、定，彦澤與契丹騎衆相逢，逐行四十里，獲酉領諧里相公首級。帝有表入賀，因謂僚佐曰："兵者凶器，戰者危事，朝勝夕負，何常之有？今常、定，内地也，朝廷不能分置屯田，課民種植，俟秋早獲，清野以待，何須多備兵幕，招冦引敵。馳鬥是戎人所長，堅守乃爲我之利，伺隙待變，平之非晚。今半歲之中，命將兩出，翻爲敵騎所誘，自取其困，何謀之不審耶？吾恐得其小捷，而有後衄，諸君其志之。"

（宋）王欽若等編纂：《冊府元龜》卷四六《帝王部》

漢高祖，顯祖之子。初仕後唐明宗，列於麾下。晉高祖爲梁軍所襲，馬甲連革斷，帝輙騎授之，取斷革者自跨，徐殿其後，晉高祖感而壯之。明宗踐祚，晉高祖爲北京留守，以帝前有讓援之力，奏移麾下，署爲都校。應順初，閔帝出奔，與晉高祖會於衛州，謀欲害之，帝率衆盡殺閔帝左右，遂免於難。末帝清泰元年，晉高祖復鎮河東。三年夏，移鎮汶陽。帝勸其舉義，贊成密計，晉高祖以帝爲北京馬步軍都指揮使。及契丹以全軍赴難，大破張敬達之衆於晉陽城下，有降軍千餘人，帝盡殺之。天福元年晉國建，授侍衛馬軍都指揮使、權點檢隨駕六軍諸衛使，尋改陝州節度使，充侍衛馬步軍都虞候。二年八月，改許州節度使。三年十月，授侍衛馬步軍都指揮使。十一年，移宋州節度使。十二月，加同平章事。五年三月，改鄴都留守。六年七月，授河東節度使。朝廷以常山安重榮狂悖漸露，招致退渾白承福等，在五臺山北，以拒契丹爲名。晉高祖患之，召漢高祖，賜宴，密戒曰："北門，吾豐沛之故宅也，今内有凶竪，勾引近塞部落，與朝廷生事。吾今將幸鄴州，以并州爲巨屏。遍揣大臣，非公不可作鎮。當與李德珫交致，宜勉是行，副倚屬也。"十月，退渾白承福與部族來歸。始晉高祖以前月有詔，委帝招誘，退渾節度使白承福等遲疑未決，因使人謂之曰："契丹強盛，方與同盟，聖上已曾割隸，公合自守部落。安重榮將圖不軌，朝夕敗亡，天下之人已共弃矣。況朝廷明有告諭，便可速來，無待臨以兵威，南北無向，差之毫釐，悔無及矣。"承福等懼，遂歸命焉。帝優以繒帛米糒，奏於河東安置。而重榮以遣記室盧陶傳檄遠近，以退渾、達靼契苾同起爲名，至是無一人赴者。大摧其勢，皆帝之謀也。七年正月，加侍中。八年三月，加中書令。開運元年正月，契丹南下，虜主以大軍直抵澶州，遣蕃將偉王率兵入雁門。少帝以帝爲幽州道行營招討使，大破偉王於忻口。三月，封太原王。七月，兼北面行營都統。二年四月，封北平王。三年五月，加守太尉。九月，契丹犯塞，帝親率牙兵至朔州南陽武谷，大破之。四年正月，虜王入東京，諸侯皆附焉，帝亦遣使送款，紿云有疾，知邪律氏恃勝傲下，使漢兵飢寒，縱蕃騎暴橫蹂踐，鄭、滑、曹、濮百姓爲之一空，必華戎相厭，主客生變，可坐而圖也。繼發副使白文珂奉以纖繒、名馬，密偵所爲。邪律氏亦以帝觀望不動，生猜貳焉，即以虜通事高唐英領安陽，耿崇美領上黨，僞侍中崔廷勛赴河橋，且欲扼太原之冲也。帝由是偃戢旗鼓，但示弱而已。左右或勸帝曰："契丹敗漢法，而人心已搖，可議進取之計。"帝曰："夫兵法有急擊而破敵，緩守而成功者，隨時消息，不可失也。今北虜降我軍十萬，入據京邑，內未有變，其可輕議者哉！且犬羊之性，貪而好利，利飽必去，是其常也。況冰雪已消，虜畏其熱，蓄鋭待時，理將未晚。"時潞府連帥張從恩遣使謀於帝曰："某以勢迫懷洛，欲詣虜帳，去之與住，一稟明公。"帝遣回使答曰："我以一隅之地，敢抗天下之大乎！君其行之，當繼往矣。"從恩以爲誠，而帝甘言多此類也。少帝北遷，二月，河東行軍司馬張彥威與文武將吏等以中原無主，帝威望日隆，群情所屬，三上箋勸進。是月辛未，於太原宮受册，即皇帝位。帝謂群臣曰："帝王稱謂，孤已迫於群情，而遜避無所。其國號正朔，未忍遽改。"由是降制，以少帝開運四年改稱晉天福十二年。遣都督史弘肇率兵討代州，平之。是月，權晉州兵馬留後張晏洪、權陝西留後趙暉、權潞州留後王守恩並上表歸順。二月，權延州留後高允、權丹州都指揮使高彥珣並以城歸命。是月，虜主還本國。四月，卒於鎮州之欒城。五月丙申，帝發河東，取陰地關路幸東京，偽汴州節度使蕭翰迎郇國公李從益知南朝軍國事。戊申，帝至絳州，刺史李從朗以郡降。六月丙辰，至洛，兩京文武官僚自新安相次奉迎。詔賜從益死。甲子，遂至東京。

（宋）王欽若等編纂：《冊府元龜》卷八《帝王部》

漢高祖開運四年二月辛未，即位於北京，猶稱天福十二年。是月戊寅，以內外府庫賞犒諸軍將士有差。甲午，賜北京管內郡縣官員職掌各加階級。乙酉，北京管內及諸道相次有前資官六千七百人詣闕稱賀，帝面加賚以遣之。

（宋）王欽若等編纂：《冊府元龜》卷八一《帝王部》

漢高祖以晉開運四年二月即位於晉陽宮，稱天福。十二年五月辛亥，至陝府，釋管內禁繫罪人。

（宋）王欽若等編纂：《冊府元龜》卷九五《帝王部》

（天福十二年）六月甲子，至東京。戊辰，赦曰：“王者興膏雨之師，所以蕩瑕穢，下哀痛之詔，所以吊傷夷。朕頃自晉朝，俾乂并土，屬戎夷兆亂，致干戈日尋，每懷如燬之憂，常竭扶顛之力。旋以金行失馭，天驕縱暴，北陷河塞，南逾官渡，盜據宮闕，凌辱衣冠，蹂踐我京畿，虜劉我生聚，田不易壠，人不聊生，犬羊布於四郊，腥穢聞於千里。人既思主，朕實疚心，遂乃建彼義旗，整斯戎輅，雪萬民之枉抑，期九土之和平。求理之端，惟刑是恤，況時當養物，仁在好生，爰覃解網之恩，用廣泣辜之道。應天福十二年六月十五日昧爽已前，諸道州府見禁人等已結正未結正、已發覺未發覺，除十惡五逆外，其餘罪無輕重，咸赦除之。三司地征，六營軍費，素懸數額，皆有限程。但以兵革屢興,旱蝗相繼,蓋督吏不能開許,致疲民無以供輸,苟不蠲除,轉成困弊。天福十一年已前諸道州府應係殘欠稅租,並特除放。朕昨夙駕河汾,薄狩陝虢,泊及京邑,周覽神皋,禾黍廢爲閒田,墻屋毀爲平地,凄傷滿目,指顧傷心。且農夫不耕,廩食何取?蠶婦不織,府帛何輸?言念流離,諒宜矜恤。況朕頃在藩翰,備諳稼穡,自臨大寶,首念蒼生,常久困於蕃戎,欲盡蠲其租賦。又以干戈未弭,士馬方繁,月無見糧,歲無常給,特於經費,須此減除。其東西兩京畿内遭契丹蹂踐暴苦處,人牛俱喪,蠶麥不收,雖近復田園,固無可輸納。其東西兩京一百里内今年夏稅及沿徵物色,並與蠲放;其一百里外曾有契丹經過劫掠之處,委本處官吏躬親恤問,如實被契丹蹂踐不虚,其今年夏稅大小麥苗子,沿徵物色等各放一半。其京城内先遭張彦澤明行拷捶,劫掠資財,兼被契丹毀折屋舍,括率緡錢,爰屬艱危,並罹殘虐,爰符望幸,用慰來蘇。其京城内今年廛稅與減一半。雨露之恩,豈宜有間?文武之吏,咸與維新。應内外臣僚及京百司,並諸官吏、將校等各具名銜申奏,當與加恩。應有契丹除授諸道節度、觀察、防禦、團練使、刺史及令録賓僚將吏等,並各安職任,不議改更,勉思共理之規,更俟維新之命。或曾經謫官,又念投荒,苟亡惻隱之恩,何示照臨之德?應已前貶降官未量移者當與量移,已量移者便與叙録。應該徒流者與放還。近因獮狩猖狂,萑蒲充斥,交相劫剽,不問官私,遂令王事之人,空有係官之數。應屬省務局錢穀曾經契丹及草寇般擎處,據已勘到實數,仰三司具指實條奏,當議别有指揮。應係欠省司錢物,尚令逐處徵催,全放則因便生奸,加罪則困窮可憫,宜下三司,據見有家業抵當外,如實無充折者,特貸餘生,更無任使。亡命不逞之徒,殘民蠧物之類,或隱藏山谷,或畏懼典刑,及今日已前結集爲非者並不問罪,仍令所在長吏丁寧曉諭,如願在軍都者量材安排,如不願在軍都者即任歸農業,與限兩月,明示招携。如限滿依前結集爲非,不議寬恕,即嚴加捕捉,復罪如初。浚都重地,汴水名區,控襟帶於八方,便梯航於萬國,眷言王氣,允稱皇居。其汴州宜仍舊爲東京,朕以肇興寶曆,克嗣炎精,遐追雍洛之宏規,仰仗高光之盛烈,其國號宜改爲大漢。朕始事晉,以至開國,雖易服建號,固有通規;念舊懷恩,未忍改作。其年號仍舊稱天福。於戲!帝王之道,亭毒爲先;黃老之言,清净爲本。用示滌瑕之典,宜敷作解之恩,矧惟臨馭之初,方屬艱難之運,當欲盡除疾苦,漸致康寧,用遵置器之方,庶減納隍之慮。凡在遐邇,宜體朕懷。"

（宋）王欽若等編纂:《册府元龜》卷九五《帝王部》

漢高祖以晉天福十二年即位。時司天監趙延乂,冬官正吳正己、徐延浩等,進來年曆日,賜器皿、繒帛有差。星官有禄給進曆日,職也。前代太史預言氣象、水旱、灾變,使國有備,可賞之矣。至於中秋,老人星見,日月薄蝕,皆常事也。賜賞非其時,況曆日乎。

（宋）王欽若等編纂:《册府元龜》卷一八〇《帝王部》

漢高祖以晉開運四年二月即位,稱天福十二年。至六月,詔曰:"古者詢芻蕘之言,探歌詩之諷,冀求利病,以省是非。況濟濟盈朝,蹇蹇就列,懷才抱器,博古知今。苟無弘益之辭,曷表翊扶之力?起今後,文武百僚每遇後殿起居日,仰具利濟,上章以聞,次第循環,周而復始。嘉謀嘉猷之告,庶得聞知;可久可大之規,期於曉達。亦聆此事,向來已行,但率皆浮言,鮮克忠告。良由時或拘忌,人有依違,遂使急務慎於指陳,浪語盈於章奏,有名無實,阿旨取容。今則不然,所宜改作,凡有封事,並可直言,無用飾辭,務存確論,輔此不逮,稱朕意焉。"

（宋）王欽若等編纂:《册府元龜》卷一〇三《帝王部》

（開運四年）六月甲子,至東京。戊辰,大赦。内外臣僚及京百司並諸道官吏將校等,各具名銜申奏,當與加恩。

（宋）王欽若等編纂:《册府元龜》卷八一《帝王部》

（天福十二年）十月甲申,北巡至韋城。制曰:"自古聖帝明王,開基創業,輯寧庶匯,康濟四方,行寬大之恩,不遺遐邇,布含弘之德,無隔華夷。頃屬前朝季年,中原失馭,蒸黎板蕩,寰縣分離,寰區多戎虜之鄉,宮闕作腥氈之地,百萬之生聚俱陷虎狼,數千里之人烟頓成荊棘。朕屬兹多難,思庇生民,憫晉祚之覆亡,憤胡塵之紛擾。由是痛心疾首,躍馬提戈,慕大業於高光,起義師於汾晉。匈奴運盡,魁首天亡,殘孽遺妖,奔巢走穴。繼平凶醜,再造乾坤,盡復諸華,不失舊物。顧惟眇質,獲荷寵靈,怵惕於懷,憂勤在念。朝野亂離之後,國家開創之初,每慮德澤未優,照臨尚狹,懼一夫之不獲,恐一物之乖宜,思濟艱難,靡遑宵旰。大河之北,易水之南,久困兵戈,聚成瘡痍,男孤女寡,十室九空,念此興懷,潸然出涕。近者北地州府,相次歸明,睹千里之坦夷,顯群心之忠順。今則方當展義,爰用省方,宜弘及物之恩,用廣惟新之澤。應鄴都管內及邢、洺、慈、相、衛、鎮、深、趙、具、冀、博、滄、景、德、易、定、祁、泰等州管內,應見禁罪人,取十月五日昧爽已前,已結正未結正、已發覺未發覺,常赦所不原者,咸赦除之。自契丹爲患已來,逆虜所至之處,劫掠之外,殺害實多。方布仁慈,豈限存歿?應河北曾經契丹殺害處所有無主骸骨,並仰所在長吏勤加指揮,收斂埋葬。其有官員將吏歿於王事及曾被契丹脅從指使返遭殺害者,並可搜訪逐人子孫及親嫡骨肉,具名聞奏,當與量材任使,必令存濟。舍過録功,方務含垢;逋亡服叛,惟切推誠。契丹節度使麻答見在定州,自前曾輸款誠,欲來歸順,已降詔諭,想計聞知,當俟傾心,別加殊渥。幽燕瀛莫,舊屬蕃戎,惟彼生靈,久遭屈辱,近知軍民憤激,志願歸明。苟能密設機謀,審圖禍福,必然成事,終享功名。上郡雄藩,當用酬奬。鎮州殺僇契丹之時,軍人百姓並立勛效,其軍都將校員僚已行恩澤;訪知百姓鬭敵之際死傷甚重,聽聞已來傷嘆尤切,其逐人本家宜令本道常加優恤。向者有漢地諸色人員隨契丹,比未能歸還,去國離鄉,益加憫念,其本人骨肉仰所在存恤,倍加安撫。先有諸色人曾伏事著契丹官員者,一切放逐,穩便所在,不得動搖。於戲! 上天悔禍,黔首愛生,敢忘兢慎之心,冀合升平之運。凡在黎庶,當體朕懷。"

(宋)王欽若等編纂:《册府元龜》卷九五《帝王部》

乾祐元年正月乙卯，大赦，改元。應扈從鄴都文武臣僚及諸軍將校並在京都署巡檢官員職掌、諸軍將校等，除已行恩命外，所有未曾加恩者，宜令中書門下條舉聞奏。兼鄴都已來緣路州縣迎奉大駕供饋宿頓糧草無遺闕處，其職掌及州縣官吏並與等第甄錄。

（宋）王欽若等編纂：《册府元龜》卷八一《帝王部》

乾祐元年正月乙卯，制曰："昔我藝祖神宗，開基撫運，以武功平禍亂，以文德致昇平，澤潤生民，慶流長世，淳耀之德不泯，延洪之業無窮。肆予冲人，猥集大命，荷上穹之眷祐，揚列聖之耿光，底定四方，奄有萬國。纘堯承緒，欽若永圖；嗣夏配天，不失舊物。乃者有晉失馭，羯賊亂常，蛇虺肆毒於寰區，豺狼暫穴於宮闕，虔劉我生聚，俘掠我吏民，戎馬所經，人烟殆絕，海內無主，天下騷然。朕方在躍潛，遇兹屯難，秉旄誓衆，憤其家國之仇；冒暑出師，雪彼生靈之怨。皇天后土，悔禍誘衷，胡虜喪亡，遼羯潰亂，腥羶屏氣，屬縣歸心。按六轡而嚴屬車，克寧西道；走空函而飛折簡，遂定中州。旋以王業尚難，魏郊斯梗，當思康濟，爰議省巡。一方既静於烟塵，九野漸期於清晏。今則已旋魏闕，正屬王春，三陽布和，四序更始，便宜宣德澤，以順發生。紀號易年，式顯鼎新之祚；宥過懋德，載覃渙汗之恩。可大赦天下，改天福十三年爲乾祐元年。自正月五日昧爽已前犯罪，除十惡五逆外，罪無輕重，已發覺未發覺、已結正未結正，咸赦除之。諸貶降官未量移者特與量移，已量移者與復資叙用。諸色配流人，並放還鄉里，其除名不齒者，量與叙錄諸處散闕。場院官自前有因由欠折即目並無抵當灼然無可徵督者，宜令三司勘覆聞奏。豐阜之道，耕種爲先，宜伸勸課之條，以重衣食之本。應天下户口夏税，見供輸頃畝税賦外，一人任户開墾荒地及無主田土，五年之内不議納税。亦聞自前有此指揮，始即許其開耕，旋乃却行檢括，既非誠實，顧失緝綏。朕以化理域中，信敷天下，必無改易，庶廣耕桑，宜令所在長吏明行曉示。自中原板蕩，編户瘡痍，凶歉薦臻，逋逃未復，加以徵賦煩重，差配頻仍，言念疲羸，宜伸撫恤。比聞州縣調役，未甚均平；秋夏供輸，不依條制。生靈受弊，胥吏成奸，宜儆尤違，俾循軌度。所有逐處戶口，宜令觀察使、刺史、縣令設法招緝，除宣省指揮外，不得非理差配。其合充色役人戶，不許官吏州縣影占，務均苦樂。其秋夏輸納，只依朝廷指揮受納，不得有加耗取覓。若或差人，察訪不虛，其主者監官必加深罪。更在藩侯郡牧，共理分憂，嚴設科條，以副委任。一昨親征鄴部，暫駐野營，周覽鄉川，備觀凋瘵，所宜優恤，以召和平。其鄴都四面人戶去城三十里內，所有天福十二年賦稅並緣徵一物以上並可特放。其無主破毀墳墓，仰差官吏如法掩瘞。兵荒之際，寇盜連群，自朕始及京師，以宣赦宥，尚聞結集，未復家園，豈非告諭之未嚴，慰撫之未至？今則陽春資始，東作將興，雨雪及時，耕桑有望，所宜各歸營養，自取安全。式敷在宥之恩，載啟自新之路。應諸處有前自爲非惡迹之人，一切放罪不問，便可安家樂業，各歸營農，所在不得動搖。赦書到後，仍與限一月，若不歸本家，復罪如初，當令緊切擒捕，心無矜恕，仍別有條理指揮。恭惟列祖園陵，諸聖祠廟，桑田變海，當時之弓劍猶存；精爽在天，終古之威靈不泯。載惟追感，誠切永懷。其雍州、西京及諸州府應有諸帝陵廟，仰所在修奉，務令完葺。國家大事，惟祀與戎，苟蘋藻之不虔，則神祇之安享？起今後凡有祠祭所供用之物，務在豐潔，宜令有司精細點檢。向者羯虜亂華，或有抱幽冤而沒地；王師薄伐，或有徇忠節以殞身。念彼遺魂，宜覃霈澤。自國家舉義已來，應有將校臣僚沒於王事及晉朝臣僚枉遭契丹屠害者，並與追贈；如已追贈爵秩未高者，更與贈官，仍令搜訪子孫，量材敍錄。朕昨展義省方，討違伐叛，適當平定，且錄勤勞。應扈從鄴都城下內外文武臣僚及馬步諸軍將校，並在京部署巡檢官員、職掌諸軍將校等，升除已行恩命外，所有未曾加恩者，宜令中書門下條舉聞奏。兼鄴都以來沿路州縣迎奉大駕，供饋宿頓糧草無遺闕處，其職掌及州縣官吏並可等第甄錄。天下名山大川、聖帝明王、忠臣烈士祠廟墳墓，委所在量事修葺。自唐莊宗後來，應有文武大臣功德昭著者，其凌替子孫量與敍錄。其有先曾仕契丹並有骨肉見在契丹者，其本人本家所在切須安存，不得妄有恐動。朕昔在藩邸，頗熟臣僚文武之才，嘗備觀其梗概方員之用，宜更察於精微，俾取質於衆多，庶無遺於後造。應文武常參官仰準唐建中年故事，上任後三月表舉一人自代。軍國之費，務在豐財，關市之征，資於行旅，所宜優假，俾遂通流。應天下商旅往來，所在並須饒借，不得妄有擾勒。卑宮菲食，前代之令猷；革舄綈衣，哲后之明德。至於損上益下，惜力愛人，冀息煩苛，漸期富庶。所有乘輿服御、後宮費用、太官常膳，一切減損。在京及内諸司並天下州府，除應奉軍期急切外，其餘不急之務，非理營造，並皆停罷，免致勞役。徵聘丘園，免遺邦彦；恢張名教，俾厚人倫。應有蘊蓄器能、精通理道、文理該博、武略縱横而退遁於家、高尚其事者，委所在訪尋，當俟徵用。義夫節婦，孝子順孫，仰具聞奏，即議旌表。於戲！創業惟難，守成非易，敢忘馭朽，思致偃戈，更賴文武股肱藩后同心康濟，勠力弼諧，永冀隆平，共臻仁愛。凡在戴履，宜體朕懷。敕書有所未該者，委有司舉奏。敕書日行五百里，敢以赦前事言者，以罪罪之。"

（宋）王欽若等編纂：《册府元龜》卷九五《帝王部》

漢高祖，姓劉氏，其先本沙阤部人也。四代祖湍，追尊爲明元皇帝，廟號文祖。曾祖昂，贈太保，追尊爲恭僖皇帝，廟號德祖。祖僎，贈太傅，追尊爲昭獻皇帝，廟號翼祖。考琠，事後唐武皇爲列校，贈太師，追尊爲章聖皇帝，廟號顯祖。高祖即顯祖之子，母曰安氏，追謚爲章懿皇后。高祖仕晉，爲河東節度使、太尉兼中書令，封北平王。開運四年正月，晉少主爲耶律氏所陷。二月，高祖即皇帝位於太原，稱天福十二年，五月至東京，在位二年，年五十四。第二子周王立，是爲隱帝，母曰李太后，在位三年，禪於周。漢自高祖丁未歲建國至庚戌，凡二代，二主，共四年。

（宋）王欽若等編纂：《册府元龜》卷一《帝王部》

漢高祖，本名知遠。即位初，前邠州節度使折從遠改名從阮。

（宋）王欽若等編纂：《册府元龜》卷三《帝王部》

漢高祖面紫色，目睛白多而有光彩，識者睹之，咸曰："非人臣相也。"

（宋）王欽若等編纂：《册府元龜》卷四四《帝王部》

漢高祖初自汴北回，陷相州，殺留後梁暉，遂屠其城。翌日，北去命高唐英鎮之。唐英閱城中遺民，得男女七百人而已。乾道中，王繼弘鎮相州，於城中得髑髏十五萬。殺人之數，從可知也。

（宋）王欽若等編纂：《册府元龜》卷九九七《外臣部》

隱帝以乾祐元年二月辛巳即位。癸巳，大赦。應中外文武臣僚將吏各加恩寵，其馬步諸軍兵士等各加賞給。

（宋）王欽若等編纂：《册府元龜》卷八一《帝王部》

隱帝以乾祐元年二月辛巳即位。癸巳，制曰："古先哲王，繼天御物，必有大造，被於生民，故能流餘慶於子孫，保永圖於宗社。我國家本惟堯之洪緒，襲有漢之耿光，曆數有歸，謳歌所屬。先帝乘時出震，應運開國，爰在初潛，適丁難否，妖孽盜居於宮闕，腥羶肆毒於寰區，血肉黔黎，荆榛赤縣。由是建靈旗而指敵，仗黄鉞以誓師，逐捕寇於龍荒，救含生於虎口。遺身利物，功德契於三靈；以欲從人，潤澤流於八表。大統既集，仙馭俄遷，號慕終天，殞越無地，肆予小子，獲纂丕基，上承顧命之嚴，下迫群臣之請，遺弓如昨，仍幾具存，瞻巙屺以推心，處苦廬而瀝血。而文武庶尹，將相大臣，連上封章，請臨政事，固拒雖切，敦勸彌堅。蓋負荷於眇躬，復祗膺於永命，諒難固執，須强荒羸，恭己視朝，載惟感咽。向明而治，始聽斷於萬幾；作解之恩，宜昭宣於四海。可大赦天下。取二月十三日昧爽已前，所犯罪有已結正未結正、已發覺未發覺，罪無輕重，常赦所不原者，咸赦除之。諸左降官未量移者與量移，已量移者與復資，已復資者與叙用。應諸有盜賊處，宜準今年正月五日所降恩赦放罪招携，宜令所在長吏更切曉諭招唤，各令歸業安家營養，並不問以前違犯，仍倍加安撫。文武臣僚，侍衛將士，赤心爲國，勠力勤王，盡節盡忠，同心同德，輔翊先帝，推戴冲人，言報忠勞，宜伸渥澤。應中外文武臣僚將吏各加恩寵，其馬步諸將軍兵士等各賜賞給，已從別敕處分。尚念國家多事，帑藏尚虛，賜賚未優，良深愧意。兵火之後，灾沴相仍，編户傷殘，比屋貧弊，重以科徭未息，輸歛不時，言念瘡痍，宜伸蠲復。天福十二年終已前，殘欠秋夏税賦及和糴沿徵一物已上，並特放。所有遍經灾沴處，開封府、滑、曹、鄆、宋、亳、單、潁、徐、宿、兗、沂、密、孟、鄭、懷、衞、澶、濮等州並濮城，四面三十里内共二十處，除已放去年殘税外，宜更加軫恤。其今年夏麥苗子，於舊額上特與放免一半。頃經戎虜，所在驚騷，於場院課程州府管係，既有陷失，宜示矜蠲。應州府縣鎮遭契丹草寇及軍都更變驚却，兼有搬送綱運已離本處，沿路遭劫奪諸色錢帛一物已上，兼天福十二年六月終已前，諸州府鹽麴商税鐵冶不敷課利及主持錢物糧草柴蒿敗闕欠折等，一切特與除放，其主事人員亦放罪。其有契丹犯闕之時，諸州府有危疑之處，分差兵士守把城池，逐急將係省錢物充兵士優給犒設。諸道州府有去年六月終已前，全分支却將士春冬衣賜及諸色諸受自來累行徵納者，並與檢驗除破。先是諸州府被契丹率配到錢物逐處差人管押送納有欠折者，勘驗指實，並與除破。天福十二年六月終已前，逐處收刈到芻草積年損爛及欠少處，並令除放。孝治之道，不獨其親，况推許國之忠，俱享承家之慶，感霜露者宜覃渥澤，奉晨昏者亦示寵章，立身揚名，於斯爲美。在朝文武臣僚内諸司使及侍衛諸軍都虞候已上、諸道節度防禦團練刺史，並見任節度副使行軍司馬藩方馬步軍都指揮使，父母、祖父母見存者，並與加恩；亡歿者並與追贈、追封；已追封、追贈者，更封贈。《禮》稱助祭，《詩》美作賓，誠歷代之嘉猷，蓋近朝之闕典，興衰繼絶，宜舉舊章。其唐晉兩朝可求訪子孫訪立爲二王後。州縣之職，朝廷命官，既曠事者有懲，豈奉公者無勸？諸處令録主簿在任顯有殊績善於勸課招輯徵科静辦者，委所在具以名聞，當加優獎。仍以時經多事，民未小康，每念疲羸，倍懷軫惻。天下州縣户口除宣省指揮外，不得輒有科配徭役，如合充色役者，並須定奪，允當其力。及大户並不得諸處投名影占,稍違科條,當舉典憲。古者慮政教之紕繆,詢理道於蒭蕘,蓋欲使外事不壅於中,下情得通於上,言路既廣,頌聲則聞,況在纘承之初,實繫忠讜之説。內外臣僚如有所見便於時政者,可直言得失無所隱。任賢勿二,得士者昌,仰稽聖謨,敷求時彥,訪諸貞遁,庶無遺才。天下有賢良方正、文才武略不求進達處於沉滯者,仰所在搜訪以聞,名實相得,當加擢任。於戲! 建邦撫運,念創業之維難;繼統承基,知守文之不易。纘紹惟重,憂思匪寧,所賴列辟宗臣,元勛舊德,股肱王室,保佑朕躬,共致扶持,庶無失墜。爰覃霈澤,用洽中區,凡在照臨,當體予意。”

（宋）王欽若等編纂:《册府元龜》卷九五《帝王部》

（乾祐）二年正月乙巳朔,制曰:“朕以眇躬,獲纘洪緒,念守器承祧之重,懷臨深履薄之憂。屬以縣道猶艱,王室多故,天降重庆,國有大喪,奸臣樂禍以圖危,群寇幸災而伺隙,力役未息,兵革方殷。朕所以嘗膽卧薪,廢食輟寢,雖居億兆之上,不以九五之尊,漸冀承平,永安遐邇。內則稟太后之慈訓,外則仗多士之忠勛,股肱叶謀,爪牙宣力,西推三叛,撫其背而扼其喉;北挫群胡,斷其臂而折其脊。次則巴邛嘯聚,淮海猖狂,纔聞矢接,鋒交已見,山摧岸沮,寇難少息,師徒無虧。兼以修奉園陵,崇建宗廟,右賢左戚,同寅協恭,多事之忠,大禮無闕,負荷斯重,哀感良深。今三陽布和,四序更始,宣申兑澤,允答天休,恤獄緩刑,舍過宥罪,當萬物之孚甲,開三面之網羅,順彼發生,以召和氣。應乾祐二年正月一日昧爽已前,天下見繫罪人,除十惡五逆、官典犯贓、合造毒藥、劫家殺人、賊黨正身外,其餘犯人及關連並放。如河中府李守真、鳳翔王景崇、永興趙思綰等,比與國家,素無釁釁,偶因疑懼,遂致叛違,所以命將陳師,徵辭問罪,止期旦夕,必見功收。然以彼之提封,朕之黎庶,久陷孤壘,可念非辜,易子折骸,填溝委壑,爲人父母,寧不軫傷? 但以屈己愛人,先王厚德;包荒含垢,列聖美談。宜宏濟物之恩,用廣好生之道。其李守真、王景崇、趙思綰等,宜令逐處都部署分明曉諭,若能翻然順歸,朕並待之如初,當保始

終,享其富貴。明申信誓,固無改移。其或不認推誠,堅欲拒命,便可
應時攻擊,克日蕩平。候收復城池,罪止元惡,其餘詿誤一切不問。
仍預告諸軍破城日,不可殺人放火。諸處草寇等抛弃耕農,聚集林
藪,晝伏夜動,害物殘人。前後累令剪除,繼行招諭,尚恐疑懼,特示
寬恩。如能改過知非出來陳首者,應已前所有爲非,一切不問,宜令
逐處節度、刺史及巡檢使明行曉示,宜達朝廷恩旨,冀其歸業,常切撫
安,不得信任節級所由衷私怨慟。重念征討已來,勞役尤甚,兵猶在
野,民未息肩,急賦繁徵,財殫力匱,矜恤之澤未暇於疾羸,愁嘆之聲
幾盈於道路。尚以軍旅未息,帑廩無餘,猶稽蠲復之恩,空懷愧憫之
意。即候邊烽少弭,國患漸除,當議優饒,冀獲蘇息。諸道藩侯郡守
等咸分寄任,共體憂勞,更宜念彼瘡痍,倍加勤恤,究鄉閭之疾苦,去
州縣之煩苛,勸課耕桑,省察冤濫,共恢政理,用副憂勞。凡百臣僚,
當體朕意。"

（宋）王欽若等編纂:《册府元龜》卷九五《帝王部》

漢隱帝乾祐元年四月庚辰,敕青州收瘞用兵討楊光遠時骸骨。
癸卯,敕:"三京、鄴都諸道州府,自北虜入寇,群盗劫傷,所有被殺暴
露骸骨及墳墓被發掘者,並令逐處長吏,據地分收拾埋瘞。"初,契丹
犯闕,四郊墳墓,無不發掘,故有是詔。

（宋）王欽若等編纂:《册府元龜》卷一三五《帝王部》

乾祐元年敕曰:"朕祗膺景命,肇啓鴻圖,適當建號之初,宜舉正
名之典。夫名以制義,義以出禮,禮以體政,政以養民。載考格言,抑
有彝訓,顧性寡昧,敢忘率循? 但君父之名,貴於易避;臣子之敬,難
以斥尊。苟觸類以妨言,必迂文而害理。況宗廟方建,禋祀匪遥,祝
嘏將期於正辭,稱謂所宜於稽古。爰從改革,庶叶典章。凡百臣僚,
當體朕意。今改名爲昺,故兹札示,想宜知悉。"

（宋）王欽若等編纂:《册府元龜》卷三《帝王部》

（乾祐）三年正月丙寅，詔：“遣供奉官梁再筠使河中，侯樞使鳳翔，並爲收拾用兵時城内外殺傷餓殍遺骸，令瘞而祭之。”時已有僧收拾尸首至二十萬。

（宋）王欽若等編纂：《册府元龜》卷一三五《帝王部》

少帝，諱承祐。

（宋）王欽若等編纂：《册府元龜》卷三《帝王部》

漢隱帝，高祖第二子。天福十二年，高祖踐祚，以帝爲左衛將軍、檢校司徒，尋爲大内都檢校太保。乾祐元年二月辛巳，授帝特進、檢校太尉、同平章事，封周王。宣制畢，有頃，召文武百僚赴萬歲殿宣制，即皇帝位。

（宋）王欽若等編纂：《册府元龜》卷一一一《帝王部》

在意
《通鑒》：漢乾祐二年，漢隱帝出兵拒郭威，太后遣使戒聶文進曰：“大頭在意。”

（明）陶宗儀：《説郛》卷三五《續釋常談》

五代漢高祖，目多白睛，凛如也。

（唐）白居易、（宋）孔傳：《白孔六帖》卷三〇

漢祖乘契丹蹂踐之餘，神器未有所歸，視天下無復英雄，乃建大號以應之，天下亦帖然莫或與之争。及幼小嗣立，强臣奪而取之，勢使然也，況五代之君臣乎。

（宋）陳傅亮：《歷代兵制》卷七

石晉以劉知遠爲河東節度使。知遠微時，爲晉陽李氏贅婿，常牧馬犯僧田，僧執而笞之。知遠至晉陽，首召其僧，命之坐，慰諭贈勞，

衆心大悦。

（宋）孔平仲：《續世説》卷三

劉知遠謂晉高祖曰：“願陛下撫將相以恩，臣請戢士卒以威，恩威兼著，京邑自安，本根安固，則枝葉不傷矣。”知遠乃嚴設科禁，宿衛諸軍無敢犯者。有軍士盜紙錢一襆，主者擒之，左右請釋之。知遠曰：“吾誅其情，不計其直。”竟殺之。由是衆皆畏服。

（宋）孔平仲：《續世説》卷二

五代漢高祖劉知遠爲晉高祖押衙。潞王從珂反，唐愍帝出奔晉祖，自鎮州朝京師，遇愍帝於衛州，知遠遣勇士石敢袖鐵椎侍晉祖虞變。晉祖與愍帝議事，帝左右欲兵之，知遠擁晉祖入室，石敢格鬥死，知遠以兵盡殺愍帝左右，留帝傳舍而去。

（宋）祝穆：《古今事文類聚》別集卷一八

《五代史》載：劉知遠爲晉押衙，高祖與愍王議事，知遠遣勇士石敢袖鐵椎侍。晉祖以虛變，敢與左右格鬥而死。今立門首以爲保障，似取五代之石敢。其曰當者，或爲惟石敢之勇可當其冲也否。或因《急就章》之石敢當也。

（清）褚人獲：《堅瓠集》四集卷三

乾祐二年。注：“帝名承祐，年名乾祐，莫大之失，本紀無譏。”按，承天之祜，《禮運》語也。隱帝名當是祜字。五代雖不知禮，何至並此昧之？祐字傳寫誤耳。

（清）何焯：《義門讀書記》卷二九

漢隱帝之禍，手中猶持小摩尼數珠，凡一百八枚，蓋合浦珠也。郭允明劫去。

（宋）陶穀：《清異録》卷下《小摩尼數珠》

(5) 後周

周祖初爲軍校。會唐莊宗崩,明宗出其宮人,各歸家。有柴氏者,莊宗嬪也,住逆旅,有一丈夫過,氏問逆旅此何人,曰郭雀兒也。氏識其非常人,遂以所携貲半與父母,留其半嫁周祖,資其進身,見《東都事略》,而薛、歐二史皆不載其出自唐宮。即世宗之姑也。後歿,周祖即位,追諡爲聖穆皇后。有楊氏者,已嫁石光輔,光輔卒,周祖之柴夫人適弃世,遂聘之。氏初不肯,使其弟廷璋見周祖,廷璋歸,爲言周祖姿貌異常,不可拒,乃嫁之。後卒,追册爲淑妃。周祖又娶張氏,張氏亦先嫁武從諫之子而寡,適周祖之楊夫人歿,乃納爲繼室。周祖起兵於鄴,張氏與兒女俱在京邸,爲漢所誅,後追册爲貴妃。周祖既爲帝,有董氏者,舊與楊夫人爲鄉親,楊常譽其賢,已嫁劉進超,適嫠居,周祖憶楊之言,又娶焉,是爲德妃。統計前後四娶,皆再醮婦,亦不可解也。

(清)趙翼撰,王樹民校證:《廿二史劄記校證》卷二二

郭祖微時與馮暉同里閈,相善也,椎埋無賴,靡所不至。既而各竄赤籍。一日,有道士見之,問其能? 曰:"吾業雕刺。"二人因令刺之,郭於項右作雀,左作穀粟;馮以臍作瓮,中作雁數隻。戒曰:"爾曹各於項臍,自愛之。爾之雀銜穀,爾之雁出瓮,乃亨顯之時也。"寒食,馮之婦得麻鞋數雙,密藏之,將以作節。馮搜得之,蒱博醉歸,臥門外,其婦勃然曰:"節到也,如何辦得?"馮徐捫腹曰:"休説辦不辦,且看瓮裏飛出雁。"郭祖秉旄之後,雀穀稍近,登位之後,雀遂御穀。馮秉旄,雁自瓮中累累而出。世號郭威爲郭雀兒。馮,繼業之父,朔方節度使,衛王。

(宋)張舜民:《畫墁録》

郭祖微時,與馮暉同里閈,相善也,椎埋無賴,靡所不至。既而各竄赤籍。一日,有道士過之,業雕刺,二人因令刺之。乃於郭項右作雀,左作穀,馮則以臍作瓮,中作雁數隻。戒曰:"爾曹各於項臍自

愛。異日，雀御轂，雁出瓮，此亨顯之符也。"郭祖秉鉞之後，雀轂稍近，及踐祚，雀遂御轂焉。馮之雁，亦自瓮中累累而出，果位方鎮。

（清）潘永因：《宋稗類鈔》卷一

郭祖宿師河中逾年，常登蒲坂以望城中。其蒲之民爲逆者固守，乃失言曰："城開之日，盡誅之。"幕府曰："若然，恐愈固矣。"第告之曰："非守眞者，餘皆免。"一日，城開，乃即其地爲普救寺。

（宋）張舜民：《畫墁録》

又郭威弒二君，《綱目》於隱帝書殺，於湘陰王書弒。尹又爲之說云："此二君有罪無罪之別也，此書法所寓也。"然均之弒君，隱帝立已數年，湘陰未成乎君，不應書法倒置如此，亦恐誤書耳。

（宋）周密：《齊東野語》卷一三

周祖之討李守貞也，居軍中，褒衣博帶，至河中，立三柵以自持重。自柵其城西，常思柵其城南，白文珂柵其河西，調五縣丁三萬築壘，以護三柵。守貞數出兵，擊壞輒補之。守貞每出必有亡失，兵食俱盡，周祖四面攻之，守貞與妻子自焚死。及守貞之死，趙思綰、王景崇繼降，挾不賞之功，乘危而發，雖履大位，而宗族先戮矣。世宗高平之役，首誅樊、何，以振軍法，於是南割江淮，西克秦鳳，北開關南，乃興禮樂，審法度，修政事，收賢才，於五代之君，亦可謂賢矣。遭聖人之興，天命有歸，不能自立，乾旋坤轉，否極泰來，亦自然之數歟。

案：歐陽公史論云：世宗區區五六年間，取秦隴，顯德二年，克秦、成、階、鳳四州。平淮右，五年，克淮南十四州。復三關，益津關、瓦橋關、游口關。震懾夷夏，英武之材，可謂雄傑，其北取三關，兵不血刃。史家猶譏其輕社稷之重，殊不知料強弱，較彼我，而乘述律之殂，得不可失之機，此非明於決勝者，孰能至哉然，則世宗亦賢主也。

（宋）陳傅亮：《歷代兵制》卷七

周太祖以漢乾祐二年自河中征趙縮,至華州,趙暉報蜀軍盡退,郭從義進攻有日,即統衆言旋。正月五日夜,賊水砦内勁將王三鐵者,領千人突出河西,攻白文珂砦。時文珂出迎帝,唯劉詞、葉仁魯等在砦,賊三道齊入,殺聲動地,會賊發火,洞照内外,力戰敗之,死者僅七百人。翊日,帝至。劉詞馬前請罪,帝曰:"吾嘗懸料,正疑此事,彼技殫矣,賴兄果敢,不爲虜嗤。"以鞍馬、衣服、幣帛勞之。八日,帝至西砦犒設,以縑帛、銀器,分遺戰傷將士。

(宋)王欽若等編纂:《册府元龜》卷一二八《帝王部》

周太祖乾祐中爲樞密使,漢隱帝以河中李守貞叛命,詔帝自往用兵。帝既奉命,與白文珂、常思、劉詞約以八月二十二日,文珂自同州,常思自潼關,帝自分陝,三道並進。將臨賊城,揚旗伐鼓,聲殷天地,步騎踴躍,賊觀之失色。白文珂是日奪得關城,立河西砦,常思立城南砦,帝立城東砦。初,徵發諸州夫二萬餘,分地起長連城,諸將啓曰:"守貞窮寇,安能持久? 不勞塹地,築壘以守之。"帝曰:"軍法備不虞,兵勢有盈竭,蜂蠆有毒,而況賊乎!"退謂白文珂、劉詞曰:"二公老於軍中,不言可知。守貞自慚反覆,常謀背叛,畏懼先帝,不敢鴟張。謂我輩勃興太原,事功未著,而有輕我之志。又聞身到河中,便圖自固,散金以結豪傑,厚利以誘萑蒲,山林群凶,猪突狶勇,安得不爲吾患? 加以城闕百倍,十圍五攻,若驅卒徒赴湯火,則所傷多矣。若長埤巨塹,飛走無門,俟其倉廩家財散盡,不唯烏合之衆,父子安能相保! 此時梯衝逼脅,書檄招呼,違禍脱身,不呼自至。所言兵勢盈竭,此之是也。當分地配夫,速立垣池,以謀持久。後思吾言,必如此料。"

(宋)王欽若等編纂:《册府元龜》卷四五《帝王部》

周太祖廣順元年正月丁卯即位,制曰:"自古受命之君,興邦建統,莫不上符天意,下順人心。是以夏德既衰,爰啓有商之祚;炎風不競,肇開皇魏之基。朕早事前朝,久居重位,受遺輔政,敢忘伊霍之忠,杖鉞臨戎,復委韓彭之任,匪躬盡瘁,焦思勞心,討叛渙於河潼,張聲援於岐雍,竟平大憝,粗立微勞。纔旋斾於關西,尋統兵於河北,訓齊師旅,固護邊陲,只將身許國家,不以賊遺君父。外憂少息,内患俄生,群小連謀,大臣遇害,棟梁既壞,社稷將傾。朕方在藩維,亦遭讒構,逃一生於萬死,徑赴闕庭,梟四罪於九衢,幸安區宇,將延漢祚,擇立劉宗。徵命已行,軍情忽變,朕以衆庶所迫,逃避無由,扶擁至京,尊戴爲主,重以中外勸進,方岳推崇,黽勉雖順於群心,臨御實慚於涼德。改元建號,祗率於舊章,革故鼎新,宜覃於霈澤。朕本姬室之遠裔,虢叔之後昆,積慶累功,格天光表,盛德既延於百世,大命復集於眇躬。今建國宜以大周爲號,改乾祐四年爲廣順元年。自正月五日昧爽以前,應天下見禁人等,罪無輕重,已發覺未發覺、已結正未結正、常赦所不原者,咸赦除之。故漢樞密使楊邠、侍衛都指揮使史弘肇、三司使王章等,以勞定國,盡節致君,千載逢時,一旦同命,悲感行路,憤結重泉,雖尋雪於沉冤,宜更申於漏澤,並可加等追贈,備禮歸葬,喪事官給,仍訪子孫叙用。其餘同遭枉害者,亦以追贈。馬步都軍將士等戮力協誠,輸忠效義,先則平持内難,後乃推戴朕躬,言念勛勞,所宜旌賞。其員僚將士等各與等第超加恩命,仍賜功臣名號;已有功臣名號者,別與改賜。應左降官量加叙録,亡官失爵之人,宜與齒用。配流徒役人並許放還,已殁者任從歸葬。所有杜仲威、李守貞、王景崇、趙思綰賓幕元隨親戚及諸色人,先因懼罪至今逃匿者,並可放還,任自取便。昨者犯罪人蘇逢吉、劉銖、閻晉卿、李業、侯贊、聶文進、郭允明及同時犯罪人等家族骨肉,先已釋罪疏放;其逐人所有親戚及門客元隨職掌在諸處者,切慮尚抱憂疑,今並釋放,所在不得更有恐動。内有手下先管莊田錢穀人等,已下三司點檢磨勘了日,一任逐便。諸處有犯罪逃亡之人及山林草寇等,咸許自新,一切不問,各還鄉里,自務營生,仍仰所在切加安恤,所縣節級不得衷私妄有恐動;如赦到後一月不歸本業者,復罪如初。内外文武臣僚致仕官、諸軍將校隨使職員及前任藩侯郡守文武朝列、前内諸司使副使、前禁軍指揮使、前資行軍副使等,各與等第加恩。應見任文武臣僚内諸司使、諸道行軍副使、藩方馬步軍都指揮使，如父母在未有恩澤者，即與恩澤；如亡歿未曾追封贈者，亦與封贈；已封贈者更與封贈。晉漢以來，兵革屢動，賦役煩並，黎庶瘡痍，鰥寡孤煢，不能自濟，爲人父母，爭不閔傷？應天下州縣，所欠乾祐元年二月已前夏秋殘稅，及派徵物色並三年夏稅諸色殘欠，並與除放。所有澶州已來大軍經過之時，沿路人户，恐有蹂踐，兩邊共二十里並乾祐三年殘欠秋稅並放。應河北沿邊州縣自去年九月後來曾經契丹蹂踐處，其人户應欠乾祐三年終已前積年殘欠諸色稅物，並與除放，仍委逐處長吏倍加存撫。至於防守邊塞，優恤疲羸，利害之事，各宜條奏。自前或有拒扞契丹，顯立功勞，及將吏之中有歿於王事者，具名以聞，當議酬獎。應係三司主持錢穀敗闕場院官，取乾祐元年終以前徵納外，累經校科灼然無抵當者，委三司分析開奏，別候指揮。秋夏徵科，舊有規制，如聞諸道州府別立近限催驅，或逼蹙過深，轉致供輸不易，至使蠶欲老而求絲債，禾未熟而取穀錢，但無逋懸，何須急暴？應天下百姓納稅租並取省限內納畢，不在促限徵督；如是軍期急速，即不拘此例。訪聞諸處人户逃移在外者，自前省司雖累行招携，多未歸復，兼知逃户稅賦，攤配居人，公私之間，未甚允當，念其疾苦，常軫於懷。宜令所司商量，別行條貫，庶使逃移者即歸鄉土，見居者漸遂舒蘇，免困生靈，以付勤恤。藩侯郡守，寄任非輕，立政之先，養民爲本，每及徵賦，尤要徇公。其逐處倉場庫務，宜令節度使、刺史專切鈐轄，掌納官吏一依省條指揮，不得別納斗餘秤耗。舊來所進羨餘物色，今後一切停罷。朕早在藩鎮，常戒奢華，今御寰區，尤思節儉，況國家多事，帑藏甚虛，將緩憂勞，所宜省約。應乘輿服御之物不得過爲華飾，宮闈器用並從朴素，太官常膳一切減損。諸道所有進奉，比助軍國支費；其珍巧纖華及奇禽異獸鷹犬之類，不得輒有貢獻。諸無用之物、不急之務，並宜停罷。帝王之道，德化爲先，崇飾虛名，朕所不取，苟致治之未洽，雖多端以奚爲？今後諸道所有祥瑞，不得輒有奏獻。古者用刑，本期止辟；今茲作法，義切禁非。蓋承弊之時，非猛則奸凶難制；及知勸之後，在寬則典憲得宜。相時而行，庶臻中道。今後應犯盜贓及和奸者，並依晉天福元年已前條制施行。應諸處犯罪人等，除反逆罪外，其餘罪並不得籍没家産誅及骨肉，一依格令處分。天下諸侯，皆有親校，自可慎擇委任，當必克勤參禅；朝廷選差，理或未當，宜矯前失，庶協通規。其先於在京諸司差軍將充諸州郡元從都押牙孔目官内知客等，並可停廢。仍勒却還舊處職役。設官分職，具列司存，離局侵權，誠爲紊撓，今後諸司公事並須各歸局分，不得越次施行。朝廷之務，顯有舊章，職官具存，安可廢墜？如聞自前諸司公事多有壅滯，今後並可速疾舉行。國之大事，在祀爲先，苟爽吉蠲，深爲瀆慢。如聞自前祠祭牢饌，頗虧肅敬，今後委監察御史嚴加覺察，必須豐潔，庶達精誠，稍或不恭，國有常典。近代帝王所在陵寝，合禁樵采，俾奉神靈。唐莊宗、晉高祖各置守陵十户，以近陵人户充。漢高祖皇帝陵置職員及守陵宫人，時月薦饗並守陵人户等，一切如故。仍以晉漢之裔爲三王後，委中書門下處分。自古聖帝明王，莫不好賢納諫，是以立誹謗之木，采蒭蕘之言，時之利病罔不知，政之得失無不察，達聰明目，其在茲乎？應内外文武臣僚有見識灼然益於治道者，許非時上章聞達。山林草澤之間，懷才抱器之士，切在搜訪，免致遺賢。孝子順孫，義夫節婦，所宜旌表，以勵時風。於戲！致理保邦，非德教無以安萬國；發號施令，非誠信無以示四方。其或言出行違，朝行暮改，是爲秕政，何以子民？更賴棟梁羽翼之臣，左右前後之士，共扶寡昧，同致雍熙，思致器以永安，睹覆車之可戒，納隍馭朽，予豈忘諸？釐革有所未盡者，有司具啓請以聞。"

（宋）王欽若等編纂：《册府元龜》卷九六《帝王部》

周太祖，諱威。廣順元年正月即位，相州張彦成、澶州李洪義、侍衛步軍指揮使曹英、前陳州刺史馬令琮、慶州刺史郭彦欽，皆以名下一字與御名同。改爲成、義、英、琮、欽。

（宋）王欽若等編纂：《册府元龜》卷三《帝王部》

周太祖廣順元年正月丁卯即位，制曰："自古聖帝明王，莫不好賢樂諫，是以立誹謗之木，采芻蕘之言，時之利病罔不知，政之得失無不察。達聰明目，其在茲乎？應內外文武臣僚，有見識灼然益於道者，許非時上章聞達。"是月庚辰，又詔曰："朕昔在側微，罔親敦學，但明軍旅之事，安知王化之基？而天命眷求，神器自至，涉道斯淺，何德以堪？爰念得之惟難，未若守之不易。況承敝之後，致理尤難，蒼生未得息肩，賢者尚多鉗口。必欲使下情上達，上情下通，聞所未聞，見所未見，莫若開其言路，詢於廷臣。冀時政之得失必論，君道之否臧必告，自然昏蒙漸滌，聽覽有資，致於日新。其在封事，如聞累朝舊制，咸令轉對上書，百辟相循，五日為準。然或權臣惜短，時主多猜，不敢深切為言，恐以傷觸獲戾。至有搜羅鄙事，蔓延虛辭，徒牽率以為勞，於裨補而何取？朕猥惟涼德，肇啟丕圖，矻矻覽於萬機，未能廣其庶績，兢兢念於百姓，何以致之小康？寅畏以居，思慮為疾，實賴黎獻，誨以讜言，一則究邦國之規模，一則觀卿士之才器。且采縉紳之議，不亦愈於芻蕘之詞？詢賢哲之謀，不亦愈於工瞽之諫？應在朝文武百僚，凡有所見，益國利民之事，並可實封而奏，詣閤門進納。即不可尚習餘風，更循舊轍，無益於理者勿說，不濟於時者勿書。縱使指朕之非，攻朕之短，自當改過不吝，豈但從諫如流？如或武班中，有出自戰功，不親儒墨，苟有殊見，安得惜言？固可假手直書，豈在屬文麗藻？至於藩侯群牧，當切務於安時，蠹於政者必知，利於民者必曉，但關弘益，悉可敷聞。朕今諭此至懷，固非掠其虛美，志在得畫一之道，成可久之規。濟濟英翹，無辭貢直，事有短者不責，理有長者必行，但存輔翼之心，勿以逆鱗為懼，咸在中外，宜副朕心。"

（宋）王欽若等編纂：《冊府元龜》卷一〇三《帝王部》

周太祖廣順元年正月，敕："含幽育明，哲后法之而致理；掩骼埋胔，賢主著之為令猷。今寶祚惟新，璿璣在御，踵姬周之至德，體虞舜之深仁，屬三靈改卜之秋，當五兵銷偃之際，或墳壟無主，幽爽毀發於嫉斁，或戰陣亡身，遺骸暴露於原野，旅魂無托，言念堪嘆。應天下州府管界內有墳墓被開發者，無人為主，本界官吏量與掩閉，勿令漏露。

或戰場郊野,有暴露骸骨,亦仰收拾埋瘞以聞。"

(宋)王欽若等編纂:《冊府元龜》卷四二《帝王部》

(廣順元年正月)是月,徐州王彥超言:"殿直王殷押送到賞給衣服銀帶。臣又於宋州取到賞給錢帛。收官又奉宣取宿州散從官二百,並於宿州、單州各差夫二千,以備攻城指使。"是日,降敕宣諭徐、宿二州官吏百姓,曰:"朕猥以寡薄,肇創基圖,思康濟於兆民,推恩信於天下,庶幾致理,漸至平寧。楊溫等比事藩維,止爲小校,妄生猜懼,輒閉城門。朕亦累賜敕書,開懷示信,諭以安危之道,俾全忠孝之名。亦繼有文字進呈,止望朝廷恕舍。朕念端倪未審之際,事勢使然,彼既無心,豈忍加罪。是以授之郡牧,許以自新。而不體優恩,尚敢拒命,執迷罔悟,但作遷延。今已差兵士往彼攻取,期於旦夕必易蕩平。汝等皆居封境之中,各懷仁義之節,況屬陽和之候,方當農養之時,暫駐兵甲,固無騷擾,宜思齊力安家。"

(宋)王欽若等編纂:《冊府元龜》卷六六《帝王部》

歐史《王殷傳》:"爲天雄節度使,廣順三年九月,求入爲壽,太祖懼其疑也,止之。明年,太祖有事於南郊。是冬,殷來朝,時太祖臥疾,疑殷有異志,力疾御滋德殿。殷入,即命執之,已而殺之。"曰明年,則四年也。考《通鑑》二百九十一卷廣順三年十二月丁未朔,殷之見殺,在壬申月之二十六日也。本紀同。是月小盡,明年正月丙子朔,改元顯德。十七日壬辰崩矣,距殷死二十日耳。歐公本不誤,但"有事"上必須加一"將"字,無此字,則下文"是冬",爲何年之冬乎?殊混目矣。《通鑑》力表殷之被誣冤死,極是。歐公於紀傳,皆未見其冤,而薛史本傳更多周内文致語,柳開作仲父承昀墓志云:"廣順高祖時,仲父爲有司主兵騎,外女弟劉爲留守王殷妾,殷視我姻家也。及禮圓丘,詔殷入覲,殷典衛兵,權勢動主,深惑去就,私問仲父,以決其謀,曰:'上召吾,往可也,不往可也?'不答。殷曰:'汝不言,是吾往可也。'殷即闕,高祖殺之。仲父嘆曰:'鄴自唐莊宗後,歷變叛非一,生民破散,今主上英武,不類晉漢,殷將不行,必須作亂,戈甲一臨,城潰族滅,非惟連我之家,其惟動國興戎,擾撓中夏。殷去,即止殷不利耳。吾豈以苟殷一身,而反爲國害乎? 所以吾不答殷,以安國家也。'"此説則恐係開欲飾仲父忠智,附會爲之,其實殷有何罪?

(清)王鳴盛:《十七史商榷》卷九五《王殷冤死》

周太祖初即位,制曰:"帝王之道,德化爲先;崇飾虚名,朕所不取。苟致治之未洽,雖多瑞以奚爲! 今後諸道所有祥瑞,不得輒有奏獻。"

(宋)王欽若等編纂:《册府元龜》卷六六《帝王部》

(廣順元年)三月,詔鄧州軍額改爲武勝軍,靈武屬郡宜改爲環州,避御名也。

(宋)王欽若等編纂:《册府元龜》卷三《帝王部》

周太祖廣順元年三月丁卯,西頭供奉官咸師範奏:"弟師朗,先爲亳州蒙城鎮將,因懷驚疑,遁過淮外。臣與東頭供奉官師睿二人,時在定州監押兵士,及在雍州攻城,各拘職任。隱帝敕書安撫,臣冒死上訴,緣祖父墳墓莊田點檢入官,至今屬營田户部,歲時骨肉祭拜無所。臣叨爲人子,孝道難忘,遂於生前便虧祀饗。"敕下本州,其咸師範物業並宣賜。

(宋)王欽若等編纂:《册府元龜》卷四八《帝王部》

(廣順元年)四月乙未,以前景州刺史姚武爲申州刺史,前乾州刺史張昭瑀爲博州刺史,前遼州刺史劉洪爲衛州刺史,前萊州刺史符彦熊爲耀州團練使,前淄州刺史藥元福爲陳州刺史,皆以平徐方預軍功也。

(宋)王欽若等編纂:《册府元龜》卷一二八《帝王部》

（廣順元年）七月，昭義節度使常思上言曰：“臣妻王氏入貢，蒙陛下致敬，臣惶恐無容自處。”詔曰：“朕以君臣之道，則外有朝廷之儀；骨肉之親，則内有少長之敬；且朕與卿當凤昔之共事，實敦叙於周親，安可此時使渝曩分？卿執恭爲行，瀝懇上章，雖謙謙之道可嘉，而親親之義難替。家人之禮，朕當必行。”帝微時，常思在上黨，思夫婦奉帝甚謹，帝德之。及貴，遇恩益厚，雖居至尊之位，猶行家人之禮。

（宋）王欽若等編纂：《册府元龜》卷一七二《帝王部》

（廣順元年）十二月，御史臺奏：“唐景雲三年改左右屯衛大將軍爲威衛。又唐高宗名治，其時改治書御史爲御史中丞，諸州治中爲司馬，蓋臣子上書合避名也。請諸衛中舊是屯衛者復舊名。”從之。

（宋）王欽若等編纂：《册府元龜》卷三《帝王部》

（廣順二年）四月乙未，供奉官蓋繼明自樂壽來言：“齊州兵作亂之日，只有鎮州雄勝都頭楊肇十將李鐸二人部署兵士登城守御，遂保安城池。”詔褒之。

（宋）王欽若等編纂：《册府元龜》卷一四〇《帝王部》

（廣順）二年四月，敕諸縣鎮令佐、鎮將不得乞年常，許人糾告。

（宋）王欽若等編纂：《册府元龜》卷一六〇《帝王部》

周太祖廣順二年五月，以平定兗州，梟夷逆黨，差官告社稷郊廟。

（宋）王欽若等編纂：《册府元龜》卷一二《帝王部》

（廣順）二年五月，親征兗州。癸亥，次曹州行宫。在州禁繫罪犯人，除死罪外，並釋放。是月，兗州平。壬午，制曰：“在昔哲王，承天育物，莫不内修庶政，外撫諸侯。推誠以待人，人皆自信；虚己以馭下，下無弗從。是以車書大同，革兵不試，動植遂和平之性，蒸黎絶愁嘆之聲。朕以眇躬，猥承大統，側微自效，嘗從軍旅之中；億兆所推，獲托王公之上。涉道斯淺，於德未章，致其毒螫之凶，爲我生靈之患。逆賊慕容彥超，興臺賤類，闒茸微人，歷郡牧而至藩侯，扇貪風而彰惡迹。洎予臨馭，無間綏懷，而乃顛越不恭，奸邪是恣，北則結連戎虜，南則臣事淮夷，每與劉崇潛通人使，剖割萬姓，傷殘乃杼軸其空，盜橫一州，嚴酷如爐炭之上，招呼亡命，剽劫鄰封，繕甲治兵，深溝高壘。既顯悖違之狀，須興討伐之師，朕昨暫御戎車，來巡軍寨，睹貔貅之賈勇，憤蛇豕以爲妖，咸請先登，不容假息。士怒未泄，逆壘俄平，盜泉已涸其源流，惡草盡除其滋蔓。班師振旅，六軍方樂於凱旋；蕩穢滌瑕，一境宜覃於需澤。可赦兗州管內，取五月二十七日見禁罪人及未發覺者，大辟以下並赦除。元凶流毒，同黨濟奸，國有常刑，皆合顯戮。特示好生之道，猥寬連坐之誅。應曾與慕容彥超同惡之人逃避潛藏者並與釋放，仰於所在自出陳首；百日不首者，獲罪如初。應已伏誅逆黨人等於諸處有骨肉者，先已指揮放罪招安，尚慮本身抵法之後却有驚疑，宜令所在州縣明行告諭，並釋放不問。兗州城內幕職及州縣官吏、軍府將校，今並放罪。其衙前州使兩院職役人、本城軍都並敕仍舊。自慕容彥超違背已來，鄉州山寨豪強人等接便爲非，劫掠擄殺，今因收復，並與洗滌，一切不問，外諸軍將士等勇於爲主奮不顧身所有没於王事者，各等第給孝絹，仍以本人半分衣糧與本家一年。有親子者，官中並與收録安排。自軍使、都頭以上皆與贈官職。賊據一城，民殘四境，或撤毀其牆屋，或蹂躪其田疇，概於徵取供軍點集應役，並宜矜恤，俾漸蘇舒。應兗州城內所有徵取今年屋稅及鹽食鹽鐵諸雜稅物，並與除放。城外官軍下寨處四面去州城五里內所毀，今年夏稅苗子鹽食鹽鐵並諸雜沿徵錢物並與除放；五里外十里內，除放今年夏苗子，三分中減放一分。並兗州城內百姓被慕容彥超閉門已來無辜殺害者，宜令本州存恤其家；其被殺官員，宜令本州官具録奏聞，當行恩澤。所有被毀折却舍屋極多，及收城之時延火燒爇，官中給賜材木，重令蓋造。攻取城池，須資力役，既臨矢石，或致喪亡，致人殞身，在朕深念。諸州差別人夫內有遭矢石身死者，宜令逐州縣分拆姓名聞奏,官中各給絹三匹,以省庫物充,仍放下三年諸雜差遣,勒本縣給與文帖。其部領人夫州縣官等到城下施功者,據勞役日月等第加減選。萊蕪監所抽點到諸縣義軍已各指揮放散,今後更不得管係名額。其權充都將節級者,亦不得此後於鄉村內更有稱呼。於戲! 夏爲長贏,勞軍民以從役;聖職教化,用干戈而剪凶。惟予不明,增愧於是,尚賴穹旻之祐,漸期寰海之安。告爾魯人,咸體兹意。"

(宋)王欽若等編纂:《冊府元龜》卷九六《帝王部》

周太祖廣順二年五月,平慕容彦超於兗州。詔:"諸軍將士等,有歿於王事者,各等第給孝繒,仍以本人半分衣糧給與本家一年。有親子者,官中並與收錄安排。自軍使都頭已上,皆與贈官。"九月,敕:"兗州自逆臣盜據,多有殺傷,永爲葬朽之仁式,示掩骸之義。宜令樂院使黃知筠往兗州收暴露骸骨,於高地爲壙埋瘞,祭奠以聞。"

(宋)王欽若等編纂:《冊府元龜》卷一三五《帝王部》

(廣順)二年八月,以安國軍節度使劉詞爲河陽三城節度使。詞性忠實,帝龍潛時,累同征伐,頗深委信。永壽節來朝,帝內殿與詞從容話舊曰:"吾輩老矣,自覺心力減耗於前,幸兒輩幹於庶事,移公近鎮,冀易相面。"

(宋)王欽若等編纂:《冊府元龜》卷一七二《帝王部》

周太祖廣順三年正月,幸城南園臨水亭,見雙鳬爭藻,戲於池面,引弓射之,一發而叠貫,從官歡呼拜賀。世宗朝,命翰林繪工寫之縑素,詔學士陶穀爲之贊。

(宋)王欽若等編纂:《冊府元龜》卷四四《帝王部》

(廣順)三年四月,滄州言控鶴官仇超補當州捉生都頭。先是,太祖東征,巡案賊壘。慕容彦超設虎落以護城。帝宣諭諸州廂軍內果敢之士拔去鹿角者。仇超仗一大斧伐鹿角,而徑登賊城,爲守陴者傷三指而下。帝獎其勇健，解其甲鎧，唯衣一犢鼻，賜以錦袍。超謝訖，携斧又登賊壘，芟夷懸橦之類而旋。帝擢之在控鶴官之列，間日思其驍果，宣問願陳力之所，超曰："父嘗任滄州捉生都頭，苟得之，平生畢矣。"故與是職。

（宋）王欽若等編纂：《冊府元龜》卷四八《帝王部》

（廣順三年）九月，以前青州節度副使王沼爲邢州副使。沼故鎮帥王武俊之家，父鋌趙州刺史。沼事莊宗，累爲諸司使，出爲行軍副使，罷平盧副使，年七十餘，求歸鄉里。或言沼貧悴者，乃召還京，何福進以僕馬遣之，再授副戎，而思鄉之情不復已也。

（宋）王欽若等編纂：《冊府元龜》卷四八《帝王部》

周太祖廣順三年十月甲子，南郊大禮，使中書令、弘文館學士、齊國公馮道率文武百僚、諸道節度使、内外將校、官吏、耆老、僧道等上表曰："粵以惟帝事天，惟臣奉主。就陽展禮，一人虔報本之心；揆德弘獻，萬國切歸尊之願。載揚明號，思稱洪休，瞻旒冕以獻言，望昊穹而垂允。臣等頓首：臣聞德所以誕敷四海，名所以馳裕萬邦，苟黼藻之頌不傳，則就望之容何著。故質文迭用，賓實相符，禮有常尊，臣子合遵於舊典，功無與讓，君親當協於至公。伏惟皇帝陛下，清明在躬，純德受命，弘要道於天下，暢貞風於域中，通達無方，淵源不測，此所謂聖以合道也。外宣百度，上法三光，銅渾昭乾健之規，玉燭朗陽舒之景，無幽不燭，有感皆通，此所謂明以燭遠也。至如用姬公之典以御十倫，敬孔子之祠以興四教，觀書乙夜，徇鐸孟春，遠服殊鄉，王道無偏而蕩蕩，親平判壘，天網不漏而恢恢，虜帳以是魂銷，並土以之脅息，此所謂文以興教，武以宅功也。又若煦嫗萬物，昭蘇九圍，協天載以無聲，恢帝猷而有截，涵如東海，固比南山，此所謂仁以阜成，德以順正者也。皇帝陛下，聖廣造化，明均焰臨，同文班黼黻之章，常武蓄雷霆之勢，仁兼孝以並率，德與道而相權，總集眾方，光揚茂實。臣等不勝大願，謹上尊號曰'聖明文武仁德皇帝'。恭惟雍熙之代，開泰之

朝,君臣崇相正之規,天地無不交之象,《書》曰'一人有慶',當皇極
之盛隆;《詩》曰'萬國作孚',在鴻名之遠逮。臣等幸逢景運,獲事朝
廷,表端位而列群司,各承豐澤,章至尊而舒盛德,敢怠前規。瀝懇傾
輸,望恩俞允。"詔報曰:"眇觀前王德之盛者,或弦弧剡矢,去天下之
暴,或手胼足胝,服四載之勤。德普施於民而民不知其力,蓋爲而不
有,建之若偷,巍巍聖功,曾無稱號,苟異於是,孰不近名。朕歷數在
躬,艱難承統,莫識三皇之道,徒知萬乘之尊,至於翼翼小心,孜孜庶
政,推誠待物,損己益人,上帝佑予,於兹三祀,日慎一日,無德可稱。
夫五禮交修,四時不忒,振頹綱於會府,致函夏之小康,斯乃公輔庶臣
舉職之明效也。七德訓戎,四鄙不聳,執干戈而衛社,撫封域以安民,
此又勛臣將校,爲時而宣力也。至若蟲螟消殄,風雨不愆,歲被豐登,
民躋富壽,兹乃乾坤育物,宗社貽休,敢貪天功,以爲己力!而公卿叶
議,中外同詞,詣闕拜章,增予美號,雖爲臣之義,將順則然,諒愛君之
心,殊不在此。朕願寡薄,非所宜當,即斷來章,無至固執。所請宜不
允。"表三上,從之。

(宋)王欽若等編纂:《册府元龜》卷一七《帝王部》

　　周太祖乾祐中,北征至澶州驛,河冰已解,浮橋難立,衆憂之。其
夜西北風裂,凝凍,比旦津吏報冰堅可渡,步騎踐冰而行,衆謂之凌
橋。日夕,津吏報曰:冰橋泮矣,鑿冰而浴。郭忠恕窮冬,即鑿河冰而
浴,其傍凌漸消,釋人皆異之。

(明)陳耀文:《天中記》卷一〇

　　五代時,周武帝微時,事漢隱帝爲孔目官。見一小軍跣足於雪中
行,憫之,脱己靴賜之。后帝奉命征契丹,在軍中幾危,得一小軍救
之,乃賜靴之人也。按:周武帝即郭威。

(明)彭大翼:《山堂肆考》卷一九〇

　　顯德元年,周祖創造供薦之物。世宗以外姓繼統,凡百務從崇

厚,靈前看果,雕香爲之,承以黄金,起突叠格,禁中謂之“奪真盤飣”。

（宋）陶穀：《清異録》卷下《奪真盤飣》

五代周太祖,以高行周耆年宿將,賜詔不名,但呼王位而已。錢鏐以尚父薨,唐明宗制曰：“位已極於人臣,名素高於簡册；贈典既無其官職,易名宜示其優崇。”賜謚“武肅”。

（宋）孔平仲：《續世説》卷五

周世宗得李氏與契丹求援蠟書以爲名,下淮甸；藝祖得孟氏結太原蠟書以爲名,下蜀。二事正同。

（宋）邵博：《邵氏聞見後録》卷二二

神宗問：“周世宗何如?”馮公京曰：“世宗威勝於德,故享國不永。”王荆公曰：“世宗之殂,遠邇哀慕,非無德也。”荆公率以强辯勝同列,不知馮公之對,迺藝祖之語,見《三朝寶訓》云。

（宋）邵博：《邵氏聞見後録》卷二〇

仁宗讀《五代史》至“周高祖幸南莊,臨水亭,見雙鳧戲於池,出没可愛,帝引弓射之,一發叠貫,從臣稱賀”,仁宗掩卷謂左右曰：“逞藝傷生,非朕所喜也。”

（宋）文瑩：《玉壺清話》卷五

周太祖戒世宗以儉葬,令刻石置陵前云：“周天子平生好儉約。”遺令用紙衣瓦棺,嗣天子不敢違也。

（宋）孔平仲：《續世説》卷一一

五代周太祖,屢戒晉王曰：“昔吾西征,見唐十八陵,無不發掘,多藏金寶故也。我死當衣以紙,斂以瓦棺,勿作石羊虎。”

（宋）祝穆：《古今事文類聚》前集卷五〇

歐陽公《五代史論》：周太祖郭威遺命，葬劍、甲各一於河中大名，葬袞、冕各一於河東澶州。以爲不知其指。予讀《世宗實錄》，具載太祖遺語，蓋嘗曰："按行爽塏深坎於下，各封土爲陵，量立城闕。"既曰"各"矣，則不止一處，意在設疑以罔盜耳。盜見其封土立闕，則必穿發，若一處無得，則他處不更覬望。此太祖意，而史或不察也。以是知史文蓋不厭於詳也。然周祖此智，竟可疑人乎？

（宋）程大昌：《考古編》卷九

廣順三年，以柴守禮子榮爲皇子，拜守禮太子少保致仕。皇子即位，是爲世宗。守禮居西洛，與王溥、王彦超、韓令坤之父，結友嬉游，裘馬衣冠，僭逼逾制。當時人爲一日具設樂集妓，輪環無已，謂之鼎社。洛下多妙妓，守禮日點十名，以片紙書姓字，押字大如掌，使人持呼之，被遣者詣府尹出紙呈示，尹從旁僉字，妓見紙畫時争到買喚子，號曰"鼎社"。

（宋）陶穀：《清異錄》卷上《鼎社》

柴世宗得天下，劉崇自河東犯闕。世宗將親征，馮道力諫止，世宗曰："太山壓卵耳，何爲不可？"道曰："陛下可謂太山乎？今皆宿將，久處貴位，氣方驕。陛下即位，席未煖，未易使也。"世宗以道輕己，即日命駕出師。次高平，遇崇接戰。世宗據高原下觀，兵陣方接，東北角奔，西北角次之，王師敗績。明日，按軍不戰，置酒軍中。酒行，牽奔將七十二人斬纛下，即坐中拜七十二人補之。左右股栗，太祖皇帝實預補中。明日再戰，軍士不用命者，太祖刃其笠以識之，戰罷識者皆斬之。軍聲於是大振，崇走，遂圍太原。

（宋）王鞏：《聞見近錄》

顯德初從世宗南征，初平淮甸，有纖人譖上於世宗曰："趙某自下壽州，私有重車數乘。"世宗遣人伺察之，果有籠篋數車。遽令取入行在，面開之，無他物，惟書數千卷。世宗異之，召上諭之曰："卿方爲朕

作將帥，辟土疆，當堅甲利兵，何用書爲？"上頓首謝曰："臣無奇謀上
贊聖德，濫膺倚任，嘗恐不迨。所以聚言觀覽，欲廣見聞，增智慮也。"
世宗曰："善。"

（宋）邵伯温：《邵氏聞見録》卷七

周世宗舉中原百郡之兵，南征李景。當是時，周室方强，李氏政
亂，以之討伐，云若易然。而自二年之冬，訖五年之春，首尾四年，至
於乘輿三駕，僅得江北。先是河中李守貞叛漢，遣其客朱元來唐求
救，遂仕於唐。樞密使查文徽妻之以女。是時，請兵復諸州，即取舒、
和。後以恃功偃蹇，唐將奪其兵，元怒而降周。景械其妻欲戮之。文
徽方執政，表乞其命，景批云："只斬朱元妻，不殺查家女。"竟斬於市。
郭廷謂不能守濠州，以家在江南，恐爲唐所種族，遣使詣金陵禀命，然
後出降。則知周師所以久者，景法度猶存，尚能制將帥死命故也。

（宋）洪邁：《容齋續筆》卷四

周世宗以英武自任，有包舉天下之志，而計事者多不諭其意，惟
王朴神氣勁峻，剛决有斷，凡所謀畫，動愜世宗之意。急於登用，次爲
樞密使。卒時年四十五，世宗於柩前以所執玉鉞卓地，慟哭者數四。

（宋）孔平仲：《續世説》卷五

周世宗顯德六年十二月，改内萬歲殿爲紫宸殿。

（宋）李上交：《近事會元》卷一

周世宗。湯武以仁義之師，除天下之同害，方至大坰，已有慚德，
旋旌牧野，首即散牛，誠以兵凶器不可恃，以毒民也。周世宗食珍饍，
自言有愧於民，惟當親冒矢石，爲之除害，愚恐其害未除而民已困矣。
惟其有是言，故高平奏捷，秦、鳳迎降，奄有江北之地，將復關南之疆，
不值彌留，未有已時也，兹其所以轉周而爲宋歟。

（宋）章如愚：《群書考索》續集卷四三

五代周世宗,時淮南饑,命以米貸之。或曰:"民貧恐不能償。"世宗曰:"民吾子也,安有子倒懸,而父不爲之解哉! 安在責其必償也?"

(明)彭大翼:《山堂肆考》卷三四

世宗謂江南鍾謨等曰:"歸語汝主亟來見朕,再拜請過,則無事矣。不然朕欲往觀金陵城,借府庫以勞軍,汝君臣得毋悔乎?"

(宋)孔平仲:《續世説》卷七

周世宗問孫忌江南虛實,忌曰:"長江千里險過湯池,可敵十萬之師。"世宗聞而忌之。

(宋)張敦頤:《六朝事迹編類》卷上

山陽郡城有金子巷,莫曉其得名之意。予見郡人,言父老相傳,太祖皇帝從周世宗取楚州,州人力抗周師,逾時不下。既克,世宗命屠其城。太祖至此巷,適見一婦人斷首在道卧,而身下兒猶持其乳吮之。太祖惻然爲返,命收其兒,置乳媪鞠養。巷中居人因此獲免,乃號因子巷。歲久語訛,遂以爲金,而少有知者。

(宋)朱弁:《曲洧舊聞》卷一

王銍言周世宗既定三關,遇疾而還。至澶淵,遲留不行,雖宰輔近臣問疾者,皆莫得見,中外恟懼。時張永德爲澶州節度使,永德尚周太祖之女,以親故獨得至卧內,於是群臣因永德言曰:"天下未定,根本空虛,四方諸侯惟幸京師之有變,今澶、汴相去甚邇,不速歸以安人情,顧憚朝夕之勞而遲回於此,如有不可諱,奈宗廟何?"永德然之。承間爲世宗言,如群臣旨。世宗問曰:"誰使汝爲此言?"永德對群臣之意,皆願如此。世宗熟視久之,嘆曰:"吾固知汝必爲人所教,獨不喻吾意哉! 然吾觀汝之窮薄,惡足當此。"即日趣駕歸京師。嗚呼!天命方有所屬,固非人謀之所能間也。

(宋)徐度:《却掃編》卷上

後周太祖聖神恭肅文武孝皇帝,邢州堯山人,姓郭氏,名威。辛亥,以鄴都留守入汴,即皇帝位,三年癸丑崩,壽五十一。

改元一。廣順三。

世宗睿武孝文皇帝,本姓柴氏,名榮,太祖養子,封晉王。以甲寅嗣立,在位六年。己未崩。

改元一。顯德六。

恭帝,名宗訓,世宗子,封梁王。以己未嗣立,庚申,禪於宋。後十四年癸酉崩,壽二十一。

右,後周三世,共九年,首辛亥,盡己未。

(元)馬端臨:《文獻通考》卷二五〇《帝系考一》

周太祖初,親族及王俊家並爲劉銖所害。帝入京城,銖夫婦裸露以席自蔽。平旦,執之下獄。帝遣人讓銖曰:"與公同事先帝,寧無故人之分,吾家屬屠滅,公雖奉君命,加之酷毒,一何忍哉! 公今亦有妻兒家屬,公還惜否?"銖但稱死罪。時群臣方集,帝言曰:"前青州劉侍中墜馬傷甚,昨夜又軍士凌逼,殆有微生。據法屠人家族,罪不容誅,然冤報往還,循環不息,今欲奏太后,止罪其身,原其家屬,何如?"群臣稱善。及奏,從之。廣順初,太祖念銖嘗同奉漢室,乃詔賜銖妻陝州莊宅一區。

(宋)王欽若等編纂:《册府元龜》卷四一《帝王部》

周太祖,姓郭氏,邢州堯山人,或云本常氏子,幼隨母適郭氏,故冒其姓。高祖璟,廣順初追尊爲睿和皇帝,廟號信祖。曾祖諶,贈太保,追尊爲明憲皇帝,廟號僖祖。祖蘊,贈太傅,追尊爲翼順皇帝,廟號義祖。考簡,贈太師,追尊爲章肅皇帝,廟號慶祖。初,唐咸通中,代北、徐方用兵伐叛,信祖、僖祖從戎師,接戰以勇敢知名。義祖事後唐武皇,爲帳中親信。乾寧中,從征澤潞邢洛,累授河内馬步軍都虞候。武皇平安敬思,再定邢洛,移授邢之軍職,因卜居堯山縣。武皇經啓霸圖,觀兵大鹵,劉仁恭陸梁燕薊,窺伺中原,梁氏蠶食兩河,尋戈不息。慶祖爲武皇内牙愛將，專掌親軍，指麾所行，無不景從，功城野戰，勇爵崇高。天復中，武皇兵出居庸山北，克捷，以慶祖爲順州刺史。太祖即慶祖之子，母曰王氏，追諡章德皇后。太祖仕漢，爲樞密使兼侍中。乾祐四年，受漢禪，在位四年，年五十一。養子開封尹晉王立，是爲世宗，本姓柴氏，蓋太祖聖穆皇后之侄，在位六年，年三十九。子梁王立，是爲恭帝，在位一年，禪於大宋。周自太祖辛亥歲建國至恭帝庚申，凡三代，三主，共十年。

　　　　　（宋）王欽若等編纂：《冊府元龜》卷一《帝王部》

　　周太祖，慶祖之子。年十八，事後唐潞州留後李繼韜爲牙兵。莊宗平繼韜，配從馬直。天成中，晉高祖領副侍衛，以帝長於書計，召置麾下，令掌軍籍。漢高祖累鎮蕃閫，皆從之。及鎮并州，尤深待遇，出入帷幄，受腹心之寄。開運末，契丹犯闕，晉帝北遷。帝與蘇逢吉等勸漢祖建號，以副人望。及即位，以帝爲樞密副使。乾祐元年正月，隱帝嗣位，拜樞密使。會李守貞據河中，朝廷遣白文珂、常思等討之。七月，西面師徒大集，未果進取。制加帝同平章事，即遣西征，以安慰撫招爲名，詔西面諸軍並取帝節度。八月二十日，師至河中。命白文珂營於河西，帝營於河東。不數日，周設長塹，復築長連城以迫之。二年五月十七日，攻城，自是晝夜攻之。七月十三日，帝三砦將士奪羅城。二十一日，城陷，守貞自焚而死。又於城中搜索出守貞男崇玉、崇緒、崇英、緇哥，女喜哥、延哥，僞宰相靖牟孫願、樞密使劉芮、國師僧總倫、司天監王廷秀、博士焦文傑、僞滑州節度使張球、澤州刺史劉仁祐、忻州刺史安在欽、秀州刺史張延朗等二十五人，秦王印及四門旗龍、鳳、日、月等旗，傘、扇、玉、鉞等，差弓箭庫使劉延珪露布以聞。詔曰："李守貞頃在前朝，驟承委遇，迨事先帝，復委藩垣。效淺功微，寵深位大，而狡性難制，小器易盈，蔑義虧忠，窮凶極逆。江海不能流其惡，鼎鑊不足快其誅。卿憤激於心，義形於色，睹茲妖孽，志在翦除。動息之間，必思於經略；寢食之際，無忘於寇讎。撫士愛人，分甘共苦，躬臨矢石，親冒梯衝，揮戈而蛇豕就誅，破竹而金湯失險。

氛霾既息，宗社再安，非我元臣，莫隆景運，朕之倚愛，何止寢興。言念辛勤，無忘嘉愧。"九月，加侍中。十月，契丹入寇，帝受詔率師赴北邊，謂諸屯戍壯士曰："自虜王喪敗，今纔四年，幽州所屯，其數無幾。然而屢犯吾境，屢傷吾民，非彼驍雄，蓋禦備之失者有三：主將無謀，城池不固，備預無素，禦捍闕供，其敗一也；主將輕佻，妄謀躁進，不顧利害，輕用士民，希覬功名，以邀爵賞，其敗二也；貪他羊馬，互市往來，奸利之人，兩爲間諜，軍謀國事，泄之於敵，其敗三也。予昨者繕城池，增堡障，儲守備之用，料將校之才，蓋欲自兹庶無敗事。所在鎮戍，當用吾言，凡虜小寇則進追，大侵則保壁，不得與蕃人交市，不得輕戰邀功。民鹽麥登時禾熟日，早令收穫，俾入城池。偵邏警巡，爲民外扞，亦州牧戍將之職也。虜雖衰破，遠在沙場，倏忽往來，難爲陣馭，縱得一夫一騎，不足爲功，但自保邊，斯爲上策。況百年之虜，未易卒除，使國富刑清，兵多馬衆，彼則占風不暇，款塞爭先。予非畏胡，服之有時耳。"自是邊上鎮戍，專切戒嚴，虜縱侵騷，於民無損。帝既至邢州，而虜已退。三年二月，班師。三月，制授鄴都留守，樞密使如故。十一月十四日，澶州節度使李洪義遣副使陳光穗至鄴，報京師有變，群小害楊邠、史弘肇等。又言后弟李鄴等遣腹心賫密詔至澶州，令洪義殺侍衛步軍指揮使王殷，洪義恐事不濟，乃以密詔示殷，殷與洪義即遣光穗馳報於帝。光穗既至，以洪義意密啓於帝。俄頃，供奉官孟鄴馳驛來，亦詔護聖左厢都指揮使郭崇等害王峻及帝，仍命以首級馳獻。太祖即集三軍將校諭之曰："予從微至著，披肝露膽，置立漢家宗社。先皇登遐，親受顧托，與楊、史諸公，彌縫經謀，忘寢與食，一旦無罪，盡已誅夷，予獨何生，黽勉居世？死歸地下，無愧先帝爾！三軍斷予首報天子，各圖功業，自此長辭！"郭崇帥所管將校士卒伏於帝前，言曰："崇等從公征行，備嘗艱苦，星行露宿，略無寧息。侍衛令公忘身爲國，不避怨謗，護惜邦家，無名誅族，遣誰致力。崇等思揣此事必非聖情，即是李業等奸權誣罔竊發，假如此輩使握權柄，國得安乎！必須披論以判忠邪，何事信單車之使，輒欲自弃，使千載被惡名乎！崇等願從公入朝，面自洗雪，蕩除鼠輩，以廓帝圖。"辭未絕，郭崇遽領騎軍先往澶州橋。帝翌日爲衆所迫，不獲已遵路。明日，行次遇內養鷰脱者，隱帝之小豎也，來覘太祖。訊之，對曰：“見召前開封尹侯益、鄜州節度使張彥超、客省使閻晉卿、鄭州防禦使吳虔裕，令將兵守澶州。”帝謂鷰脱曰：“詔郭崇殺我，崇而不忍害我，言爲我論列兵士回戈，我力不能制。爾以此聞奏。”帝因實奏狀於鷰脱衣領，奏曰：“昨爲兵士擁至河上，言京中誅史弘肇等盡非聖意，請陛下密詔內班，擒縛李業等送至澶州，詔諭兵士，臣即却歸鄴中。一則雪將相之深冤，一則安陛下之家國。”隱帝覽奏，疑不能決，復召李業輩示之，於是盡害帝及王峻等親屬。帝欲往澶州，候鷰脱至闕伺其詔，命兵士肆言：“我輩家屬在汴，未知存亡，此不可往。”遂燒民廬舍，鼓譟不可遏。王殷率步騎從履冰而渡。十六日，趨滑臺，節度使宋延渥迎謁於路。十七日，以滑之府庫縑繒賞諸軍，大閱步騎於州城南。帝誓軍曰：“朝令使侯令公等率大軍將至，彼既成列，不肯徒然。我思道理，必欲交鋒，便匿朝天之意，如其束手，何制逆我之師。欲全爾等功名，不如奉行前詔，我以一死謝天子，實無所恨。”諸將徬徨啓曰：“國家負公，公不負國，所以萬人奮命，如復私讎。侯益之徒安能爲患，保爲公擒之。”十八日，大軍自滑而南。十九日，過封丘，時隱帝又令左神武統軍袁巘、前鄧州節度使劉重進繼率禁軍來拒，望塵退走，與侯益等軍屯赤關，是夜俱退。二十日，兩軍相遇於劉子陂，隱帝結營於七里店道西。二十一日，復陣於劉子陂，帝令諸軍曰：“比除君側之惡，無得犯蹕。按軍不動者，久之無何。”慕容彥超揮戈奮擊，步騎雲委、李筠、郭崇乃率兵禦之。慕容彥超馬倒，幾欲成擒，而侯益、張彥超、袁巘、劉重進皆倒戈而來。二十二日旦，隱帝自砦乘馬將還宮，而前鋒已及，乃西南以避之。事迫，而郭允明遂行弑逆。辰、巳時，諸軍畢入京城。晚，太祖將入宮門，待罪進名，朝太后，以軍未整戢，且歸舊第。二十四日，率群臣起居於明德門外，奏曰：“昨者左右熒惑輿駕蒼皇歸闕，師徒未免驚動。帝王出令，其位難虛，軍國事多，早宜册立嗣君，以係人望。伏請太后行教令指揮。”太后令曰：“北京留守崇、許州節度使信，高祖皇帝之愛弟也，徐州節度使贇、開封尹勛，皆高祖之裔子也，俱列盤維，皆分屏翰，已委文武百僚六軍將校議擇賢明，以承大統。”二十六日，帝率群臣班於明德門外起居太后，獻議請以劉贇入承正統。太后下令：宜備法駕，迎贇於徐州即皇帝位。即遣太師馮道備儀注往奉迎。二十七日，帝率群臣班於明德門外拜章，以新君未知軍國之事，一日萬機，不可暫廢，請太后權臨朝聽政。二十九日，鎮、定言契丹入寇，三道而來。太后令帝赴北面軍前爲都統帥，相度進取。新君未至，其軍國公事委王峻已下商量施行，其兵馬軍事委王殷勾當巡檢。十二月甲午朔，帝北征。十九日，六軍履冰渡河，次澶州驛舍。二十日早，步兵前進，帝於庭中省其裝發，忽聞驛外闃譟，聲如雷霆，俄而士卒不由門户，登墻越屋，雲屯山積，來迫帝曰：“天子請侍中自作，劉家社稷盡矣，縱然立得，亦無好事，却報讎於將校也。”亂軍得黃袍，扶抱帝加袍於背，不肯解。帝紿之曰：“爾等解去，我無所避也。”二十日，帝上太后箋，論列澶州三軍逼脅之事，不獲已班師。又言：“臣事先帝，過承君父之恩，及奉嗣君，願竭腹心之效，豈期禍難，事與願違。方擇當璧之賢，又爽大橫之兆，永言膝下，何慰慈顏。望太后以宗子待微臣，臣敢不奉宗廟如本朝，事太后爲慈母，悃款之至，祈戀增深。”太后令曰：“侍中功烈崇高，德聲昭著，剪除禍亂，安定乾坤，謳咏有歸，曆數攸屬。所以群情推戴，億兆同歡。老身未終殘年，屬兹多難，唯以衰朽，托於始終。載省來箋，如母見待，感認深意，涕泗橫流。其諸誠懷，難盡宣述。”是日，王峻以所立新君在宋州，恐聞澶州軍變之事，部下爲亂，令郭崇率騎七百急赴之。二十三日，帝至韋城。二十五日，至七里店，東西步騎陳列。是日，百僚上章勸進，御營於皋門村。二十六日，太后以帝爲監國，中外庶事並聽監國處分。四年正月丁卯，漢太后令奉符寶授監國，即皇帝位。是日太祖自皋門歸大内，御崇元殿即位，制以大周爲號，改乾祐四年爲廣順元年。

（宋）王欽若等編纂：《册府元龜》卷八《帝王部》

周太祖初踐祚，志懷謙挹，藩岳老臣，多不稱名。與鄆州高行周詔，即呼齊王。行周上章陳讓。

（宋）王欽若等編纂：《册府元龜》卷四八《帝王部》

王俊爲樞密使，性輕躁率易。帝以故舊，諳其爲人，且以佐命之故，每優容之。俊年長於帝二歲，帝雖登大位，時以兄呼之。有時呼字，不忘布衣之契。俊以此益自負焉。

（宋）王欽若等編纂：《册府元龜》卷一七二《帝王部》

周太祖形神魁壯，趣向奇崛，頂上有肉角。

（宋）王欽若等編纂：《册府元龜》卷四四《帝王部》

周太祖微時，世宗事之以孝謹聞。太祖嘗謂人曰："此吾家之寶也。"

（宋）王欽若等編纂：《册府元龜》卷一四八《帝王部》

周太祖時，慕容彥超鎮兖州，進呈鄆州節度使高行周來書，其書意即行周毀謗太祖、結連彥超之意。帝覽之笑曰："此必是彥超之詐也。"試令驗之，果然。其鄆州印元有缺文不相接，其僞印即無缺處。帝尋令齎書示諭行周，行周上表，謝恩辨認奸詐。

（宋）王欽若等編纂：《册府元龜》卷一四九《帝王部》

周太祖性聰明，凡軍志政經，深窮肯綮，人皆服其敏，無以過之。

（宋）王欽若等編纂：《册府元龜》卷一八《帝王部》

魏人柴公以經義教授里中，有女子備後唐莊宗掖庭，明宗入洛，遣出宫，父母往迎之。至洛，遇雨，逾旬不能進。其女悉以奩具計直十萬，分其半與父母，令歸大名，曰："兒見溝旁郵舍隊長，黝色花項爲雀形者，極貴人也，願事之。"父母大愧之，知不可奪，問之，即郭某，乃周祖也。因事之，執箕箒之禮。一日，謂其夫曰："君極貴不可言，然時不可失,妾有五萬,願奉君以發其身。"周祖因其貲得爲軍司。其父柴公,平生爲獨寢之人,傅司冥間事,一日晨起,忽大笑,妻問之,不對,但笑不已。公惟喜飲,妻逼極醉,因漏泄其事,曰:"花項漢將爲天子。"後果然。

(宋)文瑩:《玉壺清話》卷六

小兒剃光首

廣順末,京師訛言,冥間要數萬個髻小兒。由是人家小兒有髻子者皆剃之,識者曰:"小兒剃光首者,新君之兆。"未幾,世宗嗣位。

(宋)曾慥:《類説》卷一二《記異録》

顯德元年正月丙子,親祀圜丘。禮畢,御樓,肆赦曰:"王者祀天地,饗祖宗,著於前經,謂之大事。嚴上者伸尊於下,奉先者教孝於民,簠簋豆籩,陳其備物,犧牲玉帛,薦以至誠,聿遵嚴配之文,式展昭事之懇。朕仰膺睠命,下副樂推,有兢兢業業之心,無赫赫明明之德。錫珪膺瑞,莫繼禹功,祝網爲仁,但欽湯政。接近朝喪亂之後,當群黎凋弊之餘,不敏不明,何以爲治?而寒暑三往,車書漸同,征人少駐於邊防,戰馬多閑於坰牧,污萊加闢,杼軸靡空,縱大化之未敷,亦小康之遽致。得非藝祖烈考垂其佑,皇天后土被其恩,鍾在眇躬,躋此嘉會,俾創業垂統,傳之無疆,治國安民,引於有慶。將恐將懼,雖休勿休,祗荷景靈,是用大報。恭以都邑所在,宗廟爲先,開創已來,因仍其舊,未伸移奉之禮,重增怵惕之懷。爰自洛陽,卜遷浚下。今四序資始,三元履端,陳水陸之毛,載見清廟,薦陶匏之質,對越玄穹,所謂禮行於郊而百神受職也。凡爾衆庶,同我虔恭,申其肇禋,既謹就陽之禮;施於純嘏,宜覃及物之恩。改號紀年,惟新行慶,可大赦天下。改廣順四年爲顯德元年。自正月一日昧爽已前,應犯罪人,已結正未結正、已發覺未發覺,罪無輕重,常赦所不原者,咸赦除之。其殺人者放罪移置他處,貶降官與量移,已量移者與復資,已復資者與叙用。諸配流人並任逐便,如刺面配軍收管者不在此例。流貶死者許歸葬。

草賊避法隱藏者，所有巡檢人諭以恩赦，招呼令歸農養，如願在軍亦聽。其內外馬步都軍將士各等第優賞。應見任內外文武職員、諸軍將校致仕官、節度防禦團練使、刺史、前任文武升朝官、前內諸司使、副使、前諸州行軍列使、前指揮使、諸道進奉專人、前資官赴郊廟陪位者，並與加恩。內外命婦並與進封，因夫、子叙封者，不得過夫、子本品。其諸寺監攝官如滿七周年已上，應奉公事無遺闕文書灼然者，並與同明經出身；如不滿七周年者，任逐便穩。今後寺監不得以白身署攝，如違，本司官吏並當勘罪。諸州府廣順二年已前逋欠稅沿徵錢並放，其二年終已前主持省錢及主倉庫敗闕者、據納家業外無抵當者並釋放。自開創已來，諸軍將校死王事者，軍使、都頭已上並與追贈，已追贈者更追贈，有親嫡子孫量才叙用者。諸軍將士年老病患不任征行情願歸農者，本軍具以名聞，給憑縣放免。應見任文武升朝官、內諸司使、副節度留後、防禦團練副使、禁軍都指揮使已上、藩方馬步軍都指揮使等，父母亡歿未經追贈者並與追贈，已追贈者更追贈。自廣順元年後來，幽州、淮南、西川、河東等界軍人百姓投降者，累令安撫，所在有無主荒閒田土，一任請射住佃爲永業。西川接界，久不通商，今後一任來往，只須所屬官吏防閑，恐夾帶奸細。應只奉郊廟職掌人員並與恩澤，其行事官已勘無違礙者，候銓司移省後各與除官，合來年集者候將來授任，仍並加一階，欠三選至五選者減一選，欠選以上減兩選，幕職並與減一年。如欠月限不及一年者，便與除官，仍轉官資。其諸色人駁放皆依格敕，其間小小違礙可以情恕者，並條奏以聞。起今後升朝官兩任以上著綠十五周年者與賜緋，著緋十五周年者與賜紫。凡縣官歷任內曾經五度參選者，雖未及六考，與授朝散大夫階，年七十以上令授優散官者並賜緋，其非時特恩不拘此例。梁室受命，奄有中原，當歷數之有歸，亦神器之所在。潞王踐阼，承紹唐基，累年司牧於生靈，諸夏奉承於正朔。莊宗克復，以朱氏爲僞朝，晉祖統臨，以清泰爲僞號。所宜追正，庶協通規。今後不得名梁朝爲僞朝，潞王爲僞主。前代帝王陵廟及名臣墳墓無後者，所在官吏檢校，勿令樵采耕犂。天下年高殘疾鰥寡孤獨，所屬官吏務行存恤。孝子順孫、義夫節婦,州縣以名聞者並與旌表門閭。山林隱逸、草澤才能,所屬長吏搜訪,具以名聞。於戲! 安不忘危,百王所以慎其德,上之化下,一人姑務正厥躬。予苟有違,眾皆無隱。方今庶吏和勸,貪者少而廉者多;兆民從風,令既行而禁亦止。司予刑者,無忘哀矜。又禮讓方興,恩信兼布,賦役咸遵於法制,鄉間已絕於侵漁,家遂求安,國當思理。從予政者,無忘和平。凡左輔右弼盡其心,五侯九伯宣其力,君唱臣和,同寅協恭,不致昇平,未之有也。凡百有位,暨於群倫,俱承福禧,同體朕意。節文有所未該者,所司條奏以聞。"

（宋）王欽若等編纂:《册府元龜》卷九六《帝王部》

世宗以顯德元年正月,南郊,大赦。内外馬步諸軍將士各等第優賞。應見任内外文武職員、諸軍將校、致仕官、節度、防禦、團練、刺史、前任文武外朝官、前内諸司使副使、前諸州行軍副使、前指揮使、諸道進奉尊人、前資官赴郊廟陪位者,並與加恩。内外命婦並與追封,因夫、子叙封者,不得過夫、子本品。其諸寺監攝官如滿七周年已上,應奉公事無遺闕、文書灼然者,並與同明經出身。應祇應郊廟職賞人員,並與恩澤。其行事官已勘無違礙者,候銓司移省各與除官;合來年集者,候將來授任,仍並加一階。欠三選至五選者減一選,欠六選已上減兩選,幕職並與減一年,如欠月限不及一年者,便與除官,仍轉官資。其諸色選人駁放皆依格敕,其間小小違礙可以情恕者,並條奏以聞。起今後升朝官兩任已上著綠十五周年者,與賜緋;著緋十五年者,與賜紫。凡州縣官歷任内曾經五度參選者,雖未及十六考,與授朝散大夫階。年七十已上合授優散官者,並賜緋。其非時特恩,不拘此例。是月,賜將相近臣主軍職員及郊禋册尊號行事官等第分物。

（宋）王欽若等編纂:《册府元龜》卷八一《帝王部》

世宗以顯德元年正月即位。三月辛巳,制曰:"凡神聖之功,乃開基以創業;惟帝皇之德,遂垂制而立文。生成參天地之靈,悠久鍾子孫之福，寧禹湯而獨美，豈堯舜以無倫？先皇帝出震安時，膺乾啓運，改相仍喪亂之轍，造勃興開泰之邦，儉靜其身，寬慈於物。寒耕熱耨之苦，嘗念三農；宵衣旰食之勤，不忘萬務。恩需庶彙，義結群心。周室肇興，安神器而方固；軒臺遽往，望仙駕以不回。肆予冲人，獲紹丕構，孤藐自視，寡昧何知，稟理命之丁寧，副眾情之推奉，中心憂塞，罔有津涯。易月之禮制尋終，在天之感慕無已，負荷斯重，恭默以居。宜從作解之文，以洽當陽之澤。可大赦天下。應三月七日昧爽以前，所犯罪人，已結正未結正、已發覺未發覺，常赦所不原者，咸赦除之。諸貶降責授官等，量與升陟叙用。應配流徒役人及縱逢恩赦不在放還並常知所在者，並放逐便。諸處有草寇團集，仰所在州府及巡檢使臣曉諭恩赦招唤，各令歸業。兩京及諸道州府人户所欠去年秋夏税租及沿徵物帛，並與除放。其鄉村逃移人户，並仰招唤歸業。内外見在文武職官、致仕官及諸軍將校，並與加恩。其前任京官幕職州縣官，至今授官日施行。諸將軍校自開創以來，有没於戰陣及身死疆場者，並與追贈，如有親嫡子孫未曾録用者，並與録用。文武外朝官及内諸司使副使、禁軍都指揮使以上、諸道行軍副使、藩方馬步軍都指揮使父母在者並與恩澤，忘殁者與封贈；其妻未叙封者特與叙封。應沿邊州府接近西川、河南、契丹、河東界處，仰所在州府及巡檢使臣鈐轄，兵士及邊上人户不得侵擾外界及虜掠人畜，務要静守疆場，勿令搔動。其投來人户，仍仰倍加安撫。大行皇帝山陵有期準遺命，不得勞擾百姓者，宜令所司奉承先旨，無至隳違。應緣山陵公事合使工人役夫，並須先給錢物雇覓，諸雜費用一切取官物供給，不得差遣人户科配州縣。文武班列，親近臣僚，愛國誠堅，致君心切，苟或聞朕躬之過失，睹時政之否臧，無惜敷陳，以輔寡昧。苦口良藥，逆耳忠言，裨益至多，翹佇惟切。今後内外臣僚或有所見及有所裨益，可具實封章表以聞，或欲面對，便仰閣門司畫時引見。懷才抱器，出眾超群，或養素於衡門，或屈迹於末位，孤寒難進，志業何伸？咸用搜羅，待以爵秩。諸隱遁不仕及卑官下位中有文武幹略灼見可稱者，所在具名以聞。化理之本，孝弟爲先，苟或虧違，實亂名教。其有士庶之内凶率之徒,不順於父兄,不恭於尊長,狂悖難狀,訓誨莫從,親族容隱而不言,里巷畏避而不告,傷風敗俗,莫甚於兹。今後或有不孝不義之人,違戾尊長,喧悖毀辱,及父母在異財別居略不供侍,如此之輩,不計官宦軍人百姓之家,宜令御史臺及本軍本使所在州縣廂界彈舉覺察,如或容縱,不切檢舉,罪有歸處。其有孝子順孫、義夫節婦,宜所旌表,以厚人倫。恭惟先皇帝推誠損己,焦思勞神,念將士之忠勤,知戰伐之辛苦,餼糧禄賜,無非經手經心,土地官封,不惜酬勛酬效,生靈是念,稼穡爲憂,罷非理之差徭,去無名之侵耗,不貪游宴,盡去奢華,减後宮冗食之人,停諸司不急之務,方嶽止甘鮮之貢,殿庭絶珠玉之珍,獄訟無冤,刑戮不濫,凡關物務,盡立規繩。予小子纘紹丕基,恭稟遺訓,仰承法度,不敢逾違。更賴將相公卿,左右前後,共遵先旨,同守成規,庶裨冲人,不墜洪業。赦書有所未該,所司速具聞奏。"

（宋）王欽若等編纂:《册府元龜》卷九六《帝王部》

（顯德元年）三月丁丑,賜宰臣、樞密使及諸軍都校鞍馬金玉帶衣服各有差。辛巳,大赦。内外見任文武職官、致仕官及諸軍將校並與加恩,其前任京官、幕職、州縣官至合授官日施行。

（宋）王欽若等編纂:《册府元龜》卷八一《帝王部》

世宗顯德元年三月,詔曰:"文武班列,親近臣僚,愛國誠堅,致君心切。苟或聞朕躬之過失,睹時政之否臧,無惜敷陳,以補寡昧。苦口良藥,逆耳忠言,裨益兹多,翹佇惟切。今後内外臣僚,或有所見,及有所裨贊,可具實封,章表以聞;或欲面對,便仰閤門司非時引見。"

（宋）王欽若等編纂:《册府元龜》卷一〇三《帝王部》

（顯德元年）四月庚午,制曰:"昨者劉崇縱肆毒螫,勾引蕃戎,困我生民,深入澤潞。朕所以泣辭神御,親總甲兵,抑荼蓼之哀懷,殄豺狼之凶黨。誠賴玄穹垂祐,將士輸忠,大剪寇讎,尋清源野,覽賊寇經隸之地,深切憫傷,當城池圍閉之時,良資捍禦。適因駐蹕,宜示特恩。應潞州諸縣,取今月二十七日已前見禁罪人,除死罪外,並宜與釋放。當州數縣昨經賊軍傷殘處人戶,所徵今年夏稅斛斗錢帛三分與放一分;内有村坊元不遭賊寇殘傷者,不在蠲放之限。潞州昨經圍閉,將校職員同力守禦,兼以大駕駐蹕,迎奉無闕,應在城將校官吏職員宜令本州具名銜以聞,各加恩澤。昨殺戮賊軍之處及四面山谷間尸首絶多,宜令逐處官吏差人收歛埋瘞,勿令暴露。逐處墳墓曾被賊軍發掘者,指揮掩閉。河東及契丹敗散兵士,其中有潛竄山谷間者,並令招喚,不得輒有傷害;如是義軍百姓,便可放歸本家;若是軍人及諸色人,並監送至駕前,各與穩便安排。遼、沁二州,新屬潞州,久陷賊境,深可憫傷,委本道節度使倍加安撫。所有劉崇煩苛事件並與蠲放。"

（宋）王欽若等編纂:《册府元龜》卷九六《帝王部》

（顯德元年）四月,討太原回,詔:"潞州昨經圍閉,將校、官吏、職員同力守禦,兼以大駕駐蹕,迎奉無闕,應在城將校、官吏、職員,宜令本州具名銜以聞,各加恩澤。"

（宋）王欽若等編纂:《册府元龜》卷一二八《帝王部》

（顯德元年）四月,討太原回,詔:"昨殺戮賊軍處,四面山谷間,尸首絶多,宜令逐處官吏,差人收歛埋瘞,勿令暴露。"

（宋）王欽若等編纂:《册府元龜》卷一三五《帝王部》

（顯德元年）五月乙酉,以忻代招收指揮使秦珣爲歸州刺史。初,符彥卿之入賊境也,孟縣僞監押楊貴殺巡檢使趙筠,以戍兵數百來降。彥卿因請建孟縣爲州,上可之,遂以歸州爲名,命楊貴爲刺史。至是,以秦珣代之。珣本太原東山之賊帥也,廣順初,與其黨趙行能等内附,朝廷置忻代一路招收都指揮使,遙授忻州刺史,趙行能副之。自是賊之東境常爲珣等所苦,劉崇患之,竟不能制。代州鄭處謙之歸命也，蕃寇在郊，我軍未至，珣遣弟州帥兵三百以戍之，帝嘉其誠節，故有郡印之授。

（宋）王欽若等編纂：《册府元龜》卷一二八《帝王部》

（顯德元年）十月戊辰，帝謂侍臣曰："諸道頻報賊徒結集，傷劫人户，雖加搜捕，未能遏絶。累朝已來，分遣使臣巡檢，致藩侯郡守不勠力於擒捉。即宜抽回使臣，專委藩郡屏逐，務令封部清肅。"

（宋）王欽若等編纂：《册府元龜》卷六六《帝王部》

周世宗顯德二年正月甲戌，謂侍臣曰："去歲齊州臨邑民來訴灾沴，尋命使臣遍與通檢，所望供輸，咸得均濟。昨聞廣種植户民，不欲通檢，咸怨其訴灾者，至有潛熱其家産者，朕自聞之，極深軫憫。"侍臣對曰："時季已來，民多狡惡。"帝曰："非民之狡，蓋朕治之未至，亦猶親人之官未當耳！此後尤宜精求令長，免使黎民受弊。"

（宋）王欽若等編纂：《册府元龜》卷一七五《帝王部》

（顯德）二年正月，帝謂侍臣曰："近觀三司累奏，以漕運綱官拌和官物處極刑者數人。朕聞轉漕之物，向未例給斗耗，自晉漢以來不與支破。且倉廩所納常賦，皆是新物，尚破省耗，況水路所般，豈無耗折？忍令犯者銜冤處死？起今後，每石宜與耗一斗，苟有所犯，人必甘心。"

（宋）王欽若等編纂：《册府元龜》卷五七《帝王部》

（顯德）二年三月，詔曰："善操理者不能有全功，善處身者不能無過失。雖堯舜禹湯之上聖，文武成康之至明，尚猶思逆耳之言，求苦口之藥，何况後之人不逮哉？朕承先帝之靈，居至尊之位，涉道猶淺，經事未深，常懼昏蒙，不克負荷。自臨宸極，已過周星，至於刑政取舍之間，國家措置之事，豈能盡是？須有未周，朕猶自知，人豈不察？而在位者未有一人指朕躬之過失，食禄者曾無一言論時政之是非,豈朕之寡昧不足與言邪? 豈人之循默未肯盡心邪? 豈左右前後有所畏忌邪? 豈高卑疏近自生間別邪? 古人云:'君子,大言受大禄,小言受小禄。' 又云:'官箴王闕。' 則是士大夫之有禄位,無不言之人。然則爲人上者不能感其心而致其言,此朕之過也。得不求骨鯁之辭,詢正直之議,共申裨益,庶洽治平? 朕於卿大夫,才不能盡知,面不能盡識,若不采其言而觀其行,審其意而察其忠,則何以見器略之淺深,任用之當否? 若言之不入,罪實在予;苟求之不言,將誰執咎? 應内外文武臣僚,今後或有所見所聞,並許上章論諫;若朕躬之有闕失,得以盡言時政之有瑕疵,勿宜有隱。方求名實,豈尚虛華? 苟或素不攻文,但可直書其事。理有謬誤者,當期舍短;言涉傷忤者,必與留中;冀所盡情,免至多慮。諸有司局公事者,各宜舉職,事有不便者,革之可也;理有可行者,舉之可也;勿務因循,漸成訛謬。臣僚有出使在外回者,苟或知黎庶之利病,聞官吏之優劣,當具敷奏,以廣聽聞。班行職位之中,遷除改轉之際,即當考陳力之輕重,較言事之臧否。奉公切直者,當議甄昇;臨事蓄縮者,須行抑退。翰林學士、兩省官、職官居侍從,乃論思諫諍之司。御史臺官任處憲司,是擊搏糾彈之地,論其職分,尤異群官。如逐任官内,無所獻替啓發彈舉者,三月限滿,合遷轉時,宜令中書門下先奏取進止。凡爾有位,宜悉朕懷。"

（宋）王欽若等編纂:《册府元龜》卷一〇三《帝王部》

周世宗顯德二年四月,臨軒顧謂宰臣曰:"朕聽政之餘,思政教未敷,區宇未混,中宵輾寐,若納於隍。竊觀歷代君臣治國家,臨下事上之道,深爲不易。又念自唐晉失德之後,亂臣黠虜,僭竊暴慢者多。今中夏雖漸小康,吴蜀幽并尚未平蕩,聲教有限,朕實疚懷。宜諭臣僚,各述論策,宜尊經濟之略,副予求賢致理之志也。"於是命翰林承旨徐台符已下二十餘人,各撰"爲君難,爲臣不易論""平邊策"各一首以進,帝皆親覽焉。其"平邊策"率皆以修文德、來遠人爲意。翰林學士陶穀、竇儀、御史中丞楊昭儉、比部郎中王朴等四人,即以"江淮封境,密邇我疆,請用師以取之"。帝自高平克捷之後,常訓兵講武,思混一天下,及覽其策,欣然聽納。由是圖南之意益堅矣。

(宋)王欽若等編纂:《冊府元龜》卷一〇四《帝王部》

世宗顯德二年九月甲子,賜宰臣、樞密使、侍衛諸將以下食於萬歲殿。帝因曰:"兩日以來,至甚寒沍,朕於宮闈之中,食珍美之膳,但以無功及民,何以仰答大貺。雖躬親庶政,日覽萬機,亦恐無以勝任。當須手執耒耜,與民同力,不然親當矢石,爲人除害,稍可安心耳。"又曰:"朕不爲賜卿等食因事興言,實自責也。"

(宋)王欽若等編纂:《冊府元龜》卷四八《帝王部》

(顯德)二年十一月,秦、鳳等州詔:"應馬步軍營將士等,各與恩澤,其有歿於王事者,自副兵馬使以上,並與贈官,仍賜賻贈物。"

(宋)王欽若等編纂:《冊府元龜》卷一二八《帝王部》

(顯德)三年正月己亥,上於金祥殿賜陳州節度使向訓襲衣、金帶、銀器、繒帛、鞍馬,餘各有差,賞西征之功也。

(宋)王欽若等編纂:《冊府元龜》卷一二八《帝王部》

(顯德)二年四月,敕:"節度應諸道所禁罪人無家人供送吃食者,每日逐人給官米三升。"

(宋)王欽若等編纂:《冊府元龜》卷四二《帝王部》

(顯德)三年十二月己卯,帝謂侍臣曰:"昨觀有司進呈,取定本年正旦御殿,衣冠鎮圭。覽之不覺警懼,且恩信未及於天下,德澤未洽於兆民,何以堪此盛事?"宰臣奏曰:"陛下兢慎如此,何慮恩德不及於遠人哉!"

(宋)王欽若等編纂:《冊府元龜》卷四八《帝王部》

(顯德)四年正月己丑,詔曰:"朕自守丕圖,常勤庶政,念萬方之至廣,終日勞心,恐一物之未蘇,通宵不寐。屬乾元資始,春日載陽,升紫殿以發德音,秉鎮圭而朝群后,順青帝發生之令,體玄穹亭育之仁,思與群生,同慶嘉運。及物之澤,罔間於幽遐;作解之恩,宜均於雷雨。應天下見禁罪人除犯大辟外,一切釋放。應諸色亡命之人官中自來追捕未獲者,今並放罪。諸道州府應欠顯德三年終已前秋夏稅物,並與除放。諸處敗闕場院人員自來累行徵督尚有逋欠實無抵當者,宜令三司具欠分析數目聞奏,別候指揮。內外文武職官自前曾有犯罪停免黜削人等,宜令中書門下樞密院具罪犯因繇聞奏,別候進止。應淮南界內百姓,宜令行營將校告報諸軍,不得俘虜傷害。應有文學之吏、武勇之人,或幕府州縣官等,臨事强明,在任有所振舉,爲衆稱譽者,宜令所在長吏具名聞奏。在朝文武臣僚於知識人中有如此者,亦可公舉,並當擢用,待之厚禄。於戲! 帝王之於億兆也,教之化之,納於仁壽。當五兵未戢,舜干暫舞於兩階;洎中夏小康,湯綱宜開於三面。用示好生之德,佇遵且格之言,凡被照臨,體予朕意。"

(宋)王欽若等編纂:《册府元龜》卷九六《帝王部》

(顯德)四年二月壬戌,詔諭淮南招討使李重進、都監向訓、廬州行府劉重進等,令於淮南管內,戰陣之處,收其骼胔悉埋瘞之。

(宋)王欽若等編纂:《册府元龜》卷一三五《帝王部》

(顯德四年)三月,詔曰:"自攻討壽州已來,應有將士殁於王事者,宜差殿直劉漢卿於壽州四面,收斂其尸,以官物祭奠,本家仍以優給,有男者量與叙用。"

(宋)王欽若等編纂:《册府元龜》卷一三五《帝王部》

(顯德)四年三月戊子朔,帝在淮南,宴文武從官於行宮,賜招討使李重進、都監向訓等窄衣玉帶金銀器繒彩鞍馬器甲等,又賜諸將及行營軍士分物各有差。

（宋）王欽若等編纂：《冊府元龜》卷八一《帝王部》

（顯德四年）三月庚戌，以降下壽州，制曰："朕受天明命，繼統中區，寰瀛將保於大同，征伐蓋非於獲已。一昨以壽春未拔，吳寇重來，内外張皇，烽火相接，罔避暑勞之役，須興再駕之師，步騎長驅，水陸齊進，戈船砦柵，一鼓蕩平。劉仁贍以衆意憂危，援兵覆没，遣子上表，瀝血求哀。矜彼含生，許其納款。兵革之後，黎庶未安，念孤壘之初開，解疏羅而示德，宜覃在宥之澤，俾安向化之心。可赦壽州管内見禁罪人，自今月二十一日昧爽已前，凡有過犯，無問輕重，並從釋放。應歸順官吏將校職員，並與等第加恩。壽州管界去城五十里内，與放今年及明年秋夏租税。自來百姓有曾受江南文字聚集山林者，押逐處長吏使臣招唤歸家，並不問罪。如曾有傷害者，今後不得更有相酬及經官論訴。兼自用兵已來被擄劫骨肉者，不計遠近，並許本家識認，官中給物收贖，所在不得藏占。曾經陣敵處所暴露骸骨，仰差人收拾埋瘞。自前後政令有不便於民者，委本州條列聞奏，當行釐革。"

（宋）王欽若等編纂：《冊府元龜》卷九六《帝王部》

（顯德）四年五月，詔曰："朕暇日觀書，見前代名臣，議時政得失，皆直指其事，不尚枝詞，舉一善必適其材，懲一惡必當其咎。故能中外無壅，悔吝不生，居上者聽之而不疑，在下者言之而無罪。嘻！埋輪都亭，惡梁冀也；陳尸下室，進蘧瑗也。曹參期獄市無撓，充國議屯田之制，李勉嫉惡，謂盧杞爲奸邪，詩人樂善，美張仲之孝友。皆明述臧否，端若貫珠，時主聞之，可以區別。施於臣僚，得事君盡忠之義；用之邦國，有從諫如流之稱。爰自近朝，頗虧公道，上封事者，言無可采，議刑罰者，事不酌中，論阿黨則莫顯姓名，述正直則曾無按據。卒歲延納，終無可觀，爲臣事君，不當如是。今後每遇入閣，其待制官候對，及文武臣僚非時所上章疏，並須直書其事，不得隱情，但云某人有文,某人有武,某人曉錢穀,某人能理人,某處所官吏因循,某州縣刑獄冤濫,某事利於國而未舉,某事害於民而未除,經營四方者術策何施,裨贊萬機者闕遺何補,何人黨正之士,何人詐偽之端。苟上下同心,則綱紀有序。當寡昧求理之際,適賢良獻可之時,當極言之,朕自詳覽。黜陟二柄,期於必行,咨爾群寮,各體深意。其待制候對官,今後於文班內論次充不在,只取刑法官。"百寮聽命,再拜而退。

（宋）王欽若等編纂:《冊府元龜》卷一〇三《帝王部》

（顯德）四年五月辛亥,賜應淮南征行軍士金銀錢帛有差,賞其勞也。

（宋）王欽若等編纂:《冊府元龜》卷一二八《帝王部》

周世宗顯德四年七月己丑,賜宰臣李穀"對親征圖"一面,其文翰林學士承旨陶穀之所撰也。先是,帝征淮南,以壽陽未拔,時穀臥疾未愈,遂詔宰臣范質、王溥就第以問之。穀因上章,陳親征之利者三。後城拔,帝以其表示陶穀,且曰:"臣之事君,不當有隱,觀李穀敷奏,忠誠可嘉,爾爲贊述,其以勸來者。"因有是贊。

（宋）王欽若等編纂:《冊府元龜》卷一三三《帝王部》

（顯德）五年五月辛亥,以征淮南回,降德音云:"睠彼戎士,咸遵武經,或從我征行,久服勤於甲冑;或守兹城邑,能安定於封圻。宜舉彝章,首膺懋賞。應侍衛殿前及諸道馬步軍將士等,各賜等第優給,餘從宣命處分。"

（宋）王欽若等編纂:《冊府元龜》卷一二八《帝王部》

（顯德五年五月）是月,帝以征淮南回,賜宰臣樞密、侍衛、宣徽使及翰林學士、中書舍人、内諸司使已下器幣鞍馬各有差,賞扈從之勞也。

（宋）王欽若等編纂:《冊府元龜》卷一二八《帝王部》

（顯德）五年五月，帝以征淮南回，降德音云：“疾風勁草既驗忠誠，臨難捐軀所宜旌異。應淮南行營將士歿於王事者，各與贈官，逐人若有親的子孫，並與叙録。内有中傷殘廢，不任征行者，等第給救接錢帛。排難疆場，馬革無慚於壯志；遺骸暴露，牛岡有靳於深仁。載循掩骼之文，俾釋窮泉之恨，凡經戰陣處，應有暴露骸骨，仰逐處州縣，收拾埋瘞。淮南界内，逐處墳墓，有曾遭發掘處，委逐州縣差人掩閉。”

（宋）王欽若等編纂：《册府元龜》卷一三五《帝王部》

泉臺上寶冥游亞寶

顯德六年，世宗慶陵攢土，發引之日，百司設祭於道。翰林院楮泉大若蓋口，予令雕印字文文之，黄曰“泉臺上寶”，白曰“冥游亞寶”。

（明）陶宗儀：《説郛》卷六一《清異録》

世宗，諱榮。

（宋）王欽若等編纂：《册府元龜》卷三《帝王部》

周世宗，太祖養子。廣順元年，太祖踐祚，授澶州節度使、檢校太保。二年，加同平章事。三年三月，除開封尹、晉王。顯德元年正月，加侍中，判内外兵馬事。是月丙申，宣制即皇帝位。

（宋）王欽若等編纂：《册府元龜》卷一一《帝王部》

世宗幼而英悟，以嚴重自處，與賓客言，必低聲柔氣，商確古今。及論攻戰之事，則縱辯高譚，詞理鋒起，故時人多之。及即位，與侍臣論及賞罰之道，帝曰：“但依王道行之。朕固不因怒加罪，因喜賞人也。”

（宋）王欽若等編纂：《册府元龜》卷一八《帝王部》

周世宗初鎮鄆州，太祖親征慕容彦超。六月，兗州平，帝遣使奉表請車駕由鄆濮路還京，庶得一睹天顏。太祖從之，及太祖過澶淵，帝迎謁於馬前,悲咽流涕。顯德元年,帝親征河東,迎故淑妃喪還。太祖凡一后三妃,及嵩陵就掩,皆議陪祔。帝以妃喪在賊境,未及遷窆,乃詔有司於嵩陵之側,預營一窀以虛之,俟賊平即議襄事。至是帝幸晉郊,果成素志,蓋孝感之所致也。

(宋)王欽若等編纂:《册府元龜》卷二七《帝王部》

周世宗作詩

周世宗嘗作詩,以示學士竇儼曰:"此可宣佈否。"儼曰:"詩,專門之學,若勵精叩練有妨幾務。苟切磋未至,又不盡善。"世宗解其意,遂不作詩。

(宋)曾慥:《類説》卷五三《談苑》

周世宗嘗欲以竇儀、陶穀並命爲宰相,以問范質。質曰:"穀有才無行,儀執而不通。"遂寢其事。太祖又欲令參知政事,趙普憚其剛嚴,奏以薛居正代之,終不入中書,亦其命也。

(明)陶宗儀:《説郛》卷九三《國老談苑》

恭帝,世宗之子。顯德六年六月癸未,制授左衛上將軍,封梁王。甲午,宣制即皇帝位。

(宋)王欽若等編纂:《册府元龜》卷一一《帝王部》

恭帝以顯德六年六月甲午即位。七月丙寅,制赦天下。

(宋)王欽若等編纂:《册府元龜》卷九六《帝王部》

斡離不破汴京,殺太宗子孫幾盡,宋臣有詣其營者,觀其貌絶類藝祖。伯顔下臨安,有識之者,後於帝王廟見周世宗像,分毫不爽。世又傳王介甫爲秦王廷美後身,高宗乃錢王後身。

(清)潘永因:《宋稗類鈔》卷一

(6) 吳

楊行密，廬州合淝人。以盜見獲爲兵，遷隊將。逐廬州刺史，據
其州，詔就拜刺史。淮南節度使高駢爲畢師鐸等所攻，行密擊之，取
揚州，後取宣、潤、滁、和等州。唐拜行密淮南節度使，同平章事。行
密遣兵攻取自淮以南、江以東諸州，皆下之。進拜中書令、吳王。卒，
子渥嗣，後爲徐溫、張顥等所殺。弟隆演嗣，即吳王位，改元。卒，弟
溥立，僭即皇帝位，後禪位於徐知誥。

右，淮南傳四世，四十六年。行密以唐景福元年入揚州，至溥以晉天福
二年爲李氏所篡。

（元）馬端臨：《文獻通考》卷二七六《封建考十七》

吳楊行密，廬州人。唐僖宗光啓初，秦宗權擾淮右，郡將募能致
戰擒賊者，行密應募，補爲隊長，因殺郡將，自權州兵，朝廷因正授廬
州刺史。大順二年，略有淮南之地。乾寧二年，授淮南節度副大使，
知節度事，封弘農郡王。哀帝天祐三年卒。子泥襲其位，自稱吳王，
在位三年，爲大將張顥所殺，別將徐溫殺顥，立泥弟渭，凡十餘年，溫
乃册渭爲天子，國號大吳。渭僭號三年而卒，溫乃推行密幼子溥爲
主。晉天福二年，溥遜位溫養子李昇。自唐大順二年至晉天福二年，凡四
十七年。

（宋）王欽若等編纂：《册府元龜》卷二一九《僭僞部》

吳楊行密，少孤貧，有臂力，日行三百里。唐末，秦宗權擾淮右，
頻寇廬壽，郡將募能致戰擒賊者，計級賞之，行密以膽力應募，往必
有獲。

（宋）王欽若等編纂：《册府元龜》卷二二〇《僭僞部》

吳楊行密，廬州人。唐僖宗廣明之亂，天子幸蜀，郡將遣行密徒
步奏事，如期而復。光啓初，秦宗權擾淮右，頻寇廬壽，郡將募能致戰
擒賊者，計級賞之，行密以膽力應募，往必有獲，得補爲隊長。行密乃

自募百餘人,皆虓勇無行者,殺都將,自權州兵,郡將即以符印付之而去。朝廷因正授行密廬州刺史。光啓三年,揚州節度使高駢失政,委任袄人呂用之之輩,牙將畢師鐸懼爲用之所譖,自高郵起兵襲廣陵,爲用之所却,乃乞師於宣州秦彦,且言事克之日,願以揚州帥之。彦先遣將秦稠以兵三千助師鐸,攻陷廣陵,高駢遂署師鐸爲行軍司馬。未幾,秦彦率大衆並家屬渡江入據揚州,自稱節度使。初,揚州未陷,呂用之詐爲高駢檄徵兵於廬州。及城陷,行密以軍萬人奄至。畢師鐸之入廣陵也,呂用之出於外,至是委質於行密。行密攻廣陵,營於大明寺,秦、畢出兵以攻行密之營,短兵才接,行密僞遁,秦、畢之兵爭出其柵以取金帛,行密發伏兵以擊之,秦、畢大敗,退走其壁,自是不復出戰。其年九月,秦、畢害高駢於幽州,少長皆死,同坎瘞於道院北垣下。行密攻圍彌急,城中食盡,米斗四十千,居人相啗略盡。十月,城陷,秦、畢走東塘,行密入廣陵,輦外寨之粟,以食飢民。即日,米價減至三千。十一月,蔡賊孫儒以衆萬人自淮西奄至,還據外寨,行密輜重牛羊軍食未入城者,皆爲儒所有。時秦、畢來自東塘,與儒軍合,自是西門之外,復爲敵境矣。初,呂用之遇行密於天長,紿行密曰:"用之有白金五千鋌,瘞於所居之廡下。寇平日,願備將士倡樓一醉之資。"至是,行密閱兵,用之在側,謂用之曰:"僕射許此輩銀,何負心也?"遽命斬於三橋之下,夷其族。行密既有廣陵,遣使至大梁,陳歸附之意。是時,自梁太祖兼領淮南,乃遣牙將張廷範使於淮南,與行密結盟,尋遣行軍司馬李璠權知淮南留後,令都將郭信以兵援送行密。初則厚禮廷範,及聞李璠之行,悖然有拒命之意,梁祖乃追李璠等還,即表行密爲淮南留後。文德元年正月,孫儒殺秦彦、畢師鐸於高郵,引軍襲廣陵,下之。儒自稱節度使,行密收其衆,歸於廬江。龍紀元年,孫儒出攻宣州,行密乘虛襲據揚州,孫儒引軍復攻行密。大順元年,行密危蹙,率衆夜遁,出據宣州,儒復入揚州。一年,乃蒐練兵甲,以攻行密。屬江淮疾疫,師人多死,儒亦臥病,爲部下所執,送於行密,殺之。行密自宣城長驅入於廣陵,盡得孫儒之衆。乾寧二年,行密盡有淮南之地,昭宗乃降制,授淮南節度副大使、知節度事,管内營田觀察處置等使、同中書門下平章事,封弘農郡王。至子渭,乃僭號。

漢劉隱,唐末爲廣州右都押衙,領賀水鎮將,兼封州刺史。用法清肅,威望頗振,昭宗以嗣薛王知柔石門崑蹕功,授清海軍節度使。詔下,廣州牙將盧琚、譚弘謀不稟朝命,隱舉部兵誅琚、弘以聞,知柔至,深德之,辟爲行軍司馬,委以兵賦。昭宗命宰相徐彦若代知柔,復署前職。彦若在鎮二年,臨薨,手表奏隱爲兩使留後。昭宗未之許,命宰相崔遠爲節度使,遠行及江陵,聞嶺表多盜,懼隱違詔,遲留不進。會遠復入相,乃詔以隱爲留後,然久未即真。及梁祖爲元帥,隱遣使持重賂以求保薦,梁祖即表其事,遂降旄節。梁開平初,恩寵殊厚,遷檢校太尉,兼侍中,封大彭郡王。梁祖郊禋,禮畢,加檢校太師,兼中書令,又命兼領安南郡護,充清海、靜海兩軍節度使,進封南海王。

（宋）王欽若等編纂:《册府元龜》卷二二三《僭僞部》

僞吳楊行密,唐乾寧四年,梁祖平兖、鄆,朱瑾及沙陀將李承嗣、史儼等皆奔淮南,行密待之優厚,任爲將,瑾與承嗣皆位至方伯。

（宋）王欽若等編纂:《册府元龜》卷二三〇《僭僞部》

不語楊家:五代吳楊行密有一子病瘠,鄉里號爲"不語楊家"。《九國志》

（明）陶宗儀:《説郛》卷三《實賓録》

漁父饋魚
吳太祖爲盧州都,延嘗至河濱,有漁父饋魚曰:"如公子孫,鱗次而霸。"

（宋）曾慥:《類説》卷一二《異人録》

吳楊渭,僭即帝位,追尊父行密爲太祖武皇帝,兄渥爲景帝。

（宋）王欽若等編纂:《册府元龜》卷二二四《僭僞部》

楊浦，嗣兄渭位，僞諡渭宣帝。

（宋）王欽若等編纂：《册府元龜》卷二二四《僭僞部》

讓王遷於泰州永寧宮，數年未卒，每有枝葉延及五歲，即有中使賜袍笏加冠，即日而終。每有枝葉，今本作每有枯楊生枝葉。

（明）陶宗儀：《説郛》卷五八《江表志》

讓王居泰州永寧宮，嘗賦詩云："江南江北舊家鄉，三十年來夢一場。吳苑宮闈今冷落，廣陵臺榭合荒凉。烟迷遠岫愁千點，雨滴孤舟泪萬行。兄弟四人三百口，不堪回首細思量。"

（明）陶宗儀：《説郛》卷五八《江表志》

楊行密嘗在楚州，登城見王茂章營第，曰："天下未定，而茂章居寢鬱然，渠肯爲我忘身乎！"茂章遂毀損。

（明）陳耀文：《天中記》卷一四

五代吳楊行密，其先弘農人，後家於合肥。世有一子病瘖，鄉里號爲"不語楊家"。

（宋）馬永易：《實賓録》卷三

楊行密馳射武伎皆非所長，而寬簡有智略，善撫士卒，與同甘苦，推心待物，無所猜忌。嘗早出，從者斷馬鞦取其金，行密知而不問。它日，復早出如故，人服其度量。

（宋）孔平仲：《續世説》卷三

唐楊行密善撫士卒，嘗早出，從者斷馬鞦取金，行密知而不問，人服其度量。

（宋）祝穆：《古今事文類聚》别集卷一六

淮南楊渥居喪，晝夜酣飲作樂，燃十圍之燭以擊球，一燭費錢數萬。

（宋）孔平仲：《續世説》卷九

五代淮南楊渥居喪，晝夜酣飲作樂，然十圍之燭以擊毬，一燭費錢數萬。

（宋）祝穆：《古今事文類聚》續集卷一八

《續世説》：五代淮南王偓，晝夜酣飲，然十圍之燭以擊毬，一燭費錢數萬。

（清）陳元龍：《格致鏡原》卷五〇

玉硯。五代吳世家：顯德三年，世宗征淮南，下詔撫安楊氏子孫，而李景聞之，遣人盡殺其族。周先鋒劉重進，得其玉硯以獻。

（宋）佚名：《錦綉萬花谷》後集卷二九

周世宗征淮南，先鋒劉重進得吳楊溥玉硯以獻。

（宋）高似孫：《硯箋》卷三

周世宗征淮南，先鋒劉重進得吳楊溥玉硯以獻石虛中。石虛中，字居默，南越高要人也。器度方圓，中心坦然，隱遁不仕，因采訪遇之端陽，拜即墨侯。與宣城毛元銳、燕人易玄光、華陰褚知白同出處。

（明）陳耀文：《天中記》卷三八

吳武讓皇既殂於丹陽，其族屬尚居泰州廨舍，先主自受禪已還，未暇措置，追殂，方囑付嗣君曰：“邦君皆楊氏所有，天地事物之變，偶移在我，然順逆之勢不常。吾所憫孤兒媭女，僑寄殊鄉，令往泰州津斂楊族，安於京口，矚瞻撫育，無令失所，男女婚嫁，悉資官給。”璟稟遺戒，遣園苑使尹延範具舟車調費，往泰般護。時王室在難，道路已亂,延範慮有他變,取子弟六十人皆殺之,惟載婦女以渡江。環大怒,以延範腰斬,仍誅其族於市,以慰其冤。楊氏諸女二十餘人,選士族嫁之,奩匣閨橐,不失常度。

(宋)文瑩:《玉壺清話》卷一〇

(7) 前蜀

五代蜀王建,初從秦宗權征討有功,宗權遣將王淑帥兵八千人,從忠武監軍楊復光擊黃巢將朱溫。淑逗撓不進,復光斬之,分其衆爲八都,以鹿晏弘等八人,各將一部,從下鄧州。復光遂率八都,收復長安。

(宋)馬永易:《實賓錄》卷一四

垂手下膝

蜀先主,晉武帝,後周太祖,陳武帝、宣帝,前趙劉曜,秦苻堅,後秦姚萇,南燕慕容垂,五代南漢劉龑,蜀王衍,南史陳柳皇后皆垂手下膝,又北魏李祖昇、南史宋王、元初隋劉元進手垂過膝,皆以誅死。

(明)陶宗儀:《説郛》卷六九《續雞肋》

前蜀王建,字光圖,陳州項城人也。父慶,里之豪右,唐僖宗光啓元年入蜀州,爲壁州刺史,率兵攻陷閬、利二州,又攻陷成都。昭宗隆紀元年,授西川節度副大使,知節度事。梁太祖開平二年,建自帝於成都,國稱大蜀,在位十二年,年七十二。子衍嗣。衍,字化源,在位七年,年二十五,爲後唐所滅。建自唐光啓初入蜀,父子相承凡四十年。

(宋)王欽若等編纂:《册府元龜》卷二一九《僭僞部》

蜀王建,字光圖,隆眉廣額,龍睛虎視,嘗於武當山遇僧處,嘗謂建曰:“子骨相甚貴,何不從軍,自求豹變,而乃區區爲盜掇賊之號?”

(宋)王欽若等編纂:《册府元龜》卷二二〇《僭僞部》

蜀王建，機略拳勇，出於流輩。

（宋）王欽若等編纂：《册府元龜》卷二二〇《僭僞部》

蜀王建，陳州項城人。唐末隸名於忠武軍。秦宗權據秦州，懸重賞以募之，建始自行，間得補軍候。廣明中，黃巢陷長安，僖宗幸蜀，時梁祖爲巢將，領衆攻襄都，宗權遣小校鹿晏弘從監軍楊復光率師攻之，建亦預行。是歲，復光入援京師。明年，破賊收京城。初，復光以忠武軍八千人立爲八都，晏弘與建各一都校也。復光死，晏弘率八都迎扈行在，至山南，乃攻剽金、商諸郡縣，得兵數萬，進逼興元，節度使牛叢弃城而去。晏弘因自爲留後，以建等屬郡刺史，不令之任。俄而，晏弘正授節旄，恐部下謀己，多行忍虐，由是部衆離心。建與別將韓建友善，晏弘益猜二建。僞待之厚，引入卧内，二建懼，夜登城慰守陴者，因月下共謀所向，謂韓建曰："僕射甘言厚意，疑我也，禍難無日矣。早宜擇利而行。"韓曰："善。"因率三千人趨行在，僖宗嘉之，賜與巨萬，分其兵爲五都，仍以舊校主之。即晉暉、李師泰、張造與二建也，因號曰隨駕五都。田令孜皆録爲假子。及僖宗還宮，建等分典神策軍，皆遥領刺史。光啓初，從僖宗再幸興元，令孜懼逼，求爲西川監軍。楊復恭代爲觀軍容使，建等素爲令孜所厚，復恭懼不附己，乃出五將爲郡守，以建爲壁州刺史。天子還京，復恭以楊守亮鎮興元，尤畏建侵已，屢召之。建不安其郡，因招合谿洞豪猾，有衆八千，寇閬州，陷之。復攻利州，刺史王珙弃城而去。建播剽二郡，所至殺掠，守亮不能制。東州節度使顧彦郎，初於關輔破賊，時與建相聞，每遣人勞問，分貨幣軍食以給之，故建不侵梓遂。西川節度使陳敬宣憂其膠固，謀於監軍田令孜曰："王八，吾子也，彼無他腸，作賊山南，實進退無歸故也。吾馳咫尺之書，可以坐置麾下。"即飛書招建，建大喜，遣使謂彦郎曰："十軍阿父遣信見招，僕欲詣成都，省阿父，因依陳太師，才一大郡，是所願也。"即之梓州，見彦郎，留家寄東川，選精甲三千之成都，行次鹿頭，或謂敬宣曰："建，今之劇賊，鴟視狼顧，專謀人國邑。儻其即至，公以何等處之？彼建雄心，終不居人之下，公如以將校遇

之，是養虎自貽其患也。"敬宣懼，乃遣人止建，遽修城守。建怒，遂據
漢州，領輕兵至成都。敬宣讓之曰："彼何爲者？而犯吾疆理！"建軍
吏報曰："閬州司徒北寄東州，而軍容太師使者繼召，今復拒絕，何也？
司徒不惜改轅而東，但北省太師反爲拒絕，慮顧梓州，復相嫌間，謂我
何心故也？使我來報，且欲寄食漢州，公勿復疑。"時光啓三年，居浹
旬，建盡取東川之衆，設梯衝，攻成都，三日不克而退，復保漢州，月
餘，大剽蜀士，進逼彭州，百道攻之。敬宣出兵來援，建解圍縱兵大
掠，十一州皆罹其毒，民不聊生。建軍勢日盛，復攻成都，敬宣患之。
顧彦郎亦懼侵己，昭宗即位，彦郎表請雪建，擇大臣爲蜀帥，移敬宣他
鎮。乃詔宰臣韋昭度鎮蜀以代敬宣。敬宣不受代，天子怒，命顧彦
郎、楊守亮討之。時昭度以建爲牙內都校，董其部兵，及王師無功，建
謂昭度曰："相公與數萬之衆討賊未效，餉運交不相屬。近聞洛陽以
來，藩鎮相噬，朝廷姑息不暇，與其勞師以事蠻方，不如從而赦之。且
以兵威靖中原，是國之本也。相公盍歸朝覲，面與主上畫之？"昭度持
疑未決。一日，建陰令軍士於行府門外擒昭度親吏，臠而食之。建徐
啓昭度曰："蓋軍士乏食，以至於是耶？"昭度大懼，遂留符節與建，即
日東還。纔出劍門，建即嚴兵守門，不納東師。月餘，建攻西州管內
八州，所至響應。遂急攻成都。田令孜登城謂建曰："老夫與八哥相
厚，太師久已知聞，有何嫌恨，如是困我之甚耶？"建曰："軍容父子之
恩，心何敢忘。但天子付以兵柄，太師孤絕朝廷故也。苟太師悉心改
圖，何福如之？"又曰："吾欲與八哥軍中相款，如何？"曰："父子之義，
何嫌也？"是夜，令孜携蜀師符印入建軍授建，建泣謝曰："太師初心太
過，致有今日相戾。既此推心，一切如舊。"翌日，敬宣啓關迎建，以蜀
師讓之。建乃自稱留後，表陳其事。明年春，制授檢校太傅、成都尹、
西川節度副大使、知節度事、管內觀察處置、雲南八國招撫等使。時
龍紀元年也。移敬宣於雅州安置，仍以其子爲刺史。既行，建令人殺
之於路。令孜仍舊監軍事。數月，或告令孜通鳳翔書問，下獄餓死。
建雄猜多機略，意常難測，既有蜀土，復欲窺伺東川，又以彦郎婚姻之
舊，未果行。會彦朗卒，弟彦暉代爲梓帥，交情稍息。李茂貞乘其有

間,密構彥暉,因與茂貞連盟,關征疆吏之間與蜀人得失。大順末,建出師攻梓州,彥暉求援於鳳翔,李茂貞出師援之,建即圍解。自是,兩川交惡者累年,後建大起蜀軍,敗岐梓之兵於利州,彥暉懼,乞和,請與岐人絕,許之。景福中,山南之師寇東川,彥暉求援於建,建出兵赴之,大敗興元之衆。洎軍旋,建乘虛掩襲梓州,虜彥暉,置於成都,遂兼有兩川。自此軍鋒益熾。天福初,李茂貞、韓全誨劫遷車駕在鳳翔,梁祖攻圍歷年,建外修好於汴,指茂貞罪狀,又陰與茂貞間使往來,且言堅壁勿和,許以出師赴援,因分命諸軍攻取興元。比及梁祖解圍,茂貞山南諸州皆爲建所有,因自置守將。及茂貞垂翅,天子遷洛陽,建復攻茂貞之秦隴等州,茂貞削弱不能守。或勸建因取鳳翔,建曰:"此言失策,吾所得已多,不俟復增岐下。茂貞雖常才,然名望宿素與朱公,力爭不足,守境有餘。韓生所謂'入爲扦蔽,出爲席借'是也。適宜援而固之,爲吾盾鹵耳。"及梁祖將謀强禪,建與諸藩同謀興復,乃令其將康晏率兵三萬會於鳳翔,數與汴將王重師戰,不利而還。趙凝之失荊襄也,弟明以其拏奔蜀,建因得夔、峽、忠、萬等州。及梁祖開國,蜀人請建行劉備故事,建自帝於成都。

(宋)王欽若等編纂:《册府元龜》卷二二三《僭僞部》

前蜀王建僭即帝位。初,汴將劉知俊奔鳳翔,李茂貞以爲大將,稍侵建之興、鳳,皆没焉。後知俊自岐奔蜀,建厚禮之,任爲上將,令擊茂貞,復收興、鳳二州。茂貞登陴自守,知俊修兵攻其屬郡,茂貞之秦、隴、階、涇皆陷於蜀。

(宋)王欽若等編纂:《册府元龜》卷二三一《僭僞部》

蜀王建,陳州項城人。唐末隸名於忠武軍,秦宗權據秦州,懸重賞以募之。建始自行間得補軍候。廣明中,黃巢陷長安,僖宗幸蜀。時梁祖爲巢將,領衆攻襄都。宗權遣小校鹿晏弘從監軍楊復光率師攻之,建亦預行。是歲,復光入援京師。明年,破賊收京城。初,復光以忠武軍八千人立爲八都,晏弘與建各一都校也。復光死,晏弘率八都迎扈行在至山南,乃攻剽金、商諸郡縣,得兵數萬,進逼興元。節度使牛叢弃城而去,晏弘因自爲留後,以建等爲屬郡刺史,不令之任。俄而晏弘正授節旄,恐部下謀己,多行忍虐,繇是部衆離心。建與別將韓建友善,晏弘益猜二建,僞待之厚,引入卧内。二建懼,夜登城慰守陴者,因月下共謀所向。謂韓建曰:"僕射甘言厚德意,是疑我也。禍難無日矣,早宜擇利而行。"韓曰:"善。"因率三千人夜遁而去。

(宋)王欽若等編纂:《册府元龜》卷二三三《僭僞部》

前蜀王建僭帝位於成都,梁將劉知俊奔鳳翔,李茂貞以爲大將,稍侵建之東川。建出兵拒戰,爲知俊所敗,興鳳皆没焉。

(宋)王欽若等編纂:《册府元龜》卷二三四《僭僞部》

好膏藥

王建方許下不逞,嘗坐事遭徒,但無杖痕耳。及據蜀,乃祖背示從事馮涓,欲自辯,涓撫其背曰:"大奇!大奇!何處得此好膏藥。"

(宋)曾慥:《類説》卷二六《五代史補》

五代蜀王建,初從秦宗權征討有功,宗權遣將王淑帥兵八千人,從忠武監軍楊復光擊黃巢將朱温。淑逗撓不進,復光斬之,分其衆爲八都,以鹿晏弘等八人,各將一部,從下鄧州。復光遂率八都,收復長安。

(宋)馬永易:《實賓録》卷一四

那禿鶖

僞蜀王先主晏駕前,來大禿鶖鳥,游於摩訶池上。顧夐時爲上臣,直於内禁,遂潜吟二十八字。咏曰:"昔日曾聞瑞應圖,萬般徵意不如無。摩訶池上分明見,仔細看來是那胡。"

(明)陶宗儀:《説郛》卷三二《群居解頤》

邛黎之間有淺蠻焉,世襲王號,曰劉王、楊王、郝王。歲支西川衣賜三千分,俾其偵雲南動静;雲南亦資其覘成都盈虚,持兩端而求利也。每元戎下車,即率界上酋長詣府庭,號曰参元戎。上聞自謂威惠所致,其未參間,潛稟於都押衙,且俟可否。或元戎慰撫大將間,稍至乖方,即教其紛紜。時帥臣多是文儒,不欲生事。以是都押賴之,亦要姑息。蠻酋憑凌,若無亭障,抑此之由也。王建始鎮蜀,絶其舊賜,斬都押衙山行章以令之。邛峽之南,不立一堠,不戍一卒,十年不敢犯境。末年,命大將許存征蠻,爲三王泄漏軍機,於是召三王而斬之,時號因斷也。昔日之患三王,非不知也,時不利也。故曰有非常之功,許公之謂也。先是唐咸通中,有天竺三藏僧經過成都。曉五天胡語,通大、小乘經律論。以北天竺與雲南接境,欲假途而還。爲蜀察事者識之,繫於成都府,具得所記朝廷次第文字,蓋曾入内道場也。是知外國來廷者,安知非奸細乎?

(宋)李昉:《太平廣記》卷一九〇《王建》

　　僞蜀先主王建始攻圍成都,三年未下。其紀綱之僕,有無賴輕生勇悍者百輩,人莫敵也。建嘗以美言啗之曰:"西川號爲錦花城,一旦收克,玉帛子女,恣我兒輩快活也。"他日,陳敬瑄、田令孜以城降。翌日赴府,預戒驕暴諸子曰:"我與爾累年戰鬥,出死入生,來日便是我一家也。入城之後,但管富貴,即不得恣横。我適來差張勍作斬斫馬步使,責辦於渠。汝輩不得輒犯。若把到我面前,足可矜恕,或被當下斬却,非我能救。"諸子聞戒,各務戢斂。然張勍胸上打人,堆叠通衢,莫有敢犯。識者以建能戒能惜,不陷人於刑,仁恕之比也。

(宋)李昉:《太平廣記》卷一九〇《張勍》

　　王建,許州舞陽人。爲忠武軍卒,遷隊將,隸軍將鹿宴弘。僖宗在蜀,以兵隨駕扈從有功,遷璧州刺史。以兵取閬、利、梓等州,逐西川節度使韋昭度而代之。又攻成都,殺陳敬瑄、田令孜,乃以建爲西川節度使。復攻東川,取之,並有兩川、山南之地,封蜀王。梁篡唐,建乃僭號皇帝。卒，子衍嗣立。唐莊宗既滅梁，乃遣兵伐蜀，取之，衍降見殺。

右，前蜀二世，三十五年。建以唐大順二年爲西川節度使，至衍以後唐同光三年亡。

（元）馬端臨：《文獻通考》卷二七六《封建考十七》

唐僖宗皇帝播遷漢中，蜀先主建爲禁軍都頭。與其儕於僧院擲骰子，六隻次第相重，自么至六。人共駭之。他日霸蜀，因幸興元，訪當時僧院，其僧尚在。問以舊事，此僧具以骰子爲對。先主大悦，厚賜之。

（宋）李昉：《太平廣記》卷三七四《王蜀先主》

韋昭度招討陳敬瑄時，蜀帥顧彥暉爲副，王先主爲都指揮使。三府各署幕僚，皆是朝達子弟，視王先主蔑如也。先主侍從，髮髮行睉，黥面札腕，如一部鬼神。其輩以先主兢肅，顧公詳緩，一時失笑而散。先主歸營，左右以此爲言，亦自大笑。他日克鄆城，輕薄幕僚，皆害之。

（宋）李昉：《太平廣記》卷二六六《王先主遭輕薄》

五代蜀王建，初圍陳敬瑄、田令孜於成都。有屠狗王鷂子者，謂建曰：“請爲公入城反間，使敬瑄不備，而吏民畏公，上下不一，未有不亡者也。”及暮造城下，呼曰：“得罪於行宮，欲逃死可乎？”城中縋而入見敬瑄，言建軍罷憊，朝夕遁逃，不足慮。出告吏民，稱神武兵勢强盛。敬瑄不爲備，而人心危懼，成都遂下。

（宋）馬永易：《實賓録》卷八

唐陳敬瑄據成都府拒命，韋太尉昭度充招討使，率東川兵以伐之。王蜀先主時爲草賊，剽掠諸縣，乃擁手下兵投掌武，署爲衙内指揮使，資其爪牙也。因奏請割西川數州，就臨邛建節以授之。蜀主卑謙多智，事韋公甚謹。掌武量其事勢，終不能駕御，況軍旅之事又非所長。每欲攻城，請戎服臨陣，慮矢石所及，不敢近前。掌武曰："軍人安敢無禮！"東川都頭有唐吃人者，呼而戒之曰："人肉何如豬羊！"乃賜一縑，俾充肉價，他皆仿此。重圍二年，蜀城已困，不日將下。一旦門外諠譁，以軍糧闕乏，兵士擒曳掌武親吏駱別駕名志者，臠而噉之，由是懼罹其禍，遽托疾，以西川牌印付蜀主而歸朝。雖曰不武，斯亦用智自免也。

（五代）孫光憲：《北夢瑣言》卷五《韋太尉伐西川》

蜀先主以雅王肖己，將立之，爲張妃所訴，且止。徐妃外結宰相，希立己子衍。既立，終非先主素心。一旦，自夾城過，聞諸子諠譟，鬥雞築毬，大怒。於時太子在焉，吁嗟曰："我今日騎虎不得下，此豚犬輩，將來如何？"自此常有廢立之意。唐庚爲東宮使，與徐妃、張格陰謀，進雞燒餅而殂。疾困，大臣魏弘夫等請誅庚，允之，乃曰："徐氏昆弟，勿與兵權；許存者如不能控御，即殺之；侯宗徹、趙宗勉莫遣戍邊。"長吁而瞑。

（五代）孫光憲：《北夢瑣言》逸文補遺《蜀先主悔立太子》

蜀後主自裹小巾，卿士皆同之。宮女多衣道服，簪蓮花冠，每侍燕酣醉，則容其同輩免冠，鬢然其髻，別爲一家之美。因施胭脂，粉頰蓮額，號曰"醉妝"。國人效之。又作歌詞云："這邊走，那邊走，衹是尋花柳；那邊走，這邊走，莫厭金樽酒。"又嬖佞韓昭、顧珣、潘迎等爲狎客，競扠手搖頭令。唐師入境，遏其報而游幸，師至利州方知。將士紛然曰："且打叉手搖頭。"念周宣帝作歌曰："自知身命促，把燭夜行游。"令宮女連臂踏腳而歌，亦前歌之類。

（五代）孫光憲：《北夢瑣言》逸文補遺《這邊走那邊走》

王衍在蜀，好私行，恐人識之，令民戴大帽，又令民戴危腦帽，狹小，俛首即墜。又衍朝永陵，自爲尖巾，士民皆效之，皆服妖也。又每宴怡神亭,妓妾皆衣道衣,蓮花冠,酒酣,免冠,鬒髻爲樂,因夾臉連額,渥以朱粉,號曰“醉妝”,此與梁冀、孫壽事頗相類。後衍又與母同禱青城山,宮人畢從,皆衣雲霞畫衣,衍自製《甘州詞》,令宮人歌之,聞者凄愴。又衍造上清宮成,塑玄元皇帝及唐諸帝像,衍躬自薦享,城中士女游觀闐咽,謂之“尋唐魂”,後國亡歸唐,至秦川驛遇害。

(宋)吳處厚:《青箱雜記》卷七

五代蜀王衍,晚年俗競爲小帽,僅覆其頂,俛首即墮,謂之危腦帽。衍以爲不祥,禁之。而衍好戴大帽,又好裹尖巾,其狀如錐。

(宋)祝穆:《古今事文類聚》續集卷二〇

五代蜀王衍好裹尖巾,其狀如錐。

(明)彭大翼:《山堂肆考》卷一八九

衍在蜀時,童謠曰:“我有一帖藥,其名爲阿魏,賣與十八子。”其後衍兄宗弼果賣國歸唐,而宗弼乃王建養子,本姓魏氏,此其應也。

(宋)吳處厚:《青箱雜記》卷七

(王)衍在蜀時,童謠曰:我有一帖藥,其名爲阿魏,賣與十八子。”乾德末,衍兄宗弼果賣國歸唐,而宗弼乃王建養子,本姓魏氏,此其應也。

(明)曹學佺:《蜀中廣記》卷一〇二

衍舅徐延瓊造第,新成,衍幸之,見其華麗,乃於廳壁大書一孟字,蓋蜀人謂孟爲弱,以戲之也。其後孟知祥入蜀,館於其第,見之,嘆曰:“此豈我之居乎!”遂據蜀而王,傳位至子昶,國除。

(宋)吳處厚:《青箱雜記》卷七

蜀王衍書其臣徐延瓊宅壁爲孟言,蜀語謂孟爲弱,故以戲之。其後孟知祥得蜀，館於徐第，以爲己讖，此義又爲無稽也。

(宋)洪邁:《容齋三筆》卷九

魏王繼岌奉命伐蜀。王衍苑馬數百，皆逸足也，繼岌猶比選之，得二十許匹，格賞不可言：

麝香騟　錦耳驄　駱十二　趁日騘　偏界王　陷冰騟
長命騮　孫兒驄　籠菘白　八百哥　掠地雲　錦地龍
雪面娘　月影三　玉尾騟　撒沙騮　天花駱　旋風白
窣地嬌　六尺金　銜蟬奴

後唐瓊花公主，自丱角養二猫，雌雄各一，有雪白者曰御花朵，而烏者惟白尾而已，公主呼爲麝香騟妲己。

(宋)陶穀:《清異録》卷上《麝香騟》

蜀衍荒於游幸，乃造平底大車，下設四卧軸，每軸安五輪，凡二十輪。牽以駿馬，騎去如飛，謂之流星輦。

(宋)陶穀:《清異録》卷下《流星輦》

王建子衍，嗣於蜀，侈蕩無節，庭爲山樓，以彩爲之，作蓬萊山。畫緑羅爲水紋地衣，其間作水獸芰荷之類，作折紅蓮隊，盛集鍛者，於山内鼓橐，以長籥引於地衣下，吹其水紋鼓蕩，若波濤之起。復以雜彩爲二舟，轆轤轉動，自山門洞中出，載妓女二百二十人，撥棹行舟，周游於地衣之上，采折枝蓮到階前出舟，致辭長歌，復入周回山洞。俄而，唐莊宗遣使李嚴入蜀，復作此舞以誇之。嚴歸貢策，未幾滅王氏。

(宋)田況:《儒林公議》卷下

五代蜀王衍，垂手過膝，顧後見其耳。

(宋)祝穆:《古今事文類聚》後集卷一九

《五代史》：蜀後主王衍方頤，顧自見耳。

（清）陳元龍：《格致鏡原》卷一一

蜀主王衍奢縱，嘉州司馬劉贊獻後主《三閣圖》，並作歌以諷。

（宋）孔平仲：《續世說》卷三

蜀主王衍，奢縱無度，嘗列錦步障，擊球其中，往往遠適而外人不知。爇諸香，晝夜不絕。久而厭之，更爇皂莢以亂其氣。結繒爲山及宮殿樓觀於其上，或爲風雨所敗，則更以新者易之。或樂飲繒山，經旬不下。山前穿渠通禁中。或乘船夜歸，令宮女秉燭炬千餘居前船却立，照之水面如晝。或酺飲禁中，鼓吹沸騰，以至達旦，以是爲常。

（宋）孔平仲：《續世說》卷九

周韋巽，太尉昭度之子也。尫懦昏鈍，率由婢嫗。仕僞蜀王氏，以事舊優容之，因至卿監。或爲同列所譏，云："三公門前出死鼠。"巽曰："死鼠門前出三公。"周即蜀相周博雅之子，爲王氏駙馬都尉，性識庸鄙。國亡後，與貧丐者爲伍，俾一人先導爵里於閭閻酒肆，有哀之者，日獲三二百錢，即與其徒飲噉而已。咸嗟嘆之。

（宋）李昉：《太平廣記》卷二六二《周韋二子》

偷驢賊

王先主微時偷驢遭刑。攻東川，爲守陣卒日夜叫"偷驢賊"，先主謂俳優王舍城曰："爲我罵之。"優戟手指城上人，且令静聽，曰："我偷你屋裏驢耶？"城上皆笑。一旦，袒背示舍城，無瘢痕，舍城曰："大好，大好，何處得此膏藥。"

（宋）曾慥：《類説》卷四三《北夢瑣言》

前蜀王衍，嗣父建位，僞謚建爲神武聖文孝德明惠皇帝，廟號高祖,墓曰永陵。

(宋)王欽若等編纂:《册府元龜》卷二二四《僭僞部》

前蜀王衍襲父建僞位,後唐莊宗同光二年七月,遣户部侍郎歐陽彬朝貢,稱“大蜀皇帝上書大唐皇帝書”,詞旨驕怠。三年八月戊辰,客省使李嚴使蜀回。初,帝令嚴市蜀中珍玩,蜀法嚴峻,不許奇貨東出,其許市者謂之入草物。嚴不獲珍貨,歸而奏之,帝大怒曰:“物歸中夏者,命之曰入草。王衍寧免爲入草之人耶?”由是伐蜀之意銳矣。

(宋)王欽若等編纂:《册府元龜》卷二三三《僭僞部》

前蜀王衍襲其父建僞號。後唐莊宗平梁,遣使告捷於蜀。蜀人惱懼,致禮復命,稱“大蜀國王致書上大唐皇帝”。

(宋)王欽若等編纂:《册府元龜》卷二三二《僭僞部》

僞蜀主之舅,累世富盛,於興義門造宅。宅内有二十餘院,皆雕墙峻宇,高臺深池,奇花異卉,叢桂小山。山川珍物,無所不有。秦州董城村院有紅牡丹一株,所植年代深遠,使人取之,掘土方丈,盛以木櫃,自秦州至成都,三千餘里,歷九折、七盤、望雲、九井、大小漫天,隘狹懸險之路方致焉。乃植於新第。因請少主臨幸。少主嘆其基構華麗,侔於宮室,遂戲命筆,於柱上大書一“孟”字,時俗謂孟爲不堪故也。明年蜀破,孟氏入成都,據其第。忽睹楹間有絳紗籠,迫而視之,乃一“孟”字。孟曰:“吉祥也,吾無易此居。”孟之有蜀,蓋先兆也。

(宋)李昉:《太平廣記》卷一三六《僞蜀主舅》

(8) 吳越

錢鏐爲吳越國王,長興三年薨。其子元瓘時爲鎮海、鎮東等軍節度使,兼中書令。先是,鏐既年高,欲立嗣。召諸子使各論功,皆讓於元瓘。及鏐病篤,召將吏於庭謂之曰:“予病不起矣!吾兒皆懦,恐不能與爾將吏爲帥,與爾輩訣矣！須當自擇。"將吏號泣言曰:"大令公有軍功,多賢行仁孝,已領兩鎮,王何苦言及此?"鏐曰:"此渠定堪否?"曰:"衆等願奉賢帥。"即出魚鑰數箱於前,謂其子元瓘曰:"三軍言爾可奉,領取此物。"鏐薨,元瓘遂襲父位。四年,遣將作監李鍇起復元瓘官爵。晉天福六年薨,子佐襲父位,漢初以疾薨。弟倧襲位,未逾年,爲大將胡進思所逐,遷於別第,以甲士援送,幽於錦軍。時倧異母弟俶爲溫州刺史,衆既無帥,進思即迎俶立之。乾祐元年,授檢校太師兼中書令,充鎮海、鎮東等軍節度使。

　　（宋）王欽若等編纂:《册府元龜》卷四三六《將帥部》

　　錢鏐爲吳越王,開平五年四月,杭州將吏耆老列狀,願爲鏐建生祠,以頌功德。太祖詔刑部侍郎李光嗣爲宣慰立祠堂使,仍令翰林學士李琪制碑文以賜之。

　　（宋）王欽若等編纂:《册府元龜》卷八二〇《總録部》

　　後唐錢鏐帥吳、越,學書,好吟咏。賓佐羅隱好譏諷,嘗戲爲詩言鏐微賤時騎牛操梃之事,鏐亦怡然不怒,其通恕如此。

　　（宋）王欽若等編纂:《册府元龜》卷四三一《將帥部》

　　錢鏐爲兩浙節度,在杭州,垂四十年,窮奢極貴。錢塘江舊日海潮逼州城,鏐庀工鑿石填江,平江中羅刹石,悉起臺榭,廣郡郭,周三十里,邑屋之繁會,江山之雕麗,實江東之勝概也。

　　（宋）王欽若等編纂:《册府元龜》卷四五四《將帥部》

　　後唐錢鏐,字其美,杭州臨安人也。初事董昌時,年甫壯室,性尚剛烈。時有儒士謁於主帥,已進刺矣,見鏐稍忘。鏐怒,投之羅刹江。及典謁者將召,鏐詐云:"客已拂衣去矣。"及爲帥時,有人獻詩云:"一條江水橫前流。"鏐不敏,以爲譏己,尋害之。迨於晚歲,方愛人下士,留心理道,數十年間,時甚歸美。歷累朝爲尚父、吳越國主、天下都元帥。

　　（宋）王欽若等編纂：《册府元龜》卷八九七《總録部》

　　後唐錢鏐爲尚書令，吳越國王，薨，時年八十一。

　　（宋）王欽若等編纂：《册府元龜》卷七八四《總録部》

　　後唐錢鏐，杭州臨安縣人。杭之著姓，門無任官。鏐少權勇有謀，性任俠，以解讎報怨爲事。

　　（宋）王欽若等編纂：《册府元龜》卷八四八《總録部》

　　衣錦將軍

　　錢鏐安仁里中有大木，鏐幼時戲其下。後爲吳越國王，宴父老，山林皆覆錦，名其木曰衣錦將軍。

　　（宋）曾慥：《類説》卷二七《唐宋遺史》

　　一目失明

　　錢鏐年老，一目失明，中朝國醫吳某曰："可無療此，當延五七歲壽。若決膜去内障，眼即復舊，但慮損福。"鏐曰："吾得不爲一目鬼於地下足矣。"醫爲治之，復故，凡賂醫金帛計五萬緡。未幾，鏐卒。

　　（宋）曾慥：《類説》卷五三《談苑》

　　武肅王創業艱難，人所知矣，恒以危枕而寢，稍睡濃枕偏則寤。嘗輪錯諸院孫敏利者，老姥監直更廳，一宵，銀枝燈有大蜥蜴沿曲缸而噏，視之將竭，倏然不見，亦不爲意。明日，王曰："昨夢飲麻膏充腸而飽，是何祥也。"宮中或有對者，王微哂而已。

　　（明）陶宗儀：《説郛》卷五《傳載》

　　江西鍾氏既滅，第二十子匡範同母氏遂歸於國城。武肅王優禮，居通越驛。範獻雲鶴通離水犀帶,一云本玄宗御玩,遺在西川,川客獻傳,常寶之。又獻玉盂,嘗覆五雀雛於盂下,熾炭久燒,火退,揭看雀雛飛矣。武肅王回帶賜錢二萬緡,因登碧波亭,命之試驗。方係行,水開七尺許,至瑞石山上岸,大爲驚賞。

(明)陶宗儀:《説郛》卷五《傳載》

錢武肅鏐自唐乾寧中,盡有二浙之地,享國五世,至忠懿王俶以版圖來歸,改封鄧國王,子弟皆換節旄。其後第十四子文僖惟演,以文章進,仕昭陵爲樞密使。文僖子次對暄、次對子景臻,尚秦魯公主,位至少保,生子伯誠忱,亦至少師,它子悉建節。伯誠子處和端禮,今參知政事。忠懿兄廢王倧之子希白易。希白子修懿明逸、子飛彦遠兄弟,對掌内外制;父子又中大科。子飛子穆聰,元祐中入禁林。穆子遂叔伯言,至樞密直學士。他位顯庸尚多。雖間有以肺腑進,然富貴文物三百年相續,前代所未見也。

(宋)王明清:《揮塵前録》卷二

湖州自李師悦薨後,高彦爲牧,天祐丙寅卒。武肅王以其子灃嗣之。灃性粗暴,括諸縣民户三丁抽一立都,額爲三丁軍。因人言三丁軍思鄉圖反,灃召聚一時斬戮。初州南有漁人,采捕至一高塘,蘆葦夾道,漁者舍舟行百餘步,見一大古宅,登堂見一人,頭荷鐵爐,炎炎火起,呼漁人曰:"汝勿奔走,寄語灃'吾是黄巢,天遣吾誅戮天下,爲不入湖州,借汝之手速殺人'。"

(明)陶宗儀:《説郛》卷五《傳載》

五代錢王射潮箭在臨安府候潮門左手數步。昔江潮每冲激城下,錢王以壯士數百人候潮之至,以强弩射之,由此潮頭退避。後遂以鐵鑄成箭樣,其大如杵,作亭泥路之傍,埋箭亭中,出土外猶七尺許,以示鎮壓之義。然潮汛之來也,常失故道,臨安府置一司,名修江司焉。

(明)陶宗儀:《説郛》卷七《錢塘遺事》

　　錢氏之有國也,應西湖之捕魚者必日納數斤,謂之"使宅魚"。有終日不及其數者,必市爲供之,民頗怨嘆。一日,武肅王大設一圖,上畫磻溪直鈎之事。武肅指示命羅隱賦詩,應聲曰:"吕望當年展廟謨,直鈎釣國更誰若。若教生在西湖上,也是須供使宅魚。"武肅大笑,自是盡得蠲免。

　　　　　　　　　　(明)陶宗儀:《説郭》卷一四《聞談録》

　　唐末錢尚父鏐始兼有吴越,將廣牙城以大公府。有術者告曰:"王若改舊爲新,有國止及百年,如填築西湖以爲之,當十倍於此。王其圖之。"鏐謂術者曰:"豈有千年而天下猶無真主乎? 有國百年,吾所願也。"即於治所增廣之,及忠懿歸朝,錢氏霸吴越凡九十八年矣。

　　　　　　　　　　(明)陶宗儀:《説郭》卷一四《幕府燕閑録》

　　唐僖宗以錢武肅鏐平董昌於越,拜鏐爲鎮海鎮東節度使、中書令,賜鐵券,恕九死,子孫二死。羅隱撰謝表,略曰:"鐫金作誓,指日成文。蓋陛下憫臣,處極多虞。憂臣防閑未至,所以廣開聖澤,求保私門。屈以常刑,宥其必死。雖君親屬,意在其必恕必容;而臣子盡心,亦豈敢傷慈傷愛。謹當日慎一日,戒子戒孫。不可以此而累恩,不可因兹而賈禍云云。"殆莊宗入洛,又遣使貢奉,懇承旨改回,請玉册金券。有司定儀非天子不得用,後竟賜之。鏐即以節鉞授其子元瓘,自稱吴越國王,名其居曰殿,官屬悉稱臣。又於衣錦軍大建玉册、金券、詔書三樓。復遣使册東夷諸國,封拜其君長,幾極其勢。與向之謝表所陳,處極防微,累恩賈禍之語,殊相戾矣。禪月貫休嘗以詩投之,曰:"貴逼身來不自由,幾年勤苦踏山丘。滿堂花醉三千客,一劍霜寒十四州。萊子衣裳宫錦窄,謝公篇咏綺霞羞。他年名上凌烟閣,豈羨當時萬户侯。"鏐愛其詩,遣客吏諭之,曰:"教和尚改十四爲四十州。"方與見,休性褊介,謂吏曰:"州亦難添,詩亦不改。然閑雲孤鶴,何天而不可飛邪。"遂飄然入蜀,以詩投孟知祥,厚遇之。鏐後果爲安重誨奏削王爵,以太師致仕。重誨死,明宗乃復鏐舊爵位。

（明）陶宗儀：《説郛》卷二四《湘山野録》

歐史《吳越世家》篇首但云“錢鏐字具美，杭州臨安人”，絶不及其先世，蓋其出本微。而《吳越備史》第一卷以鏐爲唐武德中，陪葬功臣、潭州大都督、巢國公九隴八代孫，又歷叙其曾祖沛，唐宣州旌德縣令、父寬威勝軍節度推官、職方郎中、守太府少卿。《備史》乃武勝軍節度使書記范坰、巡官林禹同撰。《宋史·藝文志》云：“吳越錢儼托名范坰等。”殆不可信。薛史第一百三十三卷《世襲列傳》篇首亦不言鏐祖父，而叙至鏐貴後，父寬自言家世田漁爲事，未嘗貴達，見鏐車徒雄盛，走竄避之，則知《備史》之誣。

（清）王鳴盛：《十七史商榷》卷九七《錢鏐先世》

歐史《錢鏐世家》：“鏐將顧全武執（董）昌歸杭州，行至西小江，昌顧其左右曰：‘吾與錢公俱起鄉里，吾常爲大將，今何面復見之乎？’左右相對泣下，因瞑目大呼，投水死。”《新唐書·逆臣傳》則云：“全武執昌還，及西江，斬之，投尸於江，傳首京師。”薛史《世襲錢鏐傳》則云：“乾寧四年，鏐率浙西將士破越州，擒昌以獻。”昌死狀，三處各自不同。

（清）王鳴盛：《十七史商榷》卷九七《董昌死狀三處不同》

歐史《錢鏐世家》：“昭宗天福二年，封鏐越王。”案，天福，石晉年號，此當爲天復。《十國年譜》於丁卯年，梁開平元年，第四格書蜀王建所稱之號，亦誤以天復爲天福。此皆因音近而誤。

（清）王鳴盛：《十七史商榷》卷九七《天福當爲天復》

梁太祖即位，封鏐吳越王兼淮南節度使。客有勸鏐拒梁命者，鏐不從，遂受之。案，温篡唐，羅隱勸鏐舉兵討梁，曰：“縱無成功，猶可退保杭越，自爲東帝，奈何交臂事賊？”鏐以隱不遇於唐，有怨心，其言雖不能用，心甚義之。所謂客者，乃隱也。歐公何爲没其名？偶看明詩，有刺隱者云：“憔悴感恩依尚父，可憐尚父事朱温。”尤謬。

（清）王鳴盛：《十七史商榷》卷九七《客勸鏐拒梁》

歐史：“唐昭宗加鏐檢校太尉、中書令。梁太祖開平二年，加鏐守中書令。”由檢校而進守也。歐所書開平二年以前，鏐所加官如此。薛史則云：“鏐於唐昭宗朝位至太師，食邑二萬户。”位太師則非太尉，而食邑歐略去。鏐撰《開平二年墙隍廟碑》結銜云：“啓聖匡運同德功臣、淮南鎮海鎮東等軍節度使、檢校太師、守侍中兼中書令吳越王鏐。”正作“太師”，與薛合。功臣名、侍中，則二史《鏐傳》皆無，而薛史却於《末帝紀》貞明三年别見鏐功臣名，正與碑同。

（清）王鳴盛：《十七史商榷》卷九七《錢鏐加官》

歐《錢鏐世家》：“開平四年，鏐游衣錦軍，作《還鄉歌》曰：‘三節還鄉兮，挂錦衣。’”三節者，鏐在唐已領鎮海、鎮東兩軍節度，入梁又兼淮南也。《吳越備史》作“玉節”，此不讀書人妄以意改。

（清）王鳴盛：《十七史商榷》卷九七《三節》

開平元年，梁太祖即位，封錢武肅鏐爲吳越王。時有諷錢拒其命者，錢笑曰：“吾豈失爲一孫仲謀耶？”拜受之。改其鄉臨安縣爲臨安衣錦軍。是年省塋壠，延故老，旌鉞鼓吹振耀山谷。自昔游釣之所，盡蒙以錦綉，或樹石至有封官爵者。舊貿鹽肩擔，亦裁錦韜之。一鄰媪九十餘，携壺漿角黍迎於道，鏐下車亟拜，媪撫其背，猶以小字呼之，曰：“錢婆留，喜汝長成。”蓋初生時光怪滿室，父懼，將沉於丫溪，此媪酷留之，遂字焉。爲牛酒大陳鄉飲，别張蜀錦爲廣幄，以飲鄉婦。凡男女八十已上金樽，百歲已上玉樽，時黄髮飲玉者尚不減十餘人。鏐起，執爵於席，自唱《還鄉歌》以娱賓曰：“三節還鄉兮挂錦衣，吳越一王駟馬歸。臨安道上列旌旗，碧天明明兮愛日輝。父老遠近來相隨，家山鄉眷兮會時稀，斗牛光起兮天無欺。”時父老雖聞歌進酒，都不之曉,武肅覺其歡意不甚浹洽。再酌酒,高揭吳喉唱山歌以見意,詞曰:"你輩見儂底歡喜,吳人謂儂爲我。別是一般滋味子,呼"味"爲"寐"。永在我儂心子裏。"歌闋,合聲賡贊,叫笑振席,歡感閭里,今山民尚有能歌者。

(宋)文瑩:《湘山野録》卷中

唐末,宋丹陽民常戲語曰:"待錢來,待錢來。"及後錢鏐授鎮海軍節度、浙江西道觀察處置使、潤州刺史,遂據有錢塘,乃其應也。

(宋)吳處厚:《青箱雜記》卷七

公言錢鏐年老,一目失明,聞中朝國醫胡某者善醫,上言求之。晉祖遣醫泛海而往。醫視其目曰:"尚父可無療此,當延六七歲壽,若決瘻去内瘴,眼即復舊,但慮損福爾。"鏐曰:"吾得不爲一目鬼於地下足矣,願醫盡其術,以療之,當厚報。"醫爲治之,復故。鏐大喜,凡賂醫金帛寶帶計五萬緡,具舟送醫歸京師。醫至,鏐卒,年八十一矣。醫之孫收得鏐與其祖書數幅,鏐曾孫惟演贖得之,親見焉。

(宋)楊億:《楊文公談苑》

錢塘武肅王不識文字,然凡所言皆可律下。忽一日,雜役兵士於公署壁題之曰:"無了期,無了期,營基纔了又倉基。"由是,部轄者皆怒。王見而謂曰:"不必怒。"命羅隱從事續書之,曰:"無了期,無了期,春衣纔了又冬衣。"卒伍見之,於是怡然,力役不復怨咨。

又言:武肅王左右,算術、醫流無非名士。有葉簡、李咸者善占筮。武肅忽一日,非常旋風南來,繞案而轉,召葉簡問之。曰:"無妨事。此是淮南楊渥已薨。但早遣吊祭使去。"王曰:"生辰使方去,未知端的,豈可便伸吊祭?"簡曰:"不然。此是必然之理。但速發使往彼。若問如何得知,但云:'貴國動静,當道皆預知之。'貴令知本國有人。"洎依而遣之。生辰使先一日到,楊渥已薨。次日,吊祭使至,由是楊氏左右皆大驚,伏其先見。先是,楊渥欲興兵取錢塘,密遣人往聽鼓角。聽者回告楊氏,曰:"錢塘鼓角,子子孫孫,王爵不絕,不可輕動。"

(宋)潘汝士:《丁晉公談録》

《吳越(備)史》:錢瓘十餘子,夫人慈愛如一,常置銀鹿帳前,坐諸兒於上弄之。

(清)陳元龍:《格致鏡原》卷三四

《吳越備史》:錢鏐武肅王夫人,嘗以王寢帳隳裂,造青練帳,將易之,王曰:"作法於儉,猶恐爲奢。"卒不用。

(清)陳元龍:《格致鏡原》卷五三

《吳越備史》:錢鏐每夕彈金丸於墻樓之外,使宿直者畢應。

(清)陳元龍:《格致鏡原》卷六〇

錢鏐與羅隱唱和,隱好譏諷,言鏐微時騎牛操梃之事。錢怡然不怒,其通恕如此。然又有人獻詩於鏐者云:"一條江水檻前流。"鏐以爲譏己,殺之。

(宋)孔平仲:《續世説》卷三

五代吳越錢鏐,少在軍中,未嘗寢。末年少倦,乃刻木爲枕以自警。或命諸孫諷詩以達旦。既薨,晉天福中,契丹使至,朝廷以近侍李泳爲監伴使,虜有判官者,幽薊人,謂泳曰:"吳越王日常不睡乎?"泳詰其故,對曰:"常聞五臺山王子太師言,浙中不睡龍,今已歸矣。"訪所聞,乃長興壬辰之後也。

(宋)馬永易:《實賓録》卷八

後唐吳越王錢鏐,分兩浙爲數鎮,功臣諸子皆領節制,授而後請命。子孫甥侄,軒陛服飾,窮極侈靡,吳人號爲"海龍王"。

(宋)馬永易:《實賓録》卷八

吳越錢鏐游衣錦城,宴故老,山林皆覆以錦。

(唐)白居易、(宋)孔傳:《白孔六帖》卷八

錢鏐嘗於後庭樹層樓,王妣春秋高,不能上,乃親負而登焉。

(唐)白居易、(宋)孔傳:《白孔六帖》卷二五

真貴人。五代錢鏐,縣錄事鍾起,有子數人多竊,從之游。豫章人有善術者,望斗牛間有王氣,牛斗錢塘分也。因游錢塘,陰求其人,私謂起曰:"占君縣貴人,求之市中,不可得,視君之相貴矣,然不足當之。"鏐適從外來見起,反走。術者望見之,曰:"此真貴人也。"召至熟視之,顧起曰:"君之貴因此人。"乃慰鏐曰:"子骨法非常,願自愛。"

(宋)佚名:《錦綉萬花谷》後集卷三四

錢鏐,臨安人,少有大志。縣錄事鍾起諸子與鏐善,而起常禁之。豫章有術者,言斗牛間有王氣,乃游錢塘,以相法求其人。鍾起與術者善,乃召縣豪,令視之,皆言其非。一日,起諸子與鏐會,而術者適來,望之大驚曰:"此真貴人也。"起乃召鏐,使熟視之,術者曰:"君之貴,必因此人。"乃慰而遣之。自是起頗厚待於鏐,時時賑其窮乏。後鏐王錢塘,宴父老於里中,山林皆覆以錦綉,起父子並列貴仕焉。

(宋)佚名:《分門古今類事》卷九

吳越王錢鏐在軍中,夜未常寢,倦極則就圓木小枕,或枕大鈴,寐熟則欹而寤,名曰警枕。

(宋)程大昌:《續演繁露》卷五

錢鏐置粉盤卧內,有所記則書於中。南祖斑傳以銅箸浸醋中,令青有見,即睡中書記之。

(宋)程大昌:《續演繁露》卷五

錢鏐鎮吳越,使畫工伺北方士子流移來者,皆寫貌以似。胡岳渡江,畫以貌奏,鏐曰:"面有銀光,奇士也。"即時召用。

(宋)潘自牧:《記纂淵海》卷八七

錢鏐鎮吳越,胡岳渡江,畫工以貌奏,嘆曰:"面有銀光,奇士也。"即召見。

(唐)白居易、(宋)孔傳:《白孔六帖》卷三○

《方鎮編年》曰:錢鏐鎮吳越,尊賢渴士,使名畫工二三十人在沿江,號"鸎手校尉"。伺北方士子流移來者,咸寫貌以聞,擇清俊或有福祿者用之。胡岳方渡江,畫工以貌奏,鏐見之,嘆曰:"面有銀光,奇士也。"即召見。

(五代)馮贄:《雲仙散錄》

錢鏐,字具美,臨安人。幼與群兒戲大木下,坐大石,指麾爲隊伍,號令有法,壯而善射。術者望牛斗間有王氣之臨安,見鏐曰:"真貴人也!"乾符二年,從董昌討王郢,爲偏將。平朱直,爲都知兵馬使。拒黃巢,斬劉漢宏,拜杭州刺史。擒薛明,明,《五代史》記朗,《成化志》承《宋志》之舊避改。破除約於蘇州,築安衆營於杭,置武勝軍於杭。爲防禦使,拜蘇杭等州觀察使,封彭城開國侯。新築杭城,自秦望山,由夾城東亘江干,洎錢塘湖霍山范浦,凡七十里。拜鎮海軍節度浙西觀察等使,加同平章事,進封開國公,進封彭城郡王,兼浙東招討使。執董昌,越州平,加中書令,鎮東軍節度使,賜鐵券。移鎮海軍於杭,克蘇州,圖形凌烟閣,進封彭城王,封越王,封吳王。梁受唐禪,進封吳越王。改臨安縣爲安國縣,廣義鄉爲衣錦鄉,升杭越爲大都督府。築海塘,建候潮、通江等門,初定其基。江濤晝夜衝擊,命强弩數百射之,而濤頭遂趨西陵。加尚書令,兼淮南、宣潤等行營都統,加尚父,諸路兵馬元帥。詔元帥府開幕除吏,同天策府故事,尋授天下兵馬都元帥。詔書不名,建天下兵馬都元帥府,受策建國。後唐賜玉册金印。

有蝗蔽天,鏐親祝,蝗墮浙江死。卒年八十一,在任四十七年,謚武肅。鏐自少在軍中,夜未嘗寐,倦極則就團木小枕,或枕大鈴,寐熟輒攲寤。《吳越備史》以員木小枕綴鈴,睡熟則攲,由是而寤,名曰警枕。《成化志》承《宋志》之舊,員避作團。置粉盤於卧內,有所記則書於盤中,或寢酣,外有白事,令侍女振鈴即寤。備史每夕必列侍女,各主一更,戒之曰:“外有報事,當振鈴聲。”以為警省。《成化志》鈴誤為紙。時發銅彈於樓牆外,以警宿直。備史常彈銅丸於牆樓之外,以警宿直者。《成化志》承《宋志》之舊,丸避作彈。性純孝,後庭有層樓,母老不能上,親負以登。時中原多事,諸僭號者皆勸鏐自立,鏐皆不納。臨終屬子孫,善事中國。傳子元瓘襲封,好學善撫將士,卒謚文穆。子佐襲封,英敏、溫恭、勤政。卒,謚忠獻。弟倧立,為胡進思所廢。俶立,太平興國三年,詔俶來朝,俶舉族歸於京師。國除。

(宋)潛説友:《咸淳臨安志》卷六四

“太平興國三年,錢俶來朝,舉族歸於京師。”俶納土實以二年,“三年”傳寫誤。宋敏求《春明退朝錄》載《百川學海》卷下云:“江南平,尚父錢忠懿王請入覲,太祖詔趣其還。後二年,舉版籍納王府。”亦謂二年也。至若錢世昭《錢氏私志》載《説海》。云:“先文僖為西京留守,歐文忠在幕下,親一妓,公屢微諷之,翻以為怨。後修《五代史》《十國世家》,痛毁吳越。”如世昭之妄誕,豈可信哉?

(清)王鳴盛:《十七史商榷》卷九七《錢俶入朝》

晉錢元瓘,兩浙鏐第五子也,起家為鹽鐵發運巡官,表授上書金部郎中,賜金紫。許再思等為亂也,宣州田頵要盟,鏐遍召諸子問之曰:“誰能為吾為田氏之婿者?”俱有難色。時元瓘年十六,進步而對曰:“唯大王之命。”繇是就親於宣州,三歲復焉。

(宋)王欽若等編纂:《册府元龜》卷八五三《總録部》

錢元瓘為天下兵馬都元帥、吳越國王。天福八年,所司議謚曰莊穆王,奉敕改謚曰文穆王。

（宋）王欽若等編纂：《册府元龜》卷五九六《掌禮部》

隨使户：五代吳越儇,元權之子。鎮永嘉,民悦慕。移鎮姑蘇,温人有携家屬以從者,謂之"隨使户"。《九國志》

（宋）馬永易：《實賓録》卷一四

寧國軍節度使吳延福,吳越王俶之舅也。或告延福有異圖,庚申,俶遣内牙指揮使薛温以兵圍其第,收延福兄弟五人。睦州刺史延遇,恐懼自殺。衆欲殺延福兄弟,俶流涕曰："先夫人之同氣也,吾安忍置法。"皆除名,徙諸州,卒全母氏之族。延福,見廣順二年,不著邑里。

（宋）李燾：《續資治通鑒長編》卷一,太祖建隆元年（960）

朕有三條帶

錢俶進寶帶,太祖曰："朕有三條帶,與此不同。"俶請宣示,上笑曰："汴河一條,惠民河一條,五丈河一條。"俶大愧服。

（宋）曾慥：《類説》卷二二《東齋記事》

錢俶,字文德,名上字犯宣祖廟諱,故止稱下一字。祖鏐,曰吳越武肅王。父瓘,曰文穆。瓘卒,子佐繼。佐卒,以弟倧繼。倧爲牙校胡進思所廢。俶時鎮浙東,遂渡江襲僞位。漢授以東南面兵馬都元帥,領鎮東軍節制,封吳越國王。至周,以天下都元帥處之。宋興,改大元帥。開寶八年,征江南,爲招撫使。江南平,與其妻子來朝,待以優禮,賜劍履上殿,詔書不名,封其妻孫氏爲妃。宰臣言："自古異姓諸侯王妻無封妃之制。"太祖曰："行自我朝,何拘舊典。"太平興國三年四月,復來朝,而陳洪進繼至。洪進先納土,俶不自安,亦上章以國歸。有司改封淮海國王。子惟濬、惟治,並除節制。諸子弟族人及其將佐,或牧守有差。錢氏五主,共八十一年。

（宋）曾鞏：《隆平集》卷一二

　　錢俶,字文德。晉天福四年,兄倧有義和院之辱,俶時鎮浙東,遂渡江襲吳越王位,漢授以東南兵馬都元帥。至周,以爲天下兵馬都元帥。宋興,改大元帥。太祖受命,俶貢奉有加,開寶六年,封其妻孫氏爲賢德順穆夫人。幕吏黃夷間入貢,太祖謂之曰:"江南崛强不朝,我將討之,元帥當助我,無惑人言。"王師討江南以爲昇州東面招討制置使。李煜貽書於俶,其略曰:"今日無我,明日豈有君!"俶以其書來上,率兵拔常州,加守太師。又遣其大將沈承禮率兵,隨王師平潤州。俶初起兵,其相沈子虎諫曰:"江南國之藩蔽,今王自撤其藩,將何以衛社稷乎!"不聽,遂罷子虎政事。江南平,俶與妻子來朝。太祖待以優禮,特賜劍履上殿,詔書不名。又以妻爲吳越國王妃。俶歸國,太祖以黃絹封文字一復,付俶曰:"候到國開之。"仍諭俶曰:"朕知公忠,若朕常在,公則常有東南,他人未可知也。"俶感泣拜謝。至國啓封,皆晉王宰相以下,請留俶章也。太平興國三年,復來朝,遂以國歸有司。

　　太宗改封俶淮海國王,詔兩浙發俶總麻以上親赴闕。錢氏傳五主,共八十四年。俶以天下既平,求去元帥之稱,從之,改漢南國王。雍熙四年,出爲武勝軍節度使,徙國南陽,既又辭國號,改封許王。端拱元年,徙封鄧王,薨,年六十,册封秦國王,謐忠懿。初胡進思之廢倧,迎俶也,俶曰:"能全吾兄,乃敢承命。"後進思屢有害倧之,請俶,終不許,而進思不能害。俶又遷倧於會稽,爲築宮室,治園囿,厚供饋,俾娛玩,以終天年,實有鴒原之至愛焉。吳越雖重稅斂,以事供貢,然俶多寬民之政,下令租賦,多所逋滯,歲杪必命蠲蕩。又募民能墾荒田者,勿收其稅,於是境無弃田。或請糾遺丁,以增賦,俶杖之國門,故終於邦域之内,悦而愛之。及真人出,而四海一,又能去國如傳舍。太宗之竭兵力,以取太原,嘗謂俶曰:"卿能保全一方,以歸於我,不致血刃,深可嘉也。"俶之大節如此,又性謙謹,未嘗忤物,故爲太師、中書令者四十年,任元帥者二十年,富貴之盛,無與爲比。七子惟濬、惟治、惟渲、惟灝、惟潘、惟演、惟濟。

(宋)潛説友:《咸淳臨安志》卷六五

吴越王錢宏倧。民有殺牛者，吏按之，引人所市肉近千斤。宏倧問内牙統軍使胡進思：“牛大者肉幾何？”對曰：“不過三百斤。”宏倧曰：“然，則吏妄也。”命按其罪，進思拜賀其明，宏倧曰：“公何以知其詳？”進思踧踖對曰：“臣昔未從軍，亦嘗從事於此。”進思以宏倧知其素業故辱之，益恨怨。

（宋）孔平仲：《續世説》卷一一

《吴越史》：文穆王元瓘討李濤，有日者視王，曰此人手刃百人，當大貴。時廣德山院僧自新聞元瓘至，衆皆遁，而自新巍然晏坐。軍中有問其故者，僧曰：“前後左右皆兵耳，將安適乎？”時王在衆中，自新乃斂衣奉迎，王與語久之。及師還，遂載自新而歸。王問自新，當時何以見識？答曰：“微僧無他術，但睹君骨法非常，故幸得相識耳。”

（明）彭大翼：《山堂肆考》卷一六五

錢昱，忠獻王宏佐長子也，讀書强記。在故國，與贊寧僧録迭舉竹數束，得一事抽一條，昱得百餘條，寧倍之，昱著《竹譜》三卷，寧著《笋譜》十卷。昱輕便美秀，太祖受禪，伯父俶遣持貢入闕，賜後苑宴射。時江南使者已先中的，令昱解之，應弦而中，賜玉帶旌賞之。歸朝，願以刺史求試，乞换臺閣，送學士院試制誥三篇，格在優等，改秘書監。尤善翰牘，太宗取閱，深愛之，謂左右曰：“諸錢筆札多學浙僧亞栖書，體格浮軟，其失仍俗，獨此兒不類。”以御書金花扇，及行草寫《急就章》賜之。後南郊，當增秩，上曰：“丞郎德應星象，昱，王孫也，檢操無守，不宜膺之。”授郢團，蓋慎惜名器也。

（宋）文瑩：《玉壺清話》卷一

錢俶，字文德，臨安人也。名上字犯宣祖諱，止稱俶。祖曰鏐，因唐末黄巢之亂，據有吴越之地，昭宗授以杭越節制，封彭城王。梁、唐封爲吴越國王，謚曰武肅。父元瓘，謚曰文穆王。子佐嗣，佐卒以弟倧繼，倧爲牙校胡進思所廢。俶時鎮浙東，遂度江襲位。漢授以東南面兵馬都元帥，錫以金印玉册，仍領鎮海、鎮東節度使。至周以天下兵馬都元帥處之。宋興，改大元帥。自太祖受命，俶貢奉有加。開寶六年，封其妻孫氏爲賢德順穆夫人，遣幕吏黃夷簡入貢。太祖謂之曰："汝歸語元帥，常訓甲練兵，江南倔彊不朝，我將討之，元帥當助我，無惑人言云，皮之不存毛將安傅。"時命有司造大第，甚宏麗，賜名禮賢宅，以待兩浙、江南之先來朝者。

王師討江南，以爲昇州東面招討制置使。李煜貽書於俶，其略曰："今日無我，明日豈有君！一旦明天子易地酬勛，王亦大梁一布衣爾。"俶以其書來上，率兵拔常州，加守太師。又遣其大將沈承禮率兵隨王師平潤州，詔俶歸國。江南平，俶與妻子來朝，太祖對於崇德殿，待以優禮，詔曰："古者宗工大臣，特被隆眷，或劍履上殿，或詔書不名，率由豐功，待以殊禮。吳越國王錢俶，特賜劍履上殿，詔書不名。"又以俶妻爲吳越國王妃。宰相言自古異姓諸侯王妻無封妃之制，太祖曰："行之在我，安問舊典。"太祖待俶甚厚，自晉王、宰相及中外臣僚上章，請留俶不遣，太祖曰："錢俶在吳越，歲修職貢，今又委質來朝，若利其土宇而留之，殆非人主之用心，何以示信於天下也。"及俶歸國，太祖以黃絹封文字，一復付俶，曰："候到國即開之。"仍諭俶曰："朕知公忠，若朕常在，公則常有東南，他人未可知也。"俶感泣拜謝，至國啓封，皆晉王、宰相以下請留俶章也。俶上表謝。太平興國三年，復來朝，遂以國歸有司。太宗改封俶淮海國王，以禮賢宅賜之。錢氏傳五主，共八十四年。

（宋）王稱：《東都事略》卷二四

錢俶初入朝，既而賜歸國，群臣多請留俶，而使之獻地。太祖曰："吾方征江南，俾俶歸治兵以攻其後，則吾之兵力可減半。江南若下，俶敢不歸乎？"既而皆如所處。

（宋）江少虞：《宋朝事實類苑》卷一《祖宗聖訓》

錢俶，太宗即位來朝，宴後苑，泛舟池中。太宗親酌酒以賜，俶跪而飲。每貢乘輿服物器玩，製作精妙。遣使修貢，必羅於庭，焚香再拜。

（宋）江少虞：《宋朝事實類苑》卷七《君臣知遇》

忠懿錢尚父，自國初歸朝，其貢奉之物，著録行於時。今大宴所施塗金銀花鳳狻猊、壓舞茵蠻人，及銀裝龍鳳鼓，皆其所進也。凡獻銀、絹、綾、錦、乳香、金器、玳瑁、寶器、通天帶之外，其銀香、龍香、象、師子、鶴、鹿、孔雀，每隻千餘兩。又有香囊、酒甕諸什器，莫能悉數。祥符、天聖經火，多爇去。今太常有銀飾鼓十枚，尚存。

（宋）江少虞：《宋朝事實類苑》卷六二《風俗雜志》

錢俶進寶帶，太祖曰："朕有三條帶，與此不同。"俶請宣示，上笑曰："汴河一條，惠民河一條，五丈河一條。"俶大愧服。

（宋）孔平仲：《孔氏談苑》卷三

錢俶進寶犀帶，太祖顧謂曰："朕有三條帶，與此蓋不同。"俶請宣示一觀，太祖笑曰："汴河一條，惠民河一條，五丈河一條。"俶大愧服，其規模豈不宏遠哉！

（宋）江少虞：《宋朝事實類苑》卷一《祖宗聖訓》

開寶末，吳越王錢俶始來朝。垂至，太祖謂大官："錢王，浙人也。來朝宿共帳內殿矣，宜創作南食一二以燕衍之。"於是大官倉卒被命，一夕取羊爲醢，以獻焉，因號"旋鮓"。至今大宴，首薦是味，爲本朝故事。

（宋）蔡絛：《鐵圍山叢談》卷六

先子言，錢俶所以子孫貴盛蕃衍者，不特納土之功，使一方無兵火之厄，蓋有社稷大勛，雖其子孫莫知之也。從太宗平太原，既擒劉繼元以歸，又旁取幽燕，幽燕震恐。既迎大駕至幽州城下，四面攻城，而我師以平晉不賞，又使之平幽，遂軍變。太宗與所親厚夜遁。時俶掌後軍，有來報御寨已起者，凡斬六人。度大駕已出燕京境上，乃按後軍徐行，故鑾輅得脫。不然，後軍與前軍合，又虜覺之，則殆矣。蓋一夜達旦，大駕行三百里乃脫，皆俶之功也。

（宋）王銍：《默記》卷上

　　吳越忠懿王以天成四年八月二十四日四鼓生，以端拱元年八月二十四日四鼓薨，年正六十。是夕，大流星墜於正寢之上，光燭滿庭。

（宋）袁褧：《楓窗小牘》卷上

　　（端拱元年八月甲戌）武勝軍節度使鄧王錢俶薨。俶字文德，名上一字犯宣祖廟諱。吳越武肅王鏐之孫，文穆王瓘之第九子也，母吳氏。瓘卒，其子佐立，佐卒，弟倧理國事。倧即俶之兄也。晉開運中，俶出爲台州刺史。下車數月，有僧德詔謂俶曰：“此地非君爲藩之所，宜速歸，不然將不利矣。”俶從其言，即求還國。是年冬，倧爲牙校胡思進所廢，請俶總國事。漢乾祐初，制授東南面兵馬都元帥、鎮海鎮東等軍節度使、開府儀同三司、檢校太師、兼中書令、杭越等州都督、吳越國王。三年，江南僞將查文徽寇福州，俶發兵擒文徽，獻捷於朝，尋授尚書令。周廣順初，授諸道兵馬都元帥。顯德元年，授天下兵馬都元帥。四年夏四月，杭州火災，府寺官舍悉爲煨燼，將延及倉庾。俶命酒，祝之曰：“食爲民命，若盡焚之，民命安仰？”火遂止。國初，授天下兵馬大元帥。是年，宣國軍節度使吳延福，俶之舅也，有異圖，左右勸俶誅之，俶曰：“吾以先夫人同氣之故，安忍置之於法？”言訖，因嗚咽流涕，終全吳氏之族。開寶八年，朝廷舉兵平江表，以俶爲昇州東面招撫制置使。江南國主李煜貽書於俶，其略曰：“今日無我，明日豈有君？一旦明天子易地酬勳，王亦大梁一布衣耳。”俶覽書，投之地曰：“以此誘人，不亡何待？”因表其書來上，太祖嘉其忠。俶遂率前鋒拔常州，制授守太師。江南平。九年二月，與其子惟濬、妻孫氏來朝。太祖遣皇子興元尹德昭至睢陽迎勞。洎至，對見之禮，皆從異等，館於禮賢宅，車駕臨幸。尋賜劍履上殿，詔書不名，封孫氏爲吳越國王妃。是年三月，詔遣歸國，留其子惟濬扈從，赴洛陽郊祀。上嗣位，太平興國二年四月來朝，因籍其府庫、地圖以獻，徙封淮海國王，以其子惟濬爲淮南節度使、惟治爲鎮國軍節度使，其諸子、弟姪、將佐各分領節制、牧守。五年夏，俶以足疾賜告，上親臨撫問。八年，三上表讓元帥，從之。雍熙元年，改封漢南國王。四年春，上以俶抱病，俾遂頤養，授武勝軍節度使，改封南陽國王。俶拜章固辭國王之號，因改封許王。端拱元年春，徙封鄧王。會上遣使以生辰器幣就賜之，俶方與使者宴飲罷，殆暮，有大流星墮於正寢前，光燭一庭。是夕，暴薨，年六十。俶以天成四年八月二十四日生，至是年八月二十四日卒，人皆異之。上聞訃震悼，輟視朝七日，追封秦國王，謚曰忠懿。命中使監護喪事，葬洛陽。俶任太師、尚書令、兼中書令四十年，爲元帥三十五年，窮極富貴，福履之盛，近代無比。頗知書，能草隸。性謙謹，未嘗忤物。然崇信釋氏，在錢塘日造寺數百，歸朝又以其愛子爲僧。嘗久病家居，有黃門趙海被酒，中夜直造俶第求見俶，因出藥一丸與之，云：“此藥上所賜，願王爲海即餌之。”俶家人皆號泣，勸俶勿餌，恐藥有毒，且疑上遣海賜之也。俶曰：“主上待我厚，使者賜藥，必良藥也，又何疑哉！”因大嚼，以卮酒下之。海去，以其事聞，上怒，捕海繫獄，決杖流海島，識者許其忠。

（宋）錢若水：《太宗皇帝實錄》卷四五

淳熙十四年冬十一月丙寅，宰執奏事延和殿，宿直官洪邁同對，因論高宗謚號。孝宗云：“太上時，有老中官云，太上臨生之際，徽宗夢吳越錢王引御衣云：‘我好來朝，因留住我，終須還我山河，待教第三子來。’”邁又記其父晧偕其母來，曾在明節皇后閣中，言顯仁皇后初生高宗時，夢金甲神人自稱錢武肅王，即鏐也。年八十一，高宗亦年八十一。卜都於錢塘，似不偶然。孝宗所謂錢王指俶。俶第三子，惟演也,終團練使。

(元)劉一清:《錢唐遺事》卷一

(9) 閩

王潮,光州固始人。初爲縣史,壽州人王緒攻陷固始,以潮爲軍正。緒爲秦宗權所攻,率衆南奔,自南康入汀,陷漳浦。緒性忌多殺,潮與其前鋒將執緒殺之,推潮爲主,授泉州刺史。攻福州,克之,授福建觀察使。卒,弟審知立,授威武軍節度使,同平章事,封瑯琊王。梁時,封爲閩王。卒,子延翰立,後爲其弟延禀、延鈞所殺。延鈞既殺延翰,更名鏻,自立。後唐拜爲節度使,閩王,後僭號皇帝,爲其子繼鵬及李仿所弒。繼鵬立,更名昶,遣使朝貢於晉,後爲王延羲所殺。延羲,審知少子,嗣立,更名曦,後爲其臣連重遇所殺。延政,審知子,初爲建州刺史。曦淫虐,延政數諫之。曦怒,攻延政,兵敗。延政乃以建州建國,稱殷。明年,曦遇弒,連重遇立朱文進,盡殺王氏子孫,稱晉年號。重遇復殺文進,南唐李景聞閩亂,發兵攻之,遂取閩,遷延政之族於金陵。

右,福建六世,五十五年。潮以唐景福元年入福州拜觀察使,至延政以晉開運三年爲李唐所滅。

(元)馬端臨:《文獻通考》卷二七六《封建考十七》

閩王審知,字信通,光州固始人。父恁,世爲農民。唐僖宗廣明中,黃巢犯闕,江淮盜賊蜂起,有賊帥王緒者,自稱將軍,陷固始縣。審知兄潮,時爲縣佐,緒署爲軍正,蔡賊秦宗權以緒爲光州刺史,尋遣兵攻緒。緒率衆渡江,所在剽略,自南康轉至閩中,入臨汀,自稱刺史。緒多疑忌,爲部將所殺。唐僖宗光啓二年,福建觀察使陳巖表潮爲泉州刺史。昭宗大順中,巖卒,子婿范暉自稱留後,潮遣審知將兵攻之,斬暉而降。由是盡有閩嶺五州之地,潮即表其事,昭宗因建威武軍於福州,以潮爲節度福建管内觀察使,命審知爲副。乾寧中,潮卒,審知遂繼兄位,封琅邪郡王。梁開平中,封閩王。後唐同光元年,審知卒,子延翰嗣,爲弟延均所殺,延均自稱帝,國號大閩。末帝清泰二年遇弒,子昶嗣。昶遇弒,審知少子延羲嗣。延羲遇弒,兄延政自稱帝於建州,晉開運三年爲李景所滅。始,王氏以唐光啓丙午歲據有閩越,凡二世七主,通六十年。

(宋)王欽若等編纂:《册府元龜》卷二一九《僭偽部》

閩王審知,身長七尺六寸,紫色方口隆準。

(宋)王欽若等編纂:《册府元龜》卷二二〇《僭偽部》

閩王審知,光州固始人。唐廣明中,黃巢犯闕,江淮盜賊蜂起,有賊率王緒者自稱將軍,陷固始縣。審知兄潮,時爲縣佐,緒署爲軍正。蔡賊秦宗權以緒爲光州刺史,尋遣兵攻緒,率衆渡江,所在剽掠,自南康轉至閩中,入臨汀,自稱刺史。緒多疑忌,部將有出己之右者,皆誅之。潮與豪首數輩共殺緒,其衆求帥,乃刑牲歃血爲盟,植劍於前,祝曰:"拜此劍,動者爲將軍。"至潮拜,劍躍於地,衆以爲神異,即奉潮爲帥。時泉州刺史廖彥若爲政貪暴,軍民苦之,聞潮爲理所整肅,耆老乃奉牛酒,遮道請留。潮因引兵圍彥若,歲餘克之。又平狼山賊帥薛蘊,兵鋒日盛。唐光啓二年,福建觀察使陳巖表潮爲泉州刺史。大順中,巖卒,子婿范暉自稱留後,潮遣審知將兵攻之。逾年,城中食盡,乃斬暉而降,由是盡有閩嶺五州之地。潮即表其事,昭宗因建威武軍於福州,以潮爲節度福建管内觀察使,審知爲副。乾寧中,潮卒,審知遂繼兄位。梁祖開國,累加中書令,封閩王。審知卒,子延鈞乃僭即帝位。

(宋)王欽若等編纂:《册府元龜》卷二二三《僭偽部》

閩王審知起自壟畝,以至富貴,每以節儉自處。選任良吏,省刑惜費,輕徭薄斂,與民休息。三十年間,一境晏然。

(宋)王欽若等編纂:《册府元龜》卷二二九《僭偽部》

閩王審知初爲泉州刺史。州北數十里,地名桃林。光啓初,一夕,村中地震有聲,如鳴數百面鼓。及明視之,禾稼方茂,了無一莖。試掘地求之,則皆倒懸在土下。其年,審知克晉安,盡有甌閩之地。傳國六十年。至於延義立,桃林地中復有鼓聲。時禾已收,惟餘梗在田。及明視之,亦無一莖。掘地求之,則亦倒懸土下。其年,延義爲左右所殺,王氏遂滅。

(宋)李昉:《太平廣記》卷三七四《桃林禾》

福州海口黃碕岸,橫石巉峭,常爲舟楫之患。王審知爲福建觀察使,思欲制置,憚於役力。乾寧中,因夢金甲神,自稱吳安王,許助開鑿。及覺,言於賓僚,因命判官劉山甫往設祭。祭未終,海内靈怪俱見。山甫憩於僧院,憑高觀之。風雷暴興,見一物非魚非龍,鱗黃鬣赤,凡三日,風雷乃霽,已別開一港,其便行旅。驛表以聞,賜號“甘棠港”。閩從事劉山甫,乃中朝舊族也,著《金溪閑談》十二卷,具載其事。

(宋)李昉:《太平廣記》卷三一三《王審知》

福州王氏有國,閩土人言音詭異,呼兩浙爲東虜。亦不詳其字義。第三主延鈞時,忽野虜自東門奔入,報達知,鈞曰:“寡人土疆不可屬。”東虜去,鈞遇害,子又去國。延義身害,國亡。至季達乞内附,果符歸我。始初言東虜或作年紀之紀,自己之己,至虜獸入,字方定。

(明)陶宗儀:《説郛》卷五《傳載》

閩王延均初封閩王,表兄延稟爲建州節度使,累官至中書令。頃之,延稟以軍州委長子繼雄,退居別第。

(宋)王欽若等編纂:《册府元龜》卷二二四《僭僞部》

閩王延鈞,僭即帝位,追尊父審知爲武皇帝。

(宋)王欽若等編纂:《册府元龜》卷二二四《僭僞部》

王昶,嗣父延鈞位,僞謚延鈞爲惠帝。

(宋)王欽若等編纂:《册府元龜》卷二二四《僭僞部》

閩王延鈞,審知子也。審知唐末爲威武軍節度、福建觀察使,累遷檢校太保,封瑯琊郡王。梁朝開國,累加中書令,封閩王。是時,楊氏據江淮,故閩中與中國隔越。審知每歲遣使朝貢,泛海至登、萊抵岸,往復頗有風水之患,漂溺者十四五。後唐莊宗即位,遣使奉貢,制加功臣,進爵邑。審知卒,延鈞襲父位。未幾,自稱帝,國號大閩,改元龍啓,然猶稱藩於朝廷。

(宋)王欽若等編纂:《册府元龜》卷二三二《僭僞部》

閩王昶天福四年十月庚戌,昶威武軍節度使王繼恭使僚佐鄭元弼來朝,貢其方物,致書於執政曰:"閩國一從興建,久歷年華,見北辰之星位頻移,致東海之風帆多阻,願言遐想,文不逮誠。餘遣邸吏林恩列狀申述。"壬子,詔曰:"朕仰承天命,肇啓帝圖,黄屋非尊,蒼生在念。旰食宵衣而修庶政,推恩示信以御萬方,要荒未綏,責躬勤止,誕慕文德,不愆夙心。乃眷甌閩,素惟藩翰,王昶昨修傾向,來效貢輸。朕亦釋以前非,待之厚禮,越群方之常例,崇列國之真風,爰及繼恭,並升方伯。不謂恃其險阻,肆彼僭差,矯誣上天,狎侮君子。左散騎常侍盧損等泛舟陽海,持節遐陬,王昶自大自尊,不迎不見,寢停詔命,脅辱使臣。遣鄭元弼再詣闕庭,使林恩別陳狀訴,隳君臣之事體,希書札以往來,悖禮慢言,長無畏忌。朕顧惟寡昧,虔賀景靈,所慮德之不修,豈患人之未服?然以失道愆義,引惡紊常,人祇之心,憤怒俱至,是用懲其跋扈,何須振以威刑。鄭元弼等處此亂邦,罹兹虐政,諒非獲已,良可哀矜,宜令所司切加安撫。所賫文字及諸貢物不在通進、并諸州綱運等,勒林恩、鄭元弼管押速歸。"兵部員外郎李知損等奏曰:"王昶僭逾名器,嫚瀆朝廷,雖天罰之未行,在國章而當正。所頒詔命,過示寬恩。且匹夫犯法之贓,尚猶征納;而遐裔不臣之物,豈可放還?伏請禁錮來人,籍没綱運。"帝可其奏,林恩等即時下獄。

（宋）王欽若等編纂：《册府元龜》卷二三三《僭僞部》

王昶僭號，以其子繼恭爲福州節度使。

（宋）王欽若等編纂：《册府元龜》卷二二四《僭僞部》

王昶嗣僞位，朝廷因授昶福建節度使。晉天福三年，遣使貢奉，至闕止稱閩王，其子繼恭稱節度使。晉祖乃下制，封昶爲閩國王。

（宋）王欽若等編纂：《册府元龜》卷二三二《僭僞部》

大昏元年

王曦紹僭號跳梁閩越，淫刑不道。黃峻曰：“今非永隆，恐是大昏元年。”

（明）陶宗儀：《説郛》卷六一《清異録》

王延政爲建州節度，延平村人夜夢人告之曰：“與汝富，旦入山求之。”明日入山，終無所得。爾夕，復夢如前。村人曰：“旦已入山，無所得也。”其人曰：“但求之，何故不得？”於是明日復入。向暮，息大樹下，見方丈之地獨明浄，試掘之，得赤土如丹。既無他物，則負之歸。飾以墙壁，焕然可愛。人聞者，競以善價。從此人求市。延政聞之，取以飾其宫室，署其人以牙門之職。數年，建州亦敗。

（宋）李昉：《太平廣記》卷三七四《王延政》

王延正僭號，其子繼勛爲泉州刺史。

（宋）王欽若等編纂：《册府元龜》卷二二四《僭僞部》

光啓中，陳岩爲福建觀察使，童謡曰：“潮水來，山嚴没；潮水去，矢口出。”其後王潮果代岩，而審知襲位，乃其應也。時又有謡曰：“騎馬來,騎馬去。"蓋光啓丙午國亡之應也。

（宋）吳處厚:《青箱雜記》卷七

王審知治城,城有錢文,惡之,命剗去,而其文愈明。又有謠曰:"風吹楊葉鼓山下,不得錢來兵不罷。"後福州軍校李仁福殺帥自立,而歸款於金陵,既而又叛李璟,璟攻之,仁福又求救於錢塘,比錢塘兵至而江南圍解,獲其將楊匡業,乃其應也。

（宋）吳處厚:《青箱雜記》卷七

王審知起事,其兄潮唱首。及審知據閩中,爲潮立廟。廟水西,故俗謂之"水西大王"。

（宋）錢易:《南部新書》癸

王延翰爲人長大,美晳如玉。

（唐）白居易、（宋）孔傳:《白孔六帖》卷二一

五代王延翰,爲人長大,美晳如玉。

（明）彭大翼:《山堂肆考》卷一一四

王昶傾金錢市名馬,凡得五匹,各有位號,曰金鞍使者、千里將軍、致遠侯、渥洼郎、驥國公。

（宋）陶穀:《清異録》卷上《金鞍使者》

閩王曦常爲牛飲,群臣侍酒,醉而不勝。有訴及私弃酒者,皆殺之。諸子繼柔弃酒,併殺其贊者一人。

（唐）白居易、（宋）孔傳:《白孔六帖》卷一五

閩王審知爲人狀貌雄偉,隆準方口。

（唐）白居易、（宋）孔傳:《白孔六帖》卷二一

閩王延義更名曦。自昶世倔彊難制，昶相王倓，每抑折之，曦亦憚倓，不敢有所發。新羅遣使聘閩以寶劍，昶舉以示倓曰："此將何爲？"倓曰："不忠不孝者斬之。"曦居旁色變。

（唐）白居易、（宋）孔傳：《白孔六帖》卷二六

《九國志》：閩王延義立，不恤國事，好弋獵誅。丞相及宗室、勛舊、左右懼禍，諫議大夫黃峻舁櫬詣朝堂極諫，延義曰："老輩風狂不足怪。"貶漳州司户。

（宋）孫逢吉：《職官分紀》卷六

鄭元弼，延羲襲位，授右諫議大夫。時延羲女下嫁，百官不賀。延羲怒，朝士決杖者，十有二人，元弼爲之力諫，延羲曰："卿仰魏徵何如人？乃諫不止也。"元弼曰："陛下幸似唐太宗，臣方魏徵可矣。"延羲解怒。

（宋）孫逢吉：《職官分紀》卷六

閩主延曦與翰林學士周惟岳嘗會飲，極酣，因顧左右曰："維岳身嫗甚小，而能飲如詐酒。"左右對曰："酒有別腸，非可以肌體而論之。"延曦欣然曰："果有別腸，即使拽維岳下殿，將取別腸而視之。"左右善對曰："今侍奉飲樂，惟維岳最有殊量，取其別腸，是無可陪奉者。"延曦然之，遂獲免。

（明）陳耀文：《天中記》卷四四

王昶遣醫人陳究，以空名堂牒賣官。

（唐）白居易、（宋）孔傳：《白孔六帖》卷四二

五代王昶遣醫人陳究，以空名堂牒賣官。

（明）彭大翼：《山堂肆考》卷八一

閩王審知雖起盜賊而爲人儉約，好禮士人。王惔，宰相博之子。楊沂，唐相涉從弟。徐寅時知名進士，皆依審知仕宦。

（唐）白居易、（宋）孔傳：《白孔六帖》卷四四

閩王鏻。初薛文傑爲鏻造檻車，以謂古制疏闊，乃更其制，令上下通，中以鐵芒内向，動輒觸之。既成，首被其毒。

（唐）白居易、（宋）孔傳：《白孔六帖》卷四六

閩中王氏兄弟，尋干戈之釁。延政以建、汀二州稱帝，國號大殷，郊壇於郎山，以延平縣爲鐔州，以將樂縣爲鏞州，凡四州焉，立三年，爲江南所滅。延政歸金陵，至鄱陽，有異僧求見，且言大王此去，當有三大厄，過是无咎矣。因饋之藥，凡大赤丸二，小緑丸十，云："每晨起，即服大赤丸一，至暮以五小丸下之。復滌洗，以實鞏囊，以備送餌。"時中主多置酖，一日内宴，獨賜卮酒，延政既飲，便若昏醉，坐不安席而起，趨出。使人視之，至宮門外，大嘔吐，通夕無恙。又月餘，復宴苑中，如前賜酒，彼已昏醉，如是者三，即時而吐，無所苦。中主謂其有天助，不敢復圖之。建饒州爲永平軍，以延政爲節度使，封光山王。延政祖潮，光州人故也。延政至鄱陽，泊船故處，復見其僧云："當以藥見還，三厄無憂矣。"在鎮數年，以壽終。

（宋）江少虞：《宋朝事實類苑》卷四八《占相醫藥》

陳洪進，字濟川，其先泗州人也。曾祖爲閩官，遭亂因家泉州之仙游縣。唐光啓中，王潮陷泉州，以福州觀察使王審知爲副，潮卒，審知據其位，梁册審知爲閩王，二十九年而卒。其子延翰繼，逾年而被殺，其弟延鈞襲，八年遂僭帝號，十一年卒。子昶嗣，被逐，而叔延義立。以其弟延政爲建州刺史，既而背命，自立國號商。六年，閤門使連重遇推客省使朱文進，以奪其位，復號閩，時晉天福七年也。文進以黄紹頗爲泉州刺史，程贇漳州刺史，許文稹汀州刺史。泉人念王氏，爲群逆分據，指揮使留從效、王忠順、董思安謀復王氏，於是募敢

死士五十人,而洪進與焉。夜擒紹頗殺之,立延政從子繼勛。欲送紹頗首於建州,奉延政爲主,而道阻賊盛,莫敢往者,獨洪進請行,道逢賊語以泉福已定,賊遂潰。洪進至建州,延政大悅。既而程贇立延政從子繼成,許文稹又以汀州降,而朱文進爲連重遇所殺,福人亦殺重遇,延政遂遣洪進還泉州。三年,江南李景陷建州,以延政入金陵。明年,留從效劫繼勛,使降江南,自領州事,李景授從效泉州刺史,進清源軍節度使,以洪進佐之,進職統軍使。建隆三年,從效死,洪進誣其子紹鎡將叛,執送建康,推副使張漢思爲留後,自爲副使。漢思患其專,將圖之。一日洪進袖大鑷,鑷其門,叩頭謂漢思曰:“軍使速以郡印見授。”漢思皇懼,亟與之,即置漢思別館。遣使告江南,而李煜遂授以清源軍節度使。自太祖平澤潞,下維揚,取荆湖,威震四海,洪進大懼,乃請命於朝,改清源軍爲平海軍,拜洪進節度使。及江南平,吳越錢俶來朝,洪進亦遂入覲,至南劍州,聞太祖崩,乃歸鎮發哀。太平興國三年來朝,即以其地來歸。

(宋)王稱:《東都事略》卷二四

漳泉陳洪進,字濟川,其先泗州人。曾祖爲閩官,遭亂,因家泉州仙游縣。唐光啓中,賊帥王潮陷泉州,以福州觀察使王審知爲副。潮卒,審知據其位,梁册審知爲閩王,二十九年而卒。其子延翰繼,逾年而被弑。其弟延鈞襲,八年遂僭帝號,十一年卒。子昶嗣,被逐,而叔延義立,以其弟延政爲建州刺史,既而背命,僭號商國。六年,閤門使連重遇、推客省使朱文進以奪其位,復號閩國。時石晉天福七年也。文進以黃紹頗爲泉州刺史、程贇漳州刺史、許文稹汀州刺史。泉人念王氏爲群逆分據,冗員指揮使留從效、王忠順、董思安,以氣義相附,謀復王氏。於是募敢死士五十人,而洪進與焉。夜擒紹頗,害之,立延政從子繼勛,而從效、忠順、思安爲統帥,洪進爲指揮使。繼勛欲送紹頗首於建州,奉延政爲主,而道阻賊盛,莫敢往者。獨洪進請行,道遇賊,語以泉、福已定,賊遂潰。洪進至建州,延政大悅。既而程贇立延政從子繼成,許文稹又以汀州降,而朱文進爲連重遇所殺,福人亦殺重遇。延政遂遣洪進還泉州,三年,江南李景陷建州,以延政入金陵。明年,留從效劫繼勛,使降江南,自領州事。李景授從效泉州刺史,進節制,以洪進佐之,進職統軍使。建隆三年,從效死,洪進誣其子紹鎡將叛,執送建康,推副使張漢思爲留後,自爲副使。漢思患其專,將圖之。洪進一日袖大鎖,鎖其府門。叩門謂漢思曰:“軍吏請洪進知郡,衆不可違,速以郡印見授。”漢思惶懼,亟與之,得印,復謂軍士曰:“漢思昏老,不能治郡,以印付吾。”將吏皆賀。即置漢思別館,遣使告江南,而李煜遂授以節制。太祖既平諸路,洪進乃請命於朝。李煜屢奏以爲不可,詔不從。遂別授以節制。太平興國三年來朝,即以國歸朝廷。

(宋)曾鞏:《隆平集》卷一二

《五代史·陳洪進傳》:有相者言洪進一門受禄,當至萬石。時洪進與三子文顯等,皆領州郡,而文顯之子始生,洪進欲實其言,乃以爲子,名文頊,與父並行。《宋史·王普傳》:普子貽孫,貽孫子克明,尚太宗鄭國公主,改名貽永,令與其父同行,此以孫爲子也。《五代史·晉家人傳》:重允高祖弟,高祖愛之,養以爲子,故名下齒諸子。《宋史·周三臣傳》:李筠保澤州,太祖拔其城,筠將赴火,妾劉氏欲俱死,筠以其有娠,麾令去。筠子守節購得之,生一子,守節卒無後,以劉氏所生之子爲嗣,此以子爲孫也。

(清)袁枚:《隨園隨筆》卷一四

歐公《閩·王審知世家》:“其先世爲農。”薛史同。而《新唐書》審知兄《潮傳》則云:“五代祖華,爲光州固始令,因家焉。”唐天祐中所立《審知德政碑》,銀青光禄大夫、行尚書、禮部侍郎于兢撰,亦云:“以太祖就禄光州,因家於是。”審知起群盜,安得出仕籍? 碑飾詞,《新唐》妄采。泉州刺史廖彦若貪暴,州人禮請潮,因攻殺彦若,觀察使陳岩表潮泉州刺史。岩卒,其婿范暉稱留後,潮又遣審知攻破福州,殺暉。歐史、薛史與新唐略同。其紀載雖尚得實,而所云彦若貪暴，州人來迎，亦後來文士歸閩者代爲緣飾，宋、歐、薛誤據之。果爾，則潮殺彥若爲民除害，碑當誇美，乃諱而不言，直言潮譽藹鄉曲，岩遣人禮請，署爲州牧，豈可信乎？潮兄弟作賊，專以剽奪爲事，既得泉，又攻福，且岩有德於潮，岩死婿代，不俟朝命，唐季藩方大小皆然，無足多怪，潮等又攻殺據有之，乃碑於此又言岩病不能視事，軍士等懼無統御，皆願有所依從，潮遂以泉郡委仲弟審邽，而與審知偕赴，詔授潮節度使，則於攻殺暉亦諱之，而直以爲軍士樂推，其誕明矣。潮死，審知代立，據碑，在唐已加同中書門下平章事。歐史則云“梁太祖加拜審知中書令”。乃《五代會要》於《使相》一門直至梁末帝及唐莊宗，方有審知，而於梁太祖時則不書，此《會要》之漏也。碑又云“佛齊國雖同臨照，靡襲冠裳，公示以中孚，致其内附”，即史所謂“招來海中蠻夷、商賈”是也。孫光憲《北夢瑣言》云：“王審知患海畔石碕爲舟楫之梗，夜夢吳安王伍子胥，許以開道，乃命判官劉山甫躬往祈祭，三奠才畢，風雷勃興，山甫憑高，見海中有黄物，可長千百丈，奮躍攻擊，凡三日，晴霽，見石港通暢，便於泛涉。於時録奏，賜名甘棠港。”此事碑亦載之，與歐史所述並合，而孫氏尤詳。又此碑立於天祐三年閏十二月，而《舊唐·哀帝紀》：“天祐三年閏十二月己酉朔，福建百姓僧道詣闕，請爲節度使王審知立德政碑，從之。”與《舊唐》正合。碑又言節度都押衙程贇列狀，上請刊勒。考歐史，後有朱文進作亂，據福州，以程贇守漳州，爲州人所殺，即此人也。

（清）王鳴盛：《十七史商榷》卷九七《王審知事迹》

歐史：“延羲，審知少子，更名曦，改元永隆，六年見殺，謚曰景宗。”薛史略同。曦嘗造塔九層於城南，既成，名曰“崇妙保聖堅牢塔”，命其臣中故□□守中書令上柱國賜紫金魚袋林同穎撰記，右街神光寺文章應制宏慈大師賜紫僧無逸書，神光寺長講兩經三論大德賜紫僧文於篆額。記中稱興工於永隆三年，歲次辛丑十一月，曦之僭帝位，即是年六月也。中散大夫正五品上階乃守中書令，官與階不相應如此。其末一行云“睿明文廣武聖光德隆道大孝皇帝王曦”。既稱

帝,乃直書姓名,亦可笑,此殆初即僞位,即上此尊號,而歐、薛史皆不
載。塔記與《審知德政》兩碑,從來談金石者皆未見。予入閩,訪於孟吏部超然
得之,著録自予始。

(清)王鳴盛:《十七史商榷》卷九七《王曦僞號》

(10) 楚

馬殷爲湖南節度使,長興二年卒。初,殷既病,差教練使歐弘奏
云:“臣病疾多時,不任公事,乞以男武安軍節度副使,充洪、鄂等道四
面行營副都統希聲充本鎮節度使。”明宗降制,以希聲爲潭州大都督
府長史,充武安軍節度,湖南管内觀運等使。希聲未周歲又卒,三軍
又立其弟朗州節度使希範知留後事,襲位。明宗制授武安軍節度使,
漢初薨於位。子岳奴年幼,希範弟節度副使希廣襲其位。漢高祖制
授檢校太師兼中書令,充武安軍節度使。

(宋)王欽若等編纂:《册府元龜》卷四三六《將帥部》

馬殷,許州鄢陵人。初爲孫儒裨將,儒攻宣州敗死,殷與其下推
劉建峰爲主,轉攻豫章、虔、吉,入湖南,取潭州,建峰自稱留後。僖宗
因授之。建峰爲其下所殺,軍司馬張佶率衆推殷爲主,拜潭州刺史。
殷攻連、邵、郴、衡、道、永六州,皆下之,又取桂州,拜武安軍節度使。
梁時,拜中書令,封楚王。又取嶺南昭、賀、梧、蒙、龔、富等州,澧、漵、
辰州皆附於殷,拜天册上將軍。唐滅梁,殷入貢,仍封爵。卒,子希聲
立,授武安、静江等軍節度使。卒,追封衡陽王。弟希範立,卒,弟希
廣立,爲其兄希萼所攻,兵敗,自縊死。希萼既殺希廣,遂自立,臣於
李景。其將徐威等作亂,執希萼,立其弟希崇,彭師暠等復奉希萼爲
衡山王,臣於李景。希崇亦請命於景,景遣邊鎬將兵入楚,盡遷馬氏
之族於金陵。

周行逢,武陵人。與王進逵俱爲静江軍卒,事希萼。進逵攻唐將
邊鎬,逐之。行逢復破唐兵。進逵奉表京師,周太祖以爲武安節度
使,以劉言爲武平節度使。進逵與言有隙,行逢爲畫謀,襲殺言。進

達據武陵,行逢據潭州。會進達爲潘叔嗣所殺,行逢殺叔嗣,取武陵。
卒,子保權立,衡州刺史張文表畔之。保權遣使請命,太祖命慕容延
釗討之,保權舉族朝於京師。

　　右,湖南馬氏五世,五十七年。殷自唐乾寧三年有湖南,至希萼以周廣
順元年爲南唐所滅。周氏再世,十年。行逢以周顯德元年拜節度使,至保權
以宋乾德元年納土。

　　　　　　（元）馬端臨:《文獻通考》卷二七六《封建考十七》

　　馬殷,歐、薛史皆云鄢陵人,《通鑒》云扶溝人,而宋儒林郎、試秘
書省校書郎、前桂州修仁令周羽沖撰《三楚新録》分三卷,一卷馬殷,二
卷周行逢,三卷高季興也。明上海陸楫刻入《説海偏記門》。則云上蔡人。此
輩起於亂兵,本無一定鄉貫。如王建少爲賊,號賊王八,而歐云許州
舞陽人,薛云陳州項城人,《蜀檮杌》云潁川郾城人,亦其類也。但
《新録》叙事與正史互異者過半,斷不可信。初從叛將孫儒,後從劉建
峰爲先鋒,歐、薛同,而《新録》云隨渠帥何氏,有姓無名,其妄可知。
歐史言梁太祖拜殷中書令,封楚王,而薛史則云貞明中,方至此官爵,
未知孰是。歐史殷以廖光圖爲學士,《新録》則言嶺外廖光圖,自韶陽
來奔殷,以爲永州刺史。光圖陳南越可取狀,因使李勛擊拔桂管十八
城,劉龑懼而乞盟,此等歐、薛皆無之,無以辨其真僞。又殷之謀臣高
郁,歐云高季昌用反間,殷次子希聲殺之,而《新録》及《五代史補》以
爲殷子希範使唐,得莊宗之間,歸而殺郁。皆未知孰是。若歐史言殷
子十餘人,殷薨,希聲立,希聲薨,希範立,希範薨,希廣立,希萼縊殺
希廣而自立,希崇又廢希萼而自立,彭師暠別奉希萼爲衡山王,乃爲
李景所滅。此分明可據,而《新録》則云殷薨,希範立,希萼爲廖仁勇
所奉,非師暠,恐皆虛妄。

　　周行逢事,歐、薛多合,而《新録》與二史皆多不合,恐不可信,未
暇詳及。

　　　　　　（清）王鳴盛:《十七史商榷》卷九七《馬殷事互異》

馬殷爲武安節度使，開平四年，潭州録事參軍馬琳、軍府官吏僧道等進狀，稱殷自到所著，功庸政績，合具上聞，伏乞許於本道以德政立碑，並生祠堂事。太祖優詔許之，並令翰林學士封舜卿撰碑文。

（宋）王欽若等編纂：《册府元龜》卷八二〇《總録部》

湖南武穆王巡邊，回舟至洞庭宜春江口，暴風忽至，波如連山。乃見波中恢詭譎怪，蛟螭出没，雲霧昏蒙，有如武夫執戈戟者，有文吏具襴簡者，有如捧盤盂者，或緋或緑，倏閃睢盱，莫知何物。左右大駭，衣服器皿悉投之。舟人欲以姬妾爲請，王不聽。移時風定，僅獲存焉。後數年，武穆王薨於位。

（宋）李昉：《太平廣記》卷一四五《湖南馬氏》

湖南帥馬希聲，在位多縱率。有賈客沈申者，常來往番禺間，廣主優待之。令如北中求寶帶，申於洛汴間市得玉帶一，乃奇貨也。回由湘潭，希聲竊知之，召申詣衙，賜以酒食，抵夜送還店。預戒軍巡，以犯夜戮之，湘人俱聞，莫不嗟憫。爾後常見此客爲祟，或在屋脊，或據欄檻，不常厥處。未久，希聲暴卒。其弟希範嗣立，以玉帶還廣人。

（宋）李昉：《太平廣記》卷一二四《沈申》

馬希聲，湖南節度、楚王殷之次子也。殷初薨，長子希振次當嗣立。時希聲以先爲副使，方握權，私遣其大將歐弘練矯父命，請立爲帥，乃自稱留後。

（宋）王欽若等編纂：《册府元龜》卷九四三《總録部》

後唐馬希範，湖南節度使殷之第三子。少而温雅，稍涉文史。開平中，授著作佐郎、國子博士，俄改金紫光禄大夫，檢校右僕射，典湖南親軍。同光中，殷遣希範入貢，莊宗問洞庭廣狹，希範對曰："洞庭至狹,若車駕南巡,止可飲馬而已。"莊宗拊背嘉之,超授檢校太保,永州刺史。

(宋)王欽若等編纂:《册府元龜》卷七七五《總録部》

馬希範爲湖南節度,封楚王,擅二十州之征税。車輿、服玩、池館、第舍,頗事華靡。壁當軒檻,率以金銀爲飾。所造九龍殿,垂珠廉綉幕,帷幔懸金,香囊流蘇。盤中花果,金枝玉葉。妓房歌室,朝夕蘭薫。其子城門,構五鳳之狀,女墻之上起行樓。

(宋)王欽若等編纂:《册府元龜》卷四五四《將帥部》

洞庭湖

湖南馬希範入覲,莊宗曰:"湖南省洞庭湖,其波無際,是乎?"希範曰:"陛下南巡,此湖不足飲馬。"

(宋)曾慥:《類説》卷二七《南唐野史》

楚王馬希範修長沙城,開濠畢,忽有一物,長十丈餘,無頭尾手足,狀若土山。自北岸出,游泳水上。久之,入南岸而没,出入俱無蹤迹。或謂之土龍。無幾何而馬氏亡。

(宋)李昉:《太平廣記》卷三七三《馬希範》

纏齒羊

袁居道不求聞達,馬希範間延入府。希範病酒,厭膏膩,居道曰:"大王今日使得貧家纏齒羊。"詢其故,則蔬茹。

(明)陶宗儀:《説郛》卷六一《清異録》

漢隱帝時,湖南馬希廣庶弟希萼爲朗州節度使,怒希廣立不以長,由是日尋干戈相侵伐。希廣、希萼交訐於朝廷,累降詔和解之。

(宋)王欽若等編纂:《册府元龜》卷一七九《帝王部》

周馬希萼鎮湖南，屬馬希廣破城之後，谿洞蠻軍縱兵發火，向時府署廨舍、連闥洞房，焚蕩俱盡。積世府庫所畜，皆爲蠻兵剽掠，所存空城而已。希萼於灰燼中，自稱主帥。但以得位自矜，殊無鷗鴉惜巢之意。與所昵群小狎游，日夜縱酒歌呼。軍中將校，以其殘害骨肉，無心悔禍，上下不悦，終至於敗。

（宋）王欽若等編纂:《册府元龜》卷四五二《將帥部》

漢馬希萼，湖南節度希範弟，希廣之庶兄。希範卒，大將等立其母弟希廣繼位。希萼自桂州爲朗帥，而怒希廣擅命，始構參商之隙。漢高祖乾祐中，希廣、希萼交訴於朝廷，累降詔命和解之，而潛佑希廣。於是希萼怨望，乃依附淮夷。未幾，率朗人及溪洞群蠻向長沙，爲長沙軍所敗。三年，希萼大合群蠻，再攻長沙，陷，希廣及其妻皆杖死於市，左右用事者皆臠割而死。希萼自號楚王、武安軍節度使。

（宋）王欽若等編纂:《册府元龜》卷九四三《總録部》

偽王
楚王馬希萼、閩王王延政……

（明）陶宗儀:《説郛》卷五八《江表志》

酒囊飯袋
馬氏奢僭，諸院王子，僕從烜赫，文武之道，未嘗留意，時謂之酒囊飯袋。

（宋）曾慥:《類説》卷二二《荆湖近事》

酒囊飯袋
五代武陵周行逢曰:“吾嘗恨馬氏恣縱奢侈，諸院王子時人皆謂之‘酒囊飯袋’。及國家傾喪，死溝壑者十有八九。”《九湘近事》

（明）陶宗儀:《説郛》卷三《賓賓録》

散幅裙

周行逢爲武安節度,婦人所著裙皆不縫,謂之散幅或曰裙。之於身,以幅多,爲上周匝於身,今使開散,是不周也。不周不縫,是姓是名俱去矣。夫幅者,福也,福破散,其能久乎?未幾,而行逢卒。

(宋)曾慥:《類說》卷二二《荆湖近事》

存孤恤寡

周行逢命何景山爲益陽令,强取人家婦人。景山曰:"卑吏無它,蓋存恤孤寡。"行逢曰:"何不寬其賦稅,免其徭役。乃置之於家,於理安乎?"戲謂僚吏曰:"不如令佐海龍王去。"遂投於江中。

(宋)曾慥:《類說》卷二二《荆湖近事》

唐末劉建峰定長沙,遣馬殷領衆浚城濠,得石碣,有古篆十八,其文曰:"龍舉頭,狼掉尾。羊爲兄,猴作弟。羊歸穴,猴離次。"解者以殷乾寧三年丙辰歲代立,乃龍舉頭也;至乾祐辛亥歲國亡,乃狼掉尾也;殷子希範以己未歲生,又以開運丁未歲薨,乃羊歸穴也;又子希崇壬申歲生,後爲江南所俘,乃猴離次也。

又馬希振亦殷之子,清泰中卒,葬長沙之陶浦,掘得石碣,其文曰:"亂石之壤,絶世之岡。谷變庚戌,馬氏無王。"蓋馬氏諸王雄於周廣順辛亥歲遷於江南,然其國之變,實在庚戌歲故也。

(宋)吴處厚:《青箱雜記》卷七

唐末馬殷與劉建鋒,皆蔡州朗山人,同里人。凡秦宗權黨,散爲盗者,皆以酷烈相矜,時通名蔡賊云。

(宋)馬永易:《實賓録》卷一四

湖南馬希範,唐同光中入貢。莊宗問洞庭廣狹,希範對曰:"洞庭至狹,若車駕南巡,止可飲馬而已。"莊宗拊背嘉之。

(宋)孔平仲:《續世說》卷四

《五代史》：唐莊宗滅梁，馬殷遣子希範修貢京師。莊宗問洞庭湖廣狹，希範對曰：“車駕南臨，才堪飲馬耳。”上嘉之。

（明）彭大翼：《山堂肆考》卷二二

湖南馬希範奢欲無厭，宮室、園囿、服用之物，務窮侈靡。作九龍殿，刻沉香爲八龍，飾以金寶，長千餘丈，抱柱相向，希範居其中，自爲一龍。其樸頭脚長丈餘，以象龍角。

（宋）孔平仲：《續世説》卷九

湖南馬希聲，聞梁太祖食雞，慕之。日殺五十引頓食雞臛數盤。前吏部侍郎潘起譏之曰：“昔阮籍居喪食蒸豚，何代無賢。”

（宋）孔平仲：《續世説》卷七

《九國志》：楚馬希聲，海商有鸑犀帶者，直數百萬，晝夜有光，洞照一室。希聲殺商而取之，逾月，光遂滅。《五代·東漢世家》：劉旻兄聞旻自立，頗幸中國多故，乃遣其貴臣，述軋高勛，以十二稻玉帶報聘。《天中記》：錢武肅王時，有獻雲鶴水犀帶者，武肅登碧波亭，命許彦方繫帶試水，水開七尺許。

（清）陳元龍：《格致鏡原》卷一七

周行逢，武陵人也。少時不事生業，常犯法配隸鎮兵，以驍勇累遷裨校。自唐乾寧二年，馬氏專有湖南二十州之地。周廣順初，兄弟爭國，求援於江南，李景遣大將邊鎬率兵赴之，因下長沙，遷馬氏之族於建康，以鎬爲潭帥。會朗州軍亂，推牙將劉言爲留後，言以行逢爲都指揮使。行逢以衆情表於景，請授言節鉞，景不從，召言入金陵，言懼，遣副使王進逵、行軍何真與行逢，率舟師襲破潭州，鎬遁去。行逢等據其城，遣使言狀，周太祖即以言爲朗帥，進逵爲潭帥，行逢爲潭州行軍司馬。未幾，進逵害言，太祖以進逵代爲節度使，行逢領鄂州節度使，知潭州。顯德中，世宗用兵淮甸，詔進逵出師。進逵遣裨將潘叔嗣領兵五千爲先鋒,行及鄂州界,叔嗣乃回戈襲進逵,進逵敗走,爲叔嗣所殺,迎行逢爲帥。行逢至即斬叔嗣以徇,世宗乃授行逢武平軍節度使,兼侍中,於是盡有湖南之地。

國初,加兼中書令。行逢在鎮,盡心爲治,所用官屬,率皆廉介之士,條教簡約,民皆悦之。然性猜忌,左右小有忤意,必寘於法。夫人鄧氏諫曰:"人情有善惡,安得一概殺之乎!"行逢怒曰:"此外事,婦人何知。"行逢既爲帥,夫人不爲屈,不入府治,躬率奴僕耕織以自給,賦調必先期輸送。行逢止之不從,曰:"税官物也,若主帥自免其家,何以率下乎行!"逢卒,追封汝南郡王。子保權,年十一,自武平軍節度副使襲父位。初,行逢疾亟,召將佐謂曰:"吾起壟畝爲團兵,同時之人皆死,惟衡州刺史張文表獨存焉,常怏怏不得行軍司馬。吾死,文表必爲亂,諸公善佐吾兒,無失土宇,必不得已當舉族歸朝也。"行逢死,文表果舉兵叛,據潭州。保權乞師於朝廷,太祖遣慕容延釗、李處耘等討之。王師次江陵,文表已爲保權之衆所殺,保權牙校張從富等以謂文表已平,而王師未回,懼爲襲取,相與拒守。延釗以聞,太祖遣中使諭保權及將校曰:"爾本請師求救,故發大軍以拯爾難,今妖孽既平,是有大造於爾輩,何乃反拒王師也。"保權幼爲左右所制,不從命,遂討之。保權出軍於澧州南,兵未交而潰,王師獲從富於西山下,梟首於市。大將汪端劫保權並家屬弃城亡匿山洞,王師至數月,獲保權,克岳州。端擁保權衆,寇掠未幾,亦就擒磔於市。湖湘悉平。

(宋)王稱:《東都事略》卷二四

湖南周行逢,朗州人。少亡賴,犯法隸軍籍。久之,爲裨校。唐乾寧初,馬霸圖盜據湖南地,自置郡守以下官。廣順初,馬希萼與弟希廣爭國,率蠻軍殺希廣而自立。又爲其將陸孟俊所遷,而立弟希崇。因求援江南,李景遣邊鎬赴之。馬氏舉族俘於建康,景以鎬帥潭。而朗州軍亂,推牙將劉言爲帥,以行逢爲都校。因上章李景,求旌鉞。不許,言遂遣行逢帥舟師陷潭州,邊鎬遁去,因據其城。言請移潭治朗,周祖即以言帥朗,以王進逵帥潭。顯德中,裨將潘叔嗣害進途,請行逢帥朗。行逢至,戮叔嗣以徇。世宗因除行逢朗州大都督、武平軍節度使兼侍中,自是盡有湖南地。建隆初,加中書令。行逢善用人,盡心民政。其婿求補吏,以耒耜與之,人服其公。性多猜忌,喜殺戮。將終,謂將校曰:"吾死,張文表必叛,公等強勉護吾兒。"既而文表果舉兵滅周氏。其子保權,年十一,乞師朝廷。詔慕容延釗、李處耘率師赴之,而保權已平文表。王師始至,遂嬰城以拒。城破,竄匿民間。太祖以其年幼,政不由己,詔尋訪赴闕。保權上章待罪,釋之,授右千牛衛上將軍,累遷至左羽林統軍卒。

(宋)曾鞏:《隆平集》卷一二

周行逢兼總湖湘,留心民事,悉除馬氏橫賦。自王達、劉言以來,屢舉兵,將吏積功及所羈縻蠻夷,檢校官三公者,以千數。行逢生日,諸道各遣使致賀。行逢有矜色,謂徐仲雅曰:"四鄰亦畏我乎?"仲雅曰:"侍中境內,彌天太保,遍地司空,四鄰哪得不畏!"

(宋)孔平仲:《續世説》卷六

五代周行逢,少無賴,坐法黥。後據有潭州,或謂行逢曰:"朝廷使者來,必笑公黥,以藥可去之。"行逢笑曰:"吾雖不讀書,不聞英布去黥而王。布,英雄也,吾何耻哉?"

(宋)馬永易:《實賓録》卷一三

五代武陵周行逢,雖處藩鎮,躬守儉素,僚吏每以自奉太簡爲言。行逢曰:"吾常恨馬氏,恣縱奢僭,車服器用,擬於乘輿,後房姬妾不勝珠翠者,迨千餘人,諸院王子,出入鞍馬僕從,前後烜赫,有及五七里者。文武之道,未嘗留意,時人皆謂之酒囊飯袋。及家國傾喪死溝壑者,十有八九,得非天道致罰而然歟?若又效之,非所以爲子孫計也。"

(宋)馬永易:《實賓録》卷一四

(11) 南漢

劉隱,其祖安仁,上蔡人。後徙閩中,商賈南海,因家焉。父謙爲廣州牙將,黃巢寇廣州,表謙爲封州刺史、賀江鎮遏使,以禦梧、桂。謙卒,表隱代之。會廣州節度劉崇龜死,將盧琚等作亂,隱以封州兵討殺琚,迎節度使嗣薛王知柔。徐彥若代知柔,表隱節度副使。彥若卒,軍中推隱爲留後。天祐時,拜節度使。梁初,進太師,封南平王。卒,弟龑嗣,以兵取潮、韶及容管、邕管,僭號皇帝。卒,子玢嗣立,後爲其弟晟所弒。晟既弒玢,遂自立,值馬氏政亂,乃出兵攻楚,克桂州及連、宜、嚴、梧、蒙五州,又取郴州。卒,子鋹嗣立。宋開寶四年,遣師伐南漢,取之,鋹降,封恩赦侯。

右,南漢五世,六十七年。隱以唐天祐二年爲廣州節度使,至鋹以宋開寶四年亡。

(元)馬端臨:《文獻通考》卷二七六《封建考十七》

前漢劉陟,其先彭城人。祖仁安,仕唐爲潮州長史,因家嶺表。父謙爲廣州牙校,以軍功拜封州刺史,領賀水鎮使。謙卒,子隱復領賀水鎮,兼封州刺史。唐末,嶺南節度使徐彥若薨,表隱爲兩使留後。梁太祖爲梁王時,表陟爲嶺南節度使。開平初,累封南海王,四年卒。陟,隱之弟也,代據其位。梁末帝貞明二年,僭號於廣州,國號大漢,後改曰龑。龑,讀爲儼,古文無此字,蓋妄撰也。晉高祖天福七年卒,年五十四。長子玢嗣,玢在位一年,陟第二子晟殺玢自立。晟,周顯德五年卒,長子辰嗣。皇朝開寶三年,爲王師所滅。始陟自梁貞明三年僭號,歷三世四主,凡五十五年。

(宋)王欽若等編纂:《冊府元龜》卷二一九《僭僞部》

漢劉陟僭稱於廣州,改名龔,又改名龑。龑,讀爲儼,古文無此字,蓋妄撰也。每對北人,自言家本咸秦,恥爲蠻夷之主,又呼中國帝王爲洛州刺史,其妄自尊大皆此類也。

(宋)王欽若等編纂:《冊府元龜》卷二三三《僭僞部》

劉陟僭號於廣州，及聞莊宗平梁，遣偽宮苑使何同來聘，稱“大漢國王致書上大唐皇帝”。

（宋）王欽若等編纂：《册府元龜》卷二三二《僭偽部》

前漢劉玢，襲父陟位，偽謚陟爲太皇大帝，廟號高祖，陵曰康陵。

（宋）王欽若等編纂：《册府元龜》卷二二四《僭偽部》

前漢劉晟襲其父陟偽位。會湖南馬氏昆弟尋戈，晟因其釁，遣兵攻桂林管内諸郡及柳、連、梧、賀等州，皆克之。自此全有南越之地。

（宋）王欽若等編纂：《册府元龜》卷二三一《僭偽部》

劉鋹，嗣父晟位，偽謚晟文武光聖明孝皇帝，廟號中宗，陵曰昭陵。

（宋）王欽若等編纂：《册府元龜》卷二二四《僭偽部》

活地獄
《通鑒》：五代南漢主設鑊湯、鐵床、刳剔等刑，謂之“活地獄”。

（明）陶宗儀：《説郛》卷三五《續釋常談》

蕭閑大夫
劉鋹僭立，奢麗自恣，在宮中自稱“蕭閑大夫”。

（明）陶宗儀：《説郛》卷六一《清異録》

廣南漢主劉隱，乃次室段氏所生。初，長母韋氏居家甚妒，聞産隱，韋仗劍於門，令抱來，將殺之，家人不敢匿。及見，劍墜於地，跪而接之曰：“此我家之寶。”三日，段氏亡，韋鞠爲己子，後爲偽漢高祖。

（明）陳耀文：《天中記》卷三九

《五代史》:南漢劉龑聚南海珍寶,以爲珠殿。

(清)陳元龍:《格致鏡原》卷一九

廣府劉龑僭大號,晚年亦事奢靡,作南薰殿,柱皆通透刻鏤,礎石各置爐燃香,故有氣無形。上謂左右:"隋帝論車燒沉水,却成粗疏,爭似我二十四個藏用仙人。縱不及堯、舜、禹、湯,不失作風流天子。"

(宋)陶穀:《清異録》卷下《藏用仙人》

廣南劉龑初開國,營構宮室,得石讖,有古篆十六,其文曰:"人人有一,山山值牛,兔絲吞骨,蓋海承劉。"解者云"人人有一,大人也。山山,出也。值牛者,龑建漢國,歲在丑也。兔絲者,晟襲位,歲在卯也。吞骨者,滅諸弟也。越人以天水爲趙爲蓋海,指皇朝國姓也,承劉者,言受劉氏降也。"又乾和中童謠曰:"羊二四日天雨至。"解者以羊是未之神,是歲辛未二月四日,國亡;天雨,猶天水,斥國姓。又曰大寶末,有稻田自海中浮來,上魚藻門外,民聚觀之,布衣林楚材見而嘆曰:"水魚湫湫兮。"當時好事或有記其語,洎王師至,潘美爲部署,方悟爲潘字。

(宋)吳處厚:《青箱雜記》卷七

五代南漢主劉龑病,召右僕射王翻語曰:"吾子孫不肖,後世如鼠入牛角,勢當小耳。"因泣下歔欷。

(宋)祝穆:《古今事文類聚》後集卷四一

五代劉龑好奢侈,悉聚南海珍寶,以爲玉堂珠殿。

(唐)白居易、(宋)孔傳:《白孔六帖》卷三八

五代南唐(漢)劉龑,雲南驃信鄭旻遣使,致朱鬃白馬以求婚。

(唐)白居易、(宋)孔傳:《白孔六帖》卷九六

南平劉隱，上蔡人，今汝寧古蔡州也。其祖安仁徙居閩中，商買南海因家焉。父謙爲廣州牙將，破黃巢有功，升封州刺史，卒，州人表隱代之。累有勛烈，唐昭宗封隱南海王，哀帝天祐二年進封安南都護、清海節度使，次年封南平王，今梁加隱侍中，封南海王，乃以隱爲大彭王。乾化元年卒，壽三十八。其弟巖襲位，盡有嶺表之北，巖更名龑。梁末帝貞明三年即帝位，國號漢。年曰乾亨，立二十五年，壽五十四。

（元）覺岸：《釋氏稽古略》卷三

五代南唐（漢）劉玢不君，其弟洪熙等陰遣陳道庠養勇士劉思朝等弑玢。其弟晟立，晟殺其諸弟及劉思朝等，陳道庠懼不自安。其友特進鄧伸以荀悅《漢紀》遺之，道庠莫能曉，伸罵曰：“憨獠！韓信誅，而彭越醢，皆在此書矣。”道庠悟，益懼，晟聞之，大怒，斬之。

（宋）馬永易：《實賓錄》卷一四

劉鋹，其先蔡州上蔡人也。五世祖安仁，唐潮州刺史，子孫因家嶺南。宰相韋宙以其兄之子妻安仁之子，生謙，謙生隱，謙仕至封州刺史。昭宗時，嗣薛王知柔鎮廣州，以隱爲司馬，知柔委以兵柄。宰相徐彥若代知柔，以隱爲節度副使。彥若卒，遺奏薦爲留後，遂拜節度使。梁開平初，兼靜海軍節度使，封南平王。隱卒，弟陟襲位，時邕州葉廣略、容州龐巨昭、交州曲承美，皆自擅兵賦，而陟並之，遂盡有嶺表之地，僭稱帝，國號大漢，改元乾亨，更名巖，又更龑，又更龑。

龑性酷暴，行炮烙、刳剔、截舌、灌鼻之刑，爲玉堂珠，殿飾以金碧翠羽，見北人必自言世居咸秦，恥爲南蠻主，呼中朝天子爲“洛州刺史”。龑卒，子玢立，爲其弟晟所殺，而自立。晟造鐵湯、鐵床之獄。聞湖南馬氏兄弟之隙，遂遣兵取桂林、柳、賀之地。晟卒，子鋹立，鋹初名保興，封衛王，既襲位，改今名，改元大寶。委政閹官後宮，亦令冠帶與政。其臣下有小過，或將大用，則加以宮刑。作燒煮、剝剔、刀山、劍樹之刑，或令罪人鬥虎、抵象。又賦斂煩重，人不聊生，民入城者,輸一錢,瓊州米斗稅五錢。置媚川都,定其課,令入海五百尺采珠。所居宮殿棟宇,皆以珠及玳瑁飾之,淫侈無度。

乾德中,王師南伐克郴州,獲其内品十餘人,有餘延業者,太祖見之,問曰:"爾在嶺南何官?"對曰:"爲扈駕弓箭官。"令取弓矢授之,延業極力控弦不開。太祖因笑問銀爲治之迹?延業備言其奢酷。太祖驚駭曰:"吾當救此一方之民。"遂詔江南李煜諭銀,使稱臣,銀不從,煜又遣其臣龔正儀使於銀,遺銀書曰:

頃者,大朝南伐,圖復楚疆,交兵以來,遂成釁隙。詳觀事勢,深切憂懷,冀息大朝之兵,永契親仁之願,引領南望,於今累年。昨命使臣入貢大朝,大朝皇帝果以此事宣示,云且彼若以事大之禮而事我,我則何苦而伐之;若與興戎而爭我,則以必取爲度矣。見今大振師旅,仍以上秋爲期。深料大朝之心,非有唯利之貪,蓋怒人之不賓,而足下非有不得已之事,與不可易之謀,殆一時之忿而已。觀夫古之用武,而必戰者有四:父母、宗廟之讎,此必戰也;彼此烏合,民無定心,存亡之機,以戰爲命,此必戰也;敵人有進,必不舍我,求和不得,退守無路,戰亦亡不戰亦亡,奮不顧命,此必戰也;彼有天亡之兆,我懷進取之機。此必戰也。今足下與大朝非有父母宗廟之讎也,非同烏合存亡之際也,既殊進退不舍、奮不顧命也,又異乘機進取之時也。既大朝許以通好,又拒而不從,有國家利社稷者,當若是乎。況大朝皇帝以命世之英,光宅中夏,方且遏天下之兵鋒,俟貴國之嘉問,則大國之義斯亦善矣,足下之忿亦可息矣!若介然不移,有利於宗廟社稷可也,有利於黎元可也,有利於天下可也,有利於身可也。若無一利焉,何用弃德修怨,自生讎敵,使赫赫南國,將成禍機,炎炎奈何,其可嚮邇。煜近奉大朝諭旨,以爲足下無通好之心,必舉上秋之役,雖善鄰之心,期於永保,而事大之節,焉敢固違!恐煜之不得事足下也。

銀得書,遂囚正儀,驛書答煜,言甚不遜,煜以其書聞命。潘美伐之師次白霞,銀遣龔澄樞守賀州,薛崇譽守桂州,李托守韶州以備。是歲,美平昭、桂、連、賀等州,又平韶州。明年,平英、雄二州。王師將至廣州,銀懼,遣其臣蕭潅奉表乞降。王師頓城外,銀復遣其弟保與來拒戰。美進師，鋹復遣保興詣美軍乞降，不納。鋹盡焚其府庫，以爲空城，謂王師不能久駐，當北還也。已而，克廣州，遂擒鋹並其臣劉保興、潘崇徹、龔澄樞、李托、薛崇譽等，以獻有司，以帛繫鋹及其官屬。獻太廟、太社。

（宋）王稱：《東都事略》卷二三

南漢劉鋹，五世祖仁安，唐潮州刺史，其子孫因家嶺南。宰相韋宙以其兄之女妻仁安之子謙，謙生隱。謙仕至封州刺史。昭宗時，以嗣薛王知柔鎮廣州，表隱爲司馬，委以兵柄。宰相徐彥若卒，遺奏請除隱留後。隱厚賂梁祖，求爲郎，除南海節度使。梁祖開平初，封隱南平王。隱卒，弟陟襲僞位。時邕州葉廣略、容州龐巨源、交州曲承美皆自擅兵賦，而陟併之，遂盡有嶺表之地。聞錢鏐封吳越王，正明中，陟遂僭稱帝，國號大漢。改元乾亨，更名巖，又更龑。龑之字，無所出。龑性酷暴，行炮烙、剐剔、截舌、灌鼻之刑，爲玉堂珠殿，飾以金碧翠羽。見北人必自言世居咸秦，恥爲南蠻主，呼中朝止曰洛州刺史。龑卒，子玢爲弟晟所弑，而晟自立，造鑊湯鐵床。聞湖南馬氏兄弟之隙，遂遣兵取桂林柳賀之地。晟卒，子鋹嗣。鋹委政閹宦，後宮亦令冠帶預政。其臣有小過或將大用，則加以宮刑。及將至敗也，星多北流，知星者以爲北歸之祥。初，龑命日者筮國祚，遇《復》之《豐》曰：“將五十五年乎？”自梁正明三年，龑僭號，開寶四年鋹國亡，其數無差。又，龑先名龔，有術者筮曰：“後必有此姓者敗國事。”及鋹用龔澄樞、李托，皆爲內太師，薛崇譽開府儀同三司。鋹以托二女爲貴妃、美人。澄樞爲鋹置酷法之具，因以敗國。鋹至闕，宣露佈，訖命盧多遜詰鋹翻覆之由。鋹對曰：“臣年十六而僭位，龔澄樞等皆先臣舊人，臣不得專。”遂命戮澄樞、托、崇譽於千秋門外，而釋鋹罪。授右千牛衛上將軍，封恩赦侯。卒，年三十九，贈太師，追封南越王。

（宋）曾鞏：《隆平集》卷一二

國初，劉鋹性絕機巧，嘗結真珠鞍勒爲戲龍之狀。獻太祖，太祖以示上方,官工皆悉嘆服。上曰:"若移此心以勤民政,不亦善乎?"

(宋)吳炯:《五總志》

劉鋹僭立,奢麗自恣,在宮中自稱蕭閑大夫。

(宋)陶穀:《清異錄》卷上《蕭閑大夫》

南漢劉晟殿側,置宮人望明窗,以候曉。宮人謂之候窗監。

(宋)陶穀:《清異錄》卷上《候窗監》

劉鋹昏縱角出,得波斯女,年破瓜,黑腯而慧艷,善淫,曲盡其妙。鋹嬖之,賜號"媚豬"。延方士求健陽法,久乃得,多多益辦。好觀人交,選惡少年配以雛宮人,皆妖俊美健者,就後園褫衣,使露而偶,鋹扶媚豬延行覽玩,號曰"大體雙"。又擇新采異,與媚豬對。鳥獸見之熟,亦作合。

(宋)陶穀:《清異錄》卷上《大體雙》

劉鋹在國,春深,令宮人鬥花。凌晨開後苑,各任采擇。少頃,敕還宮鎖苑門。膳訖普集,角勝於殿中。宦士抱關,宮人出入皆搜懷袖,置樓羅曆以驗姓名,法制甚嚴,時號"花禁"。負者獻耍金耍銀買燕。

(宋)陶穀:《清異錄》卷上《樓羅曆》

劉鋹自結珠龍九五鞍,獻闕下,頗甚勤勞。

(宋)陶穀:《清異錄》卷下《珠龍九五鞍》

漢唐宦者可謂盛矣,然官不至師保也。一劉鋹有宦者七千餘人,始有爲師保者。藝祖既縛鋹,以永鑒其禍,內侍不許過供奉官,又鋹之宮,輒名龍德云。

(宋)邵博:《邵氏聞見後錄》卷二二

僞漢劉鋹尊南海爲昭明帝,衣以龍鳳。太祖開寶中,削去僞號,易以一品衣服。

(宋)孔平仲:《孔氏雜説》卷四

賜劉鋹酒

劉鋹性巧,自結珍珠鞍,勒爲戲龍之狀。太祖曰:"移此心,勤民政,不亦善乎。"鋹在國中,多置酖以毒臣下。太祖幸講武池,從官未集,鋹先至,召賜卮酒。鋹疑之,捧杯泣曰:"臣違拒朝廷,罪在不赦。陛下既待臣以不死,願爲大梁布衣,觀太平之盛。"太祖曰:"朕推赤心於人腹中,安有此事。"取酒自飲,別酌賜鋹。後陳洪進自漳泉歸闕,錢椒於吳越來朝,江南後主於衆同列。鋹因侍宴,自言:"臣於數人中率先歸朝,願得持挺爲諸國降王之長。"太祖大笑。

(宋)曾慥:《類説》卷五三《談苑》

南漢宦者陳延壽言於南漢主曰:"陛下所以得立,由先帝盡殺群弟故也。"南漢主以爲然,丁巳,殺其弟桂王旋興。此據司馬光《朔記》。

(宋)李燾:《續資治通鑒長編》卷一,太祖建隆元年(960)

初,南漢女巫樊胡子自言玉皇降其身,因宦者陳延壽以見南漢主。南漢主於內殿設幄帳,陳寶貝,胡子冠遠游冠,衣紫,踞坐帳中宣禍福,呼南漢主爲太子皇帝,國事皆決於胡子,內大師龔澄樞、女侍中盧瓊仙等附之。胡子每爲南漢主言,瓊仙、澄樞、延壽等皆上天使來輔太子,有罪不可問。是歲,芝菌生宮中,野獸觸寢門,苑中羊吐珠,井旁石自起,行百餘步乃仆。胡子皆以爲符瑞,諷群臣入賀。澄樞,見顯德三年。瓊仙,見乾祐三年。

(宋)李燾:《續資治通鑒長編》卷二,太祖建隆二年(961)

南漢許彦真既殺鍾允章,益恣橫,惡龔澄樞等居己上,頗侵其權,澄樞怒。會有告彥真與先主麗妃私通者,澄樞發其事。彥真懼,與其子謀殺澄樞。澄樞遣西班將軍王仁遇告彥真父子謀反,下獄,族誅之。鍾允章,見乾祐元年。許彥真,見顯德六年。

（宋）李燾:《續資治通鑒長編》卷三,太祖建隆三年(962)

南漢主納李托二女,長爲貴妃,次爲美人,皆有寵。拜托爲内太師,政事必先禀托而後行。李托,見顯德六年。

（宋）李燾:《續資治通鑒長編》卷三,太祖建隆三年(962)

(12) 南平(荆南)

高季興,陝州硤石人。初爲汴人李讓家僮。朱温鎮宣武,事温。梁開平初,拜荆南節度。均王時,阻兵自守,均王優容之,封爲渤海王。梁亡,朝唐莊宗。明宗時,取荆、歸、峽等州臣於吴。卒,子從誨立,復臣唐,封南平王。卒,子保融立,襲封南平王。卒,弟保勗立。卒,兄子繼冲立。建隆四年,太祖詔慕容延釗討湖南張文表,假道荆南,入其郛。繼冲懼,以地内附,舉族入朝。

右,南平五世,凡五十七年。季興以梁開平元年鎮荆南,至繼冲以宋乾德元年納土。

（元）馬端臨:《文獻通考》卷二七六《封建考十七》

高季興爲荆南節度使,荆南舊無外壘,季興始城之。

（宋）王欽若等編纂:《册府元龜》卷四一〇《將帥部》

高季興爲荆南節度使,天成二年卒。以其子行軍司馬從誨知軍府事,明宗尋命起復,授荆南節度使。漢乾祐元年卒,子保融嗣其位。保融建隆元年卒,保勗自行軍司馬襲。保勗四年卒,保融子繼冲襲。

（宋）王欽若等編纂:《册府元龜》卷四三六《將帥部》

周高季興,梁太祖時爲荆南節度使。開平中,破雷彥恭於朗州,加平章事。

（宋）王欽若等編纂：《册府元龜》卷三八七《將帥部》

高季興爲荆南兵馬留後。荆州自唐乾符之後，兵火互集，井邑不完。季興招輯離散，流民歸復。太祖嘉之，乃授節鉞。

（宋）王欽若等編纂：《册府元龜》卷六九二《牧守部》

江陵高季昌，唐末爲荆南留後，時宰相韋説、鄭珏，舅甥姻婭也。朱梁太祖時皆得制方面。高氏以貴公子任行軍司馬，常以歌筵酒饌款待數公。日常宴聚，求取無恒，皆優待之。後莊宗過河，奄有中原，天下震懼。高王單騎入覲，韋、鄭二公繼登台席，中朝士族子弟，多不達時變，復存舊態。薛澤除補闕，韋荆除《春秋》博士，皆賜緋，咸有德色，匆匆辦裝，即俟歸朝，視行軍蔑如也。李載仁，韋説之甥，除秘書郎。劉詵，鄭珏之妹夫也，除《毛詩》博士，賜緋。爾後韋屢督李入京，高氏欲津置之。載仁遷延，自以先德遺戒，不欲依舅氏，但不能顯言，竟不離高氏門館。劉詵無他才望，性嗜酒，口受新命，殊無行意，日於高氏情敬不衰，然則美醞肥䐹之所引也。無何，以疾終。高氏贍給孤遺，頗亦周至。未間，洛下有變，明宗入統，南方强侯，人要姑息，韋、鄭二相皆罷去，韋、薛尚跧荆楚。明年，保勗嗣襲，辟李爲掌記。他日，録其長息爲子婿，第三子皆奏官，一門朱紫轞如也。劉詵三子迭加任遇，三孫女適高氏子弟，向三十年。享其禄食，亦足稱也。韋荆寂寞而卒，薛澤攝宰而終，豈自掇乎，亦命也夫！

（宋）李昉：《太平廣記》卷二六六《韋薛輕高氏》

後唐莊宗過河，荆渚高季昌謂其門客梁震曰："某事梁祖，僅獲自免。龍德已來，止求安活。我今入覲，亦要嘗之。彼若經營四方，必不縻我。若移入他鎮，可爲子孫之福。此行決矣。"既自闕回，謂震曰："新主百戰，方得河南。對勛臣誇手抄《春秋》，又竪指云：'我於指頭上得天下。'則功在一人，臣佐何有？且游獵旬日不回，中外情何以堪？吾高枕無憂,乃築西面羅城,拒敵之具。"不三年,莊宗不守。英雄之料,頃刻不差,宜乎貽厥子孫。

（宋）李昉：《太平廣記》卷五○○《高季昌》

□□□□□□董掌奏記,府主褊急。□□□□□□□□□詣梁園勸梁太祖□□□□□□□□官入中原授大理,□□□□□□季昌怒曰："天下皆知四鎮令公必作天子,□□□偃仰乎？"詬怒而起。久之,召孔目官王仁厚謂曰："我□□□□書記所見甚長,且廣南、湖南,與梁王齊肩。所以□□□□使。我乃梁王將校,安可輒同兩處？差都押衙可□□□□董且召宴飲,迎而謂曰："集性急請一切勿言。"仍遺衣□□十匹以安之。董雖稟受,莫知喜怒之由。他日聞説,自□□我本無此見,誠出司徒之意,都校充使,於禮合儀。所遺衣段,乃謬恩也。

（宋）李昉：《太平廣記》卷二四四《高季昌》

萬事休：五代荊南高保勉,季興之幼子也。季興或盛怒,保勉一見則怒自解。故荊人目之爲"萬事休"。《本傳》

（明）陶宗儀：《説郛》卷三《賓賓録》

漢高從誨爲荊南節度使、南平王,乾祐二年卒。敕："宜令太常定謚。"故事：臣下請謚,即故吏陳行狀,上考功,覆奏下,乃議謚。今降敕,新例也。

（宋）王欽若等編纂：《册府元龜》卷五九六《掌禮部》

高從誨爲荊南節度使。晉天福中,加守中書令。時襄州安從進反,王師攻討,從誨起戰棹,饋軍食以助焉。詔書褒美,尋加守尚書令。

（宋）王欽若等編纂：《册府元龜》卷三八七《將帥部》

　　高從誨，少帝時爲荆南節度使。從誨累表陳讓新命，時朝廷遣內班劉從貞傳宣，不令表辭。從貞馳奏云：“臣到荆州南，具傳聖旨。從誨云：‘臣有志，不願官崇，所奏非矯飾也。今再差人固讓，必望寢停。縱降使臣，不敢迎受。’”蓋從誨以術者言數運有災，宜避其尊寵故也。

　　　　（宋）王欽若等編纂：《册府元龜》卷四〇九《將帥部》

　　高從誨爲荆南節度使，高祖乾祐元年，遣人押送朗州奏事官沈從進至京師，乞加恩命。初，馬希廣、馬希萼争立潭帥，希廣用歐弘練、張仲荀謀，厚賂朝廷，請不行朗州恩命。從誨革面自新，又援引希萼，求通於朝，蓋欲離間潭、朗，成其覆亡之禍也。

　　　　（宋）王欽若等編纂：《册府元龜》卷九三三《總録部》

　　漢高從誨爲荆南節度使，乾祐元年遣人押送朗州馬希萼奏事官沈從進至京師，乞加恩命。希萼初與潭州馬希廣争立，希廣用歐弘練、張仲荀謀，厚賂朝廷，請不行朗州恩命。及從誨革面自新，又援引希萼，求通於朝。蓋欲離間潭、朗，成其覆亡之禍也。朝廷知其意，累降詔示諭，又詔希萼、希廣和解之。又云乾祐三年，湖南馬希廣上言：“臣當道去九月内，量發兵士，往朗州招安户民。不料偶失威嚴，遂中奸便。須謀補卒，爰議班師。朗州自聞當道抽退已來，狂謀益甚。又探得荆南繼差人下淮南與廣州三處結構。荆南欲取澧、朗州、廣南攻桂州，淮南欲取湖南，兼即日淮南支鄂州管内租税衷私，令荆南供給朗州，且如山結連，可知事勢。其朗州已入附於淮甸，又納款於荆南，興破家亡國之心，作瓜剖豆分之勢，兼誘草賊，燒却近封，顧基局而危若綴旒，視黎庶而困於塗地，弦衰柱促，言發涕流，伏乞聖慈，念以臣四世勤王，三面受敵，欲興師旅，動礙寇讎，望特降絲綸，聊差貔虎。亦知朝廷北面托落分兵處多，故不敢大段撓於兵力，只乞差借許蔡卿軍三五千人，馬一千騎，内得王師二千來人，夾帶南渡，只到澧州屯駐，以斷淮南與荆南援助之路。不勞血刃，只仗朝廷，則當道出兵，不難克復。安危繫慮，翰墨難窮，庶回雷電之光，以救蕩平之捷。謹差押衙焦文諫馳奏，披瀝以聞。"

（宋）王欽若等編纂：《册府元龜》卷九五二《總録部》

《三楚新録》所紀載惟高氏一家，與歐史無甚牴牾，但《説海》刻非足本，而删削又未當。如季興卒，子從誨立，從誨卒，子保融立，保融卒，弟保勗立，保勗卒，保融之子繼冲立，歸宋國除。《新録》乃於從誨之後即次以繼冲事，殘闕顯然。

（清）王鳴盛：《十七史商榷》卷九七《高氏事删削不全》

歐《南平世家》：保融卒，弟保勗立，保勗卒，保融之子繼冲立，湖南周行逢卒，子保權立。其將張文表作亂，建隆四年，太祖命慕容延釗等討之。延釗假道荆南，約以兵過城外，繼冲大將李景威請嚴兵以待之，判官孫光憲勸繼冲去斥堠，封府庫以待，繼冲以爲然。景威扼吭而死，延釗軍至，繼冲出逆於郊，而前鋒遽入其城，繼冲遽歸，見旌旗甲馬，布列衢巷，大懼，即詣延釗納牌印。太祖優詔，復命繼冲爲節度使。乾德元年有事於南郊，繼冲上書願陪祠。九月，具文告三廟，率其將吏宗族五百餘人朝於京師。考王禹偁《小畜集》第二十八卷《康延澤神道碑》云："我太祖開國，以荆湘未下，詔宣徽南院使李處筠、襄帥慕容延釗南討，公實從焉。時江陵高保融死，其子繼冲權領軍府，因命公賷璽書，乘驛騎以吊撫，且觀便宜，二帥留襄陽以待。公宣諭而回，盡得機事。前道師旅，長驅而南，平定荆湘，易於拾芥。尋轉染院使、監護荆南軍，賞功也。乾德中，受代歸朝。"案此事見《宋史》二百五十一《延釗傳》、二百五十五《延澤傳》、二百五十七《處耘傳》。《延澤傳》與碑正同，略去保勗，以繼冲即嗣保融者，此省文。《延澤傳》亦然。蓋《延澤傳》即采碑文，而《世家》不叙此事，亦略之耳。耘作筠，則傳寫誤，乃《宋史》於《處耘傳》又以使高氏者爲盧懷忠，假道者爲丁德裕，此史自相矛盾者最多，此亦其一端。延澤監荆南軍，至乾德中方代歸，則以建隆四年繼冲雖納牌印，宋太祖仍命爲節度故也,此正與世家合。

（清）王鳴盛:《十七史商榷》卷九七《康延澤諭降高繼冲》

　　荆南節度使高保融有疾,幕吏孫光憲夢在渚宫池與同僚偶坐,而保融在西廳獨處,唯姬妾侍焉。俄而高公弟保勖見召上橋,授以筆硯,令光憲指撝發軍,仍遣廳頭二三子障蔽光憲,不欲保融遥見。逡巡,有具櫜鞬將校列行俟命。次見掌節吏嚴光楚鞠而前趨,手捧兩黑物,其一則如黑漆靴而光,其一即尋常靴也。謂光憲曰:“某曾失墨兩挺,蒙王黜責,今果尋獲也。”良久夢覺。翌日,説於同僚。逾月而保融卒,節院將嚴光楚具帖子取處分倒節,光憲請行軍司馬王甲判之。墨者陰黑之物,節而且黑,近於凶象,即向之所夢,倒雙節之謂也。

（宋）李昉:《太平廣記》卷二七九《孫光憲》

　　五代十國南平高氏,據有荆南,地狹兵弱,介於吴楚,爲小國之主,自吴稱帝,而南漢、閩、楚,皆奉梁正朔,歲時貢舉,皆假道荆南。從誨嘗邀留其使者,掠取其物,而諸道以書責誚,或發兵加討,即復還之,而無愧。其後南漢與閩皆稱帝,從誨所向稱臣,蓋利其賜予。俚俗語謂奪攘苟得無愧耻者爲癩子,猶言無賴也,故諸國皆目爲高癩子。《通鑒》謂之高無賴。

（宋）馬永易:《實賓録》卷一四

　　後唐荆南節度使高從誨,禮賢士,委任梁震,以兄事之。後梁震固請退,不能留,乃爲築室於土洲。震披鶴氅,自稱荆臺隱士,每詣府,則跨黄牛至廳事。

（宋）馬永易:《實賓録》卷二

　　湖南高從誨,時唐、晉、契丹、漢更據中原。漢、閩、吴、蜀皆稱帝,從誨利其賜予,所向稱臣,諸國賤之。號“高無賴”。

（宋）孔平仲:《續世説》卷六

　　湖北高季興。唐莊宗平定天下,季興來朝,時論多欲留之。郭崇韜以方推信華夏,請放歸藩。季興促程而去,至襄州酒酣,謂孔勍曰:“是行有二錯,來朝一錯,放歸一錯。”

(宋)孔平仲:《續世説》卷七

　　同光中,莊宗遣平蜀,得王衍金銀,命悉鎔之爲金磚、銀磚,約重三百斤。一磚開一竅,二人擔之,上有匠人名,曰“馮高”。過荆南,高季興曰:“馮高主屬我。”坑官吏持而有之,儲爲一庫。皇朝建隆中,金銀入京師,斤兩封緘如故。

(宋)李石:《續博物志》卷一〇

　　五代荆南高保勉,季興之幼子也。季興鍾愛尤深,在世時或因事盛怒,左右不敢竊視,唯保勉一見,則其怒自解,故荆人目之“萬事休”。

(宋)馬永易:《實賓録》卷七

　　五代荆南季昌。方莊宗初有中國,詔季昌入朝。將行,幕客梁震曰:“唐室反正,有平天下心,繕甲治兵以自固,猶恐不保,今去國千里餘,入不測之淵,公梁室勛舊,安知不以讎敵相遇。”昌不從,震謂人曰:“老兵此去得免,是新朝無謀矣。”

(宋)馬永易:《實賓録》卷一四

　　高繼冲,字贊平,其先陜州硤石人也。曾祖季興,唐末,荆南司馬張環逐其節度使陳儒,自稱留後,環敗,而季興守荆南。梁開平初,遂據有其地,封秦王,卒謚曰武信。子從誨,後唐天成三年襲位,封南平王,卒,謚曰文獻。子保融,漢乾祐五年襲封南平王,卒,謚曰正懿。無子,建隆元年,其弟保勗嗣立,太祖即授以節度使。從誨於諸子中最愛保勗,雖盛怒,見之則釋然,荆南人目之爲“萬事休”。四年卒,子繼冲襲位。時湖南張文表叛,周保權求救於朝廷。太祖命慕容延釗討之,延釗假道荆南,約以兵過城外。繼冲大將李景威曰:“兵尚權

譎,城外之約,可信乎!"其秘書監孫光憲曰"中國自周世宗時,已有混
一之志,況聖宋受命,真主出焉",以理諭繼冲,令獻三州之地。延釗
軍至,繼冲出迎於郊,而前鋒遽入其城。繼冲懼,上表納土,請舉族歸
朝,授馬步軍都指揮使。自季興至繼冲五帥,凡五十七年。

(宋)王稱:《東都事略》卷二四

　　荆南高繼冲,曾祖季興,渤海蓨人。唐末,荆南司馬張環逐其節
度使陳儒,自稱留後。環敗,而季興守荆南。梁開平初,遂據有其地,
封秦王,卒,諡武信。子從誨,後唐天成三年襲僞位,封南平王,卒,諡
文獻。子保融,漢乾祐五年襲封平王,卒,諡正懿。無子,建隆元年,
其弟保勖嗣立。從誨於諸子中最愛保勖,雖甚怒,見之則釋然,荆南
人目之爲萬事休。建隆四年,保勖卒,子繼冲正月襲位,二月王師援
湖南,道出荆南,繼冲請舉族歸朝。自季興至繼冲,五主凡五十七年
而失國。

(宋)曾鞏:《隆平集》卷一二

(13) 後蜀

　　孟知祥,邢州龍岡人。仕晉爲左教練使,遷太原尹。莊宗既滅王
衍,乃以知祥爲劍南西川節度副大使。明宗立,知祥陰有據蜀之志,
殺監軍李嚴,與東川節度使董璋俱反。唐師討之不利。知祥遂攻東
川,殺董璋,取其地,乃遣使入朝,唐封爲蜀王。唐明宗崩,知祥僭號
皇帝。後復取山南之地。卒,子昶嗣。時中國多故,雄武軍節度使何
建以秦、成、階三州附於蜀,昶又取鳳州,盡得王衍故地。周世宗時,
伐蜀取秦、成、階、鳳。宋乾德三年,遣師伐蜀,取之,昶降,封秦國
公,卒。

　　右,後蜀二世,四十一年。知祥以後唐同光三年爲節度使,至昶以宋乾
德三年亡。

(元)馬端臨:《文獻通考》卷二七六《封建考十七》

誅利口

同光初,莊宗滅梁,將行大禮。蜀遣翰林學士歐陽彬持禮入洛,顧太尉遠爲之副焉。莊宗復遣李客省嚴衛厥命以通好。嚴本辨士也,既而屆蜀,亦稱臣焉。然於朝對之間,舉措輕易。及置一笏記,廣叙興亡,詞旨鏗鏘,驚駭聞聽,蜀之文武卿咸伏其雄。洎歸中朝,上策取蜀。及平蜀之後,莊宗命孟祖制臨,嚴又於明宗天成得位之初,復來臨護。孟祖加之禮,分賜從容,乃言曰:"吾聞利口之覆邦家,辨言之亂刑政。故少正卯言僞而辨,孔子誅之。子今巧言如簧,弗矜細行,有大罪者五,自知之乎? 只知初與王朝折箭爲誓,及其降也,復又誅之,遂使天道惡盈,二國俱滅,其罪一也。其次,平蜀之際,先入禁闈,取内藏之珠金,選宫庭之嬪媖,其罪二也。頃者,詐論三川,減釋兩税,及其得地,倍更加徵,其罪三也。而又誑惑朝廷,妄陳利害,説三川之形勢,創二鎮之節旄,控扼我咽喉,覬覦我土宇,其罪四也。今又來爲監護,坐握兵權,蹴我藩維,承我爵位,人神豈恕,天意争容,爾之再來,機亦知謬矣,其罪五也。"言訖,遂令武士把下階檐。嚴亦蒼黄失其節操,乃叩頭曰:"嚴之五罪,一死宜然。願乞殘骸爲洛中之鬼。"高祖不聽,命劍斬之。是時天下咸聞,皆稱妙算。其李嚴於王蜀所置笏記曰:"臣嚴等言。伏自朱温肆逆,運屬昭宗。三年痛別於西秦,一旦迫遷於東洛。誅殘南北,焚爇宫闈。雖列藩悉是其唐臣,無一處不從其僞命。由是大唐中興,皇帝念高祖、太宗之業倏爾隳殘,憤朱温、崔胤之徒同謀篡弑。遂乃神機迴發,心鼎獨然。竭滄溟而誓戮鯨鯢,芟林莽而決除虎兒。十年對壘,萬陣交鋒。慮久困於生靈,乃選挑其死士。才過汝水,縛王彦章於馬前;旋及夷門,斬朱友貞於樓上。劍霜未匣,槍雪猶揮。段凝領八萬雄師,倒戈伏死,趙嵒知一人應運,引頸待誅。遂使賊將寒心,謀夫拱手。取乾坤祇勞於八日,救塗炭遂定於四維。備振皇威,咸遵帝力。今則秦庭貢表,兩浙稱臣。淮南陳附拜之儀,回紇備朝天之禮。纔安宇宙,便息干戈。未順梟凶,方議除翦。豈謂蜀國皇帝柔遠懷邇,居安慮危。喜帝祚於中興,群妖悉滅。特遣蘇張之士,將追唐蜀之歡。吾皇回感於蜀皇,國禮遠酬於厚禮。臣等叨承玄造,獲奉皇華。載馳得面於彤庭,戰汗實深於踢地。臣等無任感恩荷聖,踴躍屏營之至!"

(後蜀)何光遠:《鑒誡録》卷一

知機對

長興初,孟蜀高祖與東川董太尉璋初爲睦鄰之知,後結姻親之國。兵車不間,玉帛交馳。縱有是非,未至深信,因請節度副使趙僕射持禮至彼,探其機宜。董與趙有寄托之知,懷魏都之舊。及節副詐陳衷素,董公盡罄血誠。既而西歸,備得其事。高祖問曰:"公度董公作略畢竟如何?"節副對曰:"董公爲人,豺狼之聲,狗鼠之行,横徵暴斂,好殺惡生。其志剛强,不量人事。用兵好勝,不達天時。余聞豺狼常有野心,狗鼠亦無定度。横徵暴斂,事急則逃;好殺惡生,物極則返。故曰'强良者不得其死,好勝者必遇其敵',此之是也。而且朝令夕改,坐喜立嗔。兵有鬥心,將無戰意。方令以小謀大,弊民惠奸。有窺四海之心,終作西川之患。而又宮中取事,語下失機。料其訓練兵師,完葺城壘,招我將健,挫我使臣,必行雷電之機,不顧山河之誓。"高祖聞所敷陳,深納其言。至長興三年四月二十八日,果興狂孽,直犯漢川。是時,高祖親統全師,合戰於踪橋之野。董璋大敗。我將軍趙廷隱擒其將元瓚、董光演等八十餘員,奪甲馬五百餘匹,斬首一萬,獲其九城。梓帥與其子光嗣拊膺而哭,欲堅故壘。賊將王暉獻其首級,遂定方隅。明宗遣供奉官李僕射馳騎入川,賜高祖詔曰:"朕知卿近與逆賊董璋小閒交兵,已救軍前,俾其掎角。"高祖復請記室李昊修其章奏,備陳本末。事聞上聽,宣示百僚。中外咸知,莫不驚駭。其奏狀曰:"伏以故東川節度使董璋與臣爲鄰,從初不睦,常厚誣於表疏,每深間於朝廷。欲竊兵權,來併土宇。及審聖聽不惑,物論難從。臣合此時奮激驍雄,驅除奸宄。尋屬陛下翠華外駐,黄屋未安,舍亦何傷,克之不武。於是益勞宵旰,因議寢停。雖隱忍以累年,且参商而終日。其後毫不自誨,恃承君寵,恣弄國權。窺劍外之有萌,示寰中之無畏。因而竊料聖君之意,必摧亡以固存;其如倖臣之言,恐怒甲而遷乙。是與董璋愛以暫合,和而不同。雖玉帛交馳,豈心貌之相類。誠知蘊蓄,且務包容。償敢飛颺,必當掃殄。其董璋至今年四月二十八日,暴興兵甲。五月一日,驟入漢川。臣其日先差昭武軍節度兵馬留後兼左厢步軍都指揮使趙廷隱總領三萬人騎,發次新都。臣自統領衙内親軍二萬人騎繼之,俱列營於彌牟鎮。北至三日,詰旦,結其大陣,俟剿元凶。其董璋至午時敢領妖徒來當鋒銳。臣則親驅戈甲,趙廷隱手奮鼓旗,一擊而魚潰鳥離,四合而豕分蛇斷,斬首一萬餘級,執俘八千餘人,生擒賊中都指揮使元瓚、衙内副都指揮使董光演及已下指揮使都頭八十餘員,奪下甲馬五百餘匹,收獲衣甲器械十萬餘事。其餘逆漏之徒,尋令搜捉並盡。其董璋只與親男衙内都指揮使董光嗣並從騎二人,罄馬而奔,弃甲而遁。撫隻輪而掩泣,視亂轍以咸哀。烏江之死所不遥,赤壁之慚顔更厚。臣幸以疾雷之勢,破其急電之機。臣便統領大軍壓背追襲。其董璋至四日巳時走入東川,至午時,有前陵州刺史王暉知窠巢之已傾,驗城池之不守,梟斬董璋父子首級,相次迎獻軍門。徑進師徒,收下城壘。平定一方之衆,止於四日之間。莫不退仗皇威,戡除鄰患。臣方以自違君命,未達臣誠。捷音雖審其風馳,奏疏未遑於羽插。豈謂皇帝陛下纔聆動静,遽軫憂勞。遄降使臣,特頒明詔。諭董璋之奸罪,勉微臣以削平。仍敕軍前,俾施犄角。並得暗合睿略,顯應神機。更無唇齒之虞,永荷股肱之寄。”所以舉子勾龍逢獻《賀捷詩》曰:“唇齒論交歲月長,豈期率意忽顛狂。元戎統領三軍戰,巨孽奔衝一陣亡。莫訝潼江剛入寇,都緣錦浦合興王。武功蓋世光前後,堪向青編萬古揚。”

(後蜀)何光遠:《鑒誡録》卷一

蜀孟知祥,其軍戰勝董璋,時軍中暑熱,知祥巡行撫問,三軍忻然,如熱而濯。

(明)陳耀文:《天中記》卷五

後唐福慶公主,下降孟知祥。長興四年,明宗晏駕,唐避亂,莊宗諸兒削髮爲苾蒭,間道走蜀。時知祥新稱帝,爲公主厚待猶子,賜予千計,敕器用局以沈香降真爲鉢,木香爲匙箸,錫之。嘗食堂展鉢,衆僧私相謂曰:"我輩謂渠頂相服均是金輪王孫,但面前四奇傢具,有無不等耳。"

(宋)黃休復:《茅亭客話》卷九

　　後唐大同三年,魏王統軍克蜀。孟先主尚莊宗妹福慶長公主,自太原節度馳赴西川。至明宗晏駕,宗室喪亂,朝士奔竄,有新羅僧携莊宗諸子爲僧,入蜀投孟主,即福慶長公主猶子也。因爲起院,以莊宗萬壽節爲名額,蜀人號爲太子大師。暨聖朝吊伐,入見闕庭,有小師宗瑩,酷好爲詩,其師自京歸,檢校其院,隳殘迨盡。宗瑩與院主元亮設謀,聞於時政,以其師後唐宗裔,不合住川,由是爲所奏,發遣赴闕。大師憂恚,卒於劍門,元亮與大師同日暴亡。宗瑩因順賊入城,焚燒院宇,寄食諸寺,中風恙,二三年間,患瘡疥狼狽,終亦自縊而死。嗚呼! 不畏於天,不孝於師,能無及此乎?

(宋)黃休復:《茅亭客話》卷九

　　孟昶,其先邢州龍岡人也。本名仁贊,父知祥,尚唐莊宗妹瓊華公主。莊宗遣魏王繼岌、郭崇韜平王衍,以知祥爲成都尹,充節度副大使。莊宗崩,明宗爲送公主二子入蜀。安重誨用事,以李嚴爲西川監軍,使圖之。知祥遂殺嚴,而結東川董璋婚姻,謀據劍南。既而明宗誅璋家族,遣使諭知祥,以伐蜀出於安重誨,重誨既死,知祥乃上書謝罪。璋疑其貳,遂以兵襲知祥。璋敗,明宗以兩川授知祥,封爲蜀王,許行墨制。明宗崩,遂僭位,國號蜀,改元曰明德,於是盡有王氏故地,以昶爲崇聖宮使、東川節度使、同平章事。知祥疾,立爲皇太子,監國。知祥卒,昶立,尊母李氏爲皇太后。四年,改元廣政。
　　周世宗既取秦、鳳,昶懼,致書世宗稱"大蜀皇帝",世宗怒其亢禮不答。昶不自安,乃於劍門、夔峽,多積芻粟,增置師旅,禁鐵爲錢,凡境內鐵爲器用者,置場鬻之,以專其利。立其子元喆爲皇太子,用王

昭遠、伊審徵、韓保正、趙崇韜等分掌機要。其母謂昶曰：“吾見莊宗
及爾父時，非有功者，不使主兵，以故人皆畏伏，樂爲之用。昭遠出於
微賤，特爾初學時，給事左右。保正等皆世祿之子，不知兵。高彥儔
是爾父故人，秉心忠實，多所經練，此可委任。”昶不用其言。宋興，昶
懼，潛結太原劉承鈞爲援，以撓中國。乾德二年，遣諜者孫遇間道齎
蠟彈書，爲朝廷所獲。太祖得之喜曰：“吾用師有名矣。”即命王全斌、
崔彥進、王仁贍、劉光毅、曹彬等，分路伐蜀，所至皆克。光毅之師至
夔州，或勸守將高彥儔降，彥儔曰：“老幼百口在成都，若一身偷生，舉
族何負，吾今日止有死爾。”即具衣冠西北望再拜，登樓縱火自焚。始
昶母謂昶，惟彥儔可委任，及是果死之。三年，全斌之師次魏城，昶上
表請降，太祖賜詔慰安之。初王師將及境，昶遣其子元喆爲元帥，守
劍門，自成都攜妓樂嬉戲而行，聞劍門已破，遂遁歸。昶又命王昭遠、
趙崇韜總兵拒戰。昭遠曰：“是行也，豈止克敵，當定中原矣。”執鐵如
意指揮軍事，自比諸葛亮。及崇韜敗，昭遠遂竄匿東川民舍，遂爲追
兵所執，其它悉爲降虜也。出師凡六十六日，而兩川平，昶乃與其官
屬，由峽江而下。昶至京師，太祖御崇元殿，備禮見之，授開府儀同三
司、兼中書令、秦國公。七日而卒，册封楚王，謚曰“恭孝”。自知祥割
據，至昶失國，凡三十二年。

　　初，昶母李氏隨至京師，太祖呼爲國母，謂曰：“無戚戚懷鄉土，異
日當送母歸。”李氏曰：“使妾安往？”太祖曰：“歸蜀爾。”李氏曰：“妾
家太原，儻得歸老，妾之願也。”太祖聞其言，大喜曰：“俟吾平劉承鈞，
當如母願。”及昶卒，李氏不哭，以酒酹地，曰：“汝不能死社稷，貪生以
至今日，吾所以不死者，以汝在也，汝既死。吾何以生爲！”因不食
而卒。

（宋）王稱：《東都事略》卷二三

　　西蜀孟昶，其先太原人。父知祥，尚唐莊宗妹，莊宗遣郭崇韜、魏
王繼岌平王衍，以知祥爲成都尹，充節度副使。莊宗及禍，明宗爲送
公主並二子入蜀。安重誨用事，以李嚴爲西川監軍，使圖之。知祥

遂殺嚴，而結東川帥董璋婚媾，謀據劍南。既而明宗誅璋之家，遣使諭之。知祥伐蜀，出於安重誨。重誨既伏誅，知祥乃上章謝罪。璋疑其貳，遂以兵襲知祥。璋敗，知祥表其事，朝廷即付以兩川，封爲蜀王，許行墨制。明宗崩，即僭號，盡得王氏故地。知祥卒，昶繼立。建隆末，昶潛結太原劉鈞爲援，謀起兵。乾德二年十一月，詔以昶與河東劉鈞蠟丸帛書將起兵，故遣王全斌、崔彥進、王仁贍、曹彬等分路伐蜀，所至皆克。三年正月十三日，全斌次魏城，昶上表請降。自出師六十六日，而兩川平。計知祥割據，至昶失國，凡三十二年。

晉末光德亂華，中原多事，昶負固西南，驕縱滋甚。聞世宗來秦、鳳，始有懼意。寓書世宗，講鄉里之好。世宗怒不答，愈不自安，多積芻粟，以鐵爲錢，禁民私用鐵，而自鬻器用以專利，民甚苦之。以其子元喆爲太子，王昭遠、伊審徵、韓保正、趙崇韜分掌兵柄。其母謂昶曰：“吾見莊宗及汝父時，非有功者，不使主兵，故人皆畏服，樂爲之用。昭遠微賤，特汝初學時給事左右。而其餘皆世禄子，驟置人上，其誰敢言？以吾料之，惟高彥疇，汝父舊人，當不誤爾。”昶不聽。其後，高彥疇以夔州不守，遂死之，他悉爲降虜。昶至闕，特授開府儀同三司、檢校太師、兼中書令、秦國公，卒年四十七，追封楚王。昶死，其母不哭。子元喆除節度使，元玨右千牛衛上將軍，弟仁贄、仁祐、仁操，並環衛官。初王師將及境，昶遣元喆率師守劍門，自成都携妓樂，嬉戲而行，聞劍門已破，遂遁歸。

昭遠，成都人，少貧爲僧童。知祥因飯僧，昭遠從至，知祥見而留，以給事昶。昶立，擢知樞密院、兼節度使。王師入境，昶命總兵拒戰，昭遠攘臂曰：“是行也，豈止克敵，當定中原矣。”執鐵如意指揮軍事，自比諸葛亮。及敗，昭遠竄匿東川民舍，猶誦羅隱“運失英雄不自由”之句，遂爲追兵所執，人皆笑之。歸朝至節度使卒。昶之宰相李昊，在王衍時爲翰林學士，常草衍降表，及歸朝，授工部尚書。

（宋）曾鞏：《隆平集》卷一二

　　《三朝史·孟昶傳》云:"其在蜀日,改元廣政。周世宗既取秦、鳳,昶懼,致書世宗,自稱大蜀皇帝,世宗怒其抗禮,不答。"其書真迹,今藏樓大防所,用録於左:"七月一日,大蜀皇帝謹致書於大周皇帝閣下。竊念自承先訓,恭守舊邦,匪敢荒寧,於兹二紀。頃者晉朝覆滅,何建來歸。不因背水之戰争,遂有仇池之土地。洎審遼君歸北,中國且空,暫興敝邑之師,更復武都之境。下闕數字。實爲下國之邊陲。其後漢主逕自并、汾,來都汴、浚,聞征車之未息,尋神器之有歸。伏審貴朝先皇帝,應天順人,繼統即位。奉玉帛而未克,承弓劍之空遺。但傷嘉運之難諧,適嘆新歡之且隔。以至前載,忽勞睿德,遠舉全師。土疆尋隸於大朝,將卒亦拘於貴國。幸蒙皇帝惠其首領,頒以衣裘,偏裨盡補其職員,士伍遍加於糧賜,則在彼無殊於在此,敝都寧比於雄都。方懷全活之恩,非有放還之望。今則指揮使蕭知遠、馮從讜等押領將士子弟共計八百九十三人,已到當國。具審皇帝迴開仁憫,深念支離,厚給衣裝,兼加巾屨,給沿程之驛料,散逐分之緡錢。仍以員僚之回還,安知所報。此則皇帝念疆場則已經革幾代,舉干戈則不在盛朝,特軫優容,曲全情好。永懷厚義,常貯微衷。載念前在鳳州,支敵虎旅,偶於行陣,曾有拘擒,其排陣使胡立已下,尋在諸州安排,及令軍幕收管,自來各支廩食,並給衣裝。却緣比者不測宸襟,未敢放還鄉國。今既先蒙開釋,已認冲融,歸朝雖愧於後時,報德未稽於此日。其胡立已下,今各給鞍馬衣裝錢帛等,專差御衣庫使李彦昭部領送至貴境,望垂宣旨收管。矧以昶昔在韶齔,即離并都,亦承皇帝鳳起晉陽,龍興汾水,合叙鄉關之分,以陳玉帛之歡。儻蒙惠以嘉音,即佇專馳信使。謹因胡立行次,聊陳感謝。詞莫披述,伏惟仁明洞垂鑒念不宣。"明清嘗跋其後云:"歐陽文忠公《五代史世家序》云:'蜀嶮而富,故其典章粲然。'此書文亦奇。尤先生所謂:'豈非出於世修降表李昊',斯言信歟?"頃歲姚令威注《五代史》,惜乎不見是卷也。

(宋)王明清:《揮麈後録》卷五

　　成都人景煥《野人閒話》，蓋乾德三年所述，其間載蜀後主一條，今錄於後："蜀後主孟氏，諱昶，字保元，尊號睿文英武仁聖明孝皇帝，道號玉霄子。承高祖纂業，性多明敏，以孝慈仁義，在位三紀已來，尊儒尚學，貴農賤商。初用趙季良、毋昭裔知政事，李仁罕、趙廷隱等分主兵權，李昊、徐光溥掌箋檄，王處回爲樞要。無何，政教壅滯，恩澤雜遝，一旦赫怒，誅權臣張業，出王處回，自命二相，李昊、徐光溥。開獻納院，創貢舉場。不十餘年，山西潭隱者俱起，蕭蕭多士，赳赳武夫，亦一方之盛事。城內人生三十歲有不識米麥之苗者。每春三月、夏四月，有游浣花香錦浦者，歌樂掀天，珠翠闐咽，貴門公子，乘彩舫游百花潭，窮奢極麗。諸王功臣已下，皆置林亭異果名花，小類神仙之境。兵部王尚書圭題亭子詩，其一聯曰：'十字水中分島嶼，數重花外見樓台。'皆此類也。自大軍收復，蜀主知運數有歸，尋即納款，識者聞之嘉嘆。蜀主能文章，好博覽，知興亡，有詩才。嘗爲箴誡頒諸字人，各令刊刻於坐隅，謂之《頒令箴》曰：'朕念赤子，旰食宵衣。托之令長，撫養惠綏。政在三異，道在七絲。驅雞爲理，留犢爲規。寬猛得所，風俗可移。無令侵削，無使瘡痍。下民易虐，上天難欺。賦與是切，軍國是資。朕之賞爵，固不逾時。爾俸爾禄，民膏民脂。爲民父母，莫不仁慈。勉爾爲誡，體朕深私。'"治平中，張次功著《蜀檮杌》，亦書是箴，與此一同。

　　　　　　　　　　　　　　　（宋）王明清：《揮麈後録餘話》卷一

　　孟昶，初名仁贊，及僭位，改焉。是時，契丹破晉，漢祖起并門，中原旱蝗連歲。昶益自大，君臣奢僭。及太祖下荆、楚，昶欲遣使朝貢，王昭遠方總內外軍柄，固止之。太祖詔蜀之邸吏將卒先在江陵者，並放還，乃給錢帛以遣。乾德二年，昶懼王師討伐，潛遣謀者孫遇等間道賫蠟丸帛書，結太原劉鈞，爲朝廷所獲。其書云"蚤歲曾奉尺書，遠達睿聽。丹素備陳於翰墨，歡盟已保於金蘭。泊傳吊伐之嘉音，實動輔車之喜色。尋於襃漢，添駐師徒，只待靈旗之濟河，便遣前鋒而出境"云云。先是，太祖已有西伐之意而未發，及得書，笑曰："吾出師有名矣。"

（宋）李攸：《宋朝事實》卷一七《削平僭偽》

蜀孟昶多采良家子以充後宮。

（唐）白居易、（宋）孔傳：《白孔六帖》卷三一

廣政末年，蜀主夜夢一神人，問何人？曰："臣監饌，來日常饌糊餅中，有一小竹籤，恐不顧食之，有誤聖躬。"明日進食，果於餅中尋得一小竹籤，甚異之。餅司以神告免戮。至明年，又夢前神，問有何事？但云"神來辭"。再詰不答，乃拜而去。至明年國亡，嗚呼！一餅之食，一籤之誤，猶有前定，神得而知之，況興亡者乎！

（宋）佚名：《分門古今類事》卷六

偽蜀孟昶以降王入朝，舟過眉州湖灢渡，一宮嬪有孕，昶出之，祝曰："若生子，孟氏尚存也。"後生子，今爲孟氏不絕。昶治蜀有恩，國人哭送之。至犍爲縣別去，其地因號曰哭王灘。蜀初平，吕餘慶出守，太祖諭曰："蜀人思孟昶不忘，卿官成都，凡昶所榷税食飲之物，皆宜罷。"餘慶奉詔除之，蜀人始欣然不復思故主矣。

（宋）邵伯温：《邵氏聞見録》卷一

五代後蜀後主，嘗臨軒謂侍臣曰："漢高帝以三傑定海内，朕今得趙季良、趙廷隱、張業、李昊、張虔劉、孫漢韶，是六傑也。虞舜舉八元而天下治，朕有王處回、毋昭裔、張公鐸、范仁恕，是四元也。宜令御容院圖形，宣付史館。"左右皆稱萬歲。

（宋）馬永易：《實賓録》卷五

孟蜀隳危，大軍吊伐。偽昶遣皇太子諩、平章事王昭遠統兵捍禦。諩乳臭子，昭遠僕廝材。太祖嘆曰："孟昶都無股肱爪牙，其亡不晚矣。"

（宋）陶穀：《清異録》卷上《孟蜀吊伐》

閩昶春餘宴後苑，飛紅滿空，昶曰：“《彌陀經》云雨天曼陀羅華，此景近似今日。觀化工之雨天三昧，宜召六宮設三昧燕。”

（宋）陶穀：《清異録》卷上《雨天三昧》

蜀孟昶月旦必素餐，性喜薯藥。左右因呼薯藥爲月一盤。

（宋）陶穀：《清異録》卷上《月一盤》

孟昶夏月水調龍腦末塗白扇上，用以揮風。一夜，與花蕊夫人登樓望月，誤墮其扇，爲人所得。外有效者，名雪香扇。

（宋）陶穀：《清異録》卷下《雪香扇》

太祖平蜀，得孟昶七寶溺器，擲之於地，令杵碎之，曰：“汝以何器貯食？似此，不亡何爲？”

（宋）楊億：《楊文公談苑》

太祖平蜀，得孟昶七寶裝溺器，擲之於地，令杵碎之，曰：“汝以何器貯食？似此，不亡何待？”

（宋）江少虞：《宋朝事實類苑》卷一《祖宗聖訓》

太祖采聽明遠，每遇邊閫之事，纖悉必知。有間者自蜀還，上問曰：“劍外有何事？”間者曰：“但聞成都滿城誦朱山長《苦熱》詩曰：‘煩暑鬱蒸何處避，凉風清泠幾時來？’”上曰：“此蜀民思吾之來伐也。”時雖已下荆楚，孟昶有脣亡齒寒之懼，而西討無名。昶欲朝貢，王昭遠固止之。乾德三年，昶遣諜者孫遇賫蠟丸帛書，間道往太原，結劉鈞爲援，爲朝廷所獲。太祖喜曰：“興師有名矣。”執間者，命王全斌率禁旅三萬，分路討之。俾孫遇指畫山川曲折、閣道遠近，令工圖之，面授神算，令王全斌往焉，曰：“所克城寨，止藉器甲芻斛爾，若財帛，盡分給戰士。”王師至蜀，昶遣王昭遠帥師來拒，未幾，相繼就擒，昶始降，執昶赴闕。

（宋）司馬光：《涑水記聞》輯佚

太祖采聽明遠，每邊閫之事，纖悉必知。有間者自蜀還，上問曰：“劍外有何事？”間者曰：“但聞成都滿城誦朱長山《苦熱》詩曰：‘煩暑鬱蒸無處避，涼風清冷幾時來？’”上曰：“此蜀民思吾之來伐也。”時雖已下荊楚，孟旭有唇亡齒寒之懼，而討之無名。昶欲朝貢，王昭遠固止之。乾德三年，昶遣諜者孫遇齎蠟丸帛書，間道往太原結劉鈞爲援，爲朝廷所獲。太祖喜曰：“興師有名矣。”執間者，命王全斌率禁旅三萬，分路討之。俾孫遇指畫山川曲折，閣道遠近，令工圖之，面授神算，令王全斌往焉，曰：“所克城寨，止籍器甲芻斛爾，若財帛盡分給戰士。”王師至蜀，昶遣王昭遠帥師來拒，未幾，相繼就擒，昶始降，執昶赴闕。大將王仁贍自南劍獨先歸闕，乞見，恐己惡暴露，歷數全斌等數將貪黷貨財，弛縱兵律，爲所訴，反欲自斃。太祖笑謂仁贍曰：“納李廷珪妓，擅開豐德庫取金寶，此又謂誰耶？”仁贍惶怖，叩伏待罪。上又曰：“此行清介畏慎，但有曹彬一人爾。”臺臣請深治征蜀諸將橫越之惡，太祖盡釋之。

（宋）文瑩：《玉壺清話》卷六

王師伐蜀，孟昶出兵拒之。其勢既蹙，始肯齎表詣王全斌請降，即奉其母逮官屬沿峽江而下。至江陵，上遣使厚勞之，別賜茶藥慰其母，手詔止曰：“國母李氏有賢識，昶在國或縱侈過度，往往訴撻於庭。”有司候昶至闕，令銜璧俘獻於太廟，一切罷之。車駕親勞於近郊，止令素服待罪於兩觀之下，御崇元殿備禮見之。預詔有司，直右掖門東葺大第五百楹，什用器皿悉賜焉。封昶爲中書令、秦國公，給巨鎮節俸。拜命六日而卒，年四十七。發哀，奠贈視三公之秩。初，其母纔至闕，上以禁輦肩至宮廷，嬪御扶掖，親酌酒飲之，曰：“母但寬中，勿念鄉土，異日必送母歸蜀。”母奏曰：“妾家本太原，若許送妾還并門，死亦心足。”時晉壘未平，太祖聞吉識，大喜曰：“俟平劉鈞，立送母歸，必如所願。”因厚賜之。後昶卒，母亦不哭，以酒酹地曰：“爾貪生失理，不能納疆於真主，又不能死社稷，實誰咎乎？吾以汝在，所以忍死至今，汝既死，吾安藉其生耶？”遂不食,數日而卒。

(宋)文瑩:《玉壺清話》卷四

昶未亡時,蜀人質錢取息者,每將徙居,必榜其門曰"召主收贖"。蓋周世宗累欲收蜀而不果,至我太祖乃收之,此其應也。

(宋)吳處厚:《青箱雜記》卷七

後蜀孟知祥,字保裔,邢州龍岡人也。祖察、父道,世爲郡校;伯父方立,終於邢洛節度使;從父遷,位至澤潞節度使。知祥,後唐莊宗同光三年授西川節度副大使,知節度事。愍帝應順元年正月,稱帝於蜀,七月卒,年六十一,其子昶襲僞位。皇朝乾德三年,爲王師所平。知祥自後唐同光三年入蜀,父子相承凡四十年。

(宋)王欽若等編纂:《册府元龜》卷二一九《僭僞部》

後蜀孟知祥,自幼溫厚,知書樂善。

(宋)王欽若等編纂:《册府元龜》卷二二〇《僭僞部》

後唐孟知祥,自幼溫厚,知書樂善,武皇深器之,以其弟克讓之女妻之。明宗即位,封瓊華公主。

(宋)王欽若等編纂:《册府元龜》卷三〇〇《外戚部》

後唐孟知祥,字保胤,幼溫厚,知書樂善。武皇深器之,以其弟克讓女妻之,即瓊華長公主。莊宗同光三年九月,大舉伐蜀,以郭崇韜爲招討使。奉辭之日,崇韜奏曰:"臣以非才,謬當戎事,若西川平定之後,陛下擇帥,如信厚善謀,事君有節,則孟知祥有焉。望以蜀帥授之。"冬,蜀平。十二月,制以知祥檢校太傅、同平章事、成都尹、充劍南西川節度副大使、知節度事。帝曰:"蜀土奢華富盛,不異吾宮,以卿戚里忠賢,慎乃相付。卿其勉之!"

(宋)王欽若等編纂:《册府元龜》卷三〇二《外戚部》

後唐孟知祥爲太原節度使。同光三年冬,蜀平。十二月,制以知祥依前檢校太傅、同平章事,充劍南西川節度副大使、知節度事。閏月己丑,知祥自太原奉詔,馳騎入洛。莊宗以知祥戚里之重,預戒所司,出內府供帳珍玩奇絶者,別設宮居以宴之。酒酣,追思平昔事,因曰:"吾輩老矣,繼爲乳臭兒,今年代父破賊,平定西川,慰喜之外,復增悲耳。吾憶先帝弃代時,疆境爲賊所侵,僅保一隅之地,豈知今日君臨天下。奇珍異器,畢萃吾府。卿爲吾姻,可得而言。"因指閲珠玉器服以示知祥,又曰:"蜀土奢華,富盛不異吾宮。以卿戚里忠賢,慎乃相付,卿其勉之。"因令中使王允平就賜節鉞官誥。

(宋)王欽若等編纂:《册府元龜》卷三〇三《宗室部》

後唐孟知祥,爲太原節度使。同光三年冬,蜀平。十二月,制以知祥依前檢校太傅、同平章事,充劍南西川節度副大使、知節度事。閏月己丑,知祥自太原奉詔馳騎入洛。莊宗以知祥戚里之重,預戒所司,出內府供帳珍玩奇絶者。別設宮居以宴之,酒酣,追思平昔事。因曰:"吾輩老矣。繼爲乳臭兒,今年代父破賊,平定西川,慰喜之外,復增悲耳。吾憶先帝弃代時疆境爲賊所侵,僅保一隅之地,豈知今日君臨天下,奇珍異器,畢萃吾府。卿爲吾姻,可得而言。"因指閲珠玉器服以示知祥,又曰:"蜀土奢華富盛不異吾宮,以卿戚里忠賢,慎乃相付,卿其勉之!"因令中使王允平就賜節鉞官誥。

(宋)王欽若等編纂:《册府元龜》卷三〇三《外戚部》

孟知祥爲西川節度使。天成二年,表奏泗州防禦使、充西川兵馬都監李嚴,扇搖軍衆,尋已處斬訖。初,李嚴同光中爲客省使,使於蜀。時王衍專據坤維,部曲離心,知其必可取,使還,具奏蜀亡之狀,興師之日,必有成功。故平蜀之謀,始於嚴。郭崇韜起軍之日,乃以嚴爲三川招撫使。嚴與先鋒使康延孝,將兵五千,先驅閣道。或馳詞説,或威以兵鋒,大軍未及,所在隨下。延孝在漢州,王衍與書曰:"可謂李司空先來,予既舉誠納款。"衆咸以爲討蜀之謀,始於嚴,衍以甘言,將誘而殺之。欲不令遽往,嚴聞之,喜曰:"候魏王至,吾兩人大功立矣。"即馳騎入益州。衍見嚴於母前,以妻母爲托。即日引蜀使歐陽彬,迎謁魏王。三川既平,以功冀領節度,尋遇蕭墻之難。明宗即位,嚴求之蜀川,乃以爲兵馬都監。知祥忌之,既至,召宴,即被執而害之,以謀欲構亂聞。

（宋）王欽若等編纂:《册府元龜》卷四四九《將帥部》

孟知祥,初爲莊宗中門使,莊宗平定魏博,知祥與李紹宏俱掌機要。俄而幽州失帥,上令紹宏權知幽州軍府事。孟知祥地居右戚,兼要密之任,事難責重,切於辭避。嘗於上前保薦郭崇韜,言有剖繁治劇之能,堪委腹心之任。故上召至,以爲副中門使,以副知祥。

（宋）王欽若等編纂:《册府元龜》卷八二八《總録部》

後蜀孟知祥,後唐末帝清泰元年,鳳翔進知祥來書,稱"蜀皇帝獻書於大唐皇帝",且言見迫群情,以今年四月十二日即帝位,帝不答。

（宋）王欽若等編纂:《册府元龜》卷二三三《僭僞部》

後蜀孟昶,嗣父知祥位,僞謚知祥爲文武聖德英烈明孝皇帝,廟號高祖,陵曰和陵。

（宋）王欽若等編纂:《册府元龜》卷二二四《僭僞部》

頒令箴
蜀後主孟氏,諱昶,字保元,尊號睿文英武仁聖明孝皇帝,道號玉霄子,承高纂業,性多明敏,以孝慈仁義。在位三紀已來,尊儒尚道,貴農賤商,城内人生三十歲有不識米麥之苗者。每春三月、夏四月,人游浣花者,游錦浦者,歌樂掀天,珠翠填咽。貴門公子乘華軒彩舫游百花潭,窮奢極麗。諸王、功臣已下,皆置林亭、異果、名花,小類神仙之境。兵部王尚書瑤題《亭子詩》一聯曰:"十字水中分島嶼,數重花外見樓臺"皆此類也。自大軍收復,蜀主知數運有歸,即納款,識者聞之嘉嘆。蜀主能文章,嘗爲箴誡頌諸字,各令刊刻於坐隅,謂之班令箴。曰云云,已載在前。

(明)陶宗儀:《說郛》卷一七《野人間話》

孟蜀吊伐

孟蜀隳危,大軍吊伐,僞昶遣皇太子玄喆、平章事王昭遠統兵捍禦。玄喆乳臭子,昭遠僕廝材。太祖笑曰:"孟昶都無股肱爪牙,其亡不晚矣。"

(明)陶宗儀:《說郛》卷六一《清異錄》

王師伐蜀,孟昶出兵拒之。其勢既蹙,始肯賫表詣王全斌請降,即奉其母逮官屬沿峽江而下。至江陵,上遣使厚勞之,別賜茶藥慰其母,手詔止曰:"國母李氏有賢識,昶在國或縱侈過度,往往訴撻於庭。"有司候昶至闕,令衛璧俘獻於大廟,一切罷之。車駕親勞於近郊,止令素服待罪於兩觀之下,御崇元殿備禮見之。預詔有司,直右掖門東葺大第五百楹,什用器皿悉賜焉,封昶爲中書令、秦國公,給巨鎮節俸。拜命六日而卒,年四十七,發哀,奠贈視三公之秩。初其母纔至闕,上以禁輦肩至宮廷,嬪御扶掖,親酌酒飲之,曰:"母但寬中,勿念鄉土,異日必送母歸蜀。"母奏曰:"妾家本太原,若許送妾還并門,死亦心足。"時晉壘未平,太祖聞吉識,大喜曰:"俟平劉鈞,立送母歸,必如所願。"因厚賜之,後昶卒,母亦不哭,以酒酹地曰:"爾貪生失理,不能納疆於真主,又不能死社稷,實誰咎乎? 吾以汝在,所以忍死至今,汝既死,吾安藉其生耶?"遂不食,數日而卒。

(明)陶宗儀:《說郛》卷七《玉壺清話》

太祖討蜀

太祖采聽明遠,有自蜀來者,問曰:"劍外有何事?"對曰:"但聞城郭皆誦《苦熱》詩曰:'煩暑鬱蒸無處避,涼風清冷幾時來。'"上曰:

"蜀民思吾之來也。"時已下荆楚,孟昶有脣亡齒寒之懼,而西討無名。昶遣蠟丸間道往太凉,結劉鈞爲援,爲朝廷所獲,太祖曰:"興師有名矣。"命王全斌討之,執昶赴闕。大將王仁贍先歸,乞見,恐其惡暴露。歷數全斌等貪財瀆貨,太祖笑曰:"納李廷珪妓,擅開豐德庫取金寶,此又誰耶?"仁贍惶怖,上曰:"此行清介畏慎者,止曹彬一人耳。"臺臣請深治征蜀諸將士,盡釋之。

(宋)曾慥:《類説》卷五五《玉壺清話》

召主收贖

孟昶末年,收官質庫,大署庫前,云:"奉敕限一月,召主收贖。"未久,王師西征。人始悟,召者趙也,贖者蜀也,孟昶宋之臣也。

(宋)曾慥:《類説》卷一二《記異録》

初李氏隨孟昶至京師,太祖數命肩輿入宫,謂之曰:"母善自愛,無戚戚懷鄉土,異日當送母歸。"李氏曰:"使妾安往?"太祖曰:"歸蜀耳。"李氏曰:"妾家本太原,倘得歸老并土,妾之願也。"時晉陽未平,太祖聞其言,大喜:"俟平劉鈞,即如母願。"因厚加賜賚。及昶卒,不哭,以酒酹地曰:"汝不能死社稷,貪生以至今日,吾所以忍死者,以汝在爾,今汝既死,吾何生爲。"因不食數日卒。《孟昶傳》

(明)陶宗儀:《説郛》卷一二《悦生隨抄》

(14) 南唐

義祖徐氏諱温,烈祖之養父也。剛毅寡言,罕與人交,衆中凛然可畏,目爲徐嗔。吴武王時,淮南勁兵數萬,號黑雲長劍。義祖爲其裨將,累以功遷右職,與張鎬同爲衙内列校。吴武王疾亟,召左右謀後事。判官周隱曰:"王之子未必能控御諸將,劉威長者,必不負人,可授以軍政,使待諸子長也。"吴武王不答。鎬與義祖曰:"王親犯矢石而創基業,安可使外人爲王!倘楊氏無兒,有女亦可,況未至此。"吴武王曰:"爾能如是,吾死且瞑目矣。"武王卒,子渥嗣立,是爲宣王。

宣王所爲不道,居父喪中,掘地爲室,以按音樂,夜燃燭擊球,燭大者十圍,一燭之費數萬。或單馬出游,從者不知所詣,奔走道路。義祖與鎬承間泣諫,宣王怒曰:"爾謂我不中,何不殺我自爲?"鎬對曰:"某曾受先王恩,安敢興此心。"又宣王親吏,皆恃勢凌鎬等,鎬不能平,遂有爲亂之意。宣王晨興視事,鎬擁百餘人,持長劍直進。宣王驚曰:"爾等果殺我耶?"鎬曰:"非敢殺王,殺王之左右不忠良者。"殺數十人而止。諸將非其黨者,相次被誅。月餘,殺宣王,聲言暴卒,立其母弟隆演,是爲景帝。鎬既得志,又欲害義祖。義祖用小將鍾泰章謀,誅鎬,義祖自爲淮南行軍司馬,專軍政。時藩郡守將,皆武王勛舊,驟爲所制,心不能服。宣州李遇謂人曰:"吾始不記有此人,今日何忽乃爾!"遇不自安,遂反。及敗,良賤百口皆死,自是諸將屏氣矣。李德誠爲潤州,秉燭夜出揚州,遥見,謂有變,立命親兵千餘人渡江。比明,德誠方盥漱,兵已入城。除德誠爲江州,德誠惶怖即路,帷幌皆不及取。至江州,懼禍未已。令子繼勋來謁,義祖見之,嘆曰:"有子如是,非爲惡人也。"以女妻繼勋,移德誠於信州。後數歲,義祖出鎮建康,以親子知訓代知淮南軍政。知訓驕暴不奉法,與景帝泛舟濁河。酒酣,景帝先起,隨以彈丸擊之。李德誠有女樂數十人,遣使求之。德誠報曰:"此等皆有所主,又且年長,不足以接貴人,俟求少妙者進之。"知訓對德誠使者曰:"吾殺德誠,並其妻取之,亦易耳。"初學兵於朱瑾,瑾悉心教之。後與瑾有隙,夜遣壯士殺瑾,瑾手刃數人,埋於舍後。瑾出鎮泗州,往辭知訓,知訓約至瑾家爲別。及至,瑾令妻出見,知訓方拜,瑾以笏擊踣,斬其首,入謁景帝曰:"爲國去賊,爲民去害,在今日矣。"時强兵皆在建鄴,景帝恐事不濟,以衣障面曰:"此事阿舅自爲,勿累於我。"退走入内。景帝出於朱氏,故舅呼瑾。瑾怒曰:"妾子不足與語,誤我大事。"遂自殺。烈祖自京口入,代知訓掌政,自是中外寧謐,紀綱振舉矣。楊氏自武王以來,皆以東南道都統吳王承制行事,及義祖雖權柄崇重,而名數猶卑,遂請建國改號,自爲都統,封齊王。未幾,莊宗平朱氏,遣使來告。義祖曰:"沙陀自稱中興,來者必詔命。"逆告之曰:"若敵國之書乃可,餘則不奉命。"時果賫詔來，使者盤桓界首驛書上聞。莊宗初平大敵，意務懷柔，遂用敵國之禮書曰：“唐皇帝謹奉書與吳國主。”吳遣司農卿盧頻北聘。李德誠自信州來朝，賜宴，至夕而罷。是夜，景帝暴殂宮中，意德誠進毒藥，幽於殿內。德誠親吏走告，義祖以朝使不至，慮有他變，引親吏百餘人夜渡江，斬關而入。明日，釋德誠，立讓皇溥，景帝之弟也。義祖須總大兵，而身在外，朝政皆遙稟，烈祖居中任事。徐玠數勸義祖除烈祖，以次子知詢代之。義祖亦知烈祖終爲己害，而烈祖勤於侍養，又自幼畜之，故不忍。陳夫人於烈祖鍾愛尤切，常曰：“我家貧賤時養此兒，今日富貴負之，非人理也。”知訓又死，知詢常少，因以大政委焉。及聞玠之謀，深以爲不宜。烈祖亦不自安，求爲江西。義祖令知詢入覲。明日詔下，以知詢爲相。其夕，宋齊丘與術士劉通微同宿，聞鼓聲。通微曰：“事必中變，且有大喪。”書至，而義祖殂。義祖晚有氣疾，歲中數發，發則困躓。將殂之夕，氣暴作，醫者進藥無效而絕。知詢自淮南奔喪。翌日，起爲副都統，威權同義祖。而知詢暗懦，待諸弟不厚。徐玠知其終敗，輸誠於烈祖。知詢內爲諸弟所構，外爲徐玠所賣，而不知也，意以己控強兵，居重地，烈祖雖管大政而無兵士，制之甚易。義祖喪中遣使請烈祖至金陵。烈祖上十餘表，而讓皇不允。頃之，知詢入朝，烈祖疏其罪，以讓皇之命，黜爲左統軍，盡奪其兵。知詢面數烈祖曰：“先王之喪，兄爲人子而不親臨喪，反罪我邪？”烈祖曰：“聞爾懸劍待我，我亦不憚，獨迫於君命，不得往耳。爾爲人臣而畜乘輿物，非反而何？”知誨者，知詢之弟，娶吳功臣呂師造之女，非正嫡所出，知誨知之，常切齒，因醉刺殺。頻見呂氏爲祟，請僧誦經，亦見之。僧爲陳因果，呂曰：“吾不解此，志在報冤。”知詢之敗，知誨有力焉，烈祖德之，以爲江西。至鎮歲餘，不見呂氏，心中甚喜。有家人自淮南歸，於江心遇彩舟，有婦人，乃呂氏也，招家人曰：“爲我謝相公，善自愛，我今他適矣。”又以繡履授之曰：“恐相公不信，謂爾詐，此殯時物，用以爲信。”家人至江西，以履進，知誨熟視之未畢，呂氏已在側曰：“爾謂我的不來也！”少時，知誨卒。知詢代之，遇其喪於中途，撫棺而哭曰：“弟用心如此，吾亦不怨，但何以見先王於地下？”聞

者傷之。烈祖受吳禪，追上義祖尊號，徐氏諸子封拜與李氏同。而知
誨之後特盛，子景游、景遼，皆出入宮禁，預樞密，專掌浮屠修造之任。
當時言蠹政者，以二人爲首。

（明）陶宗儀：《説郛》卷五八《江南別録》

齊王璟嘗爲昇、揚二州牧，設金陵尹，兼諸道兵馬元帥。

（元）張鉉：《至正金陵新志》卷六上

李先主傳

唐祚告絶，江南始有國。廣陵楊氏，當天祐戊寅閒，江、淮無主，
奄三十郡，自建正朔，制度草創。後授於李氏，方能漸舉唐室憲章，命
尚書陳濬專修《吳史》，未成而濬没。建隆、乾德閒，史官高遠著《吳
録》二十卷，未參本朝之史。會遠遽卒史館之内，遠將病，其藥悉焚
之，故江南始末，多或漏落，猶於餘書雜著，閒有載其事者。

先主昪字正倫，唐憲宗第八子建王恪之玄孫。其父志，去宗室懸
遠，遂飄游他郡，爲徐州判官，安貧謹厚，喜佛書，多游息佛寺，號爲李
道者。主以光啓四年生於彭城，會天下喪亂，因轉徙濠、梁。家貧，二
姊爲尼。吳武王楊行密克濠、梁，主爲亂兵所掠，時尚幼，行密見而奇
之，育爲己子。長子楊渥驕很恣横，多或凌之。行密慮爲渥所害，謂
大將徐温曰：“此兒異常，吾深愛之，慮失保佑，汝無子，可賜汝養之。”
温得主，致保姆，命師傅，鞠育異之。及長，身長七尺，坦額隆準，神彩
鑒物。雖緩行，從者闊步追之不及，相者曰：“正所謂龍行虎步也。”瞻
視明燦，其音如鐘。嘗泛舟渡淮，暴浪中起，舟人合噪，喧號無制，主
舉聲指畫，響出數百夫外，兩岸皆聞。天祐中，童謡曰“東海鯉魚飛上
天”，蓋謂主素育於徐氏，後竟復唐姓。一狂僧走金陵城中，猖狂荒
急，每見人則尋“飛龍子”，凡十餘年，逮主來爲昇州刺史，狂僧見之，
乃不復尋矣。

時江淮初定，守宰者皆武夫，率以兵戈爲急務。主獨好文，招儒
素，督廉吏，德望著立，物情歸美。徐知訓爲淮南節度使，驕侈淫虐，

爲朱瑾所殺，一方甚擾，主亟往代之，悉反其治，謙寬惇裕。初，知訓已忌主之能，每欲加害。嘗開宴，主預坐，伏劍士於室，刁彦能行酒，以爪搯主，主佯吐茵而起，偶免之。後又飲於廣陵城東山光寺，會主適自京入覲，亦預焉，知訓狂酲，決欲害之。其弟知諫白於主，遂鞭馬急奔，知訓不逞，授劍與彦能，俾急追之。彦能及於中途，但舉劍揚袂遥示之，及河而止，以奔騎難追爲白。迨知訓遇害也，其父溫方知其惡，將吏盡被黜責。

明年，建吳國，以主爲左僕射，參大政，於是百姓始得投戈息肩。時四境雖定，惟越人爲梗，主不欲瀆武，專務安輯，遂許和好。戢兵薄賦，休養民力，山澤所產，公私同之。戢擾吏，罷橫斂，中外之情，翕然依附，雖剛鷙很愎者，率亦馴擾。所統僅三十餘州，爲太平之世者二十年。置延賓亭待四方豪傑，無貴賤之隔，非意相干者，亦雍容遣之。漂泛羈游輩，隨才而用之。縉紳之後，窮不能婚葬者，皆與畢之。義父溫雖鎮金陵，凡朝政但總大綱而已，臺閣庶政，皆主決之。金陵司馬徐玠者，性詭險，深忌於主，屢諷溫曰：“輔政之權，不宜假也。請以嫡子知詢代之，以收其勢。”主知之，連上疏求罷政事。表將上，會溫卒，知詢果襲之，所爲不法，不久亂萌已兆。主使諭之，亟令入朝，以弭蕭墙之禍。朝廷以爲左統軍，悉罷兵柄。主時始專大任，秉執益謹。一旦，臨鏡理白髭，喟然嘆曰：“丈夫此物懸於頷，壯圖已矣，時不待人，惜哉！”有周宗者，廣陵人，少孤貧，事主爲左右給事，敏黠可喜。聞主之嘆，請入廣陵，告宋齊丘以禪代之事。齊丘險刻，忌其謀非己出，手疏切諫，言天時人事未可之際，請斬宗爲謝。主怒其專，輒將斬之，徐玠力援獲免。後數年，徐玠請禪之説行，宗方復職，後竟爲樞密使。後五載，壬辰歲，出鎮金陵，以長子璟爲兵部尚書、參政事，如溫之制。甲午歲，進封齊王，加元帥，置左右丞相，以宋齊丘佐之。丁酉十月，受吳禪，奉吳主爲讓皇，改年昇元，追尊考溫武皇帝，子璟爲吳王。以建康爲西都，廣陵爲東都，即金陵使府爲宮，但加鴟尾欄楯而已，終不改作。接見親族，一用家人禮，昔所師友之尊長者，皆親拜之。

初，主將受禪也，時吳之宗室臨川王濛久囚廢於歷陽，司馬徐玠素不悅於主，欲濛受禪，陰諷太尉、中書令西平王周本及趙王李德誠輩，倚以德爵勳舊之重，欲使推戴於濛，蓋玠之謀也。濛聞將受禪，殺監守者，與親信走騎投西平王周本。本已昏耄，不知時變，皆其子祚左右其事，故拒之，不令入報。蒙懇祈再三，亦不許，閉中門外，執濛以殺之。本知之，怒曰："我家郎君，何不使吾一見？"濛既被害，吳室遂移，本力疾扶老，隨衆至建康，但勸進而已。自是心頗内愧，數月而卒，實素無推翊之誠，而主寬裕，置而不辨，及其死也，厚葬之，優恤其孤。

遷讓皇於京口，以潤州廨舍爲丹陽宮以處之。用親吏馬恩讓爲丹陽宮使。讓皇以世子璉囑於主曰："吾無一事，但爲選師儒之有年德者，教育吾兒，令知人倫孝讓，他日不絶祀享，俾吾先血食泉下，吾志足矣。"主爲選中書舍人徐善兼右庶子以教焉。璉，讓皇長子也。十歲封江都王，立爲太子，性淳謹好學，骨清神淺，脣縮齒露，風鑒者所不許。主受禪，封璉中書令、池州刺史，將赴上，遇寒食飲冷失節，卒於池口舟中，年十九歲。初，先主第四女，璉納之爲妃，賢明溫淑，容範絶世。及禪代，封永興公主，聞人呼公主，則嗚咽流涕，辭不願稱，宫中爲之慘戚。璉卒，永興終身縞素，斥去容飾，不茹葷血，惟誦佛書，但自稱"未亡人"，朝夕焚香，對佛自誓曰："願兒生生世世，莫爲有情之物！"居延和宫，年二十四，無疾坐亡。凡五夕，光如白練，長丈餘，自口而出，至斂，溫軟如生。主感悼哽痛，詔李建勳刻碑宫中，紀其異。

未幾，將復有唐之姓，尚懷徐氏之恩，未欲驟改，不忍即言，既而諸王露奏懇請，方下議有司，及百官中外惇情，不得已，方復姓李，立唐之宗廟，祀高祖及太宗而下。追尊考溫廟號義祖，封徐氏二子爲王。用張居咏、李建勳平章事。時張延翰爲僕射。十一月，讓皇殂於丹陽宫。主喪服三年，受禪之三載夏四月，始郊祀圜丘。時當上旬，月没頗早，逮升壇之際，皎潔如畫，非日非月，至柴燎甫畢，夜景復晦，一若常夕，人咸異之。群臣請上尊號，主曰："尊稱者，率皆虛美爾，且非古制。"抑請不允,下詔曰:"宜寢來章,不得再上。"時全吳符瑞不輟,所奏皆抑而不納。

以張宣爲鄂州節度使,宣以邊功自恃,強橫不法。鄂市寒雪,有民鬥於炭肆者,捕而詰之,乃市炭一秤,權衡頗輕。使秤之,果然,宣斬鬻炭者,取其首與炭懸於市。主聞之,嘆曰:"小人衡斛爲欺,古今皆然,宣置刑太過。"盡奪官,以團副置於蘄春,遣潤州節度使王興代之。時天下罹亂,刑獄無典,因是凡決死刑,方用三覆五奏之法,民始知有邦憲,物情歸之。

果安州節度使李全金,感慕德誼,率衆來歸,封全金爲宣威統軍。

是歲,趙王李德誠卒,德誠即建勛之父也。少時,人相曰:"泰山之高,可比君福,不用寸功,日享千鍾。"德誠少事吳主,獨無一能,寵遇特深,爲馬步軍使,但豐白充美,服裘乘馬而已。從諸軍圍安仁義於潤州,諸軍見仁義皆慢罵詬辱,惟德誠執禮,未嘗以一語辱之。城陷,仁義執弓矢毅然坐於城上,無敢近者。久之,獨呼德誠使前,曰:"雀鼠小人皆罵辱吾,獨汝見我有禮,且有奇相,他日至貴,吾委命於爾,以爲爾功。"乃擲弓矢於地,以愛妾美玩盡贈之。德誠扶掖下城。由是擢拜,日進中書令,封趙王。子四十餘人,至先主受禪,用其子建勛之謀,率諸侯勸進,以推戴之功,卒厚寵遇。楊武王諸將,惟德誠無寸功,止用謙善而已。卒年八十四。

梁王徐知諤卒,温之少子也。該明經術,風度□□,善爲詩屬文,好游樂,善狎侮,□□遍購古書名畫。一日,游蒜山,除地爲廣圃,編虎皮數百番爲巨幄,植旗張纛,極於驕侈,自號"武帳",會文武,大張樂飲,時以落焉。方鼓吹振天,忽神物卷江波爲大風雨,盡拔去其帳,亂飛如蝶,翳空而散。知諤單騎奔建康,感寒,遂病而卒。平日嘗謂所親曰:"諺謂'人生百歲,七十者希'。吾幼享富貴,而復恣肆,一日之費,敵世人一年之給,或幸卒於七十之半已足矣。"果卒於三十五。十子皆郡縣公。

冬十月,主巡幸東都,邀故老宴於舊宅;親戚有亡者,吊撫慰勞;勛臣義士之墓,親設祭誄;披決囚繫,逾月而歸。時貢條未備,士有仗策獻文，稍可采録者，委平章事張延翰收試院，量材補用，皆得其職。主有異見，人之休戚死生，皆先見之。湯悦仕吳爲秘校，主受禪，用爲學士。一日，謂悦曰："近覺卿神彩明焕，精芒中發，得非有異遇乎？"悦不敢隱，曰："臣數日前，夙興頮面，流星墜盆中，驚異之際，將掬之，星飛入口，餘無他遇。"主曰："卿之貴異，他日無比者。"果事三朝，後歸朝爲太子詹事，八十餘卒。

虔州節度使王安持節請覲，遂卒於朝，年七十二。安，廬江人。少事吳武王，觀戰，戰酣，武王坐於高阜，注目以望陣勢。安捧匜器侍側，忽陣外一執槊勇士疾走而至，徑趨王座，止數十步，安始覺，左右盡凝立，瞪目前視，無一夫警者。安乃置所捧於地，取弓射之，一發而倒，徐納弓於弢中，復捧器而立，神色不少變。武王奇之，曰："汝真有器度，當至極貴。"

冬十月，誅泰州刺史褚仁規，廣陵人，暴遷至廣陵鹽監使。凡爲治屬於威刑，民吏戰懼。所部皆富於魚鹽竹葦之産，國家每有大役，常賦不能給者，仁規視民中所有，舉籍取之，以應國調，事訖償之，略無逋負，民亦無怨，主甚賞之。仁規晚年，掊克無度，率入私門，驅掠婦女，刑法橫濫。會陳覺與之有隙，密暴其狀，遣御史劾之，主盡釋不問。將東巡，召爲靖江軍使，督舟師爲從，及還，遂留之，以罷其郡使，再下書責其殘暴。仁規豪粗無術，乘恚上書，頗肆抵忤，幾無君臣之分。下其事，委陳覺就泰州按鞫。仁規聞使者往按，大懼，遂自首。收付大理，數日賜死。

秋七月，宋齊丘罷丞相，爲洪州節度使。蓋齊丘屢諷主曰："天下自廣明之後，崩離板蕩垂四十年，諸侯角立，今才名有望，仍江、淮頻歲豐稔，兵食皆足，乃天意欲中興土運之際，宜恢復疆宇，爲萬世之固。"主長嘆謂齊丘曰："吾少長軍旅，睹干戈爲民之害甚矣，不忍復言，苟彼安，吾亦安矣，何更求哉？先生之教，謹不敢守。"由是收權衡之柄，因黜之，以遠其惑。

是年，吳越災，宮室府庫，鎧甲庾廩，焚之殆盡，群臣復欲乘其弊而襲之，諸將自奮者甚衆。主固拒不許，曰："人生何堪此酷也，土木當亦傷害。"乃遣使唁之，賫帑糧鏹僅百餘艘，以賙其急，越人德之。

顯德中，周世宗即位，主遣韓熙載往朝。及歸，主因問新帝容表言動。及朝廷體貌，熙載盛言："惟見殿前典親兵趙點檢，即太祖也，龍角虎威，凛然有異，舉目顧視，電日隨轉，公卿滿廷，爲氣焰所射，盡奪其色。新帝雖富威武，其厚重之態，負山河之固，但恐不及。"其後太祖即位，主方悟熙載之語。主將近暮年，厄運所會，日漸衰謝，自世宗平淮甸，已抱脣亡之憂。無何，太祖於京城南池按甲舫戰艦，日習水戰，間者歸報，主誤猜疑，愈抱隱憂，實將平揚州也。小人因是觀釁者，紛紛奔叛，竟以平吳之策獻於朝。初，彭澤令薛良者，以贓貶池州文學，因不逞之臣杜著者，僞爲吳商，絕建德渡，奔獻策，請決秦污陂。歲溉美田數千頃畝，江南深仰焉，使陰決之，以枯歲穀，廩實無仰，可俯而拾。太祖怒曰："天産五稼，以養生民，決陂殺穀，吾其肯乎？"立命斬良並著於蜀市，下詔撫慰，主方少安，而狂妄輩因遂戢。終以城闉隘蹙，欲遷豫章，尤不逮金陵之廣，上馳詔勸使仍舊，主遣熙載入朝聘謝。熙載歸語主曰："五星連珠於奎，奎主文章，仍在魯分。今晉王鎮兗、海，料非久必爲太平中國之主，願記臣語。"時乾德丁卯之歲也。

主自受代以來，臺閣多俗吏，細大之務，主親決之。末年始用儒雅，雜用簡易之政，悉罷苛細，將修復典故，以爲著令，因感疾，漸至殘廢，遂寢焉。晚爲方士所誤，餌硫黃丹砂，吐納陰修之術，忽躁怒。居常最寬和，殆病，百司奏事，或厲聲呵訴，然無他害，群有司案牘，果事理明白者，則收斂顏色，慇懃謝而從之。既覺，數屯，多布德澤。文武官没者，子孫隨收敘，不限資蔭；孤露者，營其婚葬；幼未堪任及無嗣者，出内帑以賑之；死王事者，下至卒伍，皆給二年之廩。士之貴賤長幼，卒無身後之患。先是數載前，一漁者持蓑笠綸竿，擊短版，唱《漁家傲》，其舌爲鳴根之聲以參之，自號"回同客"。人後疑爲吕洞賓，音清悲如烟波閒，聽者無厭。唱曰："二月江南山水路，李花零落春無主，一箇魚兒無覓處。風兼雨，土龍生甲歸天去。"人或與錢，則擺首不接。唱於金陵凡半年，了無悟者，里巷村落皆歌焉。"土龍生甲"，果以甲辰歲二月殂於正寢。"魚兒"，乃向所謂鯉魚也。歌中之語皆驗焉。遣鄉郡公徐邈遺表來上，太祖廢視朝五日，特遣鞍轡庫使梁義吊祭，贈儀典隆厚。嗣君遣馮謐乞追尊帝號，許之，諡曰孝高皇帝。議者以先主繼唐昭宗之後，號當稱宗。韓熙載建議，以謂“古者帝王，己失之，己得之，謂之反正；非我失之，自我得之，謂之中興。今先主，中興之君也，宜當稱祖”。輿論是之，遂廟號烈祖，陵曰永陵。

先主幼歷喪亂，備諸險易，故持兼節以固勤托孝，謙卑自牧。身爲輔相，事義祖徐溫。禮如庶人，稍有疾，則衣不解帶，藥必親嘗。溫嘗責諸兒曰：“汝輩能如二兄，則可以爲天下範也。”

以長子璟嗣，皇后宋氏爲元恭皇太后。子四人，西平王景遂、宣城王景達、保寧王景遇。

（宋）文瑩：《玉壺清話》卷九

烈祖諱昪，唐之宗室也。舊名知誥。少孤，爲義祖所養。有相者謂義祖曰：“君相至貴，且有貴子，然非君家所生。”又夢爲人引臨大水中，黃龍數十，令義祖捉之，義祖獲一龍而寤。明旦，乃得烈祖。烈祖奉義祖以孝聞。嘗從義祖征伐，有不如意，杖而逐之。及歸，拜迎門外。義祖驚曰：“爾在此邪？”烈祖泣曰：“爲人子者，舍父母何適。父怒而歸母，子之常也。”義祖由是益憐惜。長善書計，性嚴明，不可以非理犯。累爲樓船指揮使。宋齊丘者，父爲江西鍾傳副使。父卒，羈旅淮南，欲上書干謁而無紙筆，行嘆道中。有娼婦遇之，問曰：“少年子何不樂如此？”齊丘以情告。召歸置食，賜錢數千，因曰：“郎時至此，不使郎有所闕也。”齊丘感之。及貴，納爲正室。騎將姚洞天薦於烈祖，烈祖奇其才，與結布衣之交，動靜皆與之謀。後烈祖除昇州刺史，辟齊丘爲判官。義祖出鎮建鄴，改烈祖爲潤州。烈祖意求宣州，聞命不樂。宋齊丘曰：“今三郎政亂，敗在朝夕。京口去淮南隔一水，若有變必先知之，是天贊我也。”三郎，知訓也。未幾，果有朱瑾之事。烈祖輕舟渡江，鎮定內外，以待義祖之至。義祖以己子既勿克負荷，用烈祖猶愈於他人，因留輔政。先是，知訓待烈祖甚悖，每呼爲乞子。與諸弟夜飲，遣召烈祖，烈祖不至，知訓怒曰：“不飲酒，飲劍乎？”餘皆類此。及敗，知訓宅上有土室，封閉甚固。烈祖請義祖親開，其中繪圖義祖之形，而身荷五木，烈祖及諸弟執縛如就刑之狀，已被袞冕，南面視朝。義祖唾曰："狗死遲矣。"烈祖因疏其罪惡事，怒遂少解，死者猶數家。烈祖得政，以愛民節用爲本，甚得當時之譽。吳景帝即尊位，烈祖當相，而勳舊有未登三事者。烈祖不欲自尊大，乃以左僕射參政事。時諸國交兵，江淮爲强盛。烈祖增修法度，人獲安乂，識者歸心焉。義祖殂，知詢以罪廢，大政由己矣。數歲，出鎮建鄴，封齊王，制度如義祖。以長子景通居中輔政，宋齊丘、王謨皆爲相。孫晟自中原來奔，與語，大奇之，引居門下。徐知詢卒，李建勳來歸幕府，遂與大將周宗等進禪代之議。受禪之日，白雀見於庭，江西楊化爲李，洪州李生連理。詔還李姓，國號唐，立高祖已下七廟，尊吳主爲讓皇。信州李德誠、廬州周本，皆楊氏舊老，上言："吳王已遜位，宜依晉、魏故事，降封王公，出居別邸。"烈祖曰："曹、馬之事，非朕志也。"固請不已，乃徙讓皇於丹徒，遷諸楊於泰州。初，吳武王諱行密，謂杏爲甜梅，及是又呼爲杏，故老有泣下者。烈祖日與勤政殿視政。有言事者，雖徒隸必引見，善揣物情，人不能隱。雖千里之外，如在目前。詔立齊王景通爲皇太子，王表願寢此禮，三表許之，以大元帥總百揆。信王景邈先娶德誠之女，中興後，有司以同宗姓請離之。制曰："南平王，國之元老，婚不可離，信王妃可以南平爲氏。"南平，德誠所封也。景邈母種氏，晚歲尤承恩寵，宋后罕得接見。烈祖幸齊王宮，遇其親理樂器，大怒切責。數日，種氏承間言："景邈之才，可代爲嗣。"烈祖作色曰："國家大事，女子何預？"立嫁出之。烈祖殂，宋后願甘心數四，賴元宗保全之。烈祖服大丹藥火頓發而殂。大漸，囑元宗指見血曰："北方有事，不可忽也。"中書侍郎孫晟草遺詔，以宋后監國。翰林學士李夷鄴曰："此非先旨，必奸人所爲。大行常云：'婦人預政，亂之本也。'安肯自作禍階？且嗣君明德聞於天下，汝曹何遽爲亡國之計？若遂宣行，吾對百僚裂之必矣。"遂寢。元宗即位，謂夷鄴曰："疾風勁草，卿之謂也。"

（明）陶宗儀：《説郛》卷五八《江南别録》

後唐李昇,本海州人,僞吳大丞相徐溫之養子也。溫,字敦美,亦
海州人,初從淮南節度使楊行密起兵於廬州,漸至軍校。唐末,青州
王師範爲梁祖所攻,乞師於淮南,楊行密發兵赴之。溫時爲小將,亦
預行。其師次青之南鄙,師範已敗,淮兵大掠而還。昇時幼穉,爲溫
所虜,溫愛其惠黠,遂育爲己子,名曰知誥。溫仕吳至大丞相、都督中
外諸軍事、諸道都統,封東海王。溫卒,昇爲中書令,累封齊王。晉高
祖天福二年,楊溥遜位於昇,國號大齊。昇自云唐玄宗第六子永王璘
之裔。天寶末,安禄山連陷兩京,玄宗幸蜀,詔璘爲山南、嶺南、黔中、
江南四道節度采訪等使。璘至廣陵,大募兵甲,有窺圖江右之志。後
爲官軍所敗,死於大庾嶺北,故昇指以爲遠祖,因還姓李氏,始改名曰
昇,國號大唐。昇僭位七年卒,長子景嗣位,皇朝建隆二年卒。子煜
襲僭位。開寶八年爲王師所平。始昇以晉天福二年僭位,凡三世三十
九年。

(宋)王欽若等編纂:《册府元龜》卷二一九《僭僞部》

唐李昇,海州人,僞吳大丞相徐溫之養子。本名知誥,唐天祐
初,楊行密卒,其子渥嗣。會佐衛都指揮使張顥殺渥,立其弟渭爲
帥,溫尋殺顥,渭僞授溫常州刺史。溫留廣陵,遣昇知州事。其後,
溫出鎮潤州,以其子知訓知政事。時昇爲溫屬郡昇州刺史,乃大理
郡廨,溫表移其治於金陵,僞授溫大都督府長史,充鎮海軍節度副
大使,知節度事。以昇爲鎮海軍節度副使,行潤州刺史,充本州團
練使、內外馬步軍都指揮使、通判軍府事。居無何,知訓爲大將朱
瑾所殺,溫以昇代知政事。明年,溫册楊渭爲天子,僭稱大吳。渭
死,又迎丹陽王溥於潤州即僞位。自是,溫父子愈盛,中外共專其
國,楊氏主祭而已。溫累官至守太師、中書令,封東海王。後唐天
成二年,卒。昇乃知內外左右軍,至守太尉、中書令,尋封東海王。
晉天福二年,楊溥遜位於昇,因還姓李氏,始改名昇,國號大唐,尊
徐溫爲義祖。

(宋)王欽若等編纂:《册府元龜》卷二二三《僭僞部》

南唐高祖姓李，諱知誥，生於徐州。有唐疏屬鄭王房之枝派，父志、祖榮俱不仕。帝少孤，有姊出家爲尼，出入徐温宅，與温妻李氏以其同姓，帝亦隨温妻往來。温妻以其同宗，憐其明慧，收爲養子，居諸子之上，名曰“知誥”，累典郡符。温爲丞相，封齊王，出鎮金陵。留帝在都，執楊氏政事。帝沈機遠略，莫知其際，折節謙下，中外所瞻。才及弱冠，即秉大權。楊都浩繁之地，海内所聞，率由儉素，無所耽溺。内輔幼主，外弼義父，延楊祚十數年，帝之力也。丞相薨，盡總其兵。嘗以讖詞“有東海鯉魚飛上天”之語，由是懷逼主禪位之心矣。帝加以九錫，封齊王。丙申年，執政者欲以楊氏一朝，然後受禪，烈祖不可。遂以國稱唐，改元昇元，更李氏名。昇追尊丞相爲義祖，皇帝吳帝爲讓皇帝。在帝位七年，年五十四，廟號烈祖，謚曰孝高，陵曰永陵。元恭皇后宋氏祔焉。

（明）陶宗儀：《説郛》卷五八《江表志》

皇子

元宗一子少亡、晉王景遂、齊王景達、衛王景逷。

（明）陶宗儀：《説郛》卷五八《江表志》

先主

名昇，字正倫。朱梁統制天下，楊行密專居淮南，大將徐温出師濠。上見先主携歸，以爲己子，遂冒徐姓，名知誥。

（宋）曾慥：《類説》卷一八《江南野録》

先主名昇，字正倫。朱梁統制天下，楊行密傳檄湖南，大將徐温出師濠，上見先主携歸，爲己子，遂用己姓。

（明）陶宗儀：《説郛》卷三《江南野録》

政事僕射

吳主委政先主，遷左僕射，頹綱振舉，遠邇樂推，呼爲政事僕射,遂受吳禪。奉吳主爲讓皇,義父温爲武皇,改元昇元,復姓李氏。

(宋)曾慥:《類説》卷一八《江南野録》

吳主委政先主,遷爲左僕射,遂受吳禪,奉吳主爲讓皇,義父温爲武皇,改元昇元,復姓李氏。

(明)陶宗儀:《説郛》卷三《江南野録》

夢人斷頸

烈祖輔吳,將謀禪代。夜夢爲人引劍斷頸,意甚惡之。周宗遽下階拜,當策立耳。居數日而内禪。

(宋)曾慥:《類説》卷二一《南唐近事》

柳條結絮鵝雙生

李先主以國用不足,稅民間鵝卵出雙子者,柳花爲絮者。伶戲詞曰:"唯願普天多瑞慶,柳條結絮鵝雙生。"

(宋)曾慥:《類説》卷一九《見聞録》

先主李昇受吳主禪,奉爲讓皇。璉,讓皇長子也。先主封璉中書令、池州刺史,將赴上,遇寒食飲冷失節,卒於池口舟中,年十九歲。初先主第四女,璉納之爲妃,賢明温淑,容範絶世。及禪代,封永康公主,聞人呼公主則嗚咽流涕,辭不願稱,宮中爲之慘戚。璉卒,永康終身縞素,斥去容飾,不茹葷血,惟誦佛書,但自稱未亡人,朝夕焚香,對佛自誓曰:"願兒生生世世莫爲有情之物。"居延和宮,年二十四歲,無疾坐亡。凡五夕光如剪練,長丈餘,自口而出。至斂,温軟如生,主感悼哽痛,詔李建勳刻碑宮中紀其異。

(明)陶宗儀:《説郛》卷八《玉壺清話》

嚴球爲相,是年王慎辭奉使北朝,球在病,請告烈祖,授以論答,

凡百事皆中機務。然嚴球未見，更就宅訪之。球覽畢尤所稱美，請更
添一二事："北朝問黑雲長劍多少時，及五十指揮皆在都下，柴再用不
曾赴鎮。"既到北朝，一無所問，首問黑雲長劍並柴載用所之，慎辭依
前致對。梁太祖銳意南征，即時罷兵。慎辭還朝，夜宿金山，嘗有詩
云："淮船分蟻點，江市聚蠅聲。"烈祖性多猜忌，聞之。宋齊丘因而興
譖收慎辭，以竹籠盛之，沈於江口。

（明）陶宗儀：《説郛》卷五八《江表志》

魏王知訓，徐溫之子也。烈祖曲宴，引金觴賜酒曰："願我弟千年
長壽。"魏王意烈祖置毒，引他器均之，曰："願與陛下各享五百歲。"
烈祖不飲。久之，申漸高乘談諧並而飲之，納金鐘於懷袖，亟趨而去，
到家腦潰而終。

（明）陶宗儀：《説郛》卷五八《江表志》

元宗諱璟，烈祖長子也。初名景通，幼爲義祖所器，常曰："諸孫
中，此子特貴。"虔州刺史鍾章恃功放恣，烈祖欲繩其罪。義祖曰："昔
無章，吾已死於鎬手，汝曹安有所托乎？今日富貴，章之力也，背之豈
人理？"乃令以章女配元宗。義祖初見，嘆曰："非此兒不敵此女。"即
光穆皇后。元宗起家尚書郎，吳讓皇見之曰："朕諸子皆不及也。"烈
祖出鎮建鄴，以元宗居中輔政，其得當時之譽。烈祖即位，爲大元帥，
總百揆。烈祖殂，遜於諸弟，詞旨堅固。中書令徐玠以袞冕之衣衣之
曰："大行付陛下以神器之重陛下，陛下固守小節，非所以尊先旨、承
孝道也。"乃嗣位，改元保大。太常博士韓熙載上疏曰："逾年改元，古
之制也。事不師古，何以訓人？"時制書已行，遂不改。詔立皇弟景遂
爲皇太弟。馮延巳自元帥掌書記爲翰林學士承旨，延魯自水部員外
郎爲中書舍人。延魯銳於趨進，欲以功名圖重位，乃興建州之役。延
巳曰："士以文行飾身，忠信事上，何用行險以要祿？"延魯曰："兄自
能如此，弟不能惜惜待循資宰相也。"始王氏政亂，閩人聞我師之至，
皆伐木開道，壺漿奉迎。既下建州，軍無節制，大掠數日，民不堪其

苦,思效順者解體矣。陳覺爲招討使,矯制進圍福州,表言朝夕可克。
元宗以爲實,令王崇文爲統帥,馮延魯亦往。諸將爭功,自相違貳,崇
文不能制。會錢塘以兵數千來救,我師不戰而自潰。詔鎖覺及延魯
赴建鄴。既至,尋赦其罪。始馬殷據湖南,並桂管之地。馬希範卒,
弟希廣立,庶兄希萼自永州赴喪。判官李恒皋知欲爲變。未至,以爲
朗州節度。歲餘,舉兵殺希廣,奪其位。少弟希崇又廢希萼自立,幽
希萼送衡州,將殺之。大姓廖偃與叔匡凝以部曲數百人,劫希萼於
道,奉爲衡山王,以伐希崇。數日,有衆萬人。希崇遣使求救於我。
元宗命袁州刺史邊鎬督兵赴援,其實襲之也。時長沙童謠曰:“鞭打
馬,馬須走。”兵至,希崇、希萼皆降,餘郡相次歸附,乘亂取廣南、桂管
之地。朗州劉言亦自爲刺史。命將軍李建期屯益陽,以圖朗州。將
軍張巒屯零陵,以圖桂州。鎬以偏兵不百日而下一國,四方聞之,以
爲神。鎬性輕信,自朗州至者,皆陳言之忠順,鎬不爲備。歲餘,朗州
土豪王逵襲殺建期,進逼長沙,奉言爲主,言不能制。鎬弃城遁歸,諸
郡皆没,惟巒全軍而回。周師南伐,進逼壽州,劉彥貞督兵北征,戰敗
於正陽,死於陣。淮上方用兵,錢塘乘虛圍我常州。命將軍柴克宏往
救常州。有隋將陳仁杲祠,克宏將戰,夜夢仁杲曰:“吾遣陰兵助爾。”
及戰,有黑牛二頭,冲錢塘之陣,我師繼之,乃大破之,斬首萬餘,遂解
常州之圍。以克宏爲江州節使。册仁杲帝號,謚武烈。右僕射孫晟
使周,給事中王崇質爲介。晟至汴京,謂崇質曰:“吾視事勢,不生還
矣,君家百口,當別爲謀。”乃白世宗,遣崇質歸計事。會鍾謨、李德明
亦至,世宗又遣德明至建鄴,盛陳世宗威德,請割地以求和。宋齊丘
深惡德明,使崇質異其言,乃以賣國誅德明。世宗召晟責之,因曰:
“諸將圍壽州,久未克,汝能降之,朕赦汝罪。”晟至城下,見劉仁贍,遥
呼曰:“君受國家旌旄,臣節不可隳也,且援兵至。”世宗大怒,囚至汴
京斬之。晟臨刑,神色不變,南望再拜曰:“死不負陛下矣。”既而泗州
降北,諸軍繼敗,乃遣陳覺奉表割江北之地求成,世宗許之。遂去尊
號,稱國主,用周正朔。太弟景遂固請歸藩,立長子冀爲太子。時丹
徒得古銘曰:“天子冀州人。”衆以冀應之。未幾冀卒,識者謂冀州趙

地也。陳覺乘間言："社稷禍在朝暮,請陛下晏居宮中,國政盡付宋齊丘,已紓喪亂。"元宗以戎事未寧,隱忍不發。鍾謨自汴京歸,理德明之怨,乃言："人臣窺國,理不可容。"遂誅覺,放齊丘於青陽。尋亦卒,謚醜謬。謨使回,爲禮部侍郎左丞任用,權傾中外,與信州刺史張巒有舊。巒入爲天德軍使,每詣謨第,常屏人獨語,中夜乃罷。給事中唐鎬密言："恐有他變,宜先圖之。"會太子冀葬,謨固請敕巒以所部兵馬爲京城巡徼。元宗乃下詔,數謨侵官之罪,貶於饒州,縊死,巒亦黜爲宣州副使。元宗殂於南都。南都,豫章也。太子即位於建鄴。梓宮是日還,南都群臣表請殯於別宮。後主手詔不許,哭甚哀切,乃殯於萬壽殿。元宗神彩精粹,辭旨清暢。湖南使至,歸與親友言曰："爾不識東朝官家,南岳真君不如也。"

(明)陶宗儀:《說郛》卷五八《江南別錄》

嗣主璟幼有奇相,惟義主徐溫器之,曰："此子殆非人臣相。"溫食即命同席,南向以坐之。曰："徐氏無此孫。"溫自金陵迎吳王於迎鑾江,大閱水嬉,還至百家灣,向夕暴風忽起,舟人束手於駭浪中,溫四望無計,遂祖祤負璟於背,回語嬪御曰："吾善游,不暇救爾輩,所保者此子爾。"言訖,風息,若神護。璟天姿高邁,始出閣,即就廬山瀑布前構書齋,爲他日閒適之計,及迫於紹襲,遂舍爲"開先精舍"。

(宋)文瑩:《玉壺清話》卷一○

元宗名璟,烈祖元子也,母曰宋太后。帝謙和明睿,奢儉得中,搜訪賢良,訓齊師旅,政無大小,咸必躬親。又善曉音律,不至耽溺,深知理體,洞明物情,聖德聞於鄰國矣。在吳朝,太子諭德,後累居丞相。常於廬山構書堂,有物外之意。烈祖即位,爲皇太子。烈祖崩,於樞前即位,年四十九。在位十九年崩,廟號元宗,謚曰明道崇德文宣孝皇帝,陵曰順陵。皇后光穆順聖鍾氏。年號二,保大、交泰。

(明)陶宗儀:《說郛》卷五八《江表志》

元宗爲太子日，嘗問安寢門，會烈祖酣寢未解，夢便殿有黃龍據闌檻，蜿蜒可懼。烈祖既寤，命左右觀之，即太子也。

(明)陶宗儀：《説郛》卷五八《江表志》

元宗嗣位，李建勳出師臨川，謂所親曰：“今主上寬大之度比於先帝遠矣。但性習未定，左右獻替須得方正之士。若目前所睹終恐不守舊業。”及馮延魯、陳覺出討閩中，徵督軍糧，急於星火。建勳以詩寄延魯曰：“粟多未覺爲全計，師老須防有援兵。”既而，福州之軍果爲越人所敗。歸拜司空，累表致政，自稱爲鍾山公。詔授司徒，不起。時學士湯悦致狀賀之，建勳以詩答曰：“司空猶不受，那敢作司徒。幸有山公號，如何不見呼。”先是宋齊丘自京口求退，歸於青陽，號九華先生。未周歲，一徵而起，時論薄之。建勳年德未衰，時望方重，或有以宋公比之。因爲之詩云：“桃花流水須相信，不學劉郎去又來。”捐館之夕告門人曰：“時事如此，吾得保全爲幸已甚。吾死不須封樹立碑，冢土任民耕鑿，無延他曰毀斷之弊。”其後甲戌之歲，公卿塋域爲兵發殆遍，獨建勳葬所訖不及禍。

(明)陶宗儀：《説郛》卷五八《江表志》

元宗割江南之後，金陵對岸即爲敵境，因遷都豫章，舟車之盛，旌旗絡繹，凡數千里。百司儀衛禁校，帑藏不絶者。僅一載，上每北顧，忽忽不樂。澄心堂承旨，秦裕藏多引屏風障之，嘗吟御制詩云：“靈槎思浩渺，老鶴憶崆峒。”

(明)陶宗儀：《説郛》卷五八《江表志》

右散騎常侍王仲連，北土人，事元宗。元宗嘗謂曰：“自古及今，江北文人不及江南才子之多。”仲連對曰：“誠如聖旨，陛下聖祖玄元皇帝降爲亳州貞源縣，文宣王出於兗州曲阜縣，亦不爲少矣。”嗣主有愧色。

(明)陶宗儀：《説郛》卷五八《江表志》

赤軍子

嗣主璟，字伯玉，嗣位改元保大。是年，處州妖賊作亂，皆絳衣，號“赤軍子”。

（宋）曾慥：《類説》卷一八《江南野録》

唐李景僭號，以仲弟遂爲皇太弟，季弟達爲齊王。

（宋）王欽若等編纂：《册府元龜》卷二二四《僭僞部》

陳覺、李徵古少日依托鎮南楚公宋齊丘，援引至樞密使。保大之末，王室多故。覺及徵古屢諫上變，言天命已改，請元宗深居後苑，委國老攝國事，令陳喬草敕。喬袖敕上前曰：“陛下既署此敕，臣不復見陛下矣。”元宗使鍾謨言於周世宗曰：“罪大臣，理合奏啓。”世宗曰：“自家國事，大國何預？”元宗乃命湯悦草制曰：“惡莫大於無君，罪莫大於賣國。宋齊丘本一布衣，遭遇先帝，不二十年窮極富貴，陳覺、李徵古言齊丘是造國之手，理當居攝云云。即日徙齊丘青陽安置，覺、徵古各賜自盡。”齊丘將至青陽，絶食數日。後命至，家人亦皆菜色。中使云：“令公捐館，方始共食。”家人以絮塞口而卒，有黑氣一道舟中起，直貫九華。

（明）陶宗儀：《説郛》卷五八《江表志》

徐公撰《江南録》，議者謂之不直，蓋不罪宋國老故也。國老當淮甸失律之後，援引門人陳覺、李徵古掌樞密之任，且授其意曰：“天命已去，元宗當深居後苑，國老監國。”元宗詔將行，陳喬草詔諍而止，舉國皆聞，爲臣之道，餘可知矣。

（明）陶宗儀：《説郛》卷五八《江表志》

皇子

太子冀、陳王少亡、保寧王少亡、慶王宏茂少亡、從王從嘉、鄭王從善降封南楚國公、鄧王從謐降封江國公、吉王從謙降封鄂國公、昭平公從度、文陽郡公從信。

（明）陶宗儀：《説郛》卷五八《江表志》

文憲太子冀，既正儲闈，頗專國事，而又率多不法。元宗一旦甚怒，撻之以毬杖，且曰：“當命太弟景遂代之。”冀有慚色。他日，密使人持鴆付昭慶宮使袁從範從範，從泰弟，在金陵。未幾，從範子幹爲景遂嬖臣宋何九讒構，遂置之法。從範懼而且怨，會景遂擊鞠暑渴，從範進漿，遇鴆即日薨，未殯而體已潰矣。

（明）陶宗儀：《説郛》卷五八《江表志》

玄宗誅戮大臣之後，暮年於禁中往往見宋齊丘、李徵古、陳覺如生，叱之不去，甚惡之。因議南幸。太子冀既病，數見太弟爲祟於昭慶宮中。

（明）陶宗儀：《説郛》卷五八《江表志》

甲兵三十萬

世宗即位，嗣主遣孫忌奉表稱藩，既而背約。世宗問忌江南虛實，忌曰：“本國雖小，甲兵尚三十萬，未易可圖。”世宗曰：“江南不過十數郡，何見欺也？”忌曰：“精兵雖止十餘萬，然長江一條，飛湍千里，可敵十萬之師。國老宋齊丘，乃王猛、謝安之徒，可敵十萬。”

（宋）曾慥：《類説》卷一八《江南野録》

世宗即位，遣孫忌奉表稱藩，既而背約。世宗問忌江南虛實，忌曰：“本國雖小，甲兵尚三十萬，未易可圖。”世宗曰：“江南不知見十數郡，何見欺也。”忌曰：“精兵雖止十餘萬，然長江一條，飛湍千里，可敵十萬之師，國老宋齊丘，乃王猛、謝安之徒，可敵十萬。”

（明）陶宗儀：《説郛》卷三《江南野録》

改豫章爲南都

宋齊丘既死，彗孛見斗牛之分。嗣主議遷都豫章以避之，改豫章爲南都。既至，常不自安，宴百僚於殿上，忽見宋齊丘自陛而進，遂得疾而殂。識者謂：“信讒害賢良之故。”

（宋）曾慥：《類説》卷一八《江南野録》

神祖幸秘書省，閲江南李主像，見其人物儼雅，再三嘆訝。而徽宗生，生時夢李主來謁，然其文采風流過李主百倍。及北狩，女真亦用江南國主見藝祖故事。徽宗夢錢王再三乞還兩浙，明日與鄭后言，朕夜來被錢王索取兩浙甚急。鄭后奏云：“昨妾夢亦然。”須臾，報韋妃誕高宗。既三日，徽宗臨視，戲妃曰：“酷似澗臉。”蓋妃籍雖貫開封，而原占於澗。亦遂成南渡之讖云。

（清）潘永因：《宋稗類鈔》卷一

彼有人焉未可圖也

後主名煜，字重光。周世宗怒不割淮南，將征建康，見白氣貫空，使覘之，乃後主與獵焉。嘆曰：“彼有人焉，未可圖也。”乾德二年，始用鐵錢，以十當銅錢之一，是歲國亡。

（宋）曾慥：《類説》卷一八《江南野録》

後主名煜，字重光。周世宗怒不割淮南地，將征建康，見白氣貫空，使覘之，乃後主與衆獵焉。嘆曰：“彼有人焉，未敢圖也。”乾德二年，始用鐵錢，以十當銅錢之一，是歲納國。

（明）陶宗儀：《説郛》卷三《江南野録》

後主諱煜，字重光，母曰鍾太后。太子冀薨，後主當立。鍾謨以其德輕志放，請立其弟從謙，嗣主不可。遂以太子總百揆。嗣主南幸洪都，留後主居守金陵。數月，嗣主殂，遺詔就金陵即位。稱北朝正朔，建隆壬戌歲也。後主天性純孝，孜孜儒學。虛懷接下，賓對大臣。

傾奉中朝,惟恐不及。加以留心,但以著述,勤於政事。至於書畫皆盡精妙。然頗耽竺乾之教,果於自信,所以奸邪得計,排斥忠讜。土地日削,貢舉不充。越人肆謀,遂爲敵國。又求援於北虜,行人泄謀,兵遂不解矣。二十六即位,十四年己亥國亡,封隴西公,贈吳王,葬北邙。鄭國夫人周氏。起建隆二年,終開寶八年。

(明)陶宗儀:《説郛》卷五八《江表志》

　　後主諱煜,字重光,元宗第五子也。幼而好古,爲文有漢魏風。母兄冀爲太子,性嚴忌。後主獨以典籍自娛,未嘗干預時政。冀卒,立爲太子。元宗幸南都,後主監國於建鄴,臨事明允,甚得時譽。元宗崩,哀毀過禮。即位,立妃周氏爲后。句容尉張佖上言爲理之要,詞甚激切。後主手詔慰諭,徵爲監察御史。周后疾,後主朝夕侍側,藥非親嘗不進,衣不解帶者逾月。及殂,哀毀骨立,杖然後起,立后妹爲后。王者婚禮,歷代少有,詔中書舍人徐鉉、知制誥潘佑與禮官參議,互有矛盾,議久不決。後主令文安郡公徐游評其是非。時佑方寵用,游希旨奏佑爲長。月餘,游病疽,鉉戲謂人曰:“周孔亦能爲祟乎?”佑既居親密,欲盡去舊人,獨當國政,後主亦惡之,俄以本官專知國史。佑彌不樂,乃非詆公卿,與户部侍郎李平親狎,上書曰:“左右皆奸邪,不誅,爲亂在即。”後主手書敦諭,七表不止,因請休官遠去。初,李平初與朱元自北來,元已叛去,平深厚難測。後主慮其同構大奸,乃暴其罪而誅之。後主謂左右曰:“吾誅佑、平,逾月不決,蓋不獲已也。”烈祖初立,庶事草創,未有貢舉,至元宗始議興置。時韓熙載、徐鉉兄弟爲當代文宗,繼以潘佑、張洎以才名顯,後主尤好儒學,故江左三十年文物,有貞元、元和之風。元宗稱臣於周,雖去尊號,用周正朔,其諸制度猶未全改。後主即位,始衣紫袍。廣揚既下,屯師漢陽。鄂州楊守中以聞,人心大懼,乃下制貶損,臺省名號,並皆改易,王皆降封公。遣長弟南楚國公從善入貢,因留質。後主天性友愛,自從善不還,歲時宴會皆罷却,惟作《登高賦》以見意曰:“原有鴒兮相從飛,嗟我季兮不來歸。”天朝使中書舍人盧多遜來聘,南伐之謀,兆於此

矣。後主微知之，遣使願受封策，太祖不許。甲戌歲夏，梁迥來聘，從
容謂後主曰：“今冬有柴燎之禮，國主當來助祭。”後主唯唯不答。秋
初，中書舍人李穆賫詔來曰：“朕以仲冬有事於圜丘，思與卿同閱犧
牲。”後主辭以疾。時大兵已在荆湖，惟候穆之反命。後主既不赴召，
遂決進取。九月，舟師自大江直趨池州，中外奪氣。樊若水父，保大
末爲漢陽縣令，父卒，家池州，累舉進士不第，至汴京上書，太祖謂之
有才術，累遷贊善大夫。平南之策，多所參預。時雖得池州及姑熟，
餘郡皆未奉命，糧道艱阻。若水請於采石繫橋，以利輸挽。每歲大江
春夏暴漲，謂之黃花水。及天兵至，水皆退小，識者知天命焉。錢塘
悉兵來圍常州，主將禹萬誠固守，大將金成禮劫萬誠以降。而天兵亦
屯於建鄴城南十餘里，錢塘又進圍潤州。兵初興，議者以京口要害，
當得良將侍衛。厢虞候劉澄舊事藩邸，後主尤親任之，乃擢爲潤州留
後。臨行，謂曰：“卿本未合離孤，孤亦難與卿別，但此非卿不可，勉副
孤心。”澄泣泗奉別，歸家盡輦金玉以往，謂人曰：“此皆前後所賜，今
國家有難，當散此以圖勛業。”後主聞之益喜。及錢塘兵初至，營構未
成，左右請出兵掩之。時澄已懷向背，堅曰：“兵出勝則可，不勝則立
爲虜矣，救至然後圖戰。”後主又命盧絳爲援。絳至，錢塘兵少退。絳
方入城，圍又合矣。固守累月，自相猜忌。初，絳怒一裨將，將議殺
之，未決。澄私謂曰：“盧公怒爾，爾不生矣。”裨將泣涕請命。澄因
曰：“吾有一言告爾，非徒免死，且富貴。”因諭以降事，令先出道意。
裨將曰：“奈緣某家在都城何？”澄曰：“事急矣，當且爲身謀，我家百
口亦不暇顧矣。”是夜裨將越城而出。明日，澄遍召將卒，告曰：“澄守
數旬，志不負國，事勢如此，須爲生計，諸君以爲何如？”將卒皆大發聲
哭。澄懼有變，亦泣曰：“澄受恩固深於諸君，且有父母在都城，寧不
知忠孝乎？但力不能抗耳。”於是率將吏開門請降。建鄴初圍，後主
遣使徵上江之兵入援，以建昌軍制置使朱令贇爲統將。時勝兵十萬，
屯於湖口不進。後主累促之，至皖口方交戰船，爲天兵所圍，贇自救
之被執，餘兵皆潰。建鄴受圍經歲，城中斗米十千，死者相籍，惟恃此
救。自潤州降後，不聞外信，出降者相繼。或云贇已敗死，後主猶意

其不實。城陷,後主欲自殺,左右泣涕固諫得止。元宗、後主皆妙於筆札,好求古迹,宮中圖籍萬卷,鍾、王墨迹至多。城將陷,謂所幸保儀黄氏曰:"此皆吾寶惜,城若不守,爾可焚之,無使散逸。"及城陷,黄氏皆焚,時乙亥歲十一月也。後主至梁京,二歲殂,南人聞之,巷哭設齋。後主初即位,中使趙希操自建鄴奉使江西,夜宿姑熟,中宵忽聞二人相語曰:"君自金陵來,新主何以爲理?"一曰:"吾聞新主以仁孝爲理。"又曰:"如是則明主也。"久之,又聞一人曰:"然則水木之歲,當至汴梁。"希操心喜,以後主終得中原,果以乙亥歲國除,入天朝。後主妙於音律,樂曲有《念家山》,親演其聲爲《念家山破》,識者知其不祥。至甲戌歲,有衛兵秦福自毁其鞋,跣足升正殿御座,論者以鞋者履也,履與李同,言李氏將敗,此殿爲秦人所得也,秦、趙古同姓焉。後主酷好著述,《雜說》百篇行於代,時人以爲可繼《典論》。江南大臣至中朝,名最顯著者徐鉉,字鼎臣,與弟鍇同有大名於江左,方之士衡、士龍焉。鍇字楚金,先城陷而卒,著書甚多,謚爲文。後主文集,鍇爲之序,《新說》又鉉爲序。鉉著《質論》十餘篇,後主宸筆冠篇,儒者榮之。

(明)陶宗儀:《説郛》卷五八《江南别録》

皇子
清源郡公仲禹、岐王仲宣少亡。

(明)陶宗儀:《説郛》卷五八《江表志》

建康受圍二歲,斗米數千。死者相籍,人無叛心。後主殂於大梁,江左聞之,皆巷哭爲齋。

(明)陶宗儀:《説郛》卷五八《江表志》

後主即位之初,張泌上書:"建隆二年七月二十八日,將仕郎、守江寧句容縣尉張某言,頓首頓首,死罪死罪,謹上書陛下。臣聞行潦之水,徒善而不廣;斗梢之器,固虚受而無補。雖欲强其所勿能,亦不

自知其量也。茲當陛下纘服丕圖,光臨寶位。百姓凝視,仰徽猷而注
目;四方傾聽,望德音以竦耳。是陛下虛心側席,克己納諫。將敬迓
天恩以布新命,慰凡民顒顒之目。非有樸直之士,不能貢千慮一得之
言於視德也。我國家積德累仁,重華承聖。雖疆宇褊小而基構宏大。
矧賢智左右前後,比肩繼踵。以道揚休命,致康哉之化,猶反掌耳。
又何以規規然如晉公之聽重人,齊侯之用老馬。豈重人逾伯宗之善,
老馬過管仲之智。蓋尺有所短,寸有所長,此之謂也。臣是以申旦不
寐,齋沐佇思,以聞庶裨陛下惟新之政萬分之一也。伏惟我唐之有天
下也,造功自高祖,重熙於太宗,聖子神孫,歷載三百。丕祚中否,烈
祖紹復,大勳未集,肆我大行。嗣之德則休明,降年不永,焦勞臒瘁,
奄弃萬戶。民既歸仁,天亦輔德。襲唐祚者非陛下而誰?陛下居吳
邸,庶事康而宗親睦;昇儲位,總百揆而黎民變。當大行修巡狩之禮,
陛下膺監國之任,兢兢業業,神人咸和。令若秋霜而澤如時雨。洎宅
憂翼室而民無異望。臣聞漢文帝承高祖之後,天下一家僅三十年,德
教被於物也久矣。而又封建子弟,委用將相。其朱虛、東牟之力,陳
平、周勃之謀,宋昌之忠,諸侯之助,由長子而立,可謂宜矣。及即位,
戒慎謙讓,服勤政事。躬行節約,□思治平。舉賢良,賑鰥寡。除妻
孥相坐之法,去誹謗妖言之令。不貴難得之貨,不作無益之費。其屈
己愛人也如此。然而晁錯、賈誼、賈山、馮唐之徒上書進諫必激切,至
痛哭流涕之詞者,蓋懼靡不有初,鮮克有終也。而文帝優容不咈,聖
德允塞,幾致刑措。王業巍巍,千載之下,風聲不泯,皆克勤勉强而臻
於此也。今陛下當數歲大兵之後,鄰封襲利之日。國用匱竭,民力疲
勞。而內無劉章、興居之親,朝無絳侯、曲逆之佐,可謂危矣。非陛下
聰明睿智,視險若夷,豈能如是乎。設使漢文帝之才,處今日之勢,何
止於寒心消志而已。陛下以天未厭德,民方戴舊則可矣。若欲駭遠
近之聽,慰億兆之思,臣敢冒死言之。夫人君即位之初,必在於發號
施令,行人之所難行者。非秉漢文帝之心以布政,則臣不知其可也。
臣以國家今日之急務,略陳其綱要,伏惟陛下留聽,幸甚。一曰舉簡
大以行君道。二曰略繁小以責臣職。三曰明賞罰以彰勸善懲惡。四

曰慎名器以杜作威擅權。五曰詢言行以擇忠良。六曰均賦役以綏黎
庶。七曰納諫諍以容正直。八曰究廢舉以遠讒佞。九曰節用以行克
儉。十曰屈己以固舊好。亦在審先代之治亂，考前載之褒貶。纖芥
之惡必去，毫釐之善必爲。審取與之機，濟寬猛之政。進經學之士，
退掊克之吏。察邇言以廣視聽，好下問以開蔽塞。斥無用之物，罷不
急之務。此而不治，臣不信矣。臣又聞之《詩》曰：‘敬之敬之，天惟
憲思。’《書》曰：‘儆戒無虞，罔失法度。’《易》曰：‘其亡其亡，繫於苞
桑。’言君人者必懼天之明威，遵古之令典。作事謀始，居安慮危也。
臣旋觀今日下民期陛下之致治，雖百穀之仰膏雨，不足以喻焉。願陛
下勉强行之，無俾文帝專於漢。臣幸承勛績，參逢昭代。書賢能於鄉
老，第甲乙於宗伯。由文章而進位，待詔命於金門，比八年於兹矣。
沐大行育材之化，聖鑒不遺。當陛下御極之辰，王猷未洽。若爲優游
義府，默然無詞，則赧然羞而有靦面目矣。塵黷宸聽，復切兢憂。臣
某誠惶誠恐，死罪謹言。”御批云：“古人讀書不只謂詞賦口舌也，委質
事人忠言無隱，斯可謂不辱士君子之風矣。況朕纂承之始，正德未
敷。哀毀之中，智慮荒亂。深虞布政設教有不足仰嗣先皇，下副民
望。卿居下位而首進讜謀，觀詞氣激揚，快於披覽。十事煥矣，可舉
而行。朕必善初而思終，卿無今直而後佞。其中事件亦有已於赦書
處分者。二十八日批。”

（明）陶宗儀：《説郛》卷五八《江表志》

此措大兒語

初後主違旨拒命，嘗曰：“他日王師見討，孤當躬擐戎服，背城一
戰。如其不獲，取寶自焚。”太祖聞之曰：“此措大兒語耳，徒有其口，
必無其志。”至是果然。

（宋）曾慥：《類説》卷一八《江南野録》

李煜歸朝後，鬱鬱不樂，見於詞語。在賜第，七夕命故妓作樂，聞
於外，太宗怒。又傳“小樓昨夜又東風”並坐之，遂被禍。龍衮《江南

録》云:李國主小周后隨後主歸朝,封鄭國夫人,例隨命婦入宮。每一入,輒數日出,必大泣駡後主,聲聞於外,後主多宛轉避之。又,韓玉汝家有李國主歸朝後與金陵舊宮人書,云:"此中日夕,只以眼泪洗面。"

(宋)陸游:《避暑漫抄》

初,後主違旨拒命,嘗曰:"它日王師見討,孤當躬擐戎服,背城一戰。如其不獲,聚室自焚。"太祖聞之,曰:"此措大兒語耳,徒有其口,必無其志。"至是果然。

(明)陶宗儀:《説郛》卷三《江南野録》

李昇先爲徐温養子,冒徐姓,名知誥,爲昇州刺史,童謡曰:"東海鯉魚飛上天。"後竟即僞位。

(宋)吳處厚:《青箱雜記》卷七

江南李昇問道士王栖霞:"何道可致太平?"對曰:"王者治心、治身及治家國,今陛下尚未能去饑嗔飽,喜何論太平!"昇後自簾中稱嘆,以爲至言。

(宋)孔平仲:《續世説》卷一

江南李昇,性節儉,常躡薄屨,盥類用鐵盎,暑則寢於青葛,雖左右使令,唯老醜宮人,服飾粗略。

(宋)孔平仲:《續世説》卷一一

《九國志》:江南李昇常履蒲靸。

(清)陳元龍:《格致鏡原》卷一八

晉王景遂,先主第三子。天資雍睦,美姿容,性和厚。讓皇殂於丹陽,遣送葬,望柩哀慟雨泪,觀者爲之出涕。兄璟繼位,立爲儲副,固讓不從,改字退夫以見志。接物得人歡心,喜與賓僚宴咏,投壺賦詩。好用美玉器,每以玉器行酒,客傳玩,惟贊善張易乘醉抵於地曰:"輕人貴寶,殿下豈當至是耶?"坐客失色。景遂收容厚謝,撤以他器。嗣主遣易泛海使契丹,景遂手疏留之,曰:"朝中如易者幾希,宜朝夕左右,今泛不測之淵,投足點虜,歸朝莫準。"嗣主答曰:"張易奇人,海龍王亦懼之。"景遂一日朝服,忽於空中揖讓,謂左右曰:"上帝詔許旌陽召吾偕往,須當行矣。"

(宋)文瑩:《玉壺清話》卷一〇

江南李氏齊王景遂,爲皇太弟。嘗與官僚宴集,贊善大夫張易有所規諫,景遂方與客傳玩玉杯,弗之顧。易怒曰:"殿下重寶而輕士。"取杯抵地碎之。眾皆失色,景遂斂容謝之。

(宋)孔平仲:《續世說》卷三

嗣主璟幼有奇相,惟義主徐溫器之,曰:"此子殆非人臣相。"溫食即命同席,南向以坐之。曰:"徐氏無此孫。"溫自金陵迎吳王於迎鑾江,大閱水嬉,還至百家灣,向夕暴風忽起,舟人束手於駭浪中,溫四望無計,遂祖褐負璟於背,回語嬪御曰:"吾善游,不暇救爾輩,所保者此子爾。"言訖,風息,若神護。璟天姿高邁,始出閣,即就廬山瀑布前構書齋,爲他日閒適之計,及迫於紹襲,遂舍爲"開先精舍"。

(宋)文瑩:《玉壺清話》卷一〇

江南李璟,爲人謙謹。初即位不名大臣,數延公卿論政體。李建勛謂人曰:"主上寬仁大度,優於先帝,但性習未定,苟旁無正人,恐不能守先帝之業耳。"

(宋)孔平仲:《續世說》卷四

李璟保大七年,召大臣宗室赴内,香燕凡中國、外夷所出,以至和合、煎飲、佩帶、粉囊，共九十二種。江南素所無也。

（宋）陶穀：《清異録》卷下《香燕》

世宗既罷兵，使鍾謨以誠來諭曰："吾與江南大義已定，固無他慮，然人命不保，江南無備已久，後之人將不汝容。可及吾之世，繕修城隍，分據要害，爲子孫之計宜矣。"璟得命，乃修建康諸郡城池，毀者堅之，甲卒寡者補之。又議遷都，璟曰："建康與敵境隔江而已，又在下流，吾今移都豫章，據上流而制根本，上策也。"群臣多不欲，遂葺洪州爲南都。洪州雖爲大藩，及爲都邑，則迫隘丘坎，無所施力，群情不安之。下議來還，會疾作，殂於洪州，年四十六。

（宋）文瑩：《玉壺清話》卷一〇

保大霸主同氣曰宜春王從謙，材性夙成，制撰多不具藁。擬下邠侯革華體作《夏清侯傳》，云：侯姓干氏，諱秀，字聳之，渭川人也。曾大父仲森碧虛郎，大父挺凌雲處士，父太清方隱於幽閒，輒以卓立卿自名。衣緑縷，佩玉玦。秦聞之，就拜銀緑大夫。秀始在胚胎，已有祖父相。生而操持，面目凛然，僉曰鳳雛而文，虎鞹而斑斑，秀之謂也。不日間，昂霄聳壑，姿態猗猗，遠勝其父。久之，材堅可用。時秦王病暑，席温爲下常侍，不稱旨。有言秀甚忠，能碎身爲王，得之必如意。王亟召使者駕追鋒車，旁午於道。既至引對，王大悦，詔柄臣金開剖喻。秀以革故鼎新之義，然後剖析其材，刮削其粗，編度令合。又教其方縝密，於是風采德能一變。有司奏上殿，王宣旨云：恨識卿之晚，賜姓名爲平瑩，封夏清侯，實食嶧穀三百户。瑩以賜姓名，改字少覃。自此槐殿虛敞，玉窗邃深，瑩專奉起居，往往屏妃嬪，以身藉。瑩向之，喘雷汗雨，隱不復見，如超熱海登廣寒宮。王病良愈，謂左右："瑩每近吾，則四體生風，神志增爽，雖古清卿清郎，何以尚兹？"寵遇益隆，偃曹侍郎，羽果支頭，使沉水卷足，功臣添憑，皆出其下。瑩暇日沐浴萬珠水，釃酲百穗香，辟穀安居，咏籊兮之詩以自娱。感子猷此君之稱，嫌牧之夫人之謗，回視作甲者勞於魏武，爲冠者小於漢高白虎殿之虛名，童子寺之寡援，未嘗不傷其而長太息也。不懈於位，前後五年，秋歸田園，夏直軒閣，功日大。無何，秦王有寒疾，不可以風。席溫再幸，兼拜羅大周爲斗圍監，蒙厚中爲邊幅將軍，同司卧起。熒絕不召，蹤迹卷而不舒，潦倒塵埃中，每火雲排空，日色如焰，則憶昔悲今，淚數行下。乃上表乞骸骨，得請以便。就第，終王世不用。子嗣節襲國，有罪除。其封人以凝秋曳呼之，既不契風雲，但以時見於士庶家，亦得人之歡心。後世尚循熒業，流落遍於四方，惟西北地寒，故轍迹不至云。

(宋)陶穀：《清異録》卷下《夏清侯傳》

南唐時，宮中嘗賜洗兒果，有近臣謝表云：“猥蒙寵數，深愧無功。”李主曰：“此事卿安得有功，坡賀《洗兒詞》云：‘犀錢玉果，利市平分沾四座。’自愧無功，此事如何到得儂？”

(宋)祝穆：《古今事文類聚》後集卷五

後南唐時，宮中嘗賜洗兒果。有近臣謝表云：“猥蒙寵數，深愧無功。”此正用世説事。而李後主亦曰：“此事如何著卿有功。”

(宋)王楙：《野客叢書》卷一〇

南唐時，宮中嘗賜洗兒果，有近臣謝表云：“猥蒙寵數，深愧無功。”李主曰：“此事卿安得有功。”

(明)彭大翼：《山堂肆考》卷一四二

李煜，字重光，徐州人也。祖昪，父景，昪爲吳將徐温養子，因冒姓徐，名知誥。唐天成二年，温卒，昪將出鎮，欲以國事付景，遂參政事。昪鎮金陵，遷景司徒、平章事，爲中外諸軍副都統。昪受吳禪，國號齊，改元昪元，僭帝號，自以爲唐之後也，復姓李，國號唐。景初名景通，後改爲璟，避周諱復名景，初封吳王，爲諸道元帥、録尚書事，改封齊王。昪卒，景嗣，既襲位，改元保大，尊母宋氏爲皇太后，立妻鍾

氏爲皇后，用宋齊丘、周宗爲宰相。周世宗既盡取江北十四州之地，
景懼，禀周正朔，上表稱國主，世宗答書云“皇帝恭問江南國主”，勞之
而已。景由是頗躁憤，遂殺齊丘等。太祖受命，景遣使朝貢，徙都南
昌。景卒，子煜嗣，表請追尊帝號，太祖許之，謚景爲“明道崇德文宣
孝皇帝”，廟號元宗，陵曰順陵。

　　煜本名從嘉，初封安定郡公，累遷諸衛大將軍、副元帥，封鄭王，
又封吳王。景遷南昌，立爲太子監國，襲位於建康，改今名，立母鍾氏
爲聖尊后，以父名泰章故也，妻周氏爲國后。遣使入貢，奉表陳紹襲，
太祖詔答焉。自景內附，周世宗貽書於景，至是始賜煜詔而不名。及
嶺南平，煜懼，上表遂改唐國主爲江南國主，改唐國印爲江南國印，又
請所賜詔呼名，許之。於是貶損節度，下書稱教，改中書門下省爲左
右內史府，尚書省爲司會府，御史臺爲司憲司，翰林爲文館，樞密院爲
光政院，降封諸王爲國公，官號名多所更易。歲貢長春節錢三千萬，
遣其弟從善來朝，以爲泰寧軍節度使，賜第留京師。煜雖外恭順，而
內實繕甲兵，爲戰備，太祖諭令入朝，不從命。開寶七年，詔煜赴闕，
煜又稱疾不奉詔，乃命曹彬、潘美徵之，所至皆下。初，樊若水在江
南，舉進士不第，嘗因釣魚采石江上，以漁船載絲繩，度江之廣狹。上
書言江南可伐之狀，請造浮橋以濟師。太祖用其計，下荊湖，造大橋，
聯巨艦而下。煜語其臣張洎，洎對曰：“載籍以來，長江無浮梁之事。”
煜曰：“吾亦以爲兒戲爾。”及王師度江薄城，果以浮梁而煜不知也。
若水初除舒州推官，及計既行，遂領池州，後改名知古，官至給事中。
當王師度江也，煜以兵柄任皇甫繼勛，以機事屬陳喬、張洎，傳詔內殿
者徐元瑀、徐元瑜、刁術，邊書告急，元瑜等匿而不通，及兵圍城，煜驚
且怒，遂殺繼勛。初彬之南征也，太祖諭之曰：“卿至金陵，戒暴略示
兵威，令其歸順，不必急攻。”至是，煜危甚，遣其臣徐鉉、周惟簡至京
師，煜上奏曰：

　　臣猥以幽孱，曲承臨照，僻在幽遠，忠義自持，唯將一心，上結明
主。比蒙號召，自取愆尤，王師四臨，無往不克，途窮道迫，天實爲之。
北望天門，心懸魏闕，嗟一城生聚，吾君赤子也。微臣薄軀，吾君外臣

也,忍使一朝便忘覆育,號咷鬱咽盍見舍乎！臣性實愚昧,才無異稟,受皇朝獎,與首冠萬方,奈何一日自踵蜀漢,不臣之子同群合類,而爲囚虜乎！貽責天下,取辱祖先,臣所以不忍也。豈獨臣不忍爲,亦聖君不忍令臣之爲也。況乎名辱身毀,古人之所嫌畏者也。人所嫌畏,臣不敢不嫌畏也,惟陛下寬之、赦之。臣又聞鳥獸微物也,依人而猶哀之;君臣大義也,傾忠能無憐乎！儻令臣進退之迹,不至醜惡,宗社之失,不自臣身,是臣死生之願畢矣。實存没之幸也,豈惟存没之幸也,實舉國之受賜也,豈惟舉國之受賜也,實天下之鼓舞也。皇天后土,實鑒斯言。

　　鉉等至京師,見太祖言曰:"李煜何罪? 而陛下伐之。且煜事陛下,如子事父。"其説累數百言。太祖曰:"爾謂父子,爲兩家可乎?"鉉不能對。鉉等既還,煜復遣入奏。鉉言李煜事大之禮甚恭,以病未任朝謁,非敢拒詔,乞緩兵,以全一邦之命。太祖怒按劍,謂鉉曰:"不須多言,江南亦有何罪,但天下一家,卧榻之側,豈容他人鼾睡。"鉉皇恐而退。初,太祖詔諸將罷攻城,令自歸闕,煜爲左右所惑,猶豫不决,遂詔進兵。八年,城陷,煜就擒,彬露佈以聞。

　　先是,陳喬、張洎事煜,同掌機務,及朝廷舉兵,乃相謂當死社稷。及城陷,洎不能死,喬徑入白煜曰:"今日國亡,願加顯戮,以謝國人。"煜曰:"此曆數,卿死無益也。"喬曰:"縱不殺臣,臣何面目以見士大夫乎!"遂死之。又内史舍人潘佑,嘗上煜書曰:"臣聞三軍可奪帥也,匹夫不可奪志也。殿下黨蔽奸回,曲容諂僞,受賊臣之佞媚,保賊臣之骨肉,使國家愔愔日將莫,不顧兆人之患,不憂宗社之覆。以古觀之,則知殿下爲君不道,桀紂孫皓破國亡家,自已而作,爲千古笑。今殿下取則奸回,以敗亂國家,是殿下爲君不及桀紂孫皓遠矣!臣必退之,心有死而已,不能與奸臣比肩而事亡國之主,使一旦爲天下笑。"煜大怒,殺之。後二歲,國亡。太祖御明德門受俘,太祖以其常奉正朔也,詔露佈寢而不宣,釋其罪,以爲右千牛衛上將軍,封違命侯。自昇至煜三主,共三十九年而失國。

(宋)王稱:《東都事略》卷二三

南唐李煜，字重光。其祖昇，僞吳將徐温之養子，冒徐姓，名知誥。後唐長興中，專吳政，爲太尉，以子景爲平章事。昇，天福間遂僭稱帝，國號齊，復李姓，因改爲唐，都金陵，七年而死。景嗣，以宋齊丘、周宗爲相，僭郊祀禮，遣將校侵福建、漳、泉之地。河中李守政叛永授，而景應之，聞其敗乃還。周初下長沙，復失之。方中原多事，盧文正、李金全、皇甫暉之徒南奔。景據江淮三十年，國力富盛，潛有窺神器之意。聞世宗克揚州始懼，而盡割淮南地。歲餘，盡去僭號。既而忿躁，乃殺宋齊丘、陳覺、李正古。及太祖登位，益懼，遂徙都南昌。景死，煜嗣，表請追尊景，立帝號，太祖許之。廟號元宗，及陵名亦稟而後定。自是朝廷始改書爲詔制。西蜀、嶺南雖平，而江南貢奉不絕，故未欲加兵，乃遣使諭令入朝。煜稱疾，而沿江繕兵備。始命曹彬、潘美徵之。初樊若冰獻采石磯浮梁計，上從之。煜語張洎，洎曰：“古來有之。”煜曰：“兒戲耳。”橋成，王師薄城，而煜不知也。時煜以兵柄任皇甫繼勛，以機事屬陳喬、張洎。傳詔內殿者，徐元瑀、徐元瑜、刁衎。邊書告急，元瑜等皆匿而不通。及兵圍城，煜驚且怒，而殺繼勛焉。陳喬、張洎常相謂當死社稷，及城陷，喬獨死之，洎從煜歸朝，後至執政。喬字子喬，豫章人。煜以爲門下侍郎兼樞密使，煜所遣拒王師，皆非習武事者，其將帥多佩符印，人傳以爲笑。及戰，皆不復還。城垂陷，太祖猶遣諭曹彬，令招撫之。煜惑左右之言，卒至就擒。開寶九年，至闕，免宣露佈，特授左千牛衛上將軍，封違命侯。太宗即位，加特進改封隴西郡公，卒年四十二，追封吳王。自昇至煜三主，共三十九年而失國。子仲寓，官至刺史。寓之子正言。

（宋）曾鞏：《隆平集》卷一二

李煜在國，微行娼家，遇一僧張席，煜遂爲不速之客。僧酒令謳吟吹彈，莫不高了，見煜明俊醞藉，契合相愛重。煜乘醉大書右壁曰：“淺斟低唱，偎紅倚翠大師；鴛鴦寺主，傳持風流教法。”久之，僧擁妓入屏帷。煜徐步而出。僧妓竟不知煜爲誰也。煜嘗密諭徐鉉，鉉言於所親焉。

（宋）陶穀：《清異録》卷上《慁紅倚翠大師》

江南後主同氣宜春王從謙，常春日與妃侍游宮中後圃，妃侍睹桃花爛開，意欲折而條高。小黄門取彩梯獻。時從謙正乘駿馬擊毬，乃引鞚至花底痛采芳菲，顧謂嬪妾曰：“吾之緑耳梯何如？”

（宋）陶穀：《清異録》卷上《緑耳梯》

《楊文公談苑》記江南後主患清暑閣前草生，徐鍇令以桂屑布磚縫中，宿草盡死。

（宋）沈括：《夢溪筆談》卷四

開寶八年十一月，江南平留，汴水以待李國主舟行。盛寒，河流淺涸，詔所在爲壩閘，瀦水以過舟。官吏擊凍督役稍稽，則皆何校，甚者劾罪，以次被罰，州縣官降敕而杖之者，凡十餘人。

（宋）宋敏求：《春明退朝録》上

江南李後主煜性寬恕，威令不素著，神骨秀異，駢齒，一目有重瞳，篤信佛法。殆國勢危削，自嘆曰：“天下無周公、仲尼，君道不可行，但著《雜説》百篇以見志。”十一月，獵於青龍山，一牝狙觸網於谷，見主兩泪，稽顙搏膺，屢指其腹。主大怪，戒虞人保以守之，是夕，果誕二子，因感之。還幸大理寺，親録囚繫多所，原貸一大辟婦，以孕在獄，產期滿則伏誅，未幾亦誕二子。煜感牝狙之事，止流於遠，吏議短之。

（宋）文瑩：《湘山野録》卷中

李後主酷信浮屠，朝退與後頂僧伽帽，衣袈裟，誦佛書，拜跪頓顙，至爲瘤贅，親爲桑門削作厠簡子，試之腮頰，少有澀滯者，再爲治之。其手不叉，學佛握印而行，僧犯奸，有司具牘還俗，後主令禮佛三百拜,免刑。王師克池州,令僧俗、兵士念救苦觀世音菩薩。

(宋)祝穆:《古今事文類聚》前集卷三五

南唐李後主獵青龍山。一牝狙觸網,見主雨泪稽顙,屢指其腹。主戒虞人保守之。是夕,誕二子。還幸大理寺,親録囚繫,一大辟婦,以孕在獄,未幾産二子。煜感牝狙之事,罪止於流。

(宋)周應合:《景定建康志》卷五〇

開寶中,趙普猶秉政。江南後主以銀五萬兩遺普,普白太祖。太祖曰:“此不可不受,但以書答謝,少賂其來使可也。”普叩頭辭讓,上曰:“大國之體,不可自爲寢弱,當使之勿測。”既而,後主遣其弟從善入貢,常賜外,密賚白金如遺普之數,江南君臣始震駭,服上之偉度。

(宋)江少虞:《宋朝事實類苑》卷一《祖宗聖訓》

李王煜以太平興國三年七月七日生日,錢王俶以雍熙四年八月二十四日生日,皆與賜器幣,中使燕罷暴死。並見《國史》。

(宋)邵博:《邵氏聞見後録》卷二二

南唐李後主煜,以七月七日生,以七月七日死。吴越王俶以天成四年八月二十四日生,以宋太宗端□元年八月二十四日死,剛一甲子。然後主以故國不堪回首句及徐鉉所探,賜肌牽藥而死。忠懿荷禮最優,宜無他者,顧二王皆以生辰死者,蓋御忌未消,各借生辰,賜酒陰斃之也。

(清)褚人獲:《堅瓠集》廣集卷一

江南李煜既降,太祖嘗因曲燕問:“聞卿在國中好作詩。”因使舉其得意者一聯。煜沉吟久之,誦其咏扇云:“揖讓月在手,動搖風滿懷。”上曰:“滿懷之風,却有多少?”他日復燕煜,顧近臣曰:“好一箇翰林學士。"

（宋）葉夢得：《石林燕語》卷四

後主煜幼子宣城郡公仲宣，國后周氏所生。敏慧特異，眉目神采若圖畫，三歲能誦《孝經》及古雜文。煜置膝上，授之以數萬言。因作樂，盡別其節，宮中燕侍自然，知事親之禮，見士大夫揖讓進退，皆如成人。栖霞道者，異僧也，能知往事，自鍾山迎於大內，令嬪御抱出此兒見之，自能合爪於顙，栖霞曰："不祥之器也。此兒與陛下並後夙有深冤，以陛下積德，不能酷償，故爲劫恩愛，賊托掖庭，割父母之肝腸，宜善養之而勿戀。"年五歲，忽自言曰："兒不能久居，今將去矣。"因瞑目逝。周后在疾，聞之亦逝。煜悼痛傷悲，哽躃幾絕者數四，將赴井，救之獲免。

（宋）文瑩：《玉壺清話》卷一〇

太祖既下江南，得徐鉉、湯悅、張洎輩，謂之曰："朕平金陵，止得卿輩爾。"因問曰："朕何如卿國主？"張洎對曰："陛下生而知之，國主學而知之，雖學知與生知不同，然其知一也。"

（宋）田況：《儒林公議》卷上

徐鉉歸朝，爲左散騎常侍，遷給事中。太宗一日問："曾見李煜否？"鉉對以："臣安敢私見之！"上曰："卿第往，但言朕令卿往相見可矣。"鉉遂徑往其居，望門下馬，但一老卒守門。徐言："願見太尉。"卒言："有旨不得與人接，豈可見也！"鉉云："我乃奉旨來見。"老卒往報，徐入立庭下久之。老卒遂入取舊椅子相對。鉉遙望見，謂卒曰："但正衙一椅足矣。"頃間，李主紗帽道服而出。鉉方拜，而李主遽下階引其手以上。鉉告辭賓主之禮，主曰："今日豈有此禮？"徐引椅少偏乃敢坐。後主相持大哭，乃坐默不言。忽長吁嘆曰："當時悔殺了潘佑、李平。"鉉既去，乃有旨再對，詢後主何言。鉉不敢隱，遂有秦王賜牽機藥之事。牽機藥者，服之前却數十回，頭足相就如牽機狀也。

又後主在賜第,因七夕命故妓作樂,聲聞於外,太宗聞之大怒;又傳"小樓昨夜又東風"及"一江春水向東流"之句,並坐之,遂被禍云。

(宋)王銍:《默記》卷上

南唐後主爲師子國王。

(明)陳耀文:《天中記》卷三九

李後主令林仁肇鎮武昌。宋祖欲取上游,憚仁肇,未即遣。後主弟齊王達質於闕下,太祖密令往武昌僧院,竊取仁肇全身真挂於便殿,召齊王視之,曰:"卿識此人否?"答曰:"臣不識,然有類臣江南林仁肇。"太祖曰:"正是耳。近有表,並進此像,言相次歸朝,將遣使迎之。"齊王不省其謀,使人間行歸白。由是君臣猜忌,仁肇不期而卒。

周勛初主編:《宋人軼事彙編》卷一

重瞳未必皆佳也。《史記》載舜目蓋重瞳子,項羽亦重瞳子,成否概可知矣。五代時李後主煜一目有重瞳,後竟歸朝以死。其後建州一老僧卓岩明兩目皆重瞳,内臣李義聞之,强爲推戴,既而爲義所殺,亦自無其福也。

(宋)袁文:《甕牖閒評》卷八

《南唐書》:李後主煜重瞳子。《五代史》:梁康王友孜目重瞳子。《五代史》:漢高祖目多白睛,凛如也。

(清)陳元龍:《格致鏡原》卷一一

山陰金雪洲先生初生,祖楚畹先生蘭命名曰"煜"。有異人善扶乩,能降神,言是兒前身,乃南唐李後主煜也。

(清)褚人獲:《堅瓠集》廣集卷一

不修霸業

江南李氏納款之後，僞命詞臣，多在近密。太宗幸翰苑，閱群書，後主爲金吾上將軍，在環衛之列，徐鉉、湯悦之徒侍坐。太宗見江南臣在上，而故主居下，謂侍臣曰："不能修霸業，但嘲風咏月，今日宜矣。"

（宋）曾慥：《類說》卷一九《見聞録》

李後主善詩

太祖一日小宴，顧江南國主李煜，曰："聞卿善詩，可舉一聯。"煜思久之，乃舉咏扇詩云："揖讓月在手，動握風滿懷。"太祖曰："滿懷之風，何足尚。"從官無不嘆服。

（明）陶宗儀：《説郛》卷三四《談淵》

周世宗已得淮南，李後主令侍中林仁肇出鎮武昌，倚爲長城可知矣。未幾，而大宋受命太祖，欲先取上游。兵師多憚仁肇，未即遣之。於時，後主弟齊王遣質於闕下，太祖嘗密令親信，行班武昌僧院竊取仁肇全身真容，既至，挂於便殿。召齊王觀之曰："卿識此人不。"對曰："臣不識，然有類臣江南林仁肇。"上曰："正是耳。近有表並進此像，言相次歸朝，朕將遣使迎之。"齊王不省其謀，亟使人間行歸白其事。由是君臣猜惑，仁肇不明而卒。

（明）陶宗儀：《説郛》卷四〇《野説》

太祖皇帝龍潛時，雖屢以善兵立奇功，而天性不好殺。故受命之後，其取江南也，戒曹、秦、王、潘、鄭、王曰："江南本無罪，但以朕欲大一統，容他不得。卿等至彼，慎勿殺人。"曹、潘兵臨城久之，不下，乃草奏曰："兵久無功，不殺無以立威。"太祖覽之，赫然批還其奏曰："朕寧不得江南，不可輒殺人也。"逮批詔到而城已破。契勘，城破乃批奏狀之日也。天人相感之理，不亦異哉。其後革軛至太原，亦徇於師曰："朕今取河東，誓不殺一人。"大哉！仁乎！自古應天命一四海之君，未嘗有是言也。

（明）陶宗儀：《説郛》卷四一《曲洧舊聞》

江南遺後主銀五萬兩

開寶中，趙普尤秉政，江南後主以銀五萬兩遺普，普辭。太祖曰：“大國之體，不可自弱，當使之勿測，不可不受。”即而，後主遣弟從善入貢，常賜外密賚白金如遺普之數，江南君臣始震駭，服上之偉度。

（宋）曾慥：《類説》卷五三《談苑》

卧榻側他人鼾睡

開寶中，王師圍金陵。李後主遣徐鉉入朝，對於便殿，懇述江南事大，之禮甚恭，徒以被病，未任朝謁，非敢拒詔。太祖曰：“不須多言，江南有何罪。但天下一家，卧榻之側，豈可許他人鼾睡。”鉉復命。未幾，城陷，隨後主歸朝。鉉性質直，見士大夫寒日多被褐，曰：“中朝自五胡猾亂，其風未改，荷氈被毳，實煩有徒。”一日，見其婿亦被毛裘，責曰：“吳郎上流，安得效此。”淑曰：“晨興苦寒，朝中服者甚衆。”鉉曰：“士君子有操者，亦未嘗服。”蓋自謂也。

（宋）曾慥：《類説》卷五三《談苑》

論亡國之主

項羽夜聞漢軍四面皆楚歌，泣數行下，歌曰：“力拔山兮氣蓋世，時不利兮騅不逝，騅不逝兮可奈何，虞兮虞兮奈若何。”又《東坡志林》載李後主去國之詞云：“二十餘年家國，數千里地山河，幾曾慣干戈。一旦歸爲臣虜，沈腰潘鬢消磨。最是倉皇辭廟日，教坊猶奏別離歌，揮泪對宮娥。”東坡謂後主當慟哭於九廟之下，謝其民而後行，顧乃揮泪對宮娥。其詞淒愴，同出一揆，然羽爲差勝，其悲歌慷慨，猶有暗嗚叱咤之氣。後主渾是養成兒女之態耳。如梁武帝稔侯景之禍，毒流江左，乃曰：“自我得之，自我失之，亦復何恨。”此説雖與二者不同,如窮兒呼盧,驟勝驟負,無所愛惜,特付之一弃耳。嗚呼! 安得此亡國之言哉!

（明）陶宗儀:《説郛》卷一七《希通録》

　　金陵童謠

　　金陵圍逼之際,人多患脚弱而卒。童謠云:"索得孃來破却家,後園桃李不生花。猪兒狗兒總死盡,養得猫兒遇赤瘕。"一僧解之曰:"孃謂再娶周后,不生花謂之枯瘁。猪狗死盡,戊亥年,脚弱而亡者。赤瘕猫,目疾不能捕鼠,謂不見丙子年也。"

（宋）曾慥:《類説》卷二一《南唐近事》

　　夢羊升殿

　　後主即位,夢羊升武德殿,御床,意甚惡之。及城陷,補闕楊克讓首知府事。

（宋）曾慥:《類説》卷二一《南唐近事》

(15) 北漢

　　後漢劉崇,太原人,漢高之從弟也。乾祐初,爲北京留守。周太祖廣順元年,崇僭號於河東,稱漢,改名旻。世宗顯德二年卒,子承均襲僭位。承均卒,子繼元嗣。皇朝太平興國四年,爲王師所平。

（宋）王欽若等編纂:《册府元龜》卷二一九《僭僞部》

　　（廣順元年正月）丙戌,河東劉崇僭號,太祖遣供奉官張令權賷敕書,曉諭晉、絳、慈、隰諸州軍民曰:"朕早事劉氏,共立漢朝,當高祖寢疾既危,朕與楊州史弘肇於御床之前,同受顧托。嗣君既立,叛亂繼興,朕討平河中,克寧關内,敢言勞苦,貴保宗祧。自鎮鄴都,復當戎寄,忘食廢寢,夜思晝行,固護邊疆,訓齊師旅,憂時憂國,盡節盡忠。不期群小連謀,蔽惑幼主,忽於内殿,並害大臣。朕方在外藩,亦遭讒構,密降宣命,潛遣行誅。諸將知此無辜,乞除君側之惡,遂與將士同赴闕廷。凶豎計窮，迫害幼主。朕遂奏太后，請立劉贇。比候到京，方議冊立，便值河北告急，契丹内侵，遂領大軍，徑赴救援。自澶州起程北去，輜重相次先行，旗隊才移，軍情忽變，喊聲動地，事勢莫知，攢集戈矛，請朕爲主。逃脱無地，扶擁入京，内外臣僚藩岳侯伯表章繼至，推戴益堅，勉副群情，尋登大位。照臨之内，罔不傾心。不謂北京留守劉崇，顯有包藏，輒萌僭竊，散飛文字，誆惑人民，騷動一方，酷虐萬姓，差點丁壯，率掠貨財，殺戮無辜，誅剥難狀。况劉崇自居藩鎮，唯務貪求，刻削軍都，增添稅賦，千里之内，民不聊生。今則又作猖狂，更加暴虐，謂人情可以詐取，謂天命可以僭求，顛越如斯，不亡何待？朕方輯寧區宇，拯救黔黎，見舉大軍，往平微孽。爰念河東管界，皆是朕之生靈，被此凶殘，深懷軫惻，即候收復城壘，當議減放稅租，内外軍民，並與洗滌。更在沿邊藩鎮，明宣朕懷，接界户人，勿令侵擾。其邊界城池，已令修葺，要辨奸細，切須堤防，安撫生民，以副朕意。"

（宋）王欽若等編纂：《册府元龜》卷六六《帝王部》

後漢劉崇僭號於河東，署其子承鈞爲侍衛親軍、都指揮使、太原尹。

（宋）王欽若等編纂：《册府元龜》卷二二四《僭僞部》

河東劉崇僭稱帝位，遣兵三千餘衆寇府州，爲節度使折德扆所破，其所部岢嵐軍爲德扆所取。周世宗嗣位，崇乞師於虜，與虜將楊袞合勢，大舉來迫潞州。顯德元年三月，世宗親征，與崇戰於高平，大敗之。崇與親騎十數人逾山而遁，中夜迷懵，不知所適，劫村民使爲鄉導，誤趨晉州路，行百餘里方覺。崇怒殺鄉導者，得他路而去。距太原一舍，其子承鈞夜以兵百人迎之而入。及周師至城下，崇氣懾自固，閉壘不出。月餘，世宗乃旋軍。

（宋）王欽若等編纂：《册府元龜》卷二三四《僭僞部》

北漢主遣内園使李弼弼，未見。以詔書、金帛、善馬賜李筠，筠復遣劉繼冲詣晉陽，請北漢主舉軍南下，己爲前道。北漢主將謀於契丹，繼冲道筠意，請無用契丹兵。北漢主從之，即日大閱，傾國自將出團柏谷，群臣餞之汾水。左僕射趙華曰：“李筠舉事輕易，事必無成，陛下掃境内而赴之，臣未見其可也。”北漢主嗔目謂華曰：“朕志已决，卿安能知其必無成耶。卿有長策，顧當何如？”華未及對，北漢主拂衣上馬。行至太平驛，筠身率官屬耆老迎謁，北漢主命筠贊拜不名，坐於宰相博興衛融之上，融，初見廣順元年。封西平王，正史作西平王，劉恕《十國紀年》亦作西平王，路振《九國志》及《五代史》作隴西郡王，今不取。賜馬三百匹及服玩珍異甚衆。筠所獻亦略與所賜等，及文武大臣皆有賂。

筠見北漢主儀衛寡弱，不似王者，内甚悔之。北漢主數召筠計事，筠自言受周氏恩，不忍負之。而北漢主與周，世仇也，聞筠言，亦不悦。筠將還，別賜馬及鎧甲具裝，遣宣徽使萊人盧贊監其軍，筠心益不平。筠有馬三千匹，日夕校閱，欲直趣大梁。贊嘗見筠計事，筠不應，顧左右曰：“大梁兵皆我昔時部曲也，見我則降耳。”贊怒，拂衣而起。北漢主聞贊與筠有隙，遣衛融詣軍中和解之。筠留其長子守節守上黨，自率衆三萬南出。

（宋）李燾：《續資治通鑒長編》卷一，太祖建隆元年（960）

北漢主聞筠敗，自太平驛遁還晉陽，謂趙華曰：“李筠無狀，卒如卿言。吾幸全師以歸，但恨失衛融、盧贊耳。”由是重文學之士。久之，華請老，使食其禄終身。以翰林學士承旨、兵部尚書趙弘爲中書侍郎、兼兵部尚書、平章事。弘，薊人也。

（宋）李燾：《續資治通鑒長編》卷一，太祖建隆元年（960）

（十月）乙酉，晉州言兵馬鈐轄、鄭州防禦使荆罕儒戰没。罕儒恃勇輕敵，常懸軍深入北漢境，北漢人多閉壁不出，前後擄獲甚衆，於是領千餘騎抵汾州城下，焚其草市而還。夕次京土原，北漢主遣大將郝貴超貴超，未見。領萬衆來襲，黎明，及之，罕儒遣都監、氈毬副使閻彦進彦進，未見。分兵以御貴超。罕儒錦袍衷甲，據胡床饗士，方割羊臂臑以食，聞彦進小却，即上馬，麾兵徑犯其鋒。北漢人攢戈舂之，罕儒墜馬，爲北漢人所獲，罕儒猶格鬥，手殺十餘人，乃遇害。北漢主欲生致罕儒，及聞其死，求殺罕儒者戮之。上痛悼不已，擢其子守勛爲西京武德副使；因索京土原之將校不用命者，黜慈州團練使平陸王繼勛繼勛，初見乾祐元年。爲率府率，閻彦進爲殿直，斬其部下龍捷指揮使石進德等二十九人。乙酉，十六日也。《新録》據奏到始書，今從之。不知罕儒戰没果何日也。

（宋）李燾：《續資治通鑑長編》卷一，太祖建隆元年（960）

薛史能叙降王終事，歐無，然北漢劉氏事，則歐史爲詳，而薛史反略，不但因薛史成時，劉氏未亡之故也，即其叙劉崇不過六七百字，歐史則一千五百餘字，詳略已懸殊。至崇子承鈞，及承鈞之養子繼恩、繼元，相繼襲位，而薛史承鈞只一句，繼恩、繼元並其名不見。歐史則叙至一千八九百字，詳略相去甚遠。且薛史成於開寶七年，繼元在位已七年，而竟不書，薛居正但就史官已録者，鈔撮成書，其餘概不添補。嘆史裁愜人意者，千古罕見。

（清）王鳴盛：《十七史商榷》卷九七《北漢劉氏歐詳薛略》

劉崇，歐云“漢高祖母弟”，《通鑑》二百九十卷胡三省注同。薛云從弟，恐當從歐。

（清）王鳴盛：《十七史商榷》卷九七《劉崇漢祖母弟》

歐史《世家》云：“劉旻崇改名，僭號，仍稱乾祐漢隱帝號，不改元。承鈞立，始改乾祐十年曰天會元年。”又云：“繼元立，改元曰廣運。”歐公作文主於簡嚴，故語意似涉牽混，使讀者乍觀之，似承鈞、繼元初立，即改元者，其《年譜》則旻之仍稱乾祐自四年始，是年歲次辛亥，即周太祖廣順元年。至乾祐七年，旻死，承鈞立，是年歲次甲寅，即周世宗顯德元年。承鈞仍稱乾祐，至丁巳歲，承鈞始改乾祐十年爲天會元年。

即顯德四年。《年譜》終於天會三年，是年歲次己未。即顯德六年，周恭帝即位之年，明年禪宋。至天會十二年戊辰歲，即宋太祖開寶元年。承鈞死，繼元立，亦不改元，仍稱天會，至甲戌歲即開寶七年，繼元始改天會十八年爲廣運元年。廣運六年，是年歲次己卯，即宋太宗太平興國四年。繼元亡，而《年譜》皆不書者，因天會四年已入宋故也。以上所推，據《通鑑考異》所采劉恕道原説。《世家》中不書承鈞、繼元立不改元，仍稱乾祐、天會，但渾而言之，逹心則其言略，而《年譜》固無誤也。乃薛史《周世宗紀》及《僭僞列傳》皆言旻死於顯德二年乙卯十一月，薛史誤矣。《通鑑》第二百九十二卷周世宗顯德元年十一月，北漢主疾病，命其子承鈞監國，尋殂。又，二百九十三卷顯德四年正月己丑朔，北漢大赦，改元天會，皆與歐合。《考異》載劉道原説，駁薛史爲非，又言："劉氏有國，全無紀録，惟其舊臣中書舍人、直翰林院王保衡歸朝後所纂《晉陽僞署見聞要録》云：'甲寅春，南伐敗歸，夏，周師攻圍，旻積憂勞成心病。是冬卒，鈞即位。丁巳年正月旦，改乾祐十年爲天會元年。'右諫議大夫楊夢申奉敕撰《大漢都統進封定王劉繼顒神道碑》云：'天會十二年，今皇帝踐祚之初年也。十七年，繼顒卒。'末題'廣運元年歲次甲戌五月丙午朔'。"道原以此爲據，推其歷年，自屬的確之至。道原史學之精於此可見，而薛史之誤明矣。《遼史·穆宗紀》應曆五年十一月，漢主崇殂。應曆五年即顯德二年，《遼史》亦誤。予又得《天龍寺千佛樓碑》拓本，繼元之臣行尚書左僕射兼中書侍郎平章事李惲撰，末題廣運二年歲次乙亥八月庚子朔，二十一日則立碑時也。顧寧人作開運二年，開運係晉出帝年號，寧人誤。石本甚明，碑乃當時所立，本國之臣所撰，鑿鑿可信，豈敵國傳聞之比？萬季野先生斯同《補歷代史表》與道原及碑皆符，先生史學精絶。元陳子經《通鑑續編》第三卷，明薛方山應旗《甲子會紀》第三卷，皆以繼元初立即改元，誤不待言。而季野《紀元彙考》乃與陳、薛同，一人之作，如出二手，是可疑也。朱竹垞彝尊據碑，譏歐公書繼元之改元，未得其詳，若歐果誤認，則《世譜》書承鈞之改元未嘗誤，何以《世家》文法與繼元同？歐不誤，竹垞誤耳。

（清）王鳴盛：《十七史商榷》卷九七《劉氏建號》

歐《世家》云："承鈞卒，養子繼恩立，卧閣中，供奉官侯霸榮率十餘人，挺刃入閣殺之，郭無爲遣人入殺霸榮。初，承鈞語無爲，繼恩非濟世才，無爲不對，繼恩怨無爲不助己，及立，欲逐之，未果。霸榮之亂，人謂無爲之謀，霸榮死，口滅，無知者。無爲迎繼元而立之。"《千佛碑》云："及皇帝踐祚，加太師、行太原尹，尋領侍衛親軍事。未幾，值倉卒之變，震駭非常。上獨執雄斷，入平内難，時戊辰歲秋九月朔。"此皇帝指繼恩，繼恩之弑，繼元爲主，無爲謀之，霸榮特揮刃者。繹碑詞，情事如見，欲蓋彌彰。其後無爲又爲繼元所殺。

（清）王鳴盛：《十七史商榷》卷九七《侯霸榮殺繼恩》

歐《世家》又云："繼元爲人忍，殺旻子十餘人，無遺類。又遣變者范超殺承鈞妻郭氏。"其主弑繼恩無疑，而超但云變者，不書其官。《千佛碑》則云："壬申十二月，冶鑄千佛，詔宣徽北院使、永清軍節度使、檢校太保范超監修。"《宋史》四百八十二卷《北漢世家》云："宋太宗征北漢，繼元宣徽使范超來降，攻城者以超爲出戰，禽而戮之。繼元斬超妻子，投其首城外。"是也。予得山西諸碑，皆分巡河南開歸陳許兵備道常熟蔣果所贈。

（清）王鳴盛：《十七史商榷》卷九七《變者范超》

五代漢劉旻。初，周太祖迎旻子贇於徐州，欲以爲漢嗣，旻信以爲然。太原少尹李驤曰："郭公舉兵犯順，其勢不能爲漢臣，必不爲漢立後。"因勸旻以兵下太行，控孟津以俟變，庶幾贇得立而罷兵可也。旻大罵："驤腐儒，欲離間我父子。"命左右牽出斬之。驤臨出嘆曰："吾爲愚人畫計，死誠宜矣。"俄周太祖果代，漢贇降爲湘陰公而死。旻慟哭，爲驤立祠，歲時祀之。

（宋）馬永易：《實賓録》卷一三

自在將軍。五代劉旻據太原，與契丹約爲父子，契丹以黃馬騮爲聘。後與周世宗戰高平，敗，獨乘黃騮以歸。遂與黃騮治厩，食以三品料,號自在將軍。

（宋）佚名：《錦綉萬花谷》前集卷三七

　　劉旻據太原,與契丹約爲父子。契丹以黃騮馬爲聘。後與周世宗戰高平,敗,獨乘黃騮以歸。遂與黃騮治厩,飾以金銀食,以三品料,號自在將軍。

（明）陳耀文：《天中記》卷五五

　　周世宗時,河東劉崇召契丹入寇。崇見周軍少,悔召契丹,謂諸將曰:"吾自用漢軍可殺也,何必契丹。今日不唯克周,亦可使契丹心服。"既戰,崇敗遁歸。

（宋）孔平仲：《續世説》卷七

　　劉繼元,并州太原人也。其母劉崇之女,適薛氏,生繼元及其兄繼恩。崇,漢高祖之母弟也,漢初爲太原尹、北京留守。及隱帝遇害,周太祖以兵入京師,漢太后遣太師馮道迎崇之子贇於徐州,欲使襲漢位。少尹李驤語崇曰:"觀郭公用心,當自取之,不若以兵至孟津觀變,俟徐州踐祚,則無可疑矣。"崇怒,以爲驤欲離間父子,並其妻殺之。已而,周太祖登位,崇遣人乞贇歸藩,始知贇死矣,乃爲驤立廟,遂僭帝號。重幣結契丹,如晉高祖約爲父子,改名旻,稱漢乾祐年號。契丹册爲大漢神武皇帝。

　　旻死,子承鈞襲位,改元天會。承鈞結李景、孟昶爲助,仍求援於李筠。筠叛,承鈞舉兵助之。筠敗,其宰相衛融爲王師所擒,太祖責之曰:"汝何敢助李筠反?"融曰:"犬吠非其主,臣四十口,受劉氏豐衣美食,不忍負之,臣終不爲陛下用,得間走河東爾。"太祖怒,命以樋擊之,融大呼曰:"大丈夫死,或重於泰山,或輕於鴻毛,今之死正得其死所。"太祖曰:"此忠臣也。"遂命釋之,以爲太府卿。太祖嘗因界上諜者,謂承鈞曰:"君家與周氏爲世讎,宜其不屈,今我與爾無所間,何爲困此一方之人也。若有志中國,宜下太行,以決勝負。"承鈞遣諜者復命曰：“河東土地、甲兵，不足以當中國，然承鈞家世非叛者，區區守此，蓋懼漢氏之不血食也。”太祖哀其言，笑謂諜者曰：“爲我語承鈞，開爾一路以爲生。”遂終其世不加兵。

承鈞死，繼恩嗣。繼恩爲其臣侯霸榮所殺，宰相郭無爲遂援立繼元，改元廣運，復結契丹爲援。太祖遂親征，嘗遣詔諭繼元、無爲，許以平盧軍節度使，繼元以疑無爲，無爲復勸使效順，又欲叱兵出戰。太祖命引汾水浸其城，繼元殺無爲以徇。無爲，棣州人，博學有詞辨，初隱武當山，承鈞以諫議大夫起之，遂爲相。太常博士李光贊上言曰：“陛下應天順人，戰無不勝，四方恃險之邦，僭竊稱帝王者，悉與中國爲鄰，今與陛下爲臣矣。今天時向暑，兩河泛溢，道路艱阻，輦運稽留，蕞爾太原，豈煩親討。”會王師頓兵甘草，地歲暑雨，軍士多疾。太祖欲班師，禁軍校趙翰等叩頭，願乘城急擊，以盡死力。太祖曰：“汝曹我所訓練，無不一當百，以備肘腋，同休戚也，我寧不取太原，豈忍驅汝曹冒鋒鏑，而蹈必死之地乎！”衛士皆感泣，遂班師。太平興國四年，太宗親征。於是宰相諫止之，太宗曰：“朕計決矣。”王師圍太原，太宗以詔諭之。王師進攻甚急，太宗恐諸將屠城，城垂陷，繼元上表乞降。自崇僭號至繼元國滅，凡四主二十八年。

（宋）王稱：《東都事略》卷二三

北漢劉繼元，其母劉崇之女，適薛氏，生繼元及其兄繼恩。劉崇，漢祖之母弟也。爲太原尹，隱帝遇害，漢太后遣馮道迎崇之子贇於徐州，欲使襲漢位。少尹李驤語崇曰：“觀郭公用心，當自取之，不若以兵至孟津觀變，俟徐州踐祚，則無可疑矣。”崇怒以爲驤欲離間父子，並其妻殺之，且表其事，而周祖已登位。崇遣人乞贇歸藩，始知贇死矣。乃爲驤立廟，遂僭帝號，重幣結契丹，如晉祖約爲父子。契丹策崇爲大漢神武皇帝。崇死，子鈞繼。鈞結李景、孟昶爲助，仍求援於李筠。初，漢祖以鈞無子，命育繼恩爲嗣。鈞卒，繼恩襲，而爲侯霸榮先所殺，郭無爲遂援立繼元。太祖常遣詔諭繼元、無爲，各許以節制。

繼元因疑無爲，而無爲復勸使效順，又欲叱兵出戰。及王師注水其城，遂殺無爲以徇。無爲，棣州人，博學有詞辨。初隱武當山爲道士，鈞以諫議大夫起之。太平興國四年，太宗親征，不欲屠城。城垂破，繼元始降。自崇僭號，繼元失國，凡二十九年。

（宋）曾鞏：《隆平集》卷一二

（太平興國八年十一月）戊午，高陽關捕得契丹生口，送至闕下。召見，言契丹種族携貳，恐王師討伐，於近塞築城爲備。上謂宰相曰："戎虜以剽掠爲事，乃修城壘，爲自全之計，蓋天亡之時也。往者劉繼元盜據汾、晉，周世宗及太祖皆親征不利，朕決取之，除心腹之患，爲世宗、太祖刷恥，擒劉繼元致闕下。今日視之，猶机上肉耳。當其保堅城，結北虜爲援，豈易制乎？"宋琪對曰："臣少陷虜庭，備知戎馬之數，自晉末始彊盛，然種族蕃多，其心不一。自石嶺關之敗，平劉繼元、三交、高陽關及沿邊諸郡，頻有克捷。以臣度之，其部下携貳必多，國家不須致討，可坐待其滅也。"

（宋）錢若水：《太宗皇帝實錄》卷二七

(16) 其他

劉仁恭，深州人。世爲鎮將，有功。李匡籌逐其兄，戍卒推仁恭趨幽州，匡籌逆戰，敗之，仁恭乃奔太原。李克用用其計攻匡籌，取幽州，表仁恭爲節度使。後叛克用，克用擊之，不利。仁恭獻捷於朱全忠，全忠表爲同平章事。以兵取滄、景、德三州。後爲其子守光所囚。晉王存勗討守光，取幽州，誅仁恭。守光既囚仁恭，自爲盧龍節度使，益驕侈，僭號大燕皇帝。晉遣兵討平之，誅守光。

右，盧龍據九州，傳八姓。

（元）馬端臨：《文獻通考》卷二七六《封建考十七》

劉仁恭鎮幽州，素知契丹軍勢情僞，選將練兵，乘秋深入，逾摘星嶺討之。霜降秋暮，即燔塞下野草以困之，馬多饑死，即以良馬賂仁恭,以市牧地。

（宋）王欽若等編纂:《册府元龜》卷三六七《將帥部》

後唐劉仁恭爲幽州節度使,物力雄富,志渤驕縱。師道士王若訥,修長生之法。乃於州西大安山,營造臺觀,極其雕麗,聚美婦人,爲黃帝房中之法。又慮四鄰侵寇,幽州城陷,且曰:"吾居此山,四面絕壁,以百士守門,萬夫不能進。"乃圖無窮之計,號令九州,禁使銅錢,自以膠和墠土爲泥錢。令九州行使其銅錢,峻法賦斂。鑿大安山爲石穴以藏之,其數百萬。每藏畢,即殺匠石以滅口。自仁恭父子敗後,往往有上言者知錢處所,皆無所得。

（宋）王欽若等編纂:《册府元龜》卷九二二《總録部》

劉仁恭微時,曾夢佛龐於手指飛出,或占之曰:"君年四十九,必有旌幢之貴。"後如其説,果爲幽帥。自破太原軍於安塞城後,士兵精強,孩視鄰道。發管内丁壯,號三十萬,南取鄆中,圖袁、曹之霸。先下甘陵,無少長悉坑之。初治甘陵,城下有鵂鶹數頭,飛下幄帳内,逐之復來。仁恭惡之。竟爲魏軍、汴軍夾攻,大敗之,殺其名將單可及,仁恭單馬而遁。於時軍敗於内黃,爾後汴帥攻燕,亦敗於唐河。他日命使聘汴,汴帥開宴,俳優戲醫病人以譏之,且問病狀:"内黃以何藥可瘥?"其聘使謂汴帥曰:"内黃可以唐河水浸之必愈。"賓主大笑,賞使乎之美也。

（五代）孫光憲:《北夢瑣言》卷一四

鳳翔李茂貞幽昭宗於紅泥院,制度殊褊小。自據使宅,令其家供養真衫衣赭袍龍鳳扇。民獻善田,令簿出租以佃之,稱秦王户,後子孫以券收田。有二孫,府西上腴各百餘頃,不十年蕩費盡,今丐於市。

（宋）江休復:《江鄰幾雜志》

五代李茂貞。昭宗幸鳳翔,梁軍圍之。中人相與邀遮茂貞來路,以爲生。昭宗謂茂貞曰："朕與六宮,皆一日食粥,一日食不托。安能不與梁和乎?"

（唐）白居易、（宋）孔傳:《白孔六帖》卷一六

《五代史·李茂貞傳》:朕與宮人一日食粥,一日食不托。不托俗語,當以方言爲正,作餺飥字。

（清）陳元龍:《格致鏡原》卷二五

義理所在,雖盜賊凶悖之人,亦有不能違者。劉仁恭爲盧龍節度使,其子守文守滄州,朱全忠引兵攻之,城中食盡,使人説以早降。守文應之曰:"僕於幽州,父子也,梁王方以大義服天下,若子叛父而來,將安用之?"全忠愧其辭直,爲之緩攻。其後還師,悉焚諸營資糧,在舟中者鑿而沉之。守文遺全忠書曰:"城中數萬口,不食數月矣,與其焚之爲烟,沉之爲泥,願乞其所餘以救之。"全忠爲之留數困,滄人賴以濟。及篡唐之後,蘇循及其子楷自謂有功於梁,當不次擢用。全忠薄其爲人,以其爲唐鴟梟,賣國求利,勒循致仕,斥楷歸田里。宋州節度使進瑞麥,省之不懌,曰:"宋州今年水災,百姓不足,何用此爲?"遣中使詰責之,縣令除名。此三事,在他人爲不足道,於全忠則爲可書矣,所謂憎而知其善也。

（宋）洪邁:《容齋續筆》卷六

李茂貞,深州博野人。本姓宋,爲軍卒,戍鳳翔。隸鄭畋,破黄巢,以功積遷至武定軍節度使。會鳳翔節度使李昌符與天威都頭楊守立爭道,以兵相攻,僖宗遣茂貞擊殺昌符,就以茂貞爲鳳翔隴右節度使,封隴西郡王。昭宗時,擅以兵攻興元節度使楊守亮,取其地。詔徙茂貞山南西道節度使,以徐彦若鎮鳳翔。茂貞不奉詔,表辭不遜。帝討之,兵敗。茂貞遂犯京師,脅上誅杜讓能等乃還。後與韓建、王行瑜等舉兵犯京師,李克用舉兵討之,乃退,後封岐王。昭宗爲宦官所廢,既反正,宰相崔胤欲借朱全忠兵誅宦官。中尉韓全誨等劫

帝幸鳳翔，全忠圍之逾年，茂貞與和，帝乃出。茂貞初破楊守亮，取興元，而邠、寧、鄜、坊皆附之，有地二十州。其被梁圍也，興元入於蜀。開平已後，邠、寧、鄜、坊入於梁，秦、鳳、階、成又入於蜀。當梁末年，所有惟七州而已。莊宗破梁，遣子入朝，改封秦王，卒。從曮，茂貞子。茂貞卒，嗣爲鳳翔節度使。

右，鳳翔據二十州，岐、隴、涇、原、渭、武、秦、成、階、鳳、邠、寧、慶、行、鄜、坊、丹、延、梁、洋。二傳。

　　　　　（元）馬端臨：《文獻通考》卷二七六《封建考十七》

李茂貞，本姓宋，名文通，唐末隸博野軍征伐，立戰功，由是軍中知名，漸爲裨校。黃巢之寇關輔也，僖宗幸蜀，賊將王璠、尚讓屢肆凶鋒，文通以宿衛軍留鳳翔，與連帥鄭畋大破尚讓於龍尾陂，追奔至於奉天。賊平，興駕還京，錄功以文通爲神策軍指揮使、檢校太保。

　　　　　（宋）王欽若等編纂：《册府元龜》卷三六〇《將帥部》

梁李茂貞，爲鳳翔節度，性至寬。有部將符昭者，人或告其謀變。茂貞親至其家，去爪牙，熟寢經宿而還。

　　　　　（宋）王欽若等編纂：《册府元龜》卷四二二《將帥部》

李茂貞爲鳳翔節度使，同光二年卒。遺奏其長子，彰義軍節度使從曮知鳳翔軍府事。莊宗詔：起復授鳳翔節度管内觀察處置等使。

　　　　　（宋）王欽若等編纂：《册府元龜》卷四三六《將帥部》

李茂貞本姓宋，名文通，唐末爲洋、蓬、璧等州節度使。賜姓名茂貞，禧宗親爲制字，曰“正臣”。

　　　　　（宋）王欽若等編纂：《册府元龜》卷八二五《總録部》

後唐李茂貞爲鳳翔節度使。茂貞本姓宋,名文通,深州博野人。少去鄉里,客奉天,爲市吏,數爲鎮將所辱。

　　(宋)王欽若等編纂:《册府元龜》卷九五三《總録部》

晉李從昶爲左龍武統軍,性好談笑,喜接賓客,文翰爲賞無虛日。

　　(宋)王欽若等編纂:《册府元龜》卷八六八《總録部》

晉李從昶,秦王茂貞之第三子也。爲左龍武統軍,少習華侈,以逸游燕樂爲務,而音律圖畫,無不通之。

　　(宋)王欽若等編纂:《册府元龜》卷七八六《總録部》

(五月)丁卯,前軍都部署石守信、副都部署高懷德破賊軍三萬餘衆於澤州南,獲北漢河陽節度使范守圖,守圖,未見。殺盧贊。筠遁入澤州,嬰城自固。

　　(宋)李燾:《續資治通鑒長編》卷一,太祖建隆元年(960)

《雜傳·李茂貞傳》叙唐昭宗出居華州後,加拜茂貞尚書令,封岐王。又叙至梁太祖即位,諸侯彊者,相次稱帝,獨茂貞但稱岐王云云。其下文又叙至唐莊宗破梁,茂貞稱岐王,"上箋以季父行自處,乃聞入洛,乃上表稱臣,莊宗以其耆老,改封秦王"云云。以上各段皆有誤,薛史第一百三十二卷《世襲傳》與歐史略同,改"封"作"進封",皆非是。《通鑒》第二百六十六卷:"梁太祖開平元年三月,下制削奪李克用官爵。是時惟河東、鳳翔、淮南稱天祐,西川稱天復年號,餘皆稟梁正朔。"河東即克用,鳳翔即茂貞,淮南楊渥,西川王建也。又第二百七十三卷:"唐莊宗同光二年二月,進岐王爵爲秦王。"《考異》曰:"李茂貞改封秦王,薛史無的確年月。《實録》同光元年十一月已稱秦王茂貞遣使賀收復,自後皆稱秦王。至二年制秦王李茂貞可封秦王,豈有秦王封秦王之理? 必是至是時,始自岐王封秦王也。"《通鑒》此二處亦皆有誤。考《大唐秦王重修法門寺塔廟記》,薛昌序撰，王仁恭正書，秦王即茂貞。此碑予現藏有拓本，稱碑立於天祐十九年二月。天祐十九年者，歲在壬午，梁末帝龍德二年也。據此，則是時已稱秦王矣。再考《舊唐書·昭宗本紀》景福二年十一月，制以鳳翔節度使李茂貞守中書令，進封秦王。是年歲在癸丑，茂貞稱秦王始於此，曰“進封”，則自此以前蓋爲岐王矣。岐惟鳳翔，而秦則大名，故云進也。若昭宗出居華州，則在乾寧三年，歲在丙辰，歐史乃於丙辰之後，方書封岐王，豈不謬哉？《通鑑》則書封岐王於天復元年，歲在辛酉，皆大誤也。歐並於梁太祖、唐莊宗之世言茂貞稱岐王，豈知茂貞封秦，下距莊宗入洛歲在癸未已三十餘年矣。《實錄》本無誤，莊宗特因其舊封，錫以新命，非改亦非進。司馬君實反以《實錄》爲誤而强改之，以碑爲證，乃得其實。茂貞，唐之叛臣，唐不得已加之大封，而逼唐愈甚，屢屢稱兵犯闕，如史所書，罪惡轉不甚顯白矣。顧氏絳以碑中秦王係茂貞所自稱，尤非。又，天復年號止於四年三月，四月即改天祐元年，今碑述前事，有天復十九年、二十年，至壬午歲乃改稱天祐。然則《通鑑》云梁篡後，鳳翔仍稱天祐，亦不確，蓋惟河東、淮南稱天祐，而茂貞與西川，仍稱天復，至壬午歲，晉王李存勖未建尊號，而有指日滅梁之勢，茂貞不敢自異，故改稱之。歐《李彥威傳》云：“晉人、蜀人以爲天祐之號非唐所建，不復稱之，但稱天復。”晉字乃岐字之誤，萬氏斯同《紀元彙考》岐於梁篡後歷稱天祐，亦誤也。

（清）王鳴盛：《十七史商榷》卷九五《李茂貞改封秦王》

　　初，吐渾府都留後、汾州團練使王全德，帥所部從李筠戰澤州南。既敗，走入潞州，與筠子守節爲拒守計。全德，未見。及上圍澤州，全德大懼，與親友數十人犯闕來奔，龍捷指揮使王廷魯廷魯，未見。亦自潞州相繼出降，賊勢轉蹙矣。澤州城逾旬未下。上召控鶴左厢都指揮使薊人馬全義，全义，初見廣順三年，不著邑里。賜食御坐，問以計策。全義請并力急攻，且曰：“緩之，恐復生變。”上即命諸軍奮擊。全義率敢死士先登，飛矢貫臂，流血被體，全義拔鏃進戰，士氣益奮，上親率衛兵繼之。辛巳，克其城，李筠赴火死。獲北漢宰相衛融。命掩尸骼，禁剽掠，放澤州民今年田租。

（宋）李燾：《續資治通鑑長編》卷一，太祖建隆元年（960）

河陽節度使真定趙晁以疾歸京師，是月，卒。上甚悼焉，初贈太子太師，再贈侍中。晁歷方鎮，好聚斂，無他勳勞，但以周初與宣祖同掌禁軍，有宗盟之分，故蒙優禮，再加贈典，非常例也。

（宋）李燾：《續資治通鑑長編》卷一，太祖建隆元年（960）

淮南節度使、兼中書令滄人李重進，重進，初見廣順二年七月。周太祖之甥也，始與上俱事世宗，分掌內外兵權，而重進以上英武出己右，心常憚焉。恭帝嗣位，重進出鎮揚州，領宿衛如故。及上受禪，命韓令坤代重進爲馬步軍都指揮使。

（宋）李燾：《續資治通鑑長編》卷一，太祖建隆元年（960）

陳思誨至淮南，李重進即欲治裝，隨思誨入朝，左右沮之，重進猶豫不決。又自以前朝近親，恐不得全，乃拘留思誨，益治反具。遣使求援於唐，唐主不敢納。揚州都監、右屯衛將軍安友規友規，以永興節度副使見乾祐元年三月。知重進必反，逾城來奔。重進疑諸將皆不附己，乃囚軍校數十人，軍校呼曰：“吾輩爲周室屯戍，公苟奉周室，何不使吾輩效命？”重進不聽，悉殺之。己未，重進反書聞，上命馬步軍副都指揮使、歸德節度使石守信爲揚州行營都部署、兼知揚州行府事，殿前都指揮使、義成節度使王審琦爲副，宣徽北院使李處耘爲都監，保信節度使宋延渥爲都排陣使，帥禁兵討之。

（宋）李燾：《續資治通鑑長編》卷一，太祖建隆元年（960）

李筠之叛也，遣使邀建雄節度使真定楊庭璋，庭璋，初見顯德五年二月。庭璋執其使以聞，仍獻攻取之策。庭璋姊，故周祖妃，上疑有異志，命鄭州防禦使信都荆罕儒罕儒，冀州人，初見顯德六年十二月。爲晉州兵馬鈐轄，使伺察之。罕儒每入府中，從者悉持刀劍，庭璋開懷接納，殊不設備，罕儒亦不敢發。會有詔召庭璋赴闕，庭璋即日單車就道。己巳，徙庭璋爲靜難節度使。

（宋）李燾：《續資治通鑑長編》卷一，太祖建隆元年（960）

（曹）彬，靈壽人。初見顯德五年。其從母爲周太祖貴妃。上典宿衛，尤器重彬。彬非公事未嘗謁上，平居燕會亦罕與。上即位，自晉州都監召彬入見，謂曰："我疇昔欲親汝，何故疏我？"彬頓首謝曰："臣周室近親，列職禁庭，安敢交結尊貴。"上益嘉獎焉。

（宋）李燾：《續資治通鑑長編》卷四，太祖乾德元年（963）

冬十月癸卯朔，以張勛爲郴州刺史。勛性殘忍好殺，每攻城邑，但揚言曰："且斬！"頗有橫罹鋒刃者。初赴衡州，州民皆涕泣相謂曰："張且斬至矣，吾屬何以安乎？"

（宋）李燾：《續資治通鑑長編》卷五，太祖乾德二年（964）

（正月）丁巳，以內客省使曹彬爲宣徽南院使，領義成節度，侍衛馬軍都指揮使、寧江節度劉光義改領鎮安，龍捷左廂都指揮使張廷翰爲侍衛馬軍都虞候領彰國節度，虎捷左廂都指揮使李進卿爲步軍都虞候領保順節度。廷翰與進卿先爲歸州路行營馬步軍都指揮使，從光義平蜀，且軍政不擾，故賞之。

（宋）李燾：《續資治通鑑長編》卷八，太祖乾德五年（967）

（八月）庚寅，以隰州刺史李謙溥爲濟州團練使。謙溥在隰州十年，敵人不敢犯其境。有招收將劉進者，勇力絕人，謙溥撫之甚厚，得其死力，嘗往來境上，以少擊衆。北漢患之，爲蠟彈封書以間進，遺其書道中，晉州節度使趙贊得之以聞，上令械進送闕下。謙溥召詰其事，進伏於庭，請死，謙溥曰："我以舉宗四十口保汝矣。"即上言："進爲北漢人所惡，此乃反間也。"奏至，上悟，遽令釋之，賜以禁軍都校戎帳服具。進感激,願擊賊自效。

　　(宋)李燾:《續資治通鑒長編》卷一一,太祖開寶三年(970)

　　上嘗命有司爲洺州防禦使郭進治第,廳堂悉用甋瓦,有司言惟親王、公主始得用此,上怒曰:“郭進控扼西山逾十年,使我無北顧憂,我視進豈減兒女耶? 亟往督役,无妄言。”上寵異將帥類此,故能得其死力云。進以建隆元年初爲西山巡檢,至今十一年矣,因附此事,未必政在此年也。

　　(宋)李燾:《續資治通鑒長編》卷一一,太祖開寶三年(970)

　　是冬,唐南都留守建安林仁肇仁肇,仁翰弟,初見顯德二年。密表言:“淮南諸州戍兵各不過千人,宋朝前年滅蜀,今又取嶺表,往返數千里,師旅罷敝。願假臣兵數萬,自壽春北渡,徑據正陽,因思舊之民,可復江北舊境。彼縱來援,臣據淮對壘而禦之,勢不能敵。兵起之日,請以臣舉兵外叛聞於宋朝,事成國家享其利,敗則族臣家,明陛下無二心。”唐主懼無成功,徒速敗,不從。

　　(宋)李燾:《續資治通鑒長編》卷一一,太祖開寶三年(970)

　　是月,唐撫州元帥齊王景達卒。唐主緣烈祖之意,贈皇太弟,謚曰昭孝。

　　(宋)李燾:《續資治通鑒長編》卷一二,太祖開寶四年(971)

　　十一月丁巳朔,以辰州都指揮使秦德崇德崇,未見。爲起復雲麾將軍,權知辰州、兼五溪巡檢使。後二歲,德崇罷歸,除右千牛衛將軍。魏泰《東軒録》云:武陵、辰陽、澧陽、清湘、邵陽五州,各有蠻徭保聚,依山阻江,殆十餘萬。馬希範、周行逢時,數出寇邊,以至圍逼辰、永二州,殺掠民畜,歲歲不寧。太祖既下荆湖,思得蠻情、習險扼而勇智可任者,以鎮撫之。有辰州徭人秦再雄者,長七尺,武健多謀,在周行逢時屢以戰鬥立功,蠻黨畏服。太祖召至闕下,察其可用,面以一路事付之,起蠻酋,除辰州刺史,官其一子爲殿直,賜予甚厚，仍使自辟吏屬，盡予一州租賦。再雄感激異恩，誓死報效。至州日，訓練士兵，得三千人，皆能被甲渡水，歷山緣塹，捷如猿猱。又選親校二十八人分使諸蠻，以傳朝廷懷徠之意，莫不從風而靡，各得降表以聞。太祖大喜，再召至闕，面加獎激。再雄伏地流涕，嗚咽不勝。改辰州團練使，又以其門客王元城爲本州推官。再雄盡瘁邊圉，故終太祖世，無蠻患。五州延袤數千里，不增一兵，不費帑庚，而邊境安妥，由神機駕馭，用一再雄而已。按泰所錄再雄事甚美，然《正史》《實錄》無之，又不見於他書，或此秦德崇即秦再雄也。德崇自牙校便知州，又起復，事必有異，惜《正史》《實錄》不詳。及八年正月三十日除右千牛衛將軍，已稱前知辰州，則德崇在辰州亦不終太祖世，今悉注泰所錄，更俟考求。

中（宋）李燾：《續資治通鑒長編》卷一三，太祖開寶五年（972）

曹彬與諸將入辭，上謂彬曰：“南方之事，一以委卿，切勿暴略生民，務廣威信，使自歸順，不須急擊也。”且以匣劍授彬曰：“副將以下，不用命者斬之。”潘美等皆失色，不敢仰視。自王全斌平蜀多殺人，上每恨之，彬性仁厚，故專任焉。《邵氏見聞錄》云趙普實薦曹彬。按此時普已罷相出鎮矣，恐邵氏誤，今不取。《紀事本末》：太祖初命曹武惠彬討江南，潘美副之，將行，賜燕於講武殿，酒三行，彬等起跪於榻前，乞面授處分，上懷中出一實封文字付彬，曰：“處分盡在其間。自潘美以下有罪，但開此，徑斬之，不須奏稟。”二臣股栗而退。訖江南平，無一犯律者。比還，復賜燕講武殿，酒三行，二臣起跪於榻前，曰：“臣等幸無敗事，昨授文字，不敢藏於家。”即納於上前。上徐自發封示之，乃白紙一張也。上神武機權如此。初特以是申令，使果犯而發封，見而爲白紙，則必入稟，及歸而示之，又將以見初無輕斬之意。恩威兩得，故雖彬等無不折服。

中（宋）李燾：《續資治通鑒長編》卷一五，太祖開寶七年（974）

（六月）辛酉，前鳳翔節度使、太師、兼中書令、魏王符彥卿卒，輟三日朝，官給葬事。彥卿武勇有謀，善用兵，契丹自陽城之敗，尤畏彥卿，或馬病不飲齕，必唾而咒曰：“是豈有符王耶？”契丹既滅晉北歸，耶律德光母問其左右曰：“彥卿安在？”或對曰：“在徐州。”母曰：“不與彥卿來,何失策之甚也!"

（宋）李燾:《續資治通鑑長編》卷一六,太祖開寶八年(974)

左驍衛上將軍致仕李洪信卒。洪信無他才術,徒以漢外戚致位將相。好聚斂,積財鉅萬,而尤吝嗇,當時節鎮皆廣募親兵,惟洪信所蓄殊寡少。

（宋）李燾:《續資治通鑑長編》卷一六,太祖開寶八年(974)

李繼隆善馳驛,日四五百里,自江南兵起,數往來。嘗部送偏將赴闕,至項縣,會其疾,斬首以獻。上嘉之。又從李符督荊湖漕運,與江南人鬥,流矢中額,所冠胄堅厚,得不傷。上察其材,且念其父,故欲拔用之,謂曰:"昇州平,可持捷書來,當厚賞汝。"時軍中使臣內侍凡十數輩,皆伺城陷獻捷,會有機事當入奏,皆不願行,繼隆獨請赴闕。上見其來,知城未下,甚訝之。繼隆度金陵破在旦夕,因言:"半途遇大風,天地晦冥,此城破之兆也,捷書明日當至矣。"於是,上召繼隆曰:"正如汝所料。"

（宋）李燾:《續資治通鑑長編》卷一六,太祖開寶八年(974)

李繼隆,善馳驛,日走四五百里。征江南,常往來覘兵勢,中途遇虎,射殺之。與吳人戰,流矢中額,胄堅不傷。太祖欲拔用,謂曰:"昇州平獻書來,當厚賞汝。"時軍中內侍數輩,皆伺城陷,爭求獻捷。會有機事當入奏,皆不願行。繼隆獨請赴闕,太祖訝其來早,繼隆奏曰:"金陵破在旦夕。"上問:"安知?"曰:"臣在途中遇大風,天地晦冥,城破之兆也。"翌日捷至。太祖召謂曰:"果如所料,是夜城陷。"均其賞,賞在獻捷之上,除莊宅使。

（明）陶宗儀:《說郛》卷五《玉壺野史》

（二月）庚戌,以宣徽南院使、義成節度使曹彬爲樞密使、領忠武節度使。樞密領節度自彬始。山南東道節度使潘美爲宣徽北院使。

節度領宣徽自美始。侍衛馬步軍都虞候李漢瓊領振武節度使，步軍都虞候劉遇領大同節度使，賀州刺史、判四方館事田欽祚領汾州防禦使，東上閤門使梁迥領汾州團練使，西頭供奉官李繼隆爲莊宅副使，賞江南之功也。

彬歸自江南，詣閤門進榜子云：“奉敕差往江南句當公事回。”時人嘉其不伐。始，彬之行，上許彬以使相爲賞。及還，語彬曰：“今方隅尚有未服者，汝爲使相，品位極矣，肯復力戰耶，且徐之，更爲我取太原。”因密賜錢五十萬。彬怏怏而退，至家，見布錢滿室，乃嘆曰：“好官亦不過多得錢耳，何必使相也。”上愛惜爵位，不妄與人，類此。《會要》云彬以平江南故，不罷旄鉞，才九月而罷。

凡以檢校官兼中書令、侍中、同平章事者，並謂之使相。唐制皆署敕。五代以來，不預政事。朝會，親王則分班，餘官則綴本官，正衙見謝則押班。凡定制除授者，敕尾存其銜而不署，側注“使”字。

（宋）李燾：《續資治通鑒長編》卷一七，太祖開寶九年（976）

初平江南，袁州刺史劉茂忠與吉州刺史屠令堅相約拒命，會令堅死，監軍侍其禎權知吉州，其事遂寢，乃與禎俱入朝。茂忠常侵掠邊邑，上詰之，茂忠曰：“臣事李煜惟力是視，雖陛下親征，臣當殞身不顧。”上嘉其忠愨。庚戌，以茂忠爲登州刺史，禎爲閑厩使。禎，未見。

（宋）李燾：《續資治通鑒長編》卷一七，太祖開寶九年（976）

庚午，以齊州防禦使李漢超爲雲州觀察使、判齊州，仍護關南屯兵；洺州防禦使郭進領應州觀察使、判邢州，兼西山巡檢如故。國初，并、益、廣南各僭大號，荊湖、江表止通貢奉，西北二方皆未賓伏。太祖垂意將帥，分命漢超及進等控禦西北，其家族在京師者，撫之甚厚；所部州縣筦榷之利悉與之，資其回圖貿易，免所過征稅；許令召募驍勇以爲爪牙，凡軍中事悉聽便宜處置；每來朝，必召對命坐，賜以飲食，錫賚殊異遣還。由是邊臣皆富於財，得以養士用間，洞見蕃夷情狀，時有寇鈔，亦能先知預備，設伏掩擊，多致克捷。故終太祖世無西北之憂，諸叛以次削平，武功蓋世。斯乃得壯士以守四方，推赤心置人腹中之所致也。《國史·論》及《祖宗故事》《經武聖略》所列將帥凡十四人。李漢超屯關南，馬仁瑀守瀛州，韓令坤鎮常山，賀惟忠守易州，何繼筠鎮棣州，以拒北契丹。郭進控西山，武守琪戍晉州，李謙溥守隰州，李繼勛鎮昭義，以禦北漢。趙贊屯延州，姚內斌守慶州，董遵誨屯環州，王彥昇守原州，馮繼業鎮靈武，以備西戎。其十三人各隨時自見，獨武守琪戍晉州事未詳，當考之。

（宋）李燾：《續資治通鑒長編》卷一七，太祖開寶九年（976）

初陳洪進納土，上即命其子文顯知泉州，議擇能臣關掌州事，殿中丞南頓喬惟岳方居父喪，詔起維岳為通判。維岳始至，會仙游、莆田、百丈草寇乘虛嘯聚十餘萬，來攻城，城中兵纔三千，勢甚危急。監軍何承矩、王文寶欲屠其城，燔府庫而遁。維岳抗議，以為朝廷任以綏遠之寄，今惠澤未遍，盜賊連結，反欲屠城焚庫，豈詔意哉！承矩等因復堅守。時兩浙西南路轉運使楊克讓在福州，遂率屯兵往救之，圍既解，監軍軍器庫副使王繼昇率精兵二百騎，夜出追擊，悉擒其魁首，械送闕下，草寇悉平。承矩，繼筠之子也。此事未知的在何時，今附見是年之末。

（宋）李燾：《續資治通鑒長編》卷一九，太宗太平興國三年（978）

初，武功郡王德昭從征幽州，軍中嘗夜驚，不知上所在，或有謀立王者，會知上處，乃止。上微聞其事，不悅。及歸，以北征不利，久不行太原之賞，議者皆謂不可，於是德昭乘間入言，上大怒曰："待汝自為之，賞未晚也。"德昭惶恐，還宮，謂左右曰："帶刀乎？"左右辭以宮中不敢帶。德昭因入茶酒閣，拒户，取割果刀自刎。上聞之，驚悔，往抱其尸，大哭曰："癡兒，何至此耶！"追封魏王，謚曰懿。此據司馬光《記聞》，本傳云德昭好啖肥豬肉，因而遇疾不起。今不取。

（宋）李燾：《續資治通鑒長編》卷二〇，太宗太平興國四年（979）

上嘗與近臣論將帥,因言:"前代武臣,難爲防制,苟欲移徙,必先發兵備禦,然後降詔。若恩澤姑息,稍似未遍,則四方藩鎮,如群犬交吠。周世宗時,安審琦自襄陽來朝,喜不自勝,親幸其第。今且無此事也。"呂蒙正曰:"上之制下,如臂使指,乃爲合宜。倘尾大不掉,何由致理!"上曰:"今之牧伯,至於士卒,盡識朕意,苟稍聞愆負,固無矜恕之理,所以人人各務檢身也。"王沔曰:"周李穀以宰相招討淮南,卒無顯效。"上曰:"朕當時在兵間,備睹之矣。穀但深居高處,列校稀見其面,苟見之,則直省吏揖而進,以介胄之士爲趨揖之容,甚疏闊也。當拔寨之際,非李重進以勁卒援之,幾狼狽矣。"

（宋）李燾:《續資治通鑒長編》卷三二,太宗淳化二年（991）

殿前都指揮使、河西節度使范廷召有疾,辛巳,上親臨問之,及卒,贈侍中。廷召善騎射,在軍中逾四十年,由顯德以來,凡親征,未嘗不從也。

（宋）李燾:《續資治通鑒長編》卷四八,真宗咸平四年（1001）

十一日:古之良將,以燕犒士卒爲先。所以然者,鋒刃之下,死生俄頃,固宜推盡恩意,以慰其心。李牧備匈奴,市租皆入幕府,爲士卒費;趙充國禦羌戎,亦日饗軍士;太祖用姚內斌、董遵誨抗西戎,何繼筠、李漢超當北敵,各得環、慶、齊、棣一州征租農賦,市牛酒犒軍中,不問其出入,故得戎寇屏息,不敢窺邊。臣前通判江寧府,因造紙甲得遠年帳籍,見曹彬攻江南日,和州逐次起餉豬肉數千斤,以給戰士。近范仲淹在延州,奏乞比永興、秦州支米造酒,有司之吝,以爲無例而罷。今請渭、延、慶三州及諸路部署司,並特支米造酒,仍都部署司別給隨軍錢,務令贍足;除軍員及其餘士卒每一季或因都閱或值出入,並須量有霑及以慰勞苦。古者命將出師,閫外之事,無不專制;財糧用度,豈有異同。今主兵者皆力敵權鈞,紛然相制,豈國家任人責功之大體耶?

（宋）李燾:《續資治通鑒長編》卷一三二,仁宗慶曆元年（1041）

太祖建隆元年正月四日，詔曰：“封二王之後，備三恪之賓，所以示子傳孫、興滅繼絕。夏商之居杞、宋，周、隋之啓介、酅，古先哲王，實用兹道。矧予凉德，歷試前朝。雖周德下衰，勉從於禪讓；而虞賓在位，豈忘於烝嘗。其封周帝爲鄭王，以奉周嗣。正朔服色，一如舊制。務遵典禮，稱朕意焉。”又尊帝太后爲周太后，並遷於西宫。所司供給，務令豐厚。

五日，詔曰：“有虞氏禘黄帝而郊嚳，祖顓頊而宗堯，祀不止於本朝，義必尊於有德。著於《祭法》，朕甚慕焉。矧惟眇躬，逮事周室。謳歌獄訟，雖歸新造之邦；廟貌園陵，豈忘舊君之禮。其周朝嵩、慶二陵及六廟，宜令有司以時差官朝拜祭享，永爲定式。仍命周宗正卿郭玘行禮。”

二十九日，有司請遷周六廟於西京。

五月，廟成，遣光禄少卿郭玘奉遷神主入廟。

七月二十七日，遣工部侍郎艾穎拜嵩、慶二陵。

八月四日，遣光禄少卿郭玘享周廟。

乾德六年八月，詔於周太祖、世宗陵寢側，各設廟宇、塑像，命右贊善大夫王碩管勾修蓋。

開寶六年三月一日，房州上言周鄭王殂，太常禮院請輟朝參。七日，詔宜輟朝十日，素服發哀於便殿。命知制誥扈蒙撰陵名，張澹定謚。三陵總管竇思儼擇陵地。澹按《謚法》“讓德奉上曰恭”，請謚曰周恭皇帝。蒙請名陵曰順陵。並從之。

十月二日，太常禮院上言：是月四日，葬周恭帝於順陵，準漢隱帝例，合輟其日朝參。詔特輟四日、五日朝參。

太宗雍熙四年八月十二日，命勾當嵩陵内品吳禄榮，以十八日朝拜嵩、慶、懿三陵。自建隆元年後，每歲差官朝拜。“今檢詳前代並無此禮，惟《開寶通禮》，先代帝王春秋二時州長（史）[吏]攝三獻官祭享。其周三陵，合準《通禮》故事。”從之。

真宗景德三年二月，太常禮院言：“周嵩、慶二陵各設廟像外，其世宗影帳，歷代並無故事，伏請停廢。懿陵即世宗宣懿皇后陵，不當更立廟宇。順陵有恭帝木主殿,昨議赴西京祔廟,續命置於下宮。竊以《春秋》之義,國君即位未逾年者,不應別序昭穆。又唐高宗太子薨,追諡孝敬皇帝,神主祔太廟。大曆十四年,有司:'孝敬皇帝尊非正統,不列昭穆。今廟廢主存,請毀之。'遂瘞主於廟地。今周恭帝即位半年,是時年裁七歲,葬以王禮,止設三虞,望依孝敬皇帝故事,瘞主廟地。"從之。

四年正月二十九日,朝陵德音:"周朝嵩、懿陵廟,委官吏以官物修葺致祭。"

二月三日,詔吏部尚書張齊賢致祭周六廟,祝文特進書。

太常禮院言:"留司選二月十五日,遣官仲享周六廟。今奉敕,時祭亦在其日。今請以十五日先行時祭,別擇吉辰行仲饗禮。"從之。

二十(七)[一]日,詔曰:"朕俯從眾欲,來省民風,暫臨西洛之都,首訪前朝之廟。特陳明祀,用達虔誠。然而豐潔牲牷,既申於薦享,繕完棟宇,尤在於精嚴。其神主每遇祠祭,方得出石室,祭畢,即如法安置。廟宇特加修葺,不得別藏官物,務在精嚴,副朕意焉。"

大中祥符元年正月二十二日,內侍李知信自嵩、慶陵回,言周世宗影殿陳設損壞,及無供物,乃遣內侍白崇慶製造周三陵供物賚送。崇慶言,春秋祭拜及逐月合用物,令本州支送;其香茶,乞自京以時供給。從之。

仁宗天聖二年四月二十八日,錄晉蕭祖孫內殿承制、閤門祗候石保慶子介為三班奉職。

四年九月十六日,周後故虢州防禦使柴貴孫元亨,自言世宗侄孫,今家絕祿仕,有母貧甚,乞賜祿叙。帝曰:"如其非偽,可實之班行。"乃錄為三班借職。

六年六月四日,錄貴子蕭為三班奉職。帝曰:"世宗開拓土宇,本為國家,其末裔不同他等,當加收恤。"

七年六月二十六日,錄周世宗從子、故太子少傅柴守禮孫詠為三班奉職。

九年二月十二日，録貴孫吉爲三班奉職。

明道二年六月十三日，録貴孫熙爲三班奉職。

十二月十三日，詔修河南府周六廟、鄭州周太祖、世宗廟，以省錢量加修飾，仍令太常禮院詳定周恭帝塑像、衣冠制度以聞。議具"先代陵廟"。

（清）徐松輯：《宋會要輯稿》崇儒七之六九—七〇

景祐二年十一月十五日，南郊赦："唐李氏、梁朱氏、後唐李氏、晉石氏、漢劉氏、周郭氏、柴氏宗支子孫未仕者，委所在求訪，及許自陳，特與甄叙；已有官者，與遷官。"《仁皇訓典》：景祐二年冬至，祀圓丘赦書節文："唐李氏、梁朱氏、後唐李氏、晉石氏、漢劉氏、周郭氏、柴氏宗屬子孫未仕者，特與甄叙；已有官者，與遷官。兩浙錢氏、泉州陳氏、僞蜀孟氏、江南李氏、湖南馬氏、荊州高氏、廣南劉氏、河東劉氏子孫未仕者，擇其近屬一人，特録用之。"

三年二月二日，編排録用所言："前朝之後，内後唐李氏緣莊宗、明宗本是二族，合依周朝郭、柴二族例，各與甄叙。又後唐李氏，有因賜姓附入宗籍者，欲除本宗嫡親外，更不甄叙。"從之。

四年六月[十]五日，録唐李氏之後，曰石、曰汝弼、曰明、曰繼宗、曰壽、曰舜臣、曰祥、曰尚、曰敢，並爲三班借職；曰沂，爲試將作監主簿。周柴氏之後，曰博、曰勵、曰濟、曰永拱，爲三班奉職。晉石氏之後，右侍禁介爲左侍禁、世昌爲三班借職。

十六日，録唐李氏之後乾易等十一人並爲三班借職，詢等五十三人爲遂州助教，琮等五人免將來文解，竦等三十七人免州縣徭役；周柴氏後三班奉職熙爲右班殿直，曰愈、曰若拙、曰上善，並爲三班奉職，餘慶爲許州長史，織爲□州助教，貽廓等十一人免州縣徭役，仍各賜錢一萬。

慶曆五年三月二十六日，録周世宗曾侄孫柴揆爲三班奉職。

皇祐二年閏十一月十九日，録周後柴貴曾孫日宣爲三班奉職。

至和元年正月二十二日，録周後柴守禮曾孫若訥爲三班奉職。

嘉祐二年三月二十一日，録周世宗從孫柴忞爲三班奉職。

四年四月九日，詔曰："先王推紹天之序，尚尊賢之義，褒其後嗣，賓以殊禮，豈非聖人稽古報功之大典哉！國家受命之元，繼周而王，雖民靈欣戴，曆數允集，而虞賓將遜，德美丕顯。頃者推命本始，褒及支庶。每遇南郊，許奉白身一名充班行，恩則厚矣，而義則未稱。將上采姚、姒之舊，略循周、漢之典，詳其世嫡，優以公爵，異其仕進之路，申以土田之錫，俾廟寢有奉，享祀不輟，庶幾乎《春秋》通三統、厚先代之制矣。宜令有司取柴譜系，於諸房中推最長一人，令歲時親奉周室祀事。如白身，即與京主簿；如爲班行者，即比類換文資。仍封崇義公，與河南府鄭州合入差遣。給公田十頃，專管勾陵廟。應緣祭享禮料所須，皆從官給。如至知州資序，即別典差遣，却取以次近親，令襲爵授官，永爲定式。"先是，著作佐郎何鬲言："竊聞朝廷以皇嗣未立，而祠高禖。夫求神祇者遠而難測，修人事者近而可必。昔舜受堯天下，而堯子丹朱爲國賓；禹受舜天下，而舜子商均亦爲國賓。故《書》曰：'虞賓在位，群后德讓。'湯放桀，其事不載；武王伐紂，未及下車，封五帝之後，命夏爲杞，紹商於宋。武庚作亂，誅之，而命微子啓以代商後。故《書》曰：'惟稽古崇德象賢，統承先王，修其禮物，作賓於王家。'《周頌》亦有來見祖廟之詩，曰：'有客有客，亦白其馬。'其來助祭之詩曰：'我客戾至，亦有斯容。'以《詩》《書》論之，示天子不敢以臣也。孔子作《春秋》，正月、二月、三月皆書'王'，何休說曰：正月，周正月；二月，商正月；三月，夏正月。蓋王者必尊先聖，通三統，所以自立於天下也。及秦滅六國、夷二周，不有師法，故先聖神靈委於草莽，子孫困於編户。至漢初定天下，未遑製作。及武帝東巡過洛，考其後，得周子南君，封百里之地，以奉祭祀。至成帝時，久無繼嗣，梅福進言曰：存人所以自立也，壅人所以自亡也，宜封孔子之後，以奉成湯祀。帝乃封孔吉及周承休侯，皆爲公。不幸遭趙后之禍，使福之言遂爲空文，惜哉！魏文帝封後漢協爲山陽縣公，戴天子旌旗，位在侯王上。宋武封晉恭帝爲零陵王，行晉正朔服色。隋封周静帝介國公，亦依晉、宋故事。迨唐武德初，封隋爲酅公，亦行隋正朔服色。至(正)[貞]觀詔曰：'二王之後，禮數宜崇。今寢廟不修，饗饎多闕，非所以(恭)[敬]國賓也。宜(今)[令]營立國官、置廟宇。'又天寶中，封魏孝文十代孫元伯明爲韓國公，以備三恪。然考其前代，雖昏明不同，其意亦不絕前烈，延及苗裔。周、漢、唐所以長久，而秦所以二世而亡，以魏、晉、宋、隋區區之主，獨不敢廢，況盛世乎！國家有天下，以聖繼聖，遺綱墜紀，靡不補緝。至於裂數里草莽之地，訪前代孤弱之嗣，乃獨遺焉，抑有司講求之未至也。今皇嗣(來)[未]立，臣竊危之。奈何絕人之世、滅人之祀，而妨繼嗣之福也？本朝受周天下，而近代之盛，莫如唐，自梁以下，皆不足以崇襲。臣願考求唐、周之苗裔，以備二王之後，授以爵命，封縣立廟，世世承襲，永爲國賓。"下太常禮院議，而言曰："按唐(正)[貞]觀二年詔，二王後置國官、立廟宇；開元二年敕：'二王後每年四時享廟牲及祭器並官給，主客司四時省問，子孫準同列王三品蔭。隋後歲給絹三百匹、粟三百石。周後歲給絹二百匹、粟二百石。'又十五年敕：'二王後爲賓者，會賜並同京官正三品。'本朝因周六廟，春秋遣官祭享，及修飾陵寢；至於唐之子孫，亦屢推恩，寘之仕籍。今禼上言，乞訪周、唐苗裔，以備二王之後。臣等按禮，尊賢不過二代，以其近己而易法，故周以杞、宋，唐以介、鄶是也。今推次本朝之前二代，即當立漢與周後。又緣古者立二王後，不惟繼絕，兼取其明德可法。五代草創，載祀不永，文章制度，一無可考。如上取唐室，又世數已遠，於經不合。惟周則我朝受禪之所自，義不可廢。且今之制度，與古不同，難以遽行。若參酌中制，宜訪求周之子孫，如孔子後衍聖公之比，授一京官，爵以公號，使專奉廟享，歲時存問，賜之粟帛牲器以祭。每遇時祀，並從官給，其廟宇亦加嚴飾。如此，則上不失先王尊德繼絕之義，度之於今，簡而易行。"故降是詔。

八月，太常禮院言："定到內殿崇班、相州兵馬都監柴咏，於柴氏諸房最長。"詔換殿中丞，封崇義公，簽書奉寧軍節度判官事。

五年二月二十四日，錄周世宗後柴元信爲三班借職。

六年三月二十五日，詔太常禮院："比封柴氏後爲崇義公，以奉周祀。其六廟在西京，而歲時祭享，無器服之數。今其有司以三品服一、四品服二，及所當用祭器給之。"

治平四年九月十七日，神宗即位未改元。録周世宗侄曾孫柴貽廓爲三班奉職。以上即位推恩也。

熙寧元年十一月十八日，南郊赦："唐李氏、周郭氏、柴氏，有親的諸孫，譜系分明，見在民籍，仍自來別無過惡者，許於所在官司自陳。仰州府當職官考驗不虛，更召命官一人結除名保識，具録聞奏，當議特加録用。"乃以唐高祖道王房下李杲爲三班借職，太宗濮王房下李德臣爲均州長史，睿宗寧王房下（孕）[李]養年爲京兆府長史，紀王房下李餘慶、大鄭王房下李忱，各賜錢三十千。又分上等賜錢二十千，次等十千，沾及者餘百人。柴氏延貴房下柴迥爲三班借職，柴衷爲長史。

三年正月二十一日，詔周後柴氏與二名借職、三名長史，唐後李氏與一名借職、二名長史。

五年正月二十三日，比部員外郎、分司西京、崇義公柴咏守本官致仕，詔崇義公於柴氏諸房中，推最長一名以聞。二月十七日，供備庫副使、曹州兵馬都監柴愈言："叔咏致仕，愈是諸房中最長近親，乞依例換文資襲封。"送太常禮院詳定，太常禮院言："取到柴氏譜系，定得咏堂侄愈於諸房以爲最長。檢會令文，諸王公侯伯子男，皆子孫承嫡者傳襲。如無嫡子，及有罪疾，立嫡孫；無嫡孫，以次立嫡子同母弟；無母弟，立庶子；無庶子，立嫡孫同母弟；無母弟，立庶孫。曾孫以下准此。無後者國除。若身亡之後，嫡子已經命襲，未襲間犯除名者，聽以次承襲。據此，則始封之時，須推諸房最長；即封之後，自合世嫡相傳。今來參詳，欲取柴咏嫡長子孫一名承襲崇義公封爵，庶得不違著令，協於典禮。"詔依所定，勘會保明合承襲人以聞。九月十六日，太常禮院言："柴咏長子已亡，有嫡孫夷簡，依令合當承襲。咏狀稱夷簡作過，乞以次子西頭供奉官若訥承襲。本院保明未得。"詔以若訥爲衛尉寺丞，封崇義公、僉書河南府判官廳公事。

八年三月二十一日，崇義公柴若訥卒，柴咏狀稱，若訥有嫡長男務簡，係嫡孫，合依《禮令》承襲。太常禮院勘會，柴務簡係白身，見居父若訥服內。合候服闋日，除官承襲。七月，咏卒，務簡承祖咏重服。至九年四月二日，若訥妻趙氏狀：“男務簡所持祖父及父兩重喪服，未委合於將來是何月日服闋？”太常禮院看詳：“崇義公柴咏致仕，嫡子若拙早亡，嫡孫夷簡以罪廢，朝廷遂立嫡子同母弟若訥，襲封崇義公。昨若訥卒，已準朝旨，令若訥嫡子務簡候服闋日襲封。今咏卒，有庶子若水、若經等。其務簡雖非嫡孫，緣已係傳襲封爵之人，合比附嫡孫承重，以後喪二十七月滿日服除，依先降指揮施行。”從之。

十年五月十七日，詔鄭州長史柴袞令流內銓與（汪）〔注〕遠處簿尉。（褒叙）〔袞係〕周世宗之侄（元）〔玄〕孫，昨日授命，已及十年，乞注一正官故也。

元豐六年四月二十四日，河東提舉保甲司言：“唐高祖後徐王宗子李諲等狀，乞依唐氏之後乾州李有方例，免保甲。”從之。

十有七日，開封府言：“周柴氏之後，乞自今諸房子孫，令具生年月日注籍。”從之。

哲宗紹聖元年十一月十一日，吏部言：“柴氏之後，自元祐七年南郊，先取無官之族，推恩其最長者，諸族畢已官。後值郊廟恩，據今十一位，次第從長官之。”詔可。

政和八年閏九月二十七日，徽宗即位未改元。尚書省言：“柴岐奏，伏念臣係周世宗之後六世親侄孫，本族累蒙異恩，褒其後嗣，俾沾仕進之路。惟臣本房，三世無人食禄相繼。伏望聖慈矜憫，與臣推恩，庶使孤遺，得賴寸禄。”詔：“昔我藝祖，受禪於周。嘉祐中，擇柴氏旁枝一名，封崇義公。義者謂不當封周。然禪國者周，而二恪之封不及，禮蓋未盡。除崇義公依舊外，擇柴氏最長見在者，以其祖父爲周恭帝後，以其孫世世爲宣義郎，監周陵廟，與知縣請給，以示繼絕之仁，爲國二恪，永爲定制。”

高宗皇帝紹興元年九月十八日，明堂赦：“夫聖人所以興滅國、繼絕世者,咸使其宗廟不絕血食也。如唐李氏、後漢劉氏、後周郭氏、柴氏子孫存者,並各與一班行名目,仍許於所在自陳,保明聞奏。"已而得周世宗孫柴孝廣、唐(太)[大]鄭王[房]下李燁(適)[嫡]長孫實。上謂輔臣曰:"繼絕舉廢,此最好事。唐太宗初定天下,使訪隋後子孫,載美前史。可依敕並補承信郎。"

五年四月九日,吏部言:"太常寺看詳到承節郎柴叔夏,係周世宗親(元)[玄]孫。本家自嘉祐四年曾祖咏始封崇義公,襲封至堂兄恪,因金人全家被害,並無繼嗣之人。今叔夏合該承襲,相繼主祭。錄白宗枝圖,並無隔蓦詐冒。"詔柴叔夏特與換迪功郎,襲封崇義公,與衢州合入差遣。即而援故事,乞換京官。吏部謂選人與公爵未稱,尋詔特換右(丞)[承]奉郎。

十一月十九日,詔不理選限登仕郎柴安逸,特許理選限。以襲封崇義公柴叔夏言,安逸乃周後,引敕推恩故也。

十二年五月二十六日,吏部定到武德郎、監潭州南岳廟柴存,乞承襲陵廟推恩。據襲封崇義公柴叔夏保明:"先有(弟)[第]四房從義郎柴莘,於紹興八年準告換授右宣義郎,監周陵廟事,因疾身故。其世襲恩例係永法,至今未曾陳乞。其房叔柴存係第八房下,目今係江南見在諸房最長,亦係柴莘之叔,依得詔旨,合該換官,承襲繼絕故周恭之後,即無隔蓦重疊違礙。"從之。

十四年五月二十八日,詔:"右宣義郎、襲封崇義公柴叔夏特添差衢州西安縣丞,不釐務。任滿,更不差人。"

二十六年閏十月二十三日,衢州言:"襲封崇義公柴叔夏狀,係周世宗孫,專一主祭祀事,今已關升知州資序。恭睹嘉祐四年詔,如至知州資序,即別與差遣,却取以次近親合襲爵受官承替,永為定式。乞令次男國器受官,主奉烝嘗,與臣一別處差遣。"詔依。柴國器特補右承務郎,襲封崇義公。

二十七年五月二日,新差充荆湖南路安撫司參議官柴叔夏言,係周世宗五世親孫,見待兩政三年關。望特改一近關合入差遣。詔改差江南東路安撫司參議官,替陳政由到任成資關。

孝宗皇帝隆興元年六月九日，吏部言：「監周陵廟柴大有亡，其襲封崇義公柴國器保明到保義郎柴安宅係以次最長，合該換官，承襲填闕。」從之。

乾道二年八月一日，詔以右承事郎柴國器，係承襲周廟祭祀人，添差權通判衢州，不釐務。五年，添差權通判婺州，不釐務如例。已上《乾道會要》。

淳熙元年五月三日，詔宣教郎柴國器改差兩浙東路安撫司參議官。先是，國器添差權通判平江府，仍釐務。臣僚言：「已降指揮，雖宗室戚里添差，亦不許釐務。今國器乃周世宗六世孫，襲封崇義公，已累任添差，正以此故，少加優異，與宗室戚里恩例一等。今與之添差，誠未為過；但許之釐務，則有礙見行指揮。乞不釐務。」故有是命。

八年十月十六日，詔宣教郎柴國器，添差通判嚴州，仍釐務。十四年正月，添差通判衢州，仍釐務。

十五年七月十八日，詔忠訓郎柴安實，特授宣義郎，監周陵廟。以衢州奏安實係周世宗之後最長故也。

（清）徐松輯：《宋會要輯稿》崇儒七之七〇—七五

真宗大中祥符元年十月二十六日，東封赦：「應吳越忠懿王近親未食祿者，特與敘用。泉州陳氏近親未食祿者，分析聞奏。僞蜀孟氏、吳李氏、湖南馬氏、荊南高氏、廣南、河東劉氏親嫡子孫未食祿者，特與甄叙。」

仁宗明道二年六月十三日，詔錄南平王高季興、吳王李煜、楚王孟昶、彭城郡王劉繼元、南越王劉鋹嫡子或孫一人官，願文資，與簿尉，班行與三班奉職。

景祐二年十一月十五日，南郊赦：「兩浙錢氏、泉州陳氏、西川孟氏、江南李氏、湖南馬氏、荊南高氏、廣南劉氏、河東劉氏子孫未仕者，於所在投狀，擇其近親一人，特錄用之。」

錢俶：天禧四年閏十二月，以其子供備庫使守讓領榮州刺史。景祐四年六月，録其從孫曜爲三班借職。

李煜：乾興元年九月，録其從孫宗慶爲三班借職。天聖元年三月又録其從孫宗諒，明道二年九月録其侄仲文，並爲三班奉職。景初四年六月，又録其侄仲舒爲三班借職。

孟昶：大中祥符二年九月，録其孫元恭爲三班借職。天聖二年四月録其孫故屯田郎中隆悦子朴，明道二年九月又録其曾孫賁，並爲三班奉職。景祐四年，又録其孫隆敬爲三班（供）〔借〕職。

劉鋹：天禧四年閏十二月，以其子西頭供奉官守素爲東頭供奉官、閤門祇候，右侍禁守道爲西頭供奉官。明道二年九月，又録其孫翊昌爲三班奉職。景祐四年六月，又録其後仲宣爲三班借職。

劉繼元：天禧元年七月，録其孫克昌爲三班奉職，國昌爲三班借職。四年閏十二月，以其子右屯衛將軍守節爲右武衛將軍。嘉祐五年正月，録其曾孫允爲三班借職。

馬殷：景佑四年六月，録其後應肇爲三班借職。

高季興：天聖七年六月，録其曾孫燾爲江陵府枝江縣尉。景祐四年六月，又録其後濟爲三班借職。

高宗皇帝紹興元年九月二十一日，三省言："明堂赦文，欲興繼前國無後者，特與官其子孫，使宗廟血食，内兩浙錢氏未有該載。"詔兩浙錢氏特與訪尋嫡長子孫推恩。

二年十月七日，御筆批出："起居舍人王洋，因面奏不急之務，可特降一官。"於是宰執進呈，上曰："朕虛己求言，務濟時病。如夷狄盜賊，又朝廷闕失等事，今日可言者非一，洋姑應詔旨，豈朕所以望臣下之意？至如錢氏納土，子孫世受國恩。其餘在五季一時割據，類（背）〔皆〕盜賊，非若古帝王之後。洋欲封其後，是獎賊也！洋言無取，與降一官。若後來獻言之人有補治道，朕當旌賞，庶使臣下得以盡言無隱。"

（清）徐松輯：《宋會要輯稿》崇儒七之七五—七六

僖祖諱朓，漢京兆尹廣漢之後。生於燕薊，仕唐，歷永清、文安、幽都三縣令。建隆元年三月，追尊曰文獻皇帝，廟號僖祖。謚議翰林學士竇儼撰，冊文中書舍人扈蒙撰。大中祥符五年閏十月，加謚曰文獻睿和。冊文樞密使、同中書門下平章事王欽若撰。

順祖諱珽，僖祖子，歷藩鎮從事，兼御史中丞。建隆元年三月，追尊曰惠元皇帝，廟號順祖。謚議翰林學士竇儼撰，冊文中書舍人趙逢撰。大中祥符五年閏十月，加謚順祖惠元睿明皇帝。冊文參知政事陳彭年撰。以上《國朝會要》。《續會要》云冊文樞密使陳堯叟撰。

翼祖諱敬，順祖子，歷營、蘇、涿三州刺史，周顯德中贈左驍衛上將軍。建隆元年三月，追尊曰簡恭皇帝，廟號翼祖。謚議翰林學士竇儼撰，冊文中書舍人趙逢撰。大中祥符五年閏十月，加謚簡恭睿德皇帝。冊文參知政事王曾撰。

宣祖諱弘殷，翼祖子，母曰簡穆皇后劉氏。仕周爲龍捷左廂都指揮使、岳州防禦使。顯德三年七月二十六日崩，贈武清軍節度使。建隆元年三月，追尊曰昭武皇帝，廟號宣祖。謚議翰林學士竇儼撰，冊文中書舍人扈蒙撰。大中祥符五年閏十月，加謚昭武睿聖皇帝。冊文宰臣王旦撰。

（清）徐松輯：《宋會要輯稿》禮四九之一

2. 將帥類

（1）後梁

邵王友誨，乾化元年以檢校兵部尚書充控鶴二指揮使。

（宋）王欽若等編纂：《冊府元龜》卷二六九《宗室部》

友寧，字安仁，太祖從子。少習詩禮，長喜兵法，有倜儻之風。太祖鎮汴，累署軍職，每因出師，多命驍果以從。

（宋）王欽若等編纂：《冊府元龜》卷二六九《宗室部》

安王友寧，唐末爲宣武軍牙將。鳳翔李茂貞叛，屯兵盩厔。友寧攻下螯厓,無大小屠之。

(宋)王欽若等編纂:《冊府元龜》卷四四八《將帥部》

安王友寧,唐末太祖鎮汴,累將軍職。從太祖征討,繼立軍功,爲柳州刺史。太祖迎昭宗於歧下,遣友寧部兵先歸於梁,以備守禦。屬青帥王師範構亂,以關東諸鎮兵悉在岐隴,欲乘虛竊發。自齊魯至於華下羅布奸黨,詐以委輸貢奉爲名,陰與淮南並門結好。會有青人詣裴迪,言其狀,迪以事告。友寧不俟命,乃率兵萬餘人東討。師範遣其弟將兵圍齊州,友寧引兵救之。青寇大敗,奪馬四千蹄,斬首數千級。

(宋)王欽若等編纂:《冊府元龜》卷二九一《宗室部》

梁友寧,太祖之姪也,爲嶺南西道節度使。友寧督諸軍進逼營丘,月餘不能拔。與青人戰於石樓,王師小却,友寧旁自峻皁馳騎以赴敵,所乘馬蹶而仆,遂没於陣。友寧將戰之前一日,有大白蛇磻於帳中,友寧心惡之,遇害焉。

(宋)王欽若等編纂:《冊府元龜》卷二九九《宗室部》

安王友寧,太祖兄子,唐末爲嶺南西道節度使,與青州王師範戰於石樓。王師小却,友寧旁自峻皁馳騎以赴敵,所乘馬蹶而仆,遂没於陣。友寧將戰之前一日,有大白蛇磻於帳中,友寧心惡之,既而果遇禍焉。

(宋)王欽若等編纂:《冊府元龜》卷九五一《總錄部》

友倫,太祖仲兄存次子也。帝愛其才氣,録爲皇子,署軍職,領騎卒。

(宋)王欽若等編纂:《冊府元龜》卷二六九《宗室部》

密王友倫,年十九,爲宣武軍校。太祖征兖、鄆,友倫勒所部兵,

收勤聚糧穀以濟軍須。幽、滄軍至內黃，友倫以前鋒夜渡河，擊賊，奪
馬千匹，擒斬甚眾。因引軍往八議關，卒逢晉軍萬餘騎。友倫乃分布
兵士，多設疑軍，因聲鼓誓眾，士伍奮躍，追斬數十里。後李罕之以上
黨來歸，爲晉軍所圍。太祖遣友倫總步騎數萬，越險救應，遂大破晉
軍。天復元年，岐、隴用兵，晉人乘虛侵於北鄙。友倫率徒兵三萬，徑
往礬山，晉人望塵奔逸。友倫與氏叔琮等躡其轍追至太原，摩壘挑
戰，獲牛馬萬餘。二年領所部兵西赴鳳翔，前後累接戰，以功爲寧遠
軍節度使。

（宋）王欽若等編纂：《冊府元龜》卷二九一《宗室部》

梁郴王友裕，太祖之長子也。氣貌雄傑，幼即明敏，常從征伐，破
黃巢於陳，又破賊於冤句。後討蔡寇於澱水，又戰於斤溝。秦宗權來
寇也，領軍馬翼帝於府西板橋，大勝之。又從破張晊於封丘南，破鄆
之范縣寨，擒都將尹萬榮，敗魏卒於黎陽臨河。

（宋）王欽若等編纂：《冊府元龜》卷二七一《宗室部》

梁柳王友裕，唐末爲宣武軍牙校。景福元年，總大軍伐徐。時朱
瑾領兗、鄆之眾，爲徐戎外援，陣於鼓門南石佛山下。友裕進兵擊之，
斬獲甚眾。瑾領殘黨宵遁。

（宋）王欽若等編纂：《冊府元龜》卷二九一《宗室部》

郴王友裕嘗從太祖於內黃，逢魏之大眾北飛來，命友裕射之，跪
曰：“今日以卜勝負，必應弦而下。”及交鋒，果大捷。

（宋）王欽若等編纂：《冊府元龜》卷三九八《將帥部》

梁朱友裕，太祖長子，唐末爲宣武軍衙內、馬步都指揮使。景福
元年，總大軍伐徐，時朱瑾領兗、鄆之眾，爲徐戎外援，陣於彭門南石
佛山下。友裕縱兵擊之，斬獲甚眾，瑾領殘黨宵遁。時都虞候朱友恭
羽書聞於太祖，誣友裕按兵不追賊。太祖大怒，因驛騎傳符，令裨將

龐師古代友裕爲帥，仍令按劾其事。會使人誤致書於友裕，友裕懼，遂以數騎遁於山中。尋詣廣王於輝州，以訴其冤。賴元貞皇后聞而召之，令束身歸汴，力爲營救，太祖乃舍之。

（宋）王欽若等編纂：《册府元龜》卷二九八《宗室部》

梁郢王友珪，開平四年十月，檢校司徒，充左右控鶴都指揮使，兼管四蕃將軍。乾化元年，充諸軍都虞候。

（宋）王欽若等編纂：《册府元龜》卷二六九《宗室部》

梁時溥，徐州人，初爲州之驍將。唐中和初，秦宗權據蔡州，侵寇鄰藩，節度使支詳命溥率師以討之，徐軍屢捷，軍情歸溥，詳以旄節授之。

（宋）王欽若等編纂：《册府元龜》卷四一二《將帥部》

梁韓建，初仕唐爲華州刺史。河、潼經大寇之後，戶口流散，建披荆棘，辟污萊，勸課農事，樹植蔬果，出入閭里，親問疾苦。不數年，流亡畢復，軍民充實。

（宋）王欽若等編纂：《册府元龜》卷六九二《牧守部》

梁韓建，爲華州刺史。比不知書，治郡之暇，日課學習，遣人於器皿床榻之上，各題其名。建視之既熟，乃漸通文字。

（宋）王欽若等編纂：《册府元龜》卷八一一《總録部》

歐史《韓建傳》叙其初起至入蜀，從僖宗還長安，爲潼關防禦使、華州刺史以下，頗美其政績。薛史則建之入蜀，乃田令孜唊以厚利誘之，非建自欲扈從也。歐史此下書大順元年，從張濬伐晉，此事薛史無之。此下歐史歷著其逆節，結王行瑜、李茂貞犯京師，殺宰相，謀廢昭宗，晉兵至乃還，此二年事。又書乾寧三年，請昭宗幸華，遂以兵劫昭宗，殺親將李筠，逐散衛兵，又圍十六宅，殺諸王，昭宗無如何，爲建立德政碑，以慰安之。光化元年，昭宗還長安，封建潁川郡王，建辭，乃封許國公云云。薛史載建政績頗與歐同，又云俄遷華商節度使，加檢校太尉、平章事，而不言立碑事，餘則略與歐同。歐史失書節度使及太尉，固非是，而昭宗爲建立德政碑，其文司空圖撰，載《一鳴集》第六卷，係乾寧元年。歐書於三年，殺諸王下，尤誤也。文中稱華商節度使、太尉、穎川郡王，而題則云華帥、許國公者，讓王封受公爵故也。叙其封王事，則言本郡王者。建，許州長社人，穎川則本郡也。叙讓封事，則言誠在求能，形於崇讓，自加相印、太保及今封拜，瀝懇數十上。則是時又加太保，而歐薛皆遺之。文約二千三百字，諛詞夸飾，極盡襃揚，若其時昭宗已至華，斷無不頌其迎奉忠勤，乃隻字不及，且乾寧三年，建凶焰益張，刻刻欲謀廢君、弑君，見金張建撰《濟安侯廟碑》，予亦藏有拓本。但力未至耳，豈徒立碑所能慰安乎？則歐書於三年誠誤矣。封王公乃元年事，歐、薛書於光化元年，又皆大誤矣。建之悖逆，罪不勝誅，司空圖《卓行傳》中人，乃如此獻媚。但乾寧元年，建惡尚未彰露，則圖猶可恕，倘作於三年，豈得爲有人心者乎？張濬敗歸，狼狽逃竄，僅以身免，碑乃云"擒戮五六千衆，收奪堡寨七所"，真堪一笑。厥後建父子同時爲亂軍所殺，薛史頗詳。讀史者至此，稍快意。歐乃删去其子見殺事，何哉？

（清）王鳴盛：《十七史商榷》卷九五

韓建粗暴好殺而重佛教。治華州，患僧衆龐雜，犯者衆。欲貸之，則不可盡；治之，則恐傷善類。乃擇其徒有道行者使爲僧正，以訓治之，而擇非其人，反私好惡予奪，修謹者不得伸，犯法者愈無所憚。建久之乃悟，一日忽判牒云："本置僧正，欲使僧正。僧既不正，何用僧正，使僧自正。"傳者雖笑，然亦適中理。

（宋）葉夢得：《避暑錄話》卷下

韓建治華州，患僧雜犯者衆，欲貸，不可盡治，恐傷善類。乃擇有道行者爲僧正訓治之，而非其人，反爲所憚，久乃悟，判牒云："本置僧正，欲要僧正，僧既不正，何用僧正，使僧自正。"傳者雖笑，以爲適中理。

（宋）謝采伯:《密齋筆記》卷五

五代韓建。昭宗幸其鎮，登齊雲樓，西北顧望京師，作《菩薩蠻辭》三章，其卒章曰："野烟生碧樹，陌上行人去。安得有英雄，迎歸大内中。"酒酣與從臣悲歌，泣下。

（唐）白居易、（宋）孔傳:《白孔六帖》卷一〇

梁韓建，唐末爲鎮國軍節度使。昭宗乾寧中，通王滋請故宰臣孔緯宅爲營，建奏曰："孔緯以直道爲宰相，今其身殁未久。朝廷撫凌統之孤，祭蕭何之墓，奈何奪其故居，使其妻子奉几筵無所？非君臣始終之道也。"帝從之。

（宋）王欽若等編纂:《册府元龜》卷四〇七《將帥部》

梁韓建爲陳許察觀察使，仍令中書不議除替。太祖乾化二年六月，朝廷新有内難，人心動搖，部將張厚因作亂，害建於衙署，時年五十八。子從訓，昭宗在華時，授太子文學，賜名文禮，尋拜屯田員外郎。國初爲都官郎中，賜紫，年未弱冠。時朝廷命從訓告國哀於陳許，至許二日，軍亂，與建並命。

（宋）王欽若等編纂:《册府元龜》卷九三一《總録部》

韓建受册畢，金吾仗引升輅車，儀仗導謁太廟訖，赴尚書省上。

（宋）王欽若等編纂:《册府元龜》卷一九九《閏位部》

梁韓建，爲太保、門下侍郎平章事。開平三年六月，太祖以建及薛貽矩每於案前有所敷奏，頗協事機，深加獎毅，各以贈帛錫之。三年，宣旨太保韓建每月旦十五日入閣稱賀，即令赴朝，餘時不用入。示優禮也。

（宋）王欽若等編纂:《册府元龜》卷三一九《宰輔部》

（開平元年五月）是月，以青州節度使韓建守司徒、平章事。帝以建有文武材，且詳於稼穡利害、軍旅之事，籌度經費，欲盡詢焉。恩澤特異於時，罕有比者。隨拜爲上相，賜賚甚厚。

（宋）王欽若等編纂：《册府元龜》卷一九九《閏位部》

朱梁成汭初作僧，後鎮荆南，撫緝雕殘。時韓建亦披荆棘以緝華州，人號“北韓南郭”。初，澧朗二州本屬荆南，乾寧中爲土豪雷滿所據，汭奏請割隸唐，宰相徐彦若執而不行，汭銜之。及彦若出鎮南海，路過江陵，汭猶快快語及前事，彦若曰：“令公位尊方面，自比桓文，雷滿者偏州一草賊爾，令公何不加兵而反怨朝廷乎？”汭報然而屈。因思嶺外有黃茅瘴，患者皆發落，乃謂彦若曰：“黃茅瘴，望相公保重。”彦若應聲曰：“廣南黃茅瘴，不死成和尚。”譏汭曾爲僧也。汭終席慚報。

（宋）孔平仲：《續世説》卷六

唐荆州成令公汭，領蔡州軍戍江陵，爲節度使張瓌謀害之，遂弃本都，奔於秭歸。一夜爲巨蛇繞身，幾至於殞。乃曰：“苟有所負，死生唯命。”逡巡蛇亦亡去。爾後招輯户口，訓練士卒，沿流而鎮渚宫。尋授節旄，撫綏凋殘，勵精爲理。初年居民唯一十七家，末年至萬户，勤王奉國，通商務農，有足稱焉，朝廷號“北韓南郭。”韓即華州韓建，成令初姓郭，後歸本姓。有孔目官賀隱者，亦返俗僧也，端貞儉約，始爲腹心，凡有關政，賴其規贊。自賀隱物故，率由胸襟，加以騁辯陵人，又多矜伐，爲識者所鄙。婦翁竺知章，乃餅匠也，言多不遜，又元子微過，皆手刃之，竟無系嗣。樓船之役，幕僚結舌，終致鄂渚之敗，惜哉！

（五代）孫光憲：《北夢瑣言》卷四

唐天祐中，淮師圍武昌不解，杜洪令公乞師於梁王。梁王與荆方睦，乃諷成中令帥兵救之。於是稟奉霸主欲親征，乃以巡屬五州事力，造巨艦一艘，三年而成，號曰“和州載”。艦上列廳事泊司局，有若衙府之制。又有“齊山”“截海”之名，其於華壯，即可知也。飾非拒諫，斷自己意，幕僚俛仰，不措一詞，唯孔目官楊厚贊成之。舟次破軍山下，爲吳師縱燎而焚之，中令溺死，兵士潰散。先是，改名曰“汭”，汭字，即水内也，水内之死，豈非前兆乎。湖南及郎州軍入江陵，俘載軍人百姓、職掌伎巧、僧道伶官，並歸長沙。改汭之名，和州之説，蓋前定也。

（五代）孫光憲:《北夢瑣言》卷五

荆州成令公汭，唐天復中，准詔統軍救援江夏，舟楫之盛，近代罕聞。已決行期，不聽諫諍，師次公安，縣寺有二金剛神，土人號曰“二聖”，亦甚有靈。中令艤舟而謁之，炷香虔誠，冥禱勝負，以求杯珓陰陽之兆。凡三十擲皆不吉，乃謂所信孔目官楊師厚曰:“卦之不吉，如之何？”師厚對曰:“令公數年造船，旌旗已啓，中路而退，將何面目回見軍民。”於是不得已而進，竟有破陣之敗，身死家破，非偶然也。向使楊子察人之情，幸其意怠，一言而止，則成氏滅亡，未可知也。

（五代）孫光憲:《北夢瑣言》卷九

五代羅弘信狀貌奇怪，面色青黑，軍中異之。

（唐）白居易、（宋）孔傳:《白孔六帖》卷三〇

鄴王羅紹威，喜文學，好儒士，每命幕客作四方書檄，小不稱旨，壞裂抵弃，自劈箋起草，下筆成文。又癖於七言詩。江東有羅隱，爲錢鏐客，紹威申南阮之敬，隱以所著文章詩賦酬寄，紹威大傾慕之，乃目其所爲詩集曰《偷江東》。今鄴中人士，多有諷誦。

（五代）孫光憲:《北夢瑣言》卷一七

羅紹威與梁祖情分極至。先是本府牙軍八千人驕甚，盡謀殺之，雖豁心素而紀綱無有。漸爲梁祖凌制，忽患脚瘡，痛不可忍，意牙軍

爲祟。云："聚我六州四十八縣鐵,打此一箇錯不成。"東坡云："不知幾州鐵,鑄此一大錯。"始疑其用俗語,今表見之。

（宋）吴炯:《五總志》

羅紹威爲魏博節度使。唐昭宗天祐三年,詔許本道立三代私廟。至太祖開平元年十月,帝以紹威近年以來貢輸極頻,且倍於諸道,帝慮其殫於事力以及於民,遂勞而止之,賜以南越所貢珍珠枕、龍腦帶。後紹威疾革,遣使上章乞骸,太祖撫案動容,顧使者曰："亟行,語而主,爲我强飯。如有不可諱,當世世貴爾子孫以相報也。"仍命其子周翰監總軍府。及訃至,輟朝三日,册贈尚書令。

（宋）王欽若等編纂:《册府元龜》卷三八六《將帥部》

梁太祖開平四年五月,魏博節度使、守太師、兼中書令、鄴王羅紹威薨,帝哀慟曰："天不使我一海内,何奪忠臣之速也!"詔贈尚書令。

（宋）王欽若等編纂:《册府元龜》卷二〇四《閏位部》

梁羅紹威,爲魏博節度使。紹威本雖將家,貴居烈士,雅好儒術,善爲七言詩,重宗人隱。隱時爲錢塘賓介,遣使以叔事之。有所編,目曰《偷江東集》。竟薦隱除給事中,不赴,議者美之。

（宋）王欽若等編纂:《册府元龜》卷四一三《將帥部》

羅紹威爲魏博節度使,形貌魁偉,有英傑氣。

（宋）王欽若等編纂:《册府元龜》卷八八三《總録部》

梁鄴王羅昭威世爲武人,有膽决,喜尚文學,雅好儒生。於廳所之側,别立學舍,招延四方游士,置於其間,待以恩禮。每旦視事之暇,則與諸儒講論經義。聚書萬餘卷,於學舍之側,建置書樓,縱儒士隨意觀覽,已亦孜孜諷誦。當時藩牧之中,最獲文章之譽。每命幕客作四方書檄，小不稱旨，壞裂抵弃，自襞牋起草，下筆成文。雖無藻麗之風，幕客多所不及。又僻於七言詩，每歌酒宴會，池亭游覽，靡不賦咏，題之屋壁。江南有羅隱者，爲兩浙錢鏐幕客，有文學。昭威特遣使幣交聘，申南阮之敬。隱悉以所著文章詩賦，酬寄昭威。昭大傾慕之，乃目其所爲詩曰“羅江東”。今鄴中人士，有諷誦者。嘗自爲大廳記，亦微有可觀。

（宋）李昉：《太平廣記》卷二〇〇《羅昭威》

梁羅廷規，紹威長子，尚太祖長女安陽公主，授司農卿、駙馬都尉，又尚金華公主。

（宋）王欽若等編纂：《冊府元龜》卷三〇〇《外戚部》

羅周翰，紹威子也。紹威薨，復爲魏博節度使。太祖乾化二年，帝北巡至昌樂縣，周翰來見於行宮，宣至内殿對，仍於御前賜食，數刻乃退。及辭歸鎮，詔以良馬、玉帶、金銀器及香藥等賜而遣之。

（宋）王欽若等編纂：《冊府元龜》卷三八六《將帥部》

羅周敬，初在梁爲許州節度使，徵授秘書中監、駙馬都尉，尚普安公主。

（宋）王欽若等編纂：《冊府元龜》卷三〇〇《外戚部》

梁羅周敬年七八歲，學賦詩，往往傳於人口。

（宋）王欽若等編纂：《冊府元龜》卷七七五《總録部》

明宗在潛時，同光中賜得梁租庸使趙岩洛中宅。宅雖華，以趨内遠，乃與羅周敬易其第，諾之。其第即周敬父紹威前唐時所建，在福善里。後帝即位，一日夢中見一人儀形瑰秀，若素識者。帝夢中曰：“此得非前宅主羅氏乎？”及癒，訪其子孫。左右對曰：“周敬見列明廷。”召至，果符夢中所見。帝謂侍臣曰：“朕不欲使大勳之後久無土地。"因授左馮。非承家爲善,何以致此!

（宋）王欽若等編纂:《冊府元龜》卷一七二《帝王部》

《五代史·晉史》曰:羅紹威前唐時嘗建第洛陽福善里。莊宗同光中,始賜明宗梁租庸使趙岩宅,雖華,以趨内遠,乃召紹威子周敬易其第。後明宗即位,一日夢中見一人,儀形瑰秀,若素識者,上夢中曰:"此得非前宅主羅氏乎!"及寤,訪其子孫,左右對曰:"周敬見列明廷。"召至,果符夢中所見。上謂侍臣曰:"朕不欲使大勛之後久無土地。"因授左馮翊。非承家爲善,何以致此!

（宋）李昉:《太平御覽》卷一八〇《居處部八·宅》

王重盈陝府構寺,募巧工圖壁畢,悉沉於河。今建初院六祖等,人多模寫。

（宋）江休復:《江鄰幾雜志》

王處存侈靡自奉,家僮千人。

（唐）白居易、（宋）孔傳:《白孔六帖》卷二〇

五代王處直父宗善殖財貨,富擬王侯。

（唐）白居易、（宋）孔傳:《白孔六帖》卷二一

成德節度王鎔求長生不死,日延異人方士,坐邃宇映水精金脉屏風,焚香,謂飛升可致,吏民莫不竊笑。

（宋）陶穀:《清異録》卷下

趙王鎔煉丹成,不及餌,藏之鎮州庫藏中者餘三百年。貞祐初,真定元帥三喜弃城,取之以行。行及平陽,爲胥莘公所劾,收之。丹入汴京,下豐衍庫收,名色謂之鎮庫寶。

（金）元好問:《續夷堅志》卷一

　　五代王鎔游西山，登王母祠，使婦人維錦綉，牽持而上。

（唐）白居易、（宋）孔傳：《白孔六帖》卷五

　　《新五代史》第五十三卷雜傳有《王景崇傳》，死於周隱帝時。《新唐書》第二百二十四卷《藩鎮鎮冀傳》有王景崇，乃王鎔之父，死於唐末中和二年，同姓名，非一人。

（清）王鳴盛：《十七史商榷》卷九五

　　王師範鎮青州，以其祖父版籍舊地，凡本縣令新到，必備儀注，躬往投刺。縣令畏懼出迎，不許之。師範令二三客將，挾縣令坐於廳上，命執事通曰：“百姓節度使王某”。參拜於庭中而出。縣令惶惑，步隨至府謝罪，加遜而遣之。從事多諫其非宜，請不行。師範曰：“以某之見則不然，所以荷國恩而敬念先世，示子孫不忘於本故爾。”師範器宇英偉，短於寬恕，殺戮過差，人知其必敗。或曰：“能用禮以正身，仗大順而舉事，翻結仇釁，禍不旋踵，其故何哉？”金華子曰：昔劉越石非不欲立殊勛於世，而十萬之衆，曾不假息。誠統之非才，然亦時運不可干也。時梁氏方熾，謂九鼎在己之掌握。天王窮迫，痛宰輔誅戮於道路。師範適當依附於勤王，誠宜鼓扇恩信，完結民力，寬而有衆，纔可合順。而專任威刑，輕視民命，以一州之地，敵千鼎之豪，縱殺戮之心，救崩潰之勢，抱薪撲燎，其可得乎？

（南唐）劉崇遠：《金華子雜編》卷上

　　王師範之鎮青州，以部將劉鄩竊據兗州。先是汴將葛從周鎮於是邦，因出征，劉鄩將圖兗也，詐爲茶商，苞苴鎧甲，大起店肆，剖巨木藏兵仗而入。竊發之日，得其徒千人，據其府舍，升堂拜從周之母，仍以禮待其妻子，子弟職掌，妻孥供億如常。俄而從周攻其城，梯轀雲合，鄩以板輿請從周母登城，諭從周曰：“劉將軍待我不異於兒，新婦已下，並不失所。”從周在城下歔欷，即時退舍。及青州兵敗，師範納款，梁祖遣使諭鄩，鄩曰：“臣知王公修好，與梁國通盟。但臣本受王

公之命，保有州城，一旦見其勢窮，擅命不顧，非盡心於所事也。僕俟王公之命，俛首非晚。"至是師範諭之，方以城歸。梁祖多其義，超擢非次，官至方鎮，爲梁之名將。

(五代)孫光憲:《北夢瑣言》卷一七

　　王師範性甚孝友，而執法不渝。其舅柴某酒醉，毆殺美人張氏，爲其父詣州訴冤。師範爲舅氏之故，不以部民目之，呼之爲父，冀其可厚賂和解，勉諭重叠。其父確然曰:"骨肉至冤，唯在相公裁斷爾。"曰:"若必如是，即國法，予安敢亂之。"柴竟伏法。其母恚之，然亦不敢少責。至今青州猶印賣王公判焉。

(南唐)劉崇遠:《金華子雜編》卷下

　　王師範父敬武逐安師儒，自稱留後。敬武卒，昭宗以師範年少，其下不服從，乃拜太子少師，師範不受。棣州刺史張蟾叛，師範遣其將盧洪攻蟾，洪以兵返襲青州，師範陽爲好辭，遣人近語洪曰:"吾幼未能任事，賴諸將共持之爾，不然聽公所爲也。"洪以師範無能爲，遂還不爲備。語其僕劉鄩曰:"洪來爲我斬之，用汝爲牙將。"洪來，師範出迎，於坐上斬之。乃急攻棣州，破張蟾，潛奔歸於京師，昭宗乃拜師範節度使。

(唐)白居易、(宋)孔傳:《白孔六帖》卷四二

　　王師範，非名族，世承姑息。及其死也而無辭，輒有長幼之序。三川之士多焉。

(宋)錢易:《南部新書》癸

　　《朱宣傳》叙宣救梁太祖，破秦宗權，後太祖欲併吞諸鎮，即馳檄言宣誘其軍卒亡以東，因攻滅之。此所謂欲加之罪，何患無詞，以德爲怨而反噬之者也。薛史則竟實叙宣誘汴卒，以爲果有其事。薛史不如歐史遠甚。薛史稱梁爲我，又爲王師，皆本《梁實錄》，故

多曲筆。

歐史於此事先見《梁本紀》,云朱宣、朱瑾兵助汴,已破宗權東歸,王移檄兖、鄆,誣其誘汴亡卒以東,乃發兵攻之,尤爲明顯。

(清)王鳴盛:《十七史商榷》卷九五

朱梁、朱瑾,有所乘名馬,冬以錦帳貯之,夏以羅幬護之。

(宋)孔平仲:《續世説》卷九

五代朱瑾,在唐爲兖州節度使,梁太祖攻敗之,奔楊行密,大破梁兵。後以殺徐知訓,族滅。瑾名重江淮,人畏之,其死也,尸之廣陵北門,路人私共瘞之。是時,民多病虐,皆取其墓上土,以水服之,云病輒愈,更益新土,增成高墳。

(宋)祝穆:《古今事文類聚》前集卷四七

五代雷滿據朗州,常鑿深池於府中。客有過者,召宴池上,指其水曰:"蛟龍水怪,皆屈於此,蓋水府也。"酒酣,取座上器擲池中,因裸而入取其器,嬉水上,久之乃出。治衣服坐,意氣自若。

(唐)白居易、(宋)孔傳:《白孔六帖》卷七

朱梁雷滿鎮澧朗,於府中浚一深潭,構一大亭於其上。每鄰道使車經由,必召燕於中,且言:"此水府也,中有蛟龍,奇怪萬態,唯余能游焉。"或酒酣對客,即取筵中實器亂擲於潭中。因自褫其衣,裸露其文身遽躍入水,遍取所擲實器,戲玩於水面,久之方出,復整衣冠就坐,其詭誕如此。

(宋)孔平仲:《續世説》卷一二

葛從周有殊功,鎮青社,人語曰:"山東一條葛,無事莫撩撥。"

(宋)錢易:《南部新書》癸

五代葛從周有殊功，鎮青州，人語曰："山東一條葛，無事莫撩撥。"

（宋）馬永易：《實賓錄》卷一〇

梁將葛從周，忠義驍勇，每臨陣，東西南北，忽焉如神，晉人稱爲分身將。

（宋）陶穀：《清異錄》卷上

葛從周養一皂鷹，甚鷙，忽突籠飛去。從周惜，責掌事討捕良急。從周方食，小僕報桐上鷹見栖泊，望之，乃一鷗也。怒罵曰："不解事奴，此痴伯子，得萬个何所用！"促尋黑漫天。黑漫天，所失鷹名也。

（宋）陶穀：《清異錄》卷上

葛從周，唐僖宗時爲大校，從太祖破魏軍。又并人圍張全義於河陽，從周赴援，大破并軍，解河陽之圍，以功表授檢校工部尚書。從朱珍討徐州，拔豐縣，敗時溥，加檢校刑部尚書。昭宗大順二年八月，與龐師古同攻兗州朱瑾。乾寧二年十月，擒其部將孫漢筠，累立戰功，自懷州刺史歷曹、宿二州刺史，遷檢校右僕射。三年五月，從周擊并師，殺戮殆盡，與龐師古渡河擊鄆。四年正月，下之，乘勝伐兗，其將朱懷英以城來降，以功授兗州留後、檢校司空。光化元年四月，又大破并師大軍，以從周兼領邢州留後。二年春，幽州劉仁恭寇魏州，從周擊走之，授宣義軍司馬。三年八月，從太祖破并人，表授檢校太保兼徐州兩使留後，尋爲兗州節度使。天復元年，青州劉鄩陷兗州，太祖命討之。十一月，鄩舉城降。以功檢校太傅。末帝即位，制授潞州節度使，令坐食其俸，加開府儀同三司、檢校太師兼侍中，封陳留郡王，累食邑至七千戶，命近臣旌節就別墅賜之。貞明初，卒於家，冊贈太尉。

（宋）王欽若等編纂：《冊府元龜》卷三八六《將帥部》

葛從周，濮州鄄城人。從周少豁達，有智略。初入黃巢軍，漸至軍校。唐僖宗中和四年三月，太祖大破黃巢於王瀋渡，從周與霍存、張歸霸昆弟相率來降。七月，從太祖屯兵於西華，破蔡賊王夏寨。太祖臨陣馬踣，賊衆來追甚急。從周扶太祖上馬，與賊軍格鬥，傷面，矢中於肱，身被數鎗，奮命以衛太祖。賴張延壽回馬轉鬥，從周與太祖俱免。退軍瀋水，諸將並削職，唯擢從周、延壽爲大校。其後入長葛、靈井，大敗蔡賊，至斥溝、浉河，殺鐵林三千人，獲九寨都虞候王涓。太祖遣郭言募兵於陝州，有黃花子賊據於溫谷，從周擊破之，又破秦賢之衆於滎陽。尋佐朱珍收兵於淄、青間。時兗州齊克讓軍於任城，從周破之，擒其將呂全真。淄人不受制，復與之戰，獲其驍將鞏約。會青州以步騎萬餘人列三寨於金嶺，以阨要害，從周與朱珍戰，大殲其衆，虜其將楊昭範五人而還。至太原，不解甲，徑至板橋擊蔡賊，破盧塘寨，塘自溺而死。又於赤岡殺蔡軍二萬餘人。從討謝殷於亳州，擒之。回襲曹州，虜刺史丘弘禮以歸。與兗、鄆軍遇於臨濮之劉橋間，殺數萬人，朱瑄、朱瑾僅以身免，擒都將鄒務卿以下五千人。從太祖至范縣，復與朱瑄戰，虜尹萬榮等三人，遂平濮州。未幾，與朱珍擊蔡賊於陳、亳間，獲都將石璠。文德元年，魏博軍亂，樂從訓來告急，從太祖渡河，拔黎陽、李固、臨河等鎮，至內黃，破魏軍萬餘衆，獲其將周儒等十人。李罕之引并人圍張全義於河陽，從周與丁會、張存敬、牛存節率兵赴援，大破并軍，殺蕃漢二萬人，解河陽之圍。以功，表授檢校工部尚書。從朱珍討徐州，拔豐縣，敗時溥於吳康，得其輜重，加檢校刑部尚書。佐龐師古討孫儒於淮南，略地至盧、壽、滁等州，下天長、高郵，破邵伯堰。回軍攻濠州，殺刺史魏勛，得餉船十艘。昭宗大順元年八月，并師圍潞州。太祖遣從周率敢死之士，夜銜枚犯圍而入。會王師不利於馬牢川，即弃上黨而歸。其年十二月，與丁會諸將討魏州，連收十邑。明年正月，大破魏軍於永定橋，魏軍五敗，斬首萬餘級。十月，佐丁會攻宿州。從周壅水灌其城，刺史張筠以郡降。從討兗州，破朱瑾之軍於馬溝。景福二年二月，與諸將大破徐、兗之兵於石佛山。八月，與龐師古同攻兗州。乾寧元年三月，軍至新太縣，朱瑾令都將張約李胡椒帥三千人來拒戰。師古遣從周、張存敬掩襲，生擒張約、李胡椒等都將數十人。二年十月，圍兗州，兗人不出，從周詐揚言并人、鄆人來救，即引軍趨高吳，夜半潛却歸寨。朱瑾果出兵攻外壕，我軍士突出，掩殺千餘人，生擒都將孫漢筠。從周累立戰功，自懷州刺史歷曹、宿二州刺史，累遷檢校左僕射。三年五月，并帥以大軍侵魏，遣其子落落率二千騎屯洹水。從周以馬步二千人擊之，殺戮大盡，擒落落於陣，并帥號泣而去。遂自洹水與龐師古渡河擊鄆。四年正月，下之。從周乘勝伐兗州，朱瑾出師在徐境，其將康懷英以城降，以功授兗州留後、檢校司空。復領兵萬餘人渡淮討楊行密，至濠州，聞龐師古清口之敗，遽班師。光化元年四月，率師經略山東。時并帥以大軍屯邢洺，從周至鉅鹿與并軍相遇，大破之，并帥遁走。我軍追襲至青山口，數日之內，邢、洺、磁三州連下，斬首二萬級，獲將吏一百五十人，即以從周兼領邢州留後。十月，復破并軍五千騎於張公橋。晉將李嗣昭急攻邢州，陣於城外，從周大破之，擒蕃將賁金鐵、慕容騰等百餘人。二年春，幽州劉仁恭率軍十萬寇魏州，屠其郡。從周自邢臺馳入魏州，燕軍突上水關，攻館陶門。從周與賀德倫率五百騎出戰，謂門者曰：“前有敵，不可返顧。”令闔其門。從周等極力死戰，大破燕人，擒都將薛突厥、王郎郎等。翊日，破其八寨，追擊至臨清，劉仁恭走滄州。從周受宣義軍司馬。五月，并人討李罕之於潞州，太祖以丁會代罕之，令從周馳入上黨。七月，并人陷澤州。太祖召從周，令賀德倫守潞州，德倫等尋弃城而歸。三年四月，領軍討滄州，先攻德州，下之。及進攻浮陽，幽州劉仁恭大舉來援。時都監蔣玄暉謂諸將曰：“吾王命我護軍，志存攻取。今燕師來赴，不可外戰，當縱其入壁，聚食困廩，力屈糧盡，可取也。”從周對曰：“兵在機，機在上將，非督護所言也。”乃令張存敬、氏叔琮守其寨。從周逆戰於乾寧軍老鴉堤，大破燕軍，斬首三萬，獲將佐馬慎交已下百餘人，奪馬三千匹。八月，并人攻邢、洺，從太祖破之。從周追襲至青山口，斬首五千級，獲其將王郎郎、楊師悦等，得馬千匹，表授檢校太保兼徐州兩使留後，尋爲兗州節度使。天復元年三月，與氏叔琮討太原，從周以兗、鄆之衆自土門路入，與諸軍會於晉陽城下，以糧運不給，班師。頃之，從周染疾。會青山將劉鄩陷兗州，太祖命從周討之，遂力疾臨戎。三年十一月，鄩舉城降，以功授檢校太傅。後致仕。

　　（宋）王欽若等編纂：《册府元龜》卷三四六《將帥部》

　　葛從周，爲邢州留後。時幽州劉仁恭率衆寇魏州，屠其郡。從周自邢臺馳入魏州，燕軍突上水關，攻館陶門。從周與賀德倫率五百騎出戰，謂門者曰：“前有敵不可返，顧命闔其門。”從周等極力死戰，大敗燕人，擒都將薛突厥。

　　（宋）王欽若等編纂：《册府元龜》卷三九六《將帥部》

　　梁將葛從周鎮其地，爲爪牙。後爲檢校太師兼中書令。

　　（宋）王欽若等編纂：《册府元龜》卷八四七《總録部》

　　梁葛從周，以前泰寧軍節度使除檢校司徒兼左金吾上將軍，致仕。從周病風，不任朝謁故也。

　　（宋）王欽若等編纂：《册府元龜》卷八九九《總録部》

　　梁葛侍中周鎮兗之日，嘗游從此亭。公有廳頭甲者，年壯未婚，有神彩，善騎射，膽力出人。偶因白事，葛公召入。時諸姬妾並侍左右。内有一愛姬，乃國色也，專寵得意，常在公側。甲窺見愛姬，目之不已。葛公有所顧問，至於再三，甲方流眄於殊色，竟忘其對答。公但俛首而已。既罷，公微哂之。或有告甲者，甲方懼，但云神思迷惑，亦不計憶公所處分事。數日之間，慮有不測之罪。公知其憂甚，以温顏接之。未幾，有詔命公出征，拒唐師於河上。時與敵決戰，交鋒數日，敵軍堅陣不動。日暮，軍士飢渴，殆無人色。公乃召甲謂之曰：“汝能陷此陣否？”甲曰：“諾。”即攬轡超乘，與數十騎馳赴敵軍，斬首數十級。大軍繼之，唐師大敗。及葛公凱旋，乃謂愛姬曰：“大立戰功，宜有酬賞，以汝妻之。”愛姬泣涕辭命，公勉之曰：“爲人之妻，可不

愈於爲人之妾耶?"令具飾資妝,其直數千緡。召甲告之曰:"汝立功
於河上,吾知汝未婚,今以某妻,兼署列職,此女即所目也。"甲固稱死
罪,不敢承命。公堅與之,乃受。噫! 古有絕纓盜馬之臣,豈逾於此。
葛公爲梁名將,威名著於敵中。河北諺曰"山東一條葛,無事莫撩
撥"云。

(宋)李昉:《太平廣記》卷一七七《葛周》

梁楊師厚,潁州人,初爲李罕之小校。太祖平定,罕之預其功,遂
受澤州刺史。當罕之至晉陽,謁見太祖,太祖以嘗有軍功,遇之甚厚。
罕之有驍卒百餘人,太祖素知,意欲留之。罕之識其旨,乃列籍以獻。
時師厚在其籍中,後得罪,懼奔於梁。

(宋)王欽若等編纂:《冊府元龜》卷九四九《總錄部》

楊師厚爲徐州節度使,昭宗天祐元年,加諸軍行營馬步都指揮
使。二年八月,太祖討趙凝於襄陽,命師厚統前軍,一戰敗趙凝。翌
日,表師厚爲山南東道節度留後,即令南討,荊州留後趙明亦弃軍上
峽,不浹旬并下兩鎮,乃正授襄州節度使。開平元年,加檢校太保、同
平章事,又加檢校太傅。三年三月詔入朝,詔兼潞州行營都招討使,
以奇兵進攻劉知俊於鳳翔,降賊將王建,制加師厚檢校太尉。

(宋)王欽若等編纂:《冊府元龜》卷三八六《將帥部》

(開平)五年正月,詔徵陝州鎮國軍節度使楊師厚至京,見於崇勛
殿。帝指授方略,依前充北面都招討使,恩賚甚厚,使督軍進發。

(宋)王欽若等編纂:《冊府元龜》卷一九九《閏位部》

楊師厚爲滑州節度使,太祖北征,令師厚以大軍攻棗強,逾旬不
能克。太祖屢加督責,師厚晝夜奮擊,乃破之,盡屠其城。

(宋)王欽若等編纂:《冊府元龜》卷三六九《將帥部》

楊師厚，爲潞州行營都招討使。時晉王與周德威、丁會、符存審等以大衆攻晉州甚急，太祖遣師厚帥兵援之。軍至絳州，晉軍扼蒙坑之險。師厚整衆而前，晉人乃徹圍而遁。

（宋）王欽若等編纂：《册府元龜》卷四一四《將帥部》

梁楊師厚，爲滑州節度使，屯魏州。魏州衙内都指揮使潘晏與大將臧延範、趙訓謀變，有密告者，師厚布兵擒捕，斬之。越二日，又有指揮使趙賓，夜率部軍擐甲，俟旦爲亂。師厚以衙兵圍捕，賓不能起，乃越城而遁。師厚遣騎追至肥鄉，擒其黨百餘人，歸斬於府門，即以師厚爲魏博節度使。

（宋）王欽若等編纂：《册府元龜》卷四二三《將帥部》

楊師厚，潁川斤溝人也。初爲李罕之部將，以猛決聞，尤善騎射。及罕之敗，退保澤州，師厚與李鐸、何綱等來降，太祖署爲忠武軍牙將。繼歷軍職，累遷檢校右僕射，表授曹州刺史。唐昭宗天復二年，從太祖迎昭宗於岐下。李茂真以勁兵出戰，爲師厚所敗。及王師範以青州叛，太祖遣師厚率兵東討。時淮賊王景仁以衆二萬來援師範，師厚逆擊，破之，追至輔唐縣，斬首數百級。授齊州刺史。將之任，太祖急召見於鄆西境，遣師厚率步騎屯於臨朐，而聲言欲東援密川，留輜重於臨朐。師範果出兵來擊。師厚設伏於野，追擊至聖王山，殺萬餘衆，擒都將八十人。未幾，萊州刺史王師誨以兵救師範，又大敗之。自是師範不復敢戰。師厚移軍寨於城下，師範力屈，竟降。三年二月，加檢校司徒、徐州節度使。天祐元年，加諸軍行營馬步都指揮使。二年八月，太祖討趙匡凝於襄陽，命師厚統前軍以進，趙匡凝嚴兵以備。師厚至穀城西童山，刊木造浮橋，引軍過漢水。一戰，趙匡凝敗散，携妻子沿漢遁去。翌日，表師厚爲山南東道節度留後，即令南討荊州留後趙匡明，亦弃軍上峽，不浹旬，並下兩鎮，乃正授襄州節度使。太祖受禪，加檢校太保、同平章事。

（宋）王欽若等編纂：《册府元龜》卷三四六《將帥部》

楊師厚，爲魏博節度使。性寬簡，無威儀，善撫士衆。初爲太祖部曲，頗得士心。累爲刺史，遷襄、陵、滑等州節度使，有戰功。

（宋）王欽若等編纂：《冊府元龜》卷四一二《將帥部》

梁楊師厚爲魏博節度使。初，師厚以計謀敏干，深爲太祖知遇，委以重兵劇鎮，他莫能及。然而末年矜功恃衆，驟萌不軌之意。於是專割財賦，置銀鎗效節軍，凡數千人，皆選摘騎銳，縱恣豢養，復故時牙軍之態，時人病之。承前河朔之俗，上元夜比無夜游，及師厚作鎮，乃課魏人，戶立燈竿，千缸萬鉅，洞照一城。縱士女嬉游，復彩畫舟舫，令女妓擢歌於御河，縱酒彌日。又於黎陽采巨石，將紀德政，以鐵車負載，驅牛數百以拽之。所至之處，丘墓廬舍悉皆毀壞，百姓望之，皆曰：“碑來。”石纔至，而師厚卒。時魏人以爲“悲來”之應。末帝聞其死也，於私庭受賀，乃議裂魏州爲兩鎮。既而所樹親軍果爲亂，以招外寇，致使河朔淪陷，宗社覆滅，由師厚兆之也。

（宋）王欽若等編纂：《冊府元龜》卷四五四《將帥部》

楊師厚爲魏博節度使，封鄴王，於黎陽采巨石，將紀德政，以鐵車負載，驅牛數百以拽之，所至之處，丘墓廬舍悉皆毀壞。百姓望之，皆曰：“碑來，碑來。”及碑石纔至，而師厚卒，魏人以爲“悲來”之應。

（宋）王欽若等編纂：《冊府元龜》卷九五一《總錄部》

梁楊師厚，爲魏博節度使。末帝將圖友珪，遣使謀於師厚。師厚深陳款效。末帝即位，首封師厚爲鄴王，加檢校太師、中書令。每下詔，不名，以官呼之。事無巨細，必先謀於師厚，師厚頗亦驕誕。

（宋）王欽若等編纂：《冊府元龜》卷四五一《將帥部》

《後唐史》曰：魏帥楊師厚於黎陽山采巨石，將紀德政。制度甚大，以鐵爲車，方任負載，驅牛數百，不由道路，所經之處，或壞人廬舍，或發人丘墓。百姓瞻望曰：“碑來。”碑石纔至而卒，魏人以爲應

“碑來”之兆。

（宋）李昉：《太平御覽》卷五八九《文部五·碑》

梁將王彥章最有名，而謝彥章屢與王同戰晉兵。吳又有彭彥章，楚有姚彥章，同時爲將者，凡四彥章。

（清）王鳴盛：《十七史商榷》卷九四

王彥章，鄆州壽張縣人也。彥章少從軍，隸太祖帳下，以虓勇聞。稍遷軍職，累典禁兵。從太祖征討，所至有功，嘗持鐵槍衝堅陷陣，敵人畏之，目之爲王鐵槍。開平二年十月，自開封府押牙左親從指揮使授左龍天軍使。三年，轉左監門衛上將軍，依前左龍驤軍使。

（宋）王欽若等編纂：《册府元龜》卷三四六《將帥部》

朱梁王彥章，嘗輕唐莊宗曰：“李亞子鬥雞小兒，何足可畏。”後戰敗，夏魯奇識其語音曰：“王鐵槍也？”揮槊刺之，馬踣，被擒。莊宗曰：“爾嘗以小兒待我，今日服未？”彥章曰：“大事已去，非臣智力所及。”

（宋）孔平仲：《續世說》卷八

梁將彥章，慣用鐵鎗，入魏虞變，魏已改常，虜其妻子，招歸晉王。章怒斬使，一意保梁，晉橫鐵鎖，夾寨逞強，章期三日，一火燒烊，功成雖易，讒毁難當。段凝邀賞，彥章無償，畫地陳説，反加中傷。兵少善鬥，被擒逼降，留皮留名，忠早酌量。死得其所，死又何妨。

（明）黄道周：《廣名將傳》卷一二

五代王彥章至京師，入見，以笏畫地，陳勝負。趙岩等劾不恭，勒還第。

（唐）白居易、（宋）孔傳：《白孔六帖》卷一二五代王彥章,至京師入見上,以笏畫地,陳勝負。趙岩等劾其不恭,勒還第。

(明)彭大翼:《山堂肆考》卷一七六

王鐵槍。五代梁王彥章驍勇,能跣足履棘,行百步。持一鐵槍,騎而馳突,奮疾如飛,軍中號王鐵槍。末帝用爲招討使,問破敵之期,對曰:"三日。"左右失笑。彥章受命而出,兩日至滑,飲酒半醉,起,引精兵趨德勝,舉鎖燒斷之,斬浮橋,急擊南城遂破,蓋三日矣。

(宋)佚名:《錦繡萬花谷》前集卷一五

五代梁王彥章爲人驍勇,能跣足履棘,行百步,持一鐵槍,騎而馳突,奮疾如飛,而他人莫能舉也,軍中號"王鐵槍"。

(宋)馬永易:《實賓錄》卷一〇

王彥章,少從軍。常持鐵槍衝堅陷陣,敵人畏之,目之爲"王鐵槍"。後至正國軍節度使。

(宋)王欽若等編纂:《册府元龜》卷八四五《總錄部》

《五代晉史》曰:梁將有王彥章者,勇力過人,常執鐵槍重百斤。所向辟易,莊宗畏之。

(宋)李昉:《太平御覽》卷三五四《兵部八十五》

梁王彥章,曹南人,少好勇,多力。太祖領四鎮,擢爲偏校。常持一鐵槍,重僅百斤,所向無敢當者。

(宋)王欽若等編纂:《册府元龜》卷八四五《總錄部》

王彥章,累典禁兵,從太祖征伐,所至有功,常持鐵鎗衝堅陷陣,敵人畏之,目之爲"王鐵鎗"。後唐莊宗初爲晉王,聞彥章,授招討使,自魏州急赴河以備衝突,至則德勝南城已爲所拔。晉王嘗曰:"此人可畏，當避其鋒。"一日，晉王領兵迫潘張寨，大軍隔河未能赴援。彥章援鎗登船，比舟人解之。招討使賀瓌止之，不可。晉王聞彥章至，抽軍而退，其驍勇如此。

（宋）王欽若等編纂：《册府元龜》卷三九三《將帥部》

王彥章，以驍勇見稱，累歷刺史。不知書，行師將兵無法術，能先登陷陣，奮不顧身。每入陣使二鐵鎗，一橫馬鞍，一秉在手，酣戰揮擊，敵人避之。

（宋）王欽若等編纂：《册府元龜》卷三九六《將帥部》

敬翔佐朱溫，無能改於其德，及輔嗣世，又不能扶持其亡，直斲喪唐室，爲有功耳，真盜賊之指迷歟？梁之所以亡，以理言之，朱氏無長久之道，以事言之，友貞疏遠勛舊，信任姻黨，將士解體，卒伍離心，皆無以正之。獨請用王彥章，自古頗聞倚一猛將，能救危而扶顛者耶！而六一居士作《彥章傳》，稱德勝之捷，由彥章出奇，盛誇大之，以爲非天下偉男子不能也。夫彥章固善鬥，然所當者，乃朱守殷。守殷蓋晉王幼時蒼頭，是奴僕而寵將，夫人能破之矣。及存勗命李周固守楊劉，則彥章以十萬衆，百道並進，而不能克。周非晉名將也，尚足以禦彥章，則彥章之才，亦可見矣。其所以著名者，特以死節不屈耳。此則五代之臣所難及者也。

（宋）胡寅：《讀史管見》卷二八

太師王公，諱彥章，字子明，鄆州壽張人也。事梁，爲宣義軍節度使，以身死國，葬於鄭州之管城。晉天福二年，始贈太師。公在梁以智勇聞，梁晉之爭數百戰，其爲勇將多矣，而晉人獨畏彥章。自乾化後，常與晉戰，屢困莊宗於河上。及梁末年，小人趙岩等用事，梁之大臣、老將，多以讒不見信，皆怒而有怠心，而梁亦盡失河北，事勢已去，諸將多懷顧望，獨公奮然自必，不少屈懈，志雖不就，卒死以忠。公既死，而梁亦亡矣，悲夫！五代終始纔五十年，而更十有三君，五易國而八姓,士之不幸而出乎其時,能不污其身,得全其節者鮮矣。公本武人,不知書,其語質,平生嘗謂人曰:"豹死留皮,人死留名。"蓋其義勇忠信,出於天性而然。予於《五代書》竊有善善惡惡之志,至於公傳,未嘗不感憤嘆息,惜乎舊史殘略,不能備公之事。康定元年,予以節度判官來此,求於滑人,得公之孫睿所録家傳,頗多於舊史,其記德勝之戰尤詳。又言敬翔怒末帝不肯用公,欲自到於帝前,公因用笏畫山川,爲御史彈而見廢。又言公五子,其二同公死節,此皆舊史無之。又云公在滑,以讒自歸於京師,而《史》云召之。是時,梁兵盡屬段凝,京師贏兵不滿數千,公得保鑾五百人之鄆州,以力寡敗於中都,而《史》云將五千以往者,亦皆非也。公之攻德勝也,初受命於帝前,期以三日破敵,梁之將相聞者皆竊笑。及破南城,果三日。是時,莊宗在魏,聞公復用,料公必速攻,自魏馳馬來救,已不及矣。莊宗之善料,公之善出奇,何其神哉!……及讀公家傳,至於德勝之捷,乃知古之名將必出於奇,然後能勝,然非審於爲計者不能出奇,奇在速,速在果,此天下偉男子之所爲,非拘牽常算之士可到也。每讀其傳,未嘗不想見其人。後二年,予復來通判州事,歲之正月,過俗所謂鐵槍寺者,又得公畫像而拜焉。歲久磨滅,隱隱可見,亟命工完理之,而不敢有加焉,懼失其真也。公善用槍,當時號王鐵槍,公死已百年,至今俗猶以名其寺。童兒牧豎皆知王鐵槍之爲良將也。一槍之勇,同時豈無,而公獨不朽者,豈其忠義之節使然歟!畫已百餘年矣,完之復可百年,然公之不泯者,不繫乎畫之存不存也。而予尤區區如此者,蓋其希慕之至焉耳。讀其書,尚想乎其人,況得拜其像識其面目,不忍見其壞也。畫既完,因書予所得者於後,而歸其人使藏之焉。

(宋)歐陽修:《文忠集》卷三九

五代王彦章謂人曰:"豹死留皮,人死留名。"

(明)彭大翼:《山堂肆考》卷二一七

歐陽公書王彥章事

古人爲文，非徒然也，蓋必有爲而作。宋至慶曆，蓋已四十年不用兵矣，一旦趙元昊叛，兵聚西陲，歷四五年，而攻守之計不決。歐陽公獨持用奇取勝之議，朝廷不以爲然，而邊將多失機會。公以梁將王彥章之善於用奇也，故於其事獨惓惓焉。彥章姓王氏，鄆州壽張人，號王鐵槍，事梁至宣義軍節度使。梁晉交爭河上之戰，凡數百合，彥章戰輒勝，至於德勝之戰，尤奇。末帝時，小人段凝用事，忌彥章功名，唐兵攻兗州，故與羸卒，遂至於敗，見執於唐，死之。歐陽公著《五代史》，既列彥章於《死節傳》，而加感憤嘆息，其後在河北，又得其家傳並畫像，以家傳補舊史之略，以畫像損壞，重加補緝，且爲著《畫像記》。至於德勝之戰，傳既書之，《畫像記》復申言之，不厭於復。其所以然，蓋致其希慕不可及之意，而警發當時用兵者之不尚奇也。議者以謂古之良將多矣，歐陽公何獨惓惓於彥章，其意蓋不足於公也。夫公不舉古之良將，而獨舉彥章，非謂古之良將不善用奇也，蓋舉近則人易知，所謂“殷鑒不遠，在夏后之世”是也。若謂彥章事梁，爲亂賊之黨，而以其死爲徒知食焉，不避其難之爲義，則尤大非。且自古亂賊，莫甚於漢之莽、操。梁雖倔起，乘唐衰而取之，視莽、操尤當末減。且楊雄嘗事莽矣，苟或嘗事操矣，彥章起自卒伍，素不知書，尚得而外之哉！彥章之事梁，政如舅以嬖妾爲妻，爲之婦者，何敢不以爲姑乎？苟其說行，非特不知歐陽公之意有在，且不知五季之世死節之臣爲不多見。使彥章之忠義，不白於天下，後世無以爲人臣勸，因著於篇。

（明）徐一夔：《始豐稿》卷一〇

王彥章爲許州節度使、北面行營副招討。時晉帥陷鄆州，中外大恐，以彥章代戴思遠爲北面招討使。拜命之日，促裝以赴滑臺，遂自揚村砦浮河而下，水陸俱進，斷晉人德勝之浮梁，攻南城，拔之。晉人遂弃北城，並軍保楊劉。彥章以舟師沿流而下，晉人盡徹北城屋木編栰，置步軍於其上，與彥章軍各行一岸。每遇轉灘水匯，即中流交門,流矢雨集,或舟栰覆北。及楊劉,凡百餘戰。彦章急攻楊劉,晝夜不息,晉人極力固守,垂陷者數四。晉王親援其城,彦章之軍重濠複壘,晉人不能入。晉王乃於博州東岸築壘以應鄆軍,彦章聞之,馳軍而至,急攻其柵,自旦及午,其城將拔。會晉王以大軍來援,彦章乃退。

(宋)王欽若等編纂:《冊府元龜》卷三六九《將帥部》

王彦章爲澶州刺史、先鋒馬步都指揮使。貞明五年三月,朝廷議割魏州爲兩鎮,慮魏人不從,遣彦章率精騎五百人入鄴城,駐於金波亭,以備非常。是月二十九日夜,魏軍作亂,首攻彦章於館舍,彦章南奔。七月,晉人攻陷澶州,彦章舉家陷没。後唐莊宗遷其家於晉陽,待之甚厚,遣細人間行誘之。彦章即斬其使,以絶之。後莊宗至鄆州,彦章爲唐將李紹奇所擒。一云爲夏魯奇所擒。彦章恃其粗暴,每謂人曰:"晉王鬥雞小兒,彼何足畏。"至是見擒,素憐其勇悍,欲全活之,令中使宣詔慰撫,欲觀其心。對曰:"臣比自匹夫,朱氏拔擢,位居方面。與皇帝十五年抗衡,今日兵敗力窮,罪有常分。皇帝縱垂矜宥,臣何面目見人?夔鼓徇師,得死爲幸。"帝令床昇隨軍,至任縣,彦章言所傷楚痛,因乞遲留。遂令斬之。一云莊宗欲留之,彦章曰:"安有爲將兼相,朝事梁而暮事晉?臣所不爲也。得就鈇鉞,甘之如薺。"莊宗知不可屈,遂殺之以成其志。

(宋)王欽若等編纂:《冊府元龜》卷三七四《將帥部》

梁王彦章,太祖開平中爲先鋒馬軍使、澶州刺史。晉人攻陷澶州,彦章舉家陷没。晉王遷其家於晉陽,待之甚厚,遣細人間行誘之。彦章即斬其使以絶之。後數年,其家被害。

(宋)王欽若等編纂:《冊府元龜》卷四一七《將帥部》

(天福)二年四月丁亥,制曰:"過滎陽而因思紀信,屆夷門而尚想侯嬴,著高義者猶足嘆嘉,蹈忠節者固宜旌賞,事資激勸,恩在褒揚。梁故滑州節度使王彥章，效命當時，致身所事，禀千年之正氣，流百代之令名。宜令超贈太師，子孫量才叙録。"

（宋）王欽若等編纂：《册府元龜》卷一四〇《帝王部》

梁寇彥卿身長八尺，隆準方面，事太祖皆如旨，太祖甚重之，賜以所乘愛馬一丈烏。太祖圍鳳翔，彥卿爲排陣使，乘馬馳突陣前，太祖目之曰："真神將也。"

（宋）馬永易：《實賓録》卷一

寇彥卿，大梁人也。祖琯，父裔，皆宣武軍牙校。太祖鎮汴，以彥卿將家子，擢在左右。弱冠，選爲通贊官。太祖爲元帥，補元帥府押牙，領洛州刺史。羅紹威將殺牙軍，遣使告於太祖。太祖命彥卿使於魏，密與紹威謀之，竟成其事，彥卿之力也。彥卿身長八尺，隆準方面，語音如鐘，善騎射，好書史，復善伺太祖之旨，凡所作爲，動皆玄合。太祖每言曰："敬翔、劉捍、寇彥卿蓋爲我而生。"其見重如此。太祖有所乘馬，號一丈烏，嘗以賜彥卿。唐天復中，太祖迎昭宗於鳳翔，累與岐軍對陣。時彥卿爲諸道馬步軍都排陣使，常躬擐甲胄，乘其所賜烏馬驟於陣前，太祖目之曰："真神將也。"昭宗還京，賜迎鑾毅勇功臣，改邢州刺史。尋遷亳州團練使。太祖受禪，授華州節度使。

（宋）王欽若等編纂：《册府元龜》卷三四六《將帥部》

梁寇彥卿，唐天復中，太祖迎昭宗於鳳翔，累與岐軍對陣。時彥卿爲諸道馬步軍都排陣使，常躬擐甲胄，乘其所賜烏馬，驟於陣前。太祖目之曰："真神王也。"昭宗還京師，賜爲迎鑾毅勇功臣。

（宋）王欽若等編纂：《册府元龜》卷三九六《將帥部》

梁寇彥卿，自太祖鎮汴，擢在左右。弱冠，選爲通贊官。太祖爲元帥，補元帥府押衙，充四鎮通贊官行首，兼右長直都指揮使。

（宋）王欽若等編纂：《册府元龜》卷四六七《臺省部》

梁寇彦卿爲左金吾衛大將軍、充街使。一日，過天津橋，有老人
誤衝其前，驅導者排之，落橋而斃，爲御史府所彈，太祖不得已，責授
左衛中郎將。

（宋）王欽若等編纂：《册府元龜》卷六二八《環衛部》

寇彦卿，身長八尺，隆準方面，語音如鐘，後至鄧州節度使。

（宋）王欽若等編纂：《册府元龜》卷八八三《總録部》

寇彦卿，爲鄧州節度使。貞明中，淮人圍安陸，彦卿奉詔領兵解
圍，大破淮賊而還。

（宋）王欽若等編纂：《册府元龜》卷三六〇《將帥部》

梁趙犨，唐僖宗時爲陳州刺史。賊巢驍將孟楷擁徒入項縣，犨引
兵擊之，賊衆大潰，生擒孟楷。中和三年，朝廷聞其功，就加檢校兵部
尚書，俄轉右僕射，不數月加司空，進封潁川縣伯。巢黨後與蔡州秦
宗權合勢以攻宛丘，犨乞師於太祖，太祖引大軍會於陳之西北，陳人
急攻巢寨，重圍遂解，獻捷於行在。五年八月，除犨爲蔡州節度使。
於時巢黨雖敗，宗權益熾，唯陳去蔡百餘里，兵少力微，日與爭戰，終
不能屈。及巢黨敗，宗權誅，文德元年，蔡州平，朝廷議勛，以犨檢校
司徒，充泰寧軍節度使，又改授浙西節度使，兼領二鎮。昭宗龍紀元
年三月，又以平巢、蔡功就加平章事，充忠武軍節度使，仍以陳州爲
理所。

（宋）王欽若等編纂：《册府元龜》卷三八六《將帥部》

梁趙犨爲馬步都虞候，時唐僖宗乾符中，王仙芝起於曹濮，大縱
其徒侵掠汝、鄭，犨乃率步騎數千襲之，賊黨南奔。及黃巢陷長安，天
子幸蜀，中原無主，人心騒動，於是陳州數百人相率告許州連帥，願得
犨知軍州事。其帥即以狀聞，於是下詔，以犨守陳州刺史。既視事，
乃謂將吏曰：“賊巢之虐，遍於四方，苟不爲長安市人所誅，則必驅殘

黨東下。況與忠武久爲仇讎，凌我土疆，勢必然也。"乃遣增垣墉，濬溝洫，實倉廩，積薪芻，凡四門之外，兩舍之內，民有資糧者，悉令輓入郡中。繕甲兵，利劍稍，弓弩矢石，無不畢備。又招召勁卒置之麾下，以仲弟昶爲防遏都指揮使，以季弟玭爲親從都兵馬使，長子麓、次子霖皆分領銳兵，黃巢在長安，果爲王師四面扼束，食盡人饑，謀東奔之計，先遣驍將孟楷擁徒萬人，直入項縣，犨引兵擊之，賊衆大潰，斬獲略盡，生擒孟楷。巢黨知孟楷爲陳所擒，大驚憤，乃悉衆東來，先據溵水，後與蔡州秦宗權合勢，以攻宛丘，陳人懼焉。犨恐衆心攜離，乃於衆中揚言曰："忠武素稱義勇，淮陽亦謂勁兵，是宜戮力同心，捍禦强寇，建功立節，去危就安，願君宜圖之。況吾家食陳禄久矣，今賊衆圍逼，衆寡不均，男子當於死中求生，又何懼也。且死於爲國，不猶愈於生而爲賊之伍耶？汝但觀吾之破賊。敢有異議者，斬之！"繇是衆心靡不踴躍，開門與賊接戰皆捷，賊衆益怒。巢於郡北三四里起八仙營，如宮闕之狀，又修百司廨署，糧械山峙，蔡人濟以甲胄，軍中無所闕焉。凡圍陳三百日，大小數百戰，雖兵食將盡，然人心益固。犨因令間道奉羽書乞師於太祖，太祖素多犨之勇果，乃引大軍與諸軍會於陳之西北，陳人望其旗鼓，出軍縱火，急攻巢寨，賊衆大潰，重圍遂解。玭與亢堅心誓衆，激勵將校，約以死節。玭以祖先松楸去郭數里，慮爲群盜穿發，乃夜縋心膂之士，遷柩入城。府庫舊弩數百枚，機牙皆缺，工人咸謂不可用，玭即創意制度，自調弦栝，置之雉堞間，矢激五百餘步，凡中人馬，皆洞達胸腋，群賊畏之，不敢逼近。自仲秋至於孟夏，軍食將竭，士雖不飽，而堅拒之志不移。會太祖率大軍解其圍，玭兄弟扷泣感謝。

（宋）王欽若等編纂：《冊府元龜》卷四〇〇《將帥部》

梁趙犨，初仕唐爲忠武軍牙校。會昌中，壺關作亂，隨父叔文北征，收天井關。未幾，從王師征蠻，浹月方克，唯忠武將士轉戰磧洞之間，斬獲甚衆。本道録其勛，陟爲馬步都虞候。乾符中，王仙芝起於曹、濮，大縱其徒，侵掠汝、鄭。犨率步騎數千襲之，賊黨南奔。廣明初，以犨爲陳州刺史。中和中，黃巢東奔，先遣驍將孟楷擁徒萬人，直入項縣，翬引兵擊之，衆大潰，斬獲略盡，生擒孟楷，以功累加檢校兵部尚書、右僕射、司空、潁川縣伯。巢黨知孟楷爲陳所擒，大驚憤，悉衆東來，先據溵水，後與蔡州秦宗權合勢，以攻宛丘。翬因乞師於太祖，太祖引大軍與諸軍會於陳之西北，急攻巢寨，賊衆大潰，乃以翬爲蔡州節度使。於時巢黨雖敗，宗權益熾，六七年間，屠膾中原，陷二十餘郡，唯陳去蔡百餘里，兵少力微，日與爭鋒，終不能屈。文德元年，蔡州平，朝廷議勛，累加檢校司徒、同平章事，充忠武軍節度使。

（宋）王欽若等編纂：《册府元龜》卷三六〇《將帥部》

梁趙翬，髫亂之時，與鄰里小兒戲於道左，常分布行列爲部伍戰陣之狀，自爲董帥，指顧有節，如夙習焉。群兒皆禀而從之，無敢亂其行者。其父目而異之，曰："吾家千里駒也，必大吾門耳。"弱冠有壯節，好功名，後爲忠武軍節度使。

（宋）王欽若等編纂：《册府元龜》卷七七二《總録部》

後唐趙翬，唐僖宗光啓中爲陳州刺史，其後翬弟昶、珝，皆相繼爲陳帥。

（宋）王欽若等編纂：《册府元龜》卷七七一《總録部》

梁趙翬，唐末爲忠武軍節度使，雖盡忠唐室，保全陳州，然默識太祖雄傑，每降心托迹，爲子孫之計故，因解圍之後，以愛子結親，又請爲太祖立生祠於陳，朝夕謁拜，數年之間，悉力委輸，凡所徵調，無不率先，故能保其功名。

（宋）王欽若等編纂：《册府元龜》卷七九六《總録部》

梁趙岩，尚太祖女長樂公主，爲户部尚書，充租庸使。岩聞唐朝駙馬都尉杜悰服御飲饌華侈，岩恥其不及，由是豐其飲膳，嘉饌法饌，動費萬錢，儳斂綱商。其徒如市，權勢熏灼，人皆阿附。及唐莊宗至，岩逾垣而逸。素與許州溫韜相善，岩往依之。既至，韜斬岩首，送京師。

（宋）王欽若等編纂：《册府元龜》卷三○六《外戚部》

趙岩，忠武軍節度犨之子，尚太祖女長樂公主。

（宋）王欽若等編纂：《册府元龜》卷三○○《外戚部》

梁趙岩，尚太祖女長樂公主，授衛尉卿。末帝即位，爲租庸使，守户部尚書。岩以勳歲自負，貨賂公行。天下之賄，半入其門。豐其飲饌，動費萬錢。儳斂網羅，其徒如市。權勢熏灼，人皆阿附。

（宋）王欽若等編纂：《册府元龜》卷三○七《外戚部》

梁趙岩爲租庸使，天下貨賂半入其門。奢侈不法，自古無比。每日之費，破錢數萬。儳斂商販，其徒如市。天下良田美宅，可有千計。

（宋）王欽若等編纂：《册府元龜》卷五一一《邦計部》

犨弟昶，初爲陳州防遏都指揮使。黃巢將孟楷擁衆萬餘，據項城縣，昶與兄犨領兵擊破之，擒楷以歸。不數月，巢黨悉衆攻陳，以報孟楷之役。又與蔡寇合徒，凶醜百萬，栖於陳郊。昶開門決戰，擒賊將數人，斬首千餘級，群凶氣沮。其後連日交戰，無不應機俘斬，未嘗小衄，以至重圍數月，志心如一。及賊敗圍解，朝廷紀勳，昶一門之中，叠加爵秩。當時征鎮之内言忠勇者，言守禦者，言功勳者，言政事者，皆以犨、昶爲首焉。昶累加檢校右僕射，代犨爲忠武節度使，亦以陳州爲理所。時宗權未滅，中原方受其毒，陳、蔡封疆相接，昶每選精鋭深入蔡境，蔡賊雖衆，終不能抗，以至宗權敗焉，朝廷賞勳，加檢校司徒。

（宋）王欽若等編纂：《册府元龜》卷三六○《將帥部》

趙昶者，犨之仲弟也，昭宗時爲忠武軍節度使，亦以陳州爲理所。時秦宗權未滅，昶每選精鋭深入，蔡賊雖衆，終不能抗，以至宗權敗焉。朝廷賞勛，加檢校司徒。

（宋）王欽若等編纂：《册府元龜》卷三八六《將帥部》

梁趙昶，唐末爲陳州節度使。昶以大寇削平之後，留心政事，勸課農桑，大布恩惠。昭宗嘉之，命撰德政碑，以旌厥功。

（宋）王欽若等編纂：《册府元龜》卷六七三《牧守部》

趙昶，唐末爲陳州節度使。昶以大寇削平之後，益留心於政事，勸課農桑，大布恩惠。景福元年秋，陳許將吏耆老録其功，詣闕以聞。天子嘉之，命文臣撰德政碑，植於通衢，以旌厥功。

（宋）王欽若等編纂：《册府元龜》卷六七七《牧守部》

趙昶形神灑落，臨事有通變之才，後至忠武軍節度使。

（宋）王欽若等編纂：《册府元龜》卷八八三《總録部》

梁趙玐，唐昭宗天復元年，徵爲同州節度留後。時太祖統軍岐下，玐在馮翊，輸挽調發，旁午道途。俄而昭宗還長安，詔徵入覲，錫“迎鑾功臣”之號。

（宋）王欽若等編纂：《册府元龜》卷四八五《邦計部》

趙玐者，犨之季弟也。犨爲陳州刺史，以玐爲親從都知兵馬使。時巢黨東出商鄧，與蔡賊會，衆至百餘萬，攻陳。陳人大懼，玐與二兄堅心誓衆，約以死節。會太祖率大軍解其圍，朝廷議功，加檢校右僕射，遙領處州刺史。

（宋）王欽若等編纂：《册府元龜》卷三八六《將帥部》

趙玐，字有郎，幼而剛毅，器宇沉深。既冠，好書籍。及壯，工騎射。元精三略，爲忠武軍節度行軍司馬。

（宋）王欽若等編纂：《册府元龜》卷三九一《將帥部》

梁趙犨季弟玨爲忠武留後。玨公幹之才，播於遠邇。至於符籍
虛實，財穀耗登，備閱其根本，民之利病，無不洞知，庶事簡廉，公私俱
濟。太祖深加慰薦，尋加特進、檢校司徒。

　　（宋）王欽若等編纂：《册府元龜》卷六九〇《牧守部》

　　五代梁臣龐師古。梁兵攻鄆州，臨濟水，師古徹木爲橋，夜以中
軍先濟，朱宣走中都。

　　（唐）白居易、（宋）孔傳：《白孔六帖》卷七

　　龐師古爲太祖偏將，援陳破蔡，累有戰功，遂用爲都指揮使。唐
昭宗乾寧四年正月，復統諸軍伐鄆，拔之，擒其帥朱瑄以獻。始表爲
天平軍節度留後，尋以功授徐州節度使，檢校司徒。

　　（宋）王欽若等編纂：《册府元龜》卷三八六《將帥部》

　　梁龐師古，曹州南華人。初以中涓從太祖，性端願，未嘗離左右。
及太祖鎮汴，樹置戎伍，始得馬五百匹，即以師古爲偏將軍，援陳破
蔡，累有戰功。及朱珍以罪誅，遂用師古爲都指揮使。乃渡淮，餉軍
於廬壽，攻滁州，破天長，下高郵，沿淮轉戰，所至克捷。尋伐朱友裕，
領軍攻下徐州，斬時溥首以獻。遂移軍伐兖，入中都，寨於梁山，敗朱
瑄之衆，襲至壘下，又破朱瑾於清河。從討汶陽，與朱瑄、朱瑾及晉將
史儼兒戰於故樂亭，大捷而回。唐昭宗乾寧四年正月，復統諸軍伐
鄆，拔之，擒其帥朱瑄以獻，始表爲天平節度留後。尋以功授徐州節
度使，後與淮人戰，没於陣。

　　（宋）王欽若等編纂：《册府元龜》卷三四六《將帥部》

　　龐師古，曹州南華人。以中涓從太祖，性端願，未嘗離左右。及
太祖鎮汴樹，置戎伍，始得馬五百匹，即以師古爲偏將，援陳破蔡，累
有戰功，後至徐州節度使。

　　（宋）王欽若等編纂：《册府元龜》卷七六六《總録部》

唐昭宗乾寧丙辰歲,朱梁太祖誅不附己者。兗師朱瑾亡命淮海,梁祖命徐師龐從舊名"師古"。會軍五萬於青口,東晉命謝安伐青州,堰呂梁水,樹栅,立七堠爲泒,擁其流以利運漕,故謂之青州泒,其實泗水也。浮磬石在下邳。所屯之地,蓋兵書謂之絶地。人不駕肩,行一舍,方至夷坦之處。時梁祖命腹心者監護之,統師莫之能禦。未信宿,朱瑾果自督數萬而至。從聞瑾親至,一軍喪魄。及戰,無敢萌鬥志,或溺或浮,唯一二獲免。先是瑾軍未至前,部伍虚驚,尤多怪異,刁斗架自行於軍帳之前。家屬在徐州,亦凶怪屢見。使宅之後,素有妖狐之穴,或府主有灾即見。時命僧於雕堂建道場。蓋多狐妖,故畫雕於中。統未亡之前,家人望見燕子樓上,有婦人衣紅,白晝憑欄而立。見人窺之,漸移身退後而没。時登樓之門,皆肩鐍之。不數日,凶問至。

　　　　　　　　　　　　（宋）李昉:《太平廣記》卷一四四《龐從》

　　軍中嘗儒服。五代謝彦章爲將,好禮儒士,雖居軍中嘗儒服。

　　　　　　　　　　　　（宋）佚名:《錦綉萬花谷》後集卷一四

　　謝彦章,事太祖爲騎將。末帝嗣位,用爲兩京馬軍都軍使,累與晉軍接戰,有功,尋領河陽節度使。

　　　　　　　（宋）王欽若等編纂:《册府元龜》卷三八六《將帥部》

　　謝彦章,爲兩京馬軍都軍使。貞明中,累與晉軍接戰,有功。

　　　　　　　（宋）王欽若等編纂:《册府元龜》卷三六○《將帥部》

　　梁謝彦章,幼事葛從周爲養父。從周憐其敏慧,教以兵法,嘗以千錢於大盤中,存其行陣偏伍之狀,示以出没進退之節,彦章盡得其訣。事太祖,爲騎將。

　　　　　　　（宋）王欽若等編纂:《册府元龜》卷三九一《將帥部》

梁謝彦章，許州人。幼事葛從周爲養父，從周念其敏慧，教以兵法，彦章盡得其訣。及壯，事太祖爲騎將，以戰功領河陽節度使。及從周卒，臨喪行服，躬預葬事，時人義之。

（宋）王欽若等編纂：《册府元龜》卷八〇四《總録部》

謝彦章，以末帝貞明中爲排陣使。賀瓌爲北面招討使，與彦章同領大軍駐於行臺寨，與晉人對壘。彦章時領騎軍與之挑戰，晉人或望我軍行陣整肅，則相謂曰："必兩京太傅在此也。"不敢以名呼，其爲敵人所憚如此。是時，咸謂賀瓌能將步軍，彦章能領騎士。後彦章爲賀瓌疑之，會爲行營馬步都虞候朱珪所誣，瓌遂與珪協謀，因享士伏甲以殺彦章。及僕州刺史孟審澄别將侯温裕等於軍因謀叛聞，晉人聞之，喜曰："彼將帥如是，亡無日矣。"審澄、温裕亦善將騎軍，然所領不過三千騎，多多益辨，唯彦章有焉。

（宋）王欽若等編纂：《册府元龜》卷三九三《將帥部》

謝彦章，臨敵御衆則肅然有上將之威。每敦陣整旅，左旋右抽，雖風馳雨驟，亦無以逾其迅捷也。故當時騎士咸樂爲用，及其遇害，衆皆惜之。

（宋）王欽若等編纂：《册府元龜》卷三九六《將帥部》

梁謝彦章，臨敵御衆，則肅然有上將之威。每敦陣整旅，左旋右抽，雖風馳雨驟，亦無以喻其迅捷也。故當時騎士，咸樂爲用。及其遇害，衆皆惜之。

（宋）王欽若等編纂：《册府元龜》卷四一七《將帥部》

梁謝彦章爲許州節度使，末帝貞明四年冬，滑州節度使賀瓌，爲北面招討使。彦章爲排陣使，同領大軍，與晉人對壘。是時，咸謂瓌能將步軍，彦章能領騎士，既名聲相軋，故瓌衷心忌之。一日，與瓌同設伏於郊外，瓌指一方地，謂彥章曰："此地岡阜隆起，中央坦夷，好列柵之所。"尋而晉人舍之，故瓌疑彥章與晉人通。又瓌欲速戰，彥章欲持重以老敵人，瓌益疑之。會爲行營馬步都虞候朱珪所誣，瓌遂與珪協謀，因享士伏甲，以殺彥章及濮州刺史孟審澄、別將侯溫裕等於軍，以謀叛聞。晉王聞之，喜曰："彼將帥如是，亡無日矣！審澄、溫裕，亦善將騎軍，然所領不過三千騎。多而益辦，唯彥章有焉。"

（宋）王欽若等編纂：《册府元龜》卷四五六《將帥部》

梁謝彥章，官至許州節度使，將略之外，好優禮儒士。與晉人對軍於河上，嘗褒衣博帶，動皆由禮。或臨敵御衆，則肅然有上將之威。

（宋）王欽若等編纂：《册府元龜》卷三八八《將帥部》

梁許州節度使謝彥璋遇害，朝廷命宣和庫副使郝昌遇往許昌籍其家財。別開一室，見彥璋真像之左目下，鮮血在焉，竟不知自何而有，衆共異之。彥璋性嗜鱉，鎮河陽。命漁者采以供膳，無虛日焉，不獲則必加重罰。有漁人居於城東，其日未曙，將往取之。未至一二里，遇一人，問其所適，以實對。此人曰："子今日能且輟否？"漁人曰："否則獲罪矣。"又曰："子若不臨網罟，則贈子以五千錢，可乎？"漁人許之，遂獲五千，肩荷而回。比及曉，唯呀其輕，顧之，其錢皆紙矣。

（宋）李昉：《太平廣記》卷三五四《謝彥璋》

梁馮行襲，武當人，唐末爲本郡都校。中和中，僖宗在蜀，有賊首孫喜者，聚徒數千人，欲入武當，刺史呂燁惶駭無策略。行襲伏勇士於江南，乘小舟逆喜，謂喜曰："郡人得良牧，衆心歸矣。但緣兵多，民懼虜掠。若駐軍江北，領肘腋以赴之，使某前道以慰安士民，可立定也。"喜然之。既渡江，軍吏迎謁，伏甲奮起，行襲擊喜，仆地拔劍斬之，其黨盡殪，賊衆在江北者悉奔潰。山南節度使劉巨容以功上言，尋授均州刺史。州西有長山，當襄漢入蜀路。群賊屯據，以邀劫貢奉,行襲又破之。洋州節度使葛佐奏辟爲行軍司馬,請將兵鎮谷口,通秦蜀道,由是益知名。

（宋）王欽若等編纂:《册府元龜》卷八七九《總録部》

馮行襲,唐末爲金州防禦使。時興元楊守亮將襲京師,道出金商,行襲逆擊,大破之,升金州爲節鎮,以戎昭軍爲額,即以行襲爲節度使。

（宋）王欽若等編纂:《册府元龜》卷三六〇《將帥部》

馮行襲,面有青痣,當時目爲"馮青面"。位至許州節度使兼中書令。

（宋）王欽若等編纂:《册府元龜》卷八三五《總録部》

馮行襲,唐僖宗時爲金州防禦使。時興元楊守亮將襲京師,道出金商,行襲逆擊,大破之,詔升金州爲節鎮,以戎昭軍爲額,即以行襲爲節度使。

（宋）王欽若等編纂:《册府元龜》卷三八六《將帥部》

梁馮行襲鎮同州,到任,誅大吏張澄,暴其罪,州人莫不憪懼。

（宋）王欽若等編纂:《册府元龜》卷六八九《牧守部》

梁馮行襲爲許州節度使,開平二年,本州官吏百姓詣四方館進狀,請與行襲立德政碑,太祖允之。

（宋）王欽若等編纂:《册府元龜》卷八二〇《總録部》

賀瓌,唐昭宗天復中預平青州王師範,以功授曹州刺史兼先鋒都指揮使,加檢校司空。天祐二年,與楊師厚從太祖平荆襄,授荆南兩使留後。未幾,徵還,爲行營左厢步軍都指揮使,累遷左龍虎統軍。末帝貞明元年,慶州叛,爲李繼陟所據,瓌以本官充西面行營馬步軍都指揮使,與張筠、江鳳之衆三萬下寧、衍二州。三年秋,慶州平。十二月，瓘以功授滑州宣義軍節度使，依前檢校太傅，加同平章事。

（宋）王欽若等編纂：《冊府元龜》卷三八六《將帥部》

賀瓘，爲北面行營招討使。貞明四年，與晉人戰於胡柳，晉人敗績，臨陣斬晉將周陽五。既晡，瓘軍亦敗。五年春正月，晉人城德勝，夾河爲栅。四月，瓘率大軍攻其南栅，以艨艟戰艦扼其中流，晉人斷我艨艟，濟軍以援南栅，瓘退軍於行臺。

（宋）王欽若等編纂：《冊府元龜》卷三六〇《將帥部》

梁賀瓘爲滑州節度使，北面招討使。時兩京馬軍都軍使，許州節度使謝彥章爲排陣使，同領大將，駐於行臺寨，與晉人對壘。彥章時領騎軍，與之挑戰，晉人或望我軍行陣整肅，則相謂曰：“必兩京太傅在此也。”不敢以名呼，其爲敵人所憚如此。是時，咸謂賀瓘能將步軍，彥章能領騎士，既名聲相軋，故瓘衷心忌之。一日，與瓘同設伏於郊外，瓘指一方地，謂彥章曰：“此地崗阜隆起，中央坦夷，好列栅之所。”尋而晉人舍之，故瓘疑彥章與晉人通。又瓘欲速戰，彥章欲持重以老敵人，瓘益疑之。會爲行營馬步軍都虞候朱珪所誣，瓘遂與珪協謀，因享士伏甲以殺彥章。及濮州刺史孟審澄、別將侯溫裕等於軍以謀叛聞，晉王聞之，喜曰：“彼將帥如是，亡無日矣！”

（宋）王欽若等編纂：《冊府元龜》卷四四〇《將帥部》

梁張歸霸者，末帝德妃之父也。歸霸子漢傑、漢倫、漢融皆以外戚之故，咸居大任，掌大權。

（宋）王欽若等編纂：《冊府元龜》卷三〇一《外戚部》

張歸霸，自太祖鎮宣武補劇職。僖宗光啓二年，與蔡賊秦宗權將張郅較勝，爲飛戈所中，即拔馬却逸，控弦一發，賊洞頸而墜，遂兼騎而還。太祖時於高丘下瞰，備見其狀，面加賞激，厚以金帛及所獲馬錫之。又嘗被命發伏兵掩殺千餘人，奪馬數十匹，尋奏授檢校左散騎常侍。文德初，與徐懷玉領兵大敗蔡賊，太祖召至，賞之曰："昔耿弇不俟光武擊張步，言不以賊遺君父。弇之功，爾其二焉。"昭宗大順中，與燕人戰於內黃，殺劉仁恭兵三萬餘衆，戎績超特，居衆將之右，累官至檢校右僕射。光化二年，權知邢州事。明年春，李嗣昭以蕃漢五萬來寇，歸霸堅壁設備，晉軍不敢顧其城，遂移攻洺州，陷焉。時太祖在滑，頗慮邢之失守。及葛從周復洺水，嗣昭北遁，歸霸出兵襲之，殺二萬餘衆。捷至，賞賜殊等。旋以功奏加檢校司空。光化初，遷萊州刺史，秩滿授左衛上將軍，又除曹州刺史。其秋，加檢校司徒，副劉知俊御邠鳳之寇，敗之。太祖受禪，拜右龍虎統軍，改左驍衛上將軍，充河陽諸軍都指揮使。明年夏六月，就除河陽節度使，檢校太保，尋加同平章事。七月卒於位，詔贈太尉。

（宋）王欽若等編纂：《冊府元龜》卷三八六《將帥部》

　　張歸霸，清河人。歸霸少倜儻，好兵術。唐僖宗乾符中，寇盜蜂起，歸霸率昆弟三人弃家投黃巢，頗以勇略聞。巢陷長安，遂署爲左蕃功臣。中和中，巢領徒走宛丘，時太祖在汴，奉詔南討，巢黨日克，歸霸昆仲與葛從周、李讜等相率來降，尋補宣武軍劇職。光啓二年，與蔡將張存戰於盧氏。三年夏，又與蔡將盧塘戰於雙丘，復與秦宗賢戰於萬勝，皆敗而殲之。翌日，秦宗權遣將張郅來寇，列寨於赤堈。一日，出騎將較勝，歸霸爲飛弋所中，即拔馬却逸，控弦一發，賊洞頸而墜，遂兼騎而還。太祖時於高丘下瞰，備見其狀，面加賞激，厚以金帛及所獲馬錫之。又嘗被命以控弦之士五百人，伏於壕內。太祖統數百騎稍逼其寨，蔡人果以銳士麾壘來追，歸霸發伏兵，掩殺千餘人，奪馬數十匹。尋奏授檢校左散騎常侍。其後從太祖伐鄆，副李唐賓渡淮，咸著奇績。文德初，大軍臨蔡州，賊將蕭顥來斫寨，歸霸與徐懷玉各以所領兵自東南二扉分出，合勢殺賊，蔡人大敗。及高祖整衆離營，寇塵已息。太祖召至，賞之曰："昔耿弇不俟光武擊張步，言不以賊遺君父，弇之功，爾其二焉。"昭宗大順中，郭紹賓拔曹州，歸霸提兵數千守之。俄而朱瑾統大軍自至，歸霸與丁會逆擊之於金鄉，瑾大敗,擒賊將宋江等七十餘人,曹州以寧。明年,破濮州,生擒刺史邵儒。又佐葛從周與晉軍戰於洹水,生擒克用愛子落落。復與燕人戰於内黄,殺仁恭兵三萬餘衆。戎績超特,居諸將之右,累官至檢校左僕射。光化二年,權知邢州事。明年春,李嗣昭以蕃漢五萬來寇。歸霸堅壁設備,晉軍不敢顧其城,遂移軍攻洺州,陷焉。時太祖在滑,頗慮邢之失守。及葛從周復洺水,嗣昭北遁,歸霸出兵襲之,殺二萬餘衆。捷至,賞賜殊等,旋以功奏加檢校司空。天祐初,遷萊州刺史,秩滿,授左衛上將軍,又除曹州刺史。其秋,加檢校司徒,副劉知俊禦邠、鳳之寇,敗之。太祖受禪,拜右龍虎統軍。

（宋）王欽若等編纂:《册府元龜》卷三四六《將帥部》

張歸霸,初爲宣武軍劇職。唐光啓三年夏,與秦宗賢戰於萬勝。翌月,秦宗權遣將張郅來寇列寨於赤堈。一日,出騎將較勝,歸霸爲飛戈所中,即拔馬却逸,控弦一發,賊洞頸而墜,遂兼騎而還。太祖時於高丘下瞰,備見其狀,面加賞激,賞以金帛及所獲馬賜之。又嘗被命以控弦之士五百人伏於壕内,太祖統數百騎稍逼其寨,蔡人果以鋭士摩壘來追,歸霸發伏兵掩殺千餘人,奪馬數十匹。尋奏授左散騎常侍。

（宋）王欽若等編纂:《册府元龜》卷三九六《將帥部》

張歸厚,唐末爲太祖軍校。光啓三年春,與秦宗賢戰於萬勝,大破之。大順元年,奏加檢校兵部尚書,又命統親軍。是歲,郴王友裕領諸軍屯於濮州之境。十一月,太祖率親從騎士將合大軍,會郴王遷寨,未知所往。忽逢兗鄆餘寇甚衆,太祖亟登道左高阜以觀之,命歸厚領所部廳子馬直突之,出没二十餘合,賊戰敗將北,而救軍雲至。歸厚即綴賊苦戰,請以數十騎先還。時歸厚所乘馬中流矢而踣,乃持槊步鬥漸退,賊不敢逼。太祖至寨,亟命張筠、劉儒飛騎來迎,然謂已歿矣。歸厚體被二十餘箭,尚復拒戰,筠等既至,賊解,乃歸。太祖見之,撫背泣下,曰:"得歸厚身全,縱廣喪戎馬,何足計乎。"便令肩舁歸汴，日降間賚，恩旨甚厚。尋遷中軍指揮使。景福初，從太祖伐鄆，帝軍不利，太祖爲寇所逼，歸厚殿馬翼衛，左右馳射，矢發如雨，賊騎千百，披靡而退。明年與葛從周御晉軍於洹水，殊績尤著，詔檢校右僕射。

（宋）王欽若等編纂：《册府元龜》卷三六〇《將帥部》

張歸厚，歸霸之弟也。太祖署爲軍校。唐僖宗光啓三年夏，蔡將張晊以數萬衆屯於赤堈，歸厚嘗與晊單騎鬥於陣，晊不能支而奔，師徒乘此大捷。太祖大悅，立署爲騎軍長，仍以鞍馬、器幣錫之。昭宗龍紀初，奏遷檢校工部尚書。大順二年，與葛從周御晉軍於洹水，殊績尤著，詔加檢校右僕射。其後討滄州，復洺州，咸以功聞。太祖録其勛，命權知洺州事。昭宗遷都洛陽，除右神武統軍。天祐二年，改左羽林統軍，與徐懷玉同守澤州，拒退並軍乃還。太祖受禪，加檢校司徒。開平二年夏，劉知俊以同州叛，歸厚副楊師厚、劉鄩等討平之。秋，軍還，授亳州團練使。乾化元年，拜鎮國軍節度使。明年以疾卒，詔贈太師。

（宋）王欽若等編纂：《册府元龜》卷三八六《將帥部》

張歸厚，爲太祖軍校。時淮西兵力方壯，太祖之師尚寡。歸厚以少擊衆，往無不捷。唐光啓三年春，與秦宗賢戰於萬勝，大破之。其夏，蔡將張晊以數萬衆屯於赤堈，歸厚嘗與晊單騎鬥於陣，晊不能支而奔。師徒乘此大捷，太祖大悅，立署爲騎軍長，仍以鞍馬器幣賜之。及佐朱珍討時溥寨於豐蕭之間，歸厚來往徐壘如行坦途，甚爲諸將嘆服。龍紀初，奏遷檢校工部尚書。其年冬，復伐徐，歸厚以偏師逕進，至九里山下，與徐兵遇。時我之叛將陳璠在賊陣中，歸厚忽見之，嗔目大罵，單馬直往，期於必取，會飛矢中左目而退。徐戎甚衆，莫敢追之。

（宋）王欽若等編纂：《册府元龜》卷三九六《將帥部》

張歸厚權知洺州，是郡嘗兩爲晉人所陷，井邑蕭條，歸厚撫之，數月之內,民庶翕然。太祖自鎮、定還,睹其緝理之政,大嘉賞之。

(宋)王欽若等編纂:《冊府元龜》卷六九二《牧守部》

張歸弁,唐末爲軍校。乾寧中,以偏師佐葛從周禦并軍於洹水。光化中,又佐張存敬與燕人戰於内黄,積前後功,表授檢校工部尚書。大順初,攻討兗鄆,命歸弁佐衡王友諒屯單父,軍聲甚振。尋爲齊州指揮使。屬青帥王師範叛,遣將詐爲估人,挽車數十乘,匿兵器於其中,將謀竊發。歸弁察而擒之,州城以寧。明年春,青寇大舉來伐,州兵既寡,民意頗摇,有本郡都將康文爽等三人欲謀外應,即時擒獲,誅之,人心遂定。歸弁又罄發私帑,賞給士伍,青人遂遁。青州平,超加檢校右僕射,遥領愛州刺史。從征荆、襄,回,轉檢校左僕射。天祐三年春,太祖入魏,誅牙軍,魏之郡邑多叛。歸弁與諸將等分佈攻討,封境悉平。而歸弁於高堂入賊大猛,飛矢中於臆。太祖嘉之,命賜銀鞍勒馬一匹、金帶一條。夏五月,命權知晉州刺史,加檢校司空。太祖受禪,改滑州長劍指揮使。開平二年秋九月,并軍圍平陽,詔歸弁統兵救之,軍至,解其圍,加檢校司徒。

(宋)王欽若等編纂:《冊府元龜》卷三六〇《將帥部》

張歸弁爲太祖牙校,唐昭宗乾寧中,以偏師佐葛從周御并軍於洹水。光啓中,又佐張存敬與燕人戰於内黄。積前後功,表授檢校工部尚書。大順初,爲齊州刺史。明年春,青寇大舉來伐,時州兵既寡,罄發私帑賞給士伍,青人遂遁,青州平。超加檢校右僕射,遥領愛州刺史。從征荆、襄回,轉檢校左僕射。天祐三年春,太祖入魏誅牙軍,歸弁攻討,封境悉平,而歸弁於高堂入。賊太猛,飛矢中於臆。太祖嘉之,命賜銀鞍勒馬一匹、金帶一條。夏五月,命權知晉州。冬十一月,真拜晉州刺史,加檢校司空。太祖受禪,改滑州長劍指揮使。開平二年秋九月,并軍圍平陽,詔歸弁統兵救之,軍至解其圍,加檢校司徒。

(宋)王欽若等編纂:《冊府元龜》卷三八六《將帥部》

張歸弁歸於太祖，得署爲牙校。時太祖初鎮宣武，屢命歸弁結好於近境，頗得行人之禮。

（宋）王欽若等編纂：《册府元龜》卷六五三《奉使部》

牛存節，字贊貞，青州博昌人也。少以雄勇自負，初授宣義軍小將。屬蔡寇至金堤驛，犯酸棗、靈昌，存節日與之鬥，凡二十餘往，每往必執俘而還。前後斬首二千餘級，獲輜畜甚衆。太祖擊蔡賊於板橋、赤堈、酸棗門、封禪寺、枯河北，存節皆豫其行，與諸將於濮州南劉橋、范縣大破鄆衆，自此深爲太祖獎遇。

（宋）王欽若等編纂：《册府元龜》卷三九六《將帥部》

梁牛存節，初爲宣武軍小將。討河北，存節前鋒下黎陽，收臨河。至内黃西，以兵千餘人當魏人萬二千衆，大破其陣，殭仆蔽野。太祖深所嘆激，謂有神兵之助。

（宋）王欽若等編纂：《册府元龜》卷四一九《將帥部》

牛存節，青州博昌人也。本名禮，太祖改而字之。少以雄勇自負。唐僖宗乾符末，鄉人諸葛爽爲河陽節度使，存節往從之。爽卒，存節謂同輩曰："天下洶洶，當擇英主事之，以圖富貴。"遂歸於太祖。初授宣義軍小將。屬蔡寇至金堤驛，犯酸棗、靈昌，存節日與之鬥，凡二十餘往，每往必執俘而還，前後斬首二十餘級，獲孳畜甚衆。太祖擊蔡賊於板橋、赤堈、酸棗門、封禪寺、枯河北，存節皆預其行。與諸將於濮州南劉橋、范縣大破鄆衆，自此深爲太祖獎遇。文德元年夏，李罕之以兵圍張宗奭於河陽，太祖遣存節率軍赴之。屬歲歉，饟餽不至，村民有儲乾楮者，存節以器用、錢帛易之，以給軍食。大破賊於淇河，罕之引衆北走。又預討徐、宿有功。及討河北，存節前鋒，下黎陽，收臨河，至内黃，四以兵千餘人當魏人萬二千衆，大破其陣，殭仆蔽野。太祖深所嘆激，謂有神兵之助。昭宗大順元年，改滑州左右厢牢城使。諸將討時溥，累破賊軍。景福元年秋，改遏後都指揮使。攻濮之役，領軍先登，遂拔其壘。二年四月，下徐州，梟時溥，存節力戰，其功居多。乾寧三年夏，太祖東討鄆州，存節領軍次故樂亭，扼其要路。都指揮使龐師古屯馬煩，存節密與都將王言謀入鄆壘。十二月，存節遣王言夜伏勇士於州西北，以船逾濠，舉梯登陣。既而王言不克入，存節獨率伏軍負梯輴破其西壅城，奪其濠橋，諸軍俱進。四年正月，陷其城，尋與葛從周降下兗州。其年秋，大舉以伐淮南，至濠州東，聞前軍失利於青口，諸軍退至泙河，無復隊伍。存節遏其後，與諸將大騎步鬥，諸軍稍得濟，收合所部並敗兵共八千餘人，至於淮涘，時不食已四日矣。存節訓勵部分，以禦追寇，遂得旋師。五年，除濠州刺史，俄遷宣武軍都指揮使，改宿州刺史。明年，淮賊大至彭城。存節乃以部下兵夜發，直趣彭門。淮人訝其神速，震恐而退，諸將服其智識。光化二年，罷歸，復爲左衙都將兼馬步教練使。天復元年，授潞州馬步都指揮使，法令之整，士庶安之。及追赴行在，士卒泣送者不絕於道，加金紫光祿大夫、檢校司空，改滑州左衙步軍指揮使、知邢州軍州事。天祐元年，授邢州團練使。時州兵未及二百人，晉人知之，以大軍來寇。太祖在鄴，發長直兵二千人赴援。存節率壯健出鬥，以家財賞激戰士。并軍急攻之，七日不能克而去。太祖召至，勞慰久之，厚賚金帛鞍馬。冬，罷郡，署爲元帥府左都押牙。四年，太祖受禪，除右千牛衛上將軍。

（宋）王欽若等編纂：《册府元龜》卷三四六《將帥部》

牛存節，爲太祖遇後都指揮使。攻濮之役，領軍先登，遂拔其壘。唐昭宗景福二年四月，下徐州，梟時溥，存節力戰，其功居多。乾寧二年，表授檢校工部尚書。三年夏，太祖東討鄆州。十二月，存節獨率伏軍奪其濠橋，諸軍俱進。四年正月，陷其城，尋與葛從周降下兗州。加檢校右僕射。天祐元年，授邢州團練使，時州兵纔及二百。晉人知之，以大軍來寇。太祖在鄴，存節率壯健出鬥，并軍不能克而去。太祖召至，勞慰久之。厚賚金帛、鞍馬，加檢校司徒。四年，太祖受禪，除右千牛衛上將軍。其秋，攻潞州，以存節爲行營馬步軍都排陣使。

開平二年二月，自右監門衛上將軍，轉右龍虎統軍，駐留洛下。是歲，王師敗於上黨，晉人乘勝進迫，澤州之城將陷。河南留守張全義召存節謀，遂以本軍及右龍武羽林等軍往，應接上黨之師。存節引衆銜枚夜至澤州，分佈守禦。晉軍焚營而退，郡以獲全。太祖屢嘆賞之。五月，遷左龍虎統軍，充六軍馬步都指揮使。十月，授絳州刺史。三年四月，除鄜州留後。六月，劉知俊以同州叛，尋授同州留後。未幾，加檢校太保、同州節度使。乾化二年，加檢校太傅，進封開國公。三年，加同平章事，詔赴闕。末帝召見慰勉，賞賜甚厚。十一月，加開府儀同三司，食邑一千户，授鄆州節度使。四年，加淮南西北面行營招討使，控扼淮瀆，邊境安之。其冬，蔣殷據徐州逆命，奉詔與劉鄩同討之。殷弃甲而遁，平徐州，詔加太尉。

（宋）王欽若等編纂：《册府元龜》卷三八六《將帥部》

牛存節初爲滑州遏後指揮使。唐昭宗乾寧三年，太祖東討鄆州，存節領軍次故樂亭，扼其要路，都指揮使龐師古屯馬頰。存節密與都將王言謀入鄆壘。存節遣王言夜伏勇士於州西，以船逾濠，舉梯登陴。既而王言不克入，存節獨率伏軍，負梯衝破其西壅城，奪其濠橋。諸軍俱進，遂陷其城。

（宋）王欽若等編纂：《册府元龜》卷三六九《將帥部》

梁牛存節，爲遏後都指揮使。唐乾寧四年秋，大舉以伐淮南。至濠州東，聞前軍失利於青口，諸軍退至淠河，無復隊伍。存節尾其後，與諸軍釋騎步鬥。諸軍退，得濟。收合所部並敗兵共八千餘人，至於淮浚，時不食已四日矣。存節訓勵部分，以禦追寇，得旋歸。

（宋）王欽若等編纂：《册府元龜》卷四一八《將帥部》

牛存節，開平中爲鄆州節度使。慷慨有大節，野戰壁守，皆其所長，威名聞於境外。

（宋）王欽若等編纂：《册府元龜》卷三九三《將帥部》

牛存節，爲宣義軍小將。唐文德元年夏，李罕之以并軍圍張宗奭於河陽，太祖遣存節率軍赴之。屬歲歉，饟餽不至，村民有儲乾椹者，存節以器用錢帛易之，以給軍食。大破賊於淇河，罕之引衆北走。存節後爲宿州刺史，淮賊大至彭城，存節乃以部下兵夜發直趣彭門。淮人訝其神速，震恐而退。諸將服其智識。開平二年，王師敗於上黨，晉人乘勝迫澤州，州城將陷。河南留守張全義召存節謀，遂以本軍及右隴武羽林等軍往，應接上黨。師至天井關，存節謂諸將曰：“是行也，雖不奉詔旨，然要害之地，不可致失。”時晉人新勝，其鋒甚盛，存節引衆而前，銜枚夜至澤州，晉軍焚營而退。

（宋）王欽若等編纂：《冊府元龜》卷四一四《將帥部》

牛存節爲邢州團練使，時州兵纔及二百人，晉人知之，以大軍來寇。太祖在鄴，發長直兵二千人赴援，存節率壯健出鬥，以家財賞激戰士。并軍急攻，七日不能克而去。後赴援澤州，適遇守陴者已縱火，鼓譟以應外軍，刺史保衙城不知所爲，存節纔入，晉軍已至矣，乃分佈守禦。晉軍四面攻鬥，開地道以入城，存節亦以隧道應之，逆戰於地中。晉軍不能進，又以勁弩射之，中者人馬皆洞。經十三日，晉軍死傷者甚衆，焚營而退，郡以獲全。

（宋）王欽若等編纂：《冊府元龜》卷四〇〇《將帥部》

梁牛存節，爲同州節度使。戒嚴軍旅，常若敵至。先是州中井水鹹苦，人不可飲。及并人、岐人來迫州城，咸以爲兵士渴乏，陷在旦夕。存節乃肅拜虔祝，擇地鑿八十餘井，其味皆甘泠。繇是人馬汲濯有餘，衆以爲至誠之感。自八月至三年春末，人馬未嘗釋甲，以至寇退。

（宋）王欽若等編纂：《冊府元龜》卷三九八《將帥部》

牛存節，唐天復元年授潞州馬步都指揮使。發令嚴整，士庶安之，及追赴行在，士卒泣送者不絕於道。

（宋）王欽若等編纂：《冊府元龜》卷四一二《將帥部》

牛存節，唐末救事河陽節度使諸葛爽，爽卒，存節謂同輩曰：“天下洶洶，當擇英主事之，以圖富貴。”遂歸於太祖，授宣義軍小將，後至鄆州節度使。

（宋）王欽若等編纂：《冊府元龜》卷七六六《總録部》

牛存節字贊貞，青州博昌人也。本名禮，梁太祖改而字之。

（宋）王欽若等編纂：《冊府元龜》卷八二五《總録部》

梁牛存節鎮鄆州，於子城西南角大興一第，因板築穿地，得蛇一穴，大小無數。存節命殺之，載於野外，十數車載之方盡。時有人云：“此蛇藪也。”是歲，存節疽背而薨。

（宋）李昉：《太平廣記》卷四五九《牛存節》

王檀，初爲汴小將。汴將楊彦洪破巢將尚讓、李讜於尉氏門外，檀在戰中摧鋒陷陣，遂爲太祖所知，稍蒙擢用。蔡賊張存敢乘亂據洛陽，檀與勇士數十人潛入賊柵，邀其輜重，存敢遁走。檀初爲汴小將，從擊秦賢於鄭州西北河灘之上，於太祖馬前射賊將孫安，應弦而斃。

（宋）王欽若等編纂：《冊府元龜》卷三九六《將帥部》

王檀，自唐僖宗中和中太祖鎮大梁，檀爲小將。文德元年二月，討羅弘信，敗魏人於內黃，檀獲其將周儒、邵神劍以歸，補衝山都虞候。昭宗大順元年，從龐師古渡淮深入討孫儒之亂，奮命擊賊。未幾，遷順義都將。天復中，從太祖率四鎮之師圍鳳翔，以迎昭宗，屢立戎效，遷左踏白指揮使。從攻王師範於青丘，檀以偏師復密郡，遂權知軍事，充本州馬步軍都指揮使，表授檢校右僕射，守密州刺史。郡接淮戎，舊無壁壘，乃築羅城，居民賴之。加檢校司空。開平二年六月，授邢州保義軍節度使，檢校司徒。三年，加檢校太保，充潞州東面行營招討使。乾化元年正月，王景仁與晉人戰於柏鄉，王師敗績。俄而晉軍大至，重圍四合，太祖憂之。檀密上表請駕不征，而悉力枝梧，竟全城壘。三月，以功就加檢校太傅、同平章事。七月，加開府儀同三司、檢校太尉、琅琊郡王。命宣徽使趙殷衡賫詔慰諭，賜絹千匹、銀千兩，賞守禦邢州之功也。庶人友珪僭位，授鄧州宣化軍節度使，檢校太尉，兼侍中。末帝即位，移授許州節度，加檢校太師。五年，蔡州刺史王彥溫作亂，檀受詔討平之，加兼中書令。

（宋）王欽若等編纂：《冊府元龜》卷三八六《將帥部》

王檀爲許州節度使。貞明元年三月，魏博軍亂，晉王入魏州，分兵攻下屬郡，河北大擾。檀受詔與開封尹劉鄩掎角進師，以援河北。檀攻澶州魏縣，下之，擒賊將李岩、玉門開以獻。頃之，檀密疏請以奇兵西趨河中，自陰地關襲取晉陽。末帝許之，即馳兵而去。師至晉陽，晝夜急攻其壘，并州幾陷。既而蕃將石家才自潞州以援兵至，檀引軍大掠而還。

（宋）王欽若等編纂：《冊府元龜》卷三六九《將帥部》

王檀爲保義軍節度使，會晉軍大至，重圍四合，土山地穴，晝夜攻擊。太祖憂之，檀密上表請駕不親征，而悉力枝梧，竟全城壘。

（宋）王欽若等編纂：《冊府元龜》卷四〇〇《將帥部》

王擅，少英悟，美形儀，好讀兵書，洞曉韜略。初太祖鎮大梁，擅爲小將。

（宋）王欽若等編纂：《冊府元龜》卷三九一《將帥部》

梁劉鄩，幼有大志，好兵略，涉獵史傳。唐中和中，事青州節度使王敬武爲小校。

（宋）王欽若等編纂：《冊府元龜》卷三八八《將帥部》

梁劉鄩，唐末刺淄州，署行軍司馬。及韓全誨矯詔徵天下兵，鄩以偏師陷兗州，一夕而定，軍城晏然，市民無擾。太祖命大將葛從周攻之,時從周爲節度使,領兵在外,州城爲鄩所據,家屬悉在城中,鄩善撫其家,移就外第,供給有禮,升堂拜從周之母。及從周攻城,鄩以板輿請母登城,母告從周曰:"劉將軍待我甚至,不異於兒。新婦已下,並不失所。劉將軍與爾各爲其主,爾其察之。"從周歔欷而退。

(宋)王欽若等編纂:《册府元龜》卷四一七《將帥部》

劉鄩,唐末爲淄州刺史,行軍司馬,及昭宗幸鳳翔,鄩以偏師陷兗州,遂據其郡,料簡城中老疾及婦人浮食百姓不足與守者,悉出之於外,與將士同甘苦,分衣食,以抗外軍,戢兵禁暴,居人泰然。太祖命大將葛從周攻圍既久,鄩無外援,人情稍有去就之意。一日,節度副使王彥溫逾城而奔,守陴者從之而逸,鄩之守兵禁之不可,鄩乃遣人從容告彥溫曰:"請副使少將人出,非素遣者,請勿帶行。"又揚言於衆曰:"素遣從副使行者,即勿禁;其擅去者,族之。"守民聞之皆感,奔逸者乃止。外軍聞之,果疑彥溫有奸,即戮之於城下。自是軍城遂固。

(宋)王欽若等編纂:《册府元龜》卷四〇〇《將帥部》

劉鄩,初爲青州王師範行軍司馬。昭宗幸鳳翔,太祖率四鎮之師奉迎於岐下。師範乘虛襲取太祖管内州郡,令鄩以偏師陷兗州,太祖命大將葛從周攻之,師範兵力漸窘,從周以禍福諭鄩,俾之革面。鄩報曰:"俟青州本使歸降,即以城池還納。"師範告降,從周即出城聽命。鄩既降,從周具行裝服馬請鄩歸大梁。鄩曰:"未受梁王舍釋之旨,乘肥衣裘,非敢聞命。"即素服跨驢而發,及將謁見,太祖令賜冠帶。鄩曰:"縲囚負罪,請就縶而入。"太祖不許。及見,慰撫移時,且飲之酒。鄩以量小告,太祖曰:"取兗州量何大耶?"尋授元從都押牙。

(宋)王欽若等編纂:《册府元龜》卷三八八《將帥部》

劉鄩本事販鬻。王氏既承昭皇密詔,會諸道將伐朱氏,乃遣鄩偷取兗州。鄩乃詐爲回圖軍將,於兗州置邸院,日僱傭夫數百詣青州,潛遣健卒,僞白衣,逐晨就役,夜即留匿於密室。如是數月間,得敢死之士千餘人。又於大竹内藏兵仗入，監門皆不留意，既而迎曉突入州，據其甲仗庫。時兗州節度使姓張，統師伐河北。鄩既入據子城，甲兵精鋭，城内人皆束手，莫敢旅拒。加以州將素無恩信於衆，鄩諭以將爲順舉，戢御嚴明，雞犬無撓，軍庶悦伏。青州益師又至，兼招誘武勇，不日衆逾數萬。張氏家屬在州，供備逾於其舊。張帥有母，鄩每端簡候問，備晨昏之敬，加以容止重厚，見者畏而敬之。俄而張帥聞變，回師圍城，張母登陴，呼其子而語之曰："我今雖在城内，與汝隔絶，而劉司空晨夕端笏，問我起居，其餘燕雀，莫敢喧雜，汝切不可無禮於他。"由是張帥緩攻，青州聽命於梁。圍解，鄩乃降梁，梁太祖得鄩大喜，累用征伐，皆獲殊勛。平魏府後，遂爲梁氏元帥，威名顯於北朝矣。

（南唐）劉崇遠：《金華子雜編》卷下

劉鄩，以太祖開平元年授右衛上將軍，充諸軍馬步都指揮使。其年秋與諸將征潞州，遷檢校司徒。三年二月，轉右威衛上將軍，依前諸軍馬步都虞候。五月，改左龍武統軍，充侍衛親軍兼馬步軍都指揮使。其年夏，同州劉知俊反，引岐人襲據長安，分兵扼河潼。太祖幸陝，命鄩西討，即奪取潼關，擒知俊弟知浣以獻，遂引兵收復長安。知俊弃郡奔鳳翔，太祖以鄩爲佑國軍兩使留後。尋改佑國軍爲永平軍，以鄩爲節度使、檢校司徒、行太安尹、金州管内觀察使。是時，西鄙未寧，鄩練兵馬撫衆，獨當一面。四年，加檢校太保、同平章事。庶人友珪篡位，加檢校太傅。末帝即位，尤深倚重。明年夏，詔鄩歸闕，授開封尹，遥領鎮南軍節度使。九月，徐州蔣殷叛，鄩與鄆師牛存節率兵攻擊破之，梟殷首以獻，詔加檢校太尉。

（宋）王欽若等編纂：《册府元龜》卷三八六《將帥部》

劉鄩爲左龍武統軍，充侍衛親軍馬步都指揮使。開平三年夏，同州劉知俊反，引岐人襲據長安，分兵扼河潼。太祖幸陝，命鄩西討，即奪潼關，擒知俊弟知浣以獻，遂引兵收復長安。知俊弃郡奔鳳翔。太祖以鄩爲佑國軍兩使留後。尋改佑國軍爲永平軍,以鄩爲節度使、檢校司徒、行大安尹金州管内觀察使。是時,西鄙未寧,密邇寇境,鄩練兵撫衆,獨當一面。四年,加檢校太保,同平章事。

(宋)王欽若等編纂:《册府元龜》卷三六〇《將帥部》

劉鄩爲鎮南軍節度使。會蔣殷據徐州以叛,朝廷以福王友璋鎮徐方,殷不受代。末帝遣鄩與鄆帥牛存節率兵攻之,殷求援於淮夷。僞吴楊溥遣大將朱瑾領衆赴援,鄩逆擊破之。城陷,殷舉族自燔於火中,得其尸,梟首以獻。

(宋)王欽若等編纂:《册府元龜》卷三六九《將帥部》

劉鄩爲鎮南軍節度使。末帝貞明元年,御晉人於沿朔,以魏之臨清積粟所在,引軍將據之。遇將周陽五自幽州率兵至,鄩乃趨貝州,與晉軍遇於堂邑,邀擊却之,追北五十餘里,遂軍於莘縣。增城壘、浚池湟,自華及河,築甬道以通餉路。

(宋)王欽若等編纂:《册府元龜》卷三九〇《將帥部》

梁劉鄩,末帝初爲開封尹,遥領鎮南軍節度使。旋屬晉人攻河朔,鄩自華縣引軍襲魏州,與晉王戰於故元城,王師敗績。鄩脱身南奔,自黎陽濟河至魏州。鄩授滑州節度使,詔屯黎陽。貞明三年二月,晉王悉衆來攻黎陽,鄩拒之而退。及鄩歸闕,再授開封尹,領南鎮軍節度使。其年,河朔失守,朝廷歸咎於鄩。鄩亦不自安,上表避位。九月,落平章事,授亳州團練使。

(宋)王欽若等編纂:《册府元龜》卷四一七《將帥部》

梁劉鄩爲鎮南軍節度使,率軍屯莘縣。既而魏軍送款於太原。時,莊宗南伐鄩,在莘既久,糧饋不給,人皆思歸。莊宗令鐵騎直壓其營挑戰,鄩閉壁示弱,乃以勁卒絶其甬道,持千金斧,斬其寨木。衆出驚囂,俘獲而退。末帝遣人謂鄩曰:"閫外之事,全付將軍,河朔諸州,一旦淪没，勞師弊旅，患難日滋。退保河壖，久無鬥志。昨日東面諸侯奏事來上，皆言倉儲已竭，飛輓不充，於役之人，每遭擒虜，夙宵軫念，惕懼盈懷。將軍與國同休，當思良畫。如聞寇敵兵數不多，宜設機權，以時勦撲。則予之負荷，無累先人。"剥表曰："臣受國恩，當思閫政。敢不杖戈假寐，罄節輸忠。昨者比欲西取太原，斷其歸路。然後東收鎮冀，解彼連雞。止於此時，再清河朔。豈期天方稔亂，國難未平。纔出師徒，積旬霖潦。資糧殫竭，軍士札瘥。切慮蒼黃，乖於統攝。乃詢部伍，皆欲旋歸。凡次舍經行，每張椅角。又欲絶其餉道，且據臨清。纔及宗城，周陽五奄至，騎軍馳突，變化如神。臣遂領大軍，保於莘縣。深溝高壘，享士訓兵，日夜戒嚴，伺其進取。偵其營壘，兵數極多。樓煩之人，皆能騎射，最爲劫掠，未可輕謀。臣若苟得機謀，詎敢坐滋患難？臣誠心體國，天鑒具明。"

（宋）王欽若等編纂：《册府元龜》卷四五〇《將帥部》

劉鄩軍於莘縣，末帝遣使問鄩決勝之策，鄩曰："臣無奇術，但人給糧十斛，盡則破敵。"末帝大怒，讓鄩曰："將軍蓄米，將療饑耶？將破賊耶？"乃遣中使督戰。鄩集諸校而謀曰："主上深居宮禁，未曉兵家，與白面兒矢謀，終敗人事。大將出征，君命有所不受。臨機制變，安可預謀？今揣敵人未可輕動，諸君更籌之。"時諸將皆欲戰，鄩默然。他日，復召諸校，列坐軍門。人具河水一器，因命飲之。衆未測其旨，或飲或辭。鄩曰："一器而難若是，滔滔河流，可勝既乎？"衆皆失色。居數日，鄩率萬餘人薄鎮定之營。時鄩軍奄至，上下騰亂，殺獲甚多。少頃，晉軍繼至，乃退。二年三月，鄩自莘引軍襲魏州，與晉王戰於故元城，王師敗績。鄩脫身南奔，自黎陽濟河，至滑州。尋授滑州節度使，詔屯黎陽。

（宋）王欽若等編纂：《册府元龜》卷四五六《將帥部》

一步一計

李克用入魏博，覘之，城上有旗幟來往。晉王曰："劉鄩一步一計。”更令審探，果縛蒭爲人，縛旗於上，以驢負之，循城而行，郭軍遁已二日矣！

（宋）曾慥：《類説》卷四三《北夢瑣言》

後唐晉王之入魏博也，梁將劉郭先屯洹水，寂若無人。因令覘之，云：“城上有旗幟來往。”晉王曰：“劉郭多計，未可輕進。”更令審探，乃縛蒭爲人，縛旗於上，以驢負之，循堞而行，故旗幟嬰城不息。問城中羸者曰：“軍已去二日矣。”果趨黄澤，欲寇太原，以霖潦不克進。計謀如是。

（宋）李昉：《太平廣記》卷一九〇《劉郭》

後唐莊宗與梁相抗，劉郭軍於宗城。初，郭在洹水，數日不出，寂無人聲。莊宗遣騎覘之，無斥候者，城中亦無烟火，但有鳥止壘上，時見旗幟回圈往來。莊宗曰：“我聞劉郭用兵，一日百變，必以詭計誤我。”使視城中，乃縛旗於蒭偶之上，使驢負之，回圈而行。而郭去二日矣。

（宋）孔平仲：《續世説》卷一二

晉王之入魏博，梁將劉郭先屯洹水，寂若無人。因令覘之，云城上有旗幟來往。晉王曰：“劉郭一步一計，未可輕進。”更令審探，果縛蒭爲人，插旗於上，以驢負之，循堞而行，故旗幟嬰城不息。問城中羸老者，曰：“軍去已二日矣。”果趨黄澤，欲寇太原。以霖潦不克進，其計謀如是。

（五代）孫光憲：《北夢瑣言》卷一七

康懷英，兗州人。太祖素聞其名，得之甚喜，尋署爲軍校。唐昭宗光化元年秋，從氏叔琮伐襄漢，懷英以一軍攻下鄧州。三年，從征河朔，佐張存敬敗燕軍於易水之上。天復元年冬，太祖率師迎昭宗於鳳翔。時李茂貞遣大將符道昭領兵萬餘屯武功以拒太祖，太祖命諸將擊之，以懷英爲前鋒，領衆先登，一鼓而大破之，虜甲士六千餘人，奪馬二千匹。翌日，太祖方至，顧左右曰：“邑名武功，今首蕩逆黨，真武功也。”乃召懷英，大加獎激，仍以駿馬、珍器賜之。二年四月，符道昭復領大軍屯於虢縣之莫谷。其建寨之所，前臨巨澗，後倚峻阜，險不可升。太祖遣懷英提騎數千急擊之。道昭以懷英兵寡，有俯視之意，乃率甲士萬人絕澗以挑戰。懷英始以千騎交鬥，戰酣，發伏以擊之，岐軍大敗。秋八月，鄜帥李周彝屯軍於三原，以援鳳翔。太祖命懷英討之，周彝拔軍而遁，追至黎園，因攻下翟州，擒其守來獻。俄而岐軍屯奉天，太祖令懷英寨於岐軍之東北，以備敵人。一夕，岐軍大至，急攻其營。懷英以夜中不可驚動諸軍，獨以三千餘人抗數萬之衆，自乙夜至四鼓，身被十餘槍，岐軍不勝而退。昭宗還京，賜迎鑾毅勇功臣。是歲，淮人聞青、兗之叛，遣兵數萬以寇宿州。太祖命懷英馳騎以救之，淮人遁去，即以懷英爲權知宿州刺史。天祐三年冬，佐劉知俊破邠、鳳之衆五萬於美原，收十五餘寨，乘勝引軍攻下鄜州，以功授陝州節度使。太祖受禪，加檢校太保。

(宋)王欽若等編纂：《册府元龜》卷三四六《將帥部》

康懷英初爲軍校，唐昭宗光化元年，從氏叔琮伐襄陽，以一軍攻下鄧州。天復元年，太祖率軍迎昭宗於鳳翔，李茂貞大將符道昭領兵萬餘屯武功，懷英領前鋒之衆先登，一鼓而破之。翌日，太祖方至。二年四月，道昭復領大軍屯於虢縣之漠谷。其建寨之所，前臨巨澗，後倚峻阜，險不可升。太祖遣懷英提騎數千急擊之，道昭以懷英兵寡，有俯視之意，乃率甲士萬人，絕澗以挑戰。懷英始以千騎交鬥，戰酣，發伏以擊之，岐大軍敗。鄜師李周彝屯軍於三原，以爲茂貞聲援，又命懷英討之。周彝拔軍而遁，追至梨團，因攻下翟州，擒其守來獻。天祐三年冬，佐劉知俊破邠鳳之衆五萬於美原，收十五餘寨，乘勝引軍，攻下鄜州，以功授陝州節度使。及太祖受禪，加檢校太保。開平元年夏，命將大軍伐潞，率衆晝夜攻城，半月之間，機巧百變。懷英期於必取，乃築壘環城，濬鑿池塹，然而屢爲晉將周德威騎軍所撓。懷英不敢即戰,太祖乃以李思安代之,降爲行營都虞候。

(宋)王欽若等編纂:《册府元龜》卷三六九《將帥部》

康懷英,唐末爲太祖軍校。光化元年秋,從氏叔琮伐襄漢,懷英以一軍攻下鄧州。三年,從征河朔,佐張存敬敗燕軍於易水之上。天復元年冬,太祖率師迎昭宗於鳳翔,時李茂貞遣大將符道昭領兵萬餘屯武功,以拒太祖。太祖命諸軍擊之,以懷英爲前鋒,領衆先登,一鼓而大破之,虜甲士六十餘人,奪馬二千匹。翼日,太祖方至,顧左右曰:"邑名武功,今首蕩逆黨,真武功也。"乃召懷英,大加獎激,仍以駿馬珍器賜之。二年四月,符道昭復領大軍屯於虢縣之漠谷,太祖遣懷英提騎數千急擊之,岐軍大敗。八月,鄜帥李周彝屯軍於三原,以援鳳翔。太祖命懷英討之,追至梨園,攻下翟州,擒其守來獻。天祐三年冬,佐劉知俊破邠鳳之衆五萬於美原,收十五餘寨,乘勝引軍攻下鄜州,以功授陝州節度使。

(宋)王欽若等編纂:《册府元龜》卷三六〇《將帥部》

康懷英,唐昭宗光化初太祖署爲軍校。天復元年冬,太祖率師迎昭宗於鳳翔,時李茂貞遣大將符道昭領兵萬餘屯武功,以拒太祖。太祖命諸軍擊之,以懷英爲前鋒,領衆先登,一鼓而大破之。翌日,太祖方至,顧左右曰:"邑名武功,今首蕩逆黨,真武功也。"乃召懷英,大加獎激,仍以駿馬、珍器賜之。二年八月,岐軍屯奉天,太祖令懷英寨於岐軍之東北,岐軍不勝而退。昭宗還京,賜迎鑾毅勇功臣。是歲,淮人寇宿州,太祖命懷英馳騎以救之,淮人遁去,即以懷英爲權知晉州刺史。天祐三年冬,佐劉知俊破邠鳳之衆五萬於美原,收十五餘寨,乘勝引軍攻下鄜州,以功授陝州節度使。太祖受禪,加檢校太保。

(宋)王欽若等編纂:《册府元龜》卷三八六《將帥部》

徐懷玉,本名琮,亳州焦夷縣人。少以雄傑自任,隨太祖起軍。唐僖宗中和末,從赴大梁。光啓初,蔡寇屯金堤驛,懷玉將輕騎連破之,由是累遷親從副將,改左長劍都虞候。又從破蔡賊於板橋,收秦宗權八寨。文德初,同諸將解河陽之圍,復從破徐、宿。乾寧中,太祖賜名懷玉。又破朱瑾於金鄉南,擒宋江以獻。龐師古失利於清口,懷玉獨完軍以退。光化初,轉滑州右都押牙兼右步軍指揮使,俄奏授沂州刺史。頃之,王師範以青州叛,屢出兵侵軼,懷玉擊退之。天復三年,轉齊州防禦使,從大軍迎駕於岐下,歸署華州觀察留後一年,復領所部兵戍雍州。尋召赴河中,補晉、絳、同、華五州馬步都指揮使。天祐三年,授左羽林統軍,轉右龍虎統軍,領六軍之士赴澤州。尋爲晉軍所攻,晝夜衝擊,穴地而入之,玉率親兵逆殺於隧中,晉人遂退。開平元年,授曹州刺史。

（宋）王欽若等編纂:《册府元龜》卷三四六《將帥部》

徐懷玉,唐僖宗中和末爲太祖親從副將,左長劍都虞候。又從破蔡賊於板橋,收秦宗權八寨,奏加檢校右散騎常侍。文德初,同諸軍解河陽之圍,復從破徐宿。昭宗乾寧中,奏加檢校刑部尚書。又破朱瑾於金鄉南,擒宋江以獻,表授金紫光禄大夫,檢校右僕射。光化中,授沂州刺史。頃之,王師範以青州叛,屢出兵侵軼,懷玉擊退之。天復四年,轉齊州防禦使,加檢校司空。天祐三年,轉右龍虎統軍,領六軍之士赴澤州,晉人遂退。開平元年,授曹州刺史,加檢校司徒。明年除晉州刺史。其秋,晉軍大至,懷玉領兵破之於洪洞。三年,制授鄜坊節度使,特進檢校太保,練兵繕壁,人頗安之,加檢校太傅。

（宋）王欽若等編纂:《册府元龜》卷三八六《將帥部》

徐懷玉,初仕唐,爲右龍虎統軍,領六軍之士赴澤州,尋爲晉軍所攻,晝夜衝擊穴地而入。懷玉率親兵逆戰於隧中,晉人遂退。太祖開平二年,除晉州刺史。其秋,晉軍大至,以乘其墉。懷玉選親兵五十餘人,擁殺下城,晉軍遂退。

（宋）王欽若等編纂:《册府元龜》卷四〇〇《將帥部》

徐懷玉，爲鄜坊節度使。材氣剛勇，臨陣未嘗折退。平生金瘡被體，有戰將之名焉。

（宋）王欽若等編纂：《册府元龜》卷三九六《將帥部》

劉康乂爲太祖元從都將。唐僖宗中和中，從太祖連年攻討徐兖鄆，所向多捷，尤善爲營壘，充諸軍壕寨使。及太祖盡下三鎮，議其功，奏加檢校右僕射，兼領軍衛。

（宋）王欽若等編纂：《册府元龜》卷三八六《將帥部》

劉康乂，壽昌安封縣人也。以農桑爲業。唐僖宗乾符中，關東群盜並起，江、淮間遍罹其酷，因爲巢黨所掠。康乂沈默有膂力，善用矛槊，然不樂爲暴。中和三年，從太祖赴鎮，委以心腹，康乂枕戈擐甲，夷險無憚。其後累典親軍，襲巢破蔡，斬獲尤多，累以戰功遷元從都將。從太祖連年攻討徐、兖、鄆，所向多捷，尤善於營壘，充諸軍壕寨使。及太祖盡下三鎮，議其功，奏加檢校右僕射，兼領軍衛。

（宋）王欽若等編纂：《册府元龜》卷三四六《將帥部》

劉康乂，唐末從太祖鎮宣武，累典親軍。襲巢破蔡，斬獲尤多，累以戰功遷元從都將。從太祖連年攻討徐、兖、鄆，所向多捷。

（宋）王欽若等編纂：《册府元龜》卷三六〇《將帥部》

氏叔琮，尉氏人。唐末應募爲騎軍，初隸於龐師古，爲伍長。叔琮壯勇沉毅，膽力過人。太祖討巢、蔡於陳、許間，叔琮奮擊，首出諸校，太祖壯之，自行伍間擢爲後院馬軍都將。時東伐徐、鄆，多歷年所，叔琮身當矢石，奮不顧命，觀者許焉。累遷爲指揮使，尋奏授宿州刺史、檢校左僕射。

（宋）王欽若等編纂：《册府元龜》卷三四六《將帥部》

氏叔琮，唐末爲晉州節度使，以禦晉軍。時太祖遣朱友寧將兵數萬赴應,悉委叔琮節制。既至,諸將皆欲休軍,叔琮曰:"若然,則賊必遁矣,遁則何功焉?"因夜出潛師,截其歸路,遇晉軍游騎數百,盡殺之,遂攻其壘,拔之,斬獲萬餘衆,奪馬三千匹。太祖聞之,喜謂左右曰:"殺蕃賊,破太原,非此老不可。"叔琮乃長驅收邠州,與晉人轉戰,直抵并壘。軍回,以其功奏檢校司空。

(宋)王欽若等編纂:《册府元龜》卷三六〇《將帥部》

氏叔琮爲太祖後院馬軍都將,時東伐徐鄆,多歷年所,叔琮身當矢石,奮不顧命,累遷爲指揮使。尋奏授宿州刺史、檢校右僕射,遷曹州刺史。昭宗天復元年,領大軍攻拔澤潞,叔琮遂引兵北掠太原,師還,除晉州節度使。明年,太祖屯軍於岐下,晉軍潛襲絳州,前軍不利,晉軍恃勝而攻臨汾,叔琮嚴設備禦,晉軍遂退據蒲縣。時太祖遣朱友寧將數萬赴應,悉委叔琮節制。叔琮因夜出,潛師截其歸路,遇晉軍游騎,盡殺之,遂拔其壘。太祖聞之,喜謂左右曰:"殺蕃賊,破太原,非氏老不可。"叔琮乃長驅收汾州,與晉人轉戰,直抵并壘。軍回,以其功奏加檢校司空。

(宋)王欽若等編纂:《册府元龜》卷三八六《將帥部》

氏叔宗,爲後院馬軍都將。時東伐徐鄆,多歷年所。叔宗身當矢石,奮不顧命。

(宋)王欽若等編纂:《册府元龜》卷三九六《將帥部》

王重師,僖宗文德中爲太祖帳下都指揮使,檢校右僕射。枕戈擐甲五六年於齊魯間,凡經百餘戰,威震敵人。尋檢校司空,後知平盧軍留後,加檢校司徒。其後北伐幽、滄、鎮、定,屢與晉軍接戰,頗得士心,故多勝捷。昭宗天祐中,授雍州節度使,加同平章事。

(宋)王欽若等編纂:《册府元龜》卷三八六《將帥部》

梁王重師,唐僖宗文德中董左右長劍軍。太祖伐上蔡,重師力戰

有功，及討兗鄆，擢爲都指揮使。重師枕戈擐甲五六年於齊魯間，凡
經百餘戰，繇是威振敵人。

（宋）王欽若等編纂：《册府元龜》卷三九三《將帥部》

王重師，爲潁州刺史。唐乾寧中，太祖攻濮州，縱兵壞其墉。濮
人因屯火塞其壞壘，烟焰亘空，人莫敢越。重師方苦金瘡，臥於軍次，
諸將或勉之，乃躍起，命壯士悉取軍中氈罽投水中，擲於火上。重師
然後率精鋭持短兵突入，諸軍躡之，濮州乃陷。重師爲劍槊所傷，身
被八九鎗，丁壯荷之還營，且將斃矣。太祖驚惜尤甚，曰：“雖得濮壘，
而失重師，奈何？”亟命以奇藥療之，彌月始愈。

（宋）王欽若等編纂：《册府元龜》卷三九六《將帥部》

王重師，潁川長社人也。唐天祐中，爲雍州節度使同平章事。材
力兼人，沈默大度，臨事有權變。劍稍之妙，冠絶於一時。中和末，蔡
寇陷許昌，重師脱身而來。太祖異其狀貌，乃隸於拔山都。每於軍前
效用，頗出儕類。

（宋）王欽若等編纂：《册府元龜》卷八四五《總録部》

王重師，知平盧軍留後，加檢校司徒。其後北伐幽、滄、鎮、定，屢
與晉軍接戰，頗得士心，故多勝捷。

（宋）王欽若等編纂：《册府元龜》卷四一二《將帥部》

黃文靖，初爲太祖牙職，遷諸軍指揮使。唐大順中，佐葛從周
送朱崇節入潞，會晉軍十餘萬附外垣寨焉。文靖慮諸軍難守，乃與
葛從周啓闉出師，文靖爲殿，命矢刃皆外向，持重而還，晉人不
敢逼。

（宋）王欽若等編纂：《册府元龜》卷四一八《將帥部》

黃文靖爲諸軍指揮使，從太祖南平巢、蔡，北定兗、鄆，皆有功。

唐昭宗光化初，晉將李嗣昭、周德威寇於山東，文靖佐葛從周統大軍禦之。尋以功表授檢校右僕射、耀州刺史。天祐二年春，命佐楊師厚深入淮甸，赴壽春，侵廬江，軍至大獨山遇淮夷，殺五千餘衆，振旅而還。改蔡州刺史、檢校司空。

（宋）王欽若等編纂：《册府元龜》卷三八六《將帥部》

黄文靖，唐末爲諸軍指揮使。從太祖南平巢、蔡，北定兗、鄆，皆有功。後與康懷英渡淮，入壽春之境，下安豐、霍丘，至光州而還。光化初，晉將李嗣昭、周德威寇於山東，文靖佐葛從周統大軍禦之，至沙河，敗晉軍五千餘騎，逐之，越張公橋乃止。後旬日，復與晉人戰於邢州之北，擒蕃將貢金鐵、慕容藤、李存建等百餘人，奪馬數千匹。尋以功表授檢校右僕射、耀州刺史。天祐三年春，命佐楊師厚深入淮甸，越壽春，侵廬江。軍至大獨山，遇淮夷，殺五千餘衆，振旅而還。改蔡州刺史，加檢校司空。

（宋）王欽若等編纂：《册府元龜》卷三六〇《將帥部》

范居實，絳州翼城人。事太祖，初爲隊將軍，從討巢、蔡有功。又從朱珍收滑州，改左厢都虞候。預破兗、鄆功，遷感義都頭、鄭州馬軍指揮使。幽州劉仁恭舉衆南下，寇魏郡北鄙，居實與葛從周、張存敬率兵救魏，大破幽、滄之衆於內黄。太祖迎昭宗於岐下，以居實爲河中馬軍都指揮使。及昭宗還京，賜迎鑾毅勇功臣，遥領錦州刺史，又遷左龍驤馬軍都指揮使。從征淮南回，改登州刺史，轉左神勇軍使。開平元年，用軍於潞州，命居實統軍以解澤州之圍，授耀州刺史，令以郡兵屯固鎮，尋除澤州刺史。居實拳勇善戰，頗立軍功。

（宋）王欽若等編纂：《册府元龜》卷三四六《將帥部》

范居實爲感義都頭、鄭州馬軍指揮使。幽州劉仁恭舉衆寇魏郡，居實與葛從周、張存敬率兵救魏，大破幽、滄之衆於內黄。太祖迎昭宗於岐下，以居實爲河中馬軍都指揮使。及唐昭宗還京，賜迎鑾毅勇功臣,遙領錦州刺史,又遷左龍驤馬軍都指揮使。從征淮南回,改登州刺史,轉左神勇軍使。開平元年,用軍於潞州,命居實統軍以解澤州之圍,授耀州刺史。

（宋）王欽若等編纂:《冊府元龜》卷三八六《將帥部》

范居實,唐末爲太祖將,從討巢、蔡有功。又從朱珍收滑州,改左厢都虞候,預破兗、鄆功,遷感義都頭、鄭州馬軍指揮使。幽州劉仁恭舉衆南下,寇魏郡北鄙,居實與葛從周、張存敬率兵救魏,大破幽滄之衆於內黃。太祖迎昭宗於岐下,以居實爲河中馬軍都指揮使。及昭宗還京,賜迎鑾毅勇功臣,遙領綿州刺史,又遷左龍驤馬軍都指揮使。從征淮南回,改登州刺史,轉左神勇軍使。

（宋）王欽若等編纂:《冊府元龜》卷三六〇《將帥部》

劉知俊,唐末爲軍校。大順中,從太祖討秦宗權,及攻徐州,皆有功,補徐州馬步軍都指揮使。攻海州,下之,遂奏授刺史。天復初,歷典懷、鄭二州,從平青州,以功奏授同州節度使。天祐三年冬,以兵五千破岐軍六萬於美原,自是連克鄜、延五州,乃加檢校太傅、平章事。開平二年三月,命爲潞州行營招討使。知俊未至,潞州夾寨已陷,晉人引軍方攻澤州,聞知俊至,乃退。尋改西路招討使。六月,大破岐軍於幕谷,俘斬千計,李茂貞僅以身免。

（宋）王欽若等編纂:《冊府元龜》卷三六〇《將帥部》

劉知俊,唐昭宗大順中爲開道指揮使,從太祖討蔡賊秦宗權,及攻徐州,皆有功,尋補徐州馬步軍都指揮使。攻海州,下之,遂奏授刺史。天復初,歷典懷、鄭二州。從平青州,以功奏授同州節度使。天祐三年冬,以兵五千破岐軍六萬於美原,自是連克鄜、延五州,乃加檢校太傅、平章事。開平二年春三月,命爲潞州行營招討使,知俊未至潞,夾寨已陷,晉人引軍方攻澤州,聞知俊至,乃退,尋改西路招討使。六月,大破岐軍於幕谷,俘斬千計,李茂真僅以身免。三年五月,加檢校太尉兼侍中,封大彭郡王。

(宋)王欽若等編纂:《册府元龜》卷三八六《將帥部》

劉知俊,爲軍校。披甲上馬,輪劍入敵,勇冠諸將。太祖命左右義勝兩軍隸之,尋用爲左開道指揮使。故當時人謂之"劉開道"。

(宋)王欽若等編纂:《册府元龜》卷三九六《將帥部》

劉知俊,姿貌雄傑偶儻,有大志,後至同州節度使。

(宋)王欽若等編纂:《册府元龜》卷八八三《總録部》

梁陳知古爲華陰縣令,太祖開平元年十一月,同州劉知俊奏:"知古因抽選軍丁,藏匿富户,以受其賂。闔縣訴論,今已按驗罪狀。帝惡其貪猾,委本道以法誅之。"

(宋)王欽若等編纂:《册府元龜》卷七〇七《令長部》

梁太祖時,劉知俊威望益隆,帝雄猜日甚,會佑國軍節度使王重師無罪見誅,知俊居不自安,乃據同州叛,送款於李茂貞,又分兵以襲雍、華。雍州節度使劉捍被擒送鳳翔,害之;華州蔡敬思被傷,獲免。帝聞知俊叛,遣近臣諭之曰:"朕待卿甚厚,何相負耶?"知俊報曰:"臣非背德,但畏死耳。王重師不負陛下而致族滅?"帝復遣使謂知俊曰:"朕料卿爲此,昨重師得罪,蓋劉捍言陰結邠鳳,終不爲國家用。我今雖知枉濫,悔不可追,致卿如斯,我心恨恨。蓋劉捍誤予事也。捍死固未塞責。"知俊不報,遂分兵以守潼關。帝命劉鄩率兵進討,攻潼關,下之。時知俊弟知浣爲親衛指揮使,聞知俊叛,自洛奔至潼關,爲鄩所擒,害之。尋而王師繼至,知俊乃舉族奔於鳳翔。

(宋)王欽若等編纂:《册府元龜》卷二一八《閏位部》

竹貐者,食竹之鼠也。生於深山溪谷竹林之中無人之境,非竹不食,巨如野狸,其肉肥脆。山民重之,每發地取之甚艱。岐、梁睚眦之年，秦、隴之地，無遠近巖谷之間，此物爭出，投城隍及所在民家。或穿墉壞城，或自門閾而入，犬食不盡，則並入人家房內，秦民之口腹飫焉。忽有童謠曰："貓貓引黑牛，天差不自由。但看戊寅歲，楊在蜀江頭。"智者不能議之。

庚午歲，大梁同州節度使劉知俊叛梁入秦，家於天水。天水破，流入蜀。居數年間，蜀人又謠曰："黑牛無繫絆，棕繩一時斷。"僞蜀先主聞之，懼曰："黑牛者，劉之小字。棕繩者，吾子孫之名也。蓋前輩連宗字，後輩連承字爲名，棕繩與宗承同音。吾老矣，得不爲子孫之患乎？"於是害劉公以厭之。明年，歲在戊寅，先主不豫，合眼劉公在目前。蜀人懼之，遂粉劉之骨，揚入於蜀江。先主尋崩。議者方知，"貓者"，劉也。"黑牛"者，劉之小字，戊寅歲揚骨入於蜀江之應。

（宋）李昉：《太平廣記》卷一六三《竹貓》

梁彭城王劉知俊鎮同州日，因築營墻，掘得一物，重八十餘斤，狀若油囊。召賓幕將校問之，或曰地囊，或曰飛廉，或曰金神七殺。獨留源曰："此是冤氣所結也。古來囹圄之地或有焉，昔王充據洛陽，修河南府獄，亦獲此物，而遠祖記之。乃冤死囚人，精爽入地，聚爲此物，經百千年，凝結不散。源聞酒能忘憂，請奠以醇醪，或可消釋耳。然此物之出，亦非吉徵也。"知俊命具酒饌祝酹，復瘞之。尋有扳城背主奔秦之事，乃驗之矣。

（宋）李昉：《太平廣記》卷一四五《劉知俊》

近者劉知俊自梁奔秦，自秦奔蜀，驍暴之聲，天下咸聞焉。蜀先主坐其慘酷而誅之，受戮日，章皇萬端，乞命不暇，行刑者嗟而笑之。比孫帥何勇怯之不侔也。

（五代）孫光憲：《北夢瑣言》卷四

霍存，昭州曲周縣人。性驍勇，善騎射，在黃巢中已爲將領。唐僖宗中和四年，太祖大破巢軍於王藩渡。時存與葛從周、張歸霸皆自巢軍來降,太祖宥而納之。其後,破王夏寨,擊殷鐵林,並在戰中。尋佐朱珍取滑臺,攻淄州,趣博昌,皆預戰立功。蔡賊張郹在汴北,存以三千人夕犯其營,破之。用本部騎兵敗秦賢軍,殺五千人,連破四寨,盡得其輜重。從討盧塘、張郹,殪萬餘人,存功居多。我軍之圍濮州也,有賊升眺樓大詬,太祖怒甚,召存射之,矢一發而尸殞其下,賞賚甚厚。復佐朱珍擒石璠,破魏師,敗徐戎。又佐龐師古至吕梁,敗時溥二千餘衆,以是累遷官。初,王師渡淮,乏食,不甚利,唯存軍戰有功,淮賊乃引退。太祖之討宿州也,葛從周以水壞其垣,丁會以師乘其塘,存戰壘外,敗其軍,宿人乃降。明年,佐郴王友裕擊時溥於碭山,破之,獲蕃將石君和等五十人。是歲,復與晉軍戰於馬牢川,始入爲前鋒,出則後拒,虜不敢逼,乃渡河襲淇門,殺三十餘人。曹州刺史郭紹賓之來歸也,存以師援之,遂代其任。始朱友裕以大軍伐鄆,臨其壁,既而師陷圍中,以急來告,存領二百騎馳赴,擊退之。太祖喜,拔爲諸軍都指揮使。後與徐、兗之衆合戰於石佛山下,中流矢而卒。

（宋）王欽若等編纂:《册府元龜》卷三四六《將帥部》

梁霍存從太祖圍濮州,有賊外眺樓大詬。太祖怒甚,召存射之,矢一發而尸隕其下,賞賚甚厚。

（宋）王欽若等編纂:《册府元龜》卷八四六《總録部》

霍存,爲曹州刺史。始,朱友裕以大軍伐鄆,臨其壁,既而師陷圍中。以急來告,存領二百騎馳赴,擊退之。太祖喜,拔爲諸軍都指揮使。

（宋）王欽若等編纂:《册府元龜》卷三九六《將帥部》

張存敬,譙郡人也,性剛直,有膽勇,臨危無所畏憚。唐僖宗中和中,從太祖赴汴,以其壯節頗見親昵,首爲右騎都尉。從討巢、蔡,凡歷百戰,多於危蹙之間顯有奇略,由是頻立殊效。光啓中,李罕之會晉軍圍張崇奭於盟津,太祖遣丁會、葛從周及存敬同往馳救。存敬引騎軍先犯虜騎,諸軍翼之,虜騎大敗,乃解河南之圍。昭宗大順二年,爲諸軍都虞候,佐霍存董大軍收宿州,以功奏加檢校兵部尚書。太祖東征徐、兗,存敬屢有俘斬之功,凡受指顧,皆與機會,矢石所及,必以身先。太祖尤加優異,以爲行營都指揮使。後累以戰功除護國將軍留後,移宋州刺史,將之任,卒。

(宋)王欽若等編纂:《册府元龜》卷三四六《將帥部》

張存敬,唐中和中從太祖赴汴,以其壯節,頗見親暱,首爲右騎都將,從討巢蔡,凡歷百戰,多於危蹙之間顯有奇略。光啓中,晉軍圍張宗奭於盟津,太祖遣丁會、葛從周、存敬同往馳救。存敬引騎軍先犯虜騎,諸軍翼之,虜騎大敗,乃解河橋之圍。

(宋)王欽若等編纂:《册府元龜》卷三九六《將帥部》

張存敬爲諸軍都虞候。唐昭宗天順二年,佐霍存董大軍收宿州,以功奏加檢校兵部尚書。太祖東征徐、兗,存敬屢有俘斬之功,凡授指顧,皆與機會,矢石所及,必以身先。太祖尤加優異,爲行營都指揮使、檢校右僕射。天復元年春,太祖以河中節度使王珂與太原結親,憑恃驕恣,命存敬統大軍討之,即日收絳州,生擒刺史陶建釗。洎至晉州刺史張漢瑜來降,二郡平,進軍圍河中,王珂請降。太祖嘉之,乃以存敬權知護國軍留後。未幾,檢校司空、宋州刺史。未之任,卒於河中,太祖痛惜。開平初,追贈太保。

(宋)王欽若等編纂:《册府元龜》卷三八六《將帥部》

梁王敬蕘,唐末爲潁州刺史。乾寧四年冬,龐師古敗於青口,敗軍逃歸者甚衆,路出於潁。時雨雪連旬,軍士凍餒,敬蕘自淮燎薪,相屬於道,郡中設糜糧餅餌以待之,全活者甚衆。

(宋)王欽若等編纂:《册府元龜》卷六七五《牧守部》

梁王敬蕘,唐末爲潁州刺史。州境荒饉,大寇繼至。黄巢數十萬衆,聚寨於州南。敬蕘極力抗禦,逾旬而退。俄又秦宗權之衆陵暴益甚,合圍攻壁,皆力屈而去。蔡賊復遣將刁君務以萬衆來逼,敬蕘列陣當之,身先馳突,殺敵甚多。由是竟全郡壘,遠近歸附。及淮人不恭,太祖屢以大軍南渡,路由州境,敬蕘悉心供億。太祖深嘉之。

(宋)王欽若等編纂:《册府元龜》卷六九四《牧守部》

梁王敬蕘,潁州汝陰人,爲武寧軍節度使。敬蕘魁傑,沉勇多力,善戰,所用槍矢,皆以純鐵鍛就。槍重三十斤,摧鋒突陣,率以此勝。

(宋)王欽若等編纂:《册府元龜》卷八四五《總録部》

劉捍,開封人。少爲牙職,太祖初鎮夷門,以捍聰敏,擢副典客。唐僖宗中和四年夏,太祖以朱珍爲淄州刺史,令收兵於淄、青間,命捍監其兵,路逢大敵,皆破之。入博昌,獲精兵三萬以歸。四月,合大軍敗蔡賊秦宗賢數萬衆於汴西。文德元年十一月,蔡將申叢折、宗權足納款於太祖,使捍奏其事,加兼御史大夫。光化三年六月,太祖北伐鎮、定,至恒山,而王鎔危懼,送款於太祖,命捍入壁門傳諭。時兩軍未整,守門者戈戟千匝,捍馳騎而入,竟達其命。又移師次中山,至懷德驛,大破定人五萬衆。王處直乞降,捍復單馬入州,安撫而回。太祖迎昭宗於岐下,以捍爲親事指揮使。天復三年正旦,宋文通令客將郭啓奇使於太祖,命捍復命。昭宗聞其至,即召見,詢東兵之事,仍以錦服、銀鞍勒馬賜之。翌日,授登州刺史。昭宗還京,改常州刺史,賜號迎鑾毅勇功臣。四月,太祖伐王師範於青州,改左右長直都指揮使。天祐三年正月,授宋州刺史。太祖受禪,授左龍虎統軍兼元從親軍馬步都虞候。

(宋)王欽若等編纂:《册府元龜》卷三四六《將帥部》

梁劉捍初爲太祖副典客,兼御史大夫。唐光化三年六月,太祖北伐鎮、定,至常山,而王鎔色攝,送款於太祖,命捍入壁門傳諭。時兩軍未愁,守門者戈戟千匝,捍馳騎而入,竟達其命。又移師次中山,至懷德驛，大破定人五萬衆，王處直乞降，捍復單馬入州，安撫而回。

（宋）王欽若等編纂：《册府元龜》卷六五二《奉使部》

劉捍爲太祖親軍指揮使。時太祖迎昭宗於岐下。天復三年正旦，宋文通令客將郭奇使於太祖，命捍復命。昭宗聞其至，即詔見，詢東兵之事，仍以錦服、銀鞍、勒馬賜之。翌日，授光禄大夫、檢校司空、登州刺史。昭宗還京，改常州刺史，賜號迎鑾毅勇功臣。太祖受禪，授左龍虎統軍兼元從親軍馬步都虞候。及上黨纏兵，以捍爲御營使。蕃戎逼澤州，命捍以兵千人赴之，并軍遂遁。車駕還京，授捍侍衛親軍都指揮使。晉人侵晉州，從幸陝回，加檢校太保。

（宋）王欽若等編纂：《册府元龜》卷三八六《將帥部》

劉捍，便習賓贊，善於將迎。自司賓局，及征討四出，必預其間。雖無決戰爭鋒之績，而承命奔走，敷揚命令，勤幹莅職，以至崇顯焉。

（宋）王欽若等編纂：《册府元龜》卷四六七《臺省部》

梁朱珍，自唐僖宗光啓初，太祖置爲諸軍都指揮使。會滑州節度使安師儒戎政不治，太祖命珍與李唐賓率步騎以經略之。始入境，遇大雪，令軍士無得休息，一夕馳至壁下，百梯並升，遂乘其堞，滑州平。

（宋）王欽若等編纂：《册府元龜》卷三六九《將帥部》

朱珍，徐州豐縣人。太祖鎮汴，兼領招討使。署珍爲宣武右職，以總腹心從太祖。以汴宋亳之師入西華，破王夏寨，勇冠軍鋒。

（宋）王欽若等編纂：《册府元龜》卷三九六《將帥部》

朱珍，徐州豐縣雍鳳里人也。太祖初起兵，珍與龐師古、許唐、李暉、丁會、氏叔琮、鄧季筠、王武等八十餘人，以中涓從，摧堅陷陣，所向蕩決。及太祖鎮汴，領招討使，署珍爲宣武右職。唐僖宗光啓元年，署諸軍都指揮使，始爲上將。太祖令珍募兵，至乾封，與淄人戰於白草口,敗之。青人以步騎三萬,列三寨於金嶺驛,珍與戰,連破之,殲其師,盡獲軍器戎馬。是夕,攻博昌,大獲兵衆而還。其後破盧塘、張郆及朱琼、朱瑾之衆,平定曹、濮,未嘗不在戰中。梁山之救,珍以踏白騎士入陳、亳間,以邀蔡人,遂南至斤溝,破淮西石璠之師三萬人,虜璠以獻。珍旋師自亳北趣静戎,濟舟於滑,破黎陽、臨河、李固三鎮,軍於内黄,敗樂從訓萬餘人。分命聶金、范居實略澶州,與魏師遇於内黄。魏軍有豹子軍二千人,戮之無噍類,威振河朔。復攻淮西。至上蔡,夾河而寨,敗賊將蕭皓之衆,皆擁於河溺死之。進軍蔡州,營其西。既破羊馬垣,遇雨班師。珍以兵援劉贊,赴楚州,至襄山南,遇徐戎扼其路,珍乃攻豐,下之。時溥乃以全師會戰於豐南吳康里,珍敗其三萬餘衆。及蔡賊平,珍比諸將功居多。昭宗龍紀初,與諸將屯於蕭縣,以禦時溥。及太祖往蕭縣,珍率將校迎謁。

(宋)王欽若等編纂:《册府元龜》卷三四六《將帥部》

梁朱珍,唐末爲太祖諸軍指揮使。龍紀初,與諸將屯於蕭縣,以禦時溥。珍慮太祖自至,令諸軍葺馬厩以候巡撫。時排陣斬斫使李唐賓之裨將嚴郊獨慢焉,軍候范權,恃珍以督之。唐賓素與珍不協,果怒,乃見珍以訴其事。珍亦怒,曰:"唐賓無禮。"拔劍斬之。珍命騎列狀陳其事。太祖初聞唐賓之死,驚駭,與敬翔謀。詐令有司收捕唐賓妻子下獄,以安珍心。太祖遂徑往蕭縣,距蕭一舍,珍率將校迎謁。太祖令武士執,責其專殺,命丁會行戮。都將霍存等數十人,叩頭以救。太祖怒,以坐床擲之,乃退。

(宋)王欽若等編纂:《册府元龜》卷四四九《將帥部》

梁朱珍,徐州豐人。太祖起兵,珍與龐師古、許唐、李暉、丁會氏、叔琼、鄧季筠、王武等八十餘人,以中涓從摧堅陷陳,所向蕩決。後署諸軍都指揮使。

(宋)王欽若等編纂:《册府元龜》卷七六六《總録部》

鄧季筠，宋州下邑人也。少入巢軍，隸於太祖麾下。及太祖鎮汴，首署爲牙將，主騎軍。伐鄆之役，生擒排陣將劉矯以獻。

（宋）王欽若等編纂：《册府元龜》卷三四六《將帥部》

鄧季筠爲太祖牙將，主騎軍。唐大順初，唐帝命丞相張濬伐太原。太祖奉詔出師，西至高平，與晉人接戰。軍既不利，季筠爲晉人所擒。晉王見之甚喜，釋縛，待以賓禮。

（宋）王欽若等編纂：《册府元龜》卷四四四《將帥部》

郭言，太原人也，家於南陽新野。少以力穑養親，鄉里稱之。唐僖宗廣明中，黄巢擁衆西犯秦、雍，言爲巢黨所執。後從太祖赴汴，初爲騎軍，繼有戰功，後擢爲裨校。言性剛直，有權略，勤於戎事，或以家財分給將士之貧者，由是頗得士心。屢將兵與蔡寇戰於浚郊，每以少擊衆，出必勝歸。太祖嘉其勇果，謂賓佐曰："言乃吾之虎侯也。"時秦宗權支黨數十萬，太祖兵不過數千，每恨其寡，與之不敵。一日，命言董數千人，越河、洛，趨陝、虢，招召丁壯，以實部伍。言夏往冬旋，得銳士萬餘，遂遷步軍都將。自是隨太祖掩襲蔡寇，斬獲掠奪，不可勝計，宗權以兹敗北，太祖盡收其地。因命言將兵導達貢奉，以安郵傳，自汴、鄭迄於潼關，去奸恤弱，甚得其所。光啓中，僖宗以太祖兵威日振，命兼領揚州節度使。太祖遣幕吏李璠領兵赴淮揚，以制置爲名。時言爲李璠前鋒，深入淮甸，破盱眙而還。梁祖東伐徐、鄆，言將偏師，略地千里。頻逢寇敵，言出奇決戰，所向皆捷，大挫東人之鋭。太祖録其績，以"排陣斬斫"之號委之。尋表爲宿州刺史、檢校右僕射。於時徐、宿兵鋒日夕相接，控扼偵邏，以言爲首。

（宋）王欽若等編纂：《册府元龜》卷三四六《將帥部》

郭言爲步軍都將。唐僖宗光啓中，太祖東伐徐、鄆，言出奇決戰，所向皆捷。太祖録其績，以"排陣斬斫"之號委之。尋表爲宿州刺史、檢校右僕射。

（宋）王欽若等編纂：《册府元龜》卷三八六《將帥部》

郭言，廣明中從太祖赴汴。初爲騎軍，繼有戰功，後擢爲裨校。言性剛直，有權略，勤於戎事。或以家財分給將士之貧者，由是頗得士心。

（宋）王欽若等編纂：《册府元龜》卷四一二《將帥部》

郭言，從太祖赴汴，爲裨校。屢將兵與蔡賊秦宗權戰於後郊，每以少擊衆，出必勝歸。太祖嘉其勇果，謂賓佐曰："言乃吾之虎侯也。"

（宋）王欽若等編纂：《册府元龜》卷四一九《將帥部》

牛裕爲桐墟鎮使。乾化二年，淮人寇桐墟，殺略吏民，裕死之。

（宋）王欽若等編纂：《册府元龜》卷四二五《將帥部》

後唐朱元禮，始爲郡將。梁太祖聞其名，擢爲軍校。從龐師古渡淮，戰没於淮南。

（宋）王欽若等編纂：《册府元龜》卷四二五《將帥部》

梁祖圖霸之初，壽州刺史江彥温以郡歸我，乃遣親吏張從晦勞其勤。而從晦無賴，酒酣，有飲徒何藏耀者與之偕，甚昵，每事誤禀從晦，致命於郡。彥温大張樂，邀不至，乃與藏耀食於主將家。彥温果疑恐曰："汴王謀我矣。不然，何使者之如是也。"乃殺其主將，連誅數十人，而以狀白其事。既而又疑懼曰："訴其腹心，亡我族矣。"乃自縊而死。梁祖大怒，按其事，腰斬從晦，留藏耀，列其畜，械斬於壽春市。葆光子曰："後唐明宗皇帝時，董璋據東川，將有跋扈之心。於時遣客省使李仁矩出使梓潼，仁矩比節使下小校，驟居内職，性好狃邪。元戎張筵，托以寒熱，召之不至，乃與營妓曲宴。璋聞甚怒，索馬詣館，遽欲害之。仁矩鞠足端簡門迎，璋怒稍解。他日作叛，兩川舉兵，並由仁矩獻謀於安重誨之所致也。"

（五代）孫光憲：《北夢瑣言》卷一六

李思安，本宋人也。祖父皆隸職於宣武軍之靜戎鎮。思安幼拳捷有膂力，所爲不常。未弱冠，長六尺，超超然，有拔行伍取富貴意。唐乾符、廣明間，盜火反起，思安弃州里投火中。太祖始鎮夷門，自巢軍諸隊間鳥逝歸我，初以爲騎士，思安善用槊，每從上征伐，常飛馬出敵陣之後，測其厚薄而還，或敵有恃猛悍炫執者，太祖多命取之，必鷹揚飇馳，擒馘於萬甲之際，出入自若，如蹈無人中。繇是叠委戎事，累授劇郡。

（宋）王欽若等編纂：《册府元龜》卷三九六《將帥部》

梁李思安性拳勇，未弱冠，身長七尺，超然有乘時自奮之志，後至相州刺史。

（宋）王欽若等編纂：《册府元龜》卷八八三《總録部》

梁李思安，乾化元年爲相州刺史。思安自謂當擁旄仗鉞久矣，得是殊不快。但因循宴安，無意爲政。及太祖出幸，以候騎之設落然無所備，而複壁壘荒圮，帑廩空涸，帝怒甚，遂貶柳州司户，尋以怨望斬之。

（宋）王欽若等編纂：《册府元龜》卷六九八《牧守部》

李思安，唐末副王虔裕爲踏白將，渡長淮，下天長、高郵二邑。又拒孫儒，迫濠州，皆有奇績。累遷爲諸軍都指揮使，奏官至檢校左僕射，尋拜亳州刺史。

（宋）王欽若等編纂：《册府元龜》卷三六〇《將帥部》

梁太祖開平元年八月，以潞州軍前屯師旅，壁壘未收，乃別議戎帥。於是以亳州刺史李思安充潞州行營都統。

（宋）王欽若等編纂：《册府元龜》卷一九九《閏位部》

梁李思安爲檢校左僕射、亳州刺史，爲性不勇悍，每每統戎臨敵，不大勝必大敗。開元元年春，率兵伐幽州，營於桑乾河，虜獲甚衆，燕人大懼。及軍回伐潞，累月不克，師人多逸。太祖怒甚，詔疏其罪，盡奪其官爵，委本郡以民戶係焉。逾歲起之，復令領兵，亦無鉅績可紀。

（宋）王欽若等編纂：《冊府元龜》卷四四五《將帥部》

胡規爲北面招討使。乾化初，使河南尹張宗奭，奏規修河，軍人擾村閭，殺樹，奪稅戶絲，群衆以石礫人。太祖曰：“我今以河南府積薪治敗岸，且有將領，何敢是耶？”翌日，命宣徽院使趙殷衡，押領規及六軍使已下，往都外閱視林木。至榆林已來，園林果木砍伐殆盡，仍招伏軍人，侵奪百姓財物。下詔曰：“胡規比緣微效，遂委劇權，不能禁戢諸軍，而敢侵凌百姓，輒生狂計，欲起亂階，備見包藏，何堪委用？從來凶逆，已露鋒鋩，此際侮輕，足量肝膽。苟無極斷，慮掇後艱。胡規并男義方，委宗奭準軍令處置，其婦女任從所適。都指揮使韓勍已下一十二人，罰俸有差。”

（宋）王欽若等編纂：《冊府元龜》卷四四五《將帥部》

胡規，唐末爲宣武軍都虞候。佐葛從周伐鎮、定，從張存敬收晉、絳，皆有功，署爲河中都虞候。天祐三年，佐李周尋討相州，獨當州之一面，頗以功聞。軍還，權知耀州事。太祖受禪，除右羽林統軍。尋從劉鄩統兵收潼關，擒劉知浣獻之。乃以爲右龍虎統軍，兼侍衛指揮使。

（宋）王欽若等編纂：《冊府元龜》卷三六〇《將帥部》

胡規，唐昭宗天祐四年爲諸軍壕寨使。太祖受禪，除右羽林軍，尋從劉鄩統兵收潼關，擒劉知浣獻之，乃以爲右龍虎統軍兼侍衛指揮使。

（宋）王欽若等編纂：《冊府元龜》卷三八六《將帥部》

朱友恭，唐末從太祖四征，稍立軍功，累遷諸軍都指揮使、汝州刺史、檢校司空。光化初，淮夷侵鄂渚，武昌帥杜洪來乞師，太祖遣友恭將兵萬餘濟江應援，引兵至龍沙、九江而還，軍聲大振。時淮寇據黃州，友恭攻陷其壁，獲賊將翟章，俘斬萬計。途經安陸，因襲殺刺史武瑜，盡收其衆。以功爲潁州刺史，加檢校司徒。

（宋）王欽若等編纂：《册府元龜》卷三六〇《將帥部》

朱友恭爲汝州刺史、檢校司空。唐昭宗乾化初，淮夷侵鄂渚，武昌帥杜洪來乞師，太祖遣友恭將兵應援，俘斬萬計，以功爲潁州刺史，加檢校司徒。

（宋）王欽若等編纂：《册府元龜》卷三八六《將帥部》

胡真，江陵人也，爲寧遠軍節度使、容州刺史。真體貌洪壯，長七尺，善騎射，少爲縣吏。及在巢寇中，推爲名將。隨巢涉淮浙，陷許洛，入長安。及太祖以衆歸唐，真時爲元從都將，從至梁苑，表授檢校刑部尚書。

（宋）王欽若等編纂：《册府元龜》卷八四六《總録部》

胡真，唐末爲太祖元從都將，從破巢、蔡於陳鄭間。尋以奇兵襲取滑州，乃署爲滑州節度留後。

（宋）王欽若等編纂：《册府元龜》卷三六〇《將帥部》

胡真，體貌洪壯，長七尺，善騎射，後至寧遠將軍節度使。

（宋）王欽若等編纂：《册府元龜》卷八八三《總録部》

苻道昭，唐末爲太祖元帥府右司馬，與李周彝同領寇彦卿、南大豐、閻寶已下大軍伐滄州。及太祖幸魏州，討衙軍，中軍前有魏博將山河營指揮使左行遷，聞府有變，引軍還屯歷亭，自稱留後，從亂者數萬人。道昭佐周彝與彦卿已下大破之，殺四萬餘人，擒左行遷，斬之。有史仁遇亦聚徒數萬，據高唐，又破之，擒仁遇以獻。乘勝取澶、博二州,平之,復殺萬餘人。

（宋）王欽若等編纂：《册府元龜》卷三六〇《將帥部》

王虔裕,唐末自巢寇來降,爲太祖騎兵前鋒。太祖擊巢、蔡於陳州,虔裕連拔數寨,擒獲萬計。巢孽既遁,虔裕躪其迹,追至萬勝戍,賊衆饑乏,短兵纔接而潰。太祖以其勞,表授義州刺史。蔡人日縱侵掠,陳、鄭、許、亳之郊,頻年大戰。虔裕掩襲攻拒,凡百餘陣,剿戮生擒,不知紀極。

（宋）王欽若等編纂：《册府元龜》卷三六〇《將帥部》

李唐賓,唐末自巢黨與王虔裕來歸太祖,後與朱珍趣淄州,所向摧敵。乃取滑平蔡,前後破兗、鄆、淮、徐之衆,功與朱珍略等。珍之擒石潘也,唐賓亦沿淮與郭言掎角下盱眙,其後渡河,破黎陽、李固等鎮,攻澶州,下内黄,敗魏師,未嘗不與珍同。暨攻蔡之役,珍自西南破其外垣,唐賓亦堙壕坎堞,摧其東北隅。及伐徐取豐,時薄軍於吴康,珍亟遇之,未能却,唐賓引本軍擊敗之,珍遂大勝。每興師,必與珍偕用,故往無不利。

（宋）王欽若等編纂：《册府元龜》卷三六〇《將帥部》

李重裔爲太祖先鋒步軍都頭,及太祖大舉伐蔡賊秦宗權,俾重裔以滑兵爲先鋒。及東討徐州,下豐、蕭二邑,轉右厢馬步軍指揮使。

（宋）王欽若等編纂：《册府元龜》卷三八六《將帥部》

李重裔,唐末爲太祖步軍都頭,與胡真援河陽,逼懷州。重裔以部下兵突之,射中蕃將安休休。又令與李讜騎軍至陝應接郭言,回次澠池,破賊帥黄花子之衆,改滑州夾馬指揮使。蔡賊圍汴,重裔以步兵攻下三寨,虜獲甚多。太祖大舉伐秦宗權,俾重裔以滑兵爲先鋒。及東討徐州,下豐、蕭二邑,轉右厢步軍指揮使。

（宋）王欽若等編纂：《册府元龜》卷三六〇《將帥部》

李讜，唐末爲左得勝騎軍都將。從太祖討蔡賊，頗有軍功。及東伐兗、鄆，以所部士伍俘獲其衆，改元從騎，表授檢校右僕射。

（宋）王欽若等編纂：《册府元龜》卷三六〇《將帥部》

李讜爲左得勝騎軍都將，從太祖討蔡賊，頗有軍功。及東伐兗、鄆，以所部士伍俘獲其衆，改元從騎將，表授檢校右僕射。

（宋）王欽若等編纂：《册府元龜》卷三八六《將帥部》

張慎思，唐末爲太祖諸軍都指揮使。從平巢、蔡、兗、鄆，皆著軍功，表授檢校工部尚書，兼宋州長史。

（宋）王欽若等編纂：《册府元龜》卷三六〇《將帥部》

王景仁，唐末爲宣州節度使。劉知俊之叛也，從駕至陝，始佐楊師厚西入關。兵未交，知俊弃馮翊走，進克雍、華，降王建、張君練，頗預戰有功，太祖嘉之。末帝即位，用爲淮南西北面行營招討應接使，以兵萬人伐壽州，至霍丘，接戰，擒賊將袁叢、王彦威、王燔等，送京師。

（宋）王欽若等編纂：《册府元龜》卷三六〇《將帥部》

王景仁，爲淮南西北面行營招討應接使，伐壽州，俄而朱僅以大軍至，景仁力戰不屈，常以數騎身先奮擊，寇不敢逼，乃引兵還。及濟淮，復自殿軍。

（宋）王欽若等編纂：《册府元龜》卷三九六《將帥部》

王景仁，廬州合肥人。材質魁偉，性暴率，無威儀，善用槊，頗推驍悍，後至檢校太尉，同平章事。

（宋）王欽若等編纂：《册府元龜》卷八四五《總録部》

五代梁李罕之，項城人。爲人驍勇，力兼數人，少學讀書不成，去爲僧，以其無賴，所往皆不容，乃乞食酸棗市中，人皆不與。罕之擲器於地，裂其衣，又去爲盜。之澤州，日以兵鈔懷、孟間，啖人爲食。居民避亂，屯聚摩雲山，群賊攻之不下，罕之悉攻殺之，立柵其上，時人號曰李摩雲。是時，晉方徇地山東，頗倚罕之爲扞蔽。

（宋）馬永易：《實賓録》卷二

李罕之，河陽人也。少爲桑門，無賴，所至不容，曾乞食於滑州酸棗縣，自旦及脯，無與之者，擲鉢於地，毀僧衣，投河陽諸葛爽爲卒，罕之即僧號，便以爲名。素多力，或與人相毆，毆其左頰，右頰血流。爽尋署爲小校，每遣討賊，無不擒之。蒲絳之北，有摩雲山，設堡於上，號摩雲寨，前後不能攻取，時罕之下焉，由此號"李摩雲"。累歷郡侯、河南尹節將，官至侍中，卒於汴州，亦荆南成汭之流也。自唐仕梁。

（宋）李昉：《太平廣記》卷二六四《李罕之》

李罕之，唐末爲河陽節度使。雖有膽決，雄猜翻覆，而撫民御衆無方略，率多苛暴，性復貪冒，不得士心。出兵攻晉絳，時大亂之後，野無耕稼，罕之部下，俘剽爲資，啖人作食。其後，河陽爲張言所陷，罕之奔於太原。後唐武皇表爲澤州刺史，仍領河陽節度，以兵寇鈔懷、孟、晉、絳。數百里内，郡邑無長吏，閭里無居民。河内百姓，屯結山寨，或出樵汲，即爲俘馘。雖奇峰絶磴，梯危架險，亦爲罕之部衆攻取。先是，蒲坂之間有山田摩雲，邑人立柵於其上，以避寇亂。罕之百餘人攻下之，軍中因號罕之爲"李摩雲"。自是，數州之民，屠啖殆盡，荆棘蔽野，烟火斷絶，凡十餘年。

（宋）王欽若等編纂：《册府元龜》卷四四八《將帥部》

梁馬嗣勛，唐末爲太祖元從押牙。嗣勛典客，頗稱任使。昭宗光化元年三月，太祖令往光州説刺史劉存背淮賊以向國。又與李彦威收復黄州及武昌縣，獲刺史瞿章。俄復使光州，持幣馬以賜劉存。會淮賊急攻光州，存與嗣勛率兵大戰，敗而走之。又遣使於蜀，及歸，得其助軍資實甚多。天復中,太祖迎昭宗於歧下,軍至華之西闉,使嗣勛入見,韓建即時同出迎謁。及羅紹威將殺牙軍,遣使告於太祖,求爲外援。時安陽公主初卒於魏,太祖乃遣嗣勛率常直官千人,實兵伏於橐内,肩舁以入於魏,聲言來致祭會葬,牙軍不之覺。天祐三年正月十六日夜,嗣勛與紹威親軍同攻牙軍。至曙,盡殪之。

（宋）王欽若等編纂:《册府元龜》卷六五六《奉使部》

梁謝瞳,唐末居太祖門下,太祖據同州,遂署右職。廣明初,太祖與河中交戰,再不利,連上章請兵於黄巢。僞右軍中尉孟楷抑而不進,瞳揣太祖有擇福意,乃進説曰:“黄家以數十萬之師,值唐朝久安,人不習戰,因利乘便,遂下兩京。然始竊僞號,任用已失其所。今將軍勇冠三軍,力戰於外,而孟楷專務雍蔽,奉章不達。下爲庸才所制,上無獨斷之明,破亡之兆必矣。況土德未厭,外兵四集,漕運波注,日以收復爲名,惟所天察之。”太祖曰:“我意素決,爾又如是,復何疑哉?”翌日,遂定策戮僞監軍使,悉衆歸順於河中。王重榮表瞳爲檢校屯田員外郎,賜緋,令奉表於蜀。僖宗大悦,召入顧問,賜賫甚厚,以功授朝散大夫太子率更令,賜紫。

（宋）王欽若等編纂:《册府元龜》卷七二一《幕府部》

謝瞳,唐末舉進士,不中第,遂投迹於太祖,泊居門下,未嘗一日不在左右。及太祖據同州,遂署右職,後爲宣義軍兩使留後。

（宋）王欽若等編纂:《册府元龜》卷七六六《總録部》

謝瞳,字子明,爲亳州圍練使。太祖征淮南,過郡,因求侍府幕,表爲宣義節度副使,充兩使留後。

（宋）王欽若等編纂:《册府元龜》卷七二九《幕府部》

謝瞳爲宣義軍留後,在滑州十三年,部内增户約五萬,益兵數千人。

（宋）王欽若等編纂:《册府元龜》卷六九二《牧守部》

梁張佶，唐末爲潭州行軍司馬，時劉建峰據湖南，獨邵州不賓，命都將馬殷統步騎討之。期歲未克，而建峰爲其下所殺，州既亂，鄰寇且至。時佶爲行軍司馬，潭人謀其帥曰：“張行軍即所奉也。”衆以柄屬之，佶不得已，視事，擒戮亂首，部分軍政，旬月間威世大振，寇亦解去。乃謂將吏曰：“佶才能不如馬公，況朝廷重藩，非其人不可濫取。”因以牘召殷，殷亦不疑，稟命馳入壁。佶受拜謁禮畢，命升階，告以大計。議未決，佶趨下率衆抃賀，乃讓殷爲帥，自請代赴師，以圖攻邵。邵既潰，振旅而入，復爲行軍司馬，垂二十年，殷果立大勳。

（宋）王欽若等編纂：《冊府元龜》卷四〇九《將帥部》

梁張佶，不知何郡人也。唐乾寧初，劉建峰據湖南，獨邵州不賓，命都將馬殷討之。期歲未克，而建峰爲部下所殺。軍亂，鄰寇且至。是時，佶爲行軍司馬，屬潭人謀帥曰：“張行軍即所奉也。”佶不得已而視事。旬日之間，威聲大振，寇亦解去。乃謂將吏曰：“佶才能不如馬公，況明庭重藩，非其人不可。”因以牘召殷。殷亦不疑，稟命而至。佶受拜謁禮畢，命升階，讓殷爲帥，佶即趨下，率衆抃賀，乃自請率師代殷攻邵州，下之。復爲行軍司馬，垂二十年。

（宋）王欽若等編纂：《冊府元龜》卷八一四《總錄部》

梁王神念，爲爪牙將軍，少善騎射，既老不衰。嘗於高祖前執二方楯，左右交度，馳馬往來，冠絕群伍。時復有楊華者，能作驚軍騎，並一時妙捷。

（宋）王欽若等編纂：《冊府元龜》卷九〇八《總錄部》

李震，湖南人。鎮州王鎔爲張文禮所害，鎔次子昭誨當鎔被禍之夕，爲軍人携出府第，置之地穴十餘日，乃髡其髮，披以僧衣。屬震南還，軍士既以昭誨托於震，震置之茶褚中，既至湖湘，乃令依南嶽寺僧習業，歲給其費。昭誨年長思歸，震即賫送而還。時鎔故將符習爲汴州節度使，會昭誨來，即表其事，令赴闕。明宗賜衣一襲，令脫僧服，

頃之，特授朝議大夫，檢校考功郎中，司農少卿，賜金紫。符習因以女
妻之。

（宋）王欽若等編纂：《册府元龜》卷八〇四《總録部》

李振爲太祖從事。乾化二年，以馬殷初領湖南，爲雷滿所逼，帝
以振骨鯁有辯，命馳往和解，殷、滿並禀命。

（宋）王欽若等編纂：《册府元龜》卷六五三《奉使部》

梁朝將戴思遠，任浮陽日，有部曲毛璋，爲性輕悍。常與數十卒
追捕盜賊，還宿於逆旅，毛枕劍而寝。夜分，其劍忽大吼，躍出鞘外，
從卒聞者，愕然驚異。毛亦神之，乃持劍咒曰：“某若異日有此山河，
爾當更鳴躍，否則已。”毛復寝未熟，劍吼躍如初，毛深自負之。其後
戴離鎮，毛請留，戴從之。未幾，毛以州歸命於唐莊宗，莊宗以毛爲其
州刺史。後竟帥滄海。

（宋）李昉：《太平廣記》卷一三八《戴思遠》

戴思遠，以前洋州節度使除守太子少保致仕。

（宋）王欽若等編纂：《册府元龜》卷八九九《總録部》

梁朝與河北相持之時，有偏將侯温者，軍中號爲驍勇。賀瓌爲統
率，專制忌前，以事害之。其後瓌寝疾，彌留之際，左右只聞公呼侯九
者數日，頗有祈請之詞，深自克責。有侍者見一丈夫自壁間出，曳
瓌於地，侍者驚呼，左右俱至，瓌已死矣。昔漢竇嬰、灌夫爲武安侯
田蚡所構而死，及蚡疾，巫者視鬼，見竇灌夾而笞之，蚡竟卒，事相
類耳。

（宋）李昉：《太平廣記》卷一二四《侯温》

(2) 後唐

後唐李克讓，武皇仲弟。咸通中從獻祖討龐勛，以功爲振武都

校，及王仙芝陷荆、襄，朝廷徵兵，克讓率師平賊，以功爲金吾將軍。

（宋）王欽若等編纂：《册府元龜》卷二九一《宗室部》

後唐李克修，爲昭義節度使，武皇撫封於上黨。克修性儉嗇，不事華侈，供帳饗膳，品數簡陋。武皇怒其菲薄，笞而詬之。克修慚憤發疾，卒。

（宋）孔平仲：《續世説》卷一一一

李克修，武皇從父弟。武皇入關討黄巢，克修爲先鋒，破黄揆於華陰，敗尚讓於梁田坡，戰黄巢於光順門，每戰皆捷。其年潞州牙將安居受來乞師，請復昭義。武皇遣將，以兵從與孟方立戰於銅鞮，不利。武皇乃令克修將兵繼進，遂平潞州，斬其刺史李殷鋭。武皇表克修爲昭義節度使。光啓二年九月，克修出師山東，收復邢、洺。十一月，拔故鎮。孟方立遣將吕臻來援，戰於焦崗，大敗之，擒吕臻，俘斬萬計。進拔武安、臨洺諸屬縣，乘勝圍邢州。鎮州王鎔出師三萬援邢、洺，克修軍乃退。及李罕之來歸，武皇授以澤州刺史，與克修合勢進攻河陽。連歲出師，以苦懷、孟。子月，孟方立遣將奚忠信將兵三萬，襲寇遼州。克修設伏於遼之東山，大敗賊軍，擒忠信以獻。

（宋）王欽若等編纂：《册府元龜》卷二九一《宗室部》

克修子嗣肱，少有膽略，累立戰功。夾城之役，從周德威爲前鋒。時兄嗣弼爲昭義副使，與李嗣昭守城。兄弟内外奮戰，忠力威壯，感動三軍，潞圍乃解。以功加檢校僕射。天祐八年，與李存審援河中，敗汴軍於胡壁堡，獲汴將龐讓。十年，與李存審屯趙州，擊汴人於觀津。時梁祖新屠棗强，其將賀德倫急攻蓚縣。梁祖率師五萬，合勢，營於蓚之西。嗣肱自下博率騎三百，薄晚，與梁之樵芻者相雜。日既晡，入梁軍營門，諸騎相合，大譟，弧矢星發，虓䎹馳突，汴人不知所爲，營大擾。既暝，斂騎而退。是夜，梁祖燒營而遁，解蓚之圍，以功特授蔚州刺史。十九年，新州刺史王鬱叛入契丹，嗣肱進軍定嫣儒武等三州,乃授山北都團練使。

(宋)王欽若等編纂:《冊府元龜》卷二九一《宗室部》

李嗣肱,爲裨將。時梁太祖新屠棗强,其將賀德倫急進攻葕縣,梁祖率師五萬,合勢營於葕之西。嗣肱自下博率騎二百,薄晚,與梁之樵芻者相雜。日既晡,入梁軍營門,諸騎相合,大譟。弧矢星發,虓闞馳突,汴人不知所爲,營中大擾。既暝,殿騎而退。是夜,梁祖燒營而遁,解葕縣之圍。

(宋)王欽若等編纂:《冊府元龜》卷三九六《將帥部》

李克寧,武皇季弟。初從起雲中,爲奉誠軍使。赫連鐸之攻黃花城也,克寧從武皇登城,血戰三日,矢盡備竭,殺賊萬計。燕軍之攻蔚州,克寧昆仲嬰城拒敵晝夜,輟寢食者旬日,從依靶達部。及入關,逐黃寇。凡征行,無不衛從。

(宋)王欽若等編纂:《冊府元龜》卷二九一《宗室部》

後唐武皇季弟克寧,凡征行無不衛從,於昆仲之間最推仁孝,小心恭謹,武皇尤友愛之。

(宋)王欽若等編纂:《冊府元龜》卷二七二《宗室部》

後唐魏王繼岌,莊宗子。同光二年三月,詔充諸道行營都統,鄴都留守,興聖宮使,判六軍諸衛事。伐蜀,置中軍,以梁漢顒充軍馬步都虞候兼中軍馬步都指揮事,張廷蘊充中軍步軍都指揮使,牛景章充中軍左廂馬軍都指揮使,沈斌充中軍右廂馬軍都指揮使,卓環充中軍左廂步軍都指揮使,王贊充中軍右廂步軍都指揮使,供奉官李從襲充四面行營中軍馬步軍都監押,高品、李廷安、呂知柔充衛王衙通謁,工部尚書任圜、翰林學士李愚從魏王出征,參預軍機。

(宋)王欽若等編纂:《冊府元龜》卷二六九《宗室部》

　　魏王繼岌,莊宗子。同光三年伐蜀,以繼岌爲都統,郭崇韜爲招
討使。十月戊寅,至鳳州,武興軍節度使王承捷以鳳、興、文、扶四州
降。甲申,至故鎮,康延孝收興州,時僞蜀主王衍率親軍五萬在利州,
令步騎之軍三萬,遂戰於三泉。康延孝、李嚴以勁騎三千犯之,蜀軍
大敗,斬首五千級,餘各奔潰。王衍聞其敗也,弃利州,奔歸西川,斷
吉柏津浮梁而去。己丑,繼岌至興州,僞蜀東川節度使宋光葆以梓、
綿、劍、龍、普等州來降,武定軍節度使王承肇以洋、蓬、壁三州符印
降,興元節度使王宗威以梁、開、通、渠、麟等五州符印送降,階州王承
岳納符印,秦州節度使王承休弃城而遁;辛丑,繼岌過利州;戊申,至
劍州;己酉,至綿州,王衍遣使上箋乞降。丁巳,入成都。自興師出洛
至定蜀,計七十五日。走丸之勢,前代所無。

　　　　　　　　　(宋)王欽若等編纂:《册府元龜》卷二九一《宗室部》

　　後唐莊宗世子魏王繼岌伐蜀,回軍在道,而有鄴都之變。莊宗與
劉后命内臣張漢賓賫急詔,所在催魏王歸闕。張漢賓乘驛,倍道急
行,至興元西縣逢魏王,宣傳詔旨。王以本軍方討漢州,康延孝相次
繼來,欲候之出山,以陳凱歌,漢賓督之。有軍謀陳岷,比事梁,與漢
賓熟,密問張曰:"天子改換,且是何人?"張色莊曰:"我當面奉宣詔
魏王,況大軍在行,談何容易。"陳岷曰:"久忝知聞,故敢諮問。兩日
來有一信風,新人已即位矣,復何形迹?"張乃説:"來時聞李嗣元過
河,未知近事。"岷曰:"魏王且請盤桓,以觀其勢,未可前邁。"張以莊
宗命嚴,不敢遷延,督令進發。魏王至渭南遇害。

　　　　　　　　　　　(宋)李昉:《太平廣記》卷八〇《陳岷》

　　李從諲,明宗弟。頻領親軍,數戰有功,官至檢校司空。

　　　　　　　　　(宋)王欽若等編纂:《册府元龜》卷二九一《宗室部》

　　後唐贈太保從璟,明宗長子,性忠勇沈厚,摧堅陷陣,人罕偕焉。

　　　　　　　　　(宋)王欽若等編纂:《册府元龜》卷二七一《宗室部》

李從璟,明宗長子。從莊宗於河上,累有戰功,莊宗器賞之,用爲金槍指揮使。

（宋）王欽若等編纂:《册府元龜》卷二九一《宗室部》

後唐贈太保從璟,明宗長子。明宗在魏府,爲軍士所逼。莊宗詔從璟謂曰:"爾父於國有大功,忠孝之心,朕自明信。今爲亂兵所劫,爾宜自去宣朕旨,無令有疑。"從璟行至中途,爲元行欽所制,復與歸洛下。莊宗改其名爲繼璟,以爲己子,命再往,從璟固執不行,願死於御前,以明丹赤。從莊宗赴汴州,明宗之親舊多策馬而去。左右或勸從璟,令自脱,終無行意。尋爲元行欽所殺,天成初贈太保。

（宋）王欽若等編纂:《册府元龜》卷二八六《宗室部》

秦王從榮,明宗子,長興中以本官充天下兵馬大元帥。

（宋）王欽若等編纂:《册府元龜》卷二六九《宗室部》

後唐秦王從榮,爲大元帥。從榮乃請以嚴衛、捧聖步騎兩指揮爲秦府衙兵,自每入朝,以數百騎從行,出則張弓挾矢,馳騁盈巷。既受元帥之命,即令其府屬僚佐及四方游士,各試《檄淮南書》一道,陳己將廓清宇内之意。初,言事者請爲親王置師傅,明宗顧問近臣。執政以從榮名勢既隆,不敢忤旨,即奏云:"王官宜委從榮。"乃奏刑部侍郎劉贊爲王傅,又奏翰林學士崔税爲元帥府判官。明宗曰:"學士代予詔令,不可擬議。"從榮不悦,退謂左右曰:"既付以元帥之任,而阻予請僚佐,又未諭制旨也。"復奏刑部侍郎仕贊,從之。

（宋）王欽若等編纂:《册府元龜》卷二九九《宗室部》

李存义爲鄜州節度使,莊宗異母弟郭崇韜子婿也。崇韜被殺,故亦及於禍。

（宋）王欽若等編纂:《册府元龜》卷九三一《總録部》

　　李存乂爲鄜州節度使,同光四年,伏誅於邸。存乂,莊宗異母弟
也,郭崇韜之子婿。崇韜既誅其後,朝野駭惋,群居州處,議論紛然。
帝令閽豎綱紀,察訪外事,言存乂於諸將坐上嘗訴郭氏無罪,言詞怨
望。又於妖術人楊千郎所居飲酒聚會,凶豪攘臂垂泣。楊千郎者,魏
州賤民,自言傳墨子術於婦翁,能役使陰物,帽下召食物果實之類。
又蒱博必勝,人有拳握之物,以法必取。又説練丹乾水,易人形,破肩
鑷,或云可驗。初在鄴都,貴要間皆神奇之,白於帝,甚蒙待遇,官至
檢校尚書郎,賜紫。其妻出入宮掖,頗承恩寵,人士有憑之而仕宦者。
及在洛陽,輕薄少年畢與之游。皇弟存乂、存渥、元行欽常朋淫於其
家,至是奸閽欲盡去郭氏之黨,故誣告之,千郎亦被其禍。

　　　　　　　　(宋)王欽若等編纂:《冊府元龜》卷六七○《内臣部》

　　莊宗異母弟存乂,即郭崇韜女婿,伏誅。先是,郭崇韜即誅之後,
朝野駭惋,議論紛然。莊宗令閽人察訪外事,言存乂於諸將坐上,訴
郭氏之無罪,其言怨望。又於妖術人楊千郎家飲酒聚會,攘臂而泣。
楊千郎者,魏州賤民,自言得墨子術於婦翁,能役使陰物,帽下召食物
果實之類。又蒱博必勝,人有拳握之物,以法必取。又説煉丹乾汞,
易人形,破肩鑷。貴要間神奇之,官至尚書郎,賜紫。其妻出入宮禁,
承恩用事。皇弟存乂常朋淫於其家,至是與存乂同罹其禍。

　　　　　　　　　　　　(五代)孫光憲:《北夢瑣言》卷一八

　　李存進,振武人。事武皇,從入關,還鎮太原,署牙職。從討王行
瑜,以功授檢校常侍。與李嗣昭同破王珙於河中。唐昭宗光化三年,
契丹犯塞,寇雲中,改永安軍使、雁門已北都知兵馬使。天復初,破氏
叔琮前軍於洞渦。三年,授石州刺史。莊宗初嗣位,入爲步軍右都
校、檢校司空。師出井陘,授行營馬步都虞候,破汴軍於柏鄉,論功授
汾州刺史,轉檢校司徒。俄兼西南面行營招討使,出師收慈州,授慈、
沁二州刺史。

　　　　　　　　(宋)王欽若等編纂:《冊府元龜》卷三四七《將帥部》

李存進,昭宗光化中爲永安軍使、雁門以北都知兵馬使。天復初,破氏叔琮前軍於洞渦。三年,授石州刺史。莊宗初嗣位,入爲步軍右都檢校司空。師出井陘,授行營馬步軍都營虞候。破汴軍於柏鄉,論功授汾州刺史,轉檢校司徒,俄兼西南面行營招討使。出師收慈州,換慈、沁二州刺史。十二年,定魏博,授天雄軍巡按使。十四年,權蕃漢馬步副總管,從攻楊劉,戰胡柳。十六年,以本職兼領振武節度使。時王師據德勝渡,汴軍據楊村渡,存進造橋成,人皆伏其智。莊宗舉酒曰:"存進,吾之杜預也。"賜寶馬、御衣,進檢校太保,兼魏博馬步都將,與李存審固德勝。十九年,汴將王瓚率衆攻北城,存進機拒應之,汴軍退,加檢校太傅。

(宋)王欽若等編纂:《册府元龜》卷三八七《將帥部》

李存進,振武人。本姓孫,名重進。唐末從太祖入關,平黃寇。景福中,爲義兒軍使,賜姓名。

(宋)王欽若等編纂:《册府元龜》卷八二五《總録部》

李存進,爲泌州刺史。天祐十三年,從定魏州,授天雄軍都部署。時鄴初歸我,人情離貳,銀鎗效節,諸軍强桀難制,訛言竊議,搖扇群情。存進沉厚果斷,犯令者梟首於市,强右豪奪暴掠人物者,必磔裂曝尸於路。鄴人視之,無不惕息。由是軍民靡然從化。

(宋)王欽若等編纂:《册府元龜》卷四一八《將帥部》

李存進,爲天雄軍都指揮使。天祐十九年,莊宗討張文禮於鎮州,定州王處球盡率城中兵甲,乘我芻牧無備,奄至東垣渡。我騎軍已臨賊城,不覺其出,賊既上橋,攻我營門,存進惶駭,引十餘人鬥於橋上。賊退,我騎軍已邀賊後,前後夾擊之,賊退無路,圍之數重,步兵七千,殆無生還者。

(宋)王欽若等編纂:《册府元龜》卷三六〇《將帥部》

李存進爲魏州馬步都將,與李存審固守德勝。又汴將王瓚率衆逼北城,爲地穴火車,百道進攻,存進隨機拒應,或經日不得食,汴軍遂退。

(宋)王欽若等編纂:《册府元龜》卷四〇〇《將帥部》

後唐莊宗與梁人隔水相抗,李存進欲造浮橋,軍吏曰:"河橋須竹索大艑,兩岸石倉鐵牛以爲固。今無竹石,竊慮難成。"存進曰:"吾成算在心,必有所立。"乃令軍造葦索維大艦數十艘,作土山植巨木於岸以纜之。初,軍中以爲戲,月餘橋成,制度條直,人皆服其勤智。莊宗舉酒曰:"存進,吾之杜預也?"

(宋)孔平仲:《續世説》卷六

李存晉進軍德勝,爲南北寨,每以舟兵來往,頗以爲勞。而河北無竹石,存晉乃以葦笮維大艦爲浮梁。莊宗大喜,解衣以賜之。

(唐)白居易、(宋)孔傳:《白孔六帖》卷九

歐史《李存進傳》與薛史尤多異。予得《存進墓碑》拓本,立於同光二年,判官吕夢奇撰,参軍梁邕書並篆額。顧寧人云:"今在太原縣。"錢大昕辨歐史,"存進本姓孫,名重進,當太祖即克用攻破朔州得之,即賜姓名,養爲子"。碑則存進從克用破黄巢,直至景福二年始賜姓名,補右廂義兒第一院軍使,上距破朔州甚遠。歐史存進歷慈、沁二州刺史,碑則太祖時,權知汾、石二州,莊宗時真授石州刺史,再知汾州,又授慈州刺史,又權知沁州,實未真授沁州刺史。《通鑑》載存進爲天雄都巡按使,碑則爲天雄軍都部署、巡檢使。又碑言存進,字光嗣,年六十八。歐史失之。予考薛史載賜姓名之年,正與碑合,與《通鑑》不同者,薛誤亦與《通鑑》同。"字光嗣",薛史亦漏;"年六十八",薛史作"六十六"。要之,薛史叙事詳明,大略則與碑同。

(清)王鳴盛:《十七史商榷》卷九五

後唐李嗣昭,武皇母弟代州刺史克柔之假子也。小字進通,不知族姓所出。少從征伐,精練軍機。唐昭宗乾寧四年,爲衙内都將,援河中,敗汴軍於胡壁堡,擒汴將滑禮。及王珂請婚於武皇,武皇以女妻之,珂赴禮會於太原,以嗣昭權典河中留事。李罕之襲我潞州也,嗣昭率師攻潞,與汴將丁會戰於含口,俘獲三千,執其將蔡延恭,代李君慶爲蕃漢馬步行營都將。進攻潞州,遣李存賢、李嗣本以兵扼天井關。汴將澤州刺史劉圮弃城而遁,乃以李存璋爲刺史。梁祖聞嗣昭之師大至,召葛從周謂曰:"并人若在高平,當圍而取之,先須野戰,勿以潞州爲敵。"及聞嗣昭軍韓店,梁祖曰:"進通扼八議路,此賊決與我門,公等臨事制機,勿落奸便。"賀德倫閉壁不出,嗣昭日以鐵騎環城,汴人不敢芻牧,援路斷絕。八月,德倫、張歸厚弃城遁去,遂復取潞州。光化三年,汴人攻滄州,劉仁恭求救,遣嗣昭出師邢、洺以應之。嗣昭遇汴軍於沙河,擊敗之,獲其將胡禮。進攻洺州,下之,獲其郡將朱紹宗。九月,梁祖自率軍三萬至臨洺,葛從周設伏於青山口。嗣昭聞梁祖斂軍而退,從周伏兵發,爲其所敗,偏將王郜郎、楊師悦等被擒。十月,汴人大寇鎮、定,王郜告急於武皇,乃遣嗣昭出師,下太行,擊懷、孟。汴將侯言守河陽,不意嗣昭之師至,既無守備,驅市人登城。嗣昭攻其北門,破其外垣,俄而汴將閻寶救軍至,乃退。天復元年,河中王珂爲汴軍所虜,河中晉、絳諸郡皆陷。四月,汾州刺史李瑭謀叛,納款於汴,嗣昭討之,三日而拔,斬瑭。是月,汴人初得蒲、絳,乃大舉諸道之師來逼太原。汴將葛從周陷承天軍,氏叔琮營洞渦驛。太原四面,汴軍雲合,武皇憂迫,計無從出。嗣昭朝夕選精騎分出諸門,掩擊汴營,左俘右斬,或燔或擊,汴軍疲於奔命。又屬霖雨,軍多腫痢,糧運不繼。五月,氏叔琮引退,嗣昭以精騎追之。汴軍乃弃輜重兵仗萬計。六月,嗣昭出師陰地,攻慈、隰,降其刺史唐禮、張瓘。是時,天子在鳳翔,汴人攻圍,有密詔徵兵。十一月,嗣昭出師晉、絳,屯吉上堡,與汴將王友遇於平陽,一戰擒之。明年正月,嗣昭進營蒲縣。十八日,汴將朱友寧、氏叔琮將兵十萬來拒。二十八日,梁祖自率大軍至平陽,嗣昭之衆大恐。三月十一日,有白虹貫周德威之營,候者云不利,宜班師。翌日,氏叔琮犯德威之營,汴軍十餘萬,列陳四合,德威、嗣昭血戰解之,乃保軍而退,汴軍因乘之。時諸將潰散,無復部伍,德威引騎軍循西山而遁,朱友寧乘勝陷慈、隰、汾等州。武皇聞其敗也,遣李存信率牙兵至清源應接,復爲汴軍所擊。汴軍營於晉祠,嗣昭、德威收合餘衆,登城拒守。汴人治攻具於西北隅,四面營柵相望。時鎮、定、河中皆爲梁有,孤城無援,師旅敗亡。武皇晝夜登城,憂不遑食,召諸將謀欲出保雲州。嗣昭曰:"王勿爲此謀。兒等苟存,必能城守。"李存信曰:"事勢危急,不如且入北蕃,別圖進取。朱溫兵師百萬,天下無敵,關東、河北受他指揮。今獨守危城,兵亡地蹙,儻彼築室反耕,環塹深固,則亡無日矣。"武皇將從之,嗣昭亟爭不可,猶豫未決,賴劉太妃極言於內,武皇且止。數日,亡散之衆復集,嗣昭晝夜分兵四出,斬將搴旗,汴軍保守不暇。二十一日,朱友寧燒營退去,嗣昭追擊,復收汾、慈、隰等州。五月,雲州都將王敬暉據城叛,振武石善友亦爲部將契苾讓所逐,嗣昭皆討平之。天祐三年,汴人攻滄、景,劉仁恭遣使求援。十一月,嗣昭爲昭義節度使。五年五月,莊宗敗汴軍,破夾城。嗣昭知武皇弃世,哀慟幾絶。時大兵攻圍歷年,城中士民饑死大半,廛里蕭條。嗣昭緩法寬租,勸農務穡,一二年間,軍城完集,三面鄰於敵境,寇鈔縱橫,設法枝梧,邊鄙不聳。胡柳之戰,周德威戰没,師無行列,至晚方集。汴人四五萬登無石山,莊宗之軍懼形於色。或請收軍保營,詰旦復戰。嗣昭曰:"賊無營壘,去臨濮地遠,日已晡晚,皆有歸心。但以精騎撓之,無令返旆,晡後追擊,破之必矣。我若收軍拔寨,賊入臨濮,俟彼整齊復來,即勝負未決。"莊宗曰:"非兄言,幾敗吾事。"軍校王建及又陳方略。嗣昭與建及分兵於土山南北爲犄角,汴軍懼,下山,因縱軍擊之,俘斬三萬級。由是莊宗帳餞於戚城。莊宗酒酣,泣而言曰:"河朔生靈,十年饋輓,引領鶴望,候破汴軍。今兵賦不充,寇孽猶在,坐食軍賦,有愧蒸民。"嗣昭曰:"臣忝急難之地,每一念此,寢不安席。大王且持重謹守,惠養士民。臣歸本藩,檢料兵賦。歲末春首,即舉衆復來。"莊宗離席拜送,如家人禮。是月,汴將劉鄩攻同州,朱友謙告急,嗣昭與李存審援之。九月，破汴軍於馮翊，乃班師。十九年，莊宗親征張文禮於鎮州。冬，契丹三十萬奄至，嗣昭從莊宗擊虜於新城。阿保機在望都，莊宗深入，親與虜鬥，虜騎圍之數十重，良久不解。嗣昭號泣赴之，引三百騎橫擊虜圍，馳突出没者數十合。虜退，翼莊宗而還。是時，閻寶爲鎮人所敗，退保趙州，莊宗命嗣昭代寶攻真定。七月二十四日，王處球之兵出至九門，嗣昭設伏於故營，賊至，發伏擊之殆盡，餘三人匿於墻墟間。嗣昭環馬而射之，爲賊矢中腦，嗣昭籠中矢盡，拔賊矢於腦射賊，一發而殪之。嗣昭日暮還營，所傷流血不止，是夜卒。莊宗即位，贈太師、隴西郡王。長興中，詔配饗莊宗廟庭。

（宋）王欽若等編纂：《册府元龜》卷三四七《將帥部》

後唐李嗣昭爲蕃漢行營都指揮使。唐昭宗天復中，汾州刺史李瑭據城爲叛，嗣昭將兵攻城，三月而拔，斬李瑭，進攻慈隰，下之，獲刺史唐禮、小將張唐、向弘于等。又攻潞州，梁祖聞嗣昭之師大至，召葛從周謂曰："并人若在高平，當圍而取之。先須野戰，勿以潞州爲敵。"及聞嗣昭軍韓店，梁祖曰："進通嗣昭小字扼八議路，此賊決與我鬥，公等臨事制機，勿落奸便。"賀德倫閉壁不出，嗣昭日以鐵騎環城，汴人不敢芻牧，援路斷絶。八月，德倫、張歸厚弃城遁去，遂取潞州。

（宋）王欽若等編纂：《册府元龜》卷三六九《將帥部》

李嗣昭，爲昭義節度。汴將李思安將兵攻潞州，嗣昭嘗享諸將，登城張樂，賊矢中足，嗣昭密拔之。坐客不之覺，酣飲如故，以安士心。

（宋）王欽若等編纂：《册府元龜》卷三九六《將帥部》

後唐李嗣昭爲昭義節度使，天祐四年六月，梁將李思安將兵十萬攻潞州，乃築夾城，深溝高壘，内外重復，援師不及，軍民乏絶，感鹽炭出於地，以濟飢民。

（宋）王欽若等編纂：《册府元龜》卷三九八《將帥部》

李嗣昭爲昭義節度，天祐十六年，代周德威權幽州軍府事。九月，李紹宏代歸，嗣昭出薊門，百姓號泣請留，截鞍惜別。嗣昭夜遁而歸。

（宋）王欽若等編纂：《册府元龜》卷六八三《牧守部》

李嗣昭爲太原内衙都將，時汴人初得蒲、絳，乃大舉諸道之師逼太原，汴將葛從周陷承天軍，氏叔琮營洞渦驛。太原四面，汴軍雲合，武皇憂迫，計無從出。嗣昭朝夕選精騎分出諸門，掩擊汴營，左俘右斬，或燔或擊，汴軍疲於奔命。又屬霖雨，軍多腫痢，糧運不繼。五月，氏叔琮引退，嗣昭以精騎追之，汴軍委弃輜重兵仗萬計。後汴軍復營於晉祠，嗣昭與周德威收合餘衆，登城拒守，汴人治攻具於西北隅，四面營柵相望。時鎮定、河中皆爲梁有，孤城無援，師旅敗亡，嗣昭晝夜分兵四出，斬將搴旗，汴軍保守不暇。二十一日，朱友寧燒城退去，嗣昭追擊，復收汾、慈、隰等州。梁又遣其將李思安將兵十萬攻我潞州，深溝高壘，内外重復，援師不及，飛走路絕。嗣昭撫士堅守，屢挫賊軍。梁祖令人齎僞招，説誘百端，嗣昭取而焚之，斬其使者。城中固守經年，軍民乏絶，感鹽炭出於地以濟飢民。嘗與諸將登陴，命酒張樂，爲賊伏矢中其脛，密拔毁之，坐客不之覺，宴樂如故，以安士心。及莊宗敗梁寇於夾城，長圍遂解。

（宋）王欽若等編纂：《册府元龜》卷四〇〇《將帥部》

後唐李嗣昭，守潞州。嘗享諸將，登城張樂，爲梁軍矢中其足。嗣昭密拔之，坐客不之覺，酣飲如故，以安士心。

（宋）王欽若等編纂：《册府元龜》卷四一九《將帥部》

李嗣昭爲昭義軍節度使。時大兵之後，城中士庶饑死者半，廛里蕭然。嗣昭緩法寬租，勸農務穡，一二年間，軍城完輯。三面鄰敵，寇抄縱横，嗣昭設法枝梧，邊鄙不聳。

（宋）王欽若等編纂：《册府元龜》卷六七七《牧守部》

　　後唐李嗣昭爲潞州節度使，被圍歷年，城中士民饑死大半，廛里蕭條。嗣昭緩法寬租，勸農務穑，一二年間，軍城完集。三面鄰於敵境，寇鈔縱横，設法枝梧，邊鄙不聳。

　　（宋）王欽若等編纂：《册府元龜》卷六九二《牧守部》

　　後唐昭義節度使李嗣昭，太祖弟克柔之子。在昭義爲梁師所圍，及莊宗解夾城之圍，嗣昭知太祖弃世，號踊毁瘠，殆不勝喪。

　　（宋）王欽若等編纂：《册府元龜》卷二六七《宗室部》

　　後唐李嗣昭，少從武皇征伐，精練軍機。唐乾寧初，王珂、王珙争帥河中，珙引陝州之軍攻珂，珂求救於宣皇，乃令嗣昭將兵援之。敗珙軍於猗氏，獲賊將李璠等。四年，改衙内都將，復援河中，敗汴軍於胡壁堡，擒汴將滑禮。

　　（宋）王欽若等編纂：《册府元龜》卷四一四《將帥部》

　　後唐李嗣昭形貌眇小，而精悍有膽，後爲澤潞節度使。

　　（宋）王欽若等編纂：《册府元龜》卷八八三《總録部》

　　後唐太祖母弟嗣昭，沉毅不群，初嗜酒樂，太祖微申戒約，自是終身不飲。

　　（宋）王欽若等編纂：《册府元龜》卷二七四《宗室部》

　　後唐李嗣昭爲内衙都將，權典河中留後事。唐末，梁祖自率軍三萬，至臨明。葛從周設伏於青山口，嗣昭聞梁祖至，斂軍而退。從周伏兵發，爲其所敗，偏將王郜朗、楊師悦等被擒。

　　（宋）王欽若等編纂：《册府元龜》卷四四四《將帥部》

　　李昭嗣，字宇益，光武皇母弟，代州刺史克柔之假子，小字通達，不知族姓所出。少事克柔，頗謹愿，雖形貌眇小，而精悍有膽略，位侍中、中書令。莊宗即位，贈太師、隴西郡王。

（宋）陳思：《小字録》

李繼韜，昭嗣子，小字留得。

（宋）陳思：《小字録》

石君立爲昭義李嗣昭牙校，歷典諸軍。天祐中，夾城之役，君立每出挑戰，壞汴軍栅壘，俘擒而還。八年，與汴軍戰於龍花園，敗之，獲其大將卜渥以獻。王檀之逼晉陽也，嗣昭遣君立率五百騎，自上黨朝發暮至。王檀游軍扼汾橋，君立一戰敗之，徑至城下，馳突斬擊，梁軍敗走。

（宋）王欽若等編纂：《册府元龜》卷三六〇《將帥部》

石君立，初隸李嗣昭爲牙校，歷典諸軍。嗣昭出征，常爲前鋒。天祐十七年，將兵屯德勝，時汴軍自滑州轉餉以給楊村砦，莊宗親率騎擊虜深入，虜騎圍之數十重，良久不解。嗣昭號泣赴之，與立翼莊宗而還。

（宋）王欽若等編纂：《册府元龜》卷三七四《將帥部》

石君立，初隸李嗣昭爲牙校，歷典諸軍。唐末，將兵屯德勝。時汴軍自滑州轉餉以給楊村砦，莊宗親帥騎軍，於河外循岸而上，邀擊之。汴人距楊村五十里，於河曲潘張村築壘，以貯軍儲。莊宗令諸軍攻之，汴人設伏於要路，逆戰，僞敗。王師乘之，蹙入壘門。梁伏兵起，因與血戰。君立與鎮州大將王釗等，隔入賊壘。時諸將部校陷賊者十餘人，君立被執，送於汴。梁主素知其驍勇，欲用之爲將，械而下獄。久之，梁主遣人誘之。君立曰："敗軍之將，難與議勇，如欲將我，我雖真誠效命，能信我乎？人皆有君，吾何忍反爲讎人哉！"既而諸將被戮，尚惜君立，不之害。同光元年，莊宗至汴前一日，梁主始令殺之。

（宋）王欽若等編纂：《册府元龜》卷四四四《將帥部》

李存信,本姓張。從武皇入關平賊,始補軍職爲蕃漢都校。從討李匡儔,降赫連鐸、白義誠,以功加檢校左僕射。從入關討王行瑜,加檢校司空,領柳州刺史。

（宋）王欽若等編纂:《册府元龜》卷三四七《將帥部》

李存信,唐昭宗大順中爲蕃漢都校,從武皇討李匡儔,降赫連鐸、白義誠,以功檢校左僕射,從入關,討王行瑜,加檢校司空,領彬州刺史。

（宋）王欽若等編纂:《册府元龜》卷三八七《將帥部》

後唐李存信,唐末爲武皇馬步軍都校,與李存孝擊張濬,軍於平陽。時存孝驍勇冠絕,軍中皆下之。唯存信與争功,由是相惡,有同水火。

（宋）王欽若等編纂:《册府元龜》卷四五一《將帥部》

後唐李存信爲都指揮使。初,朱瑄、朱瑾再乞師於武皇,武皇假道於魏州,羅弘信委之,乃令存信將步騎三萬,與李承嗣、史儼會軍以拒汴人。存信軍於莘,與朱瑾合勢,頻挫汴軍。汴師患之,乃反間魏人。存信御兵無法,稍侵魏之芻牧者,弘信乃與汴師通,出師三萬攻存信軍。存信揭營而退,保於洺州。

（宋）王欽若等編纂:《册府元龜》卷四四五《將帥部》

李存信,本姓張,爲河東蕃漢,馬步軍都指揮使,太祖賜名姓,睠同親嫡。

（宋）王欽若等編纂:《册府元龜》卷八二五《總録部》

李存信,武皇時爲蕃漢馬步軍都校。武皇命邢洺節度使李存孝侵鎮、趙之南鄙,又令存信及李存審率師出井陘以會之,併軍攻臨城柏鄉。李威至,且議旋師。而存信與存孝不叶,因構於武皇,言存孝望風退衄,無心擊賊,恐其有私盟也。存孝知之,自恃戰功,鬱鬱不平,因致書通王鎔,又歸款於汴。

（宋）王欽若等編纂:《册府元龜》卷九三三《總録部》

後唐李存信惠黠多數,會四夷語,别六蕃書,善戰,認兵勢,初爲獻祖親信。

（宋）王欽若等編纂:《册府元龜》卷九九六《外臣部》

後唐李存信爲檢校司空,領彬州刺史。時兗、鄆乞師於武皇,武皇遣存信營於莘縣,與朱暄合勢,以抗汴人。梁祖患之,遣使課羅弘信曰:“河東志在吞食河朔,回軍之日,貴道堪憂,而存信載兵無法,稍侵,魏之芻牧。”弘信怒,翻然結於梁祖,乃出兵二萬,以攻存信。存信斂衆而退,爲魏人所薄。委弃輜重,退保洺州。軍士喪失者十二三,武皇怒,大出師攻魏博,屠陷諸邑。存信軍於洹水,汴將葛從周、氏叔琮來援魏人,存信與鐵林都將落落,遇汴人於洹水南。汴人爲陷馬坑以待之,存信戰敗,落落被擒。存信又從討劉仁恭,師次安塞,爲燕軍所敗。武皇怒謂存信曰:“昨日吾醉,不悟賊至,公不辨耶? 古人三敗,公殆二矣。”存信懼,泥首謝罪,幾至不測。自後,存信多稱病,武皇以兵柄授李嗣昭,以存信爲右校而已。

（宋）王欽若等編纂:《册府元龜》卷四四三《將帥部》

李嗣本,本姓張,少事武皇,爲帳中紀綱,漸立戰功,得補軍校。唐昭宗乾寧初,從征李匡儔,爲前鋒,與燕人戰,得居庸關,以功爲義兒軍使,因賜姓名。從討王行瑜,授檢校刑部尚書。改威遠、寧塞等軍使。五年,討羅弘信於魏州,嗣本爲前鋒,師還,改馬軍都將。從李嗣昭討王暉於雲州,論功加檢校司空。汴將李思安之圍潞州也,從周德威軍餘吾,嗣本率騎軍日與汴人轉鬥,前後獻俘千計,遷代州刺史。六年,從攻晉、絳,爲蕃漢副都校。後爲振武節度使。莊宗定魏博,劉鄩據莘縣,命嗣本入太原巡守都城。又從破劉鄩於故元城,收洺、磁、衛等三郡,乃還鎮振武。

（宋）王欽若等編纂:《册府元龜》卷三四七《將帥部》

後唐李嗣本,乾寧中爲馬軍都將,從李嗣昭討王暉於雲州,論功加檢校司空,後爲雲州防禦使。時周德威討劉守光,嗣本率代北諸軍、生熟吐渾,收山後八軍,得納降軍使盧文進、武州刺史高行珪以獻。幽州平,論功授振武節度使。

（宋）王欽若等編纂:《册府元龜》卷三六〇《將帥部》

李嗣恩,本姓駱。年十五,能騎射,侍武皇於振武,及鎮太原,補鐵林軍小校。從征王行瑜,奉表獻捷,加檢校散騎常侍,漸轉突陣指揮使,賜姓名。天祐四年,逐康懷英於西河,解汾州之圍,加檢校司空,充左厢馬軍都將。戰王景仁有功,加檢校司徒。天祐十二年,從莊宗入魏,擊劉鄩有功,轉天雄軍馬步軍都指揮使。劉鄩之北趨樂平也,嗣恩襲之,倍程先入晉陽。時城中無備,得嗣恩兵至,人百其勇。鄩聞其先過,乃遁。莘之戰,以功轉代州刺史,充石嶺關已北都知兵馬使,稍遷振武節度使。十五年,追赴行在,卒於太原。

（宋）王欽若等編纂:《册府元龜》卷三四七《將帥部》

李嗣恩,年十五,能騎射,事武皇帳下,以戰功爲馬軍都尉。救應河府,賊出不備,彎弧蕩寇,應弦斃者甚衆。稍中其口,酣戰未解。及退,莊宗親撫其傷,深加慰勉。

（宋）王欽若等編纂:《册府元龜》卷四一四《將帥部》

後唐李嗣恩,天祐十二年爲天雄軍馬步軍都指揮使。梁將劉鄩之北趨樂平也,嗣恩襲之,倍程先入北京。時城中無備,得嗣恩兵至,人百其勇。鄩聞其先過,雨中宵遁。

（宋）王欽若等編纂:《册府元龜》卷四二〇《將帥部》

後唐李嗣恩,字武八,騎射推於軍中。嘗有時輩臂饑鷹,矜其博擊。武八持鳴鏑一隻,睹其狩獲,暮乃多之,位至諸軍都指揮使。

(宋)王欽若等編纂:《册府元龜》卷八四六《總録部》

李嗣恩,從武皇爲左厢馬軍都將。救應河府,與梁人接戰,應弦斃者甚衆,而稍中其口,酣戰未解。及退,莊宗親視其傷,深加慰勉。轉内衙馬步都將、遼州刺史。

(宋)王欽若等編纂:《册府元龜》卷三九六《將帥部》

李存璋,雲中人。武皇初起雲中,存璋與康君立、薛志勤等爲奔走之交,從入關,以功授國子祭酒,累官萬勝、雄威等軍。從討李匡儔,改義兒軍使。唐昭宗光化二年,授澤州刺史,入爲牢城使。從李嗣昭討雲州叛將王暉,平之,改教練使。五年,武皇疾篤,召張承業與存璋授遺詔。存璋爰立莊宗,夷内難,頗有力焉。改河東馬步都虞候。從破汴軍於夾城,轉檢校司徒。柏鄉之役,爲三鎮排陣使。十一年,從盟朱友謙於猗氏,授汾州刺史。汴將尹皓攻慈州,逆戰敗之。十三年,王檀逼太原,存璋率汾州之軍入城固守,授大同軍防禦使、應蔚朔等州都知兵馬使。秋,契丹寇蔚州,陷之,阿保機遣使馳木書求賂,存璋斬其使。虜逼雲州,存璋拒守。城中有古鐵車,乃鎔爲兵仗,以給軍事。虜退,以功授檢校太傅、大同軍節度、雲應等州觀察。

(宋)王欽若等編纂:《册府元龜》卷三四七《將帥部》

李存璋,昭宗光化二年爲澤州刺史,入爲牢城使,從李嗣昭討雲州叛將王暉,平之。改教練使,檢校司空。五年,立莊宗,夷内難,頗有力焉,改河東馬步都虞候,兼領鹽鐵。又從破汴軍於夾城,轉檢校司徒。柏鄉之役,爲三鎮排陣使。十一年,從盟朱友謙於猗氏,授汾州刺史。汴將尹皓攻慈州,逆戰敗之。十三年,王檀逼太原,存璋率汾之軍入城固守,授大同軍防禦使、應、蔚、朔等州都知兵馬使。秋,契丹逼雲州,存璋拒守。虜退,以功檢校太傅、大同軍節度、雲應等州觀察使。十九年四月,以疾卒於雲州。同光初,追贈太尉、平章事。

（宋）王欽若等編纂:《册府元龜》卷三八七《將帥部》

李存璋,爲河東馬步都虞候。初,武皇稍寵軍士,蕃部人多干擾廛市,肆其侵奪,法司不能禁。莊宗初嗣位,銳於求理,存璋得行其志,抑强扶弱,誅其豪首,期月之間,紀綱大振,弭群盜,務耕稼,去奸宄,息倖門。當時稱其材幹。

（宋）王欽若等編纂:《册府元龜》卷四一八《將帥部》

李存璋爲大同軍防禦使,時契丹陷蔚州,營於魚池,阿保機遣人馳木書求略於存璋。存璋斬其使者,不報。賊攻雲州,存璋悉力拒戰,城中舊有鐵車,存璋鎔爲兵器,以授軍士,賊遂退。

（宋）王欽若等編纂:《册府元龜》卷四〇〇《將帥部》

符存審,少在軍中,識機知變,行軍出師,法令嚴明,決策制勝,動無遺悔。功名與周德威相匹,皆近代之良將也。

（宋）王欽若等編纂:《册府元龜》卷三九三《將帥部》

符存審,陳州宛邱人。初歸武皇,署右職,令典義兒軍,賜姓李。存審性謹厚,寵遇日隆。自是武皇四征,存審常從,所至立功,改左右廂步軍都指揮使。天祐三年,授蕃漢馬步副指揮使,與李嗣昭降丁會於上黨,從周德威破賊於夾城,以功授忻州刺史,領蕃漢馬步都指揮使。七年,充漢副總管。莊宗擊汴人於柏鄉,留存審守太原。九年,梁祖攻蓨縣,存審與史建瑭、李嗣昭赴援。屯下博橋。汴人驚亂,燒營而遁,以功遙領邢、洺、磁團練使。十二年,魏博歸款於莊宗,莊宗遣存審率前鋒據臨清,以俟進取。莊宗入魏,存審屯魏縣以抗劉鄩。十二年六月,鄩營莘縣,存審與鎮、定之師營莘西三十里,一日數戰。八月,率師攻張源德於貝州。十三年二月,劉鄩自莘悉衆來襲我魏州,存審以大軍躡其後,戰於故元城,大敗汴人,從收澶、衛、磁、洺等州。秋，邢州閻寶降，授存審安國軍節度使、邢洺磁等州觀察使。十月，戴思遠弃滄州，毛璋以城降，授存審橫海軍節度使兼領魏博馬步軍都指揮使。明年，就加平章事。十四年八月，將兵援周德威於幽州，敗契丹之眾。冬，破汴將安彥之於楊劉，諸軍進營麻口。時梁將謝彥章營行臺村，莊宗勇於接戰，每以輕騎當之，遇窘者數四。存審每俟其出，必叩馬泣諫曰：“王將復唐宗社，宜爲天下自愛。摰於挑戰，一劍之任，無益聖德，請責效於臣。古人不以賊遺君父，臣雖不武，敢不代君之憂。”莊宗即時回駕。十二月，戰於胡柳。晡時之後，存審引所部銀槍效節軍，敗梁軍於土山下。是日辰巳間，周德威歿，一軍逗曉，梁軍四集，存審與其子彥圖冒刃血戰，出沒賊陣，與莊宗軍合。午後，師復集，擊敗汴人。十六年春，爲内外蕃漢馬步總管，於德勝口築南北城以據之。七月，汴將王瓚自黎陽渡河寇澶州，存審拒戰，瓚退，營於楊村渡，控我上游。自是日與交鋒，對壘經年，大小凡百餘戰。十七年，汴將劉鄩攻同州，朱友謙求援於我，遣存審與李嗣昭將兵赴之。九月，次河中，進營朝邑。時河中久臣於梁，衷持兩端。及諸軍大集，芻粟暴貴，嗣昭懼其翻覆，將急戰以定勝負。居旬日，梁軍逼我營，會望氣者言西南有黑氣如鬥雞之狀，當有戰陣。存審曰：“我方欲決戰，而形於氣象，得非天贊歟？”是夜，閱其眾，詰旦進軍。梁軍來逆戰，大敗之，追斬二千餘級。自是梁軍保壘不出。存審謂嗣昭曰：“吾初懼劉鄩據渭河，偏師既敗，彼若退歸，懼我躡之，獸窮持人，勿謂無事。可開其歸路，然後追奔。”乃令王建及牧馬於沙苑。劉鄩、尹皓知之，保眾退去，遂解同州之圍。存審略地至奉先，謁諸帝陵，乃班師。十八年，王師討張文禮於鎮州，李嗣昭、李存進相次戰歿。十九年，遣存審率師進攻叛帥於城下，文禮之將李再豐陰送款於存審，我師中夜登城，擒文禮之子處球等，露布以獻。鎮州平，以功加檢校太傅兼侍中。二十年正月，師旋於魏州，莊宗出城迎勞，就第宴樂。居無何，契丹犯燕薊。郭崇韜奏曰：“汴寇未平，李繼韜背叛，北邊遮虜，非存審不可。”帝遣中使諭之，存審臥病羸瘵，附奏曰：“臣效忠稟命，靡敢爲辭，但痼恙纏綿，未堪抵役。”既而詔存審以本官充幽州盧龍節度,自鎮州之任。同光初,加開府儀同三司、檢校太師、中書令,邑千户,賜號忠烈扶天啓運功臣。

(宋)王欽若等編纂:《册府元龜》卷三四七《將帥部》

李存審事後唐武皇,性謹厚,寵遇日隆。武皇四征,存審常從,所至立功。從討赫連鐸,冒刃死戰,血流盈袖,武皇手自封藥,日夕臨問。

(宋)孔平仲:《續世説》卷五

符存審遥領邢、洺、磁團練使。唐昭宗天祐十二年八月,將兵五千討張源德於貝州。時城中賊衆三千,每夜分出剽掠,州民苦之,皆願塹其城以安耕作。及存審至,賊保壁自固,因以八縣丁壯塹而圍之。九月,賊衆三千披甲出城,我將甘言諭之,俱釋兵解甲。既而四面陳兵,皆殺之,貝州平。

(宋)王欽若等編纂:《册府元龜》卷三六九《將帥部》

符存審,爲魏博馬步軍都指揮使,領横海軍節度使。莊宗勇於征戰,每以輕騎當之,遇窘者數四。存審每俟其入,必叩馬泣諫曰:"王將復唐宗,宜爲天下自愛。搴旗挑戰,一劍之任,無益聖德,請責效於臣。古人不以賊遺君父,臣雖不武,敢不代君之憂。"莊宗即時回駕。

(宋)王欽若等編纂:《册府元龜》卷四〇七《將帥部》

後唐符存審爲幽州盧龍節度使、檢校太師中書令,常戒諸子曰:"予本寒家,少小携一劍而違鄉里。四十年間,位極將相,其間屯危患難,履鋒冒刃,入萬死而無一生,身方及此。前後中矢,僅百餘。"乃出鏃以示,諸子因以奢侈爲戒。

(宋)王欽若等編纂:《册府元龜》卷八一七《總録部》

後唐李存審爲幽州節度使,莊宗同光元年,存審疾甚,欲尋醫,請除李紹宏爲幽州監軍，知州事。降詔諭之，不俞其請。

（宋）王欽若等編纂：《册府元龜》卷四三九《將帥部》

後唐李存審爲幽州節度使。同光初，存審患契丹深秋之後，傾塞而來，與邊將謀，欲於幽、涿之間，置幽州行府，以禦賊衝，冀轉輸爲便。

（宋）王欽若等編纂：《册府元龜》卷四二九《將帥部》

後唐李存審，近代良將也。嘗謂諸子曰："予本寒家，少小携一劍而違鄉里，四十年間位極將帥。其間屯危患難，履鋒冒刃。入萬死而無一生，身方及此，前後中矢僅百餘，乃出鏃以示諸子，因以奢侈爲戒。"

（宋）孔平仲：《續世説》卷九

符彦超同光末赴北京巡檢。先是，朝廷令内官二人在太原，一監兵，一監倉庫。及明宗入洛，皇弟存霸單騎奔河東，與内官謀殺彦超與留守張憲。彦超覺之，密與憲謀，未決，部下大譟，州兵畢集，張憲出奔。是夕，軍士殺内官、存霸於衙城。詰旦，聞洛城禍變，彦超告諭三軍。明宗又令其弟龍武都虞候彦卿馳騎安撫。後彦超入覲，明宗召見撫諭，授晉州留後。未行，會其弟前曹州刺史彦饒平宣武亂軍。明宗喜，召彦超謂之曰："吾得爾兄弟力，餘更何憂，爾爲我往河東撫育耆舊。"即授北京留守太原尹。

（宋）王欽若等編纂：《册府元龜》卷一三三《帝王部》

符彦超爲汾州刺史。同光末，爲魏州軍亂，天下騷動，詔彦超北京巡檢。朝廷先令内養吕、鄭二人監兵及倉庫，明宗入洛，皇弟存詔單騎入河東，與吕、鄭謀殺彦超。張憲據城自衛，彦超知之。彦超部下殺吕、鄭、存詔於衙城。明宗又令其弟龍武、都虞候彦卿來安撫，遂請彦超入朝自雪。六月，彦超入覲，明宗便殿召見，撫諭曰："河東無事,賴爾盡心也。"翌日,授建雄軍留後。未行,屬弟曹州刺史彥饒殺宣武亂軍,安輯汴州。明宗甚喜,召彥超曰:"吾與爾父爲先朝立社稷,我於倉皇中軍民推戴,又得爾兄弟氣力,我更何憂? 却爲我往河東,撫育耆舊。"授檢校司徒、北京留守、太原尹。

(宋)王欽若等編纂:《册府元龜》卷七八《帝王部》

　　後唐傅彥饒,少驍勇,能騎射。唐天祐十五年冬,莊宗與梁軍大戰於胡柳陂。時彥饒與弟彥圖俱從其父,血戰有功。莊宗壯之,因用爲騎將。

(宋)王欽若等編纂:《册府元龜》卷八四七《總録部》

　　(清泰元年)五月,以右千牛衛上將符彥饒充左右翊衛都指揮使。彥饒舊典禁軍,明宗朝立定亂之功,今春以伯氏安州不治而入宿衛。帝游舊也,故復委任之。

(宋)王欽若等編纂:《册府元龜》卷一七二《帝王部》

　　末帝時,符彥饒清泰初以右千牛衛上將軍充左右嚴衛都指揮使。彥饒舊典禁軍,明宗朝立定亂之功,今春以伯氏安州不治,而入宿衛。帝游舊也,故復委任之。

(宋)王欽若等編纂:《册府元龜》卷七八《帝王部》

　　李存賢,以天祐五年權知蔚州,以禦吐渾。六年,權沁州刺史。先是,州當賊境,不能保守,存賢至郡,乃移復舊郡。莊宗嘉之,轉檢校司空,真拜刺史。九年,汴人乘其無備來攻其城,存賢擊退之。十一年,授武州刺史、山北團練使。十二年,移刺慈州。七月,汴將尹皓攻州城,存賢督軍拒戰,遁去。十八年,河中朱友謙來求援,命存賢率師赴之。十九年,汴將段凝軍五萬營臨晉,存賢拒退之,以功加檢校司徒。同光二年,爲盧龍軍節度使。卒,詔贈太傅。

(宋)王欽若等編纂:《册府元龜》卷三八七《將帥部》

李存賢爲慈州刺史。天祐十八年，莊宗令將兵援河中。十九年，賊將段凝率衆五萬，營於臨晉，將寇河中。蒲人物議同異，咸欲歸汴。奸人間於存賢云："河府兵欲殺子以歸梁。"存賢曰："予奉君命來援，死王事無恨。"尋汴兵亦退。

（宋）王欽若等編纂：《册府元龜》卷三七四《將帥部》

李存賢爲慈州刺史，會汴州尹浩寇隰州，慈郡兵糧無積，存賢懼賊攻圍，乃預督民户入秋租數千斛，修戰備，毁城外紫極宫，取其屋木。後浩軍果至，攻城，四面掘地道，晝夜圍擊。守有餘暇，賊軍退走。

（宋）王欽若等編纂：《册府元龜》卷四〇〇《將帥部》

李存賢，權典沁州。先是，州當賊境，不能保守，乃南去故州一百五十里據險立栅爲法所，以聚州民，已歷十餘年。及存賢至郡，復繕故州。時獨有壞舍三間，因召州民，鏟草萊，除荆棘，結茅爲舍，漸濬城壕。未半年間，故州完集。

（宋）王欽若等編纂：《册府元龜》卷四一〇《將帥部》

李存賢，爲慈州刺史。天祐十八年，河中朱友謙來求援，命存賢率師赴之。十九年，汴將段凝軍五萬，營臨晉。蒲人大恐，咸欲歸汴。或問於存賢曰："河中將士，欲拘公降於汴。"存賢曰："吾奉命援河中，死王事，固其所也。"汴軍退，以功加檢校司徒。

（宋）王欽若等編纂：《册府元龜》卷四一四《將帥部》

後唐李存賢爲幽州節度使。時契丹强盛，城門之外，鞠爲胡貉。援軍自瓦橋關，萬衆防衛，與胡騎一日數戰。存賢曉夕警備，廢寢與食。

（宋）王欽若等編纂：《册府元龜》卷四三一《將帥部》

李存賢權沁州刺史。先是，州當賊境，不能保守，乃於州南五十里據險立柵爲治所，已歷十餘年矣。存賢至郡，乃移復舊郡，鏟辟荆棘，特立廨舍，州民完集。莊宗嘉之，轉檢校司空，真拜刺史。

（宋）王欽若等編纂：《册府元龜》卷六七七《牧守部》

李存賢爲慈州刺史，慈與晉、絳接境，存賢招懷控撫，頗得鄰和。

（宋）王欽若等編纂：《册府元龜》卷六九二《牧守部》

史敬思，爲九府都督。從入關破黃孽，定三輔，平陳、蔡，常爲騎將，挺身酣戰，勇冠三軍。當太祖上源之難，敬思方大醉，從者喻之，厥然而起，登驛樓控弦射賊，矢不虛發，汴賊橫尸樓下。既而遇雨解圍，翼太祖登尉氏門。敬思迷墜擁門，故陷賊。太祖還營，流涕久之。

（宋）王欽若等編纂：《册府元龜》卷三九六《將帥部》

史敬思爲武皇先鋒都督，從入關，破黃孽，安三輔，平陳、蔡。敬思常爲騎將，挺身酣戰，勇冠三軍。當武皇上源之難，敬思方大醉。從者喻之，蹶然而起，登驛樓，控弦射賊，矢不虛發，汴賊橫尸樓下。既而遇雨解圍，翼武皇登尉氏門。敬思迷墜擁門，故陷賊。武皇還營，流涕久之。

（宋）王欽若等編纂：《册府元龜》卷三七四《將帥部》

史敬思爲太原裨將，衛從武皇入汴州，舍於上原驛。是夕，爲汴人所攻。敬思方大醉，因蹶然而興，操弓與汴人鬥，矢不虛發，汴人死者數百。夜分，冒雨方達汴橋，左右扶武皇決圍而去。敬思後拒，血戰而没，武皇還營，知失敬思，流涕久之。

（宋）王欽若等編纂：《册府元龜》卷四四四《將帥部》

史建瑭，雁門人。武皇節制雁門，建瑭爲九府都督，從入關，定京師。及鎮太原，爲裨將。唐僖宗中和四年，從援陳、許，爲前鋒，敗黃巢於汴上,追賊至徐、兗,常將騎挺身酣戰,勇冠諸軍。是時,天下之師雲集軍中,無不推伏。

(宋)王欽若等編纂:《册府元龜》卷三四七《將帥部》

史建瑭,昭宗光化中典昭德軍,與李嗣昭攻汾州,率先登城,擒叛將李瑭以獻,授檢校工部尚書。李思安之圍上黨也,建瑭爲前鋒,與總管周德威赴援。時汴將王景仁營於柏鄉,瑭與德威先出井陘。高邑之戰,汴軍有歸志,建瑭先陷其陣,遂長騎追擊,夜入柏鄉,俘斬數千,論功加檢校左僕射。十三年,敗劉鄩於元城,收澶州,以建瑭爲刺史、檢校司空、外衙騎軍都將。

(宋)王欽若等編纂:《册府元龜》卷三八七《將帥部》

後唐史建瑭,爲招德軍校。梁將李思安之圍上黨也,建瑭爲前鋒,與總管周德赴援。時汴人夾城深固,援路斷絕。建瑭日引精騎設伏擒生,夜犯汴營,驅斬千計。敵人不敢芻牧,皆相戒曰:"宜避史先鋒。"

(宋)王欽若等編纂:《册府元龜》卷三九三《將帥部》

史建塘爲前鋒時,梁太祖攻蓨縣,建塘以三百騎雜芻牧者突賊營,梁人燒營而遁。

(宋)王欽若等編纂:《册府元龜》卷三九六《將帥部》

史建塘,武略出人,善騎射。事唐莊宗出軍攻伐,多爲先鋒將。敵人畏之,謂之"史先鋒"。累立戰勛,歷澶、洺、相三州刺史。

(宋)王欽若等編纂:《册府元龜》卷三九六《將帥部》

康君立,蔚州興唐人,世爲邊豪。唐僖宗乾符中,爲雲州牙校,事防禦使段文楚。時群盜起河南,天下將亂,代北仍歲阻饑,諸部豪傑,咸有嘯聚邀功之志。會文楚稍削軍人儲給,戍兵咨怨。君立與薛鐵

山、程懷信、王行審、李存璋等謀曰："段公儒人，難與共事。方今四方
雲擾，皇威不振，丈夫不能於此時立功立事，非人豪也。吾等雖權部
衆，然以雄勁聞於時者，莫若沙陁部，復又李振武父子勇冠諸軍，吾等
合勢推之，則代北之地，旬月可定，功名富貴，事無不濟也。"君立等乃
夜謁武皇言曰："方今天下大亂，天子付將臣以邊事，歲偶饑荒，便削
儲給，我等邊人，焉能守死！公家父子，素以威惠及五部，當共除虐
帥，以謝邊人，孰敢異議者。"武皇曰："明天子在上，舉事當有朝典，公
等勿輕議。予家尊遠在振武，萬一相迫，俟予禀命。"君立等曰："事機
已泄，遲則變生，曷俟千里咨禀！"衆因聚謀，擁武皇，比及雲州，衆且
萬人，師營鬥雞臺，城中械文楚以應武皇之軍。既收城，推武皇爲大
同軍防禦留後。衆狀以聞，朝廷不悦，詔徵兵來討。俄而獻祖失振
武，武皇失雲州，朝廷命招討使李鈞、幽州李舉加兵於武皇，攻武皇於
蔚州。君立從擊鈞、舉之師，屢敗。及獻祖入韃靼，君立保感義軍。
武皇授雁門節度，以君立爲左都押牙，從入關，逐黄蘗，收長安。武皇
還鎮太原，授檢校工部尚書、先鋒軍使。文德初，李罕之既失河陽，來
歸於武皇，且求援焉。乃以君立充南面招討使，李存孝副之，帥師二
萬，助罕之攻取河陽。三月，與汴將丁會、牛存節戰於沇河，臨戰之次，
騎將安休休叛入汴軍，君立引退。八月，授汾州刺史。昭宗大順元年，
潞州小校安居受反，武皇遣君立討平之，授檢校左僕射、昭義節度使。

（宋）王欽若等編纂：《册府元龜》卷三四七《將帥部》

康君立，自武皇爲雁門節度，立爲左都押牙。僖宗時，從武皇入
關，逐黄蘗，收長安。武皇還鎮太原，授先鋒軍使。文德初，李罕之既
失河陽，來歸於武皇，且求援焉。乃以君立充南面招討使，爲汾州刺
史。及潞州小校安居受反，武皇遣君立討平之，授檢校左僕射、昭義
節度使。自是，武皇之師連歲掠地於邢、洺，攻孟方立，君立常率澤潞
之師以爲掎角，加檢校司徒，食邑千户。李存孝據邢州叛，武皇命君
立討之，以功加檢校太保。

（宋）王欽若等編纂：《册府元龜》卷三八七《將帥部》

　　後唐康君立,蔚州興唐人,世爲邊豪。唐乾符中,爲雲州牙校,事防禦使段文楚。時群盜起河南,天下將亂。代北仍歲阻饑,諸部豪傑,咸有嘯聚邀功之志。會文楚稍削軍人儲給,戍兵咨怨,君立與薛鐵山、程懷信、王行審、李存璋謀曰:"段公儒人,難與共事。方今四方雲擾,皇威不振,丈夫不能於此時立功立事,非人豪也。吾等雖權部衆,然以雄勁聞於時者,莫若沙陁部,復又李振武父子,勇冠諸軍。吾等合勢推之,則代北之地,旬月可定。功名富貴,事無不濟也。"君立等乃夜謁武皇,言曰:"方今天下大亂,天子付將臣以邊事,歲偶饑荒,便削儲給,我等邊人,焉能守死?公家父子,素以威惠及五部。當共除虐帥,以謝邊人。孰敢異議者?"武皇曰:"明天子在上,舉事當有朝典,公等勿輕議。予家尊遠在振武,萬一相迫,俟予稟命。"君立等曰:"事機已泄,遲則變生。曷俟千里咨稟?"衆回聚譟,擁武皇。比及雲州,衆且萬人,師營鬥雞臺。城中械文楚以應武皇之軍。既收城,推武皇爲大同軍防禦留後,衆狀以聞。後武皇授雁門節度,以君立爲左都押衙,後至昭義軍節度使。

　　　　　　　(宋)王欽若等編纂:《冊府元龜》卷七六六《總録部》

　　李存孝,給事武皇帳中,常將騎爲先鋒。從武皇救陳、許,逐黄寇,及遇難上源,每戰無不克捷。後收潞之師,圍張濬於平陽,營於趙城。華州韓建遣壯士三百,夜犯其營,存孝諜知,設伏以擊之,盡殱,進壓晉州西門,獲賊三千,自是閉壁不出。存孝引軍攻絳州,其刺史張行恭弃城而去,張濬、韓建亦由含口而遁。存孝收晉、絳,以功授汾州刺史。

　　　　　　　(宋)王欽若等編纂:《冊府元龜》卷三四七《將帥部》

　　李存孝,驍勇冠絶,常將騎爲先鋒。梁祖令張全義攻澤州,李罕之告急於武皇,武皇遣存孝率騎五千援之。初,汴人攻澤州,呼罕之曰:"相公常恃太原,輕絶大國。今張相公已圍太原,葛司空已入潞府,旬日之内,沙陁無穴自處,相公何路求生耶?"存孝聞其言不遜,選精騎五百繞汴營呼曰:"我,沙陁未穴者,候爾肉饋軍,可令肥者出門。"汴將有鄧季筠者,亦以驍勇聞,乃引軍出戰。存孝激勵部衆,舞稍先登,一戰敗之,獲馬千匹,生擒季筠於軍中。是夜,汴將李讜收軍而遁,存孝追擊至馬牢山,俘斬萬計,遂退攻潞州。存孝初爲太祖紀綱,給事帳中,後鎮邢州。存孝每臨大敵,被重鎧櫜弓坐稍,僕人以二騎從,陣中易騎,輕捷如飛,獨舞鐵撾,挺身陷陣,萬人辟易,蓋古張遼、甘寧之比也。

(宋)王欽若等編纂:《册府元龜》卷三九六《將帥部》

《義兒·李存孝傳》:"晉已得澤潞,歲出山東,與孟方立爭邢、洺、磁。"《死事·張源德傳》:"晉已先下全燕,而鎮定皆附於晉,自河以北、山以東,皆歸晉。"此山東,謂太行山之東,即以河北爲山東也。説已見第三十五及第九十等卷。

(清)王鳴盛:《十七史商榷》卷九五

歐公《五代史李存孝傳》云:"康君立素與存信相善。方二人之交惡也,君立每左右存信以傾之。"事雖可見,語殊不甚明。蓋存信傳云:"存信與存孝俱爲養子,材勇不及存孝,而存信不爲之下,由是交惡。"歐公因存信傳已用"交惡"二字,故叠用之。以爲閑無他事,但舉二人。則知其爲存信與存孝。其實二人各自爲傳。文勢不當如此。

(元)李治:《敬齋古今黈》卷一〇

猿臂善射
漢李廣、吳太史慈、前趙劉淵、後唐李存孝。

(明)陶宗儀:《説郛》卷六九《續雞肋》

安敬思,少給事帳中。及壯,便騎射,驍勇冠絶,常將騎爲先鋒,未嘗挫敗。

(宋)王欽若等編纂:《册府元龜》卷三九六《將帥部》

張敬詢，武皇時專掌甲坊十五年，以稱職聞。復以女爲皇子存霸妻，益見親信。

（宋）王欽若等編纂：《册府元龜》卷九九《帝王部》

後唐張敬詢，少事武皇，性勤幹，時太祖收市甲馬，屢濟國難，尤留意於兵仗。敬詢自軍吏至牙校，專掌甲坊十五年，尤稱職。

（宋）王欽若等編纂：《册府元龜》卷八四四《總録部》

薛志勤，蔚州奉誠人，小字鐵山。初爲獻祖帳中親信，唐僖宗乾符中，與康君立共推武皇定雲中，以功授右牙都校。從入轘轅。武皇授節雁門，志勤領代北軍使。從入關，收京城，以功檢校工部尚書、河東右都押牙、先鋒右軍使。從武皇救陳，平黃巢。武皇遇難於上源驛，汴將楊彥洪連車樹栅，遮絶巷陌，時騎從皆醉，宴席既闌，汴軍四面攻傳舍。志勤虓勇冠絶，復酒膽激壯，因獨登驛樓，大呼曰：“朱僕射負恩無行，邀我司空圖之，吾三百人足以濟事。”因彎弧發射，矢無虛發，汴人斃者數十。志勤私謂武皇曰：“事急矣，如至五鼓，吾屬無遺類矣。可速行。”因扶武皇而去。雷雨暴猛，汴人扼橋，志勤以其屬血戰擊敗之，得侍武皇還營，由是恩顧益厚。昭宗大順初，張濬以天子之師來侵太原。十月，大軍入陰地，志勤與李承嗣率騎三千抗之，敗韓建之軍於蒙坑，進收晉、絳，以功授忻州刺史。二年，從討鎮州，收天長、臨城，志勤皆先登陷陣，勇敢無前。王暉據雲州叛，討平之，以志勤爲大同軍防禦使、檢校司空。乾寧初，代康君立爲昭義節度使。

（宋）王欽若等編纂：《册府元龜》卷三四七《將帥部》

薛志勤，自武皇鎮雁門，領代北軍使，從入關，收京城，以功檢校工部尚書、河東右都押牙、先鋒右軍使。從武皇救陳、許，平黃巢。武皇遇難於上源驛，志勤擊敗汴軍。昭宗大順初，與李承嗣敗韓建之軍於蒙坑，進收晉、絳，以功授忻州刺史。又從討鎮州，收天長、臨城。志勤皆先登陷陣。王暉據雲州叛，討平之。以志勤爲大同軍防禦使，檢校司空。

（宋）王欽若等編纂：《册府元龜》卷三八七《將帥部》

後唐薛志勤爲武皇河東右都押衙、先鋒右軍使，從武皇救陳許，平黄巢。武皇遇難於上源驛，汴將楊彦洪連車樹栅，遮絕巷陌。時騎從皆醉，宴席既闌，汴軍四面攻傳舍。志勤虓勇冠絕，復酒膽激壯，因獨登驛樓，大呼曰：“朱僕射負恩無行，邀我司空圖之。吾三百人足以濟事。”因彎弧發射，矢無虚發，汴人斃者數十。志勤私謂武皇曰：“事急矣。如至五鼓，吾屬無類矣。可速行。”因扶武皇而去。雷雨暴猛，汴人扼橋。志勤以其屬血戰，擊敗之，得侍武皇還營。

（宋）王欽若等編纂：《册府元龜》卷三七四《將帥部》

薛志勤，蔚州奉誠人，小字鐵山。初爲獻祖帳中親信，武皇定雲中，授右牙都校。後以功爲大同軍防禦使、檢校司空。乾寧初，爲昭義軍節度使。

（宋）陳思：《小字録》

宣和四年四月十八日，吏部尚書、兼侍講、修國史王孝迪言：“按《五代史》：裴約以裨將爲莊宗守澤州，方李繼韜據上〔黨〕叛，約嬰城固守，誓不從賊，力屈勢窮，卒被屠戮。後唐迄今二百年，幸逢明聖之世，而名未編於祀典。乞詔太常揭美名，加侯爵以寵之，俾歲時有司奉祠。”詔：“裴約盡節前代，可從其請，以爲忠義之勸。”

（清）徐松輯：《宋會要輯稿》禮二〇之三—四

李承嗣，代州雁門人。承嗣少仕郡，補右職。唐僖宗中和二年，從武皇討賊關輔，爲前鋒。王師之攻華陰，黄巢令僞客省使王汀會軍機於黄揆，承嗣擒之以獻。賊平，以功授汾州司馬，改榆次鎮將。光啓初，從討蔡賊於陳、許。上源之難，遣承嗣奉表行在，陳訴其事，觀軍容田令孜館而慰譬，令達情於武皇，姑務協和，仍授以左散騎常侍。

朱玫之亂,遣承嗣率軍萬人援鄜州,至渭橋迎扈車駕。王行瑜既殺朱玫,承嗣會鄜、夏之師入定京城,獲僞相裴徹、鄭昌圖,函送朱玫、襄王首獻於行在。駕還宮,賜號迎鑾功臣、檢校工部尚書、守嵐州刺史,賜犒軍錢二萬貫。時車駕初還,三輔多盜,承嗣按兵警邏,輦轂乂安。及還屯於鄜,留別將馬嘉福五百騎宿衛。孟方立之襲遼州也,武皇遣承嗣設伏於榆社以待之,邢人既至,承嗣發伏擊其歸兵,大敗之,獲其將奚忠信,以功授洺州刺史。及張濬之加兵於太原也,時鳳翔軍營霍邑,承嗣帥一軍攻之,岐人夜遁,追擊至趙城,合大軍攻平陽,旬有三日而拔。師旋,改教練使、檢校司徒。昭宗乾寧二年,兗、鄆爲汴人所攻,勢漸危蹙,遣使乞師於武皇。武皇遣承嗣帥三千騎假道於魏,度河援之。時李存信屯於莘縣,既而羅弘信背盟,掩擊王師,因茲隔絕。及朱瑄、朱瑾失守,承嗣、朱瑾、史儼同入淮南,承嗣、史儼皆驍將也,淮人得之,軍聲大振。武皇深惜之,如失左右手。乃遣趙岳間道使於淮南,請歸承嗣等。楊行密許之,遣使陳令存修好於武皇。其年九月,汴將龐師古、葛從周出師,將收淮南,朱瑾率淮軍三萬,與承嗣設伏於清口,大敗汴人,生獲龐師古。行密嘉其雄才,留而不遣,仍奏授檢校太尉,領鎮江軍節度使。

(宋)王欽若等編纂:《册府元龜》卷三四七《將帥部》

李承嗣爲洺州刺史,及張濬之加兵於太原也,時鳳翔軍營霍邑,承嗣帥一軍攻之。岐人夜遁,追擊至趙城,合大軍攻平陽,旬有三日而拔。師旋,改教練使、檢校司徒。

(宋)王欽若等編纂:《册府元龜》卷三六九《將帥部》

後唐李承嗣,少仕郡爲右職。唐僖宗中和二年,從武皇討賊關輔,爲前鋒。王師之攻華陰,黃巢令僞客省使王汀會軍機於黃揆,承嗣擒之以獻。賊平,以功授汾州司馬,改榆次鎮將。朱玫之亂,遣承嗣率萬人援鄜州,至渭橋迎扈車駕。王行瑜既殺朱玫,承嗣會鄜、夏之師入定京城,獲僞相裴徹、鄭昌圖,函送朱玫、襄王首獻於行在。駕還宮，賜號迎鑾功臣、檢校工部尚書、守嵐州刺史，賜軍錢二萬貫。孟方立之襲遼州也，承嗣設伏擊其歸兵，大敗之，獲其將奚忠信，以功授洺州刺史。及張濬之加兵於太原也，時鳳翔軍營霍邑，承嗣帥一軍攻之，岐人夜遁，追擊至趙城，合大軍攻平陽，旬有三日而拔。師旋，改教練使、檢校司空。

〔宋〕王欽若等編纂：《册府元龜》卷三八七《將帥部》

李承嗣爲洺州刺史。唐末，兗、鄆爲汴人所攻，勢漸危蹙。遣使乞師於武皇，武皇遣承嗣帥三千騎，假道於魏，渡河援之。時李存信屯於莘縣，既而羅弘信背盟，掩擊王師，因兹隔絶。及瑄、瑾失守，承嗣與朱瑾、史儼同入淮南。

〔宋〕王欽若等編纂：《册府元龜》卷四四四《將帥部》

史儼，代州雁門人。以便騎射給事於武皇，爲帳中親將，驍果絶衆，善擒生設伏，望塵揣敵，所向皆捷。自武皇入定三輔，誅黄巢，每出師皆從。唐昭宗乾寧中，從討王行瑜，師次渭北，遣儼率五百騎護駕石門。時京城大擾，士庶奔迸，散佈南山。儼分騎警衛，比駕還京，盜賊不作，以功授檢校右散騎常侍，屯三橋者累月。

〔宋〕王欽若等編纂：《册府元龜》卷三四七《將帥部》

史儼爲武皇帳中親將。昭宗乾寧中，從討王行瑜，時京城大擾，士庶奔迸，儼分騎警衛，北駕還京，盜賊不作，以功檢校右散騎常侍，屯於三橋者累月，昭宗寵錫優異。

〔宋〕王欽若等編纂：《册府元龜》卷三八七《將帥部》

史儼，爲武皇帳中親將。乾寧中，與李承嗣率騎渡河援兗、鄆，時汴軍雄盛，自青、徐、兗、鄆栅壘相望。儼與騎將安福順等每以數十騎直犯營壘，左俘右斬，汴軍爲之披靡。

〔宋〕王欽若等編纂：《册府元龜》卷四一四《將帥部》

後唐史儼，唐乾寧中從武皇討王行瑜，師次渭北。武皇遣儼率五百騎護駕石門。時京城大擾，士庶奔迸，散佈南山，儼分騎警衛，比駕還京，盜賊不作，以功檢校右散騎常侍。屯於三橋者累月，昭宗寵錫優異。

（宋）王欽若等編纂：《冊府元龜》卷三九〇《將帥部》

史儼，代州雁門人。以便騎射給事於武皇，爲帳中親將。驍果絶衆，善擒生設伏，望塵揣敵，所向皆捷。自武皇入定三輔，誅黃巢，每出師皆從。

（宋）王欽若等編纂：《冊府元龜》卷三九六《將帥部》

後唐武皇初鎮撫太原時，牙將蓋寓最爲親信，中外將吏無不景附，朝廷藩鄰，信使結托，先及武皇，次入寓門。既總軍中大柄，其名震主。梁祖亦使奸人離間，暴揚於天下，言蓋寓已代李克用，聞者寒心，武皇略無疑間，每家事珍膳，窮極海陸，精於厨饌，武皇非寓家所獻不食，每幸寓第，其往如歸，恩寵之洽，時無與比，及其卒也，哭之甚慟。

（宋）王欽若等編纂：《冊府元龜》卷九九《帝王部》

蓋寓，蔚州人。祖祚，父慶，世爲州之牙校。武皇起雲中，寓與康君立等推轂佐佑之，因爲腹心。武皇節制雁門，署職爲都押牙，領嵐州刺史。洎移鎮太原，改左都押牙、檢校左僕射。武皇與之決事，言無不從，凡出征行，靡不衛從。唐昭宗乾寧二年，從入關討王行瑜，特授檢校太保、開國侯，邑千户，領容管觀察經略使。光化初，車駕還京，授檢校太傅，封成陽郡公。寓性通黠，多智數，善揣人主情。武皇性嚴急，左右難事，無委遇者，小有違忤，即置於法，唯寓承顏希旨，規其趣向，婉辭順意，以盡參裨。武皇或暴怒將吏，事將不測，寓欲救止，必佯佐其怒以責之，武皇怡然釋之。有所諫諍，必徵近事以爲喻。自武皇鎮撫太原，最推親信，中外將吏，無不景附，朝廷藩鄰，信使結托，先及武皇，次入寓門。既總軍中大柄，其名振主，梁祖亦使奸人離間，暴揚於天下，言蓋寓已代李克用，聞者寒心，武皇略無疑間。初，武皇既平王行瑜，旋師渭北，暴雨六十日，諸將或請入覲，且云："天顏咫尺，安得不行覲禮。"武皇意未決，寓白曰："車駕自石門還京，寢未安席，比爲行瑜兄弟驚駭乘輿。今京師未寧，奸宄流議，大王移兵渡渭，必恐復動宸情。君臣始終，不在朝覲，但歸藩守，姑務勤王，是忠之道也。"武皇笑曰："蓋寓尚阻吾入覲，況天下人哉。"即日班師。

（宋）王欽若等編纂：《冊府元龜》卷三四七《將帥部》

蓋寓，自武皇鎮太原爲左都押牙、檢校左僕射。昭宗乾化二年，寓從武皇入關，討王行瑜，特授檢校太保、開國侯，邑千户。

（宋）王欽若等編纂：《冊府元龜》卷三八七《將帥部》

後唐蓋寓，武皇裨將，封成陽郡公。寓性多智數，武皇性嚴急，左右難事，無委遇者，小有違忤，即置於法。唯寓承顏希旨，窺其趣向，婉辭順意，以盡參裨。武皇或暴怒將吏，事將不測，寓欲救止，必佯佐其怒以責之，武皇怡然釋之。有所諫諍，必徵近事以爲喻。自武皇鎮撫太原，最推親信，中外將吏，無不景附。

（宋）王欽若等編纂：《冊府元龜》卷四〇五《將帥部》

後唐蓋寓，初爲武皇后右都押牙，領容管經略使。武皇平王行瑜，旋師渭北。暴雨六十日，諸將或請入覲，且云："天顏咫尺，安得不行覲禮？"武皇意未決，寓白曰："車駕自石門還京，寢未安席。比爲行瑜驚駭乘輿，今京師未寧，奸凶流議，大王移兵渡渭，必恐復動宸情。君臣始終，不在朝覲。但歸藩守，姑務勤王，是忠臣之道也。"武皇笑曰："蓋寓尚阻吾入覲，況天下人哉？"即日班師。

（宋）王欽若等編纂：《冊府元龜》卷四〇七《將帥部》

蓋寓，蔚州人，世爲牙校。武皇起雲中，寓與康君立等，推轂佐佑之,因爲腹心。武皇節制雁門,署職爲都押衙,領嵐州刺史。泊移鎮太原,改左都押衙。武皇與之決事,言無不從,凡出征行,靡不衛從,後至容館經略使。

(宋)王欽若等編纂:《册府元龜》卷七六六《總録部》

周德威,小字楊五,朔州馬邑人也。初事武皇,爲帳中騎督。唐昭宗乾寧中,爲鐵林軍使,從武皇討王行瑜,以功授檢校左僕射,移内衙軍副。天復中,武皇之師不利於蒲縣,汴將朱友寧、氏叔琮來逼晉陽。時諸軍未集,城中大恐,德威與李嗣昭選募鋭兵分出諸門,以攻其壘,擒生斬馘,汴人枝梧不暇,乃退。天祐三年,與李嗣昭合燕軍攻潞州,降丁會。後爲蕃漢都將。李思安之寇潞也,德威軍於餘吾。時汴人十萬築夾城,圍潞州,内外斷絶。德威以精騎薄之,屢敗汴人,進營高河,令游騎邀其芻牧。汴軍閉壁不出,乃自東南山口築甬道樹柵以通夾城,德威之騎軍倒墻堙塹,日數十戰,前後俘馘,不可勝紀。梁有驍將黃角鷹、房骨嵩,皆生致之。五年四月,命德威班師。時莊宗初立,德威外握兵柄,頗有浮議,内外憂之。德威既至,單騎入謁,由是群情釋然。是月二十四日,從莊宗再援潞州。二十九日,德威前軍營橫碾,距潞四十五里。五月朔,晨霧晦暝,王師伏於三垂岡下。翌日,直趨夾城,斬關破壘,梁人大敗,解潞州之圍。初,德威與李嗣昭有私憾,武皇臨終顧謂莊宗曰:"進通忠孝不負我,重圍累年,似與德威有隙。以吾命諭之,若不解重圍,殁有遺恨。"莊宗達遺旨,德威感泣,由是勵力堅戰,竟破强敵,與嗣昭歡愛如初。以功加同平章事、振武節度使。七年,岐人攻靈夏,遣使來求助,德威渡河以應之。師還,授蕃漢馬步總管。十一月,汴人據深、冀,汴將王景仁軍八萬次柏鄉,鎮州節度使王鎔來告難。帝遣德威率前軍出井陘,屯於趙州。十二月,帝親征。二十五日,進薄汴營,距柏鄉五里,營於野河北,汴將韓勍率精兵三萬,鎧甲皆被繒綺,金銀炫曜,望之森然。我軍懼形於色。德威謂李存璋曰:"賊結陣而來,觀其形勢,志不在戰,欲以兵甲耀威耳。我軍人乍見其來,謂其鋒不可當。此時不挫其鋭,吾軍不振矣。"

乃遣存璋諭諸軍曰：“爾見此賊軍否？是汴州天武健兒，皆屠沽傭販，虛有其表，徒被精甲，十不當一，擒獲足以爲貨。”德威自率精騎擊其兩偏，左馳右決，出没數四。是日，獲賊一百餘人，賊渡河而退。德威謂莊宗曰：“賊驕氣尤盛，宜按兵以待其衰。”莊宗曰：“我提孤軍，救難解紛，三鎮烏合之衆，利在速戰。卿欲持重，吾懼其不可使也。”德威曰：“鎮、定之士，長於守城，列陣野戰，素非便習。我師破賊，惟恃騎軍。平田廣野，易爲施巧。今壓賊營，令彼見我虛實，則勝負未可必也。”莊宗不悦，退卧帳中。德威患之，謂監軍張承業曰：“王欲速戰，將烏合之徒，欲當劇賊，所謂不量力也。去賊咫尺，限此一渠水，彼若早夜以略彴渡之，吾族其爲俘矣。若退軍高邑，引賊離營，彼出則歸，彼歸則出，復以輕騎掠其芻餉，不逾月，敗賊必矣。”承業入言，莊宗亦釋然。德威得降人問之，曰：“景仁下令造浮橋數百。”果如德威所料。二十七日，乃退軍保高邑。八年正月二日，德威率騎軍致師於柏鄉，設伏於村塢間，令三百騎以壓汴營。王景仁悉其衆結陣而來，德威轉戰而退，汴軍因而乘之，至於高邑南。時步軍未成列，德威陳騎河上以抗之。亭午，兩軍皆陣。莊宗問戰時，德威曰：“汴軍氣盛，可以逸制勞，造次較力，殆難與敵。古者師行不逾一舍，蓋慮糧餉不給，士有饑色。今賊遠來決戰，縱挾糗糒，亦不遑食。晡晚之後，飢渴内侵，戰陣外迫，士心既倦，將必求退。乘其勞弊，以生兵制之，縱不大敗，偏師必喪。以臣所籌，利在晡晚。”諸將皆然之。時汴軍以魏、博之人爲右廣，宋、汴之人爲左廣，自未至申，陣勢稍却。德威麾軍呼曰：“汴軍走矣。”塵埃漲天，魏人收軍漸退，莊宗與史建瑭、安金全等因衝其陣，夾攻之，大敗汴軍，殺戮殆盡，王景仁、李思安僅以身免，獲將校二百八十人。八月，劉守光僭稱大燕皇帝。十二月，遣德威率步騎三萬出飛狐，與鎮州將王德明、定州將程嚴等軍進討。九年正月，收涿州，降刺史劉知温。五月七日，劉守光令驍將單廷珪督精甲萬人出戰，德威遇於龍頭岡。初，廷珪謂左右曰：“今日擒周楊五。”既臨陣，見德威，廷珪單騎持槍，窮追德威。垂及，德威側身避之，廷珪少退，德威奮摑擊墜其馬，生獲廷珪，賊黨大敗，斬獲三千級，獲大將李山海等五十二人。十二日,德威自涿州進軍良鄉、大城。守光既失廷珪,自是奪氣。德威之師,屢收諸郡,降者相繼。十年十一月,擒守光父子,幽州平。十二月,授德威檢校侍中、幽州盧龍等軍節度使。德威性忠孝,感武皇獎遇,嘗思臨難亡身。十二年,汴將劉鄩自洹水乘虛將寇太原。德威在幽州聞之,徑以五百騎馳入土門。聞鄩軍至樂平不進,德威徑至南宮以候汴軍。初,劉鄩欲據臨清以扼鎮、定轉餉之路,行次陳宋口,德威遣將擒數十人,皆傳刃於背,縶而遣之。既至,謂劉鄩曰:“周侍中已據宗城矣。”德威其夜急騎扼臨清,劉鄩乃入貝州。是時,德威若不至,則勝負未可知也。十五年,我師營麻口渡,將大舉以定汴州,德威自幽州率本軍至。十二月二十三日,軍次胡柳。詰旦,騎報曰:“汴軍至矣。”莊宗使問戰備,德威奏曰:“賊倍道而來,未成行伍。我營柵已固,守備有餘。既深入賊疆,須決萬全之策。此去大梁信宿,賊之家屬,盡在其間。人之常情,孰不以家國爲念?以我深入之衆,抗彼激憤之軍,不以方略制之,恐難必勝。王但按軍保柵,臣以騎軍疲之,使彼不得下營,際晚糧饟不給,進退無據,因而乘之,勝之道也。”莊宗曰:“河上終日挑戰,恨不遇賊。今款門不戰,非壯夫也。”乃率親軍成列而出,德威不獲已,從之。謂其子曰:“吾不知其死所矣。”莊宗與汴將王彥章接戰,大敗之。德威之軍在東偏,汴之游軍入我輜重,衆駭,奔入德威軍,因紛擾無行列。德威兵少不能解,父子俱戰歿。是夜收軍,德威不至,莊宗慟哭謂諸將曰:“喪吾良將,吾之咎也。”同光初,追贈太師。

（宋）王欽若等編纂:《册府元龜》卷三四七《將帥部》

後唐周德威,初仕武皇,爲帳中騎督。久在雲中,諳熟邊事,望烟塵之警,懸知兵勢。

（宋）王欽若等編纂:《册府元龜》卷三九一《將帥部》

周德威性忠孝,感武皇獎遇,常思臨難忘身。乾寧中,爲鐵林軍使,從武皇討王行瑜,有功,移內衙軍副。及莊宗初立,德威外握兵柄,頗有浮議,内外憂之。德威既至,單騎入謁,伏靈柩哭,哀不自勝。
由是群情釋然。後以功授盧龍軍節度使。時天祐十五年,下楊劉城。
莊宗大悦。諸將渡河趨汴,徵德威進師討之。將起,德威以爲不利深
入。是夜,鎮星犯文昌,上將臨戰,德威軍爲輜重所擾,父子躍馬,出
與賊數百騎血戰而死。帝會諸將,相向流涕曰:"不聽老將之言,竟至
破敗。父子俱没,深所悲惜。"命以喪歸晉陽。帝即位,追贈太師。

(宋)王欽若等編纂:《册府元龜》卷三七四《將帥部》

　　周德威,小字陽五,從武皇爲内衙軍副。光化二年三月,汴將氏
叔宗率衆逼太原,有陳章者以虓勇知名,衆謂之"夜叉"。又言於叔宗
曰:"晉人所恃者,周陽五。願擒之,請賞以郡。"陳章嘗乘驄馬朱甲以
自異,武皇戒德威曰:"我聞陳夜叉欲取爾求郡,宜善備之。"德威曰:
"陳章大言,未知鹿死誰手!"他日致師,戒部下曰:"如陣上見陳夜
叉,爾等但走。"德威微服挑戰,部下僞退,陳章縱馬追之,德威背揮
鐵撾擊墮馬,生擒以獻,繇是知名。德威身長面黑,笑不改容,凡對
敵列陣,凛凛然有肅殺之風。中興之朝,號爲名將。及其殁也,人
皆惜之。

(宋)王欽若等編纂:《册府元龜》卷三九三《將帥部》

　　後唐周德威,小字楊五,從武皇爲内衙軍副。唐光化二年三月,
汴將氏叔琮率衆逼太原,有陳章者,以虓勇知名,衆謂之"夜叉"。言
於叔琮曰:"晉人所恃者周楊五,願擒之,請賞以郡。"陳章嘗乘駿馬朱
甲以自異。武皇戒德威曰:"我聞陳夜叉欲取爾求郡,宜善備之。"德
威曰:"陳章大言,未知鹿死誰手!"他日致師,戒部下曰:"如陣上見
陳夜叉,爾等但走。"德威微服挑戰,部下僞退,陳章縱馬追之,德威背
揮鐵檛擊墮其馬,生獲以獻,繇是知名。天祐九年五月七日,劉守光
令驍將單廷珪督精甲萬人出戰,德威遇於龍頭崗。初,廷珪謂左右
曰:"今日擒周楊五。"既臨陣見德威,廷珪單騎持鎗窮追德威,垂及,
德威側身避之,廷珪少退。德威奮撾擊墮其馬,生獲廷珪,賊黨大敗,

斬獲三千級,獲大將李山海等五十二人。

(宋)王欽若等編纂:《册府元龜》卷三九六《將帥部》

　　周德威,昭宗乾寧中爲鐵林軍使,從武皇討王行瑜,以功授檢校左僕射,移内衙軍副。天祐三年,與李嗣昭合燕軍攻潞州,降丁會,以功加檢校太保、代州刺史,代嗣昭爲蕃漢都將。李思安之寇潞州也,德威軍余吾。時汴州軍十萬築夾城,圍潞州。及武皇厭代,莊宗再援潞州,德威大敗梁軍,解潞州之圍,以功加檢校太保、平章事。十年,又擒幽州劉守光父子,授檢校侍中、幽州盧龍等軍節度使。

(宋)王欽若等編纂:《册府元龜》卷三八七《將帥部》

　　周德威爲盧龍等軍節度使。唐末,軍次故柳。詰旦,騎報曰:"汴軍至矣。"莊宗使問戰備,德威奏曰:"賊倍道而來,未成營壘。我營柵已固,守備有餘。既深入賊疆,須爲萬全之策。此去大梁,信宿,賊之家屬,盡在其間。人之常情,孰不以家國爲念? 以我深入之衆,抗彼激憤之軍,不以方略制之,恐難必勝。王但按軍保柵,臣以騎軍疲之,使彼不得下營,際晚,糧糗不給,進退無據,因以乘之,破賊之道也。"莊宗曰:"吾軍河上,終日挑戰,恨不遇賊。今款門不戰,非壯夫也。"乃率親軍,成列而出。德威不獲已從之,謂其子曰:"吾不知其死所矣。"莊宗與汴將王彥章接戰,大敗之。德威之軍在東偏,汴之游軍,入我輜重。衆駭,奔入德威軍。因紛擾無行列。德威兵少,不能解。父子俱戰殁。先是,鎮星犯上將,星占者云:"不利大將。"是夜,收軍,德威不至,莊宗慟哭,謂諸將曰:"喪我良將,吾之咎也。"

(宋)王欽若等編纂:《册府元龜》卷四四四《將帥部》

　　周德威爲武皇内衙都副,時汴將朱友寧、氏叔琮來逼晉陽,諸軍未集,城中大恐,德威與李嗣昭選募銳兵,分出諸道,以攻其壘,擒生斬馘,汴人乃退。後契丹寇新州,德威不利,退保范陽,虜來攻城,僅二百日,外援未至,德威撫循士衆,晝夜乘城,竟獲保守。

(宋)王欽若等編纂:《册府元龜》卷四〇〇《將帥部》

周德威同光初,追贈太師。天成中,詔與李嗣昭、符存審配饗莊宗廟庭。

(宋)王欽若等編纂:《册府元龜》卷一三三《帝王部》

後唐周德威,身長面黑,笑不改容。凡對敵列陣,凜然有肅殺之風,中興之朝,號爲名將。胡柳之役,德威欲以方略制之,莊宗迫之出戰。德威謂其子曰:"吾不知死所矣。"父子俱戰没。莊宗慟哭謂諸將曰:"喪吾良將,吾之咎也。"

(宋)孔平仲:《續世説》卷七

五代周德威,勇而多智,望塵知敵數。狀貌雄偉,笑不改容,人見之凜如也。後破夾寨,拜振武節度使。

(明)彭大翼:《山堂肆考》卷七〇

周德威,字鎮遠,小字陽五,朔州馬邑人。德威身長面黑,笑不改容,凡對敵列陣,凜凜然有肅殺之風。同光初,追贈太師,配饗莊宗廟。

(宋)陳思:《小字録》

五代周德威,字鎮遠,朔州馬邑人也。爲人勇而多智,能望塵以知敵數。其狀貌雄偉,笑不改容,人見之,凜如也。

(宋)佚名:《翰苑新書》後集下卷三

安金全,代北人。世爲邊將,少驍果,便騎射。武皇時爲騎將,屢從征伐。莊宗之救潞州及平河朔,皆有戰功,累爲刺史。

(宋)王欽若等編纂:《册府元龜》卷三四七《將帥部》

安金全,武皇時爲騎將,屢從征伐,所在立功。莊宗之救潞州,及平定河朔,凡有戰陣,金全皆有功,累爲刺史。

（宋）王欽若等編纂:《册府元龜》卷三六〇《將帥部》

安金全,武皇時爲騎將,屢從征伐。莊宗之救潞州及平河朔,皆有戰功,累遷刺史。

（宋）王欽若等編纂:《册府元龜》卷三八七《將帥部》

安金全初仕莊宗,爲騎將,與帝尤相善。天成初,召金全歸朝,授振武節鉞,同平章事。

（宋）王欽若等編纂:《册府元龜》卷一七二《帝王部》

安金全爲朔州刺史,事莊宗爲騎將。莊宗神勇冠世,而性忌,不欲臣下勝己。故金全與王建及位不逾刺史,移稱疾以避禍。

（宋）王欽若等編纂:《册府元龜》卷一八一《帝王部》

安金全爲騎將,累從莊宗征伐,後爲刺史,以老病退居太原。天祐十三年,梁將王檀寇晉陽,既敗,檀怒,募勇敢者夜半數道急攻。兵既不敵,乃驅率居人以爲備。守使監軍張承業懼形於色,聚衆而謀曰:“事急矣,吾王家屬在此,如失根本,大事去矣。”金全曰:“僕雖老病,家國是憂,當死戰於城下。”因與石嘉才率騎軍分爲數道,募勇敢者副之,入羊馬垣,橫擊之。賊衆大擾,守陴者下大水輠之。賊衆驚潰,轉死移傷者十二三。明日,燒營而遁。追擊至陰地關而回。時劉鄩敗於莘縣,王檀遁於晉陽,俱以敗事聞,朱友貞方視朝,遽退而言曰:“吾事去矣。”

（宋）王欽若等編纂:《册府元龜》卷四〇〇《將帥部》

安金全爲騎將,時梁國未平,兩軍對壘,汴之游騎每出,必爲金全所獲,故賊之偵邏者咸懼之,目爲五道。蓋比陰鬼將有五道之名,以取人命故也。

（宋）王欽若等編纂：《册府元龜》卷三九三《將帥部》

安金全，爲振武軍節度使。時梁孽未平，兩軍對壘。汴之游騎每出，必爲金全所獲，故賊之偵邏者咸懼之，目之爲五道。蓋比陰鬼將有五道之名，以取人命故也。金全累爲刺史，以老病退居太原。天祐中，汴將王檀率師三萬，乘莊宗在鄴，來襲并州。時城無備兵，敵軍奄至，監軍張承業大恐，計無所出，閲諸司丁匠，登陴禦捍。外攻其急，金全遽出，謂承業曰：“老夫退居抱疾，不任軍事。然吾王家屬在此，王業本根之地。如一旦爲敵所有，大事去矣。請以庫甲見授，爲公備寇。”承業即時授之。金全披甲跨馬，召率子弟及退閑諸將，得數百人，夜出北門，擊賊於羊馬城内。梁人驚潰，繇是退却。

（宋）王欽若等編纂：《册府元龜》卷三九六《將帥部》

安審通，金全之猶子也。幼事莊宗，累有戰功，轉先鋒指揮使。同光初，爲北京右廂馬軍都指揮使，屯奉化軍。四年春，赴明宗急召，軍趨夷門，爲前鋒。天成初，授單州刺史，改齊州防禦使，兼諸道先鋒馬軍都指揮使。

（宋）王欽若等編纂：《册府元龜》卷三四七《將帥部》

安審通爲齊州防禦使。天成中，奉詔北征，從房知温營於盧臺。會龍胜部下兵亂，審通脱身酒筵，奪船以濟，促騎士介馬。及亂兵南行，盡戮之，以功加檢校太傅，充滄州節度使。

（宋）王欽若等編纂：《册府元龜》卷三六〇《將帥部》

安審通，明宗天成初爲齊州防禦使，兼諸道先鋒馬軍都指揮使。奉詔北征，會龍胜部下兵亂，審通盡戮之，以功檢校太傅、滄州節度使。

（宋）王欽若等編纂：《册府元龜》卷三八七《將帥部》

梁段凝，開封人。妹爲太祖美人，故委心腹。開平四年五月，授懷州刺史，遷鄭州刺史，監大軍於河上。後末帝罷王彦章兵權以授凝，以衆五萬營於高陵津。

　　（宋）王欽若等編纂：《册府元龜》卷三〇二《外戚部》

段凝，開封人，唐末爲澠池主簿。脱荷衣以事梁祖，梁祖漸器之。開平三年十月，自東頭供奉官授右威衛大將軍，充左軍巡使兼水北巡檢使。

　　（宋）王欽若等編纂：《册府元龜》卷七六六《總録部》

後唐段疑，初爲梁將，後降莊宗。莊宗以爲滑州兵馬留後。凝上疏奏梁朝掌事權者趙岩等，“並助成虐政，結怨於人。聖政惟新，宜誅首惡，以謝天下”。於是張漢傑、張漢融、張漢倫、張希逸、趙毅、朱珪等並族誅，家財籍没。

　　（宋）王欽若等編纂：《册府元龜》卷九二七《總録部》

段凝，初仕梁，爲鄭州刺史，監大軍於河上。末帝以戴思遠爲北面招討使，行師不利。用王彦章代之，受任之翼日，取德勝之南城，軍聲大振。張漢倫等推功於凝，凝猗摭彦章之短以聞。梁末帝怒，罷彦章兵權。凝納賄於趙、張二族，求爲招討使，敬翔、李振極言不可，竟不能止。

　　（宋）王欽若等編纂：《册府元龜》卷四四〇《將帥部》

後唐段凝，仕梁爲懷州刺史。乾化元年十二月，梁祖北征回，過郡，凝貢獻加等，梁祖大悦。二年，梁祖復北征，凝迎奉進貢，有加於前。

　　（宋）王欽若等編纂：《册府元龜》卷六九七《牧守部》

後唐段凝爲鄧州節度使，莊宗同光四年二月，趙在禮據鄴城，李

紹宏請用凝爲大將軍。帝許之，令具方略條奏。凝所請偏裨，皆取其
己黨。帝疑之，乃止。

（宋）王欽若等編纂：《册府元龜》卷四四七《將帥部》

段凝仕梁爲滑州兵馬留後。同光初，莊宗賜姓名紹欽。

（宋）王欽若等編纂：《册府元龜》卷八二五《總録部》

段凝，梁末爲招討使，乞降，累授兖州節度使。初謁見莊宗，因伶
人景進通貨於宮掖。又天性奸佞，巧言飾智，善候人意。契丹寇幽
州，命宣徽使李紹宏監護軍，以禦北虜，凝與董璋戍瓦橋關。凝巧事
紹宏，紹宏嘗乘間奏凝蓋世奇才，可以大任，屢請以兵柄委之。郭崇
韜奏曰：“凝亡國敗軍之將，奸詭難狀，不可信也。”凝在藩鎮，私用庫
物數萬計，有司促償，中旨貰其負。

（宋）王欽若等編纂：《册府元龜》卷九三八《總録部》

安元信少有勇力，自後唐太祖領太原，隸於麾下。天祐三年，梁
人圍李嗣昭於上黨，與上將周德威救之。一日，德威爲敵所困，梁之
驍將有奉武者，屢犯我軍。元信飛一矢隨而斃之，德威軍遂振。太祖
聞之，以所乘馬並器仗賜之，奏加檢校司空。明年，莊宗解圍上黨，承
制授元信遼州刺史，加檢校司徒。

（宋）王欽若等編纂：《册府元龜》卷八四六《總録部》

晉安元信，初仕後唐，爲武皇太原騎將。唐光啓末，燕帥李威
與吐渾酋長赫連鐸入寇大同。武皇遣元信拒之，以衆寡不侔，爲流
矢所中，兵敗居庸關。懼武皇法峻，南奔中山。中山連帥主帥王處
存喜而納之，用爲突騎都校，奏授檢校工部尚書。乾寧末，處存卒，
子郜嗣，爲梁人所攻，歸太原，與元信偕行。武皇待之如舊，授元信
鐵林軍使。俄以梁將氏叔琮引兵五萬薄我城下，郡縣多陷。梁又
遣葛從周出軍馬嶺，武皇遣元信以精騎擊而退之，以功奏加檢校尚

書左僕射。

（宋）王欽若等編纂：《册府元龜》卷四三二《將帥部》

安元信從莊宗定魏博，元城之戰，克捷居多，移爲博州刺史。與梁軍對壘得勝，遷元信爲右厢排陣使。王處直引契丹背盟，北邊俶擾，以元信久在邊，用爲大同軍節度使。

（宋）王欽若等編纂：《册府元龜》卷七八《帝王部》

安元信，字子言，代北人。元信以將家子，便騎射，幼事武皇，從平巢、蔡。唐僖宗光啓中，吐渾赫連鐸寇雲州，武皇使元信拒之，信兵敗於居庸關。武皇性嚴急，元信不敢還，遂奔定州。王處存待之甚厚，用爲突騎都校。昭宗乾寧中，處存卒，子郜嗣。時梁軍攻河朔三鎮，奔命不暇。梁將張存敬軍奄至城下，既無宿備，郜懼，挈其族奔太原，元信從之，武皇待之如初，用爲鐵林軍使。梁將氏叔琮之攻河東也，别將葛從周自馬嶺入，元信伏於榆次，挫其前鋒。梁將李思安之攻上黨也，王師將壁高河，爲梁軍所逼。别將秦武者，尤爲難敵，元信與鬥，斃之。由是梁軍解去，城壘得立。武皇賜所乘馬及細鎧仗，遷突騎都將。莊宗嗣晉王位，元信從救上黨，破夾寨，復澤、潞，以功授檢校司空、遼州刺史，賜玉鞍名馬。柏鄉之役，日晚戰酣，元信重傷，莊宗自臨傅藥。其年，改授檢校司徒、武州刺史，充内衙副都指揮使、山北諸州都團練副使。從莊宗定魏博，移爲州刺史。與梁軍對壘得勝渡，元信爲右厢排陣使。未幾，爲大同軍節度使。

（宋）王欽若等編纂：《册府元龜》卷三四七《將帥部》

安元信爲横海軍節度使。時契丹犯邊，元信與霍彦威從明宗屯常山。元信恃功，每對明宗，以成敗勇怯戲侮彦威，彦威不敢答。明宗曰："成敗，天也。不繇於人。當時，叔琮圍太原，公有何勇？念國家運興，致汝等富貴，勿以小勝小捷，挂於口吻，取笑於長者。"彦威起謝,元信不復以彥威爲戲。

(宋)王欽若等編纂:《册府元龜》卷四五一《將帥部》

安元信爲昭義軍節度,澤潞等州觀察、處置等使,卒,贈太師。太常博士賈緯議諡曰:"叨居禮職,式考儒經,德雖以百行相成,諡乃取一善爲定。公經邦緯俗,積行累功,宜立總名,用彰殊烈。按諡法,事君盡節曰忠,體和居中曰懿。《左傳》曰:'公家之事,知無不爲,忠也。'《春秋正義》曰:'保己精粹,立行純厚,懿也。'公抑揚事任,周旋盛明,嘗險阻艱難,秉温良恭儉。或宣風千里,有負襁之民;或布政百城,致隨軒之雨。道光群後,功著歷朝。凡士大夫,嘆開幕之芙蕖久謝;無賢不肖,感成蹊之桃李空存。焕彼緹緗,豐諸碑版,今披實録,非讓古人。事君既有忠規,爲臣足以御衆。復彰懿行,從政備焉。前代所高,斯諡爲當。今請諡曰忠懿。"從之。

(宋)王欽若等編纂:《册府元龜》卷五九六《掌禮部》

後唐安元信,字子元,代北人,幼事太祖。唐光啓中,幽州軍與吐渾、赫連鐸合縱,寇太原,頗爲憂患。太祖征吐渾,平之,遂入居庸。元信時爲前鋒,遇幽州軍,少鬥之,不勝。太祖性嚴急,元信不敢還,遂奔定州。定帥王處存待之甚厚,用爲突騎都校。

(宋)王欽若等編纂:《册府元龜》卷四三八《將帥部》

後唐莊宗初嗣晉王位,柏鄉之役,日晚戰酣,突陣都將遼州刺史安元信傷重,帝自臨傅藥撫諭。

(宋)王欽若等編纂:《册府元龜》卷一三五《帝王部》

安元信初仕後唐,爲鐵林都校。梁將氏叔琮之攻河東也,別將葛從周自馬嶺入,元信伏於榆次,挫其前鋒。梁將李思安之攻上黨也,王師將壁高河,爲梁軍所逼,別將秦武者尤爲難敵。元信與鬥,斃之,由是梁軍解去,城壘得立。武皇賜所乘馬及細鎧仗,遷突陣都將。莊宗嗣晉王位，元信從救上黨，破夾寨，復澤、潞，以功授檢校司空、遼州刺史，後爲山北管内團練使。莊宗降邢臺，破劉鄩於故元城，皆預其功。俄遷博州刺史。

（宋）王欽若等編纂：《册府元龜》卷三六〇《將帥部》

安元信爲突陣都將。時莊宗嗣晉王位，元信從救上黨，破夾寨，復澤潞，以功授檢校司空、遼州刺史，賜玉鞍、名馬。柏鄉之役，日晚戰酣，元信重傷，莊宗自臨傅藥，改檢校司徒、武州刺史，充内衙副都指揮使、山北諸州都團練副使。

（宋）王欽若等編纂：《册府元龜》卷三八七《將帥部》

晉安元信，唐清泰三年，遷雄義都指揮使，授詔屯於代州。代守張朗遇之甚厚，元信亦以兄事之。是歲五月，高祖建義於太原，俄聞北虜有約赴難。元信入説朗曰：“張敬達雖圍晉陽，而兵尚未合。代郡當雁門之衝，虜至，其何以禦？僕觀石令公素長者，舉必成事。若使人道意歸款，俟其兩端，亦求全之上策也。”朗不納。

（宋）王欽若等編纂：《册府元龜》卷七九六《總録部》

安元信，少帝開運二年爲復州防禦使，卒。元信歷數任，皆名郡也，親族嘗謂曰：“公身俸二千石，鬢有白髮，家無肥美田園，何以爲子孫計？”元信曰：“吾本無文經武略，遭遇先帝，風雲之會，繼提郡印，位在親人，平生之望過矣。每以衣食豐足爲愧，安有積貨治産，欲爲豚犬輩後面，不亦愚乎！”聞者美之。

（宋）王欽若等編纂：《册府元龜》卷六七九《牧守部》

安元信幼爲兒童時，嘗與里中同輩戲爲營陣，獨申明進退交擊之勢，宛成部分。邑之耆老有尚懷古者，謂元信父萬金曰：“此子成人，必達軍旅之事。若賦以壽，則爲將爲侯，爾其志之。”後至耀州團練使。

（宋）王欽若等編纂：《册府元龜》卷七七五《總録部》

劉訓，字遵範，隰州永和人也。出身行間，初事武皇爲馬軍隊長，漸至散將。屬河中王氏昆仲有尋戈之役，訓從史儼攻陝州。武皇討王行瑜，以訓爲前鋒，後隸河中，爲隰州守禦都將。居無何，殺刺史，以郡歸莊宗，歷瀛州刺史。

（宋）王欽若等編纂：《册府元龜》卷三四七《將帥部》

後唐劉訓，莊宗同光末，爲襄州節度使。洛陽有變，訓以私忿，害節度副使胡裝。族其家，聞者冤之。

（宋）王欽若等編纂：《册府元龜》卷四四八《將帥部》

後唐劉訓爲襄州節度使，檢校太傅，充南面招討使，知荆南行府事。以征討無功，責授檢校右僕射，守檀州刺史。

（宋）王欽若等編纂：《册府元龜》卷四五〇《將帥部》

劉彥琮，字比德，雲中人也。事武皇，累從征役。先是，絳州刺史王瓘叛，武皇言於彥琮，意欲致之。無幾，從畋於汾、晉之郊，彥琮奔絳，瓘以爲附己，待之甚厚，因命爲親騎。會瓘出獵，於驅馳之際，彥琮刃瓘之首來獻，武皇甚奇之。

（宋）王欽若等編纂：《册府元龜》卷三四七《將帥部》

劉彥琮，字比德，雲中人也。事武皇帝，累從征役。先是，絳州刺史王瓘叛，武皇言於彥琮，意欲致之。無幾，從畋於汾晉之郊，彥琮奔絳，瓘以爲附己，待之甚厚，因命爲親騎。會瓘出獵，於驅馳之際，彥琮刃瓘之首來獻，武皇甚奇之。

（宋）王欽若等編纂：《册府元龜》卷七五九《總録部》

劉彥琮爲鐵林指揮使，從明宗赴難京師，授華州留後，尋正授節旄。

（宋）王欽若等編纂：《册府元龜》卷三八七《將帥部》

劉彥琮，雲中人，唐末武皇作鎭晉陽，有撥亂夷凶之志。彥琮乃謁於軍門，致之麾下。自是從征，興復王室，後至邠州節度使。

（宋）王欽若等編纂：《册府元龜》卷七六六《總録部》

袁建豐爲內衙副指揮使。時北討劉守光，建豐常先士卒，轉都教練使、權蕃漢總管。莊宗入鄴，以心腹幹能選爲魏府都巡檢使。

（宋）王欽若等編纂：《册府元龜》卷七八《帝王部》

袁建豐，自武皇破黃巢時得於華陰，年方九歲，愛其精神爽俊，俾收養之。漸長，列於左右，復習騎射，補鐵林都虞候。從破邠州王行瑜，以功遷左親騎軍使，轉突騎指揮使。從莊宗解圍上黨，破柏鄉陣，累功加右僕射、左厢馬軍指揮使。明宗爲內衙指揮使，建豐爲副。北討劉守光，常身先士伍，轉都教練使，權蕃漢副總管。莊宗入鄴，以心腹幹能，選爲魏府都巡檢使。破劉鄩，下衛、磁、洺三郡有功，加檢校司空，授洺州刺史。於臨洺西敗梁將王遷數千人，生獲將領七十餘人。俄拜相州刺史，徵赴河上，預戰於胡柳陂。建豐領相州軍士，行營在外，委州事於小人，失於撫馭，指揮使孟守謙據城以叛，建豐引兵討平之，改隰州刺史。

（宋）王欽若等編纂：《册府元龜》卷三四七《將帥部》

袁建豐爲鐵林都虞候，從武皇破邠州王行瑜，以功遷左親騎軍使，轉突騎指揮使。從莊宗解圍上黨，破柏鄉陣，累功加右僕射、左厢馬軍使。明宗爲內衙指揮使，建豐爲副，北討劉守光，常身先士伍，轉都教練使，權蕃漢副總管。莊宗入鄴，以心腹幹能選爲魏府都巡檢使，破劉鄩，下衛、慈、洺三郡，有功，加檢校司空。

（宋）王欽若等編纂：《册府元龜》卷三八七《將帥部》

袁建豐爲相州刺史，領相州軍士。行營在外，委州事於小人，失於撫馭，指揮使孟守謙據城以叛。

　　　　（宋）王欽若等編纂：《冊府元龜》卷六九八《牧守部》

　　後唐袁建豐爲相州刺史，領相州軍士，行營在外。指揮使孟守謙據城以叛，建豐引兵討平之，改隰州刺史。

　　　　（宋）王欽若等編纂：《冊府元龜》卷六九四《牧守部》

　　張廷裕，代北人也。幼事武皇於雲中，從平黃巢，討王行瑜，自行間漸升爲小將。莊宗定魏，補天雄軍左廂馬步都虞候，歷蔚、慈、隰三州刺史。

　　　　（宋）王欽若等編纂：《冊府元龜》卷三四七《將帥部》

　　張廷裕，代北人，幼事武皇於雲中，從平黃巢，討王行瑜，自行間漸升爲小將。莊宗定魏，補天雄軍左廂馬步都虞候，歷蔚、慈、隰三州刺史。

　　　　（宋）王欽若等編纂：《冊府元龜》卷七六六《總録部》

　　張廷裕，同光中爲新州節度使，塞上多事，廷裕無控制之術，邊鄙常聳。

　　　　（宋）王欽若等編纂：《冊府元龜》卷四四五《將帥部》

　　康義誠，字信臣，代北三部落人也。少以騎射事武皇，從莊宗入魏博，補突騎軍使，累遷本軍都指揮使。

　　　　（宋）王欽若等編纂：《冊府元龜》卷三四七《將帥部》

　　康義誠時爲侍衛親軍、馬步軍都指揮使，帝寵而倚之，每乘輿出幸近甸，多遣義誠次馬首而行，問以外事。

　　　　（宋）王欽若等編纂：《冊府元龜》卷九九《帝王部》

康義誠,爲侍衛親軍都指揮使、河陽節度使。時契丹直初自夏州軍旋,詔令與虜使相見。義誠奏曰:"戎虜狡惡,不可以信待之。邊人陷虜者數萬,朝廷差使虜廷,不曾得見一人,奈何令此輩交語,無益於事。"乃止。

（宋）王欽若等編纂:《冊府元龜》卷四〇五《將帥部》

後唐康義誠,爲襄州節度使。明宗長興二年五月,上言數閱棹船,修戰備也。

（宋）王欽若等編纂:《冊府元龜》卷四一三《將帥部》

康義誠爲侍衛親軍都指揮使,御軍無方略,又鄙於財賄。洛中天門街東起第夾道,房廊數里,歌妓之作,罕召賓佐,自娛而已。

（宋）王欽若等編纂:《冊府元龜》卷四五四《將帥部》

康義誠爲侍衛親軍都指揮使、河陽節度使。長興末,加同平章事。秦王爲天下兵馬元帥,氣焰薰灼,大臣皆懼,求爲外任。義誠以明宗委遇,無以解退,乃令其子以弓馬事秦王,冀自保全。明宗不豫,秦王諷義誠爲助,義誠曲意承奉,亦非其誠。及朱弘昭、馮贇等懼禍,謀於義誠。義誠但云:"僕爲將校,不敢預議。但相公所使耳。"及秦王既誅,閔帝即位,加檢校太尉兼侍中,判六軍諸衛事。

（宋）王欽若等編纂:《冊府元龜》卷四四六《將帥部》

後唐長興中,侍衛使康義誠,常軍中差人於私宅充院子,亦曾小有笞責。忽一日,憐其老而詢其姓氏,則曰:"姓康。"別詰其鄉土、親族、息胤,方知是父,遂相持而泣。聞者莫不驚異。

（宋）李昉:《太平廣記》卷五〇〇《康義誠》

鄭琮事武皇,爲五院軍小校,屢有軍功。莊宗在河上,爲馬步都虞候。戎伍之事，一睹不忘。每所詰問，應答如流，故所在知名。

（宋）王欽若等編纂：《册府元龜》卷四三一《將帥部》

晉鄭琮，太原人也。始事唐武皇，爲左院軍小校，屢有軍功。莊宗在河上，爲馬步都虞候。戎伍之事，一睹不忘。凡所詰問，應答如流，故所在知名。唐同光末，從明宗伐魏州；時軍情有變，明宗退守魏縣，未知趨向，安重誨將徵兵於四方。琮在帳前，歷數諸道屯軍及主將姓名，附口傳檄，相次而至。

（宋）王欽若等編纂：《册府元龜》卷七九九《總録部》

索自通爲廳直指揮使。天祐中，佐周德威攻燕軍於涿州，旬日未克。自通乃選精騎二十，夜薄幽州外郭，擒燕將郭在均而還。同光中，累遷西京留守。會楊彦温據河中作亂，自通率師討平之，授河中節度使。

（宋）王欽若等編纂：《册府元龜》卷三六〇《將帥部》

索自通，字得之，太原清源人也。自通少能騎射，常於山墅射獵。莊宗鎮太原時，遇之於野，訊其姓名，即補右番廳直軍使。後因從獵，射中走鹿，轉指揮使。佐周德威攻燕軍於涿州，擒燕將郭在均。從莊宗定魏博，改突騎指揮使。明宗即位，自隨駕左右廂馬軍都指揮使授忻州刺史，歲餘召還。後典禁兵，領韶州刺史。

（宋）王欽若等編纂：《册府元龜》卷三四七《將帥部》

索自通，少能騎射，嘗於山墅射獵。莊宗鎮太原時，遇之於野，詳其姓名，即補右番廳直軍使。後因從獵射中走鹿，轉指揮使。

（宋）王欽若等編纂：《册府元龜》卷八四六《總録部》

索自通，大原清源人。明宗時，爲西京留守。楊彦温據河中叛逆，自通出師。討平之，時末帝鎮河中，臨事失於周旋，帝深銜之。及

帝即位,自通爲右龍武統軍,常憂悸求死。清泰元年七月,因朝退,涉
洛水陽墮而卒。

(宋)王欽若等編纂:《册府元龜》卷九〇九《總録部》

索自通爲京兆尹、西京留守,屬河中指揮使楊彦温據河中作亂,
自通率師討平之。

(宋)王欽若等編纂:《册府元龜》卷六九四《牧守部》

李漢韶,初事莊宗,爲河東牢城指揮使。會契丹侵北鄙,表令漢
韶率師進討。既而大破胡寇,以功加檢校右僕射。

(宋)王欽若等編纂:《册府元龜》卷三八七《將帥部》

李漢韶,爲河東牢城指揮使。天祐中,孟知祥權知太原軍府事。
會契丹侵北鄙,表令漢韶帥師進討,既而大破胡寇,以功加檢校右
僕射。

(宋)王欽若等編纂:《册府元龜》卷三六〇《將帥部》

元行欽爲武寧軍節度使、檢校太傅,莊宗賜名紹榮。嘗内宴群
臣,使相預會。行欽官爲保傅,合地褥而坐。酒酣樂作,帝叙生平戰
陣之事,因左右顧視曰:"紹榮安在?"所司奏云:"有敕,使相預會,紹
榮散官,殿上無位。"帝徹會不懌。翌日,以行欽爲同平章事,繇是不
宴百官於内殿,但宴武臣而已。

(宋)王欽若等編纂:《册府元龜》卷三八七《將帥部》

元行欽,爲散員都部署,賜姓,名紹榮。莊宗好戰,勇於大敵,或
臨陣有急兵,行欽必横身解鬥翼衛之。莊宗營於德勝,與汴軍戰於潘
張,王師不利,諸軍奔亂,莊宗得三四騎而旋,中野爲汴軍數百騎攢矟
攻之,事將不測。行欽識其幟,急馳一騎至,奮劍斷二矛,斬一級,汴
軍乃解圍,翼莊宗還宫。莊宗因流涕言曰:"富貴與卿共之。"自是冠

諸將寵。

（宋）王欽若等編纂：《冊府元龜》卷三九六《將帥部》

元行欽初從明宗，名聞軍中，爲散員都部署，賜姓名紹榮。

（宋）王欽若等編纂：《冊府元龜》卷八二五《總録部》

李建及初從武皇爲遼州刺史，攻楊劉，自寅至未，汴軍嬰城拒守，建及自負葭葦湮塹，率先登梯，遂拔之。

（宋）王欽若等編纂：《冊府元龜》卷三六九《將帥部》

李建及爲遼州刺史。莊宗胡柳之役，欲收軍，建及引銀鎗效節奮擊，繇是王師復振。以功檢校司空、魏博内外衙都將。又與汴將王瓚戰於戚城，建及傷手，莊宗解御衣、金帶賜之。

（宋）王欽若等編纂：《冊府元龜》卷三八七《將帥部》

張敬達爲廳直軍使，從莊宗平河南，有功，加檢校工部尚書。

（宋）王欽若等編纂：《冊府元龜》卷三八七《將帥部》

張敬達小字生鐵，少以騎射著名，位至晉州節度使。

（宋）王欽若等編纂：《冊府元龜》卷八四六《總録部》

康思立爲河東親騎軍使，從莊宗解上黨圍，敗梁人於柏鄉。及平薊丘後，戰於河上，皆有功，累加檢校户部尚書、右突騎指揮使。莊宗即位，繼改軍帥，賜忠勇拱衛功臣，加檢校尚書、右僕射。

（宋）王欽若等編纂：《冊府元龜》卷三八七《將帥部》

康思立爲河東親騎軍使。天祐中，從莊宗解圍於上黨，敗梁人於柏鄉，及平薊丘，後戰於河上，皆有功，累遷右突騎指揮使。

（宋）王欽若等編纂：《冊府元龜》卷三六〇《將帥部》

　　大成元年,以康思立爲應州刺史。思立本出陰山諸部,性純厚,善撫御,帝素喜之,故即位之始以應州所生之地授焉。其後歷二郡、三鎮,皆有百姓之譽。

　　　　（宋）王欽若等編纂:《冊府元龜》卷一四八《帝王部》

　　康思立本出陰山諸部,性純厚,善撫御。明宗素重之,故即位之始,以應州所生之地授焉。

　　　　（宋）王欽若等編纂:《冊府元龜》卷七八二《總錄部》

　　康延孝本北邊部族,徙居晉陽。初以卒隸太原軍,性獷悍不馴,屢犯禁網。得罪,亡命於汴。事梁,自隊長軍吏勞積至部校。

　　　　（宋）王欽若等編纂:《冊府元龜》卷九四九《總錄部》

　　後唐康延孝,北塞部落人。初隸太原,因得罪,亡命於汴。梁末帝時,頻立軍功。段凝率衆五萬,營於王府。延孝時爲先鋒指揮使,率百騎來奔。莊宗得之,喜,解御衣金帶賜之,問梁之兵機。延孝備陳利害,莊宗平梁,頗有力焉。

　　　　（宋）王欽若等編纂:《冊府元龜》卷四五三《將帥部》

　　康延孝爲捧日軍使兼南面招討指揮使、檢校司徒。莊宗平汴,延孝頗有力焉,以功加檢校太保。

　　　　（宋）王欽若等編纂:《冊府元龜》卷三八七《將帥部》

　　康延孝,爲招收指揮使,領博州刺史。同光元年,莊宗平汴,延孝頗有功焉,以功累遷保義軍節度使。三年,討蜀,以延孝爲西南面行營馬步軍先鋒、排陣斬斫等使,下鳳州,收固鎮,降興州,敗王衍軍於三泉,平蜀之功,延孝居最。

　　　　（宋）王欽若等編纂:《冊府元龜》卷三六〇《將帥部》

後唐康延孝，初名李紹琛，爲保義軍節度使。莊宗同光三年，討蜀，爲先鋒排陣使。平蜀之功，延孝居最。時邠州節度使董璋，爲行營右厢馬步使，華州節度使毛璋，爲行營左厢馬步使，以軍禮當事延孝。郭崇韜私愛董璋，及西川平定之後，崇韜每有軍機，必召璋參決，延孝不平之。時延孝軍於城西，毛璋軍於城東，董璋軍於城中。延孝因酒酣，謂董璋曰：“吾有平蜀之功，公等樸遫相從，反首鼠於侍中之門，謀相傾陷。吾爲都將，公乃裨校，力能斬公。”璋惶恐謝之而退。酒罷，璋訴於崇韜，崇韜陰衒之，乃署董璋爲東川節度，使落軍職。延孝怒謂毛璋曰：“吾冒白刃，犯險阻，平定兩川。董璋何功，遽有其地？”二人因謁見崇韜，曰：“東川重地，宜擇良帥。工部任尚書有文武才幹，甚洽衆心，請表爲東川帥。”崇韜怒曰：“紹琛反耶？敢違吾節度？”延孝等惶恐而退。未幾，崇韜爲繼岌所害，二人因責董璋曰：“公復鼠首何門？”璋俛首祈哀而已。

（宋）王欽若等編纂：《册府元龜》卷四五六《將帥部》

康延孝，同光初除鄭州刺史，充本州防禦史，仍賜姓名紹琛。

（宋）王欽若等編纂：《册府元龜》卷八二五《總録部》

後唐張文禮素不知書，亦無方略，惟於懦兵之中，姜非上將。言甲不知進退，乙不識軍機，以此軍人推爲良將。

（宋）孔平仲：《續世説》卷四

閻寶，唐末爲梁祖四鎮牙將。自梁祖陳師河朔，爭霸關西，寶與葛從周、丁會、賀德倫、李思安各爲大將，擁兵西出，所至立功，累遷邢洺節度使。天祐十三年，以邢州歸於莊宗，授檢校太尉、同平章事，充天平軍節度使、東南面招討使。十八年，張文禮謀叛，以寶爲招討使，進攻之，下趙州，渡滹水而軍，擒文禮所署深州刺史張友順，折足送於行臺，營於西北隅。洎十九年正月，契丹大至，衆心危懼，寶備陳方略,遂挫獯戎,加檢校侍中。

(宋)王欽若等編纂:《册府元龜》卷三六〇《將帥部》

閻寶,莊宗時遙領天平軍節度使、東南面招討等使。張文禮之殺王鎔叛,寶帥師進討,及契丹來援鎮州,前鋒至新樂,衆心憂之,寶見莊宗,指陳方略,軍情乃安。虜退,加檢校侍中。

(宋)王欽若等編纂:《册府元龜》卷三八七《將帥部》

閻寶遙領天平軍節度使、東南面招討等使。時鎮州張文禮殺王鎔叛,寶帥師進討,收趙州,進渡滹水,擒賊黨張文順以獻。又進逼真定,結營西南隅,掘塹栅以環之,決大悲寺漕渠以侵其郛。

(宋)王欽若等編纂:《册府元龜》卷三六九《將帥部》

閻寶爲佐國軍都將,時并人攻河陽,留後侯言:"不意其至也,壘卑而士弱,素無捍守具,孟人震駭,攻且急,破我羊馬垣。"寶乃率部下勇戰,擊刺於壕外,復戰於壁下,攘退之,始備樓櫓,設陣格。蕃戎遁去,壁乃完,寶之力也。

(宋)王欽若等編纂:《册府元龜》卷四〇〇《將帥部》

閻寶爲天平軍節度使,討鎮州張文禮。文禮死,子處瑾秘不發喪。城中饑,處瑾之衆出城求食,寶縱其出,伏截擊之。饑賊大至,諸軍未集,爲賊所乘。寶乃收軍,退保趙州。因慚憤成疾,疽發背而卒。

(宋)王欽若等編纂:《册府元龜》卷九二六《總録部》

李紹文,本姓張,名從楚。天祐八年,自梁將歸於莊宗,賜姓名,累加博州刺史。預破劉鄩於故元城,歷貝、隰、代三郡刺史,領天雄軍馬步副都將。又於德勝從閻寶討張文禮,爲馬步都虞候。明宗收鄆州,以紹文爲右都押牙馬步軍都將,從破王彦璋於中都。

(宋)王欽若等編纂:《册府元龜》卷三六〇《將帥部》

李紹文，莊宗時爲博州刺史，預破劉鄩於故元城，歷貝、隰二州刺史，領天雄軍馬步副都將，屯於德勝。從閻寶討張文禮，爲馬步都虞候。明宗收鄆州，以紹文爲右都押牙馬步軍都將，從破王彥章於中都。同光中，歷徐、滑二鎮副使、知府事。

　　　　　　　（宋）王欽若等編纂：《册府元龜》卷三八七《將帥部》

後唐霍彥威，字子重，不知何許人，梁將霍存得於村落間。年十四，初列於廝養，從存征戍，愛其爽邁，遂養爲己子。

　　　　　　　（宋）王欽若等編纂：《册府元龜》卷八六三《總録部》

霍彥威初仕梁，爲河陽留後。乾化末，破劉知俊於同州，改邠州節度使。同光二年，從明宗平潞州，授徐州節度使。莊宗時，契丹犯塞，明宗招討北面，命彥威爲副。趙大叛於邢州，奉詔討平之。天成初，除鄆州節度使。值青州王公儼拒命，改平盧軍節度，擒公儼於膠水，盡斬其黨，累加檢校太尉。

　　　　　　　（宋）王欽若等編纂：《册府元龜》卷三六〇《將帥部》

霍彥威爲陝州留後。從明宗平潞州，授徐州節度使。天成初，改平盧軍節度，至鎮擒王公儼，斬之。明年冬，肆覲於汴，明宗接遇甚厚，累遷至檢校太尉兼中書令。

　　　　　　　（宋）王欽若等編纂：《册府元龜》卷三八七《將帥部》

淳于晏，在霍彥威幕，相得其歡，及歷數鎮，皆爲從事。軍府之事，至於私門，事無巨細，俱取決於晏，雖爲幕賓，有若家宰。爾後公侯門客，往往效之，時謂之“效淳”，故彥威所至稱治，由晏之力也。

　　　　　　　（宋）王欽若等編纂：《册府元龜》卷七一六《幕府部》

淳于晏爲霍彥威徐州從事。同光末，彥威從明宗入魏州，監軍使

謀害彥威家屬及所留部曲,欲據城拒命。晏率部將先殺之。天成初,
彥威授平盧軍節度使,以晏爲副使。

(宋)王欽若等編纂:《冊府元龜》卷七二四《幕府部》

淳于晏,登州人,以明經登第。自霍彥威爲裨將,日寄食於門下。
彥威嘗敗,獨脫其身,左右莫繼,唯晏仗劍從之,徒步草莽,自是彥威
高其氣義,相得甚歡。及歷數鎮,皆爲判官,軍府之事,咸取決焉。至
於私門簿籍,婢僕支分,事無巨細,但取決於晏。幕下兼家宰之任,爾
後公卿之門客,往往效焉,時謂之"效淳"。俾彥威數鎮稱治,晏之盡
心,他人又不可階也。

(宋)王欽若等編纂:《冊府元龜》卷七二五《幕府部》

淳于晏,登州人,以明經登第。自霍彥威爲小校,晏寄食於門下。
彥威嘗因兵敗獨脫其身,左右莫有從者,惟晏杖劍從之,徒步草莽。
自是,彥威高其義,相得甚歡。及歷數鎮,皆爲從事。

(宋)王欽若等編纂:《冊府元龜》卷八〇四《總録部》

王晏球爲齊州防禦使、北面行營馬軍都指揮使。鄴都之亂,明宗
入赴內難,晏球時在瓦橋,遣人招之。明宗至汴,晏球率騎軍從至京
師,以平定功授宋州節度使。天成二年,王都據定州叛,晏球討平之,
以功授天平軍節度使。未幾,移鎮青州,就加兼中書令。

(宋)王欽若等編纂:《冊府元龜》卷三八七《將帥部》

後唐王晏球爲宋州節度使,充招討使,攻圍定州。晏球能與將士
同甘苦,所得祿賜私財,盡以饗士。

(宋)王欽若等編纂:《冊府元龜》卷四三三《將帥部》

王晏球,長興中爲青州節度使,奏:"臣所部州縣,點檢到見役節
級所由等四千五百餘人,今留合充役者二千八百人,餘並放歸農訖。"

明宗優詔褒之。

（宋）王欽若等編纂：《册府元龜》卷六八九《牧守部》

王晏球初仕梁，末帝初，爲龍驤四軍都指揮使。時汴州捉生都作亂，夜縱火焚剽，攻建國門，末帝登樓拒戰。晏球聞其亂也，得龍驤馬五百騎，屯於鞠場。俄而亂兵以竹竿竪布幕沃油，焚建國門，勢將危急，晏球隔門窺亂卒，知無甲胄，即出騎擊之。亂兵北走，屯國門下，晏球奮力血戰，俄而群賊散走。末帝見騎軍討賊，呼曰：“非吾龍驤之士乎？”晏球曰：“臣已敗賊，請陛下無憂。”遲明，晏球盡敗亂軍，全營族誅，以功授單州刺史。明宗時，爲宋州節度使。天成二年，充北面行營副招討使，兵戍滿城。是歲，王都謀叛，據定州，乃以晏球爲招討使攻之。時都北連契丹，契丹遣奚首領禿餒率虜千騎援都，突入定州，晏球引軍保曲陽。王都、禿餒出軍來戰，晏球預督勵士卒以待之，及賊虜至，一戰敗之於嘉山之下，追襲至於城門，因進軍攻之，得其西關城。乃高其壁壘，營於其間，爲定州府署，令百姓轉輸租稅。城既堅峻，進攻無利，但食其租稅以守之。俄而契丹首領惕隱率虜騎五千來援都，是時大雨，虜至唐河，晏球出師逆戰。晏球令龍武左右厢指揮使高行周、符彥卿前鋒渡唐河，與虜相遇，三戰，惕隱大敗。追至易州，河水暴漲，所在陷溺，獲虜二千騎而還，惕隱以餘衆還塞。幽州趙德鈞知其敗也。令牙將武從諫率勁騎追擊，德鈞分兵扼諸要路。旬日之内，盡獲惕隱已下酋長七百餘人，虜勢由是援絶。其年冬，平賊，以功授天平軍節度使。

（宋）王欽若等編纂：《册府元龜》卷三六〇《將帥部》

杜晏球仕梁爲耀州刺史，同光初，賜姓名紹虔。

（宋）王欽若等編纂：《册府元龜》卷八二五《總録部》

西方鄴弱冠歸梁，得侍左右，忩無權位。歸莊宗於河上，以爲奉義指揮使，每從征伐，咸以身先。天成初，荆渚違命，上據三峽。明宗素知其才，擢授夔州刺史、充東南面行營招討副使，鄴將偏師收復二州，畫圖上進。

（宋）王欽若等編纂：《册府元龜》卷一二〇《帝王部》

西方鄴，事莊宗爲奉義指揮使。每從征討，咸以身先。

（宋）王欽若等編纂：《册府元龜》卷三九六《將帥部》

西方鄴爲奉義指揮使。天成初，荆渚違命，明宗素知其才力，擢授夔州刺史、東南面行營招討副使，鄴將偏師收復峽内三州。二年，升夔州爲寧江軍，以鄴爲節度使，屢奏克捷。三年，加檢校太保。

（宋）王欽若等編纂：《册府元龜》卷三八七《將帥部》

西方鄴爲奉義指揮使，天成元年，荆渚違命，明宗素知其材力，擢授夔州刺史，充東南面行營招討副使，鄴將偏師收復峽内三州。二年，升夔州爲寧江軍，以鄴爲節度使，屢奏克捷。

（宋）王欽若等編纂：《册府元龜》卷三六〇《將帥部》

西方鄴爲夔州節度使，爲政貪虐，判官譚善達每諫其失，鄴忿之，令左右告善達受人金，下獄拷掠，死於獄中。

（宋）王欽若等編纂：《册府元龜》卷四四〇《將帥部》

後唐西方鄴爲寧江軍節度使，爲政貪虐。判官譚善達每箴其失，鄴忿形於色，令左右告善達受人金，下獄拷掠。善達亦剛，詞多不遜，遂殺於獄中。無幾，寢疾，時見善達入其户，俄卒於治所。

（宋）王欽若等編纂：《册府元龜》卷九四一《總録部》

譚善達爲寧江軍節度判官節度使，西方鄴爲政貪虐，善達每箴其失。鄴忿形於色，令左右告善達受人金，下獄拷掠。善達亦剛，詞多不遜,遂殺於獄中。無幾,寢疾時,見善達入其户,俄而卒於治所。

　　　　(宋)王欽若等編纂:《册府元龜》卷九三一《總録部》

　　後唐譚善達爲寧江軍節度使西方鄴判官,鄴爲政貪虐,善達每箴其失,鄴忿形於色,令左右告善達受人金,下獄拷掠,善達亦剛,詞多不遜,遂殺於獄中。無幾寢疾,時見善達入其户,俄卒於治所。

　　　　(宋)王欽若等編纂:《册府元龜》卷七一九《幕府部》

　　白奉進,初爲裨將。時梁人圍李嗣昭於潞,潞人苦之。俄而莊宗嗣位,率親兵赴之。奉進挺身首犯賊鋒,諸將繼之,莊宗睹而壯焉。

　　　　(宋)王欽若等編纂:《册府元龜》卷三九六《將帥部》

　　白奉進爲唐州刺史,治郡逾年,甚有聲政。高祖即位,徵赴闕,超加檢校司徒,充護聖左厢都指揮使。

　　　　(宋)王欽若等編纂:《册府元龜》卷六七三《牧守部》

　　晉白奉進少善馳射,唐昭宗以天復中爲朱氏脅遷,東營洛邑。後唐太宗鎮太原,有扶救之志。奉進謁於軍門,以求自效。太祖納之麾下,以功遷龍武指揮使。

　　　　(宋)王欽若等編纂:《册府元龜》卷九〇〇《總録部》

　　郭延魯,天成中,汴州朱守殷叛命,延魯從車駕東幸,至其地,攻壘先登,尋平守殷,以功授汴州步軍都指揮使。

　　　　(宋)王欽若等編纂:《册府元龜》卷三九六《將帥部》

　　郭延魯,末帝清泰中爲復州刺史。臨任忽驚嘆曰:"先人曾爲沁牧,九年不移,我得不遵其家法,而使政有紕繆者乎?"由是正俸之外,未嘗斂貸,庶事致理,一郡賴焉。及秩滿,百姓上章舉留。將離境,攀轅遮圍者不能去。朝廷聞而嘉之。

(宋)王欽若等編纂：《冊府元龜》卷六八三《牧守部》

晉郭延魯，初仕後唐爲復州刺史，正俸之外，未嘗斂貨。庶事求理，一郡賴焉。

(宋)王欽若等編纂：《冊府元龜》卷六七九《牧守部》

郭延魯父饒爲沁州刺史者九年，爲政有惠愛，州人思之。延魯以功累遷復州刺史，延魯嘆曰："吾先君爲沁州者九年，民到於今思之，吾今幸得爲刺史，其敢忘吾先君之志。"由是益以廉平自勵，民甚賴之。

(唐)白居易、(宋)孔傳：《白孔六帖》卷四〇

董璋初仕梁爲列校。龍德末，潞州李繼韜送款於梁，時潞將裴約方領兵戍澤州，不徇繼韜之命，據城以自固。梁末帝遣璋率師攻陷之，即以璋爲澤州刺史。

(宋)王欽若等編纂：《冊府元龜》卷三六九《將帥部》

閬州守禦指揮使姚洪，梁時經事董璋。璋將書□頻誘，洪以大義拒之。城陷被擒，璋責之，洪大罵璋曰："老賊孤恩背主，吾於爾何恩，而云相負？爾爲李七郎奴，掃馬糞，得一臠殘炙，感恩無盡。今天子付以茅土，結黨反噬，爾本奴才，即無恥，吾忠義之士，不忍爲也。"璋怒，令十人持刀割其膚，然鑊於前，自取啗食。洪至死大罵不已。明宗聞之泣下，置洪二子於近衛，給賜頗優。

於時夏魯奇守遂州，城破自刎而死，並爲忠烈也。

(五代)孫光憲：《北夢瑣言》卷一九

姚洪本梁之小校也，在梁時，經事董璋。長興初，率兵千人戍閬州。璋叛，領衆攻閬州。璋密令人誘洪，洪以大義拒之。及璋攻城，

洪悉力拒守者三日。禦備既竭，城陷被擒。璋謂曰：“爾頃爲健兒，由吾獎拔至此。吾書誘諭，投之於厠，何相負邪？”洪大罵曰：“老賊，爾爲天子鎮帥，何苦反邪？爾既孤恩背主，吾與爾何恩，而云相負？爾爲李七郎奴，掃馬糞，得一臠殘炙，感恩無盡。今明天子付與茅土，貴爲諸侯，而驅徒結黨，圖爲反噬。爾本奴才，則無恥。吾忠義之士，不忍爲也。吾可爲天子死，不能與人奴苟生。”璋怒，令軍士十人持刀刲割其膚，燃鑊於前，自取啗食。洪至死大罵不已。明宗聞之泣下，置洪二子於近衛，給賜甚厚。

（宋）王欽若等編纂：《册府元龜》卷三七四《將帥部》

後唐姚洪爲指揮使，率兵千人鎮閬州。洪嘗爲汴之小校，經事東川節度董璋。璋叛，密令人誘洪，洪以大義拒之。及璋攻城，洪悉力拒守者三日。禦備既竭，城陷被擒。璋謂洪曰：“爾頃爲健兒，由吾獎拔至此。吾書誘諭，投之於厠，何相負耶？”洪大罵曰：“老賊！爾爲天子鎮帥，何苦反耶？爾既孤恩背主，吾與爾何恩？而云相負！爾爲李七郎奴，掃馬糞，得一臠殘炙，感恩無盡。今明天子付與茅土，貴爲諸侯，而驅徒結黨，圖爲反噬。爾本奴才則無恥，吾忠義之士，不忍爲也。吾可爲天子死，不能與人奴苟生。”璋怒，令軍士十人持刀刲割其膚。燃鑊於前，自取啗食。洪至死大罵不已，明宗聞之泣下，置洪二子於近衛，給賜頗優。

（宋）王欽若等編纂：《册府元龜》卷七六三《總録部》

盧文進，范陽人，少從軍，身長八尺，姿貌偉異，名振燕薊。莊宗連兵於兩河，屢戰獲勝，一夕忽敗，夜走，馬墜澗中，纔及水，一躍而出。明日視之，乃郡之黑龍潭，絶岸高險，深不可測。文進知有神助己，氣因復振，收餘衆，會食於野。一巨蛇長十丈餘，徑至坐所，衆皆奔避，獨文進不動，蛇引首及膝，文進以匕箸取食飼之訖，蛇蜿蜒方去。奔敗之餘，物情疑阻，舉衆入契丹。虜主厚遇，使率兵救鎮、冀，又與莊宗連戰。明宗即位，老思南土，部曲皆華人，復還中國。明宗親加宴勞，因詔得封大將軍。八十二，無病卒。卒之日，星殞於寢，大如杯，文進噓赤光丈餘，與星相接。

（宋）文瑩：《玉壺清話》卷六

盧文進，字大用，幽州范陽人也。文進身長七尺，偉儀容。守光與晉王構怨，時晉王遣周德威攻幽州，文進以騎先降，拜蔚州刺史。

是時，李存矩統山後八軍，爲新州團練使。晉王時在河上，與劉鄩血戰，會新州兵。存矩募山後勁兵數千人，驍勇難制，又課民出馬，民以十牛易一馬，怨之入骨，山後兵又憚遠行，至祁溝關，聚謀作亂。文進有女少而艷，存矩求爲側室，文進不敢違，而心常内愧，因與亂軍殺存矩。攻新州不克，遂帥其衆奔於契丹。後引契丹軍攻新州，刺史安金全不能守，弃城去。周德威援之，進攻新州，契丹衆數萬，德威不勝，大敗奔歸。文進與契丹進攻幽州，圍城且二百日，城中危困，晉王親將兵救之，方始解去。契丹以文進爲幽州節度使，又以爲盧龍節度使。

文進在新州，歲歲以輕騎出入塞上，攻掠剽奪，無有寧歲，幽、瀛、涿、莫間常被其患。又教契丹以中國纖紝工作無不備，契丹由此益強。南兵屯涿州，時饋運自瓦橋關至幽州，嚴界堠，常苦鈔奪，爲邊患者十餘年，皆文進所爲也。後奔南唐。

（宋）葉隆禮：《契丹國志》卷一八《盧文進》

盧文進，幽州人也。至江南，李氏封范陽王。嘗云："陷契丹中，屢入絕塞，正晝方獵，忽天色晦黑，衆星燦然。問蕃人，云：'所謂笡却日也，以此爲常。'頃之乃明，方午也。"又云："嘗於無定河見人脛骨一條，大如柱，長可七尺。"

（宋）錢易：《南部新書》癸

五代朱守殷，少事唐莊宗爲奴。名曰會兒。

（唐）白居易、（宋）孔傳：《白孔六帖》卷二〇後唐明宗親討宣武軍節度使朱守殷。宿將，同光末，趙在禮鄴中亂，從明宗討伐，及人情變革，遂與霍彥威同立明宗。尋判諸軍諸衛事，兼河南尹，旋除宣武軍節度使。時樞密使安重誨用事，汴之財利，多遣中人筦榷之。守殷軍用不給，累表抗論，重誨既與，復奪之。守殷不平，頗出怨言。重誨奏其反狀，明宗親帥師討之。車駕至汴，守殷自以本無不臣之意，爲權臣誣奏，登城門望明宗叩頭，號哭稱冤，明宗思其功，許以開門自新，重誨已麾軍登陴，勢不可遏，城陷，誅之。

（宋）田況：《儒林公議》卷下

朱守殷，本名會兒，莊宗就學時諸奴也。及莊宗嗣位，以本院僕從爲長直軍使。雖列戎行，不聞戰功。每構人之短長，中於莊宗，漸以爲腹心。

（宋）王欽若等編纂：《册府元龜》卷九二七《總錄部》

朱守殷有罪三：守德勝而陷没，一也；郭從謙反按兵不救，二也；莊宗既弑即入宮取嬪御珍寶歸其家，三也。明宗入洛，宜亟誅之，不待移日，乃遲之，遲而又久，何也？明宗前已受其歸藩之款，既又納其促入之使，爲是故寵以平章事矣。帝欲幸汴，非有討伐之謀也，乃守殷自疑惑於群議，倉卒治反，以取敗亡耳，非明宗能討罪人，伸大義也。五代之君，舍周世宗，次則唐明宗、周太祖有善可紀，不爲其夷狄、卒伍，不足語也。既當名號，人固以禮義望之，故有不合者，必托其事以發議論，垂勸戒焉。

（宋）胡寅：《讀史管見》卷二八

後唐朱守殷爲振軍節度使，不之任，仍兼蕃漢馬步使。京城初定，內外警巡。恃憑主恩，蔑視勛舊。與景進互相表裏，又强作宿德之態，言語遲緩，自謂沉厚。

（宋）王欽若等編纂：《册府元龜》卷四五一《將帥部》

朱守殷爲蕃漢馬步都虞候,守德勝寨,爲梁將王彦章所攻。守殷無備,遂陷南寨。莊宗聞之曰:"駑才大誤予事。"因撤此寨,往固楊劉。明宗在鄆州,密請以覆軍之罪罪之。莊宗私於腹心,忍而不問。

(宋)王欽若等編纂:《册府元龜》卷四五〇《將帥部》

孫璋,天成初爲齊州防禦使。王都之據中山,璋爲定州行營都虞候,賊平,加檢校太保。

(宋)王欽若等編纂:《册府元龜》卷三八七《將帥部》

孫璋爲齊州防禦使。天成中,王都據中山叛,以璋爲定州行營都虞候。賊平,加檢校太保。

(宋)王欽若等編纂:《册府元龜》卷三六〇《將帥部》

後唐張虔釗,遼州人也。初爲太原牙校,以武勇聞於流輩。武皇莊宗之世,累補左右突騎軍使。明宗素聞虔釗有將帥才,及即位,擢爲護駕親軍都指揮使,領春州刺史。

(宋)王欽若等編纂:《册府元龜》卷六二六《環衛部》

張虔釗爲親軍都指揮使,領春州刺史。明宗天成中,虔釗與諸將圍王都於中山,大敗契丹於嘉山之下。及定州平,以功授滄州節度使。

(宋)王欽若等編纂:《册府元龜》卷三八七《將帥部》

張虔釗爲護駕親軍都指揮使,領春州刺史。天成中,與諸將圍王都於中山。大敗契丹於嘉山之下,及定州平,以功授滄州節度使。

(宋)王欽若等編纂:《册府元龜》卷三六〇《將帥部》

張虔釗多貪,鎮滄州日,因亢旱民饑,發廩賑之,方上聞,帝甚嘉獎。它日秋成,倍斗徵斂。常言自覺言行相違,然每見財,不能自止,朝論鄙之。虔釗好與禪毳謎語，自云知道，心與口背，唯利是求，只以飯僧，更希福利。議者以渠於佛上希利，愚之甚也。後叛入蜀，取人產業，黷貨無厭，蜀民怨之。或說在蜀問一禪僧云："如何是舍利?"對曰："垂置儳居，即得舍利。"清河慚笑而已。

（五代）孫光憲：《北夢瑣言》卷一九

華溫琪年始二十，長七尺餘。唐廣明中，黃巢爲亂，掠爲紀綱。從巢南犯交阯，西陷長安，僞署溫琪供奉都知官。既得志，習平時宦者故態，每肩舁出入以自奉。及巢敗，奔至滑臺，以形貌魁岸，懼不自容，乃投白馬下流。俄而浮至淺處，會行人救免。又登桑自經，枝折墜地不死。至夜，胙縣界有田父見溫琪非常人也，遂匿於家，經歲餘。

（宋）王欽若等編纂：《册府元龜》卷九四〇《總録部》

華溫琪初事黃巢爲供奉官，巢敗，奔至溫臺，以形貌魁岸，懼不自容，乃投白馬下流，俄而浮至淺處，又登桑自經，枝折不死。後果貴焉，位至太子少保致仕。

（宋）王欽若等編纂：《册府元龜》卷八八三《總録部》

華溫琪，初仕梁，爲晉州刺史。溫琪在平陽日，唐莊宗嘗引兵攻之，逾月不下，梁人賞之，升晉州爲定昌軍，以溫琪爲節度使。

（宋）王欽若等編纂：《册府元龜》卷四〇〇《將帥部》

華溫琪爲耀州觀察使留後，莊宗入洛，溫琪入覲，賞曩歲守平陽之功，且無二於梁，所賜甚厚，詔改耀州威勝軍爲順義軍，復以溫琪鎮之，加推忠尚義功臣。

（宋）王欽若等編纂：《册府元龜》卷九九《帝王部》

華溫琪初事莊宗，爲秦州節度使。明宗即位，因入廟，願留闕下，明宗嘉而許之，除左驍騎上將軍。歲餘，明宗謂樞密使安重誨曰："溫琪舊人，宜選一重鎮處之。"重誨奏以天下無闕。佗日又言之，重誨素強愎，對曰："臣累奏未有闕處可替者，惟樞密使而已。"明宗曰："可。"重誨不能答，溫琪聞其事，懼近臣所怒，與重誨俱各稱疾，繇是數月不出，竟拜華州節度。

（宋）王欽若等編纂：《冊府元龜》卷五七《帝王部》

華溫琪，仕後唐爲泰州節度使。明宗即位，因入朝，願留闕下。明宗嘉而許之，除左驍衛上將軍，逐月別賜錢粟，以豐其家，後爲太子少保致仕。高祖天福元年十二月，終於家，詔贈太子太保。

（宋）王欽若等編纂：《冊府元龜》卷三八七《將帥部》

晉華溫琪，後唐初鎮耀州。莊宗同光末，平蜀川，獲秦州，遣溫琪撫而莅之。一境大稱肅然。

（宋）王欽若等編纂：《冊府元龜》卷六五六《奉使部》

莊宗時，張建爲帳下小校，及帝救上黨、戰柏鄉、攻蓟門、下邢魏，皆從之。後戰於華縣及胡柳阪，繼爲流矢所中，金瘡之痕，盈於面前，莊宗寵之。統御營黃甲軍，常在左右，略加檢校兵部尚書、帳前步軍都虞候。

（宋）王欽若等編纂：《冊府元龜》卷九九《帝王部》

後唐明宗長興四年八月，顧謂侍臣曰："前洋帥陳皋稱病，其乞致仕，信乎？"對曰："實然。"帝因愴然改容，良久曰："陳皋昔爲健兒，從吾征伐，操戈擐甲，氣吞豺狼。今衰落如此，浮生壯健，都幾何時哉！"咄嗟久之，因令孟漢瓊往勞問。

（宋）王欽若等編纂：《冊府元龜》卷一三四《帝王部》

王思同，幽州人。初仕武皇，爲飛勝指揮使，從莊宗，累典諸軍。思同性疏俊，粗有文，性喜爲詩什，與人唱和，稱"蓟門戰客"。魏王繼岌待之若子,時内養呂知柔侍興聖宫,頗用事,思同不平之。呂爲《終南山詩》,末句有"頭"字。思同曰:"料伊直擬衝霄漢,賴有青天壓着頭。"

(宋)王欽若等編纂:《册府元龜》卷九三九《總録部》

王思同當明宗朝,伐蜀之役爲先鋒指揮使。思同持勇先入劍門,大軍未相繼,復爲董璋兵逐出之。及班師,思同以曾獲劍門之功,移鎮山南西道。

(宋)王欽若等編纂:《册府元龜》卷一三四《帝王部》

王思同爲馬軍左廂都指揮使,領薊州刺史。同光中,從明帝援糧入幽州,逐虜有功,遷鄭州防禦使。長興中,自秦州節度使入爲右武衛上將軍。會董璋據東川叛,命除西南面行營馬步軍都虞候。伐蜀之役,爲先鋒指揮使,至劍門。思同以偏衆取小劍門,入倒回,收下劍門。及班師,以思同留鎮山南西道。

(宋)王欽若等編纂:《册府元龜》卷三六〇《將帥部》

後唐王思同,明宗時爲同州節度使。未幾,移鎮隴右。思同好文士,無賢不肖,必館接賄遺,歲費數十萬。在秦州累年,邊民懷惠,華戎寧息。

(宋)王欽若等編纂:《册府元龜》卷四一三《將帥部》

王思同,明宗時鎮隴右。思同在秦州累年,邊民懷惠,華戎寧息。長興元年入朝,見於中興殿。明宗問秦階邊事,對曰:"秦州與吐蕃接境,蕃部多違法度,臣設法招懷,沿邊置砦四十餘所,控其要害。每蕃人互市,飲之食之界上,令納器械。"因手指畫秦州山川要害控扼處。明宗曰:"人言思同不管事,豈及此耶?"

(宋)王欽若等編纂:《册府元龜》卷四二九《將帥部》

王思同，明宗在軍時素知之。即位後，用爲同州節度使。未幾，移鎮隴右。思同好文士，無賢不肖，必館接賄遺，歲費數十萬。

（宋）王欽若等編纂：《册府元龜》卷四三三《將帥部》

王思同，明宗長興末爲京兆尹兼西京留守。潞王鎮鳳翔，與之鄰境。及潞王禀朝旨致書於秦、涇、雍、梁、邠諸帥，言賊臣亂政，陳己所興兵討亂之狀，因遣伶奴安十。十以五弦謁思同，思同執十，十送京師。

（宋）王欽若等編纂：《册府元龜》卷八四八《總録部》

王思同，明宗長興末爲京兆尹，兼西京留守。潞王鎮鳳翔，與之鄰境。及潞王不禀朝旨，致書於秦、涇、雍、梁、邠諸帥，言："賊臣亂政，屬先帝疾篤，謀害秦王，迎立嗣君，自擅權柄，以至殘害骨肉，搖動藩垣。懼先人基業，忽焉墜地，故誓心入朝，以除君側，事濟之後，謝病歸藩。然藩邸素貧，兵力俱困，欲希國士，共濟艱難。"乃令小伶安十十以五弦妓見思同，因歡諷動；又軍校宋審温者，請使於雍，若不從命，即獨圖之。又令推官郝昭、府吏朱延义以書檄起兵。會副部署藥彥稠至，方宴，而妓、使適至，乃繫之獄。彥稠請誅審温，拘送昭赴闕。時思同已遣其子入朝言事，朝廷嘉之，乃以思同爲鳳翔行營都部署。

（宋）王欽若等編纂：《册府元龜》卷六八六《牧守部》

後唐王思同爲同州節度使，未幾，移鎮隴右。思同好文士，無賢不肖，必館接賄，遺數千萬。

（宋）王欽若等編纂：《册府元龜》卷八六八《總録部》

後唐少帝朝，清泰王起於岐陽，朝廷詔西京留守王思同統禁旅征之。王師西出之後，尋聞劗疊，雍京僚屬日登西樓，望其捷書。忽一日，官僚憑檻西向，見羊馬城上有二大蛇，東西以首相向，爲從者董遥擲彈丸以警之。於時一人擲中東蛇之腦，蜿蜒然墮於墙下，挺然不

動,使人視之,已卒矣。其西蛇徐徐入於穴隙之間。識者竊議之曰:
"潞王乙巳生,統帥王公亦乙巳生,俱爲蛇相,今東蛇中腦而卒,豈非
王師不利乎?"未逾旬日,群帥叛歸潞王,思同腹心都將王彦暉已下,
並投岐城納欵。同單馬而遯,竟没於王事焉。蛇亡之兆,得不明乎?

(宋)李昉:《太平廣記》卷四五九《王思同》

(清泰元年)七月,詔禮部郎中、知制誥吕琦,賜紫金魚袋。初,帝
河中失守,歸清化里第,罕得出入。琦寓止在帝左右,凡有奏請謀度
之事,遣韓昭諮於琦而後行。既君天下,深念疇昔,故前命知制誥。
至是,有金章之錫。庚申,贈前京兆府高陵令郝詡爲兵部郎中;故鳳
翔節度押衙朱廷乂爲尚書右僕射。初,帝在岐陽,將起兵,召謀略之
士,詡自言有鬼谷捭闔之術,廷乂自許氣俠。令二人相繼往長安說王
思同,二人未還,會藥彦稠至,知是岐下來,思同不獲已,拘詡送京師。
廷乂初謂帝曰:"必令思同效用。事或蹉跎,勞一匕首耳!"從者以此
語告思同,乃殺之。故有是贈。

(宋)王欽若等編纂:《册府元龜》卷一七二《帝王部》

夏魯奇,字邦傑,青州人,幼有雄傑之志。初仕宣武軍爲軍校,與
主將不協,遂歸於我,莊宗以爲護衛指揮使。從周德威攻幽州,燕將
有單廷珪、元行欽,時稱驍勇。魯奇每與之接戰,莫不氣勢凌制。每
鬥不能自解,將士皆釋兵縱觀,軍中稱賞。梁將劉鄩在洹水,莊宗深
入致師,劉鄩設伏魏縣西南河曲間葭蘆中。莊宗不滿千騎,汴人伏兵
萬餘人,大譟而起,圍莊宗五六重。魯奇與王門關、烏得兒等奮命決
戰,自午至申,俄而李存審外救至方解。魯奇持鎗携劍,專衛莊宗,手
殺百餘人。是役烏得兒被擒,魯奇所傷盈膚。

(宋)王欽若等編纂:《册府元龜》卷三九六《將帥部》

夏魯奇,字邦傑,青州人也。初事宣武軍爲軍校,與主將不協,遂
歸於莊宗,以爲護衛指揮。從周德威攻幽州,燕將有單廷珪、元行欽,

時稱驍勇。魯奇與之鬥，兩不能解，將士皆釋兵從觀。幽州平，魯奇功居多。梁將劉鄩在洹水，莊宗深入致師，鄩設伏於魏縣西南葭蘆中。莊宗不滿千騎，汴人伏兵萬餘，大譟而起，圍莊宗數重。魯奇遂與王門關、烏德兒等奪命決戰。自午至申，俄而李存審兵至方解。魯奇持槍攜劍，獨衛莊宗，手殺百餘人。烏德兒等披擒，魯奇傷痍遍體，自是莊宗尤憐之。歷磁州刺史。中都之戰，汴人大敗，魯奇見王彥章，識之，單馬追及，槍擬其頸，彥章顧曰："爾非余故人乎？"即擒之以獻，莊宗壯之，賞絹千匹。梁平，授鄭州防禦使。四年，授河陽節度。

（宋）王欽若等編纂：《冊府元龜》卷三四七《將帥部》

夏魯奇爲護衛指揮使。天祐中，從周德威平幽州，魯奇功居多，歷磁州刺史。中都之戰，汴人大敗，魯奇見王彥章，識之，單馬追及，擒之以獻。梁平，授鄭州防禦使。

（宋）王欽若等編纂：《冊府元龜》卷三六〇《將帥部》

夏魯奇爲慈州刺史，中都之戰，汴人大敗，魯奇擒王彥章以獻，莊宗壯之，賞絹千匹。梁平，授鄭州防禦使。

（宋）王欽若等編纂：《冊府元龜》卷三八七《將帥部》

夏魯奇，天成四年鎮遂州。軍府將吏上言，以節度使到任已來有善政七條以安百姓奏。敕：魯奇宣力兩朝，統戎三鎮，居富庶之地，無奢侈之心，上爲國家，下安生聚，每行公道，全塞倖門，儻非大洽人情，詎致遠聞余聽？有兹爲作，宜示褒稱，仍下諸州，令各知悉。時孟知祥、董璋據有兩川，魯奇僻居南鄙。董璋之叛，與知祥攻遂州，旬月援路斷絶，兵盡食窮，勢知必屈，乃自刎而卒。上以其盡節王事，聞其死也，慟哭久之，給其家錢百萬、絹千匹、粟麥等，贈太師，封齊國公。

（宋）王欽若等編纂：《冊府元龜》卷一四〇《帝王部》

夏魯奇，初在梁事王彥章爲軍吏，與主將不協，遂歸於莊宗，以爲護衛指揮使。故城之戰，軍中識魯奇，皆憚之，曰：“此乃夏七也。”北師嘗言王彦章驍勇，畏之。魯奇曰：“王鐵鎗膽如芥子，吾最知之，無足可畏。”

（宋）王欽若等編纂：《册府元龜》卷三九三《將帥部》

後唐夏魯奇奏：“臣考限已滿，乞差替人。”懼董璋侵噬故也。

（宋）王欽若等編纂：《册府元龜》卷四五三《將帥部》

夏魯奇，明宗天成初自河陽移鎮許州，百姓官吏填門，號泣留一年，如是數日，不能别。魯奇曰：“吾爲天子軍民長吏，遲留違詔，國有常刑，多謝父老，勿貽我譴。”父老曰：“拜章聞天可也，公不可行！”乃至卧輪斷鐙，塹守軍門。明宗遣中使慰譬之方解，父老號泣攀隨，交境而去。

（宋）王欽若等編纂：《册府元龜》卷六八三《牧守部》

樂彦稠，明宗時授邠州節度使。詔會兵制置鹽州，蕃戎逃遁，獲陷蕃士庶千餘，並遣復鄉里。

（宋）王欽若等編纂：《册府元龜》卷三九七《將帥部》

裴彦稠，長興中與康福率師自并兒族入白魚谷，追及皆叛，党項、白馬、盧家六族、客户三族，獲大首領連李、八薩王、都統悉那埋摩、侍御乞埋嵬、悉逋等六人，兼黨類二千餘人，獲駞馬牛羊數千計。至晚，師還野次，其地無水，軍士方渴，俄有風雲自東起。是夜初更，降雪一尺，軍中以爲神助。

（宋）王欽若等編纂：《册府元龜》卷三九八《將帥部》

藥彦稠，爲河陽馬步都將，領鄧州刺史。天成中，從王晏球討王都於定州，平之，遷侍衛步軍都虞候，領壽州節度使。會河中指揮使楊彦温作亂，以彦稠爲副招討使討平之。長興中，吐蕃劫回鶻入朝使烏崙紅貢物，詔遣方渠屯戍、充步騎都部署，尋令入吐蕃。過靈武道土橋，搜索盡獲回鶻所貢駝馬、寶玉、藥物，因殺爲盜蕃部，擒首領而還。尋授邠州節度使。

　　（宋）王欽若等編纂：《冊府元龜》卷三六〇《將帥部》

　　高渤海，蔚人，少好兵術，釋褐右金吾衛曹參軍。

　　（宋）王欽若等編纂：《冊府元龜》卷三九一《將帥部》

　　李再豐，爲右武衛大將，致仕。再豐故鎮帥王鎔之裨校，家世從軍。再豐粗通星氣式法之學，每征伐戰陣，自用其法，鮮有敗失，軍中目爲李靖。

　　（宋）王欽若等編纂：《冊府元龜》卷三九一《將帥部》

　　李再豐，故鎮帥王鎔之裨校。張文禮害王鎔，時再豐與別將符習、趙仁真在德勝聞鎮州歸梁，號哭請兵於莊宗，誓擒文禮。及事定，用爲冀州刺史。

　　（宋）王欽若等編纂：《冊府元龜》卷八〇四《總録部》

　　後唐符習爲鎮州王鎔都校。自莊宗經略河朔，與鎔連衡，嘗令率師從征，鎔爲大將軍王德明所害，德明據鎮州。時習在德勝行臺，德明上書，請習歸藩。莊宗召習謂之曰：“王德明召爾歸藩，自爲行計。”習雨泣而進曰：“臣本趙人，家世事王氏，常效忠義，而德明乃幽滄叛卒，趙王知人不盡，過意任使，果致此反噬。臣等雖不武，願在霸府，血戰而死，不能委身於凶首，被其屠割。”莊宗曰：“爾等既懷舊君之愛，則能復仇乎？吾當助爾。”習等舉身投地，號動感激，良久謝曰：“王必以故使輔翼之勞，雪其冤耻，臣不敢期師旅爲助，但悉本軍，可以誅其逆竪。”帝即令閻寶、史建塘助習，興師討德明，乃以習爲鎮冀節度留後。及德明誅，將正授節鉞，習不敢當其任，辭曰：“臣緣故使未葬，無嗣息，臣合服斬衰，候臣禮制畢聽命。”及莊宗兼領鎮州，乃割相、衛二州，置義寧軍，以習爲節度使。習奏曰：“魏博六州，霸王之府。不宜遽有割隸，但授臣河南一鎮，臣自攻取便也。”乃授天平軍節度，鄆、齊、棣觀察，東南面招討等使。習有器度，性忠壯，於荷恩感遇之際，而能奮勵思報。自莊宗十年沿河拒戰，左掎右角，習常以本軍景從，心無顧望，諸將服其爲人。

（宋）王欽若等編纂：《册府元龜》卷七二五《幕府部》

符習，趙州昭慶縣人。少以軍卒事節度使王鎔，積功至都校。自莊宗爲晉王，經略河朔，與鎔連衡，常令習率師從征。鎔爲大將王德明所害，德明據鎮州。時習在德勝行臺，德明上書請習歸藩。莊宗詔習，謂之曰：“王德明召爾歸藩，自爲行計。”習雨泣而進曰：“臣本趙人，家世事王氏，常效忠義。而德明乃幽滄叛卒，趙王知人不盡，過意任使，果致此反噬。臣等雖不武，願在霸府，血戰而死。不能委身於凶首，被其屠割。”莊宗曰：“爾等既懷舊君之恩，則能復仇乎！吾當助爾。”習等舉身投地，號慟感激良久，謝曰：“王必以故使輔翼之勞，雪其冤恥，臣不敢期師旅爲助，但悉本軍，可以誅其逆豎。”莊宗即令閻寶、史建塘助習興師討德明，乃以習爲鎮冀節度留後。及德明誅，將正受鉞，習不敢當其任，辭曰：“臣緣故主未葬，無嗣息，臣合服斬衰，候臣禮制畢聽命。”及莊宗兼領鎮州，乃割相、衛二州，置義寧軍，以習爲節度使。習奏曰：“魏博六州，霸王之府，不宜分割以示弱。但授臣河南一鎮，得自攻取便也。”乃授天平軍節度，鄆、齊、棣觀察，東南面招討等使。

（宋）王欽若等編纂：《册府元龜》卷八〇四《總録部》

符習，以太子太師致仕。習家素貧，求歸田里，許之，乃歸招慶縣。時其子令謙爲趙州刺史，習飛鷹痛飲，私游田里，不集朋徒，不過郡邑，如此累年。

（宋）王欽若等編纂：《册府元龜》卷八九九《總録部》

安叔千新授振武節度使，賜赴鎮。帝面論：“狂虜侵寇，以爾知虜情狀，所以委任。”賜戎服、金帶、銀器，其牙兵賜物有差。又賜茶五百斤、馬五十匹。

（宋）王欽若等編纂：《冊府元龜》卷七八《帝王部》

安叔千，初仕後唐莊宗，爲奉安都將。天成初，王師伐定州，命爲先鋒都指揮使。王都平，授秦州刺史，連刺涿、易二郡。清泰初，契丹寇振門，叔千從晉祖逆戰，敗之，進位檢校太保、振武節度使。晉祖踐阼，就加同平章事。

（宋）王欽若等編纂：《冊府元龜》卷三八七《將帥部》

周安叔千，後唐清泰初爲振武節度使。時契丹屢攻振武，叔千固守追襲，數載甫寧。

（宋）王欽若等編纂：《冊府元龜》卷四二九《將帥部》

安叔千，晉高祖朝爲振武節度使，習騎射，嘗備邊於塞上，亦事太祖、莊宗，嘗率驍騎爲前鋒。

（宋）王欽若等編纂：《冊府元龜》卷八四六《總録部》

漢安叔千，初仕晉。少帝開運初，爲左金吾衛上將軍。獯戎犯闕，百僚迎見於赤崗。虜主登高崗，駐馬而撫諭漢官。叔千出班夷言，虜主曰：“是安沒字否？卿少在邢州，屢貢章表，有以見卿之效忠也。”俄授鎮國節度。未幾，高祖革命，代歸京師，自以嘗附虜庭，居常愧惕。久之，授太子太師致仕。

（宋）王欽若等編纂：《冊府元龜》卷九二三《總録部》（後晉？）

安叔千爲滄州節度，奏圄圉空。詔曰：“安叔千折獄惟良，化民有術，治彼無訟，使之知禁。鳴枹息於砥路，茂草生於圄土。求之古人，何以臻此。三載考績，不忘明允之能；五刑有服，無違中正之道。以斯爲政,良可嘉焉。"

(宋)王欽若等編纂:《册府元龜》卷六七三《牧守部》

安叔千爲太子太師,叔千以都城内難之際,軍士未戢,其家財無孑遺,大遭笞捶,以是成疾。請歸洛都,卒。

(宋)王欽若等編纂:《册府元龜》卷九四〇《總録部》

王商,後唐天成中爲靈武都指揮使。久之,代還。清泰中,張令昭據鄴叛,商從范延光討之,首冒矢石,率先登城,以功授祁州刺史。

(宋)王欽若等編纂:《册府元龜》卷三八七《將帥部》

後唐陶玘者,同光末從元行欽軍於魏博,充行營寨主,及人情有歸,玘以所部兵從明宗至臨黄,署許州留後,兼行營馬步使,至白皋渡,安重誨之從人争舟,玘斬之以徇,軍士畏之。

(宋)王欽若等編纂:《册府元龜》卷四〇一《將帥部》

陶玘,明宗天成初鄧州留後。聚斂無節,贓污頗甚,爲所部縣令盛歸仁所訟,貶嵐州司户,後賜死。

(宋)王欽若等編纂:《册府元龜》卷四五五《將帥部》

安重霸初爲蜀守秦州,聞明宗起河北,即時遣使以秦城等州來降。天成初,用爲閬州團練使。未幾召還,爲左衛大將軍。常懷奸佞,探人主意,明宗尤愛之。長興末,明宗謂侍臣曰:"安重霸,朕之故人,以秦州歸國,其功不細,酬以團練防禦,恐非懷來之道。"范延光曰:"將校内有自河東、河北從陛下龍飛,故人尚有未及團防者,今若遽授重霸方鎮,恐爲竊議。"明宗不悦。未幾,竟以同州節鉞授之。

(宋)王欽若等編纂:《册府元龜》卷一八〇《帝王部》

安重霸爲同州節度使,長興末上言斬都頭張璠,使酒訛言故。

（宋）王欽若等編纂:《冊府元龜》卷四〇一《將帥部》

安重霸,長興初以虢州刺史除監門衛上將軍致仕。

（宋）王欽若等編纂:《冊府元龜》卷八九九《總録部》

安重霸善事人,好賂遺君側,人目之爲傀涉尾切胡。

（宋）王欽若等編纂:《冊府元龜》卷九三九《總録部》

擣蒜老:五代後唐安重霸也。《本傳》

（明）陶宗儀:《説郛》卷三《實賓録》

蜀簡州刺史安重霸瀆貨無厭。州民有油客者姓鄧,能棋,其家亦贍。重霸召對敵,只令立侍。每落一子,俾其退立於西北牖下。俟我算路,乃始進之,終日不下十數子而已。鄧生倦立且饑,殆不可堪。次日又召,或有諷鄧生曰:"此侯好賂,本不爲棋,何不獻賂而自求退。"鄧生然之,獻中金三錠。獲免。

（宋）李昉:《太平廣記》卷二四三《安重霸》

蜀簡州刺史安重霸,瀆貨無厭。州民有油客者姓鄧,能棋,其家亦贍。重霸名對敵,只令立侍,每落一子,俾其退立於西北牖下。候我算路乃始進之,終日不下十數子而已。鄧生倦,立且饑,殆不可堪。次日又召,或有諷鄧生曰:"此侯好賂,本不爲棋,何不獻賂而自求退!"乃獻中金三錠,獲免。

（宋）祝穆:《古今事文類聚》前集卷四二

後唐安重霸任京兆尹。先是蔡雍之間,令長設酒食,私丐於部民者,俗謂之"擣蒜"。及重霸之鎮長安,亦爲之,故秦人目重霸爲"擣蒜老"。

（宋）馬永易:《實賓録》卷一〇

安道進者,雲州節度重霸之弟也。性尤凶惡,事莊宗,以試劍殺人,奔淮南。初,重霸在蜀,聞之蜀主,取之於吳,用爲裨將。隨重霸爲龍武小將,戍長道,又以殺人奔歸洛陽。

(宋)王欽若等編纂:《冊府元龜》卷九四一《總錄部》

有安道進者,即故雲州帥重霸季弟,河東人也,性凶險。莊宗潛龍時,爲小校,常佩劍列於翊衛,忽一日拔而玩之,謂人曰:"此劍也,可以刺鍾切玉,孰敢當吾鋒鋩?"旁有一人曰:"此又是何利器,妄此誇譚?假使吾引頸承之,安能快斷乎?"道進曰:"真能引頸乎?"此人以爲戲言,乃引頸而前,遂一揮而斷,旁人皆驚散。道進携劍,日夜南馳,投於梁主。梁主壯之,俾隸淮之鎮戍。有掌庚吏,進謂曰:"古人謂洞其七札爲能,吾之鈷鏃,可徹其十扎矣,爾輩安知之?"吏輕之曰:"使我開襟俟之,能徹吾腹乎?"安曰:"試敢開襟否?"吏即開其襟,道進一發而殪之,利鏃逕過,植於墻上。安蓄一犬一婢,遂挈而南奔,晝則從於盧荻中,夜則望星斗而竄。又時看眼中神光,光多處爲利方,光少處爲不利,既能伏氣,遂絕粒。經時抵江湖間,左挈婢,右携犬,而輒浮渡,殊無所損。淮帥得之,擢爲裨將,賜與甚豐。時兄重霸事蜀,亦爲列校,聞弟在吳,乃告王。蜀主王嘉其意,發一介以請之。迨至蜀,亦爲主將,後領兵戍於天水營長道縣。重霸爲招討馬步使,駐於秦亭縣。民有愛子,托之於安,命之曰廳子。道進適往戶外,廳子偶經行於寢之前。安疑之,大怒,遂腰斬而投於井,其家號訴於霸,傳送招討使王公。至於南梁,王公不忍加害,表救活之。及憾其元昆,又欲害其家族,兄家閉卜戶防之。蜀破,道進東歸。明宗補爲諸州馬步軍都指揮使。後有過,鞭背卒。

(宋)李昉:《太平廣記》卷二六九《安道進》

高行珪,燕人,將家子。家世勇悍,後爲安州節度使。

(宋)王欽若等編纂:《冊府元龜》卷八四七《總錄部》

高行珪,燕人也。家世勇悍,與弟行周俱有武藝。初仕燕,爲騎將。驍果出諸將之右。

(宋)王欽若等編纂:《册府元龜》卷三九六《將帥部》

後唐高行珪爲安州節度使,事多不遵法制。副使范廷策者,幽州人也。性剛直,睹其貪猥,因强諫之,行珪不從。後廷策因入奏,獻封章於闕下,事有三條:一請不禁過淮猪羊,而禁絲綿匹帛,以實中國;一請於山林要害,置軍鎮以絶寇盜;一述藩侯之弊,請敕從事明諫諍之,不從,令諸軍校列班廷諍。行珪聞之,深銜之。後因戍兵作亂,誣奏廷策與之同謀,父子俱戮於汴,聞者冤之。

(宋)王欽若等編纂:《册府元龜》卷四四〇《將帥部》

高行周隸明宗帳下,初爲裨將。趙德鈞識之,謂明宗曰:"此子貌厚而小心,它日必大貴,宜善待之。"

(唐)白居易、(宋)孔傳:《白孔六帖》卷四三

高行周,初仕後唐,遷潁州團練使。郡境比多鷙獸,一日,牧竪言有伏虎,即跨馬彎弧視之,虎見騎集,奰吻而起,行周矢一發,洞胸而斃。

(宋)王欽若等編纂:《册府元龜》卷八四六《總録部》

高行周初仕後唐,爲絳州刺史。天成中,預平朱守殷於浚下。其攻王都於中山,與符彦卿爲馬軍左右廂都將,敗王都,擒禿餒,首功也,累遷天平軍節度使。杜重威據鄴叛,用行周總兵討之。鄴平,授鄴都留守、守太尉,封臨清王。

(宋)王欽若等編纂:《册府元龜》卷三六〇《將帥部》

高行周,初隸後唐明宗帳下。時明宗爲總管,襲鄆州,行周爲前軍,夜涉河入東城,比曙平之。及莊宗平河南,累加檢校太保,領端州刺史。明宗即位,行周從王景球圍定州,敗王都,擒禿餒,皆有功。賊

平,遷潁州團練使。晉末,爲鄆州節度使。漢高祖入汴,加守太傅兼中書令,代李守貞爲天平軍節度使。杜重威據鄴叛,漢高祖以行周爲招討使,總兵討之。鄴平,授鄴都留守,加守太尉,進爵臨清王。乾祐中,入覲,加守太師,進封鄴王,復授天平軍節鉞,改封齊王。太祖踐阼,加尚書令,贈食邑至一萬七千户。太祖以行周耆年宿將,賜詔不名,但呼王位而已。廣順二年秋薨,贈賻加等,册贈尚書令,追封秦王。

(宋)王欽若等編纂:《册府元龜》卷三八七《將帥部》

周高行周,漢高祖時爲太傅。及杜重威叛,行周爲招討使。時張鵬爲鎮州副使,過鄴城,行周接之甚歡。鵬因言及晉朝傾亡之事,少帝任用失人,藩輔之臣,惟務積財富家,不以國家爲意,以至宗社泯滅,非獨帝王之咎也。行周性本寬厚,不以鵬言爲過。鵬既退,行周左右謂行周曰:"張副使之言,蓋譏令公也。"行周因發怒,遂奏鵬怨國訕言,故朝廷降詔,就誅於常山。

(宋)王欽若等編纂:《册府元龜》卷九三三《總録部》

周高行周,太祖時爲鄆州節度使。以降詔不呼名,上章讓曰:"陛下每降詔書,過逾常制。耳聞宣讀,心不遑安。詔書呼名,人臣常分,乞不逾聖制者。"太祖初踐阼,志懷謙抑,藩岳元老,多不呼名。與行周詔,即呼齊王,故有是奏。

(宋)王欽若等編纂:《册府元龜》卷四〇九《將帥部》

高行周,仕晉爲侍衛親軍都指揮使、鄆州節度使。李彦韜爲侍衛都虞候,可否在己,晉王莫不聽從。行周雖典禁兵,心游事外,退朝歸第,門宇蕭然,賓友過從,但引滿而已。屢求還鎮,初未允從,後彦韜、馮玉委用轉深,欲擅權勢,故許行周歸藩。

(宋)王欽若等編纂:《册府元龜》卷四〇五《將帥部》

李懷忠初事後唐，莊宗赴援夾城之役，懷忠率先登城轉鬥，其衆大敗。後以太子太傅致仕卒。

（宋）王欽若等編纂：《册府元龜》卷八四七《總録部》

李懷忠初仕後唐，爲陝府都指揮使。天成中，康福授靈武節度，時蕃部作梗，屯於保靜，命懷忠援送，攻破諸戎，道途無滯。歷許州、滄州都指揮使，遥領辰州刺史。

（宋）王欽若等編纂：《册府元龜》卷三六〇《將帥部》

李懷忠形質魁壯，勇敢出人，後至左武衛上將軍。

（宋）王欽若等編纂：《册府元龜》卷八八三《總録部》

丁會爲昭義節帥，常懼梁祖雄猜，疑忌功臣。忽謂敬翔曰："吾夢丁會在前祗候，吾將乘馬欲出，圉人以馬就臺，忽爲丁會跨之以出。時夢中怒，叱喝數聲，因驚覺，甚惡之。"是月丁會舉潞州軍民歸河東矣。

（五代）孫光憲：《北夢瑣言》卷一六

丁會，唐末爲宣武軍都押衙。自梁祖誅秦宗權，併時溥，屠朱瑄、朱瑾，會常以兵從，多立奇功，授昭義軍節度使、同平章事。武皇攻潞，會以州歸，授都招討使，加檢校太尉。莊宗嗣王位，與會決謀，破汴軍於夾城。

（宋）王欽若等編纂：《册府元龜》卷三六〇《將帥部》

後唐丁會，字道隱，壽春人。幼放蕩縱橫，不治農産，常隨哀挽者學紼謳，猶嗜其聲，位至昭義節度使。

（宋）王欽若等編纂：《册府元龜》卷八五五《總録部》

毛璋爲遼州刺史。天祐中，從莊宗征河上，屢有戰功。同光元年，梁平，授華州節度使。三年，王師討蜀，以璋爲行營右廂馬軍都指揮使,充魏王繼岌前驅。蜀平,璋功居多,授邠州節度使。

(宋)王欽若等編纂:《册府元龜》卷三六〇《將帥部》

毛璋爲華州節度使,以平蜀功授邠州節度。璋既家富於財,又有蜀之妓妾,驕僭自大,事多不法。

(宋)王欽若等編纂:《册府元龜》卷四五四《將帥部》

後唐毛璋,爲華州節度使。莊宗同光末,討蜀,以璋爲行營右厢馬軍都指揮使。魏王繼岌自西川至渭南,部下散亡,其財貨、妓樂爲璋所掠。

(宋)王欽若等編纂:《册府元龜》卷四五五《將帥部》

張溫爲永清都校,歷武州刺史、山後八軍都將。天祐中,從莊宗襲契丹於幽州,收新州,歷銀槍效義都指揮使。同光初,北戎陷嬀、儒、檀、順、平、薊六州,武州獨全,改授蔚州刺史。

(宋)王欽若等編纂:《册府元龜》卷三六〇《將帥部》

張溫爲武州刺史。同光初,北戎陷嬀、儒、檀、順、平、蘇六州,武州獨全。

(宋)王欽若等編纂:《册府元龜》卷四二九《將帥部》

孔勍,初仕梁,爲唐鄧節度使。貞明中,王球據襄州叛,勍討平之,授山南東道節度使。

(宋)王欽若等編纂:《册府元龜》卷三六〇《將帥部》

孔勍以前河陽節度使兼侍中請老,除太子太師致仕。

(宋)王欽若等編纂:《册府元龜》卷八九九《總録部》

竇夢徵初登進士第,謁孔勍於襄州,處之賓席。然薄於禮遇,終無正衙,鬱鬱不得志,無幾離職。

　　（宋）王欽若等編纂:《冊府元龜》卷九五三《總錄部》

　　李紹真爲北面副招討使。同光四年,紹真遣人奏收復邢州,擒賊帥趙泰等二十一人,令負斧鑕徇於鄴城下,既而磔於軍門。

　　（宋）王欽若等編纂:《冊府元龜》卷三六〇《將帥部》

　　梁漢顒,太原人,少事後唐武皇,初爲軍中小校,善騎射,勇於格戰。莊宗之破劉仁恭、王德明及與梁軍對壘於德勝,皆預其戰,累功至龍武指揮使。

　　（宋）王欽若等編纂:《冊府元龜》卷三六〇《將帥部》

　　梁漢顒鎮揚州,後唐長興四年夏,以眼疾授太子少師致仕。高祖素與漢顒有舊,及即位之初,漢顒朝謁,再希任使,除左威衛上將軍。

　　（宋）王欽若等編纂:《冊府元龜》卷九三六《總錄部》

　　梁漢顒,爲威衛上將軍。漢顒雖起於行陣,植性溫厚。軍政之暇,不倦接納。歷數鎮,家無餘積,亦武臣之廉者。

　　（宋）王欽若等編纂:《冊府元龜》卷四〇六《將帥部》

　　范延光,爲樞密使。長興三年二月,明宗顧謂侍臣曰:"朕昨日以雨霽,暫觀綠野,遥望西南山坡之下,初謂群羊,俯而密之,乃貧民耦耕,朕甚憫焉。"范延光對曰:"陛下輕徭薄賦,所以村落之間日勤於稼穡也。"是時帝哀疲民多無耕牛,剾地以種,延光以爲勤於稼穡,豈主上憂民之意歟!

　　（宋）王欽若等編纂:《冊府元龜》卷三三九《宰輔部》

　　范延光,明宗時爲樞密使。長興中,新授許州節度使。孟鵠謝退,帝目送之,顧謂侍臣曰:"孟鵠掌三司幾年,得至方鎮,大奇事。"延光奏曰："鵠於同光世已爲三司句官，天成初爲三司副使，出刺相州，入判三司又三年。"帝曰："鵠實幹事人，以至此方鎮，争不勉旃？"鵠與延光俱魏人，鵠在相州，延光自鎮州歸朝，鵠厚相結托。暨延光掌樞密，援引判三司，又致節鉞。帝心知其圖，要有諷勸，故延光委曲陳述，帝所以云"争不勉旃"。

（宋）王欽若等編纂：《册府元龜》卷三三七《宰輔部》

范延光爲宣武軍節度使。會魏府屯將張令昭逐其帥劉延皓，據其城，令延光討而平之，遂授鄴都留守。

（宋）王欽若等編纂：《册府元龜》卷三六〇《將帥部》

范延光爲汴州節度，清泰三年，以汴州觀察判官王仁裕仕蜀，至中書舍人。蜀亡，東徙，累爲藩府從事。至是，延光言其不可滯於賓佐，帝亦知之，故以爲司封員外郎，知制誥，充翰林學士。

（宋）王欽若等編纂：《册府元龜》卷八二八《總録部》

范延光爲樞密使，上表陳情，乞解樞務。優詔不允，令皇城使翟光鄴宣旨云："卿避重難則便矣，誰當荷重難者？勿復興言。要遂陳請，十年爲予致太平後，即允卿辭避。"帝御中興殿，延光稱疾甚，上表陳情。帝謂樞密使趙延壽曰："延光又貢章疏，懇求退避，其意如何？莫是朕之失德，不可扶持否？"延壽曰："延光位高責重，畏懼滿盈，所以求退與舊臣迭處。祗如臣素無才術，因緣戚屬，冒昧渥恩，自掌樞密，常多憂惕，所希舊臣迭處，然後乞在散班。不謂延光先有陳情。延光之心，臣知之矣，固不願遠違宸扆，須避樞機，但以此職望重責深，動貽官謗，向來處者，罕有保全。所謂人之所畏，不可不畏。"帝曰："卿言是也，然家國之事仗卿等披榛。故人總欲舍予，予誰共治？卿見延光，道予此語，勉就公參。"又令中使楊敬達就延光第宣旨。延光又上第三章陳乞，優答不允。

（宋）王欽若等編纂：《册府元龜》卷七八《帝王部》

晉高祖天福四年春正月,詔太子太師致仕范延光,賜宴便殿。以延光嘗爲僞主帥,師拒我義旌,識量幽狹,不體大觀,乃至嬰城叛命。及降,雖著以信誓,委之方任,而又表乞致仕。常内疚其心,狐疑怏怏,故休假之内,賜其款密,謂之曰:"無忿疾以傷厥神,無憂思以勞厥衷,朕將忧裕四方,豈有食言於汝也?"延光俯伏拜謝,其心遂安。

（宋）王欽若等編纂:《册府元龜》卷九九《帝王部》

五代范延光兵行,張蓋操扇。

（唐）白居易、（宋）孔傳:《白孔六帖》卷一四

衛審崚初仕後唐,爲河中都指揮使。康福除靈武節,奉宣授送赴鎮,爲一行步軍都指揮使。破吐蕃於青崗峽,擊李賓於河西,有功,授鄆州刺史、檢校司空。

（宋）王欽若等編纂:《册府元龜》卷三六○《將帥部》

張萬進,少而無賴。初事唐武皇,以騎射著名,攻城野戰,勇不顧命。嘗與梁師對陣,持鋭首短刀,躍馬獨進,務逞其志。殺而不獲,及兵刃毀弱,則易以大鎚,左右奮擊,出没往返,彌縫皆斷,無敢當者。莊宗、明宗素憐其雄武,復獎其戰功,故累典大郡。

（宋）王欽若等編纂:《册府元龜》卷三九六《將帥部》

後唐李冲爲華州節度使。初,明宗至京師西征,軍未旋,命冲爲華州都監,令應接之。冲至華,迫華師史彥鎔入朝。李存敬至華,冲盡誅其家。俄而,任圜領西征大軍至,招討推官張礪、六軍推官李松等,因言西征監軍官李從襲,欲圖任圜,幾覆西軍。慮至京師,妄生間諜,君宜矯制誅之。冲即遣牙兵數十人,擒之軍中,斬首以徇。史彥鎔以逼己歸朝深怨冲,泣訴於安重誨。重誨怒,冲復令彥鎔歸華,詔冲歸朝。

（宋）王欽若等編纂:《册府元龜》卷四四九《將帥部》

後唐李沖,爲平盧軍節度使房知溫行軍司馬。初,明宗鎮北面,知溫爲副部,署廢帝爲別將。長興末,知溫在青州,位望驕倨,及聞京師變起,廢帝起鳳翔,陰有窺伺之志,嘗於密室召沖謀之曰:"吾嘗爲明宗軍副,自有天下,吾受恩隆異。今岐陽不順,内侮王室,豈可坐觀其危亡哉?吾養士數千,鎧仗萬計,有錢數室,今圖建義,何慮不成?"沖曰:"以公之英武,誠如所料。然主上沖年,未更大事,以岐帥之聲望勇略,世亦罕儔,又藉以屬親,以强侮弱,何事不濟?禍福糾纏,不可誤計也。僕願爲公奉表而西,徐觀其釁,然後圖之。"及沖到京,廢帝已改元踐阼,群藩職貢。沖還,優詔奬諭。沖謂知溫曰:"京邑熙熙然,速宜入覲,以保遠圖。"及知溫至,帝以宿舊,待之異禮。

　　　　　　(宋)王欽若等編纂:《册府元龜》卷七二二《幕府部》

周周密,字德峰,初仕後唐武皇,爲軍職。莊宗之平常山,明宗之襲汶陽,密皆從征有功。

　　　　　　(宋)王欽若等編纂:《册府元龜》卷三六〇《將帥部》

周周密初仕晉,爲延州節度使。會契丹陷中原,延州軍亂,立高允權爲帥。時,密據東城,允權據西城,相拒久之。會漢高祖建義於太原,遣使安撫。密乃弃其城,奔於太原,隨漢高祖歸汴。

　　　　　　(宋)王欽若等編纂:《册府元龜》卷四五〇《將帥部》

朱洪實,不知何許人,以武勇累歷軍校。長興中,爲馬軍都指揮使。秦王爲元帥,以洪實驍果,尤寵待之。

　　　　　　(宋)王欽若等編纂:《册府元龜》卷三九六《將帥部》

朱洪實爲馬軍都指揮使。時朱弘昭爲樞密使,勢焰尤盛,洪實以宗兄事之,意頗相協。

　　　　　　(宋)王欽若等編纂:《册府元龜》卷九四五《總録部》

朱洪實爲馬軍都指揮使。閔帝應順元年三月,判六軍諸衛事。唐義誠將議出征,帝幸左藏庫,親給軍士錢帛。是日,義誠與洪實同於庫中,面論用兵利害。洪實言:"自出軍討逆,累發兵師。今聞小衄,無一人一騎來者,不如禁軍,據門自固。彼安敢徑來,然後徐圖進取,全策也。"義誠怒曰:"若如此言,洪實反矣!"洪實曰:"公自惟誰反?"其聲漸厲。帝聞,召而詳之。洪實猶理前謀,又曰:"義誠言臣圖反,據發兵計,義誠反必矣!"帝不能明辨,遂命誅洪實。

(宋)王欽若等編纂:《册府元龜》卷四五六《將帥部》

朱漢賓,唐末事梁太祖,與諸將破蔡賊有功。天復中,授右羽林統軍。

(宋)王欽若等編纂:《册府元龜》卷三六〇《將帥部》

梁貞明中,朱漢賓鎮安禄之初,忽一日,曙色纔辨,有大蛇見於城之西南。首枕大城,尾拖於壕南岸土地廟中,其魁可大如五斗器,雙目如電,呀巨吻,以瞰於城。其身不翅百尺,粗可數圍,跨於羊馬之堞,兼壕池之上,其餘尚蟠於廟垣之内。有宿城軍校,卒然遇之,大呼一聲,失魂而逝。一州惱懼,莫知其由。來年,淮寇非時而至,圍城攻討,數日不破而返。豈神祇之先告歟?

(宋)李昉:《太平廣記》卷四五九《朱漢賓》

漢朱漢賓爲安州節度使,至郡期年,敵不敢犯,一境賴之。

(宋)王欽若等編纂:《册府元龜》卷三九三《將帥部》

朱漢賓在曹州日,飛蝗去境,父老歌之。臨平陽,遇旱,親齋潔禱龍子祠。逾日雨足,四封大稔,咸以爲善政之所致也。

(宋)王欽若等編纂:《册府元龜》卷六八一《牧守部》

朱漢賓,莊宗時爲左龍武統軍。明宗即位,以漢賓幸前朝,罷統軍，爲右衛上將軍。時樞密使安重誨方當委重，漢賓密令結托，得爲婚家。天成末，用爲潞州昭義軍節度使。

（宋）王欽若等編纂：《册府元龜》卷四四〇《將帥部》

朱漢賓，莊宗時爲左龍武統軍、河中節度使，朱友謙入朝，時西軍未還。閹伶用事，害友謙者不一，而漢賓伺知之。時明宗居洛陽，以友謙故人，置酒於第。莊宗諸弟在席時，友謙賜姓名繼麟，坐在永王重霸之上。酒酣，漢賓以大觥奉友謙曰："公雖名位高，坐於皇弟之上，非宜也。僕與公俱在梁朝，以宗姓相厚。自公入朝，三發單函候問，略無報復。忽於卑位，不已甚乎！"元行欽恐其紛然，乃解之曰："素爲昆仲，今讓兄何也？"明宗曰："統軍亦須飲大器。"方止。不數日，友謙赤族。

（宋）王欽若等編纂：《册府元龜》卷九二〇《總録部》

朱漢賓，初仕後唐。明宗長興二年七月，以前建雄軍節度使除太子少保致仕。漢賓與安重誨連婚姻，由是連領節鎮。及重誨伏誅，乃請致仕，非其志也。高祖即位，起爲潞州平陽節度使。舊有風痹，乃上表求退。朝廷允之，以太子少保致仕。漢賓還洛陽，有第在懷仁里，北限洛水，南枕通衢，層屋連甍，修木交幹，笙歌羅綺，日以自娱，養彼天和，保其餘齒，乃近朝知止之良將也。

（宋）王欽若等編纂：《册府元龜》卷八九九《總録部》

朱漢賓，明宗初爲右衛上將軍，時樞密使安重誨方當委重，漢賓密令結托，得爲婚家，乃除潞州節度使，移鎮晉州。重誨既誅，漢賓復爲上將軍。

（宋）王欽若等編纂：《册府元龜》卷八五三《總録部》

朱漢賓，亳州人，爲右衛上將軍，以太子少保致仕。東還亳郡，見鄉舊親戚，淪没者有塋兆未辨，則給以棺殯；有婚嫁未畢，則助以資幣。受其惠者數百家，郡人義之。

（宋）王欽若等編纂：《册府元龜》卷八〇四《總録部》

後唐朱漢賓，亳州人，少有膂力，形神壯偉，膽氣過人，位太子少保致仕。

（宋）王欽若等編纂：《册府元龜》卷八四五《總録部》

朱漢賓少有膂力，形神壯偉，膽氣過人，後至太子少保致仕。

（宋）王欽若等編纂：《册府元龜》卷八八三《總録部》

後唐朱漢賓，太子少保致仕，卒，贈太子少傅。至晉天福二年，太常博士林彌議謚曰：“漢賓常恃倜儻，不習廉隅。遏鄴都奸卒之訛言，時銷叛亂；却華師親隨之浮議，俗致安康。開國承家，忠貞保義。而又散己俸而代逋欠，辟荒榛而種麳麰。民有襦袴之謡，野無葅蒲之患。安民禁暴，威惠兼行。而又知進退存亡之理，得善始令終之名，亦所爲知幾其神也。謚法，忠道不撓，保節揚名曰貞；愛民好學，寬裕慈仁曰惠。請謚貞惠。”可之。

（宋）王欽若等編纂：《册府元龜》卷五九六《掌禮部》

《晉史》曰：朱漢賓少時善射，嘗因與同輩出獵，指一飛雁，隨矢而落。其鏃正中其臆，臆上貫一金錢，字有篆文，示其郡之碩學，皆無識者。人甚異之，繇是人皆號之“朱落雁”。

（宋）李昉：《太平御覽》卷九一七《羽族部四》

朱漢賓，少時善射，嘗因與同輩出獵，指一飛雁，隨矢而落，其鏃正中其臆，臆上貫一金錢，字有篆文，示其郡之碩學，皆無識者，人甚異之，繇是人皆號曰“朱落雁”。一云嘗爲落雁軍校。位至太子少保致仕。

（宋）王欽若等編纂：《册府元龜》卷八四六《總録部》

五代晉朱漢賓，少時善射，嘗與同輩出獵，射一飛雁，隨矢而落。其鏃止中雁臆，臆上貫一金錢，有篆文，示其郡之碩學，皆無識者，人甚異之。由是號爲“朱落雁”。

（明）彭大翼：《山堂肆考》卷二一一

閔帝時，宋令詢自帝在藩時，補爲客將，知書樂善，動皆縟禮。長興中，閔帝連殿大藩，遷爲都押牙，參輔閫政，甚有時譽。閔帝深委之。

（宋）王欽若等編纂：《册府元龜》卷七八《帝王部》

後唐宋令詢，不知何許人也。事閔帝藩邸，知書樂善，動皆縟禮。

（宋）王欽若等編纂：《册府元龜》卷七九四《總録部》

閔帝之在衛州也，惟磁州刺史宋令詢遣使問起居，聞其遇害，慟哭自經死。歐陽公《五代史》取死節者三人，死事者十人，而不及宋令詢，豈以其君微，其事略，故遺之歟！夫明宗非莊宗之子也，潞王非明宗之子也，閔帝雖不爲儲副，然明宗社稷真其國矣，所以不終者，身乏股肱，朝無楨幹，年在冲幼，胡能有定乎？故閔帝失，非其罪也。令詢不以其微而廢君臣之義，以死立志，不事潞王，雖王彥章、裴約何以加焉？是以表而出之。

（宋）胡寅：《讀史管見》卷二八

後唐劉仲殷，初爲秦州節度使，累年恃秦王親戚，聚財箕斂，剥喪生民，比户咨怨流涕。又招聚甲馬，意在掎角，以應秦王，然蜀人亦不敢窺邊。及秦王誅，大懼。閔帝即位，遣使存問，賜與甚厚。仲殷表辭鎮守，詔至京師納政，不允。凡所蓄兵馬財貨，貢奉殆盡，遂留宿衛。會朱馮用事，朱馮，弘昭也。以秦府之隙，日夕憂懼，貢奉之餘，秦州所存苞苴，嘗行賂遺。與韓昭嘗有舊，末帝未至，已潛結托。帝方以大義咎朱馮而雪秦府，韓昭嘗每言仲殷之强幹，故清泰元年，自上將軍,復爲宋州節度使。

(宋)王欽若等編纂:《册府元龜》卷四四〇《將帥部》

曹廷隱,本魏州人,爲本州典謁虞候,賀德倫使西迎莊宗於晉陽。莊宗既得鄴城,擢爲馬步都虞候,軍中號爲稱職。

(宋)王欽若等編纂:《册府元龜》卷七六六《總録部》

溫韜少無賴,拳人幾死。市魁將送官。謝過魁前,拜逾數百,魁釋之。韜每念之,以爲恥,既貴達,拍金薄爲搭膝,帶之曰:"聊酬此膝。"

(宋)陶穀:《清異録》卷上

五代溫韜,在梁爲耀州節度,唐諸陵在境内者,悉發之,取所藏金寶。而昭陵最固,悉藏前世圖書,鍾王紙墨,筆迹如新。莊宗滅梁,韜來朝,郭崇韜曰:"此劫賊罪不可赦。"韜納賂劉后,遽遣還鎮。明宗時賜死。

(宋)祝穆:《古今事文類聚》前集卷五〇

五代梁溫韜爲義勝軍節度使。在鎮七年,唐諸陵在其境内者,悉發掘之,取其金寶。徙鎮忠武,莊宗滅梁,韜自許來降,因令嬖人景進納賂劉皇后。皇后爲言之,莊宗待韜甚厚。郭崇韜曰:"此劫陵冢賊爾,罪不可赦。"莊宗曰:"已宥之矣,不可失信。"遽遣還鎮。頃之受代歸闕,久留京師,親黨或憂其闕乏,其子揚言曰:"使一裸體黃漢,足了一年支費。"蓋謂劫陵所得金偶人也。

(宋)馬永易:《實賓録》卷一四

溫韜仕梁,爲耀州節度使。在州七年,唐帝諸陵,發掘殆遍。盡取其金寶,惟乾陵以風雨屢作,終不能發。

(宋)王欽若等編纂:《册府元龜》卷四五五《將帥部》

後唐溫韜，初仕梁爲許州節度使。明宗即位，流於德州，俄賜死。長子延濬，清泰中爲泥水關使；次延沼，爲父牙帳都校；次延袞，鄧州指揮使，咸聚居許下。晉天福初，聞張從賓作亂於河陽，咸往依之。從賓慮其難制，悉斬於帳下。明宗自鄴初至洛陽，霍彥威怒韜前事，與段凝同收下獄，尋釋之，下教放歸田里。天成二年，竄於德州。是歲秋九月，詔曰：“德州流人溫韜，生爲黔首，起自綠林，依憑中夏干戈，劫盜本朝陵寢。遼州流人段凝，豺狼類性，梟獍爲謀，無辜而幾害平人，得便而常懷逆節。嵐州司戶陶玘，曾司藩翰，恣黷貨財，自處竄流，彌興怨望。憲州司戶石知訥，比居賓佐，合務參揮，當守殷閑，據夷門，發文字，扇搖戎帥。原州司馬聶嶼，擢從班列，委出親賢，不守條章，强買店宅，其後細詢行止，頗駭聽聞。喪妻未及於半年，別成婚媾。弃母動逾於千里，不奉晨昏。而皆自抵刑章，各行竄逐，都無省過，但出怨詞。在朕意雖欲含弘，於物論固難容舍，尚全大體，只罪一身，並令本處賜死。”

（宋）王欽若等編纂：《冊府元龜》卷九四二《總錄部》

王都據定州，守備固，伺察嚴。帝促王晏球攻城，晏球曰：“城高峻如此，借使主人聽外兵登城，亦非梯冲所及。”不若愛民養兵以俟之，晏球日以私財養士，自始攻，至克城，不戮一卒。

（宋）胡寅：《讀史管見》卷二八

王都，本姓劉，小字雲郎，中山陘邑人。太原王王處直養爲己子，後奪據父位，遷太尉、侍中。周玄豹見之曰：“王都形似鯉魚，難免刀機。”明宗即位，加中書令，以其奪據父位，心深惡之，後以謀叛自焚。

（宋）陳思：《小字錄》

《雜·王晏球傳》：“王都反，契丹遣惕隱以七千騎益都。”惕隱，典族屬官，見《遼史》第一百十六卷《國語解》。此事見《附錄·契丹傳》，而彼作“惕隱赫邈”，赫邈其名，而《晏球傳》屢單稱“惕隱”，似誤認爲人名。

（清）王鳴盛：《十七史商榷》卷九五

張籛，在後唐爲右千牛衛將軍同正、領饒州刺史。同光末，權知西京留守。魏王繼岌平蜀王衍，入朝，至秦州驛。莊宗遣中使向延嗣，盡戮王衍之族，所有奇貨盡歸於延嗣。繼岌至渭南死，衍金寶、妓樂，籛悉獲之。俄而，明宗使人誅延嗣，延嗣暗遁。衍之行裝，復爲籛有。後爲西衛將軍，時湖南馬希範與籛有舊，朝廷請命籛爲使，允之。籛密賫蜀之奇貨往焉，又獲十餘萬緡以歸。

（宋）王欽若等編纂：《册府元龜》卷四五五《將帥部》

張儉者，捧聖軍使李行德十將也。長興初，儉奏據告密人邊彥温云：“樞密承旨李虔徽弟説國家微發兵師，樞密使安重誨自爲都統，欲討淮南。”又云：“占相人言‘重誨貴不可言’。”是日，明宗謂重誨曰：“聞卿樹心腹，私市兵仗，欲自討淮南，有之否？”重誨惶恐，奏曰：“興師命將，出自宸衷，必是奸人構臣，願陛下窮詰所言者。”翌日，帝召侍衛指揮使安從進、藥彥稠等謂之曰：“有人告安重誨私置兵仗綱紀，將不利於社稷，將若之何？”從進等奏曰：“此是奸人結構，離間陛下勛舊。且重誨事陛下三十年，從微至著，無不盡心，今日何苦乃圖不軌？臣等以家族保明，必無此事。”帝意乃解，遂使中使就第召重誨，具以告事人邊彥温之言諭之。因面窮詰，彥温具伏誣告，即斬彥温於市。李行德、張儉並族誅。

（宋）王欽若等編纂：《册府元龜》卷九三三《總録部》

安承規，爲昭義軍都虞候，光火賊武章等劫州獄，奪其黨類，承規獨禦之，久無救應，爲衆所殺。

（宋）王欽若等編纂：《册府元龜》卷七六三《總録部》

五代後唐劉景巖，昂藏巨鼻，時人目之爲“大鼻”。歷四鎮，官至使相云。

（宋）馬永易：《實賓録》卷七

　　燕之舊將周歸祐，薊門更變之際，以劍柱心，刃自背出而不死。奔於梁，爲騎將之先鋒焉。十五年，夾河百戰，通中之瘡，往往遇之。後唐莊宗入洛，爲仇者於獵場席地俾坐，滿挽而射，貫腋而出，創愈無恙。仕至郡牧節度留後。竟死於牖下。

（宋）李昉：《太平廣記》卷一九二《周歸祐》

　　後唐墨君和，鎮州鼓刀之士也。鎮州王鎔初襲父位，爲節度。鎔爲晉人所侵，求救於幽州李威，威出軍爲鎔援。時威兵勢方盛，以鎔冲弱，有窺圖之志。威再來赴援，爲弟儔奪據其位。退無歸路，鎔乃館威於寶壽佛寺。鎔以威因己而失國，又感其援助之大，事之如父。鎔謁威於其館，威陰遣部下伏甲劫鎔抱持之，即並轡歸府舍。鎔軍拒之，竟殺威。鎔本疏瘦，時年始十七，當與威並轡之時，雷雨驟作，屋瓦皆飛。有一人於缺垣中望見鎔，識之，遂挾於馬上，肩之而去。翌日，鎔但覺頂痛頭偏，蓋因爲有力者所挾，不勝其苦故也。既而訪之，則君和也，遂厚賞之。

（宋）王欽若等編纂：《册府元龜》卷八七一《總録部》

　　真定墨君和，幼名三旺。世代寒賤，以屠宰爲業。母懷妊之時，曾夢胡僧携一孺子，面色光黑，授之曰："與爾爲子，他日必大得力。"既生之，眉目棱岸，肌膚若鐵。年十五六，趙王鎔初即位，曾見之，悦而問曰："此中何得崑崙兒也？"問其姓，與形質相應，即呼爲墨崑崙，因以皂衣賜之。是時常山縣邑屢爲并州中軍所侵掠，趙之將卒疲於戰敵，告急於燕王李匡威，率師五萬來救之。并人攻陷數城。燕王聞之，躬領五萬騎，徑與晉師戰於元氏。晉師敗績。趙王感燕王之德，椎牛釃酒，大犒於藁城。賫金二十萬以謝之。燕王歸國，比及境上，爲其弟匡儔所拒。趙人以其有德於我，遂營東圃以居之。燕主自以失國，又見趙主之方幼，乃圖之。遂從下矣上伏甲。俟趙王旦至，即使擒之。趙王請曰："某承先代基構，主此山河，每被鄰寇侵漁，困於守備。賴大王武略，累挫戎鋒，獲保宗桃，實資恩力。顧惟幼懦，夙有卑誠,望不忽忽,可伸交讓。願與大王同歸衙署,即軍府必不拒違。"
燕王以爲然,遂與趙王並轡而進。俄有大風並黑雲起於城上。俄而
大雨,雷電震擊。至東角門內,有勇夫袒臂旁來,拳毆燕之介士。即
挾負趙主,逾垣而走。遂得歸公府。王問其姓名,君和恐其難記,但
言曰:"硯中之物,王心志之。"左右軍士,既見主免難,遂逐燕王。燕
王退走於東圃,趙人圍而殺之。明日,趙王素服哭於庭,兼令具以禮
斂。仍使告於燕主。匡儔忿其兄之見殺,即舉全師伐趙之東鄙。將
釋其憤氣,而致十疑之書。趙王遣記室張澤以事實答之。其略曰:營
中將士,或可追步;天上雷霆,何人計會? 詞多不載。趙主既免燕主
之難,召墨生以千金賞之,兼賜上第一區,良田萬畝,仍恕其十死,奏
授光祿大夫。終趙王之世,四十年間,享其富貴。當時閭里,有生子
或顏貌黑醜者,多云:"無陋,安知他日不及墨崑崙耶?"

(宋)李昉:《太平廣記》卷一九二《墨君和》

　　薛史云:"孟知祥伯父方立爲邢洺節度使,從父遷爲澤潞節度
使。"歐史則但追叙其叔父遷據邢、洺、磁,爲晉所虜,以守澤、潞,梁攻
晉,遷降梁。考《新唐書·方立傳》附從弟遷事,與薛、歐略同,彼但言
爲晉虜而不及其降梁者,事入五代,故不及,非有異也。張唐英《蜀檮
杌》下卷,叙知祥初起甚詳,並及其符瑞異徵,然但言爲郡衙吏而已,
絕不云其先有顯貴者,豈此即所謂"《五代史》所載,皆略而不書"
者邪?

(清)王鳴盛:《十七史商榷》卷九七

　　本朝康保裔,真廟時爲高陽關都部署。契丹入寇,戰死;祖志忠,
後唐明宗時討王都戰死;父再遇,太祖時爲將,討李筠戰死;三世皆死
國事。

(宋)陸游:《老學庵筆記》卷九

(3) 後晉

晉韓王暉,高祖從弟。高祖初,爲河東節度使。張敬達之圍晉陽也,高祖曙暉爲突騎都將,常引所部出敵之不意,深入力戰,雖夷傷流血,矢鏃貫骨,而辭氣益屬,高祖壯之。

(宋)王欽若等編纂:《册府元龜》卷二七一《宗室部》

韓王暉,爲曹州防禦使,廉愛恤下,不營財利,不好妓樂,部人安之。

(宋)王欽若等編纂:《册府元龜》卷二七二《宗室部》

晉韓王暉爲曹州防禦使,廉愛恤下,不營財利,不好妓樂,部人安之。

(宋)王欽若等編纂:《册府元龜》卷二九三《宗室部》

李周爲内邱捕賊將,以勇聞。是時梁晉兵爭山東郡,盜充斥道路,行者必以兵衛。内邱人盧岳將徙家太原,舍逆旅,彷徨不敢進。周意憐之,爲送至西山,有盜從林中射岳,中其馬。周大呼曰:"吾在此,孰敢爾耶!"盜聞其聲,曰"此李周也"。因各潰去。

(唐)白居易、(宋)孔傳:《白孔六帖》卷三四

晉李周初仕後唐武皇,爲安霸都指揮使,率兵屯臨河楊劉莘縣,所至與士卒同甘苦,不嚴而整,善守備。梁軍望其樓櫓如九天之上,不知所攻。

(宋)王欽若等編纂:《册府元龜》卷三九〇《將帥部》

晉李周,初仕唐爲定霸都指揮使。周尤善守備,一日,奔母喪,以他將代之,既出,則其城將陷,莊宗急遣追之,使墨縗從事。會莊宗北征,周與寺人焦彥賓守楊劉城。梁將王彥章以數萬衆攻之,周日夜乘城,躬當矢石,使人馳告莊宗,請百里趨程以紓其難。莊宗曰:"李周

在内,朕何憂也。"遂日行二舍,不廢畋獵,既至,士衆絕糧三日矣。及攻圍既解,莊宗謂周曰:"微卿久拒之勞,諸公等爲梁人所虜矣。"

（宋）王欽若等編纂:《册府元龜》卷四〇〇《將帥部》

李周初仕後唐,補萬勝黃頭軍使。武皇之平雲州,莊宗之戰柏鄉,周皆有功,遷定霸都指揮使。天成三年,爲邠州節度使。會慶州刺史竇琬據城拒命,周奉詔討平之。

（宋）王欽若等編纂:《册府元龜》卷三六〇《將帥部》

李周,邢州人,父矩嘗謂周曰:"邯鄲北接戰國,用武之地,時事未寧,汝果勇抱義,當以軍旅之事興我門族。"後周以軍功歷黔、幽、徐、安、雍、汴六州節度,權開封尹卒。

（宋）王欽若等編纂:《册府元龜》卷八一九《總録部》

李周爲權開封尹,將卒,夢焚旌旗與鎧甲,繇是嘆息,有歸休之意。三上章,不得謝,年七十四卒。帝聞其忠慎廉潔,無積財,嘆息久之。

（宋）王欽若等編纂:《册府元龜》卷八九三《總録部》

晉李周任俠自負,屬河朔群盜充斥,南北交兵,行旅無援者,不敢出郡邑。有士人盧岳家於太原,携妻子囊橐寓於逆旅,進退無所保,唯與所親相對流涕。周憫之,請援送以歸。行經西山中,有賊夜於林麓間俟之,射盧岳,中其馬,周大呼曰:"爾爲誰耶?"賊聞其聲,相謂曰:"李君至此矣。"即時散走。岳全其行裝,至於家。

（宋）王欽若等編纂:《册府元龜》卷八四八《總録部》

晉李周,年十六爲内兵捕賊將,以任俠自負。時河朔群盜充斥,南北交兵,行旅無援者,不敢出郡邑。有士人盧岳,家於太原,携妻子囊橐,寓於逆旅,進退無所保,惟與所親相對流涕。周憫之,請援送以歸,行經西山中,有賊聞其聲,夜於林麓間俟之,射岳中其馬。周大呼曰:"爾爲誰邪?"賊聞其聲,相謂曰:"李君至此矣。"即時散走,岳全其行裝,至於家。

(宋)王欽若等編纂:《冊府元龜》卷八〇四《總録部》

五代李周。盧岳謂之曰:"吾少學星曆,且工相人。子方頤隆準,眉目疏澈,身長七尺,真將相也。吾占天象,晉必有天下,子宜留事晉,以圖富貴。"

(唐)白居易、(宋)孔傳:《白孔六帖》卷三一

張從賓初仕後唐莊宗,爲爪牙,從戰有功。明宗天成中,自捧聖指揮使領澄州刺史,後移左右羽林都校,討楊彥温於河中,平之。

(宋)王欽若等編纂:《冊府元龜》卷三六〇《將帥部》

張從賓,初鎮靈武,加檢校太傅,受代入覲。會車駕東幸,留洛下驚巡。曾逢留司御史於天津橋,從兵百人,不分路而過,排御史於水中。從賓奏其醉,而凶傲多如此。

(宋)王欽若等編纂:《冊府元龜》卷四五四《將帥部》

晉張從賓,父全義爲河南尹四十年,積而能散,以至令終。及從賓繼祚,好治生,商賈盈門,多藏而致禍也。

(宋)王欽若等編纂:《冊府元龜》卷九四〇《總録部》

李德玭,初仕後唐,爲偏校,從莊宗戰潞州、柏鄉、德勝渡,繼有軍功,累加檢校尚書左僕射。

(宋)王欽若等編纂:《冊府元龜》卷三六〇《將帥部》

晉李德玩,爲廣晉尹。再領荆州,卒於鎮。德玩所治之地,雖無殊政,然以寬恕及物,家無濫積,亦武侯之廉者。

(宋)王欽若等編纂:《冊府元龜》卷四〇六《將帥部》

　　方太爲奉國都虞候,從杜重威破張從賓於汜水,高祖以其功除趙
州刺史。

　　　　(宋)王欽若等編纂:《冊府元龜》卷三八七《將帥部》

　　方泰爲奉國都虞候,屯渭州。天福初,會苻彦饒亂,泰與馬萬、盧
順密等擒之,使泰縛送至闕。尋從杜重威破張從賓於汜水,以功除趙
州刺史。從楊光遠平范延光於鄴,移刺萊州。

　　　　(宋)王欽若等編纂:《冊府元龜》卷三六〇《將帥部》

　　晉方太爲泰州節度使,太青州千乘人。少隸本軍,爲小校,嘗戍
登州,劫海客。事泄,刺史淳于晏匿之,遇赦免。

　　　　(宋)王欽若等編纂:《冊府元龜》卷九三〇《總録部》

　　郭金海爲護聖都虞候,高祖天福二年,金海從王師討范延光於魏
州,以功轉本軍都指揮使。

　　　　(宋)王欽若等編纂:《冊府元龜》卷三八七《將帥部》

　　郭金海爲護聖都虞候。天福二年,從王師討范延光於魏州,以功
轉本軍都指揮使,領黃州刺史。是歲,安從進謀犯闕,以金海爲襄州
道行營先鋒都指揮,與李建崇等同於唐州湖陽遇從進萬餘人,金海以
一旅之衆突擊,大敗之。策勛授檢校太保、商州刺史。

　　　　(宋)王欽若等編纂:《冊府元龜》卷三六〇《將帥部》

　　李承約,爲山後八軍巡檢使,屬劉守光囚父殺兄,名儒宿將,嘗事
其父兄者,多無辜被戮。承約自以握兵在外,心不自安。時武皇召募
英豪,方開王業,乃以所部二千騎,歸於并州。即補定霸都指揮使,檢
校右僕射兼貝州刺史。

　　　　(宋)王欽若等編纂:《冊府元龜》卷七六六《總録部》

李承約仕後唐爲潁州團練使。天成中，以邠州節度使毛璋將圖不軌，乃命爲涇州節度副使，且承密旨往偵之。既至，以善言諭之，璋乃受代。明宗賞其能，加檢校太保。

（宋）王欽若等編纂：《册府元龜》卷六五三《奉使部》

李承約初仕後唐，爲定霸都指揮使，領貝州刺史。從莊宗破夾寨，及梁人戰於臨清，有功，累遷潁州團練使。

（宋）王欽若等編纂：《册府元龜》卷三六〇《將帥部》

晉李承約，初仕後唐，爲黔南節度使。數年之間，巴邛蠻蜑不敢犯境。

（宋）王欽若等編纂：《册府元龜》卷三九三《將帥部》

李承約爲黔南節度使，數年之間，巴邛蠻蜑不敢犯境。外勸農桑，內興學校，凶邪盡去，民皆感之。故父老數輩重璽詣闕，言其政化。又聽留周歲，徵爲左衛上將軍。

（宋）王欽若等編纂：《册府元龜》卷六七七《牧守部》

晉李承約，初仕後唐爲黔南節度使。數年之間，巴邛蠻蜑不敢犯境，外勸農桑，內興學校，凶邪悉去，民皆感義。故父老司徒俊等詣闕，言其政化，又聽留周歲。

（宋）王欽若等編纂：《册府元龜》卷六八三《牧守部》

石晉康福鎮天水日，嘗有疾，幕客謁問，福擁錦衾而坐，客有退謂同列曰：“錦衾爛兮。”福聞之，遽召言者，怒視曰：“吾雖生於塞下，乃唐人也，何得以爲爛奚！”因叱出之。

（宋）孔平仲：《續世説》卷一一

石晉王建立位居方伯，爲政嚴烈，其刑失於人者不可勝紀。時人目之爲"王垛叠",言殺人而積其尸也。晚年歸心釋氏,飯僧營寺,戒殺慎獄,民稍安之。

（宋）孔平仲:《續世説》卷七

五代王建立徙昭義,賜以玉斧。

（唐）白居易、（宋）孔傳:《白孔六帖》卷七

五代張希崇,字德舉。爲將不喜聲色,頗知星曆。天福三年,月掩畢口大星。希崇嘆曰:"畢口大星,邊將也,我其當之。"正月卒。

（宋）謝維新:《古今合璧事類備要》前集卷六三

五代張希崇爲將,不喜聲色,頗知星曆。天福三年,月掩畢口大星。希崇嘆曰:"畢口大星,邊將也,我其當之。"正月卒。

（明）彭大翼:《山堂肆考》卷一五三

五代張希崇事母至孝,朝暮母食,必侍立左右,徹饌乃敢退。

（唐）白居易、（宋）孔傳:《白孔六帖》卷二五

安重榮,小字鐵胡,朔州人。有力善騎射,爲振武巡邊指揮使。晉高祖起太原,使張穎陰招重榮。高祖即位,拜成德軍節度使。後以反逆斬首,晉高祖漆其首,送於契丹。

（宋）陳思:《小字録》

五代安重榮,朔州人。杜重威使人擒之,斬首以獻。高祖御樓受馘,改成德軍爲順德,鎮州曰恒州,常山曰恒山。

（唐）白居易、（宋）孔傳:《白孔六帖》卷五

《五代史》:晉高祖起太原,使張穎陰招安重榮。重榮母兄,皆以

爲不可。重榮業已許潁陰，母兄共謀潁陰，以止之。重榮曰："未可，
吾當爲母兄卜。"乃立一箭，百步而射之，曰："石公爲天子則中。"一
發輒中。又立一箭而射之，曰："吾爲節度使則中。"一發又中。其母
兄乃與重榮叛入太原。高祖即位，拜重榮成德軍節度使。

（明）彭大翼：《山堂肆考》卷一六八

安重榮，朔州人，爲成德軍節度使。嘗與北來蕃使並轡而行，指
飛鳥射之，應弦而落，觀者萬衆，無不快抃。蕃使因輟所乘馬以慶之。
繇是名振北狄，自謂天下可以一箭而定。

（宋）王欽若等編纂：《册府元龜》卷八四六《總録部》

安重榮爲定州節度使，嘗因暴怒部校賈章以謀叛，聞章有女一
人，時欲舍之。女曰："我家三十口，繼經兵亂，死者二十八口。今父
就刑，存此身何爲？"再三請死，亦殺之。鎮人繇是惡重榮之酷，而嘉
賈女之烈焉。

（宋）王欽若等編纂：《册府元龜》卷四四八《將帥部》

安重榮爲成德軍節度使。嘗有夫婦共訟其子不孝者，重榮面詰
責，抽劍令自殺之。其父泣曰："不忍也。"其母訴罵，杖劍逐之。重榮
疑而問之，乃其繼也。因叱出，後射之，一箭而斃，聞者以爲快意。由
此境内以爲强明，大得民情。

（宋）王欽若等編纂：《册府元龜》卷六九〇《牧守部》

安重榮爲鎮州節度使。初，後唐清泰中董温琪爲鎮帥，於城之諸
門各鑄二鐵人，虬髯拱立，以抱其關，衆謂之"鐵胡"。重榮未舉兵前，
東門忽隕一鐵人頭，不知其故也。閽者懼，乃托以爲暴風吹巨扉所
落。重榮小字鐵胡，心甚惡之，不復窮問。又饒陽令劉岩送一水鳥，
文有五色，重榮畜於後潭，以爲鳳雛，遂有異志，漸恣奢，僭用玉爲魚
袋，將謀逆也。復爲鐵鞭重數斤，密令人自外獻之。蓋惑衆，冀成非

望也。又鎮之牙署堂前有揭幡長竿，約數十尺，重榮將叛之前一日，張弓弩矢仰望竿杪銅龍之首，謂左右曰："我若必有天命，則當一發而中。"果中之，左右即時拜賀。蓋禍之來也，陰必惑之，以至於敗焉。

（宋）王欽若等編纂:《册府元龜》卷九五一《總録部》

《五代史·晉安重榮傳》曰："禍之來也，陰必惑之，以至於敗。"方重榮之叛於成德軍也，鎮之牙署堂前有揭幡竿長數十尺，重榮將叛之前一日，張弓彀矢，仰竿杪銅龍之首，謂左右曰："吾若必有天命，則當一發而中。"果中之，左右即時拜賀，後終於斬首漆顱。重榮睹累朝自節鎮遷升大位，每謂人曰："天子兵强馬壯者當爲之，寧有種耶!"又，漢李守貞叛於蘇州。嘗會將佐，守貞執弧矢，遥指一《虎舐掌圖》曰："我若有非常之事，當中虎舌。"一發中之，左右拜賀，守貞亦自負焉。終於舉家蹈火，王師於烟中獲其尸，斷首函之。守貞又欲作炮石，無炮竿子。無何，上游泛一筏，至其木悉可爲竿子，以爲神助焉。

（宋）孔平仲:《孔氏雜説》卷一

石晉時，常山帥安重榮將謀乾紀，其管界與邢臺連接，鬥殺一龍。鄉豪有曹寬者見之，取其雙角。前有一物如簾，文如亂錦，人莫知之。曹寬經年爲寇所殺。壬寅年，討鎮州，誅安重榮也。葆光子讀《北史》，見陸法和在梁時，將兵拒侯景將任約於江上，曰："彼龍睡不動，吾軍之龍，甚自躍踔。"遂擊之大敗，而擒任約。是則軍陣之上，龍必先鬥。常山龍死，得非王師大捷，重榮授首乎? 黃巢敗於陳州，李克用脱梁王之難，皆大雨震雷之助。

（宋）李昉:《太平廣記》卷四二五《曹寬》

晉符蒙，倅常山戎事。安重榮在鎮，所爲不法，蒙多否之。爲左右所間，幾罹其禍。

（宋）王欽若等編纂:《册府元龜》卷七一九《幕府部》

沈斌，晉開運元年爲祁州刺史。契丹犯塞，至於榆林，過祁州，斌以州兵邀之。契丹以精騎鐼門，斌兵多死，城中無備，寇將趙延壽留兵急攻之。延壽招斌降，斌從城上罵延壽曰：“公父子誤計，陷於腥羶，忍以犬羊之衆，殘賊父母之邦。斌能爲國死，不能效公所爲也。”已而城陷，斌自盡，其家屬皆没於敵。

（唐）白居易、（宋）孔傳：《白孔六帖》卷二六

張彦澤少有勇力，目睛黄而夜有光色，視瞻若檻獸焉，後爲相州節度使。

（宋）王欽若等編纂：《册府元龜》卷八八三《總録部》

五代張彦澤，目睛黄而夜有光，顧視如猛獸。

（唐）白居易、（宋）孔傳：《白孔六帖》卷三〇

五代張彦澤。耶律德光至京師，聞彦澤劫掠，怒鎖之，命高勛監殺之。彦澤前所殺士大夫子孫，皆縗絰杖哭，隨而詬罵，以杖撲之。

（唐）白居易、（宋）孔傳：《白孔六帖》卷六四

五代史張彦澤，與契丹戰陽城。爲契丹所圍，而軍中無水，天又大風，契丹順風揚塵，奮擊甚鋭，軍中大懼。彦澤問諸將，咸曰：“虜乘上風，而吾居其下，宜待風回，乃可戰。”偏將藥元福獨曰：“軍中飢渴已甚，若待風回，吾屬爲虜矣。且逆風而戰，敵人謂我不能，所謂出其不意者也。”彦澤即上馬力戰，契丹奔北二十餘里。至衛村，又大敗之。

（明）彭大翼：《山堂肆考》卷九〇

涇原帥李金全，累歷藩鎮，所在掊斂。非時進馬，上問其爲治如何，莫專以進馬爲事。雖黽勉受之，聖旨不懌。

五代李金全爲安遠軍節度使，金全左都押衙胡漢榮用事，所爲不

法,高祖患之。爲選廉史賈仁沼代之,且召漢榮,漢榮教金全留己而不遣。金全客龐令圖諫曰:"宜納仁沼,而遣漢榮。"漢榮聞之,夜使人殺令圖,而酖仁沼,舌壞而死。

（唐）白居易、（宋）孔傳:《白孔六帖》卷四八

李金全爲涇州節度使,在鎮以掊斂爲務。長興中,受代歸闕,始進馬數十匹。不數日,又進之。明宗召而謂之曰:"卿患馬多耶?何進貢之多也?"又謂曰:"卿在涇州,日爲理,如何無乃以馬爲事乎?"金全慚謝而退。帝雖僶勉受之,而心不懌。金全累更名郡,藩鎮所在,掊聚斂財,賂結權要,而掩其弊政之迹。帝頗聞其不廉,故以言譏之。後天福初,自滄州節度使罷鎮歸闕,會安州屯將王暉,殺節度使周環。高祖遣金全以騎兵千人鎮撫其地。未及境,暉爲部下所殺,金全至,亂軍數百人,皆不自安。金全說遣赴闕,密伏兵於野,盡殺之。又擒其軍校武彦和等數十人斬之。初,金全之將行也,高祖戒之曰:"王暉之亂,罪莫大焉。但慮封守不寧,則民受其弊。因折矢飛詔,約以不戮一人。仍許以暉爲唐州刺史。"又謂金全曰:"卿之此行,無失吾信。"及金全至,聞彦和等當爲亂之日,劫掠郡城,所獲財貨,悉在其弟,遂殺而奪之。

（宋）王欽若等編纂:《冊府元龜》卷四五五《將帥部》

晉李金全爲滄州節度使。高祖天福二年,安州屯將王暉,殺節度使周環。詔遣金全以騎兵千,鎮撫其地。未及境,暉爲部下所殺。金全至,亂軍數百人不自安。金全說遣赴闕,密伏兵於野,以祖之座上,擒其軍校武彦和等數十人,斬之。彦和臨刑,宣言曰:"周環儉嗇多疑,嚴刑峻令。王暉粗率悖慢,怨其約束。以至飛語斥間,各爲防虞。暉乃無疾針砭,數月不出,銛竹爲矛,圖爲竊發。預其事者,暉腹心數人而已。行間之卒,皆受其制,心雖有異,敢不從之?連雞不栖,物之常理。夫亂者必戮,軍令有之。然則王暉,元惡也。天子猶賜之信誓,許爲郡守。我等見殺,非其罪也。若朝廷之命,是食前言者,苟將

軍之令,得無冤乎?"既戮彦和等,其徒皆以兵送赴闕下。初,金全之將行也,帝謂曰:"王暉之亂,罪莫大焉。但慮乎封守不寧,則民受其弊,故折矢飛詔,約之以不戮一人。拔暉爲淮安序升次校,以主其兵。卿之此行,無失吾信。"至是,以彦和等當危亂之日,劫掠郡城三日,所獲財貨在焉,遂殺而奪之。帝聞之,以姑息金全,不究其事,尋授以旄節。

(宋)王欽若等編纂:《册府元龜》卷四四九《將帥部》

李金全爲安州節度使,有親吏胡漢筠者,金全愛之甚篤。己亥歲,府署之竹一夕而花,城壖之麥方蘄蘄而秀,大露晦冥之中則化爲宿草。郡樓有介蟲如黿,而巨鱗鋭首,能陷堅,出於金全足下,漢筠取而焚之。所乘馬人立而言。庚子年正月,赤雲如烟,蒙冒其境中,有素光如矛戟之狀,南北交錯。及城有夜妖,金全心惡之。及牛全節除安州節度,金全送款於淮夷。至是而竄,妓樂、車馬、珍奇、帑藏皆爲偏將李承裕所奪,與其黨數百人束身夜出,曉至汉川,引領北望,泣下而去。

(宋)王欽若等編纂:《册府元龜》卷九五一《總録部》

晉李金全爲安州節度使,有親吏胡漢筠者,勇譎嗇禍,貪詐殘忍,軍府之政,一以委之。高祖聞其事,遣廉吏賈仁沼往代其職,且召漢筠。漢筠内疚惶怖,金全乃列狀,稱疾以聞。及仁沼至,漢筠鴆而殺之。天福五年夏,高祖命馬全節爲安州節度使,以代金全。漢筠自以昔嘗拒命,復聞仁沼二子將訴置毒之事,居不自安,乃詒謂金全曰:"邸吏劉珂,使健步倍道兼行,密傳其意云:受代之後,朝廷將以仁沼之事,詰公之罪。"金全大駭,命從事張緯函表送款於淮南,與其黨數百人,束身夜出,曉至汝州,引領北望,泣下而去。及至之金陵,李昇授以節鎮。

(宋)王欽若等編纂:《册府元龜》卷四三八《將帥部》

《晉史》曰：安州李金全之將叛也，郡樓有介蟲，如龜而巨鱗，銳首能陷堅。出於金全足下，金全惡而焚之。

　　　　　　　（宋）李昉：《太平御覽》卷九三一《鱗介部三》

安友謙，爲供奉官。晉天福五年，馬全節爲安州節度使，會李金全據州叛，因命全節引兵討之，友謙登鋒獨戰，奮不顧身，所當之者無不敗潰。

　　　　　（宋）王欽若等編纂：《冊府元龜》卷三九六《將帥部》

房知温，字伯玉，兗州瑕丘人也。少有勇力，籍本軍爲赤甲都官健。

　　　　　（宋）王欽若等編纂：《冊府元龜》卷八四七《總録部》

晉房知温，兗州瑕丘人。初，鎮將牛存節屯於郡，好樗博，每求辨彩者，知温以善博見推，因得侍左右。卒爲青州節度使。

　　　　　（宋）王欽若等編纂：《冊府元龜》卷八六九《總録部》

晉房知温，初仕後唐。明宗天成初，爲兗州節度使。明年，詔充北面招討使，屯於盧臺軍。以盧文進來歸，加特進同平章事，賞招討之功也。至長興二年，除平盧軍節度使，累官至開府儀同三司，檢校太師兼中書令，封東平王，食邑五千户，食實封三百户。高祖天福元年十二月卒於鎮，贈太尉，詔立神道碑。

　　　　　（宋）王欽若等編纂：《冊府元龜》卷三八七《將帥部》

故青帥房公知温，少年與外弟徐裪爲盜於兗、鄆之境，晝則匿於古冢。一夕遇雨未出間，二鬼至。一鬼曰：“此有節度上主，宜緩之。”與外弟俱聞之。二人相問曰：“適聞外面語否？”徐曰：“然。”房曰：“吾與汝未知孰是？來宵汝當宿於他所，吾獨在此以驗之。”迨夕，二鬼又至。一鬼復曰：“昨夜貴人尚在矣。”房聞之喜。後果節制數鎮，官至太師、中書令、東平王。則知《晉書》説魏陽元聞鬼以三公呼之，爲不謬矣。

（宋）李昉：《太平廣記》卷一五八《房知溫》

房知溫爲兖州節度使，上言指揮使郭令威擅離本軍，處斬訖。

（宋）王欽若等編纂：《冊府元龜》卷四〇一《將帥部》

晉房知溫，爲平盧軍節度使。厚斂不已，積貨百萬，治第於南城，出入以妓樂相隨，任意所之，曾不以政事爲務。

（宋）王欽若等編纂：《冊府元龜》卷四五五《將帥部》

晉房知溫爲兖州節度使，厚斂不已，積貨數百萬。治第於南城，出則以妓樂相隨。任意所之，曾不以政事爲務。有幕客顔衍者，正直之士也，委曲陳其利病，知溫不能用焉。

（宋）王欽若等編纂：《冊府元龜》卷六九七《牧守部》

房知溫卒後，其子彥儒獻其父絲十萬兩。

（唐）白居易、（宋）孔傳：《白孔六帖》卷八

五代房知溫卒，其子彥儒獻其父絲十萬於上。

（明）彭大翼：《山堂肆考》卷一八七

尹暉從廢帝入洛陽，而晉高祖來朝，與暉相遇於道，暉時猶爲嚴衛指揮使，恃先降功，不爲高祖禮。馬上橫鞭揖之，高祖怒白廢帝，暉不可與名藩，乃以爲應州節度使。

（唐）白居易、（宋）孔傳：《白孔六帖》卷二三

晉趙在禮，後唐莊宗同光末爲校節指揮使，屯貝州。會軍士皇甫暉作亂，遂引衆入鄴，自稱留後。明宗天成初，授在禮滑州義成軍節

度、滑濮等州觀察處置等使,乃封天水縣開國伯,食邑七百户。制下,
在禮以軍情言語爲辭,竟不之任。尋改天雄軍兵馬留後、鄴都留守。
後皇甫暉受陳州,趙進受貝州,在禮請除,移楊思權。後唐長興末,爲
右羽林都指揮使,遣戍興元。閔帝嗣位,奉詔從張虔釗討鳳翔,洎至
岐下。思權首唱倒戈,以攻虔釗。尋領部下軍率先入城,謂唐末帝
曰:"臣既赤心奉殿下,候京師平定,與臣一鎮,勿置在防禦團練使
内。"乃懷中取紙一幅,謂帝曰:"願殿下親書臣姓名以志之。"帝命
筆,書可邠州節度使。及即位,授推誠奉國保乂功臣,静難軍節度,
邠、寧、慶、衍等州觀察處置等使,檢校太保。

　　(宋)王欽若等編纂:《册府元龜》卷四三九《將帥部》

　　趙在禮,天成初爲天雄軍節度使。度支奏:"大名府管内,今年夏
苗頃畝比去年出六千八百頃,宜降詔獎飾。"從之。

　　(宋)王欽若等編纂:《册府元龜》卷六七三《牧守部》

　　趙在禮,爲晉昌節度使,好延士大夫。

　　(宋)王欽若等編纂:《册府元龜》卷四一三《將帥部》

　　趙在禮,歷滑、魏、滄、兖、同、襄、鄆、徐、晉、昌十餘鎮節度。在禮
善治生殖,積財巨萬。兩京及所至藩鎮,皆邸店羅列。凡聚斂所得,
唯以奉權豪、崇釋氏而已。

　　(宋)王欽若等編纂:《册府元龜》卷四五五《將帥部》

　　晉趙在禮,天福中爲宋州節度使,奏薦前秦州節度推官李榖,乞
除一官,尋授監察御史。

　　(宋)王欽若等編纂:《册府元龜》卷六八八《牧守部》

　　晉趙在禮爲晉昌節度使,契丹入汴,自鎮赴之,過洛謂朝廷曰:
"戎王嘗言致莊宗遇亂者,我也。我深以此行爲憂。"或曰:"戎人好

利,宜以厚賂餌之,何過慮耶?"時有契丹諸部,渤海首領高牟瀚、奚王拽剌相遇於途,在禮望塵致敬。牟瀚、拽剌與諸部偏帥咸倨以受之,在禮憤以致疾。及至鄭州,泊於逆旅,見一步健,趨而過詢之,乃同州劉繼勳之爪牙也。問繼勳先至闕,戎王作何安置。步健曰:"已鑠矣。"在禮大驚,及夜以衣帶就馬棧自絞而死。

(宋)王欽若等編纂:《冊府元龜》卷九〇九《總録部》

晉趙在禮爲永興軍節度使,契丹亂華,自鎮赴闕。時契丹首領奚王拽剌等在洛下,在禮望塵致敬,蕃酋等倨受其禮,加之凌辱,邀索貨財,在禮不勝其憤。行至鄆州,泊於逆旅,聞同州劉繼勳爲虜所鑠,大驚,夜以衣帶就馬棧自絞而卒。

(宋)王欽若等編纂:《冊府元龜》卷九五三《總録部》

拔釘錢

趙在禮在宋州,所爲不法,百姓苦之。一日,制下移鎮永興,百姓相賀曰:"眼中拔却釘也,可不快哉。"在禮聞之,上表乞還鎮,朝廷許之。在禮每口率錢一千,號爲拔釘錢,遂獲有百萬。

(宋)曾慥:《類説》卷二六《五代史補》

晉安崇阮仕後唐,爲夔州節度使。時董璋寇峽内諸州,崇阮望風遁走,弃城歸闕,待罪於閤門,詔釋之。

(宋)王欽若等編纂:《冊府元龜》卷四五三《將帥部》

安崇阮爲夔州節度使,弃所部歸闕。翌日,待罪於閤門,尋命釋放。時,董璋據東川謀叛,來寇峽内諸州。而崇阮望風遁走。

(宋)王欽若等編纂:《冊府元龜》卷四五〇《將帥部》

晉景延廣,高祖時爲侍衛親軍馬步軍都指揮使、檢校太尉,鎮河陽。高祖晏駕,與宰臣馮道等承顧命,以齊王爲嗣。既發喪,都人不得偶語,百官赴臨,未及内門,皆令下馬,頗有驕暴之失。少帝既嗣位,延廣獨以爲己功,尋加同平章事,彌有矜伐之色。帝幸其第,進獻錫賚,有如酬酢。權寵恩渥,爲一朝之冠。俄與宰臣桑維翰不協,帝亦憚其難制,遂罷兵權,出爲洛都留守。

(宋)王欽若等編纂:《册府元龜》卷四五四《將帥部》

晉景延廣爲侍衛親軍使。天福八年十二月,北虜南攻。九年正月,陷甘陵,河北儲蓄悉在其郡。少帝大駭,率六師親駐澶淵。延廣爲上將,凡六師進退,皆出胸臆。少帝亦不能制,衆咸憚而忌之。

(宋)王欽若等編纂:《册府元龜》卷四五四《將帥部》

景延廣爲侍衛都指揮使。開運三年冬,契丹渡滹水,詔遣屯孟津。將戒途,由府署正門而出,所乘馬騰立不進,幾墜於地,乃易乘而行,時以爲不祥之甚也。延廣後爲虜所殺。

(宋)王欽若等編纂:《册府元龜》卷九五一《總録部》

景延廣爲侍衛親軍都指揮使、同平章事。少帝親駐澶淵,延廣爲上將,凡六師進退,皆出胸臆。少帝亦不能制,衆咸憚而忌之。虜既至城下,使人宣言,曰:"景延廣唤我來相殺,何不急戰?"一日,高行周與蕃軍相遇於近郊,以衆寡不敵,急請濟師。延廣勒兵不出。是日,行周幸而獲免,及虜近,延廣猶閉栅自固。士大夫曰:"昔與虜絶好,言何勇也? 今虜至若是,氣何懾也?"

(宋)王欽若等編纂:《册府元龜》卷四五三《將帥部》

景延廣爲侍衛親軍都指揮使。少帝即位,加平章事。始,朝廷遣使告哀北虜無表致書,去臣稱孫。契丹怒,遣使來讓。延廣乃奏令契丹回圖使喬榮,告戒王曰:"先帝則北朝所立,今上則中國自册。爲鄰爲孫,則可無稱臣之禮。且言晉朝有十萬口横磨劍,翁若要戰,則早來。他日不禁孫子,則取笑天下,當成後悔矣。"繇是與虜力敵,干戈日尋。初,高祖在位時,宣借楊光遠騎兵數百,延廣請下詔追還。光遠縣此忿延廣,怨朝廷。廣遣間使,泛海構虜。

(宋)王欽若等編纂:《册府元龜》卷四四六《將帥部》

景延廣爲侍衛親軍馬步軍都指揮使。既罷兵權,出爲洛都留守兼侍中。由是鬱鬱不得志,亦意北虜强盛,國家不濟,身將危矣。前汴水葺一第,占其全坊。在洛又起邸舍,園池爲水南之甲。所積巨萬,車馬、妓樂,無不稱是。但縱長夜之飲,無復以憂國爲心。

(宋)王欽若等編纂:《册府元龜》卷四五四《將帥部》

景延廣,陝州人也,爲侍衛親軍都指揮使。延廣少習射,以挽强見稱。

(宋)王欽若等編纂:《册府元龜》卷八四六《總録部》

景延廣爲侍衛親軍都指揮使,少帝時,加同平章事。及虜騎南牧,六師親駐澶淵,延廣南在軍,母凶問至。自澶淵津北移於津南,不信宿而復莅戎事,曾無戚容,下俚之士亦聞而惡之。

(宋)王欽若等編纂:《册府元龜》卷九二三《總録部》

晉高祖天福四年四月,以右驍衛大將軍李從朗領楚州防禦使。從朗,前朝宗子,帝之姻屬也。唐淑妃王氏累爲請命,懇求郡寄。帝以前歷四州,不聞其政,故與其名、錫其俸而著於班,不令釐事。

(宋)王欽若等編纂:《册府元龜》卷六九《帝王部》

五代安千秋,事唐晉,累更藩鎮。千秋爲人,狀貌堂堂而不通文字,人謂之"没字碑"。晉末爲金吾上將軍。契丹犯京師。晉百官迎於赤岡。千秋出班夷言。耶律德光勞曰:"是安没字否? 當與汝一喫飯處。"

(宋)祝穆:《古今事文類聚》後集卷一八

馬全節爲鄴都留守，以元城是桑梓之邑，具白襴，詣縣庭謁拜。縣令沈遘避之，節曰："父母之鄉，自合致恭，勿讓也。"州里榮之。

（宋）錢易：《南部新書》癸

五代馬全節，初徙廣晉，後過元城，衣白襴，謁縣官，鄉人以爲榮。

（明）彭大翼：《山堂肆考》卷二八

後唐馬全節，始爲鄴都留守，以元城是桑梓之邑，具白襴詣縣庭謁拜，縣令沈遘，遘逡巡避之，不敢當禮。全節曰："父母之鄉，自合致敬，勿讓之也。"州里咸以爲榮。

（宋）王欽若等編纂：《冊府元龜》卷三八八《將帥部》

馬全節爲鄴都留守，以元城是桑梓之邑，具白襴，詣縣庭謁拜縣令沈遘。遘逡巡避之，不敢當禮。全節曰："父母之鄉，自合致敬，勿讓之也。"州里榮之。

（宋）王欽若等編纂：《冊府元龜》卷七九四《總録部》

馬全節，高祖天福五年鎮安州。時李金全據州叛，引淮軍爲援，因命全節將兵討平之，以功加檢校太尉。六年，授鎮州行營副招討使兼排陣使，與安重榮戰於宗城，大敗之。鎮州平，加開府儀同三司。

（宋）王欽若等編纂：《冊府元龜》卷三八七《將帥部》

馬全節除安州節度使，將赴鎮，會李金全據安州叛，引淮南軍爲援。因命全節將兵討之，殺數千人，俘四百餘人送闕。俄復鄆鄉，以功加檢校太尉，授昭義軍節度使。六年，移鎮邢州。安重榮之叛也，授鎮州行營副招討兼排陣使，與重榮戰於宗城，大敗之。鎮州平，加開府儀同三司，充義武軍節度使。開運元年，授鄴都留守，尋加天雄軍節度使、北面行營副招討使。陽城之戰，甚有力焉。

（宋）王欽若等編纂：《冊府元龜》卷三六〇《將帥部》

馬全節授鎮州節度使。屬契丹侵軼封疆，加之蝗旱，國家所徵發，全節朝受而夕行，治生餘財，必充貢奉。

（宋）王欽若等編纂：《册府元龜》卷三七四《將帥部》

馬全節爲鄴都留守。少帝開運二年，契丹趙延壽、惕隱羸騎萬餘，至湯陰而還。議者以爲如全節等軍，祗在相州，出精騎以躡之，則破之必矣。及延壽等退去之日，並無一騎蹕之，失機斷矣！

（宋）王欽若等編纂：《册府元龜》卷四五三《將帥部》

馬全節，事母王氏至孝。全節位歷方鎮，温清面告，畢盡其敬。

（宋）王欽若等編纂：《册府元龜》卷七五六《總録部》

晉馬全節爲天雄軍節度、北面行營副招討，從杜威北討，困於陽城，而贍軍，竭其私帑，僅十萬貫。及還任，稍稍聚斂，百姓苦焉。鄉舊有識者非之。

（宋）王欽若等編纂：《册府元龜》卷九一七《總録部》

晉馬全節爲定州節度使，自上黨携歌妓一人之中山，館於外。有人以讒言中之，全節加害。及詔除鎮州，遇病，數見其妓，厭之復來。妓曰：“我已得訴，要公俱行。”全節具告家人，數日而卒。

（宋）王欽若等編纂：《册府元龜》卷九四一《總録部》

晉馬全節，後唐清泰初爲金州防禦使。會蜀軍攻其城，州兵纔及千人，兵馬都監陳隱懼，托以他事出城，領三百人順流而逸。賊既盛，人情憂沮。全節悉出其家財以給士，復出奇拒戰，以死繼之。賊退，朝廷嘉其功。

（宋）王欽若等編纂：《册府元龜》卷六九四《牧守部》

魏帥侍中馬全節，嘗有侍婢，偶不愜意，自擊殺之。後累年，染重病,忽見其婢立於前。家人但訝全節之獨語,如相問答。初云:"爾來有何意?"又云:"與爾錢財。"復曰:"爲爾造像書經。"哀祈移時,其亡婢不受,但索命而已。不旬日而卒。

（宋）李昉:《太平廣記》卷一三〇《報馬全節婢》

程福赟初爲軍校。天福七年冬,從杜重威討鎮州,與安重榮大戰於宗城,以功遷洛州團練使、檢校太尉。

（宋）王欽若等編纂:《冊府元龜》卷三八七《將帥部》

程福赟爲軍校。天福七年,從杜重威討鎮州,與安重榮大戰於宗城,以功遷洺州團練使、檢校太保。

（宋）王欽若等編纂:《冊府元龜》卷三六〇《將帥部》

張協,臨黄縣書生也。天福九年,協自募召勇敢之士五十餘人詣行宫,請爲游兵捉生偵邏,帝嘉之,賜以戎服,遣殿直王巒俱往。時擒索虜,致於行在。

（宋）王欽若等編纂:《冊府元龜》卷八四七《總錄部》

皇甫過少好勇,及壯,虯髯善騎射,後至華州節度使。

（宋）王欽若等編纂:《冊府元龜》卷八八三《總錄部》

皇甫遇,初仕唐。應順、清泰中,累歷團練防禦使,尋遷鄧州節度使。所至苛暴,以誅斂爲務。其幕客多私去,以避其累。高祖入洛,移領中山。俄聞與鎮州安重榮爲婚家,乃移鎮上黨,又改平陽。咸以憸人執事,政皆隳紊。鎮河陽,部内創別業,開畎水泉,以通灌溉,所經墳毁之。部民以朝廷方姑息群師,莫之敢訴。

（宋）王欽若等編纂:《冊府元龜》卷四五四《將帥部》

皇甫遇爲河陽節度使。少帝即位,赴闕。開運二年,虜南寇,遇戰於鄆州兆津，大捷，虜溺死者步騎數千人。以功領節滑臺。三年，虜長率衆屯邯鄲，遇與騎將安審琦、慕容彥超禦之。遇渡漳河，虜前鋒大至，遇引退，轉鬥二十里，至鄴南榆林店。遇謂審琦等曰："彼衆我寡，走無生矣。"遂自辰及未，血戰百餘合，所傷甚衆，遇所乘馬中鏑而斃。遇有紀綱杜知敏以馬授遇，遇得馬復戰，久之稍解。顧杜知敏已爲虜所獲，謂彥超曰："知敏蒼皇之中，以馬授我，義也，安可使陷戎賊中？"遂與彥超躍馬取知敏而還，胡騎壯之。俄而生軍復合，遇不能解。時審琦已至安陽河，謂首將張從恩曰："皇甫遇未至，必爲虜騎所圍，若不急救，則成擒矣。"從恩曰："虜原至衆，無以枝梧。將軍獨往何益？"審琦曰："成敗，命也。設若不濟，與之俱死。假令賊不南來，失此一將，將何面目以見天子？"遂率鐵騎北渡赴之。虜見塵起，謂救軍並至，乃引去。遇與彥超中數鎗得還。時諸軍嘆曰："二人皆猛將也。"朝廷累加至檢校太師、同中書門下平章事。四年，虜復至，從杜重威營滹水，重威送款，遇不與其議。及降，心不平之。時耶律氏欲遣遇先入汴，辭之，推張彥澤督其行。遇私謂人曰："自我身荷國恩，位兼將相，既不能死於軍陣，何顏以見舊主？更命圖之，所不忍也。"明日，行及趙郡平棘縣，遇洎其公舍，顧從者曰："我已信宿不食，疾甚矣。主辱臣死，無復南行。"因絕吭而殞，遠近聞而義之。

　　（宋）王欽若等編纂：《册府元龜》卷三七四《將帥部》

　　皇甫遇，高祖天福末鎮河陽。少帝即位，歸闕。及虜南寇，從至澶州，戰於鄆州北津，虜衆大敗，溺死數千人，以功拜滑州節度使。

　　（宋）王欽若等編纂：《册府元龜》卷三八七《將帥部》

　　皇甫遇爲鄧州節度使。少帝即位，罷歸闕下。二年，虜南寇，從至澶州，戰於鄆州北津，虜衆大敗，溺死者數千人。以功拜滑州節度使。

　　（宋）王欽若等編纂：《册府元龜》卷三六〇《將帥部》

皇甫遇，爲滑州節度使。開運三年，虜長率衆屯邯鄲，遇與安審琦、慕容彥超等禦之。遇將渡漳河，虜前鋒大至，遇引退，轉鬥二十里，至鄴南榆林店。遇謂審琦等曰："彼衆我寡，走無生路，不如血戰。"遂自辰及未，戰百餘合，所傷甚衆。遇所乘馬中鏑而斃，遇有紀綱杜知敏以馬授遇，遇得馬復戰，久之稍解。顧杜知敏已爲寇獲。遇謂彥超曰："知敏蒼黃之中，以馬輟我，義也。安可使陷於賊中？"遂與彥超躍馬取知敏而還，胡騎壯之，俄而生軍復合，遇不能解。時審琦已至安陽河，謂首將張從恩曰："皇甫遇等未至，必爲虜騎所圍，若不急救，則成擒矣。"從恩曰："虜勢甚熾，無以枝梧，將軍獨往，何益？"審琦曰："成敗，命也。設若不濟，則與之俱死。假令失此二將，將何面目以見天子？"遂率鐵騎北渡赴之，虜見塵起，謂救軍並至，乃引去。遇與彥超中數鎗得還，時諸軍嘆曰："此三人皆猛將也。"遇累官至檢校太師、同中書門下平章事。

（宋）王欽若等編纂：《冊府元龜》卷三九六《將帥部》

晉皇甫遇歷團練使、節度使，所至苛暴，以誅斂爲務。高祖入洛，自襄鄧移領中山，與鎮州叛臣安重榮結姻好，仍移上黨，改平陽，咸以憸人執事，政皆隳紊。及鎮河陽，部內創別業，開畎水泉，以通溉灌，所經墳墓悉毀之。民以朝廷姑息郡帥，莫之敢訴。

（宋）王欽若等編纂：《冊府元龜》卷六九八《牧守部》

胡文定公曰：《五代史》稱杜重威召諸將示以降表，皇甫遇等愕然不能對，遂以次署名，摩其下解甲，與張彥澤先入京師。遇行至平棘，絕吭而死。歐陽子譏之曰："使遇奮然攘袂而起，殺杜威於坐上，雖不幸而不免，猶爲得其死矣，其義烈豈不凜然哉！既俛首聽命，相與亡人之國，雖死不能贖也，豈足貴哉？"遇一人爾，如晉史則鄙夫也，如《通鑒》則節士也，其相去遠矣，尚論取予，可不慎哉！

（宋）葉隆禮：《契丹國志》卷三《太宗嗣聖皇帝下》

石公霸，以天福九年契丹入寇，少帝親征，公霸爲先鋒指揮使，遇賊數萬騎於城之北，爲賊所圍。高行周、符彦卿在城之東南，方息於林下。忽聞賊至，駭愕督軍而進，纔數千騎，衆寡不較，行周遣人馳告景延廣，請益師。延廣遲留候帝進止，既而行周等爲賊圍之數重，三人大謀，嗔目奮擊，賊衆傷死者甚多。帝自御親兵援之，獲免。

（宋）王欽若等編纂：《册府元龜》卷三九六《將帥部》

郭璘，少帝開運中鎮易州。時契丹攻其郡，以州兵擊賊，數獲其利，朝廷嘉之，就加檢校太保。

（宋）王欽若等編纂：《册府元龜》卷三八七《將帥部》

郭璘爲易州刺史，時契丹攻其郡，璘率勵士衆，同其甘苦，虜不能克，復以州兵擊賊，數獲其利。

（宋）王欽若等編纂：《册府元龜》卷四〇〇《將帥部》

劉在明，後唐明宗時爲奉聖左厢指揮使，領和州刺史，從幸汴州，至榮陽聞朱守殷叛，用爲前鋒。至汴城，率先登城，賊平，授汴州馬步軍都指揮使。晉高祖天福中，李金全以安州叛，在明從李守貞攻之，大破淮賊，以功授安州防禦使，移領絳州。楊光遠據青州叛，召爲行營馬步軍都指揮使，領齊州防禦使。青州平，遷相州留後。及高祖踐阼，授幽州道行營都部署。時虜守中山，在明出師經略，虜乃弃城而去，遂授鎮州留後。乾祐元年五月二日，授鎮州節度使。六月，卒於鎮，贈侍中。

（宋）王欽若等編纂：《册府元龜》卷三八七《將帥部》

劉在明初仕後唐，爲捧聖左厢都指揮使，領和州刺史。從明宗幸汴州，至榮陽，聞朱守殷叛，用爲前鋒。至汴城，率先登城。賊平，授汴州馬步軍都指揮使。晉天福初，爲安州刺史。會李金全以安州叛，在明從李守貞攻之，大破淮賊，以功授安州防禦使。明年，移絳州。

楊光遠據青州叛,召爲行營馬步軍都指揮使。青州平,遷相州留後。
高祖踐阼,授幽州道行營都部署。時虜守中山,在明出師經略,虜乃
弃城而去,遂授鎮州留後。

　　(宋)王欽若等編纂:《册府元龜》卷三六○《將帥部》

　　劉在明,後唐明宗時爲捧聖左廂都指揮使,領和州刺史,從幸汴
州。至滎陽聞朱守殷叛,用爲前鋒。至汴城,率先登城。賊平,授汴
州馬步軍都指揮使。

　　(宋)王欽若等編纂:《册府元龜》卷三九六《將帥部》

　　漢劉在明,初仕後唐。閔帝應順初,爲貝州刺史。明帝移趙州,
兼北面行營馬軍都指揮使,以軍戍易州。清泰末,幽州節度使趙德
鈞,引軍赴團柏谷,路縣易州,取在明軍從。及德鈞兵敗,在明奔歸
懷州。

　　(宋)王欽若等編纂:《册府元龜》卷四五○《將帥部》

　　晉周環,北京晉陽人也,少端直,善計書,自高祖歷數鎮,用爲腹
心,累職至牙門都校。凡庸調出納,咸以委環。經十餘年,未嘗以微
累見忤,帝甚重之。

　　(宋)王欽若等編纂:《册府元龜》卷八四四《總録部》

　　周瓌,晉陽人,自高祖歷鎮藩翰,用爲腹心,累職至衙門都校。凡
帑廩出納,咸以委瓌,經十餘年,未嘗以微累見誤,高祖甚重之。及即
位,命權判三司事,後至安州節度使。

　　(宋)王欽若等編纂:《册府元龜》卷七六六《總録部》

　　杜仲威,父堆金,後唐武皇先鋒使也。重威少事唐明宗,高祖妻
以妹,累封宋國大長公主。

　　(宋)王欽若等編纂:《册府元龜》卷三○○《外戚部》

杜重威，朔州人。契丹寇鎮定，轉運使李穀教重威以三脚木爲橋，募敢死士過河擊賊。

（唐）白居易、（宋）孔傳：《白孔六帖》卷九

杜重威，晉天福初典禁軍，遙授舒州刺史。二年，張從賓構亂，據汜水。晉高祖遣重威與侯益率衆破之，以功授潞州節度使。與楊光遠降范延光於鄴城，改許州節度使，兼侍衛親軍馬步軍副都指揮使，尋加同平章事。

（宋）王欽若等編纂：《册府元龜》卷三八七《將帥部》

杜重威初仕晉，典禁軍，遙授舒州刺史。天福二年，張從賓構亂，據汜水，晉高祖遣重威與侯益率衆破之，以功授潞州節度使。與楊光遠降范延光於鄴城，改許州節度使，累遷侍衛親軍馬步軍都指揮使。及鎮州安重榮稱兵向闕下，重威禦之。重威敗重榮於宗城，重榮奔據常山，重威尋拔其城，斬重榮首，傳於闕下。授成德軍節度使。

（宋）王欽若等編纂：《册府元龜》卷三六〇《將帥部》

漢杜重威爲鎮州節度使。虜主連年入寇，重威但閉壁自守，部内城邑相繼破陷，一境生靈，坐受其屠戮。重威任居方面，未嘗以一士一騎救之。每虜騎數十，驅漢人千萬，過城下如入無人之境。重威但登陴注目，略無邀取之意。開運元年秋，加北面行營招討使。二年，大軍下泰州、滿城，虜主自古北口回軍，追躡王師。重威等狼狽而旋，至陽城，爲虜所困。會大風猛烈，軍情憤激。符彦卿、張彦澤等引軍四出，虜衆大潰。諸將欲追之，重威曰：“逢賊得命，更望復子也？”遂收軍，馳歸常山。

（宋）王欽若等編纂：《册府元龜》卷四五三《將帥部》

晉杜重威，尚高祖妹宋國長公主。天福初，典禁軍。二年，張從

賓構亂,處汜水,高祖遣重威與侯益率衆破之,遷侍衛親軍馬步軍副都指揮使。及鎮州,安重榮稱兵向闕,命重威禦之。開運元年,加北面行營招討使。

(宋)王欽若等編纂:《冊府元龜》卷三〇二《外戚部》

漢杜重威爲魏博節度使,高祖起義晉陽,重威首獻誠款。及入汴,移領宋州,重威拒命不行。朝廷命上將高行周,督衆問罪,帝親討之。聲云:"駕至即降。"尋命給事中陳觀喻旨,使其歸命。及至,城又閉闉阻之。由是六師憤激,内粟漸空,而守陴者雜以僧道,掠米糧以給其食。士庶稍一事違其命者,必族而食之。左右思變,咸欲加害,懼而請降,與妻孥相次而出。帝以宿舊,釋其罪,命守太傅居班。

(宋)王欽若等編纂:《冊府元龜》卷四五三《將帥部》

開運二年,杜重威進軍糧九萬八千石,鎗一千二百條,並在鎮州。重威在鎮州日,重斂多納,與腹心數十輩分利而處,皆爲宮室。會有命移鎮,而公私未剖。朝廷察知,遣殿中監王欽祚權知鎮州軍府事,降詔以和糴爲名,比户籍之。欽祚性激訐,好邀功利,既至真定,乃痛劾掌事者,盡抉摘重威一行所聚儲蓄而條奏焉。重威聞之大怒,表曰:"不知臣有何罪,王欽祚封鎖臣員僚口食,詞甚不遜。"朝廷不欲傷其意,竟不區分,尋追還欽祚。故重威有是獻,將弭其事。詔賜重威茶萬斤、絹萬匹,充軍糧價。又賜重威器帛、氈帳、駿鷹,別賜公主衣著百匹,以姑息之。

(宋)王欽若等編纂:《冊府元龜》卷一七九《帝王部》

張從恩爲右金吾衛、上將軍。開運元年,契丹前鋒至邢州。鎮州杜重威遣人間道告急。少主將親御六軍渡河,會不豫,乃令從恩、鄴都馬全節、河中安審琦等,會合諸道之師,屯於邢州。初,趙延壽陷鼓,城中多富族,所得寶貨之物,延壽悉輸於契丹王之母。胡性貪利,胡王乃自將諸將繼踵,至於元氏。朝廷知之,乃詔從恩等引師漸退。軍中遽聞，人情震懼，乃引還，殆無行伍，或弃兵甲，一路居人，皆遭剽剥。焚燒廬舍，北至相州，不能整肅，由是行人皆歸咎於從恩。

（宋）王欽若等編纂：《册府元龜》卷四五三《將帥部》

李瓊初仕後唐，隸明宗麾下，爲小校。同光二年，明宗受詔，以本道兵送糧入薊門，時帝從行至涿州，與虜相遇，帝陷於圍中，瓊顧諸軍已退，密牽帝之衣，指東而遁。至劉李河，爲虜所襲，瓊浮水先至南岸，帝至河中，馬倒，順流而下，瓊以所執長矛，援帝出之；又以所跨馬奉帝，瓊徒步從之，奔十里餘，乃入涿州。帝薦於明宗，明宗賞之，尋超授軍職。帝即位，補護聖都虞候。又念疇昔輟馬道護之力，前後所賜金帛甚厚。久之，領橫州刺史，遷申州刺史。

（宋）王欽若等編纂：《册府元龜》卷一七二《帝王部》

李瓊初仕後唐，爲侍衛牙隊指揮使。長興中，從高祖討東川，至劍州，瓊以部下兵破賊軍數千，身負重瘡。軍還，改龍武指揮使。清泰中，屯雲州，累擒獲契丹人馬，以功改右奉聖軍指揮使。

（宋）王欽若等編纂：《册府元龜》卷三六〇《將帥部》

晉李瓊，高祖天福中爲棣州刺史，遇楊光遠以青州叛，自統本部兵攻其郡城，且以書誘瓊。瓊固拒之，以書上進，朝廷嘉之。

（宋）王欽若等編纂：《册府元龜》卷六八六《牧守部》

李瓊爲安州防禦使。顯德四年十二月癸酉，本州監軍馮守規上言：州之官吏百姓乞與防禦使李瓊立德政碑。尋命中書舍人竇儼撰文以賜之。

（宋）王欽若等編纂：《册府元龜》卷八二〇《總録部》

五代楚李瓊有戰功，討平桂林。瓊魁岸力多，每食肉十斤餘，踞案大嚼，耽耽然，軍中號曰"李大蟲"。先是桂林兒童聚戲衢路，忽相驚走，曰"大蟲來"，至是果應。

（宋）馬永易：《實賓録》卷八

周宋彥筠仕梁，爲開封府牙校。莊宗有天下，擢領禁軍。伐蜀之役，率所部康延孝爲前鋒。入成都，據一甲第中，資貨鉅萬，妓女數十輩，盡爲其所有。

（宋）王欽若等編纂：《册府元龜》卷四五五《將帥部》

宋彥筠初仕後唐，典禁軍。同光中，伐蜀之役，彥筠率所部從康延孝爲前鋒。蜀平，歷維、渝州刺史。晉初，自汝州防禦使從高行周破安從進於襄陽，以功拜鄧州節度使。

（宋）王欽若等編纂：《册府元龜》卷三六〇《將帥部》

宋彥筠，初仕晉爲防禦使。從高行周破安從進於襄陽，以功拜鄧州節度使。

（宋）王欽若等編纂：《册府元龜》卷三八七《將帥部》

宋彥筠，漢乾祐二年，自邠寧節度使上章乞致仕爲僧，不允。至世宗顯德元年八月，以太子少師郇國公改太子太師致仕，以其仕退而從其志也。世宗曰："白文珂、宋彥筠皆耆年舊勛，拜章請老，非唯知其止足，抑亦勵其貪競。朕每佇想，亦甚多之。今宜各賜茶藥錢帛，仍遣使就加撫問。"宰臣范質對曰："貴老念勛，古存盛典。竊惟近世廢之久矣，陛下復能行之，實爲國家美事。"

（宋）王欽若等編纂：《册府元龜》卷八九九《總録部》

周宋彥筠，仕漢，以太子太師致仕。閒居累歲，聞太祖之起也，復有秉旄之望。迎太祖於皋門，延留久之，彥筠從容進曰："當日懸車，本非所願。漢朝寡援，排斥至此。老夫箸力未衰，願賜展力之所。"太祖笑而頷之。廣順初，除左衛上將軍。彥筠深失所望，退謂所親曰：
"余以軍伍立身，歷藩部十數任，今日第一度升朝也。"未幾當參，墜笏
失儀，爲御史所劾。太祖以勛武之臣，欲責其失。樞密使王峻請依常
例薄罰，乃奪一月俸。彥筠大以爲恥，私謂人曰："入仕四十年，未嘗
遭一罰，今日甚可羞矣。"

（宋）王欽若等編纂：《册府元龜》卷九二六《總録部》

宋彥筠爲鄧州節度使，經過洛京，於銀沙灘斬廳頭將軍鄭溫，爲
留臺所奏。據鎮將於都城殺人，其罪不細。有詔鞫之，疑云："彥筠先
進過小底，二百人奉敕命，配在興順軍内。有千人先今往陝府般家，
未到，沿路逃走。捕捉到一人，貴要例衆等，便處斬，投尸於河。彥筠
出身軍旅，不知事體，合送鄭溫於河南府，請行勘責，不合專擅加刑
者。"敕曰："王者約法之義，比在防非，將致一平，所期共守。昨以憲
司舉職，有國舊規，宋彥筠尋悔愆尤，理可矜恕。念兹勛績，深軫朕
懷。特開宥過之恩，庶叶匪瑕之道。凡百有位，宜勵乃誠，所犯科條
並釋放。"

（宋）王欽若等編纂：《册府元龜》卷四四九《將帥部》

王令溫，晉初爲洺州團練使。及安重榮稱兵於鎮州，晉祖以令溫
爲行營馬軍都指揮使，與都帥杜重威敗賊於宗城，以功授亳州防
禦使。

（宋）王欽若等編纂：《册府元龜》卷三八七《將帥部》

王令溫初仕晉，爲洺州團練使。及安重榮稱兵於鎮州，晉高祖以
令溫爲行營馬軍都指揮使，與都帥杜重威敗賊於宗城，以功授亳州防
禦使。

（宋）王欽若等編纂：《册府元龜》卷三六〇《將帥部》

晉吳巒，爲沙彥珣從事，累遷大同軍節度判官。高祖建號，契丹

之援太原也,彥珣據雲中,二三顧望。及契丹還塞,彥珣出城迎謁,尋爲所虜。時巒在城中,謂其衆曰:"豈有禮義之人,而臣於夷狄乎?"即與雲州將吏闔門拒守。契丹大怒,攻之,半歲不能下。高祖致書於契丹,乃解圍而去。召巒歸闕,授徐州節度副使。

(宋)王欽若等編纂:《册府元龜》卷七二四《幕府部》

張廷蘊,初仕唐武皇,爲小校。及莊宗救上黨,戰柏仁,攻蒯丘,下邢、魏,皆從之。後戰莘縣胡柳陂,繼爲流矢所中,瘡瘢盈於面首。莊宗寵之,統御營黃甲軍,常在左右。

(宋)王欽若等編纂:《册府元龜》卷三九六《將帥部》

晉張廷蘊初仕唐莊宗,爲帳前都指揮使,兼左右羽林都虞候。會潞州李繼儔嬰城叛,詔遣明宗爲招討使,元行欽爲都部署,廷蘊爲前鋒。軍至上黨,日已暝矣。憩軍方定,廷蘊首率勁兵百餘輩,逾洫坎城而上,守陴者不能禦,尋斬關,延諸軍入焉。明宗、行欽達明而始至,其城已下。

(宋)王欽若等編纂:《册府元龜》卷三六九《將帥部》

後唐張廷蘊,事莊宗,統御營黃甲軍,常在左右。時皇后劉氏在鄴,多縱其下擾人,廷蘊多斬之,睹者壯焉。

(宋)王欽若等編纂:《册府元龜》卷四〇六《將帥部》

晉張廷蘊,初仕後唐,爲魏博三城巡檢使。時劉皇后在鄴,每縱其下優人,廷蘊立斬之,聞者壯焉。

(宋)王欽若等編纂:《册府元龜》卷四〇一《將帥部》

張廷蘊初仕後唐,爲左右羽林都虞候。同光中,潞州李繼儔叛,廷蘊從明宗爲前鋒討之。軍至上黨,日已暝矣,廷蘊首率勁兵百餘輩,逾洫坎城而上,守陴者不能禦,尋斬關,延諸軍入焉。軍還,改左右羽林都指揮使。

　　　　　　（宋）王欽若等編纂：《册府元龜》卷三六〇《將帥部》

　　晉張廷蘊，後唐莊宗時爲帳前步軍都虞候，諸軍濠寨使，而性重文士。下汶陽日，首獲郓帥戴思遠判官趙鳳，許之曰：“爾狀貌必儒人也，勿隱其情。”鳳具言之，尋引薦於明宗。明宗令送付行臺，尋除鳳翰林學士。

　　　　　　（宋）王欽若等編纂：《册府元龜》卷四一三《將帥部》

　　晉史翰，爲義成軍節度使。性剛毅，有謀略，御軍嚴整。

　　　　　　（宋）王欽若等編纂：《册府元龜》卷四一八《將帥部》

　　史翰爲滑州節度使，白馬河決，翰自祭之，見一犬有角，浮於水，心甚惡之。後數月，遘疾而卒。

　　　　　　（宋）王欽若等編纂：《册府元龜》卷九五一《總録部》

　　晉史翰爲義成軍節度使，性剛毅，有沉謀，御軍嚴整，而推恩信於士伍，接下以禮，與部曲語未嘗不稱名。

　　　　　　（宋）王欽若等編纂：《册府元龜》卷三八八《將帥部》

　　晉史翰爲節度使。幕客有關徹者，狂率酗醫。一日，使酒怒目，謂翰曰：“明公昔刺覃懷，與徹主客道至，事無不可。今領節鉞，數不相容。且書記趙礪，險詖之人也，脅肩謟笑，黷貨無厭，而公待之甚厚。徹今請死。近聞張彥澤臠張式，未聞史翰斬關徹，恐天下談者未能比數。”翰不怒，引滿自罰而慰勉之，寬厚如此。

　　　　　　（宋）王欽若等編纂：《册府元龜》卷四三一《將帥部》

　　晉關徹，爲滑州節度使史翰幕客，狂率酗醫。一日，使酒怒目謂翰曰：“明公昔刺覃懷，與徹主客道，至事無不可。今領節鉞，數不相容。且書記趙礪，險詖之人也。脅肩詔笑，黷貨無厭，而公待之甚厚。澈今請死，近聞張彦澤臠張式，未聞史翰斬關澈。恐天下談者，未有比類。"翰不怒，引滿自罰而慰勉之。

（宋）王欽若等編纂：《册府元龜》卷九一八《總録部》

晉關澈爲義成軍節度使翰幕客，狂率酗醟。一日，使酒怒目謂翰曰："明公昔刺覃懷，與澈主客道，至事無不可。今領節鉞，數不相容。書記趙礪，險詖之人也。翕肩詔笑，瀆貨無厭，而明公待之甚厚。澈今請死，近聞張彦澤臠張式，未聞史翰斬關澈。恐天下譚者，未有比類。"翰不怒，引滿自罰而慰勉之。

（宋）王欽若等編纂：《册府元龜》卷九一四《總録部》

晉丁審琪爲延州節度使。審琪部曲僅千人，失於檢御，民甚苦之。軍校賀行政等，與蕃部連結，聚衆攻城，幾遭屠滅。賴鄰道軍救解，幸獲保全。尋受代歸闕。

（宋）王欽若等編纂：《册府元龜》卷四四五《將帥部》

晉劉處讓，初仕後唐，爲左驍衛大將軍。清泰三年夏，魏博屯將張令昭逐其帥以城叛，朝廷命范延光領兵討之，以處讓爲河北都轉運使。

（宋）王欽若等編纂：《册府元龜》卷四八三《邦計部》

晉劉處讓初仕後唐，爲客省副使，累將命稱旨。

（宋）王欽若等編纂：《册府元龜》卷六五三《奉使部》

劉處讓，後唐末爲左驍衛大將軍，河北都轉運使。高祖舉義兵於太原，處讓從至洛陽，乃授宣徽北院使。

（宋）王欽若等編纂：《册府元龜》卷七六六《總録部》

劉處讓爲左監門衛上將軍,充宣徽南院使。天福二年,范延光據鄴城叛,命宣武軍節度楊光遠、前靈武節度張從賓等討之。時處讓奉詔與光遠同參議軍政。從賓行次河陽,密與延光連結,以兵南入洛京,東抵成皋,將犯梁城,謀爲大逆。處讓奉詔自黎陽分兵討襲,從賓平,復又與楊光遠攻鄴。四年冬,范延光將謀納款,尚竊疑留,處讓親入,以禍福諭之,乃決歸命,以功轉檢校太傅。

(宋)王欽若等編纂:《册府元龜》卷三六〇《將帥部》

晉高祖天福四年四月,樞密使劉處讓每有敷奏,多不稱旨,會處讓丁繼母憂,因議罷樞密使,其本院庶事並委宰相分判。

(宋)王欽若等編纂:《册府元龜》卷三三三《宰輔部》

晉劉處讓,授章德軍節度使。處讓勤於公務,孜孜求理,撫馭吏民,不至苛察,人甚便之。

(宋)王欽若等編纂:《册府元龜》卷四一七《將帥部》

劉處讓爲相、澶、衞等州觀察等使。勤於公務,孜孜求理,撫馭吏民,不至苛察,人甚便之。

(宋)王欽若等編纂:《册府元龜》卷六七七《牧守部》

王清爲奉國軍都虞候。天福六年,襄州安從進叛,高行周討之,逾年不下,清請先登,諸軍繼後,遂拔其城。累遷溪州刺史。八年,詔遣以所部兵屯於鄴。九年春,契丹南牧,圍其城。清與張從恩守之。少帝飛蠟詔勉諭,錫之第宅。虜退,以干城功繼遷軍額。開運二年,從杜重威北征,解陽城之圍,加檢校司徒。

(宋)王欽若等編纂:《册府元龜》卷三六〇《將帥部》

王清,爲奉國軍都虞候。時襄州安從進叛,從高行周討之,逾年不下。一日,清請先登,諸軍繼其後,會有内應者,遂拔其城。清以中重創,有詔褒慰。

(宋)王欽若等編纂:《册府元龜》卷三九六《將帥部》

楊光遠,小字阿擅。及長,止名擅。後唐天成中,以明宗改御名爲亶,以偏傍字犯之,始改名光遠,字德明。

(宋)王欽若等編纂:《册府元龜》卷八二五《總録部》

(天福)五年八月,以西京留守楊光遠守太尉兼中書令,充平盧軍節度使,封東平王。是時,光遠有功,每以爲帝懼己,稍干預政事,帝亦從之。以其子承祚尚主,次子承信等皆與美官,而恩渥殊等,爲當時之冠。時桑維翰爲樞密使,往往御前可否其事,光遠密知,心銜之。及范延光歸命,光遠面奏維翰等擅權,帝以光遠方有功於國,乃出維翰領安陽,光遠爲西京留守兼鎮河陽,罷其兵權。光遠由此怨望朝廷,潛貯異圖,多以珍玩奉契丹,訴己之屈;又私養部曲千餘人,撓法犯禁,河洛之人,常如備盜。尋册守太尉。時范延光致仕,輦橐裝妓妾居河陽,光遠利其奇貨,且慮爲子孫之讎,因奏延光不家汴洛,而出舍外藩,非南走淮,則北走藩,宜早除之。高祖以許之不死,鐵券在焉,持疑未允。光遠乃遣子承勖以甲士圍其第,迫令自裁。延光曰:"天子在上,安得如此?"光遠尋遣爪牙請移洛下,及浮橋推落水中,流尸至繆家灘。奏云:"延光自投於河。"朝廷頗知之,以姑息不暇,莫能理其事。後逾歲入覲,帝爲置曲宴,時教坊樂官皆家在洛陽,以光遠左右多縱暴取,深銜之,因陳戲謔光遠,而光遠無慚色。帝曰:"元城之役,卿左右皆立功,未曾酬獎,今各與一郡赴任以榮之。"因命爲刺史者數人。乃命青州節度使王建立移鎮潞州,遂以光遠代焉。光遠面奏,請與長子同行。尋授承勖萊州防禦使。及赴任,僕從、姬媵、行李至數千騎,滿盈僭侈,爲方嶽之最。下車之後,惟以刻剥爲事。

(宋)王欽若等編纂:《册府元龜》卷一七九《帝王部》

楊光遠爲西京留守,兼鎮河陽。因罷其兵權,光遠緣此怨望,潛貯異志，多以珍玩奉契丹，訴己之屈。又私養部曲千餘人，撓法禁。
河洛之人，常如備盜。尋册拜太尉兼中書令。時范延光致仕，輦囊裝
妓妾，居於河陽。光遠利其奇貨，且慮爲子孫之讎。因奏延光不家汴
洛，出舍外藩，非南走淮夷，則北走胡虜，宜早除之。高祖已許之不死，
鐵券存焉，持疑未允。光遠乃遣子承勛，以甲士圍其第，逼令自裁。延
光曰：“天子在上，安得如此。”乃遣使者，乞移居洛下。行及河橋，擠於
流而溺殺之。矯奏云：“延光自投於河。”朝廷以適會其意，弗之理。

（宋）王欽若等編纂：《册府元龜》卷四四九《將帥部》

楊光遠爲河陽節度使。時范延光致仕，輦囊裝妓妾，居於河陽。
光遠利其奇貨，且慮爲子孫之讎。因奏延光不家汴、洛，出舍外藩，非
南走淮夷，則北走胡虜，宜早除之。高祖以許之不死鐵券存焉，持疑
未允。光遠乃遣子承勛，以甲士圍其第，逼令自裁。延光曰：“天子在
上，安得如此。”乃遣使者乞移居洛下，得及浮橋，推於流而溺殺之。
矯奏云：“延光自投於河。”朝廷以適會其意，弗之理。逾歲入覲，高祖
爲致曲宴教坊，伶人以光遠暴斂重賦，因陳戲譏之。光遠殊無慚色。
尋以光遠爲平盧軍節度使。光遠表奏，請與長子同行。尋授承勛萊
州防禦使。及赴任，僕從、妓妾至千餘騎，滿盈僭侈，爲方嶽之最，下
車之後，惟以刻剝爲事。

（宋）王欽若等編纂：《册府元龜》卷四五五《將帥部》

（天福三年）十月，宣遣東上閤門副使張瓊祚押福建進來牙一株、
犀三株、玳瑁三十斤、銀盆四口、臘麪茶三十斤、香藥二百斤，往魏府
賜楊光遠。

（宋）王欽若等編纂：《册府元龜》卷一七九《帝王部》

少帝天福八年，遣内班曹延丕押玉帶衣一襲、衣著三百匹、銀器
二百兩、御馬二匹，賜青州楊光遠。

（宋）王欽若等編纂：《册府元龜》卷一七九《帝王部》

晉王令崇爲具州軍校，天福八年，自賊中至，令温之弟也，訴其舉家淪没，乃以令温爲威勝軍節度，鄧、隨、均、房等州觀察處置等使。又以具州都指揮使杜審澄爲均州刺史，以親族陷於寇難故也。令温爲麾下邵宗範剖心臠肉，令衆噉之。邵，珂之子也。初，令温奉詔詣闕，皆疑珂有異志，乃以其子爲帳内兵以質之，冀珂惜其子而釋私憾。珂素凶很，殊無所顧，而令温覆族者，自失其機斷也。

（宋）王欽若等編纂：《册府元龜》卷九二〇《總録部》

晉李彦韜爲陳州節度使，每在少帝側，升除將相。但與宦官近臣締結，致外情不通，陷君於危亡之地，嘗謂人曰："朝廷所設文官，將何用也？"且欲澄汰，徐而廢之。

（宋）王欽若等編纂：《册府元龜》卷四五二《將帥部》

晉翟璋好勇多力，時目爲大蟲，即癡虎之稱也。位左羽林統軍。

（宋）王欽若等編纂：《册府元龜》卷八四五《總録部》

晉翟璋，好勇多力，時目爲大蟲，即癡虎之稱也，位至左羽林統軍。

（宋）王欽若等編纂：《册府元龜》卷八四七《總録部》

晉翟璋，爲新州刺史。高祖建義，割新州屬北虜。時契丹大軍歸國，遣璋於管内，配率犒宴之資，須及十萬緡。山後地貧，民不堪命。始，戎王以軟語撫璋，璋謂必得南歸。及委璋平叛奚，圍雲州，皆有功，故留之不遣。璋郁郁不得去，遇疾，尋卒焉。

（宋）王欽若等編纂：《册府元龜》卷四四四《將帥部》

張郎，唐昭宗末，徐方亂，盜賊蜂起，剽劫鄉群。郎聚少年數百人，固護親族，鄉里賴其保全者甚衆，終於光禄大夫、檢校太傅、慶州刺史。

（宋）王欽若等編纂：《册府元龜》卷八四七《總録部》

張郎年十八,善射,膂力過人,鄉里憚之,位慶州刺史。

（宋）王欽若等編纂:《册府元龜》卷八四五《總録部》

張朗初仕梁,爲鄆州都指揮使。從招討使段凝襲衛州,下之,遂授衛州刺史。

（宋）王欽若等編纂:《册府元龜》卷三六〇《將帥部》

後唐張郎,叔父憲爲莊宗魏博推官,王師與梁軍戰不利,憲奔馬北渡,梁軍急追,殆將不濟,至晚渡河,人多陷水而没。憲與郎履冰而行,將及岸,冰陷,郎號泣以馬箠引之。憲曰:"吾兒去矣,勿使俱陷。"郎曰:"忍睹季父如此,俱死無恨。"郎偃伏引箠,憲躍身而出。是夜,莊宗令於軍中求憲,或曰:"與王緘俱没矣。"莊宗垂涕求尸,數日聞其免也,遣使慰勞。

（宋）王欽若等編纂:《册府元龜》卷七五六《總録部》

張朗初爲代州刺史,又改行營諸軍馬步都虞候。高祖建義於太原,遣使以書諭之。朗曰:"爲人臣而有二心,可乎?"乃斬其使。

（宋）王欽若等編纂:《册府元龜》卷三七四《將帥部》

相里金初仕後唐,爲小校。與梁師戰於柏鄉及胡柳陂,以功授黄甲指揮使。同光元年,統帳前軍拔中都,賜忠勇拱衛功臣。

（宋）王欽若等編纂:《册府元龜》卷三六〇《將帥部》

相里金,初爲唐莊宗親衛小校,後與梁師戰於柏鄉及胡柳陂,襲德勝口,攻廣邊軍,擒元行欽,圍幽州,救慈丘、馮翊,所至登鋒奮武,罕出其右。

（宋）王欽若等編纂:《册府元龜》卷三九六《將帥部》

晉相里金,後唐同光初,自羽林都虞候爲忻州刺史。凡部曲私屬將吏，不遣莅州邑之職，皆優其給贍，使分掌家事而已。其後累典大都督，皆有聲績。

（宋）王欽若等編纂：《册府元龜》卷六七四《牧守部》

相里金爲忻州刺史，凡部曲私屬，皆不令干預民事，但優其贍給，使分掌家事而已。故郡民安之，大有聲績。

（宋）王欽若等編纂：《册府元龜》卷六九〇《牧守部》

晉趙彦之，深州人也，始爲鎮州軍士，會後唐莊宗圍王德明於常州，彦之數請以强弩伏於東門外，騎軍多不得進，漸補至百人長。城陷，莊宗收之麾下，與秦王重榮俱爲散騎指揮使，意甚相善，有軍中十昆仲之契。天福初，彦之爲關西指揮使，重榮已領鎮州。彦之請告葬父母，與重榮相見，遂留鎮州。重榮視政之暇，畋獵飲博，未嘗一日相舍。

（宋）王欽若等編纂：《册府元龜》卷四四〇《將帥部》

五代萇從簡。許州富人有玉帶，欲之而不可得。遣二卒夜入其家，殺而取之。卒夜逾垣隱木間，見其夫婦相待如賓。二卒嘆曰：“吾今欲奪其寶，而害斯人，吾必不免。”因躍出而告之，使其速以帶獻。逾垣而去，不知所之。

（唐）白居易、（宋）孔傳：《白孔六帖》卷一八

五代萇從簡好食人肉，所至多潛捕民間小兒以爲食。

（明）謝肇淛：《五雜組》卷五

萇從簡，陳州人也，初事後唐莊宗爲小校。每遇攻城，召人爲梯頭，從簡多應募焉。莊宗愛其勇，擢領帳前親衛兼步軍都指揮使。一日，莊宗領大軍與梁軍對陣，登高丘而坐，敵人有執大幟揚其武者，莊宗指之謂左右曰：“猛士也。”從簡曰：“臣爲大王取之。”莊宗慮其不

捷,不許。從簡退,乃潛領十數騎,挺身而入,奪幟以歸。萬衆鼓譟,莊宗壯之,而賜賚甚厚。又嘗中箭而鏃入於骨,使醫工出之,以刃鑿骨,恐其痛也,良久未能搖動,從簡嗔目謂曰:“何不深鑿洎出之?”左右無不惻然,從簡顏色自若,其勇壯皆此類也。

(宋)王欽若等編纂:《册府元龜》卷三九六《將帥部》

(天成二年)九月,新授汝安州防禦使葨從簡辭,帝臨階召之曰:“爾久從征伐,甚有戰功,語其威名,乃關、張之比也。前後酬獎,累任郡符,皆有酷暴之名,委卿理人,不謂以狼牧羊乎! 朕今加爾驍雄,復還爾於上郡,汝能改節,擁旄仗鉞,豈後於他人? 如未省前非,國有常典,朕不能爲功臣終曲其法,爾宜勉焉!”簡拜謝而去。

(宋)王欽若等編纂:《册府元龜》卷一五八《帝王部》

晉葨從簡初仕後唐,爲金州刺史。閔帝應順初,舉軍討鳳翔,從簡亦預征行。軍變,乃東還,道遇張廷蘊,爲廷蘊所縛,送於潞王。潞王數之曰:“人皆歸我,汝何偏攻我城而背我也?”從簡曰:“事主不敢忘。今日死生,惟命是聽。”潞王釋之。

(宋)王欽若等編纂:《册府元龜》卷三七四《將帥部》

葨從簡,初仕後唐爲潁州團練使。高祖舉義清泰末,詔赴闕,充副招討使,隨駕至孟津,除河陽節度使。時趙延壽軍敗,僞王斷浮橋歸洛,從簡守河陽南城。高祖自北而至,從簡察軍情離散,遂渡河迎謁焉,後至左金吾衛將軍。

(宋)王欽若等編纂:《册府元龜》卷七六六《總録部》

晉葨從簡,陳州人。天福初爲許州節度使。世以屠羊爲事,力敵數人,善用槊。初事唐莊宗,爲小校,攻取城邑,召人爲梯頭,從簡多應募焉。

(宋)王欽若等編纂:《册府元龜》卷八四五《總録部》

萇弘簡累授左金吾衛、左將軍。性忌克而多疑，歷州鎮十餘，所在多豎棘於公署，方通人行，左右稍違忤，即加鞭笞，或至殺害，其意不可測。吏人皆側足而行，其煩苛暴虐，爲武臣之最。

（宋）王欽若等編纂：《冊府元龜》卷四四八《將帥部》

晉潘環，初事梁，累遷右雄威指揮使。時梁人與唐莊宗對壘於河上，環每豫戰先登陷敵，金瘡遍體。莊宗知其名，及平梁，令典禁軍。

（宋）王欽若等編纂：《冊府元龜》卷三九六《將帥部》

潘環初仕後唐，爲棣州刺史。天成中，定州王都叛，以爲行營右廂步軍都指揮使。賊平，改易州刺史。開運初，契丹入寇，王師北征，環以金州節度使充北面行營步軍左廂排陣使，預破契丹於陽城。軍回，授澶州節度使。

（宋）王欽若等編纂：《冊府元龜》卷三六〇《將帥部》

潘環爲宿州團練使，後爲金州、澶州節度使。環所至以聚斂爲務，在州時，有牙將因微過見怒，環紿言笞之，牙校因托一尼嘗熟於環者，獻白金兩鋌。尼詣環曰："牙校餉鰲脚兩枚，求免其責。"環曰："鰲有幾脚？"尼曰："三脚。"環復曰："今兩能成乎？"尼以三數致之，時人號環爲"潘鰲脚"。

（宋）王欽若等編纂：《冊府元龜》卷四五五《將帥部》

潘鰲脚：五代晉潘環受牙將鰲脚銀故也。

（明）陶宗儀：《説郛》卷三《賓賓録》

王守恩歷諸衛將軍。晉開運末，守恩因假告歸於潞。時潞州節度使張從恩，懼契丹之盛，將朝於戎王。以守恩婚家，甚倚信之。乃移牒守恩，請權爲巡檢使。從恩既去，守恩尋以潞城歸於漢祖，仍盡取從恩之家財。漢祖即以守恩爲招義軍節度使。漢乾祐初，授西京留守。守恩性貪鄙，委任群小，以掊斂爲務。雖病殘癃者，亦不免其科率，人甚苦之。洛都常有豪士，爲二姓之會。守恩乃與伶人數輩，夜造其家，自爲賀客。恩獲白金數笏而退。太祖以白文珂代之，守恩甚懼，而洛人有曾爲守恩非理割剝者，皆就其第，徵其舊物。守恩一一償之，及赴闕，止奉朝請而已。

（宋）王欽若等編纂：《册府元龜》卷四五五《將帥部》

秘瓊，爲鎮州節度使董温其衙内指揮使。温其在位貪暴，積鏹巨萬。温其陷蕃，瓊害其家，悉輦之以藏其家，遂自稱留後。

（宋）王欽若等編纂：《册府元龜》卷四五五《將帥部》

安彦威善射，少隸并州爲騎士，及長，尤涉兵法。莊宗與梁軍戰於河上，彦威累從帝，擒敵有功。帝在藩邸，用爲腹心，歷鄆、汴、常等州牙帳親校。彦威性謹厚，甚見委任。

（宋）王欽若等編纂：《册府元龜》卷九九《帝王部》

五代安彦威徙鎮歸德。是時，河決滑州，命彦威塞之，彦威出私錢募民治堤。

（唐）白居易、（宋）孔傳：《白孔六帖》卷六

石晉安彦威，少帝母安氏近屬也。帝以渭陽待之，而彦威未嘗挂於齒牙。及卒，太妃親至彦威汴京舊第，預其喪事，人方知爲太妃之親。聞者服其謹重。

（宋）孔平仲：《續世説》卷三

五代安彦威遷西京留守，遭歲大饑，彦威賑撫飢民，民有犯法者，皆寬貸之，民愛之，不忍流去。又彦威與安太妃同宗，太妃事以爲舅，彦威未嘗以爲言。及卒，太妃臨哭，人始知之，當時益稱其謹重。

（明）彭大翼：《山堂肆考》卷六四

晉安彥威,與少帝母太妃安氏近屬也。帝以渭陽待之,而未嘗掛於齒牙。及卒,太妃親至彥威汴京舊第,預其喪事,人方知之,聞者服其慎重。

(宋)王欽若等編纂:《冊府元龜》卷三〇五《外戚部》

晉安彥威,高祖即位,授北京留守、太原尹,就加使相。彥威以位望漸隆,心不自安,繼上表以眼疾乞從休致,不允。乃請赴闕自陳,詞理激切。朝廷惜而縻之,授開府儀同三司,兼侍中,鎮宋城。後彥威授鎮軍大將軍,北面行營副都統。彥威竭家財駝馬戎器以進,乞從歸退,累批不允。以疾還洛陽,卒於家。

(宋)王欽若等編纂:《冊府元龜》卷四〇九《將帥部》

漢張鵬,晉開運中為前鋒、監押。時契丹逼澶州,鵬奮身擊虜,被創而還。其後累於邊城戍守,士伍服其勇。

(宋)王欽若等編纂:《冊府元龜》卷三九六《將帥部》

李建福為鳳州固鎮兵馬都監,為遞馬鎮卒所殺。初,固鎮兵馬部署李實病,朝廷遣建福監焉。洎至,實稍瘳,建福遂回,實患驟加而卒,朝廷因委建福為部署。時建福在路遇殿直元繼韜,以宣旨約回至撲馬谷遇害。鋪卒,建福曾笞辱之,繇是銜恨,為所司追捕,尋亦自刎。

(宋)王欽若等編纂:《冊府元龜》卷九三一《總錄部》

薛可言,少帝即位,遷澶州防禦使。時虜寇魏博,游騎晨夕至河上,可言備豫有素,敵不能犯。

(元)富大用:《古今事文類聚外集》卷五

五代皇甫暉夜焚貝州,入於魏,趙在禮以暉為馬步軍都指揮使,暉擁甲士數百騎,大掠城中。至一民家,問其姓,曰姓"國",暉曰"吾當破國",遂盡殺之。又至一家,問其姓,曰姓"萬",暉曰"吾殺萬家足矣",又盡殺之。

(唐)白居易、(宋)孔傳:《白孔六帖》卷四七

(4) 後漢

蔡王信,高祖之從弟也,國初爲侍衛、馬軍都指揮使,兼義成軍節度使,尋移鎮許州。

(宋)王欽若等編纂:《册府元龜》卷二八一《宗室部》

漢史弘肇,鄭州滎澤人也。弘肇少游俠無行,拳勇健步,日行三百里,走及奔馬。梁末,每七户出一兵,弘肇在籍中,後隸本州開道都,入禁軍。嘗在晉祖麾下,遂留爲親從。及踐祚,用爲控鶴偏將。高祖鎮太原,奏請從行,用爲牙隊大將。後起置武節左右指揮,以弘肇爲都將。代州王暉叛,以城歸契丹,弘肇征之,身先士卒,一鼓而拔。加檢校太保,領雷州刺史。漢國建,王守恩以上黨來附。虜主命大將耿崇美率衆上太行,欲取上黨,高祖命弘肇率軍應接守恩。軍至潞州,契丹退去。翟令奇以澤州迎降。會河陽武行德遣人迎弘肇,遂率衆南下,與行德合,故高祖由蒲、陝赴洛如歸,弘肇前鋒之功也。

(宋)王欽若等編纂:《册府元龜》卷三四七《將帥部》

漢史弘肇,字化元,少游俠無行,拳勇健步,日行二百里,走及奔馬。高祖時爲侍衛、親軍都指揮使。

(宋)王欽若等編纂:《册府元龜》卷八四五《總錄部》

史弘肇爲許州節度使、侍衛步軍都指揮使。時高祖縣蒲陝赴洛,弘肇爲前鋒,兵士所至,秋毫不犯,以至平定兩京。及從駕征鄴回,加同平章事,充侍衛親軍都指揮使,兼鎮宋。

(宋)王欽若等編纂:《册府元龜》卷三八七《將帥部》

史弘肇爲侍衛步軍都指揮使,自晉赴洛,將抵河內,左右軍校持楯争道,候者馳告,及頓軍,召而詰之,乃獲其首爲亂者,既伏罪,親以鐵撾擊而斃之,梟首示衆,見者爲之惕息。凡騎士自河涉洛,有犯田、繫馬於樹者,咸戮之。繇是軍衆肅然,無敢犯其令。

(宋)王欽若等編纂:《册府元龜》卷四〇一《將帥部》

漢史弘肇,爲侍衛使。嚴毅寡言,部轄軍衆,有過無舍。兵士所至,秋毫不犯。部下有指揮使,嘗因指使少不從命,弘肇立過殺之,將吏股栗。至平定兩京,無敢干忤。

(宋)王欽若等編纂:《册府元龜》卷四一八《將帥部》

史弘肇爲侍衛都指揮使,部轄禁軍,警衛都邑,專行刑殺,略無顧避。惡少無賴之輩,望風匿迹。路有遺弃,人不敢取。然而不問罪之輕重,理之所在,但云有犯,便處極刑。枉濫之家,莫敢上訴。巡司吏卒,因緣爲奸,嫁禍脅人,不可勝紀。時太白晝見,民有仰觀者,爲坊巡所拘,立斷腰領。又有醉民,抵忤一軍人,則誣以訛言,竟見弃市。嘗有醉者,誤入民家,婦呼之爲盗。巡司遇之,以樋其腦,血流被體,乃就鄰舍子,假錢二緡,令醉者負之,即斬於所犯之地。斷舌决口,斮筋折足者,僅無虛日。故相李崧,爲家僮誣告,族戮於市,而取其幼女爲婢。自是,仕宦之家畜僕隸者,皆以姑息爲意。而舊勛故將,失勢之後,爲厮養輩之所脅制者,往往有之。軍司解暉,性狡而酷。凡有推劾,隨意鍛煉。人有抵軍禁者,被甚苦楚,無不自誣以求死所。都人遇之,莫敢仰視。有燕人何福殷者,以商販爲業,嘗以錢十四萬,市得玉枕一,遣家僮及商人李進,賣於淮南,大得茗回。家僮無行,隱福殷貨財數十萬。福殷責其償,不伏,遂杖之。未幾,家僮詣弘肇上變,言虜主之入汴也,僞燕王趙延壽,遣福殷賫玉枕,陰遺淮南主,以致誠意。弘肇即日逮捕福殷等,係之。解暉希旨斷成,榜掠備至。福殷自誣,連罪者數輩,並弃市。妻女爲弘肇帳下健卒分取之,其家財並籍没。

(宋)王欽若等編纂:《册府元龜》卷四四八《將帥部》

漢史弘肇,隱帝時爲侍衛親軍都指揮使兼中書令。帝自關西賊平之後,昵近小人。太后親族,頗行干托。弘肇與楊邠甚不平之。太后有故人子,求補軍職。弘肇忿而斬之。帝始聽樂,賜教坊使等玉帶,諸伶官緋袍,往謝弘肇。弘肇讓之曰:"健兒爲國伐邊,患寒冒暑,未能偏有沾賜,爾輩何功,敢當此賜?"盡取袍帶,還其官。

（宋）王欽若等編纂:《册府元龜》卷四五四《將帥部》

史弘肇爲侍衛親軍都指揮使、太師兼侍中。時周太祖出鎮魏州,弘肇議帶樞密以行。蘇逢吉、楊邠以爲不可。弘肇恨之。明日,會飲竇貞固第。弘肇舉爵屬周太祖曰:"昨辰廷論,一何同異。今日與公飲此。"楊邠、蘇逢吉亦舉大爵曰:"此國家之事也,何足介意。"遂俱引爵。弘肇又屬聲言曰:"安朝廷,定禍亂,直須長鎗大劍,至如毛錐子焉足用哉!"三司使王章曰:"雖有長鎗大劍,若無毛錐子,贍軍財賦,自何而集?"弘肇默然,少頃而罷。未幾,章於其第張酒樂。時弘肇與宰相樞密使及内客省使閻晉卿等俱會。酒酣,爲手勢令,弘肇不熟其事。閻晉卿坐次於弘肇,屢教之。蘇逢吉戲弘肇曰:"近坐有姓閻人,何憂罰爵?"弘肇妻閻氏,本酒妓也。弘肇謂逢吉譏之,大怒。以醜語詬逢吉,逢吉不校。弘肇欲毆逢吉,逢吉策馬而去。弘肇遽起索劍,意欲追逢吉。楊邠曰:"蘇公是宰相,公若害之,致天子何地?公細思之。"邠泣止之。弘肇索馬急馳而去,邠慮有非常,連鑣而進,送至第而還。自時將相不協,如水火矣。

（宋）王欽若等編纂:《册府元龜》卷九一八《總録部》

史弘肇爲侍衛親軍都督指揮使,其第數有怪異。嘗一日,於階砌隙中有烟氣蓬勃而出。禍前二日昧爽,有星落於弘肇前三數步,如迸火而散,俄而被誅。

（宋）王欽若等編纂:《册府元龜》卷九五一《總録部》

史弘肇嘗與大臣飲於竇貞固之第,以夙憤激蘇逢吉,舉爵曰:"安

朝廷,定禍亂,直須長鎗大劍,至如毛錐子安足用焉!"三司使王章曰:
"雖有長鎗大劍,若無毛錐子贍軍財賦,自何而集?"肇默然而散,自此
蘇、史有隙。

(宋)錢易:《南部新書》癸

五代漢史宏肇曰:"安朝廷,定禍亂,直須長槍大劍,至如毛錐子
何足用哉!"王章曰:"雖有長槍大劍,若無毛錐子贍軍,財賦自何而
集?"宏肇嘿然。章尤輕視文士曰:"此等若與一把算子,未知顛倒,何
益於國邪?"

(宋)孔平仲:《續世説》卷八

五代史弘肇,鄭州滎澤人。燕人何福進有玉枕,直錢十四萬,遣
僮賣之淮南,以鬻茶。僮隱其錢,福進笞責之。僮乃誣告福進,得趙
延壽玉枕以遺吳人。弘肇捕治福進,弃市。

(唐)白居易、(宋)孔傳:《白孔六帖》卷一四

《五代史・史弘肇傳》:李崧坐奴告變,族誅,弘肇取其幼女以爲
婢子。於是前資故將失職之家姑息僮奴,而厮養之輩往往脅制其主。

《李崧傳》:崧弟嶼僕葛延遇爲嶼商賈,多干没其貲,嶼笞責之。
是時高祖將葬睿陵,河中李守貞反,延遇上變,言崧與其甥王凝謀反,
山陵放火焚京師,又以蠟丸書遺守貞。乃送李崧侍衛獄,崧出乘馬,
從者去無一人。崧恚曰:"自古豈有不死之人,然亦豈有不亡之國
乎?"乃自誣服,族誅。崧素與翰林徐臺符相善,後周太祖立,臺符告
宰相馮道,請誅延遇。道以數經赦宥,難之。樞密使王峻聞之,多臺
符有義,乃奏誅延遇。《册府元龜》:徐臺符先與漢故太子太傅李崧爲執友。
乾祐中,崧爲部曲葛延遇等誣告,族滅。廣順中,臺符爲兵部侍郎,白於宰府,請
誅延遇等。宰相馮道以延遇等已經赦宥,未之誅也。時王峻執政,聞臺符之言,
深加嘆服,因奏於太祖,遂誅延遇等。時人義之。

《唐景思傳》:爲沿淮巡檢。景思有奴嘗有所求,不如意,即馳見

弘肇,告景思與李景交通,而私蓄兵甲。弘肇一吏將三十騎往收景思。奴謂吏曰:“景思,勇者也,得則殺之,不然,將失之也。”吏至,景思迎前,以兩手抱吏呼冤,請詣獄自理。吏引奴與景思驗,景思曰:“我家在此,請索之,有錢一千爲受外賂,有甲一屬爲私蓄兵。”吏索,唯一衣笥軍籍糧簿而已。吏憫而寬之,景思請械送京師以自明。景思有僕王知權,在京師,聞景思被告,乃見弘肇,願先下獄,明景思不反。弘肇憐之,送知權獄中,日勞以酒食。景思既械就道,潁亳之人隨之京師共明之。弘肇乃鞫其奴,具伏,既奏斬奴,而釋景思。

《册府元龜》:弘肇專恣刑殺,故相李崧爲家僮誣告,族戮於市,而取其幼女爲婢。自是仕宦之家畜僕隸者,皆以姑息爲意而舊勛故將之後,爲厮養輩之所脅制者,往往有之。有燕人何福殷者,以商販爲業,嘗以錢十四萬市得玉枕一枚,遣家僮及商人李進賣於淮南,大得茗回。家僮無行,隱福殷貨財數十萬,福殷責其償,不伏,遂杖之。未幾,家僮詣弘肇,上變,言虜主之入汴也,僞燕王趙延壽遣福殷賣玉枕,陰遺淮南主,以致誠意。弘肇即日逮捕福殷,榜掠備至。福殷自誣,連罪者數輩,並弃市。妻女爲弘肇帳下健卒分取之,其家財並籍没。

(清)顧炎武:《日知録之餘》卷二

漢隱帝賜諸伶錦袍、玉帶,史弘肇奪之還官,曰:“健兒戍邊,寒暑未有優恤,爾輩不當也。”其凶戾也如此,然至理得中。

(宋)錢易:《南部新書》癸

《五代史·洪肇傳》:唐主始聽樂,賜教坊使等玉帶、錦袍。往謝洪肇,洪肇怒曰:“健兒爲國征討者,未有遍賜,爾曹何功,敢當此乎?”悉取所賜還官。

(明)彭大翼:《山堂肆考》卷三七

漢劉審交,初仕後唐,爲北面轉運使判官。王都叛於定州,朝廷命王晏專師進討,審交爲轉運供軍使。都平,以爲遼州刺史。後爲北面供軍使。晉高祖初踐阼,范延光以魏州叛,命楊光遠總兵討之,復召審交爲供饋使。鄴中平,命審交爲三司使。

(宋)王欽若等編纂:《册府元龜》卷四八三《邦計部》

　　五代漢劉審交爲汝州防禦使,郡人歌之。卒於官,郡人聚哭柩所,列狀乞留葬本州界,建祠立碑,詔贈太尉。馮道聞之曰:"予嘗爲劉汝州僚佐,知其爲人,廉平慈善,無害之良吏也。民之租稅不能減也,徭役不能息也,寒者不能衣也,餒者不能食也,百姓自汲汲然,使君何有於我哉。然身死之日,黎民懷感者,誠以不行鞭撲,不行刻剥,不因公以徇私,不容物以利己,薄罰宥過,謹身節用,安俸禄,守禮分而已。"

(宋)孔平仲:《續世説》卷二

　　劉審交,隱帝時爲汝州防禦使,有能名。卒,州人聚哭柩前,上疏乞留葬近郊,使民得歲時祀祭。詔特贈太尉,起祠立碑。

(唐)白居易、(宋)孔傳:《白孔六帖》卷六五

　　漢隱帝乾祐三年春,汝州防禦使劉審交卒。汝爲近輔,號爲難治,審交盡去煩弊,無擾於民,百姓歌之。及卒,郡人聚哭於柩所,列狀乞留葬本州界,立碑起祠,以時致祭。本州以聞。詔曰:"朝廷之制,皆有舊章,牧守卒官,比無贈典。其或政能殊異,惠及蒸黎,生有令名,歿留遺愛,褒賢獎善,豈限彝章? 可贈太尉,吏部所請宜依。"

(宋)王欽若等編纂:《册府元龜》卷一四〇《帝王部》

　　漢劉審交,隱帝嗣位,用爲汝州防禦使。汝爲近輔,號爲難治。審交盡去煩弊,無擾於民,百姓歌之。乾祐三年卒,郡人聚哭於柩,致祭。本州以聞,詔曰:"朝廷之制,皆有舊章。牧守之官,比無贈典。

其有政能殊異,惠及蒸黎。生有令名,没留遺愛。褒賢獎善,豈限彝章? 可特贈太尉。"

(宋)王欽若等編纂:《册府元龜》卷六七三《牧守部》

漢劉審交爲汝州防禦使。汝爲近輔,號爲難治,審交盡去州弊,無擾於民,百姓歌之。乾祐三年春,卒。郡人聚哭於柩所,列狀乞留葬本州界,立碑起祠,以時致祭。本州以聞,詔曰:"朝廷之制,皆有舊章。牧守之官,比無贈典。其或政能殊異,惠及蒸黎,生有令名,没留遺愛,褒賢獎善,豈限彝章! 可特贈太尉,吏民所請宜依。"

(宋)王欽若等編纂:《册府元龜》卷六八三《牧守部》

周馮道爲相。初,漢劉審交爲汝州刺史,卒。道聞之,曰:"予嘗爲劉汝州僚佐,知其爲人廉平慈善,無害之長也。判遼、磁,治陳、襄、青,皆稱平允,不顯殊尤。理汝也,又安有異哉? 民之租賦不能减也,餼役不能息也,寒者不能衣也,餒者不能食也,百姓自汲汲然。而使君何有於我哉? 然身死之日,致黎民懷感如此者,誠以不行鞭撲,不行刻剥,不因公以徇私,不害物以利己,確然行長利之事。薄罰宥過,謹身節用,安俸禄,守禮分而已。凡從事於斯者,孰不能乎? 但前之守土者不能如是,是以汝民咨嗟,愛慕之。今天下戎馬之後,四方凶盗之餘,杼軸空而賦斂繁,人民稀而倉廩匱。謂之康恭,未易輕言。侯伯牧宰若能哀矜之,不至聚斂,不殺無辜,知民是邦本,政爲民命,和平寬易,即劉君之政,安足稱耶? 復何患不至於令名哉? 道仍爲著,哭詞六章,鐫於墓碑之陰焉。"

(宋)王欽若等編纂:《册府元龜》卷七九二《總録部》

• 慕容彦超,漢隱帝時鎮鄆州,嘗召富僧數輩就食。日晏不進饌,大餒而回,如是者累日。

(宋)孔平仲:《續世説》卷一二

慕容彥超嘗冒姓閻氏,黑色虬髯,號閻崑崙。

(唐)白居易、(宋)孔傳:《白孔六帖》卷二一

慕容彥超常以金帛募海上客,得五百餘。及周師圍城,客説彥超曰:"今圍急城且將陷,請開門爲公決勝敗,安能於危窘之地,坐守誅戮!"彥超不能從,周祖聞而義之。城陷使戒之曰:"朕既赦汝,所邊城邑,無害民人。"對曰:"臣皆海曲之民,少負節義,偶爲彥超所誤,不能成功,臣之恥也。今陛下既釋臣等,願歸漁農以奉聖朝,敢有它志,再取亡歿。"言訖,皆山呼而去。太祖既平彥超,乃釋所俘。

(唐)白居易、(宋)孔傳:《白孔六帖》卷五六

慕容彥超爲節度使,起家事唐明宗爲小竪。明宗即位,補供奉官。幼習騎射,既居近職,監臨奉使,熟於軍旅,稍遷軍職,漸至列校。

(宋)王欽若等編纂:《册府元龜》卷八四六《總録部》

漢慕容彥超,晉末從高祖圍杜重暉於鄴下。彥超累言於漢祖,請急攻賊城。漢祖信之,乃親督諸軍,四面齊進。自寅及辰,官軍傷者及萬餘人,死者千餘人。乃抽軍罷攻,議者無不歸罪於彥超,自是不復言及攻城矣。

(宋)王欽若等編纂:《册府元龜》卷四四五《將帥部》

周慕容彥超,漢初爲澶州節度使。杜重威叛於鄴下,以鄆州節度使高行周爲招討使,彥超爲副。及兵至城下,二帥不協。杜重威之子婦,即行周之息女也。行周用兵持重,彥超舉措輕易。彥超欲速於攻城,行周以爲未可。彥超乃揚言稱行周以愛女之故,惜賊而不攻。行周忿之。漢祖聞其事,懼有他變,以是親征。及車駕至鄴,彥超數因事凌迫行周。行周不勝其憾。嘗一日,至行宮幕次,雨泣告於執政,聲氣甚厲,聞於至尊。又自掬糞茹於口中,分雪其事。宰相蘇逢吉、樞密使楊邠密奏於漢祖。漢祖深知彥超之曲,遣二臣和解行周,亦召

彥超於帳中責之，兼令首過於行周，行周稍解。

（宋）王欽若等編纂：《冊府元龜》卷四五六《將帥部》

　　周慕容彥超爲兗州節度使，既謀叛命，乃於城中括率，械係笞掠，比户衘冤。前陝州行軍司馬閭弘魯，閒居在州，懼其鞭朴，盡以家財爲餉。彥超以弘魯所餉未盡，又欲令判官崔周度得罪，乃令周度監括其家。周度謂弘魯曰：“公命之吉凶，係財之豐約，願無吝焉。”弘魯令家僮，與周度搜索斸掘，無孑遺矣。彥超又令牙將鄭憐，持刃訊之。弘魯惶迫告罄，周度白彥超曰：“閭行軍泣拜妻孥，輸財不盡，此情可恕。”彥超不之信。弘魯夫婦並係於獄，其乳母於泥中得金纏臂，輸之，望救弘魯。彥超怒周度阿私，令軍校趙質切責，便令自行杖笞弘魯夫婦，以至肉爛而死，即斬周度於市。

（宋）王欽若等編纂：《冊府元龜》卷四四八《將帥部》

　　周慕容彥超仕漢，爲鄆州節度使。乾祐中，以關中平，加侍中。遇隱帝誕辰，入朝，以在鎮不法，爲執政所責，尋授兗州節度使。

（宋）王欽若等編纂：《冊府元龜》卷四五〇《將帥部》

　　周慕容彥超爲兗州節度使，彥超即漢高祖之同産弟也，嘗冒姓閻氏，體黑胡面，故謂之閻崑崙。

（宋）王欽若等編纂：《冊府元龜》卷八三五《總録部》

　　慕容彥超，天福中爲濮州刺史，違法配斂，貸官麥造麯，俵配部民。及移典潁州，爲濮民所訟。詔下御史臺獄，彥超伏罪。漢祖鎮并州，上章救解，朝廷不得已，曲法減死，配流房州。

（宋）王欽若等編纂：《冊府元龜》卷六九九《牧守部》

　　周慕容彥超，晉天福中累授磁、單、濮、棣等州刺史，志性輕脱，人面獸心。沿法爲奸，是爲常態。用酷虐爲氣勢，以陰狡爲聰明。故所至以貪苛聞，執事者不勝其苦。然搜摘盜賊，必窮隱伏，凶黠之輩，竄奔他境；而良善之民，橫遭詿誤，破家陷獄者，不可勝紀。

（宋）王欽若等編纂：《册府元龜》卷六九七《牧守部》

《五代周史》：慕容彥超，漢祖即位授澶州節度使、檢校太尉。杜重威叛於鄴下，以鄆州節度使高行周爲行營都部署，彥超爲副。兵至城下，二帥不協，杜重威之子婦即行周之息女也。行周用兵持重，彥超舉措輕躁。彥超欲速於攻城，行周以爲未可，彥超乃揚言稱行周以愛女之故惜賊而不攻，行周忿之。漢祖聞其事，懼有他變，以是親征。比及車駕至鄴，彥超數因事陵迫行周，行周不勝其憾。嘗一日至於行宮幕次泣告於執政，又自掬糞茹於口中，聲氣甚厲，聞於御座。漢祖深知彥超之曲，遣近臣和解。行周亦召彥超於帳中責之，兼令首過於行周。行周稍解。時彥超獨排群議，累請攻城，漢祖信之，乃親督諸軍四面齊進，損傷者萬餘人，死者千餘人。衆議無不歸罪於彥超，自是不復敢言攻城矣。

（宋）李昉：《太平御覽》卷三一八《兵部四十九》

《漢實錄》曰：周太祖軍至北郊時，慕容彥自負沉勇，謂上曰：“北來都將，臣盡諳知。以臣觀之，蜉蝣、蟣蝨耳！”

（宋）李昉：《太平御覽》卷九四五《蟲豸部二》

五代漢武行德，初樵采爲業，而氣雄力壯，一谷之薪，可以盡負，鄉里謂之“武一谷”。後仕高祖，爲節度使云。

（宋）馬永易：《實賓録》卷一〇

武行德，太原榆次人也。身長九尺餘，氣貌洪偉，少負薪，道遇晉高祖。高祖見其魁梧，甚奇之，因留之帳下。仕晉爲寧國軍都虞候。契丹犯京師，行德陷於契丹，僞請自效。因遣送將校數十百，護所取尚方鎧甲還胡中，至河陰，行德謂衆曰：“我與若等能爲異域鬼耶！”衆素伏其威名,皆曰:"惟命。"遂攻孟州,走其節度使崔延勛,悉以府庫分諸校,而權領州事。遣其弟行友詣太原勸進,漢高祖喜,因來河陽依行德,行德以兵翼至京師。授河陽三城節度使,加同平章事,移鎮成德。周廣順初,加兼侍中,改鎮忠武,封譙國公,兼中書令,改封邢,徙鎮武寧。世宗征淮,行德坐失律,左遷右衛大將軍,尋授保大軍節度使,封宋國公。

(宋)王稱:《東都事略》卷一九

武行德,太原榆次人,身長八尺餘,絶有膂力,以負薪自給,里人號爲"一谷柴"。晉祖在鎮州日,因出獵,行德方入城鬻薪,避道左,晉祖見其魁岸,駐馬問之,怪所負薪異於常,令左右數人不能舉,奇其材,因留帳下。後至節帥中書令,國初終太子太傅。

(宋)江少虞:《宋朝事實類苑》卷五五

武行德,并州榆次人。身長九尺餘,材貌奇偉。晉天福初,授奉國都頭,遷指揮使、寧國軍都虞候。歷官至周世宗,封邢國公。恭帝嗣位,進封宋國公。宋初加中書令,進封韓國公,再授忠武軍節度,改封魏國公。

(清)徐松輯:《宋會要輯稿》儀制一〇之一〇

漢高祖時,李彥從少習武藝,出行伍間,帝典禁軍,以鄉里之舊任爲親信。國初,用爲左飛龍使、檢校司空。

(宋)王欽若等編纂:《册府元龜》卷九九《帝王部》

李彥從爲左飛龍使,領恩州刺史。乾祐中,趙暉討王景崇於岐下,彥從爲兵馬都監,破川軍有功。賊平,授濮州刺史。

(宋)王欽若等編纂:《册府元龜》卷三六〇《將帥部》

漢隱帝賜前昭義軍節度使張從思衣一襲、金帶、鞍馬、彩帛等物。

時有投無名文字誣告從思者,故特有是賜,以安其心。

（宋）王欽若等編纂:《冊府元龜》卷九九《帝王部》

漢王周,初仕後唐明宗爲裨校,累歷郡守。晉天福中,安重榮以鎮州叛,從杜重威討平之,以功授貝州節度使。高祖定天下,移鎮徐州,加同平章事。乾祐元年二月,卒於鎮,輟視朝三日,贈中書令。

（宋）王欽若等編纂:《冊府元龜》卷三八七《將帥部》

漢王周,初仕後唐,爲裨校,以戰功累歷郡守。晉天福初,范延光叛於魏州,周從杜重威討之,以功授貝州節度使。

（宋）王欽若等編纂:《冊府元龜》卷三六〇《將帥部》

漢王周,初仕晉爲涇州節度使。先是,前帥張彥澤在任苛虐,部民逃者五千餘户,及下車,革前弊二十餘事,逃民歸復,賜詔褒美。

（宋）王欽若等編纂:《冊府元龜》卷六九二《牧守部》

王周爲涇州節度使,奏前節度使張彥澤在任日不法事二十六條,已改正停廢。詔褒之。

（宋）王欽若等編纂:《冊府元龜》卷六八九《牧守部》

王周爲涇州節度,奏前任弊事共二十六條,已指揮停廢。敕曰:"王周佐國賢臣,殿邦良帥,戰伐之功顯著,葺綏之政尤彰。昨者殄寇常山,總戎涇水,安邊靜塞,克施撫馭之方,察俗觀風,盡去煩苛之弊。備陳條件,足驗公清。一方既洽於咏歌,百姓頓期於蘇息。王周宜賜詔獎飾,兼頒下諸道,仍付所司。"周於勳臣中最爲清慎,累爲劇郡,皆有聲績。屬張彥澤虐政之後,民不堪命,因寢其無名科徭,以章上聞,故有詔褒之。

（宋）王欽若等編纂:《冊府元龜》卷六七三《牧守部》

漢王周爲冀州刺史，性寬恕，不忤物情。州城西橋敗，覆民租車，周曰："橋梁不飭，刺史之過也。"乃還其所沉粟，出私財以修之，民庶悦焉。

　　　　　　　　　（宋）王欽若等編纂：《册府元龜》卷六七五《牧守部》

《漢實録》曰：王周性寬恕，不忤物情。初，刺信都，州城西橋敗，覆民租車。周曰："橋梁不飾，予之過也。"乃還其所沉粟，出私財以修之。

　　　　　　　　　（宋）李昉：《太平御覽》卷八四〇《百谷部四》

漢郭謹字守節，太原晉陽人。乾祐初，爲彰德軍節度使。謹少從軍，能騎射。

　　　　　　　　　（宋）王欽若等編纂：《册府元龜》卷八四六《總録部》

漢高祖踐阼，以郭謹鄉國舊臣加檢校太尉，移鎮滑臺。乾祐初，復授彰德軍節度使。二年，就加檢校太師。三年春，入朝，加食邑。是歲冬十月，卒於位，年六十。輟視朝兩日，贈侍中。

　　　　　　　　　（宋）王欽若等編纂：《册府元龜》卷一七二《帝王部》

漢劉銖，晉末爲高祖并州左都押牙。性好殺，尤慘毒。高祖以爲勇斷類己，深委遇之。建國初，授永興節度使，從定、汴、洛，移鎮青丘。立法深峻，令行禁止。吏民有過，不問輕重，未嘗有貸免者。每視事，小有忤旨，即令倒曳而出，至數百步外方止，膚體無貌。每杖人，遣雙杖對下，謂之"合歡杖"。或杖人隨其歲，謂之"隨年杖"。

　　　　　　　　　（宋）王欽若等編纂：《册府元龜》卷四四八《將帥部》

漢劉銖，陝州人也。晉天福中，高祖爲侍衛親軍都指揮使，與銖有舊，表爲内職。高祖出鎮并門，用爲左都押衙。銖性慘毒好殺，高祖以爲勇斷類己，深委遇之。

　　　　　　　　　（宋）王欽若等編纂：《册府元龜》卷九四一《總録部》

《五代史》:漢劉銖惡史弘肇、楊邠,於是李業譖二人於帝而殺之。銖喜爲業曰:"君可謂傖儸兒矣。"傖儸,俗語狡猾也。歐史間書俗語,甚奇。

(明)陶宗儀:《説郛》卷五《鶴林玉露》

漢白再榮爲護聖左廂都指揮使。晉末,契丹犯闕。明年,虜主北去。再榮從虜帳至真定。其年閏七月晦,李筠、何福進,相率殺虜帥麻答諸軍,乃請權知留後事。再榮以季崧、和凝携家在彼,令軍士數百人,環迫崧家,以求賞給。崧、凝各出家財與之。再榮欲害崧,以利其財。前磁州刺史李毅謂再榮曰:"公與諸將,爲契丹所虜,凌辱萬端,日夕憂死。今日纔得生路,便擬殺一宰相。他日到闕,儻有所問,何以爲辭?"再榮默然。又括率在城居民家財,以給軍事。李毅又譬解之,乃止。其漢人曾事麻答者,盡拘之,以取其財。高祖以再榮爲鎮州留後,爲政貪虐難狀。鎮人呼爲"白麻答"。未幾,移授滑州節度使,箕斂誅求,民不聊生,乃徵還京師。

(宋)王欽若等編纂:《冊府元龜》卷四五五《將帥部》

漢隱帝乾祐三年正月,罪安友視,坐失城也。友視爲永興節度副使,不能防守,致趙思綰之奔衝。至是流登州沙門島,始也。

(宋)李上交:《近事會元》卷五

安友規權永興軍府事,屬趙思綰奔衝,友規失守城池,後除名,配流登州沙門島。

(宋)王欽若等編纂:《冊府元龜》卷四五〇《將帥部》

漢李洪建,太后母弟也,事高祖爲牙將。高祖即位,累歷軍校,遙領防禦使。史弘肇等被誅,以洪建爲權侍衛馬步軍都虞候。

(宋)王欽若等編纂:《冊府元龜》卷三〇一《外戚部》

　　李守貞初仕晉，爲侍衛馬步軍都虞候，領滑州節度使。開運元年春，虜衆犯澶、魏，少帝幸澶州，虜主遣將麻答以奇兵由鄆州馬家口濟河，立柵於東岸。守貞率師自澶州馳赴之。契丹大敗，溺死者數千人。晉少帝還京，以守貞爲兗州節度使。是歲，以守貞爲青州行營都部署，率兵二萬東討楊光遠，降之。以功加同平章事。二年春，虜主全軍南下，前鋒至相州湯陰縣，以守貞爲北面行營都監，與招討使杜重威北伐，洎獲陽城之捷，遂收軍還。累加侍衛都指揮使，領鄆州節度使。三年夏，爲北面行營都部署，軍到長城北二十里，與蕃賊千餘騎相遇，轉鬥行四十里，悉驅擁入河，斫得首領解里相公首級。

　　　　　（宋）王欽若等編纂：《册府元龜》卷三六〇《將帥部》

　　漢李守貞，晉開運元年五月，爲青州行營都部署。率兵二萬，東討楊光遠，命符彥卿爲副。十一月，光遠子承勛等乞降。守貞入城，害光遠於別第。光遠有孔目吏宋顏者，盡以光遠財寶、名姬、善馬獻於守貞，守貞德之，置顏帳下。近例，官軍克復城隍，必降德音，洗滌瑕穢。時樞密使桑維翰，以光遠同惡十數輩，潛竄未出，搜索甚急，故制書久不下。或有告宋顏匿於守貞處者，朝廷詔取顏殺之，守貞由是怨維翰。時行營將士所給賞賜，守貞盡以觕茶染采薑藥之類，分給之。軍中大怨，乃以帛包所得物，如人首級，目之爲守貞頭，懸於樹以詛之。守貞班師，加同平章事。以楊光遠東京第賜之。守貞因取連宅庫營，以廣其第，大興土木，治之歲餘，爲京師之甲。

　　　　　（宋）王欽若等編纂：《册府元龜》卷四五四《將帥部》

　　李守貞爲兗州節度，討青州楊光遠。光遠子承勛等乞降。守貞入城，害光遠等。光遠孔目吏宋顏，盡以光遠財寶、名姬、善馬告於守貞，守貞得之，置於帳下。

　　　　　（宋）王欽若等編纂：《册府元龜》卷四五五《將帥部》

李守貞，河陽人，事本郡爲牙將。晉高祖鎮河陽，用爲典客，後數鎮，皆從之。及即位，累遷至客省使。

（宋）王欽若等編纂：《册府元龜》卷七六六《總録部》

李守超爲裨將，從其兄守貞征討。守超性慘毒，令軍士以大劍剖賊之首，爲六分，號爲肉蓮花，以成戲笑。河上居人爲掠而至者，亦罹其酷，人頗冤之。

（宋）王欽若等編纂：《册府元龜》卷四四八《將帥部》

聶文進，并州人，少給事於高祖帳下。高祖鎮太原，甚見委用。職至兵馬押司官。高祖入汴，授樞密院承旨，歷領軍屯衛大將軍，遷右領軍大將軍，並仍舊職。

（宋）王欽若等編纂：《册府元龜》卷七六六《總録部》

閻晉卿，沂州人，少仕并州，歷職至客將。高祖在鎮，頗見信用。後歷閤門使，判四方館事。

（宋）王欽若等編纂：《册府元龜》卷七六六《總録部》

郭允明，父徽柔爲河東制置使。徽柔被誅，允明遂爲高祖廝養。服勤既久，頗得高祖之歡心。高祖鎮太原，稍歷牙職。及即位，累遷至翰林茶酒使，兼鞍轡庫使。

（宋）王欽若等編纂：《册府元龜》卷七六六《總録部》

漢王景崇，邢州人。後唐明宗之鎮邢臺，景崇爲衙將。明宗以其明敏，憐之。自後累鎮，皆自麾下。明宗踐阼，擢爲通事舍人，歷引進閤門使。晉末，遷左金吾大將軍，充街使。常以時主用才不盡，憤然不樂。契丹蕭翰立，許王李從益知軍國事，署爲宣徽使，監左藏庫。蕭翰歸蕃，景崇聞高祖起河東，西陝幸滿，乃私取庫金，請行迎奉，從益不能制。遇高祖於河洛，駕至汴，削其僞官，授右衛大將軍。

（宋）王欽若等編纂：《册府元龜》卷七六六《總録部》

王景崇爲右衛大將軍。乾祐元年春，鳳翔侯益、永興趙贊以受契丹僞署，引蜀軍至南山。詔委景崇以西面之事。景崇至雍，趙贊已入朝，遂部分雍軍，破蜀寇於子午谷，糾合諸軍，再破蜀軍於大散關。詔景崇爲鳳翔巡檢。

（宋）王欽若等編纂：《册府元龜》卷三六〇《將帥部》

趙思綰叛，高祖遣郭崇義、王峻討之，至則擒之。思綰問曰：“何以用刑？”告者曰“立釘也。”思綰厲聲曰：“爲吾告郭公，吾死未足塞責，然釘磔之醜，壯夫所恥，幸少假之。”崇義許之，父子俱斬於市。

（唐）白居易、（宋）孔傳：《白孔六帖》卷四六

賊臣趙思綰自倡亂至敗，凡食人肝六十六，無非面剖而膾之，至食欲盡，猶宛轉叫呼，而戮者人亦一二萬。嗟乎！倘非名所仗皇威而剿之，則孰能剪滅黔黎之獷獝？

（宋）李昉：《太平廣記》卷二六九《趙思綰》

《厭勝章》言梟乃天毒所產，見聞者必罹殃禍。急向梟連唾十三口，然後静坐，存北斗，一時許可禳。僞漢蒙州刺判史龍驍，武人，極諱己名，又父名碏，子名蛩，亦諱之。郡人呼梟曰唾十三，鵲曰喜奈何，蛩曰秋風部屬，私相告云：“若使君祖諱飯，吾輩亦當稱甑家粥耶！”

（宋）陶穀：《清異録》卷上

陳思讓，爲淄州刺史。乾祐末，湖南上言朗州馬希萼引五谿蠻及淮南、洪州軍來攻當道，望量差兵士於淮境牽引。帝遣思讓令領軍入

淮南界,以便宜進取。

(宋)王欽若等編纂:《册府元龜》卷四一四《將帥部》

陳思讓爲衛州刺史,父審確任金州防禦使,父母並亡,思讓奔喪。近代武臣罕有執喪禮者,思讓不候詔去郡,聞者嘉之。

(宋)王欽若等編纂:《册府元龜》卷七五六《總録部》

漢王保義本姓劉,名去非,幽州人。唐末,平州刺史劉守奇引爲帳中親信。守奇以兄守光奪父政,亡入虜中,又自虜奔太原,去非皆從之。莊宗之伐燕也,令守奇從周德威引軍前進,師次涿州。刺史姜行敢登陴固守,去非呼行敢曰:"河東小劉郎,領軍來爲父除凶,爾何拒守?"守奇免胄勞之。行敢遥拜,即開門迎降。德威害其功,密告莊宗,言守奇心不可保。翻然作變,則無如之何。莊宗以書召守奇還計事,行次土門,去非密説守奇曰:"公不施寸兵下涿郡,周公以得非己力,必有如簧之間,太原不宜往也。公家於梁朝,素有君臣之分。今往依之,介福萬全矣。"乃馬首而南。梁以守奇爲滄州留後,以去非爲河陽行軍。

(宋)王欽若等編纂:《册府元龜》卷八七九《總録部》

(5) 後周

周大將軍守筠、奉超、定哥皆太祖侄,乾祐末遇害。廣順元年二月,太祖侄守筠贈左領軍將軍,改名願;奉超贈左監門將軍;定哥贈左千牛將軍,賜名愻。顯德四年四月,制曰:"故皇從弟,贈左領軍衛將軍守願,贈左監門衛將軍奉超,贈左千牛衛將軍愻等,天潢演沠,棣萼騰芳,咸敦孝悌之情,並著謙和之譽。頃因季代,不享遐齡。每念作辜,難忘有慟。宜加贈典,復賁泉扃。守願可贈左衛大將軍,奉超可贈左衛大將軍,愻可贈左武衛大將軍。

(宋)王欽若等編纂:《册府元龜》卷二七七《宗室部》

（廣順）二年三月乙丑，故控鶴指揮使郭超贈鎮海軍節度使。超從曹英攻兗州用命，中流矢而卒。

（宋）王欽若等編纂：《册府元龜》卷一四〇《帝王部》

（廣順二年）六月壬子，以故虎捷左第三都指揮使景進贈静江軍節度使，故虎捷第七都指揮使杜珣贈武清軍節度使。皆軍興兗州時没於王事也。

（宋）王欽若等編纂：《册府元龜》卷一四〇《帝王部》

（顯德）三年二月庚辰，贈故右金吾衛將軍蕭處仁漢州防禦使。處仁晉漢之間由通事舍人歷閣門客省之職而升於環衛，繼護兵於外，頗有聲望。帝率兵渡淮，以爲先鋒兵馬都監，攻陷滁州日，爲流矢所中而卒。以其殁於王事，故優其贈典。

（宋）王欽若等編纂：《册府元龜》卷一四〇《帝王部》

黨進，北戎人，幼爲杜重威家奴，後隷軍籍，以魁岸壯勇，周祖擢爲軍校。

（宋）江少虞：《宋朝事實類苑》卷六四

黨進，朔州馬邑人也。幼事杜重威於大名，重威愛其淳謹，雖長猶令與姬妾雜侍。重威敗，周太祖得之，以爲鐵騎都虞候，稍遷睦州防禦使。

（宋）王稱：《東都事略》卷二八

周殷，瀛州人。唐末劉仁恭父子亂滄、薊，殷父咸珪避地而南投天雄軍爲卒伍。

（宋）王欽若等編纂：《册府元龜》卷九四九《總録部》

王殷，少爲華州小校，謙謹好禮，事母尤謹。積勞至華州軍指揮

使。殷每與人結交，過從皆先禀於母，母命不從，殷必不往。雖在軍
旅，交游不雜。及爲刺史，政事小有不佳，母察之，立殷於庭，詰責而
杖之。及母亡未幾，有詔起復，殷上章乞終喪紀，高祖嘉而從之。

（宋）王欽若等編纂：《册府元龜》卷七五六《總録部》

　　五代王殷事母以孝聞，欲與人游，必先白母，母所不可者，未常敢
往。及爲刺史，政事有小失，母責之，殷即取杖授婢僕，自笞於母前。

（唐）白居易、（宋）孔傳：《白孔六帖》卷二五

　　王殷，梁開封尹瓚之猶子也。乾化中，爲徐州連率。衆叛拒命，
殺害使臣，點閱市井而授甲焉。有親隨苗温與數輩，度其必不濟，竊
謀作亂。吏泄被擒，刳心而死。其妻配隸別部軍校，殊不甘，挾短刃，
割乳而殞。聞者無不嗟尚。

（宋）李昉：《太平廣記》卷一六八《王殷》

　　周王殷，後唐天成中爲靈武都指揮使。張令昭據鄴叛，朝廷命將
討之。殷冒矢石率先登城，以功授祁州刺史。漢祖受命，從征杜重威
於鄴下，會慕容彦超請收城，殷與劉詞皆率先登梯衝力戰。殷矢洞於
首，久之，出鏃於口，以是漢祖嘉之。

（宋）王欽若等編纂：《册府元龜》卷三九六《將帥部》

　　王殷爲鄴都留守，以太祖郊禮入覲，令爲内外巡警，有震主之
勢，人頗憂之。太祖力疾坐滋福殿，降制流竄，出都城，乃命殺之，
衆情乃安。是歲，鄴城寺鐘懸絶而落，又火光出幡竿之上。殷之入
覲，都人餞之離亭，上馬失鐙，翻墮於地，人訝其不祥。太祖尋令澶
帥鄭仁誨之鄴，殷次子爲衙内指揮使，不出候謁，誅之，遷其家屬於
登州。

（宋）王欽若等編纂：《册府元龜》卷九五一《總録部》

《五代周史》曰:王殷遷奉國右厢都指揮使。漢祖受命從征杜重威於鄴下。殷與劉詞皆率先力戰,矢中於首。久之,出折鏃於口中。以是漢祖嘉之。

(宋)李昉:《太平御覽》卷三一〇《兵部四十一》

五代王殷。廣順三年秋九月永壽節,殷來入爲壽。太祖許之,而懼其疑也,復遣使止之。明年,太祖有事於南郊。是冬,殷來朝。殷握兵柄,職當警衛,出入多以兵從,又求兵甲,以備非常。是時太祖臥疾,疑殷有異志,乃力疾御滋德殿。殷入起居,即命執之,削奪在身官爵,長流登州,已殺之。

(宋)謝維新:《古今合璧事類備要》外集卷一九

張永德事周世宗,爲殿前指揮使,性好道,道士多客其家。嘗有一舉子見之即病,幾年乃愈。永德所以待之既厚,客欲辭去,永德曰:“吾待子不薄,何去之遽也?”曰:“吾有小術,當一試之而去。”試之,其藥能乾水銀爲黃金。永德大驚,欲學之。客曰:“君自有三十年富貴,此術不足學也。”永德留之,不可,曰:“後當見吾於淮上。”及周世宗用兵壽春,永德從之。素善射,間出射於野,觀者如堵,見一僧,則昔之舉子也。與之歸,宿帳中。夜半,屏人問所以保三十年富貴者,曰:“若見二屬猪人,善事之,則富貴可保也。”旦辭去。藝祖方以力戰有功,雖功名日盛,而出於側微,鞍馬服用未有以自給,永德稍以家資奉之。藝祖既天姿英特,問其年,復亥生也。永德大喜,傾身事之,凡用物皆有副,須輒以獻,藝祖深德之,而不知其故也。其後太宗當娶符氏后,謀於藝祖曰:“符氏大家,而吾家方貧,無以爲聘,奈何?”藝祖曰:“張太尉與吾善,弟往以情告之。”太宗持書往,永德延之臥內。太宗姿表尤異,問其年,亦亥生也。永德驚喜,傾家助之。太祖既登極,以鄧州節鉞授永德,許之終身。嘗有人告永德謀反,藝祖曰:“張道人非反者。”即械而送之永德,曰:“爾敢告吾反,膽甚大。”破械,杖而遣之,藝祖聞之喜。及太宗嗣位,寵之不替,遂終於鄧。

（宋）蘇轍：《龍川別志》卷上

　　周朝駙馬都尉張永德，輕財好施，喜延接方士。嘗遇一異人，言及時事，且曰：“天下將太平，真主已出。”永德曰：“其誰乎？”曰：“天意所兆，安能識諸？然而有一事，庶幾可驗，公或晤紫黑色，屬豬人，善戰，果於殺伐者，善待之。”永德常陰自求訪，及太祖皇帝勛位漸盛，永德因潛識帝之英表，問其生歲在亥，永德駭嘆其事。乃傾身親附，相得甚歡，凡己之所有玩好資用子女玉帛，必先恣帝擇取，有餘乃以自奉。至國初，以舊恩，禮貌富貴與佐命勛戚同等，終太祖世無替焉。

（宋）江少虞：《宋朝事實類苑》卷四八

　　王文正公《遺事》，記周世宗時，張永德遇異人，謂真主已出，但觀其色紫黑而屬豬者，當善遇之。永德遇宋太祖，英表與年歲悉合，遂歸心焉。及太祖即位，寵厚無比。董昌以讖有“兔子上金床”之語，謂己太歲在卯，遂以卯年卯月卯日卯時即位。此見於五代時者也。陶穀《清異錄》記唐內庫有十二時盤，四周有物象。如辰時，則花草閒皆戲龍轉。已則爲蛇，午則爲馬。傳至朱梁猶在。

（清）趙翼：《陔餘叢考》卷三四

　　張永德，顯德中爲殿前都指揮使，守下蔡，與淮南招討使李重進素不協。每宴將吏，各暴其短。一日，永德乘醉，乃大言重進潛畜奸謀。當時將校，無不驚駭。

（宋）王欽若等編纂：《册府元龜》卷四五六《將帥部》

　　周張永德，父穎爲安州防禦使，性卞急峻刻，部曲曹澄與不逞之徒數人，同謀執穎而殺之，遂奔於金陵。及世宗征淮南，以永德之故，遣江南李景執澄等送行在。既至，世宗以澄等賜永德，俾甘心而戮之。

（宋）王欽若等編纂：《册府元龜》卷八九六《總録部》

忠武節度使、兼侍中陽曲張永德永德，初見乾祐三年。徙武勝節度使。初，顯德末，有方士私謂永德言上受命之符者，永德在軍中潛意推奉。將聘孝明皇后，永德出緡錢金帛數千，以助納采，上甚德之。於是，自許來朝，命改鎮鄧，恩寵優渥，舊臣無與比者。其後復入覲，召對後苑，道舊故爲樂，飲以巨觥。永德妻，周太祖女晉國公主也，但呼駙馬而不名。嘗問所寶通天犀帶安在，永德曰："往以征淮，過用官錢二十萬貫，已償之矣。"上曰："尚欠幾何？"曰："五萬貫。"即日，詔除其籍，仍別賜二十萬。從游玉津園，命衛士代執其轡。時上將有事於北漢，因密訪策略，永德曰："太原兵少而悍，加以契丹爲援，未可倉卒取也。臣愚以爲每歲多設游兵，擾其田事，仍發間使諜契丹，先絶其援，然後可圖。"上曰："善。"據司馬光《百官表》，永德以八月自許州徙鄧州，而《實録》《本紀》闕略，今追附於此。《龍川别志》云太宗娶符后，太祖使永德助聘財。今從《國史》。

（宋）李燾：《續資治通鑑長編》卷一，太祖建隆元年（960）

張永德，字抱一，并州陽曲人，家世饒財。周祖時授左衛將軍、內殿直小底四班都知，加駙馬都尉，領和州刺史。逾年，擢爲殿前都虞候。至恭帝嗣位，移忠武軍節度。太祖即位，加兼侍中。入朝，授武勝軍節度。太宗即位，罷爲左衛上將軍。真宗即位，進封衛國公。

（清）徐松輯：《宋會要輯稿》儀制一〇之一〇

顯德元年正月，青州節度使常思言被病，請罷鎮歸京尋醫，從之。

（宋）王欽若等編纂：《册府元龜》卷四八《帝王部》

常思爲宋州節度使。廣順三年，詔赴闕，改授平盧軍節度使。思將赴鎮,奏太祖云:"臣在宋州,出放得絲十餘萬兩,謹以券上進,且行徵督。"太祖頷之。

(宋)王欽若等編纂:《册府元龜》卷四五五《將帥部》

趙暉,代家天水,近世徙居於魏,故今爲郡人焉。暉生於貧賤,弱冠習武,以挽强稱。唐莊宗之戰河朔也,廣募驍雄以備征伐。始隸於莊宗帳前,與大梁兵凡經百餘戰,摧堅陷陣,名出行伍間,後爲太子太師致仕。

(宋)王欽若等編纂:《册府元龜》卷八四七《總録部》

趙暉,晉開運末爲軍校,以部兵屯於陝屬。北戎亂華,慨然有憤激之意。及聞高祖建義於并門,乃與部將王晏、侯章戮力叶謀,逐契丹僞命官屬,據有陝州,即時馳騎,聞於高祖。高祖乃命暉爲保義軍節度,陝、虢等州觀察處置等使。高祖之幸東京,路出於陝,暉戎服朝於路左,手控六飛,達於行宫。君臣之義,如舊結焉。

(宋)王欽若等編纂:《册府元龜》卷七六六《總録部》

趙暉初仕晉,爲禁軍指揮使。天福初,從馬全節圍安陸,佐杜重威戰宗城,皆有功。開運末,以部兵屯於陝,聞漢建義并門,乃與部將王晏、侯章叶謀戮契丹僞命官屬,據有陝州,馳騎聞於漢祖,乃命暉爲陝州節度使。乾祐初,移鎮鳳翔,加同平章事。屬王景崇叛,據岐山不受代。以暉爲西南面行營都部署,統兵以討之。時李守貞叛於蒲,趙思綰據於雍,與景崇遞相爲援,又引蜀軍出自大散關,勢不可遏。暉領兵數千,數戰而勝。明年,拔其城,加檢校太師,兼侍中。

(宋)王欽若等編纂:《册府元龜》卷三六〇《將帥部》

趙暉,仕漢祖。乾祐初,鎮鳳翔。屬王景崇叛,據岐山,命暉爲西南面行營都部署以討,明年春,拔之。加檢校太師兼侍中。國初,就加兼中書令。

（宋）王欽若等編纂：《冊府元龜》卷三八七《將帥部》

周趙暉，爲鳳翔節度使。太祖廣順二年，上言王景崇叛亂。時殺戮饑死骸骨，除先有使臣埋瘞外，令坊曲坑井，聚十八車埋瘞、祭奠。

（宋）王欽若等編纂：《冊府元龜》卷四一二《將帥部》

五代劉詞居暇日，常被甲枕戈，而臥謂人曰：“我以此取富貴，豈可一日輒忘之。且人情易移，若一惰其箸力，有事何以報國。”

（唐）白居易、（宋）孔傳：《白孔六帖》卷二八

《五代史》：劉詞暇日，嘗被甲枕戈而臥，謂人曰：“吾以此取富貴，豈可一日忘之？”

（明）彭大翼：《山堂肆考》卷一七九

劉詞，後唐同光初爲效節軍使，轉劍直指揮使。尋以忤於權臣，出爲汝州小校，凡留滯十餘年。

（宋）王欽若等編纂：《冊府元龜》卷九一五《總錄部》

劉詞，仕晉爲奉國第一都虞候。從馬全節伐安陸，敗淮賊萬餘衆，晉祖嘉之，授奉國都校，累加檢校司空。又從杜重威敗安重榮於宗城。及圍鎮陽，詞自登雲梯，身先士伍，以功加檢校司徒、沁州刺史。又仕漢爲奉國右厢都校，遙領閬州防禦使。從漢祖平鄴，加檢校太保。乾祐初，李守貞叛於河中，太祖征之，朝廷以詞爲侍衛步軍都指揮使，遙領寧江軍節度使，充行營馬步都虞候，命分屯於河西。二年正月，李守貞遣敢死之士數千夜入其營，詞叱短兵以擊之，賊衆大敗而退。河中平，太祖嘉其功，表爲華州節度使，歲餘移鎮滑臺。太祖受命，加同平章事。

（宋）王欽若等編纂：《冊府元龜》卷三八七《將帥部》

劉詞初仕晉，爲奉國第一軍都虞候。天福中，從馬全節伐安陸，敗淮賊萬餘衆，晉祖嘉之，授奉國都校，賜扈鑾忠孝功臣，加檢校司空。漢乾祐初，李守貞叛於河中，充行營都虞候，屯於河西。守貞遣敢死士數千夜入其營，諸將惶怖，唯詞曰：“小盜耳，不足驚也。”遂免胄橫戈，叱短兵擊之，賊衆大敗而退。河中平，周太祖嘉其功，表爲華州節度使。

（宋）王欽若等編纂：《册府元龜》卷三六〇《將帥部》

劉詞，晉天福中從杜重暉敗安鐵胡於宗城。及圍鎮陽，詞自登雲梯，身先士卒，以功加檢校司徒、沁州刺史。

（宋）王欽若等編纂：《册府元龜》卷三九六《將帥部》

劉詞，爲邢州節度使。廣順元年，并寇攻晉州，詞言上淮，詔改柵並寨爲大城寨，至馬嶺寨已來，排烽火。

（宋）王欽若等編纂：《册府元龜》卷三九〇《將帥部》

周劉詞爲永興軍節度使，薨，贈中書令，謚曰忠惠。詞發身軍校，歷歷戎事，常以忠勇自負。洎領藩鎮，能靖恭爲理，無苛政及民。謚曰忠惠，議者韙之。

（宋）王欽若等編纂：《册府元龜》卷五九六《掌禮部》

李建崇初仕莊宗，以不能巧，官久滯偏裨。帝嘗掌牙兵，與建崇共事，甚愍之，連授磁、沁二州刺史。

（宋）王欽若等編纂：《册府元龜》卷一七二《帝王部》

周李建崇，後唐同光中爲龍武捧璽都指揮使，出爲襄秦徐京兆都指揮使。建崇性純厚，處身任理，不能巧宦，以至久滯偏裨。

（宋）王欽若等編纂：《册府元龜》卷九一五《總録部》

李建崇，潞州人，爲左監門衛上將軍，少從軍騎射。事太祖爲鐵林都將,轉突騎、飛騎二軍使,從莊宗平定魏博諸州。

(宋)王欽若等編纂:《冊府元龜》卷八四六《總録部》

李建崇初仕晉,爲申州刺史。天福七年夏,晉祖幸鄴,襄州安從進與鎮州安鐵胡合從構逆,從進出軍攻南陽。時州刺史武廷翰慮賊攻寇繼,以湖陽主簿嚴景思覘賊之狀,告急於朝。時建崇步騎千餘北屯葉縣,開封尹鄭王遣兵馬都監宣徽使張從恩、皇城使焦繼勛率在京諸軍及葉縣軍,拒賊至湖陽縣之花山,遇從進軍,建崇接戰,大破之。移授亳州團練使。襄陽平,遷安州防禦使。

(宋)王欽若等編纂:《冊府元龜》卷三六〇《將帥部》

李建崇,仕晉爲申州刺史。天福七年冬,襄州安從進構逆,建崇拒賊,至湖陽縣之花山接戰,大敗之,以功授亳州團練使。襄陽平,遷安州防禦使。

(宋)王欽若等編纂:《冊府元龜》卷三八七《將帥部》

李建崇,歷河陽、邢州兵馬留後,漢初入爲右衛大將軍,年逾七十,神氣不衰。建崇始自代北,事後唐武皇,至是四十餘年。前後所掌兵麾下部曲,多至節鉞,零落殆盡,唯建崇雖位不及藩屏,而康强自適,以至期耄。太祖即位,授左監門衛,上將軍。廣順三年春卒,贈黔南節度使。

(宋)王欽若等編纂:《冊府元龜》卷七八四《總録部》

周李建崇,在漢朝爲右衛大將軍,年七十,神氣不衰,猶能飲饌。建崇始自代北事唐太祖,至是僅四十餘年,前後所掌兵,麾下部曲多至節鉞,零落殆盡,唯建崇位不及藩屏,而溫飽少疾,以至高年爲上將軍。

(宋)王欽若等編纂:《冊府元龜》卷八九五《總録部》

馮暉初仕後唐,爲軍校。同光中,從明宗征潞州楊立有功,又從魏王繼岌伐蜀。蜀平，授夔州刺史。又從晉高祖討蜀，蜀人守劍閣，暉領部下兵逾險阻，從他道出於劍門之左，掩擊殺之，守兵殆盡。會晉祖班師，以暉爲澶州刺史。

（宋）王欽若等編纂：《册府元龜》卷三六〇《將帥部》

馮暉爲興州刺史，末帝清泰初，配同州衙前安置。暉爲興州，屯乾梁，蜀人來侵，暉自屯所奔歸鳳翔，故有是責。

（宋）王欽若等編纂：《册府元龜》卷六九九《牧守部》

五代馮暉徙鎮靈武，治倉庫、亭館，千餘區。

（唐）白居易、（宋）孔傳：《白孔六帖》卷九

馮暉爲靈武節度使，其威名羌戎畏服，號"麻胡"，以其面有黥文也。

（宋）楊億：《楊文公談苑》

五代馮暉，魏州人。出鎮靈武，至梅戍，蕃夷稍稍來謁。暉顧首領一人，指其佩劍曰："此板橋王氏劍耶！吾聞王氏劍，天下利器也。"俯而取諸腰間，若將玩之，因擊殺首領者，及其從騎十餘人皆殺之。

（唐）白居易、（宋）孔傳：《白孔六帖》卷一三

馮暉爲靈州節度使。天福中，官吏言朔方軍自康福、張從賓、張希崇相承三正，市馬和入糴、蕃客賞賜、軍州俸禄、供事戎仗，三司歲支錢六千萬。自暉臨鎮已來，皆以己物供用。

（宋）王欽若等編纂：《册府元龜》卷四八五《邦計部》

馮暉爲靈州節度使。青崗、土橋之間，皆是氐、羌帳族，從來剽掠，行旅須發援兵。暉加以恩惠，質以義信，自是人不帶劍，道不拾遺，境無寇盗，市無游惰，獄無枉撓，吏無緇蠹，四民道釋，咸得其所。

高祖優詔褒之。

（宋）王欽若等編纂：《册府元龜》卷六七七《牧守部》

晉馮暉，爲滑州節度使，移鎮靈武。初，張希崇鎮靈州，以久在北蕃，頗究邊事，能駕御河西胡虜。而數年之間，侵盜屏息。希崇卒，未有主帥，蕃部寇鈔，無復畏憚，而暉强暴之名聞於遐邇。及暉到鎮，蕃部集慶。暉大張宴席，酒殽豐備，群夷告醉，争陳獻賀。暉皆以錦彩酬之，蕃情大悦。党項拓拔彦超者，州界部族之大者。暉至來謁，厚加待遇，仍爲在城治第，豐其服玩，因留之不令歸部。河西羊馬所産，易爲交市，暉期年得馬五千匹，而蕃部歸心。

（宋）王欽若等編纂：《册府元龜》卷三九七《將帥部》

周馮暉，初仕晉，爲靈武節度使。後入典禁兵，兼領近鎮。爲朝廷縻留，亦悔離靈武。及馮玉、李彦韜用事，暉善奉之。未幾，復以暉爲朔方節度使，加檢校太師。

（宋）王欽若等編纂：《册府元龜》卷四四〇《將帥部》

周馮暉爲靈武節度使，廣順二年卒。子繼業朔方衙内都虞候。暉亡，三軍請知軍府事。因授檢校太保，充朔方兵馬留後。

（宋）王欽若等編纂：《册府元龜》卷四三六《將帥部》

周馮暉爲靈武節度使，始爲效節軍士，拳勇無賴，行伍憚之。事楊師厚爲隊長，唐莊宗入魏博，以銀槍效節爲親事，屢戰立功，而犒給稍薄。兩軍對壘河上，暉竄入南軍，梁將王彦章致之麾下。莊宗平河南，暉首罪，赦之。

（宋）王欽若等編纂：《册府元龜》卷九四九《總録部》

周史懿字繼美，爲涇原節度使，本名犯太祖廟諱，故改焉。

（宋）王欽若等編纂：《册府元龜》卷八二五《總録部》

　　孫方諫爲義武節度使,弟行友刺秦州,行議刺易州。弟兄掎角抗
虜,北面賴之。

　　　　　　（宋）王欽若等編纂:《册府元龜》卷四二九《將帥部》

　　孫方諫字良弼,爲定國軍節度使,本名下一字犯廟諱,廣順初改焉。

　　　　　　（宋）王欽若等編纂:《册府元龜》卷八二五《總録部》

　　孫方諫爲定國軍節度使右諫。漢乾祐中,累官至使相。太祖受
命,加侍中。未幾,入朝,改華州節度。朝廷以其弟行友爲定州留後,
又以弟議爲德州刺史。兄弟子侄,職内廷者凡數人。

　　　　　　（宋）王欽若等編纂:《册府元龜》卷八六六《總録部》

　　孫方諫爲定州節度使。先是州北二百里有狼山,山上有堡,邊人
賴之以避戎虜之患。中置佛舍,有孫氏尼者主其事。以香火之教聚
其流俗,遠近村民多歸之。徒衆甚盛,人亦異之。尼死,其徒聲言其
尸不壞,因覆以衣衿,瞻禮信奉,有同其生。方諫即其宗人也,嗣行其
道,舉族不食葷茹,其黨推之爲砦主。

　　　　　　（宋）王欽若等編纂:《册府元龜》卷九二二《總録部》

　　孫行友,爲義武軍節度留後。性豪邁,有膽氣。在郡屢挫胡寇,
累上章言覘得契丹離合,臣願得勁兵三千,乘襄平定幽州。太祖雖未
允請行,壯其雄健,故以義武軍留後授之。

　　　　　　（宋）王欽若等編纂:《册府元龜》卷三九六《將帥部》

　　周武廷翰,太祖廣順元年九月甲子,自前耀州團練使爲太子少保
致仕。廷翰有武幹,晉朝前後征伐,常佐統帥有功,久歷大郡,意在節
鉞,雖居符竹之任,心常不足。初,破安從進定襄漢,別將有除鎮者,
廷翰謂宰臣和凝曰:“主上年幼嗣襲,萬機百揆悉委大臣,廷翰粗走大

步,三十年不離數百户,郡將在廷翰麾下,鳴鍾列鼎者多矣,相公獨無故人之情耶?"凝致謝而已。

（宋）王欽若等編纂:《册府元龜》卷九三六《總録部》

《五代周史》曰:唐景思爲偏將。顯德初,河東劉崇帥衆來寇,世宗親總六師以禦之。及陣於高平,景思於世宗馬前距躍數四,且曰:"願賜臣堅甲一聯,以觀臣之效用。"世宗由是知其名。因以高平陣所得降軍數千人署爲效順指揮,命景思董之,使屯於淮上。三年春,世宗親征淮甸,景思繼有戰功。

（宋）李昉:《太平御覽》卷三五五《兵部八十六》

唐景思,世宗時董效順指揮,屯於淮上。世宗親征淮南,景思繼有戰功,乃命遥領饒州刺史。

（宋）王欽若等編纂:《册府元龜》卷三八七《將帥部》

周王知權、唐景思,紀綱之僕也。景思初仕漢,爲沿淮巡檢,屢挫淮賊。時史弘肇淫刑黷貨,多織羅南北富商殺之,以利其財,大開告密之門。景思部下有僕夫希求無厭,雖委曲待之,不滿其心。一日,拂衣而去,見弘肇,言景思受淮南厚賂,私貯器械,欲爲内應。弘肇即令親吏將三十騎往收之。告者謂收吏曰:"景思多力,十夫之敵也,見便殺之。不然,則無及矣。"收騎至,景思迎接。有欲擒之者,景思以兩手抱之,大呼曰:"冤哉! 景思何罪? 設若有罪,死亦非晚,何不容披雪? 公等皆丈夫,安忍如此?"都將命釋之,引告者面證景思,言受淮南賂。景思曰:"我從人家人並在此,若有十緡貯積,亦是受賂。言我貯甲杖,除官賜外,有一事亦是私貯。"使者搜索其家,惟衣一笥,軍籍糧簿而已,乃寬之。景思曰:"使者但械繫送我入京。"先是,知權在京,聞景思被誣,乃見弘肇曰:"唐景思赤心爲國,某服事三十年,孝於父母,義於朋友,被此誣罔,何以伸陳? 某請先下獄,願公追劾景思,免至冤横。"弘肇憫之,令在獄,日與酒食。景思既桎梏就路,潁、亳之人隨至京師，衆保證之。弘肇乃令鞫告事者，具伏誣陷，即斬之，遂奏釋景思。

（宋）王欽若等編纂：《册府元龜》卷八七一《總録部》

　　周向訓，知延州。太祖廣順三年六月上言：所屬蕃部侵盜漢户，臣已招唤諸部酋率設酒食，仍令誓約，更不敢侵犯。

（宋）王欽若等編纂：《册府元龜》卷三九七《將帥部》

　　周向訓，顯德中爲淮南節度使。先是，王師久駐維楊，都將趙晁、白延遇等驕恣横暴，不相禀命，競以子女玉帛，至有劫人之父夫强取人之妻子者，繇是人情大懼。及訓到鎮，戮其不奉法者數人，方稍整肅。

（宋）王欽若等編纂：《册府元龜》卷四〇一《將帥部》

　　安審暉，初仕後唐莊宗，從平幽薊，戰山東，定河南，皆預其功。晉天福五年，李金全據安州叛，詔馬全節爲都部署，領兵討之，以審暉爲副，安陸平，移鎮鄧州。

（宋）王欽若等編纂：《册府元龜》卷三六〇《將帥部》

　　安審暉，晉高祖時爲河陽節度使。會李金全據安州叛，詔馬全節爲都部署，領兵討之，以審暉爲副。安陸平，移鎮鄧州，進位檢校太傅。又襄州安從進叛，舉漢南之衆北攻南陽，審暉登陴召賊帥以讓之，從進不克而退。襄州平，就加檢校太尉。

（宋）王欽若等編纂：《册府元龜》卷三八七《將帥部》

　　安審琦初仕漢，爲山南東道節度使，兼中書令。屬荊人叛命，潛遣舟師數千，將屠襄、郢，審琦禦之而遁。朝廷嘉之，就加守太保，進封齊國公。

（宋）王欽若等編纂：《册府元龜》卷三六〇《將帥部》

周安審暉,仕晉爲鄧州節度。晉祖幸鄴,安重榮據常山起兵,襄陽帥安從進與之連謀,南北俱起。從進率襄漢之衆攻南陽,州無城壁,僅守署衙而已。賊逼城下,審暉登陴,召賊帥而讓之。以審暉家世,戰將聞其言,愧畏而去,從進不能止。二安平,就加太尉。

（宋）王欽若等編纂:《册府元龜》卷三九三《將帥部》

安審暉爲河東行軍司馬,帝龍飛,以霸府上僚授振武兵馬留後,遷河陽節度使。不逾月,移鎮鄜州。

（宋）王欽若等編纂:《册府元龜》卷一七二《帝王部》

安審暉,太祖廣順中爲邢州節度使,居無何,目疾暴作,上章求代,歸於京師,養疾累年。拜太子太師,封魯國公致仕。

（宋）王欽若等編纂:《册府元龜》卷八九九《總録部》

安審暉爲邢州節度使,器局謹重,從父戰陣,武藝絶人,起家長直軍副兵馬使。

（宋）王欽若等編纂:《册府元龜》卷八四五《總録部》

安審暉以太子太師致仕,卒贈侍中。今襄帥陳王審琦、邠州副使審韜、鄆州副使審玉、前太原西宮使審寓、延州行軍司馬審卿、供奉官審霸,皆審暉之弟也。將門之盛,近代罕儔。

（宋）王欽若等編纂:《册府元龜》卷八六六《總録部》

周安審琦,爲中書令。鎮襄江僅餘一紀,嚴明御下,政不暴俗,而南邦之民甚懷其惠。

（宋）王欽若等編纂:《册府元龜》卷四一八《將帥部》

安審琦爲兗州節度使,言四縣逃户租税,臣自以粟帛代納。詔褒之。

（宋）王欽若等編纂:《册府元龜》卷六七五《牧守部》

　　五代晉朝時,襄陽帥高懷德下親隨私通其愛姬,竊錦襖子與其
皂。皂轉令人鬻於市,高已知之。或有人告於高,曰:"大王錦襖子,
有人將在市中賣。"高曰:"錦襖子是人家宣賜得,豈只是我家有? 莫
亂執他人。"其皂都不覺其主已知也。後以他事陰去之。襄陽後帥安
審琦亦有愛妾與外人私接,忽因夜初,隔幕燭下潛見有人自宅中出
去,據膝而言曰:"叵耐!"審琦是夕遇害,莫知其誰。子侄輩皆泣告
曰:"大王平生器業如此,豈無威靈使其奸人敗露須臾時?"於是,其奸
賊自以手擒捉身體,撲於靈座前。亦一僕廝耳。

(宋)潘汝士:《丁晉公談録》

　　天平軍節度使、同平章事、侍衛馬步軍副都指揮使韓通爲京城巡
檢,剛愎無謀,時人謂之韓瞠眼。其子少病傴,號韓橐駝,頗有智略,
以太祖得人望,嘗勸通爲不利,通不以爲意。及太祖勒兵入城,通方
在内閣,聞變,遑遽奔歸。軍士王彦昇遇之於路,躍馬逐之,及於其
第,第門不及掩,遂殺之,並其妻子。太祖以彦昇專殺,甚怒,欲斬之,
以受命之初,故不忍,然終身廢之不用。太祖即位,贈通中書令,以禮
葬之。自韓氏之外,不戮一人而得天下。

(宋)司馬光:《涑水記聞》卷一

　　周恭帝幼沖,軍政多決於韓通,通愚愎,太祖英武有度量,多智
略,屢立戰功,由是將士皆愛服歸心焉。及將北征,京師間諠言:"出
軍之日,當立點檢爲天子。"富室或挈家逃匿於外州,獨宮中不之知。
太祖聞之懼,密以告家人曰:"外間訩訩如此,將若之何?"太祖姊或
云即魏國長公主,面如鐵色,方在厨,引面杖逐太祖擊之,曰:"大丈
夫臨大事,可否當自決胸懷,乃來家間恐怖婦女何爲邪!"太祖默然
而出。

(宋)司馬光:《涑水記聞》卷一

　　周世宗死,恭帝幼沖,軍政多決於韓通。太祖與通並掌軍政。通

愚憨，將士皆怨之；太祖英武，有度量智略，多立戰功，故皆愛服歸心
焉。將北征，京師之人喧言：出軍之日當立點檢爲天子。富室或挈家
逃匿他州。太祖聞之懼，密以告家人曰："外間訩訩如此，奈何？"太祖
姊即魏國長公主，面如鐵色，方在厨，引面杖逐太祖曰："大丈夫臨大
事，可否當自決，乃於家間恐怖婦女何爲耶！"太祖默然而出。

（宋）邵伯温：《邵氏聞見録》卷一

周天平軍節度使、同平章事韓通建隆元年正月贈中書令。

（清）徐松輯：《宋會要輯稿》選舉一三之六

張藏英，燕人，父爲人所殺，藏英尚幼，稍長，擒讎人，生臠割以祭
其父，然後食其心肝。鄉人謂之"報讎張孝子"。契丹用爲蘆臺軍使。
逃歸中國，從世宗征契丹。藏英請不用兵，先往説下瓦橋關。乃單騎
往城下，呼曰："汝識我乎？我張蘆臺也。"因陳世宗威德，曰："非汝
敵也。不下，且見屠。"藏英素爲燕人所信重，契丹遂自北門遁去，城
人開門請降。

（宋）司馬光：《涑水記聞》卷二

五代唐張藏英，舉族爲賊孫居道所害。藏英年十六，僅以身免。
後逢居道於幽州市，引佩刀刺之不死，爲吏所執，節帥趙德鈞壯之，釋
不問，就補牙職。藏英後聞居道避地關南，乃求爲關南都巡檢使，微
服携鐵撾，匿伺其出，擊之僕地，齧其耳噉之，遂擒歸。設父母位，縛
居道於前，號泣鞭之，臠其肉。經三日，刳其心以祭。即詣官首服，官
爲請而釋之。燕薊間，目爲報讎張孝子。

（明）彭大翼：《山堂肆考》卷七九

周史彦超，漢末爲龍栖都指揮使。太祖之赴内難，彦超以本軍
從，後至鄭州防禦使。

（宋）王欽若等編纂：《册府元龜》卷七六六《總録部》

五代史彦超。周兵伐漢太原，契丹救漢，出忻代，世宗遣符彦卿拒之，以彦超爲先鋒，戰忻口。彦超勇憤俱發，左右馳擊，解而復合者數四，遂歿於陣。是時，世宗敗漢高平，乘勝而進，圍城之役，諸將議不一，故久無成功。世宗欲解去而未決，聞彦超戰死，遽班師。

（唐）白居易、（宋）孔傳：《白孔六帖》卷五二

（顯德元年）七月辛卯，制曰："故輸忠翊戴功臣、鎮國軍節度、華商等州觀察處置等使兼河東道行營先鋒都指揮使、檢校太保史彦超，嚴能齊衆，武可摧凶，振鐸號軍，伸其膽勇，登鋒捍寇，誓以身先。一昨北戎阻兵，同惡相濟。爾乃力排群醜，體中重瘡。雖虜騎已大奔，而將軍之先歿，衽金革而剛强已矣，聽鼓鼙而傷嘆如何！言念純臣，宜膺褒美，俾追贈於崇秩，用報慰於重泉。可贈檢校太師。"

（宋）王欽若等編纂：《册府元龜》卷一四〇《帝王部》

（顯德）六年，贈故華州節度使史彦超爲太師。先是，大軍至河東城下，契丹營於忻代之間，遙應賊勢。詔天雄軍節度使符彦卿率諸將屯忻州以拒之。彦卿襲契丹於忻口，彦超以先鋒軍追蕃寇，離大軍稍遠，賊兵伏發，爲賊所陷。世宗痛惜久之，故有是命。

（宋）王欽若等編纂：《册府元龜》卷一四〇《帝王部》

史彦超爲龍捷指揮使。太祖之赴內難，彦超以本軍從。國初，與虎捷都指揮使何徽戍晉州，會劉崇與契丹入寇，攻圍州城月餘，彦超與何徽叶力固拒，累挫賊鋒。太祖嘉其善守之功，賞賜甚厚。未幾，授龍捷右厢都指揮使，尋授鄭州防禦使。劉崇之寇潞州也，車駕親征，以彦超爲先鋒都指揮使。高平之戰，先登陷陣，以功授華州節度使，先鋒如故。

（宋）王欽若等編纂：《册府元龜》卷三八七《將帥部》

史彥超,國初爲龍捷都指揮使,與虎捷都指揮使何徽戌晉州,會太原劉崇與契丹入寇,攻圍州城月餘。是時,本州無帥,知州王萬敢不叶物情,彥超與何徽叶力固拒,累挫賊鋒,攻擊日急,禦捍有備,軍政甚嚴,居人無擾。及朝廷遣樞密使王峻總兵爲援,寇戌宵遁。

（宋）王欽若等編纂：《册府元龜》卷四〇〇《將帥部》

史彥超爲鄭州防禦使。顯德初,劉崇之寇潞州也,世宗親征,以彥超爲先鋒都指揮使。高平之戰,先登陷陣,以功授華州節度使。

（宋）王欽若等編纂：《册府元龜》卷三六〇《將帥部》

史彥超,爲鄭州防禦使。劉崇之寇潞州也,車駕親征,以彥超爲先鋒都指揮使。高平之戰,先登陷陣,以功授華州節度使。

（宋）王欽若等編纂：《册府元龜》卷三九六《將帥部》

史彥超,雲州人也。性驍獷,有膽氣,官至華州節度使。

（宋）王欽若等編纂：《册府元龜》卷八四七《總録部》

周史彥超爲華州節度使,世宗親征太原,大軍至河東城下,契丹營於忻、代之間,遥應賊勢。詔天雄軍節度使符彥卿,率諸將屯忻州以拒之。彥卿襲契丹於忻口,彥超以先鋒軍追蕃寇,離大軍稍遠。賊兵伏發,爲賊所陷。世宗痛惜久之,詔贈太師。

（宋）王欽若等編纂：《册府元龜》卷四四四《將帥部》

田重進,范陽人。周顯德中,應募爲卒,隸太祖麾下,積戰功至刺史。

（宋）曾鞏：《隆平集》卷一七

（至道三年）三月乙丑朔,永興軍節度使田重進卒。重進,范陽

人，形質奇偉，有武力。周顯德中，應幕爲卒。太祖時統禁軍，以重進
隸麾下，從征淮南，有戰功。又從太祖北征，會陳橋軍變，重進以翊戴
功，遷御馬軍使，累遷控鶴指揮使，領濮州刺史。上即位，擢爲天武左
厢都指揮使，領濮州團練使，改侍衛步軍都虞候、豐州觀察使。從攻
太原，部攻城南面。會劉繼元降，錄其功，依前領豐州刺史，充天德軍
節度使、侍衛步軍都指揮使。

（宋）錢若水：《太宗皇帝實錄》卷八〇

韓令坤，磁州武安人也。令坤少隸周太祖帳下，世宗即位爲殿前都
虞候。高平之戰，以功領容州團練使。世宗征太原，以令坤爲都校，以
功拜武定軍節度使。世宗伐淮甸，命令坤等十二將率兵以從。襲揚州，
將吏聞周師至，開門以迎之，令坤整衆而入，市不易肆，人甚悦。徙鎮鎮
安。又從世宗北征有功。恭帝即位，爲侍衛馬步軍都虞候。

（宋）王稱：《東都事略》卷一九

韓令坤，爲侍御馬軍都指揮使。顯德三年，領兵襲揚州。揚州將
吏聞王師至，開門以迎之。令坤整衆而入，市不易肆，人甚悦之。

（宋）王欽若等編纂：《册府元龜》卷四一八《將帥部》

石守信，開封浚儀人也。始事周太祖，得隸帳下，累遷指揮使。
世宗征河東，戰於高平，守信以功遷親衛左第一軍都指揮使。從征淮
南，又從征關南，俱有戰功，自江州防禦使拜義成軍節度使。

（宋）王稱：《東都事略》卷一九

石守信，開封浚儀人。事周祖，得隸帳下。廣順初，累遷親衛都
虞候。太祖即位，遷侍衛馬軍副都指揮使，改領歸德軍節度。後以功
加平章事。開寶中，從征范陽，督前軍失律，責授崇信軍節度，兼中書
令，俄進封衛國公。

（清）徐松輯：《宋會要輯稿》儀制一〇之一〇

王審琦,字仲寶,河南人也。漢乾祐初,得隸周太祖帳下,爲鐵騎指揮使。世宗征劉崇,以功領勤州刺史。審琦沉毅善謀,所至有政績。世宗征淮,舒州堅壁不下,以郭令圖爲刺史,命審琦、司超將兵攻城,一夕拔之。令圖入,復見逐於郡人。審琦方進軍援黄州,聞令圖被逐,乃選輕騎,銜枚襲城,夜敗其衆,而復納之,遂以兵破紫金山。世宗圍濠梁,審琦先拔其水砦,乃降。及攻楚州,審琦謂城陷,淮人必遁,因設伏以待之,果如其言。審琦仕周,累遷至睦州防禦使。

(宋)王稱:《東都事略》卷一九

符彦卿,字冠侯,陳州宛丘人也。父存審,後唐宣武軍節度使,《五代史》有傳。彦卿年十三,能騎射,事莊宗於太原。以其謹厚,令出入卧内。莊宗滅梁,以爲散員指揮使。郭從謙之亂,莊宗左右皆引去,惟彦卿力戰,殺十餘人。莊宗崩,彦卿慟哭而去。天成中,以吉州刺史討王都於定州,改慶州刺史。晉天福初,拜同州節度使。出帝時,爲河陽三城節度使。契丹入邊,彦卿拒戰於澶淵,敵騎數萬,圍高行周於鐵丘,諸將相顧,無敢當其鋒。彦卿引數騎力戰,敵解去,行周賴以免。移鎮許州,封祁國公,與杜重威、李守貞經略北鄙,遇契丹主圍之於陽城,衆十餘萬,諸將無鬥志,彦卿曰:“與其束手就擒,曷若與之力戰。”諸將然之。彦卿大敗其衆,契丹主乘橐駝而遁,車帳兵械悉爲彦卿所獲。改鎮武寧,加同平章事。契丹滅晉,彦卿遂歸於契丹,契丹主以陽城之敗詰責彦卿,對曰:“臣事晉不敢愛死,今日惟命。”契丹主笑而釋之。徐宋多盜,契丹主遣彦卿歸鎮。漢高祖入汴,彦卿來朝,改鎮兗州,加侍中,兼中書令,封魏國公。拜太保,移鎮青州。周太祖封彦卿爲淮陽王,鎮鄆州,徙鎮天雄,進封衛王。世宗時,拜太傅,改封魏王。恭帝即位,加太尉。

(宋)王稱:《東都事略》卷一九

符彦卿,字冠侯,宛丘人。父存審,後唐節度使,封秦王,《五代史》有傳。彦卿初仕莊宗於太原,郭從謙之亂,左右皆去,惟彦卿與王全斌力射殺數十人。莊宗遇害，慟哭久之。天成中，大破契丹於喜山。至晉，領同州節度。兄彦饒，以滑臺叛，上表乞歸田里，晉釋不問。契丹寇河朔，彦卿駐澶淵，高行周被圍於鐵丘，諸將相顧，無敢當其鋒。彦卿獨以數百騎奮擊，虜遂遁，行周獲免。開運二年，契丹十餘萬衆圍晉師於陽城，城中無水，人馬多渴死，會大風揚塵，彦卿遂與張彦澤、皇甫遇謀，乘勢決戰，虜敗，戎主乘橐駝而遁，車帳兵械悉爲彦卿所獲。及德光入汴，召而責之，彦卿曰：“臣事晉主，不敢愛死，今日惟命。”德光笑而釋之，即遣歸鎮武寧。方徐、宋間，盜賊蠭起，彦卿至埇橋，遇賊李仁恕擁衆數萬攻徐州。彦卿至城下，賊控馬首請同入城。彦卿之子昭序自城中遣人大呼曰：“相公助賊何也？城不可入。”賊之計不行，相率拜馬前而去。漢祖得天下，封彦卿魏國公。至周，封衛王，加太傅，改魏王。宋興，加太師。開寶三年，引疾納節鉞，退居洛下八年。間乘小駟游佛寺名園，人服其曠達。性不飲酒，謙恭待士，對賓客清談終日，不及世務。爲將有謀善戰，所得俸賜皆分給士卒，故人樂爲用。卒，年七十六。周世宗皇后及太宗皇后，皆其女也。周恭帝及太祖兩朝，俱賜詔不名。

（宋）曾鞏：《隆平集》卷一六

　　王景，萊州人也。少爲盜，梁大將王檀鎮滑臺，以景隸麾下。莊宗入汴，景挺身來降，仕唐至奉國都虞候。清泰末，從張敬達圍晉陽，會契丹來援，景以所部歸晉，授相州刺史，遷耀州團練使。契丹入邊，景與高行周破之於戚城，累遷至橫海軍節度使。契丹犯京師，用其黨爲帥，以代景，景還至常山，聞契丹主耶律德光死，即間道歸漢。乾祐初，加同平章事。周太祖與景有舊，及即位加侍中，爲護國軍節度使，移鎮鳳翔。顯德初，封襃國公，加兼中書令。世宗命景與向拱率兵討蜀，大破蜀軍於上邽，遂降秦州。逾年徙鎮秦州。恭帝即位，封涼國公。

（宋）王稱：《東都事略》卷一九

　　王景，字象珍，東萊掖人。……景自後唐爲軍職，以功累擢，至周爲節度使，加中書令。

（宋）曾鞏：《隆平集》卷一七

　　王彦超，字德昇，大名臨清人也。少事魏王繼岌，繼岌死，乃仕晉爲刺史，仕漢爲復州防禦使。契丹入邊，爲行營馬步左廂都排陣使。從周太祖入汴，湘陰公贇牙校鞏廷美，以贇不得立，據徐州以拒。周太祖拜彦超武寧軍節度使以討之，又與王峻拒劉崇於晉州，改建雄、河陽三城、河中三鎮。顯德初，加同平章事。屢破劉崇之衆，拜忠武軍節度使，兼侍中。宰相李穀征淮南，以彦超將前軍，敗淮人於壽州城下。淮人水陸來援，穀退保正陽，淮人躡其後，會李重進兵至，合勢急擊，大敗之，逐北二十餘里。師旋徙鎮永興，移鳳翔。

（宋）王稱：《東都事略》卷一九

　　楊廷璋，字温玉，真定人也。父洪裕，少漁貂裘陂，有以二石雁授之者，其翼一撥左一撥右，曰：“吾北岳使也。”言訖不知所之。是歲生女，爲周太祖淑妃，明年而廷璋生。廷璋以淑妃故，得賜官，初爲右飛龍使，稍遷皇城使。世宗即位，拜左驍衛大將軍、宣徽北院使，除建雄軍節度使。隰州闕守，乃請監軍李謙溥攝州事。謙溥至隰，并人來圍其城，或請速救之，廷璋曰：“賊遽至，必未攻城。”乃募死士百餘人，潛諭謙溥，相應夜銜枚擊之，并人大潰，逐北數十里。

（宋）王稱：《東都事略》卷一九

　　郭從義，字德基，其先沙陀人也。父古，仕後唐，賜姓李氏。古卒，從義尚幼。明宗時，從義官至内園使。仕晉爲宿州團練副使，復姓郭。云契丹入邊，漢高祖將建國，從義首贊其謀。漢興，爲鄭州防禦使，拜鎮寧軍節度使。趙思綰以永興叛，命從義討之。師次潼關，河中李守貞來援，從義大破之，遂圍思綰，拜永興軍節度使。思綰困甚，從義遣人誘之，佯許以華州節鉞，思綰信之，遂開門送款。從義入城,思綰謁見,即遣武士執之,並其黨斬於市,以功加同平章事。周初,加侍中,移鎮許州,改鎮天平。世宗北征,以從義副符彥卿,充排陣使。世宗還京師,加兼中書令,又改鎮武寧。

（宋）王稱:《東都事略》卷一九

慕容延釗,字化龍,太原人也。父章,開州刺史。延釗少以勇敢聞,漢高祖之起也,周太祖爲其佐命,以延釗隸帳下。世宗即位,領溪州刺史。高平之戰,以功遷團練使,拜睦州防禦使。從世宗征淮南,爲殿前都虞候,與宋延渥大破其軍。淮南平,遷殿前副都指揮使、淮南節度使,徙鎮鎮寧,爲殿前副都點檢。

（宋）王稱:《東都事略》卷二〇

李處耘,字正元,潞州上黨人也。父肇,仕後唐爲軍校,討王都於定州,會契丹來援,力戰死。晉末,處耘尚幼,隨兄處疇至京師,遇張彥澤之暴,處耘善射,獨當里門,殺數十人,里中賴之。漢初,隨折從阮於府州,後從阮歷鄧、滑等節度,悉委處耘以軍政。李繼勳鎮河陽,補處耘右職。繼勳罷,世宗以處耘隸太祖帳下,爲都押牙。

（宋）王稱:《東都事略》卷二〇

王全斌,太原人也。父爲岢嵐軍使,私蓄武士,唐莊宗疑而召之,懼不敢行。全斌時年十二,謂其父曰:"上疑父有異志,若以全斌爲質,則釋矣。"父如其言,全斌因得隸莊宗帳下。歷晉、漢、周,以軍功積官至相州留後。

（宋）王稱:《東都事略》卷二〇

王仁贍,字子豐,唐州方城人也。少倜儻,不事生業。劉詞爲永興軍節度使,以爲牙校。詞卒,遺奏薦仁贍材可用,太祖素知其名,請於世宗,隸帳下。

（宋）王稱:《東都事略》卷二〇

　　崔彦進,大名人也。少有膂力,善騎射。漢乾祐中,隸周太祖帳下,累遷至昭州刺史。

(宋)王稱:《東都事略》卷二〇

　　劉廷讓,其先涿州范陽人也。曾祖仁恭,唐盧龍節度使,祖守文,襲滄州,昭宗授以節鉞。其弟守光囚其父,守文舉兵討之,為守光所殺。父延進避難南奔。廷讓少時,以勇力聞,周太祖鎮鄴,以隸帳下,仕至涪州團練使。

(宋)王稱:《東都事略》卷二〇

　　昝居潤,字廣川,博州高唐人也。少有氣節,嘗為樞密院小吏。景延廣留守西京,補為右職。契丹犯京師,以兵圍延廣家,故吏悉避去,居潤為全護其家,時論稱之。仕周世宗為軍器庫使。從征高平,以功遷客省使,知青、秦二州,歷知鳳翔、河中,入知開封府。世宗幸淮上,命為副留守,遷宣徽北院使,加南院使、判開封府。

(宋)王稱:《東都事略》卷二一

　　張美,字元圭,貝州清河人也。少為三司小吏、澶州糧料使。周世宗鎮澶淵,每有求取,美悉力應之。及即位,召為樞密承旨、權判三司,授三司使。世宗用兵淮上,及北征,以美為大內都點檢,師還,擢左領軍上將軍,充宣徽北院使。世宗連歲征討,糧餽無乏,美之力也。然每思澶州所為,終不以公忠待之。

(宋)王稱:《東都事略》卷二一

　　向拱,字星民,懷州河內人也。始名訓,避周恭帝名改焉。嘗以策干漢高祖,高祖不用,客於周太祖。及太祖即位,授宮苑使,屢破太原軍。會慕容彦超反,以拱為都監,賊平,為陝州巡檢,改知陝州,權知延州,召拜左神武大將軍。世宗親征劉崇,以精騎居陣中,高平之捷,以功拜義成軍節度使。自晉以來,秦、成、階三州入於蜀,蜀又取鳳州。至是宰相王溥薦拱有將帥材,今欲取秦鳳,非拱不可。世宗遂命拱討之,復取四州。世宗征淮,以拱權東京留守,徙鎮淮南,爲沿江招討使。時周師久駐維揚,圍壽春,經年未下。拱言於世宗,欲且徙揚州之師,并力以攻壽春,世宗許之。拱遣牙將分部按巡城中,秋毫不犯,軍民感悦,及師行,有負糗糧以送者。至壽春,與李重進合勢以攻其城。改淮南道招討都監,敗淮軍二千於黃耆砦。世宗幸壽州,以拱爲武寧軍節度使,以克壽州功,加同平章事,徙鎮歸德、淮南,又徙山南東道。

(宋)王稱:《東都事略》卷二一

高懷德,字藏用,常山人也。周天平軍節度使、齊王行周子也。行周,《五代史》有傳。懷德忠厚倜儻,有武略,仕晉、漢爲刺史,至周爲侍衛馬軍都指揮使、寧江軍節度使。

(宋)王稱:《東都事略》卷二一

周馬鐸,漢末爲申州刺史,監兵在尉氏縣。會太祖在澶淵,爲衆軍迫請爲主。王峻在京,以許州節度使劉信是漢之宗室,遣鐸至許州圖之。鐸至,信自殺。鐸不能戢兵,而微有所掠。太祖知而怒之,不時任使。

(宋)王欽若等編纂:《册府元龜》卷四四五《將帥部》

周景殷爲洺州刺史,太祖廣順元年十一月,收復馬嶺關。

(宋)王欽若等編纂:《册府元龜》卷三六九《將帥部》

韓重贇,磁州武安人也。少以勇力隸周太祖帳下。廣順初,爲左班殿直。從世宗戰於高平,以功遷鐵騎指揮使。又從征淮南,以功領虔州刺史。

(宋)王稱:《東都事略》卷二一

　　郭崇，應州金城人也。初名崇威，避周太祖諱，止稱崇。弱冠以勇力應募爲卒，後唐清泰中，爲應州騎軍都校。晉高祖割雲應地入於契丹，崇恥臣於敵，挺身南歸，爲騎軍都校。仕漢至果州團練使、護聖右厢都指揮使。從周太祖入平國難，與李筠拒慕容彥超於留子陂，走之，以崇補侍衞馬軍指揮使。時遣馮道迎湘陰公贇於徐州，將立之，會契丹入邊，周太祖北征，次澶州，軍變。樞密使王峻遣崇率七百騎拒贇，遇於睢陽，崇曰：“澶州兵變，遣崇來衞乘輿，非有它也。”具言軍情有屬，天命已定，贇執崇手而泣，崇即送贇就館。崇仕周爲陳州節度使、同平章事。世宗親征太原，副符彥卿，將行營之師。軍還，加侍中，移鎮成德。世宗征淮甸，契丹萬騎掠邊境，崇帥師破之於束鹿，斬首數百級，俘人口、牛羊三萬餘。

　　　　　　　　　　　　　　（宋）王稱：《東都事略》卷二一

　　宋偓，河南洛陽人也。祖瑶，唐天德軍節度使，父廷浩尚後唐莊宗女義寧公主，生偓，仕至房州刺史。晉初爲汜水關使，張從賓之叛，戰死之。偓年十一，以父死事補内殿直，遷供奉官。漢高祖在晉陽，遣其子承訓至洛，與偓結婚，即永寧公主也。稍遷皇城使。漢乾祐初，拜右金吾衞大將軍、駙馬都尉。隱帝即位，授昭化軍節度使，移鎮滑州。周太祖舉兵向闕，偓在鎮開門迎謁，即率兵從太祖至留子陂。隱帝衞兵悉走投太祖，太祖謂偓曰：“至尊危矣，公近親，可亟去擁衞，無令驚動。”偓策馬及御營，軍已亂矣。世宗征淮，以偓爲右神武統軍、充行營右厢都排陣使，大破其衆。世宗多露宿野次，忽有猛虎逼近乘輿，偓引兵射之，一發而斃。江北平，師還，復授滑州節度使，又移鎮鄧州。

　　　　　　　　　　　　　　（宋）王稱：《東都事略》卷二一

　　宋偓，後唐明宗之外孫，漢太祖之駙馬，歷累鎮節度、檢校太師、同中書門下平章事，有女十五人，開寶皇后最居長，韓樞密崇訓、寇萊公、王武恭皆其婿也，多享國封。

　　　　　　　　　　　　　　（宋）宋敏求：《春明退朝録》下

宋渥，後唐明宗之外孫，漢太祖之駙馬。歷累鎮節度，檢校太師、同中書門下平章事。有女十五人，開寶皇后最居長，韓樞密崇訓、寇萊公、王武恭公，皆其婿也。

（宋）江少虞：《宋朝事實類苑》卷二四

郭守文，字國華，太原人也。其父暉，從周太祖征河中，戰死。守文年十四，太祖憐之，召隸帳下，補左班殿直。

（宋）王稱：《東都事略》卷二一

李重進，其先滄州人也。周太祖之甥，母即福慶長公主。晉天福中，任爲殿直。漢周之際，累遷至武信軍節度使。重進年長於世宗，及太祖寢疾，召重進受顧命，令拜世宗以定君臣之分。世宗即位，爲侍衛親軍馬步軍都虞候，從征高平，以功領忠武軍節度使。又進討太原，爲行營馬步軍都虞候。師還，加同平章事，改鎮歸德，兼侍衛馬步軍指揮使。世宗親征淮甸，重進爲招討使，功最多。及克壽州，加侍中，又改鎮天平。世宗北征，駐蹕瓦橋關，重進與諸將帥師而至，時關南已平矣。恭帝嗣位，徙鎮淮南。

（宋）王稱：《東都事略》卷二二

潘美，字仲詢，魏郡人也。少倜儻，嘗謂其里人王密曰："漢代將終，凶臣肆虐，四海有改卜之志，大丈夫不以此時立功名，取富貴，與萬物共盡，可羞也。"周世宗爲開封尹，美以中涓事世宗，及即位，徙供奉官。高平之戰，美以功遷西上閤門副使，稍遷客省使。

（宋）王稱：《東都事略》卷二七

馮繼業，字嗣宗，大名人也。父暉，朔方節度使，封衛王，《五代史》有傳。繼業敏惠有度量，以父任補朔方軍節院使牙內都虞候。周廣順初，暉疾，繼業圖殺其兄繼勛，暉卒，遂代其父位，爲朔方軍留後，遷節度使。

（宋）王稱:《東都事略》卷二八

米信,舊字海進,本奚族也。少以勇悍聞,周太祖即位,隸護聖軍。太祖總禁兵,以信隸麾下。

（宋）王稱:《東都事略》卷二八

何繼筠,字化龍,河南人也。父福進,仕後唐至周,官至天平軍節度使。福進節制鎮州,繼筠補牙職,以偏師出土門,與并人戰,斬首數千級,以功除刺史。契丹入邊,又擊敗之。世宗征瓦橋關,命繼筠以所部,出百井道以破并寇。

（宋）王稱:《東都事略》卷二九

李謙溥,字德明,太原人也。少通《左氏春秋》,仕晉爲供奉官,至周任刺史。嘗監晉州兵,以偏師屢挫太原,而屠城略地,功爲多。隰州闕守,謙溥攝州事,至則濬城隍嚴兵備。未旬日,而并人至,方盛暑,謙溥服絺綌,揮羽扇,引二小吏登城徐步,并人望之,勒兵不敢動。因以敢死士百人,夜縋城,銜枚薄賊營,破之,逐北數千里,斬首千餘級。爲澶州巡檢,改丹州刺史。

（宋）王稱:《東都事略》卷二九

馬仁瑀,大名夏津人也。少不好學,與群兒戲,必爲行陳之狀,自稱將軍,日與之約,鞭其後期者,群兒畏服。及長,善射,周太祖鎮鄴,仁瑀年十六,因求見帳下,太祖留置左右。廣順初,補內殿直。世宗即位,會太原劉崇入寇,世宗親征。至高平,周師不利,諸將引退,仁瑀曰:"主辱臣死。"遂躍馬以進,大軍乘之,崇敗績,擢仁瑀爲弓箭控鶴直指揮使。又從征淮南,以功遷內殿直都虞候,又從平三關。

（宋）王稱:《東都事略》卷二九

李漢超,字顯忠,雲中人也。始事鄴帥范延光,不爲其所知,又事鄴帥高行周,雖知之而不甚親也。會周世宗鎮澶淵,漢超遂委質焉。仕周至殿前都虞候。

（宋）王稱:《東都事略》卷二九

郭進,深州博野人也。少貧賤,依邢州鉅鹿富人家傭作,有膂力,多結豪俠飲博,人有欲殺之者,富人婦竺氏陰告之,乃至晉陽,漢高祖留之帳下。北寇屠安陽,高祖遣進拒戰,敵敗走,以功除刺史。及德光盜京師,復北歸,進請以奇兵間道入洺州,因定河北諸郡。仕周改登州刺史,郡多寇盜,進悉爲剪除,吏民願紀其事,命近臣撰文賜之。改刺衛州,河朔盜匿汲郡山間者稍衆,間出攘奪,久不能滅,進往攻剿絶之,民以安居,於是郡民又請立碑紀其事。改洺州團練使,有善政,郡民又請立碑,詔左拾遺鄭起爲文以賜進。嘗植柳種荷芰遍城,其後郡民見之,有垂涕者,曰"此郭公所種也"。

（宋）王稱:《東都事略》卷二九

郭進少以壯勇,依漢祖於太原,開國,歷刺史、團練使。

（宋）江少虞:《宋朝事實類苑》卷五五

郭進少以壯勇,依漢祖於太原,開國,歷刺史、團練使。國初,遷洺水防禦使,爲西山巡檢,以扦太原。

（宋）江少虞:《宋朝事實類苑》卷六

姚內斌,盧龍人也,少仕契丹。周顯德末,世宗北征,我太祖將兵至瓦橋關,內斌爲關使,開門請降,世宗以爲汝州刺史。

（宋）王稱:《東都事略》卷二九

姚內斌,平州人。少事北虜。周顯德末,世宗北征,太祖將兵至瓦橋關，内斌爲關使，開門請降，世宗以爲汝州刺史。

（宋）曾鞏：《隆平集》卷一六

董遵誨，范陽人也。父宗本，事幽帥趙延壽，爲延壽所惡，遂舉家
奔太原。漢高祖得之，以宗本爲隨州刺史，遵誨補牙校。有方略，善
御夷狄。周世宗時，從韓通討秦鳳，擒蜀招討使王鸞。攻淮南，下合
肥，又從韓通平雄霸二州，以功至驍武指揮使。

（宋）王稱：《東都事略》卷二九

王彥昇，字光烈，蜀人也。後唐平蜀，徙家洛陽，周顯德末，爲散
員指揮使。

（宋）王稱：《東都事略》卷二九

王劍兒名彥昇，以善擊劍事太祖。顯德末，帝爲六軍推戴，還憩
府第。召宰相至，諭擁逼之狀，范質等未及對，彥昇於後按劍叱之，質
等惶懼降階，定君臣之禮。帝以彥昇粗獷，抑而不用。後稍遷爲京城
北偏巡檢，因夜抵舊相王溥私第，莫之測。及延見，置酒與語，意若恐
迫，乃遺以白金千兩而去。帝知，黜罷之。

周勛初主編：《宋人軼事彙編》卷四

王彥昇，字光烈，本蜀人。後唐平蜀，徙居洛陽。顯德末，以散員
指揮使從太祖北伐。至陳橋，以軍中擁戴而還，彥昇先入，殺韓通。
太祖怒之，出爲唐州刺史，久之，徙原州防禦使。卒年五十八。

（宋）曾鞏：《隆平集》卷一六

荆罕儒，冀州信都人也。少爲盜，晉天福中詣范陽，事燕王趙延
壽。延壽從耶律德光入京師，以罕儒爲密州刺史。高平之戰，周世宗
既戮敗將何徽、樊愛能等，乃擇驍勇士爲將，以爲招收都指揮使，以功

擢至團練使。

（宋）王稱：《東都事略》卷三四

荆罕儒、范廷召皆冀州人，少爲盜。……世宗既戮何徽、樊愛能
輩，乃擇驍勇士爲將，而擢罕儒爲團練使。……廷召以勇力，應募爲
軍職，在周爲殿前右番指揮使。

（宋）曾鞏：《隆平集》卷一七

曹光實，字顯忠，雅州百丈人也。父疇，仕蜀爲靖南軍使。疇卒，
光實繼莅其職，蜀以光實爲永平軍節度使。

（宋）王稱：《東都事略》卷三四

李彝興，夏州人也。本姓拓拔，唐末有思恭者，鎮夏州，討黄巢有
功，賜姓李氏，世有夏銀綏宥静五州之地。思恭卒，其弟思諫爲節度
使。思諫卒，軍中立其子彝昌，彝昌爲其將高宗益所殺，而仁福立，不
知於思諫爲親疏也。仁福封朔方王，卒，子彝超立。彝超卒，弟彝興
立。彝興當五代之際，爲中書令，封西平王。周世宗時，加太保，恭帝
加太傅。

（宋）王稱：《東都事略》卷一二七

定難軍節度使、太尉、兼中書令、西平王李彝興，乾德元年八月贈
太師、夏王。

（清）徐松輯：《宋會要輯稿》選舉一三之六

五代世宗時，李王爲安州防禦使，治郡寬簡，民皆便之。吏民數
百人詣監軍馮守規，請立碑頌德，詔中書舍人富儀撰文，賜之。

（元）富大用：《古今事文類聚外集》卷五

郭玉，世宗時爲齊州防禦使。歲不登，以俸鈔分施飢民，自鄰境

來者,亦均給之,人懷其惠,相率詣闕,頌其德政,立碑。

(元)富大用:《古今事文類聚外集》卷五

五代周節度使王晏,徐州滕縣人,少嘗爲群盜。及爲節度使,悉召故黨,贈之金帛,謂曰:"吾鄉素名多盜,吾與諸君皆嘗爲之,想後來者,無能居諸君之右,諸君幸爲我語之,使勿復爲,爲者吾必族之。"於是一境清肅,徐人奏請爲晏立碑。上許之。

(明)彭大翼:《山堂肆考》卷三一

王晏,徐州滕人。家世力田。晏少壯勇,後唐同光中,應募隸禁軍,累遷奉國小校。後歷官至周世宗即位,加兼中書令。太祖即位,以功進封趙國公,從北征李筠。師還,改安遠軍節度。乾德元年,進封韓國公。

(清)徐松輯:《宋會要輯稿》儀制一○之一○

王晏,字鎮時,徐州人。……晏開運末爲陝西軍職,與都校趙暉、侯章謀害耶律德光,僞命陝帥劉願,奉表於漢祖。漢祖威聲未振,而晏等歸之,甚喜,即授以節度使。及入汴,加平章事。周録其敗劉崇功,改武寧節度使,封滕國公,因其鄉里以榮之也。

(宋)曾鞏:《隆平集》卷一七

譚延美,大名人。……延美仕周,至控鶴副指揮使。

(宋)曾鞏:《隆平集》卷一七

解暉,洺州人。自後唐隸兵籍,凡受詔征伐,必身先士卒,臨敵所難者,暉處之若甚易。金瘡被體,幾無完膚。

(宋)曾鞏:《隆平集》卷一七

京水自滎陽來至於汴。有陳承昭者,本江南節度使,將兵淮上,爲世宗所擒，以爲上將軍，習知水利。

（宋）江少虞：《宋朝事實類苑》卷六二

趙贊，字元輔，幽薊人。父延壽，尚後唐明宗公主，《五代史》有傳。贊七歲應神童，明宗賜童子及第，附長興春榜。延壽守上黨，並其父德鈞皆陷契丹，贊獨與母在洛陽。晉祖由契丹援立，命贊奉母北歸。贊在晉末，受北朝僞河中節度使。虜北歸，得留鎮河中。漢祖起晉陽，贊因勸進，改京兆尹。周世宗征淮南，留贊與諸將圍壽陽。諸將皆敗，贊獨有功。及移軍，尺椽片瓦無弃者。淮南平，贊功居多。

（宋）曾鞏：《隆平集》卷一六

趙延進，澶州人。父暉官至太子太師，《五代史》有傳。延進以父任，累遷至右千牛衛將軍。

（宋）曾鞏：《隆平集》卷一七

藥元福，太原人。有勇善射，少爲軍職，在後唐爲裨將。晉少帝即位，契丹入寇，親征次澶淵，登陴望，虜衆不見其際。元福與慕容鄴，各以二百騎奮擊陣前，虜遂大潰。明年，虜復内侵，張彦澤率師遇之陽城，糧道隔絶，仍乏水草，諸將皆以虜乘順風，宜少俟之。元福曰：“俟風回，吾屬爲擄矣。彼謂我不能逆風戰，今出其不意，兵之詭道也。”彦澤從之，殺獲甚衆，追奔二十餘里。以元福爲威州刺史。西戎三族攻靈州，命元福佐朔方節度使馮暉討之。朔方距威州七百里，地無水草，謂之旱海，携糧至，暉食盡，詰朝行四十里，而虜騎數萬扼要路。暉大懼，遣人致賂求成。雖許，及日中猶未決。暉曰：“奈何？”元福曰：“彼正欲困我耳。察其勢，虜雖衆，特依西山而陣者，其精兵也。請以驍鋭先薄西山，彼或少却，當舉黃旗爲識，合勢擊之。”暉善其謀，斬馘殆盡。漢乾祐中，鳳翔王景崇、河中李守正、永興趙思綰，結蜀兵爲援以叛。元福從暉進討，兵衆寡數倍，他將皆爲却，而元福

擁數百騎獨出,令曰:"敢回頭者,斬!"衆效死以戰,遂有成功。慕容
彥超盜據兗海,周祖命曹英爲帥,向訓副之,以元福爲行營都虞候,謂
曰:"已諭英、訓,勿以軍禮見汝。"及元福至,英、訓皆父事焉。會親
征,城遂拔。以功除建雄軍節度使。世宗討劉崇,糧不繼而班師,命
元福殿。崇出追,元福擊走之。在周凡改四鎮,宋興,加檢校太師。
卒年七十七,贈侍中。

(宋)曾鞏:《隆平集》卷一六

　　郭瓊,字國華,幽州盧龍人。少事契丹,遷至都校。後唐明宗朝,
挈族來歸,授以團練使。晉末,中原多故,盜賊蠭起,德光以瓊爲忻州
刺史,即單車赴治,盜畏其威,相與遁去。漢乾祐中,淮人攻密州,以
瓊帥東路行營。淮人聞之,亦亟引避。劉銖守平盧,稱疾不朝,隱帝
疑其叛,詔瓊領兵屯青州。銖將害之,張宴伏兵幕下,瓊無懼色,銖
亦不敢發。瓊徐爲言去就禍福,銖遂趨召。周顯德中,爲齊州防禦
使。歲饑,出俸以濟之,民多自鄰境至者。郡人詣闕以言,詔爲
立碑。

(宋)曾鞏:《隆平集》卷一六

　　曹英本常山真定人,父全武事趙王鎔,爲列校,英因得隸鎔帳下。
及莊宗奄有其地,録其左右,收爲散指揮使。帝即位,英侍於仗下,問
其祖考,英以實對。帝曰:"乃朕之舊也。"擢本班行首,每加顧遇。

(宋)王欽若等編纂:《册府元龜》卷一七二《帝王部》

　　曹英漢初爲奉國軍主、檢校司徒、假康州刺史。乾祐初,李守貞
據河中叛,授行營步軍都校。河中平,遷本軍厢主,領岳州防禦使,隨
太祖在魏,爲北面行營步軍都校,從平内難。國初,以翊戴功授昭武
軍節度使、檢校太傅、侍衛步軍都指揮使。

(宋)王欽若等編纂:《册府元龜》卷三八七《將帥部》

曹英,字德秀,爲成德軍節度使,舊名犯太祖廟諱,故改焉。

（宋）王欽若等編纂:《册府元龜》卷八二五《總録部》

曹英爲侍衛步軍都指揮使,總兵討慕容彦超於兗州,梯衝塹壘,頗有力焉。會太祖親征,併兵攻陷其城。一説:廣順二年,兗州行營曹英言:"臣等部領大軍,至兗州,營於西門外,尋令馬軍都指揮使王全斌、壕寨使萬超城四面,相度攻圍城勢。"二月,又言:"塹地圍城第二重。"三月,又言:"進洞屋二步,差任漢謙充諸寨提舉使。"四月,又言:"發火燒爇賊城敵樓七十間。"

（宋）王欽若等編纂:《册府元龜》卷三六九《將帥部》

曹英爲昭武軍節度使、侍衛步軍都指揮使。廣順二年春,總兵討慕容彦超於兗州,梯衝塹壘,頗有力焉。及凱旋,授彰信軍節度使,總兵如故。

（宋）王欽若等編纂:《册府元龜》卷三六〇《將帥部》

周彦頵與帝有舊,及即位,超授内客省使。未幾,知相州軍府事,尋改延州兵馬留後,到鎮頗以貨殖爲意,窺圖贓利,侵漁蕃漢部人,群情大擾。會帝南征,蕃部結聚,圍迫州城,彦頵閉壁自守,求援於鄰道,賴救兵至乃解。帝不悦,徵赴京師,然猶委曲庇護,竟不之責。

（宋）王欽若等編纂:《册府元龜》卷一七二《帝王部》

折德扆爲府州防禦使。廣順二年二月,劉崇賊軍三千餘人入州境,德扆與巡檢使李處稠同部領兵士,殺賊二千,收奪衣甲鞍馬萬餘事。是月,德扆言出兵,收下河東界岢嵐軍,軍使張德仁、十寨都指揮使蘇審並斬之,已遣人於岢嵐軍守御。

（宋）王欽若等編纂:《册府元龜》卷三六〇《將帥部》

折氏世爲雲中大族。唐有折宗本者,補振武緣河五鎮都知兵馬使。宗本子嗣倫,麟州刺史。嗣倫子從阮,自晉、漢以來獨據府州,控扼西北,中朝賴之。仕周至靜難軍節度兼侍中。從阮子德扆,嗣知州事。世宗建府州爲永安軍,以德扆爲節度,亦嘗入朝,後遣赴鎮。其地險絶,實捍西戎。後朝廷疑其强盛,別置軍馬一司以視其舉動,而後力弱,非初置折氏居河西之本意也。

(清)徐松輯:《宋會要輯稿》方域二一之一

折德扆,世居雲中。父從阮,自晉以來仕周至靜難軍節度使,《五代史》有傳。從阮鎮府州,以德扆爲牙校。漢初,領勝州刺史。世宗建府州爲永安軍,以德扆爲節度使。

(宋)王稱:《東都事略》卷二八

王漢璋爲右龍武將軍。顯德五年正月,從征淮南,收下海州。詔以漢璋爲海州刺史。

(宋)王欽若等編纂:《册府元龜》卷三六〇《將帥部》

周王宴爲晉州節度使。廣順元年正月,殺行軍司馬徐建崇,言謀通劉崇故也。

(宋)王欽若等編纂:《册府元龜》卷四四九《將帥部》

王重裔,爲禁軍指揮使。晉天福中,鎮州安重榮謀叛,請分杜重威麾下兵擊敗之,以功遷護聖右厢都指揮使。漢初,仍典禁軍,從征鄴都,爲先鋒都校。鄴都平,遷深州刺史。

(宋)王欽若等編纂:《册府元龜》卷三八七《將帥部》

周王重裔,初仕後唐莊宗,爲廳直將,從征河上,管契丹直。帝有急難,力救解之。

(宋)王欽若等編纂:《册府元龜》卷三七四《將帥部》

齊藏珍爲濠州刺史,世宗征淮、泗,命藏珍護兵南出。所至貪暴,淮甸之民及麾下仕伍,咸被其毒。

　　　　（宋）王欽若等編纂:《册府元龜》卷四四八《將帥部》

齊藏珍,爲諸衛。世宗淮上用兵,復委監護,與軍校何起領兵。降下光州,藏珍欺隱官物甚多。

　　　　（宋）王欽若等編纂:《册府元龜》卷四五五《將帥部》

周高思繼,幽州人。昆仲三人,俱英豪有武幹,聲馳朔塞。

　　　　（宋）王欽若等編纂:《册府元龜》卷八四八《總録部》

仇超,顯德中以廂軍從太祖巡按,賊壘張彥超設虎落以護城,宣諭諸州廂軍内果敢之士能拔去鹿角者。超仗一大斧,伐鹿角而徑登,爲賊守陣者傷三指而下。太祖獎其勇健,解其甲鎧,唯衣一犢鼻,賜以錦袍。超謝之,携斧又登賊壘,芟夷懸幢之類而旋。太祖擢之,在控鶴官之列。間日思其驍果,宣問願陳力之所,超曰:“父嘗任倉州捉生都頭,苟得之,平生之願畢矣。”於是補是職焉。

　　　　（宋）王欽若等編纂:《册府元龜》卷八四七《總録部》

周王進,幽州良鄉人,爲人勇悍,走及奔馬。符彥超爲河朔郡守,以略誘,置之左右。長興初,彥超領鎮安州。屬王希全構亂,令進通變狀,聞於朝廷。明宗賞其迅速,録寧衛將軍。

　　　　（宋）王欽若等編纂:《册府元龜》卷八四五《總録部》

周王進歷汝鄭防禦使,甚有政聲。俄授相州節度使,爲政之道,頓減於前。未幾,以疾薨於任。

　　　　（宋）王欽若等編纂:《册府元龜》卷九一七《總録部》

周何福進少從軍,以驍勇聞。後唐同光末,郭從謙以兵圍莊宗於大内。福進時爲宿衛軍校,獨出死力拒戰於内。後明宗知而嘉之。

（宋）王欽若等編纂:《册府元龜》卷六二七《環衛部》

何福進,後唐清泰中自彰聖都虞候率本軍從范延光平鄴,以功歷鄭、隴二州防禦使。

（宋）王欽若等編纂:《册府元龜》卷三八七《將帥部》

周何福進,漢高祖乾祐中,爲曹州防禦使。時太祖出鎮於鄴,將謀北伐,奏以福進自隨。及太祖入平内難,以輔佐功,拜忠武軍節度使。

（宋）王欽若等編纂:《册府元龜》卷三四七《將帥部》

何福進,廣順中爲成德軍節度使,鎮州民吏請爲福進建立德政碑。

（宋）王欽若等編纂:《册府元龜》卷八二〇《總録部》

高紹基爲延州衙内指揮使,太祖廣順三年二月,紹基言:“觀察判官李彬承節度使薨變,結構内外,謀殺都指揮使及行軍副使,自據城池,已伏誅。其李彬妻劉氏、子懷義、懷義妻高氏並已收捕。其高氏是臣親姊,乞留在臣家持服。李彬弟勛見充河中馬步都指揮使,彬兄景韜一房九口、彬侄懷貞一房十一口、彬勝妾一人,並已收捕在州,其李勛請行捕録。”敕李懷義、懷貞、景韜等並放,宜令向訓,並諸房骨肉奴僕,津置起離,量差兵士防援,並於汝州安置。又以李彬被誣,並釋其族,仍恐遇禍,乃徙於汝州。

（宋）王欽若等編纂:《册府元龜》卷九三三《總録部》

周劉仁瞻,仕江南爲壽州節度使,法令嚴肅。世宗顯德中征淮南,重圍之中,其子崇讓犯軍禁,即令斬之。故能以一成之衆,連年拒守。

（宋）王欽若等編纂：《冊府元龜》卷四一七《將帥部》

江南故國，每至暮冬，淮水淺涸，則分兵屯守，謂之“把淺”。時監軍吳延詔以爲時平境安，當無事之際，虛費糧廩，亟令撤警。惟淮將劉仁瞻熟練防淮之事，具啓以爲不可。未幾，報周師以間者所誤，半夜猥至，郡人大恐。仁瞻神氣閒暇，部分守禦，其堅如壁。周師斬間者於岸，卷兵遂退。

（宋）文瑩：《玉壺清話》卷一〇

五代南唐劉仁瞻爲黃州刺史。仁瞻聰敏，長於吏事，親總簿書，更革蠹弊，人皆稱爲賢刺史。

（宋）馬永易：《實賓錄》卷一

先君又言：初在壽春，建劉仁瞻廟。後餉軍河東，嘗謁王彥章畫像於滑州鐵槍寺。至潞州，又謁裴約廟。會鄉人修廟，來求扁榜。五代所謂全節三人者，相去數千里，而皆嘗謁其像，一爲築廟乞額，兩爲書榜，似非偶然云。

（宋）陸游：《家世舊聞》卷下

周孔知濬父延緘左武衛大將軍致仕，年九十餘卒。

（宋）王欽若等編纂：《冊府元龜》卷七八四《總錄部》

白延遇，歷典禁軍，累遷至檢校司空。天福中，晉祖在鄴，安鐵胡叛於鎮州，帥衆數萬詣闕而來。晉祖命杜重暉統諸將以御之。時延遇不豫其行，乃泣告晉祖，願以身先。及陣於宗城，延遇帥其屬先犯之，斬級數百，戰既酣而劍亦折，諸將繇是推伏。晉祖聞之，即命中將使以寶劍良馬賜之。常山平，以功授檢校司徒，充馬軍左廂都校。

（宋）王欽若等編纂：《冊府元龜》卷三九六《將帥部》

白延遇,仕晉歷典禁軍,累遷至檢校司空。天福中,晉祖在鄴,安重榮叛於鎮州,帥衆數萬指闕而來,晉祖命杜重威統諸將以禦之。時延遇不預其行,乃泣告晉祖願以身先,許之。及陣於宗城,延遇帥其屬先犯之,斬級數千。晉祖聞之,即命中使以寶劍、良馬賜之。常山平,以功加檢校司徒,充馬軍右廂都校,後遷復州防禦使。國初,加檢校太保,尋受代歸闕。屬太祖親征兗海,以延遇爲先鋒都校。兗州平,授齊州防禦使。及世宗征淮南,乃詔延遇爲先鋒都校,與韓令坤先入揚州。尋以別部屯於盛塘,前後敗淮賊萬餘衆,及世宗回自壽陽,制以延遇爲同州節度使。未赴任所,以疾卒於濠州城下,詔贈太尉。

(宋)王欽若等編纂:《册府元龜》卷三八七《將帥部》

白延遇,廣順中爲兗州防禦使。在兗二年,爲政有聞,人甚安之。州民數百詣闕,乞立德政碑以頌其美。

(宋)王欽若等編纂:《册府元龜》卷六七七《牧守部》

白延遇,太原人也。幼畜於晉高祖之公宮,年十三從晉祖伐蜀,以趫悍見稱,終於同州節度使。

(宋)王欽若等編纂:《册府元龜》卷八四七《總録部》

周王繼弘,少勇悍。後唐明宗作鎮,致之麾下。善步鬥,多力,位河陽節度使。

(宋)王欽若等編纂:《册府元龜》卷八四五《總録部》

王繼弘初爲後唐明宗爪牙,時帝爲偏將,與梁人戰於河壖,短兵相接,帝爲梁人所襲,而馬甲連革斷;會漢高祖以馬授之,獲濟。繼弘適在其部,有後助之力。帝即位,擢爲六宅副使。

(宋)王欽若等編纂:《册府元龜》卷一七二《帝王部》

　　漢王繼弘初仕後唐,爲六宅副使,負氣不遜,禁中與同列忿争,配流義州。歲餘,召復禁職。

　　　　　（宋）王欽若等編纂:《册府元龜》卷九一八《總録部》

　　晉高祖天福二年五月乙丑,御史臺奏:"六宅使王繼弘、前洺州團練使高信於崇禮門内相訴,已伏款罪。"敕曰:"高信曾剖郡符,繼弘方參禁職,凡於語默,合曉規儀,豈得輒於内庭恣行私忿,肆喧嘩而頗甚,侮憲法以若無,既駭物情,尤傷事體。苟無懲沮,何戒逾違?尚示含容,止從譴逐。高信宜送復州收管。王繼弘勒停,送義州衙前,仍常知所在。"

　　　　　（宋）王欽若等編纂:《册府元龜》卷一五四《帝王部》

　　漢王繼弘爲神德軍節度使,節度判官張易每見繼弘所爲不法,必切言之。繼弘含怒,以爲輕己。乾祐中,因事誣奏之。又奏觀察推官張制,削官牒逐之。因與郭謹代,竟令害制焉。

　　　　　（宋）王欽若等編纂:《册府元龜》卷四四〇《將帥部》

　　王繼弘爲河陽節度使。少無賴,爲吏所拘,械繫常州獄,將殺之。會赦,以其壯健,特宥之,配於本軍。

　　　　　（宋）王欽若等編纂:《册府元龜》卷九四〇《總録部》

　　漢王繼弘爲彰德軍節度使。乾祐初,誣殺節度判官張易,斥逐觀察推官張制。易,鎮州人,繼弘事有所不當,易必抗言争之。繼弘粗褊,心不能容,嘗於席上,問國家西面用兵事。易曰:"或説尚洪遷力戰傷重,蓋性太剛故也。"繼弘正色曰:"洪遷傷重,合有邸報,子安得此言?搖惑群情。"遽繫之於獄。奏易訛言惑衆,殺之以聞。制,曹州人,繼弘事有非理,與張易協力極言之。繼弘嘗乘醉攘臂,毆於床下。至是,因殺易,乃誣奏制與易同出訛言,而削其官,牒而逐之。後因郭謹代繼弘,又令害制焉。衆冤之。漢法深刻,蕃方奏刑殺,不問端倪,即順其情。故當時從事,鮮賓客之禮,重足一迹,而事之不暇。

(宋)王欽若等編纂:《册府元龜》卷四四九《將帥部》

周王繼弘,在晉爲奉國指揮使。虜陷中原,從虜主至相州,遂令以本軍戍守。虜主留高唐英爲相州節度使,唐英善待繼弘,每候其第,則升堂拜繼弘之母,贈遺甚厚,倚若戚親。又給與兵仗,略無猜忌。會虜主死,漢祖赴洛,唐英遣使歸漢。漢祖大悦,將厚待唐英。使未回,繼弘與指揮使樊暉等共殺唐英,繼弘自稱留後,令判官張易奉表於漢祖。人或責以見利忘義,繼弘曰:"吾儕小人也,若不因利乘便,以求富貴,畢世已來,未可得志也。"及漢祖討杜重威,至德清軍,繼弘來朝,乃授節旄。

(宋)王欽若等編纂:《册府元龜》卷九四三《總録部》

周王繼弘,爲河陽節度使。繼弘,冀州南宮人,少勇悍無賴,爲盜,攻剽閭里。

(宋)王欽若等編纂:《册府元龜》卷九三〇《總録部》

李彦頵,顯德中爲延州兵馬留後。到鎮,頗以殖貨爲意,窺圖贜利,侵漁蕃漢部人,群情大擾。

(宋)王欽若等編纂:《册府元龜》卷四五五《將帥部》

周安審信歷許、兗二鎮,所至以聚斂爲務,民甚苦之。

(宋)王欽若等編纂:《册府元龜》卷七〇〇《牧守部》

周安懷,盛沙陀三部落之種也,事太祖,以驍勇聞。

(宋)王欽若等編纂:《册府元龜》卷八四七《總録部》

周趙應爲韋城鎮將。廣順三年五月,開封府上言,應與僧智欽、鎮氏陳光濟二十人同謀,發冢掘井,妄稱羅漢聖小,誑惑閭閻,希求財物,逐人勘責,並招妖妄,其錢各入己,分張藏匿。敕趙應、智欽、陳光濟三人處死,連坐郭延貴等十七人,並決杖配蔡河務收管。

(宋)王欽若等編纂:《冊府元龜》卷九二二《總錄部》

李筠,并州太原人也。善騎射,後唐秦王從榮判六軍諸衛,募男士以爲爪牙,筠得隸麾下。從榮難作,筠遁去。清泰初,爲内殿直遷指揮使。晉開運末,契丹犯京師,趙延壽爲敵將,聞其勇召置帳下。及契丹主北歸,攻解里於邢洺,筠請馮道領節度,道曰:“予主奏事而已,留後事當議功臣爲之。”以諸將之甲者爲留後,送款於漢高祖,嘉之,授博州刺史。周太祖鎮大名,以爲先鋒使。太祖入汴,與慕容彦超戰於留子陂,敗之。廣順初,拜義成軍節度使,歷鎮彰德、昭義。顯德初,加同平章事,屢破太原之師,以功加侍中。筠在鎮自擅征賦,頗召集亡命,嘗以私忿囚監軍使。世宗下詔切責之。

(宋)王稱:《東都事略》卷二二

昭義節度使、兼中書令太原李筠,筠,初見天福十二年七月。在鎮逾八年,恃勇專恣,招集亡命,陰爲跋扈之計。周世宗每優容之。及上遣使諭以受禪,筠即欲拒命,左右爲陳曆數,乃傀俛下拜。既延使者升階,置酒張樂,遽索周祖畫像置廳壁,涕泣不已。賓佐惶駭,告使者曰:“令公被酒,失其常性,幸毋怪也。”北漢主知筠有異志,潛以蠟書誘筠,筠雖具奏,而反謀已決,筠長子守節涕泣切諫,筠不聽。

上手詔慰撫,因除守節爲皇城使。筠遂遣守節入朝,且伺朝廷動靜,上迎謂曰:“太子,汝何故來?”守節矍然,以頭擊地曰:“陛下何言!此必有讒人間臣父也。”上曰:“吾亦聞汝數諫,老賊不汝聽,不復顧借,故遣汝來,欲吾殺汝耳。盍歸語而父,我未爲天子時,任汝自爲之,我既爲天子,汝獨不能小讓我耶?”守節馳歸,具以告筠,筠謀反愈急。癸未,執監軍亳州防禦使周光遜、閤厩使李廷玉,遣其教練使劉繼冲及判官孫孚筠誅，孚以效順故，授屯田郎中，不知何許人。送於北漢，納款求援。光遜，德威之子；德威，初見光化元年。廷玉，嗣昭之孫，嗣昭，初見乾寧四年。皆有舊第在晉陽，北漢主俱釋之，厚賜遣還第。筠又遣兵襲澤州，殺刺史張福，據其城。

從事閭邱仲卿説筠曰：“公孤軍舉事，其勢甚危，雖倚河東之援，恐亦不得其力。大梁兵甲精鋭，難與爭鋒。不如西下太行，直抵懷、孟、塞虎牢，據洛邑，東向而爭天下，計之上也。”筠曰：“吾周朝宿將，與世宗義同昆弟，禁衛皆吾舊人，必將倒戈來歸。况吾有儋珪槍、撥汗馬，何憂天下哉。”儋珪，筠愛將，善用槍。撥汗，筠所畜駿馬也。

（宋）李燾：《續資治通鑒長編》卷一，太祖建隆元年（960）

李筠在鎮，擅其征賦，頗招集亡命。嘗以私忿囚監軍使，世宗不能堪，但下詔責讓而已。

（宋）李攸：《宋朝事實》卷一七

周申師厚少爲兗州牙將，與王峻相善。洎太祖登極，師厚以峻爲樞密使兼輔相，每旭旦於峻馬首望塵而拜，訴羈旅，乞任使。久之，偶西涼請帥，太祖詔宰臣擬議，訪諸率府率、供奉官之間，竟無願者，峻遂以師厚奏之。太祖曰：“西涼陷在西戎，不欲强之，冀從人所欲。”峻問師厚曰：“爾領一節制可否？”師厚駭愕之，亦不之信。峻以其事諭之，師厚欣然求往。翊日，制下，不宣於朝，遽得環衛之任，俾鎮西涼，錫賚繒帛、駝馬、旌節以遣之。

（宋）王欽若等編纂：《册府元龜》卷九五五《總録部》

西涼州也。自唐末陷河西之地，雖爲吐蕃所隔，然其地亦自置牧守，或請命於中朝。天成中，權知西涼府留後孫超遣大將拓跋承謙來貢。明宗召見承謙，云涼州者東距靈武千里，西北至甘州五百里，舊有鄆人二千五百爲戍兵。及黄巢之亂，遂爲阻絶。超及城中漢户百餘,皆戍兵之子孫也。其城今方幅數里,中有縣令、判官、都押衙、都知兵馬使,衣服、言語略如漢人。即授超涼州刺史,充河西軍節度留後。乾祐初,超卒,州人推其土人折逋嘉施權知留後,遣使來貢,即以嘉施代超爲留後。涼州郭外數十里,尚有漢民陷没者耕作,餘皆吐蕃。其州帥失情,則衆皆嘯聚。城內有七級木浮圖,其帥急登之,紿其衆曰:“爾若迫我,我即自焚於此矣。”衆惜浮圖,乃盟而舍之。周廣順二年,始以申師厚爲河西節度使。師厚初至涼州,奏請授吐蕃首領折逋支等官,並從之。顯德中,師後[厚]爲其所迫,擅還朝廷,貶,涼州亦不復命師[帥]。今即吐蕃之別種也。

(清)徐松輯:《宋會要輯稿》方域二一之一四

五代之際,有孫超者,一嘗遣人入貢,唐明宗以爲河西軍留後。超死,州人推其土人折蒲嘉施繼爲留後。至周太祖,始命申師厚爲河西節度使。顯德中,師厚不能撫有其衆,逃歸,涼州自是不復命帥。

(宋)王稱:《東都事略》卷一二九

五代之際,有曲承美者,以土豪專有其地。劉龑遣將伐而執之,並其地。後有楊延藝受劉氏爵命,延藝爲其牙將皎公羨所殺。延藝故將吳權攻交州,殺公羨,遂居其地。權死,子昌岌立,昌岌死,其弟昌濬立,昌濬死,牙將争立,境內大亂。初,楊延藝以牙將丁公著攝歡州刺史,部領即其子也,公著死,部領繼之。部領與其子璉,率兵平境內,部民推以爲帥,號曰大勝王,以其子璉爲節度使。凡三年,璉襲父任。太祖既下嶺南,璉遣使內附,授靜海軍節度使、安南都護。

(宋)王稱:《東都事略》卷一三〇

周張建武爲寶州刺史。廣順三年十月,責授左司御率府副率,制曰:“頃以野雞蕃族,猋賊邊陲。俾爾率領兵師,於彼進討,殺牛族執戶,素不陸梁,而無故侵擾,致其鬥敵。彼戎既然殺戮,去者寧不夷傷？俾將士罷殄,職爾之罪。授之散秩,猶爲寬恩。爾當再三深自咎責,可行左司禦率府副率。"

(宋)王欽若等編纂:《冊府元龜》卷四四六《將帥部》

薛懷讓,其先戎人,徙居太原。少勇敢,喜戰。後莊宗在鎮陽,隸帳下,累歷軍職。明宗時改神武右廂都校、領獎州刺史。歷官至周恭帝即位,封杞國公。太祖開寶四年,改鎮鄜州。太宗即位,進封衛國公。

(清)徐松輯:《宋會要輯稿》儀制一〇之一〇

劉重進,幽州人,本名晏僧。梁末隸軍籍,晉初爲西頭供奉。周廣順初,從征兗州。未幾,封薛國公。至世宗時,以功授武勝軍節度。淮南平,改鎮邠州。世宗北征,爲先鋒都指揮使。恭帝即位,加開府。宋初,進封燕國公。

(清)徐松輯:《宋會要輯稿》儀制一〇之一〇

太祖建隆元年七月二十七日,河陽三城節度使、贈太子太師趙晁再贈侍中。晁周初與宣祖分掌禁兵,有宗盟之分,太祖常優禮之,故再加贈典。

(清)徐松輯:《宋會要輯稿》選舉一二之一五

曹彬,字國華,真定靈壽人也。父芸,成德軍兵馬使。彬始生周歲日,父母以百玩之具羅於席,觀其所取,彬左手持干戈,右手取俎豆,斯須取一印,他無所視,人皆異之。既長,氣質淳厚,漢乾祐中,爲成德牙將。周太祖貴妃張氏,彬之從母也。彬歸京師,得隸世宗帳下,補供奉官,累遷西上閤門使。出使吳越,訖事即行,不受私覿,吳越人以輕舟追遺之,至於數四,彬猶不受,既而曰:"吾或終拒之,是近名也。"遂受而歸,盡輸內帑。世宗彊還之,欲辭不獲,悉以分親舊,而一介不取。遷引進使。

（宋）王稱：《東都事略》卷二七

太祖事世宗於澶州，曹彬爲世宗親吏，掌茶酒，太祖嘗從之求酒，彬曰："此官酒，不敢相與。"自沽酒以飲太祖。及即位，常語及世宗舊吏，曰："不欺其主者，獨曹彬耳。"由是委以腹心，使監征蜀之軍。

（宋）司馬光：《涑水記聞》卷一

王師既平蜀，詔昶赴闕。曹武肅王密奏曰："孟昶王蜀三十年，而蜀道千餘里，請族孟氏而赦其臣，以防變。"太祖批其後曰："你好雀兒腸肚。"

（宋）陳師道：《後山談叢》卷五

曹冀王彬遭會興運，勛效寝著。諸將平蜀，競掠財貨，彬獨不犯鰲忽，由是太祖益知之。性兢畏不伐，破僞唐回，入都城，令監門者但報自江南勾當公事回。及勛望日隆，名寵亦峻，愈謙下誠懼，以保祿位。每出鎮藩閫，卑躬待士。遇計臺巡視封部，雖朝籍省部位至下者，亦屏遠從者，端笏迓於路左。使者見之，無不愧恐。賓僚或有以過禮爲言，彬曰："上使此人來窺我爾。"其畏惕如此。子孫知義方者，亦能遵其家法。

（宋）田況：《儒林公議》卷上

曹彬攻金陵，垂克，忽稱疾不視事。諸將皆來問疾，彬曰："余之病非藥石所能愈，惟須諸公共發誠心，自誓以克城之日不妄殺一人，則自愈矣。"諸將許諾，共焚香爲誓。明日，稱愈。及克金陵，城中皆安堵如故。曹翰克江州，忿其久不下，屠戮無遺。彬之子孫貴盛，至今不絕；翰卒未三十年，子孫有乞匄於海上者矣。

（宋）司馬光：《涑水記聞》卷三

（曹）彬入金陵，李煜來見，彬給五百人，使爲之運宮中珍寶金帛，唯意所取，曰：“明日皆籍爲官物，不可復得矣。”時煜方以亡國憂憤，無意於蓄財，所取不多，故比諸降王獨貧。

（宋）司馬光：《涑水記聞》卷三

曹武惠王既下金陵，降後主，復遣還内，治行。潘公憂其死，不能生致也，止之。王曰：“吾適受降，見其臨渠，猶顧左右，扶而後過，必不然也。且彼有烈心，自當君臣同盡，必不生降，既降，亦必不死也。”

（宋）陳師道：《後山談叢》卷三

曹武惠彬下江南，副帥欲屠城，曹力止之，曰：“此已降，不可殺。”曹後夢一神人告之曰：“汝能全江南一城人，帝命賜汝城中人爲汝子孫。”故其後繁盛，今雖湮微，猶應出兩府。曹泳景游嘗語此。兩府其自期耶？輝家遠祖國初知江州，屬曹翰屠城之初，遺骸遍野。乃對廬山作萬人冢，仍自爲記。德既及於枯骨，或謂後嗣當有陰報。有相先墓者，言亦當出神仙。高叔祖諱字執禮，第四十五，治《易》甚精，早魁鄉薦，一旦舍去。傳道於徐神翁，自稱赤局先生，靈異不可具述。鄉人敬之，但曰周先生，家繪其像。神翁書贊云：“周四十五，衣破不補。土木形骸，神氣可取。”宣和詔，不起，錫守静處士之號。群從記其事迹甚詳，兹不具載。虜犯淮甸，亦知守静名，不犯其室。建炎末，尸解去。其隸仲大亦得道，有一皮篋無底，取錢常不竭。後隨先生羽化。

（宋）周輝：《清波別志》卷七

曹彬下江南城，李煜面縛，就彬請命。彬謂之曰：“國主可歸宮，厚有裝橐，以備歸朝。”煜深德之。諸將争言不可，蓋懼其或自引決爾。彬徐曰：“無畏。彼若能死，則豈復忍耻以見吾輩耶？”畢如其言，衆皆服其識量。

（宋）田况：《儒林公議》卷上

　　江南城破，曹彬見李國主，即放入宅，言令打叠金銀，京師桂玉難過。諸將皆言不可，恐別有事，彬曰：“此無英氣，不妨。”

（宋）龔鼎臣：《東原録》

　　曹翰，大名人也。少爲郡小吏，周太祖鎮鄴，奇之，以隷世宗帳下。世宗鎮澶淵，以爲牙校。及尹開封，翰猶在澶淵，聞太祖寢疾，不俟召見世宗，密言曰：“王爲冢嗣，不侍醫藥，何以副天下望。”世宗悟，入侍禁中，以府事命翰總決。世宗即位，補供奉官，稍遷樞密承旨。世宗征淮南，留鎧甲千數在正陽。既而，遣降卒八百來京師，翰遇之於道，懼其過正陽劫兵器叛，盡殺之。及見世宗，具言其事，世宗不悦，亦不之罪也。從征瓦橋，會班師。留翰知雄州，改德州刺史。

（宋）王稱：《東都事略》卷二八

　　曹翰，本隷世宗帳下，多計畫。世宗鎮澶州，因坐便廳視事，忽棟折，有大聲，左右皆走避，翰急抱世宗投階下，屋雖不陷，而世宗嘉其忠蓋。會世宗入爲開封尹，翰在鎮不從，聞周祖寢疾，翰不俟召而來，世宗責之，因屏左右曰：“主上寢疾，王爲冢嗣，何乃於外司決事，失天下之望哉？”世宗寤，即日入止禁中。後爲樞密承旨，世宗親征淮南，翰常往來京師，兵甲多留正陽。翰過正陽二十餘里，適見部送淮南降卒八百人北歸，翰慮其劫正陽庫兵爲亂，矯詔盡斬之，見世宗，具言其事，世宗不之罪。江南李氏稱藩，首遣翰奉使，翰驕傲自恣，飲酒無算，多出嫚言，江東君臣不任其耻，中主日日餉以食物珍果，並其器皿合匱，悉留之，既而純銀果合都盡，用棱合鈎物，皆却而不受。中主令近臣督課工人，晨夜煅金造器合。嘗召翰飲便殿，有水晶盤盞二副，絶奇妙，翰屢目之，酒罷，即以遺翰，翰辭曰：“此珍異之物，歸當以獻天子，而老父母見必取之，有所非便。”中主又加賜二副，即受。其所獲資貨直數十萬緡。

（宋）江少虞：《宋朝事實類苑》卷七四

曹翰事世宗，爲樞密承旨。性貪侈，常著錦韈金綫絲鞋，朝士有托無名子嘲之者，詩曰："不作錦衣裳，裁爲十指倉。千金包汗脚，慚愧絡絲娘。"

（宋）陶穀：《清異録》卷下

曹翰圍江州三年，城始陷，太宗嘉其盡節於所事，遣使諭翰："城下日，拒命之人盡赦之。"使人至獨木渡，大風數日，不可濟。及風定而濟，則翰已屠江州無遺類，適一日矣。唐吏部尚書張喜福奉使河北，逆韋之亂，有敕處斬，尋遣使人赦之。使人馬上昏睡，遲行一驛，比至已斬訖。與此相類，得非命歟？

（宋）佚名：《分門古今類事》卷一八

李景使大將胡則守江州，江南未下，曹翰以兵圍之三年，城堅不可破。一日，則怒一饔人鱠魚不精，欲殺之。其妻遽止之，曰："士卒守城多年矣，尸骨滿地，奈何以一食殺士卒耶！"則乃舍之。比夜，卒縋城走投曹翰，具言城之虛實。先是城西南倚險，素不設備，卒乃引王師自西南攻之。是夜，城陷，胡則一門無遺類。二人者，其爲德一也，何其報效之不同哉！

（宋）彭乘：《墨客揮犀》卷一

《江州冢記》其略曰：開寶乙亥歲，問罪於李煜，曰："朕司億兆，許卿不殺，而弗信乎。"煜弗之悟。繇是流矢蝟集其宮，擒煜於蠹下。江州蟻聚，詬罵王師先鋒，曹翰竟屠其城，橫死三萬七千餘。明年丁丑，皇帝嗣位。太平興國之二載，太子中允臣周敬述銜命察俗，又獲遺骸一萬七千，窆於廣陽門外。本朝以仁立國，未嘗妄殺，獨曹翰一軍輕肆其鋒。彬有賢嗣，而翰無後，天道昭然矣。

（宋）謝采伯：《密齋筆記》卷一

皇考宣祖皇帝，少驍勇，善騎射，而雅好儒素。起家事趙王王鎔，時梁晉争天下，晉求援於鎔，鎔命宣祖以五百騎赴之，莊宗嘉其勇敢，因留之，命掌禁軍，爲飛捷指揮使。自同光至開運，逾二十年不遷，而宣祖亦未嘗以介意。漢乾祐中，王景崇以鳳翔叛，宣祖與征討，御之於寶雞，敗之，殺獲萬計。是役也，宣祖身先士卒，面中流矢，勇氣彌厲，以功遷護聖都指揮使。仕周，累遷龍捷左厢都指揮使、岳州團練使。世宗征淮東，宣祖爲前軍副都指揮使，領兵先入維揚，禁止侵暴，民情大悦，世宗嘉之。未幾以疾歸。與太祖會於壽春。歸及中途而崩，贈武清軍節度使。

（宋）王稱：《東都事略》卷一

宣祖微時，道出杜家莊，避雪門外。莊丁見狀貌英偉，延款飲食。久之，主人愛其勤謹，贅爲第四女婿，遂生太祖、太宗。莊前舊有洼，名雙龍潭，至是乃驗。

周勛初主編：《宋人軼事彙編》卷一

初兵紛時，太祖之母，挑太祖、太宗於籃以避亂。陳摶遇之，即吟曰：“莫道當今無天子，都將天子上擔挑。”

周勛初主編：《宋人軼事彙編》卷一

漢乾祐中，王景崇據鳳翔叛，朝廷命趙元暉、樂元福領軍進討。時宣祖預其行，會蜀寇來擾邊，宣祖率所部御之於寶雞，擁兵大戰，殺獲萬計。是役也，我宣祖身先士卒，矢中左目，勇氣彌厲，以功遷護聖都指揮使。周有天下，累功轉左厢都指揮使。世宗征河東，爲地道穴其城，命我宣祖監總其事。世宗征淮甸，以宣祖爲前軍副都指揮使，領所部兵先入淮陽，安民禁暴，吳人悦之。時諸將皆争子女玉帛，而宣祖但使人購書籍，得三千餘卷。先是我太宗，年甫志學，耽玩經史，宣祖嘗謂曰：“惟文與武，立身之本也，爾其勉之。”盡以所獲書付焉。時宣祖揚州駐軍數月，屬兵捍寇，聲振敵境，世宗嘉之。未幾，以疾歸,欲與太宗會於壽春,後至京師。薨,贈太尉焉。太祖皇帝,乃宣祖第二子也。

(宋)謝維新:《古今合璧事類備要》續集卷七

太祖,宣祖之次子。後唐天成二年丁亥二月十六日,生於洛陽大內夾馬營。是時有神光滿室,照耀人影,異香馥郁,經宿不散。

(宋)謝維新:《古今合璧事類備要》後集卷一

(太祖)以後唐天成二年二月十六日,生於洛陽夾馬營。母昭憲皇后,嘗夢日入懷而娠,生之夕,光照室中,胞衣如菡萏,體被金色,三日不變。幼受學於鄉先生辛文悦,每歸必令群兒前道,路人往往避之。及長,天姿雄偉,性沉厚,有大度,嘗游復州乾王彥超,不爲所禮,去依隨州董宗本,郁郁不得志,又舍去。乃從周太祖於鄴,廣順初,補東西班行首,出爲滑州興順副指揮使。未行,會世宗自澶州入爲開封尹,以太祖爲馬直軍使。顯德元年,世宗命太祖掌衛兵。太原劉崇寇澤潞,世宗親征,陳於高平,大將樊愛能、何徽,未戰而遁。世宗躬自督戰,太祖謂麾下曰:"主危如此,是吾致命之秋也。"即大呼躍馬,徑犯其鋒,萬衆披靡,崇大潰。世宗以太祖爲殿前都虞候、領嚴州刺史、加永州防禦使。

世宗懲樊愛能、何徽之敗,欲以兵力威天下。命太祖訓練,武藝超絶者分隷殿前諸軍,自是禁衛盛矣。二年,世宗命王景、向訓攻秦鳳,師久無功,然以餽運不繼,欲罷兵,意未能決。遣太祖視其形勢,使回,具言秦鳳可攻之狀,未幾悉平。三年,世宗征淮,以太祖領親騎翼從,敗淮人於渦口。唐將皇甫暉、姚鳳率衆十五萬,塞清流關,太祖擊走之。暉退保滁州,斷橋自守,太祖追至城下。暉曰:"人各爲其主,願成列以決勝負。"太祖笑而許之。暉整陣以出,太祖擁馬項直入,左右馳突,大呼曰:"吾止取皇甫暉,他人非吾敵也。"手劍擊暉,生獲之,並擒姚鳳,遂下滁州。後數日,宣祖率兵,夜半至城下,傳呼開門,太祖曰:"父子雖至親,城門王事也,須明,乃敢奉命。"至明,乃入。

又破江南兵於六合,斬首五千級。時韓令坤爲招討使,平揚州,唐主
遣陸孟俊據蜀岡,以逼其城。令坤潛議退師,太祖下令曰:"揚州兵敢
有過六合者,吾當折其足。"令坤懼,始有固守之志。太祖率兵擊之,
孟俊遁,爲追兵所殺。又破其齊王景達兵於六合,斬首萬級。是役
也,軍士有不用命者,太祖奮劍斫其皮笠,陽爲督戰以識之。明日,索
得數十人,斬以徇,於是皆死戰。宣祖崩,起復拜定國軍節度使、殿前
都指揮使。四年,世宗復征淮,至壽州,命太祖率殿前諸兵擊紫金山
連珠砦,拔之,遂下壽州。世宗還京師,以太祖領義成軍節度使。是
歲,世宗征濠泗,以太祖爲前鋒。周師以敵人壁於十八里灘,不能過
淮,世宗患之。太祖躍馬以濟,遂破其砦,乘勝攻泗州,焚郭門,奪月
城,世宗親率精騎,與太祖夾淮東下,師及山陽東,太祖擒其保大軍節
度使陳承昭以獻,遂拔楚州。又破淮人於鑾江口,太祖抵南岸,焚其
營柵,破之於瓜步,淮南平。唐主畏太祖威名,用間於世宗,遣使遺太
祖書,以白金三千兩爲餽,太祖悉輸之内府,由是間乃不行。五年,改
忠武軍節度使。六年,世宗北征,以太祖將水陸之師。至瓦橋關,
降其守將姚内斌。契丹將高模翰率數萬騎來援,陳於關城之北,太
祖將百餘騎禦之,虜不敢動,遂引去,關南平。世宗不豫,還京師,
以太祖爲殿前都點檢。世宗崩,恭帝嗣位,改鎮歸德。七年春正月
辛丑朔,鎮定馳驛,上言太原劉承鈞結契丹入寇,乃命太祖統大軍
北伐。癸卯,出師,遣宣徽使昝居潤餞於郊。時京師多飛語云:"策
點檢爲天子。"次陳橋驛,軍中共議推戴。戊夜,軍士聚於驛門,俄
而列校畢集,曰:"我輩出萬死,冒白刃,爲國家破敵,天子幼,不如
先策點檢爲天子,然後北伐。"於時,太祖以飲餞宣勸,至醉臥閣中,
不之省。遲明,軍士控弦露刃,直扣寢門,相與扶太祖出聽事,被以
黃袍,諸校列拜曰:"諸軍無主,願策點檢爲天子。"傳呼萬歲,聲聞
數十里。太祖叱之不退,即共擁太祖就馬南歸,太祖乃勒騎謂將校
曰:"吾受命北征,爲汝輩推戴,吾有號令,汝能稟乎?"皆曰:"唯
命!"太祖曰:"太后、主上,吾北面事之;朝廷大臣,吾之比肩也。汝
等不得驚犯宮闈,侵陵朝貴。近世帝王,初舉兵入京城,皆縱兵夯

市,汝等不得夯市及犯府庫。從吾令,當厚賚汝,違吾令,則連營孥戮。"諸校再拜稟令。

(宋)王稱:《東都事略》卷一

祖宗居潛日,與趙韓王游長安市。時陳摶乘一衛遇之,下驢大笑,巾簪幾墜。左手握太祖,右手挽太宗:"可相從市飲乎?"祖宗曰:"與趙學究三人並游,可當同之。"陳睥睨韓王甚久,徐曰:"也得,也得,非渠不得預此席。"既入酒舍,韓王足疲,偶坐席左,陳怒曰:"紫微帝垣一小星,輒據上次,不可!"斥之使居席右。

(宋)文瑩:《續湘山野録》

祖宗潛耀日,嘗與一道士游於關河,無定姓名,自曰"混沌",或又曰"真無"。每有乏則揮囊,金輒出,三人者每劇飲爛醉,生善歌步虛爲戲,能引其喉於杳冥間,清微之聲時或一二句,隨天風飄下,惟祖宗聞之,曰:"金猴虎頭四,真龍得其位。"至醒,詰之,則曰醉夢語,豈足憑也。至膺圖受録之日,乃庚申正月初四也。御極後不再見,下詔草澤遍訪之,或見於輾轅道上,或嵩洛間。後十六載,乃開寶乙亥歲也。上巳祓禊,上幸西洛,生坐於岸木陰下,笑揖太祖曰:"別來喜安。"上大喜,亟遣内侍密引至後掖,恐其遁,急回蹕見之,一如平時,抵掌浩飲。上謂生曰:"我久欲見汝決一事,無他,我壽還得幾年住?"生曰:"但今年十月二十日夜晴,則可延一紀,不爾,則當速措置。"上酷留之,俾泊後苑,苑吏或見其宿於木末鳥巢,居數日不見。帝切記其語,至所期之夕,上御太清湖以望氣,是夕果晴,星斗明燦,上心方喜。俄而陰霾四起,天地陡變,雪雹驟降。移仗下閣,急傳宮鑰,開端門,召開封王,即太宗也。延入大寢,酌酒對飲,宦官宮妾悉屏之。但遥見燭影下,太宗時或避席,有不勝之狀。飲訖,禁漏三鼓,殿雪已數寸。帝引柱斧戳雪,顧太宗曰:"好做好做。"遂解帶就寢,鼻息如雷霆。是夕太宗留宿禁内。將五鼓,周廬者寂無所聞,帝已崩矣。太宗受遺詔,於樞前即位。逮曉,引近臣環玉扆,以瞻聖體,玉色温瑩，如出湯沐。

周勛初主編：《宋人軼事彙編》卷一

太祖微時，嘗被酒入南京高辛廟，香案上有竹栌笅，因取以占己之名位。俗以一俛一仰爲聖笅，自小校以上至節度皆不應，忽曰："過此，則爲天子乎？"一擲而得聖笅。晏元獻爲留守，題詩曰："庚庚大橫兆，馨欬如有聞。"蓋紀實也。

周勛初主編：《宋人軼事彙編》卷一

太祖微時，游渭川潘原縣，過涇州長武鎮寺，僧守嚴者異其骨相，陰使人圖於寺壁，青巾褐裘，天人之相也。今易以冠服矣。自長武至鳳翔，節度使王彥超不留，復入洛，枕長壽寺大佛殿西南角柱礎晝寢。有藏經院主僧見赤蛇出入帝鼻，異之。帝寤，僧問所向，曰："欲見柴太尉於澶州，無以爲貨。"僧曰："某有一驢子可乘。"又以錢幣爲獻，帝遂行。

周勛初主編：《宋人軼事彙編》卷一

太祖微時，往鳳翔謁節度使王彥超，得錢數千，遂過原州，卧於日間，而樹陰覆之不移，至今猶存，謂之龍泉木。至潘原縣，與市人博，大勝。邑人欺其客也，毆而奪之。及即位，欲遷發此縣，故潘原諱賴以爲恥云。

周勛初主編：《宋人軼事彙編》卷一

太祖微時，游鳳翔，從王彥超，彥超遺十千遣之。後即位，徵藩侯入覲，苑內縱酒爲樂，諸帥競論疇昔功，惟彥超獨言久忝藩寄，無功可紀，願納節入宿衛。上喜曰："前朝異世事，安足論，彥超言是也。"後從容問彥超曰："卿當日不留我，何也？"對曰："蹄涔之水，安可以延神龍？萬一留止，豈有今日之事。"上益喜曰："復遣卿還鎮以爲報。"

周勛初主編：《宋人軼事彙編》卷一

太祖曰:周世宗征淮南,太祖總軍政,然分部之制稟於世宗。時宣祖不豫,是役,當淮將皇甫暉之敵也。宣祖憚之,密請移軍。上告以世宗之命,遂止。上翌日銜戚奪志,以圖報效,挺身死戰。血濡袖,既而擒暉。淮南平,上功居第一,王業肇於是矣。向若苟私循軍移,世宗有命,則得禍無類,又安能建不拔之基,以延祀於萬世者乎!

(宋)王琪:《國老談苑》卷一

太祖提周師甚寡,當李景十五萬衆,陣於清流山下,士卒恐懼,太祖令曰:"明日午,當破敵。"人心遂安。翌日正午,太祖果臨陣親斬僞驍將皇甫暉,以覆其衆。是時,環滁僧寺皆鳴鐘而應之。既平,鳴鐘因爲定制。趙時進《滁州午鐘記》。

(宋)王琪:《國老談苑》卷一

藝祖初自陳橋推戴入城,周恭帝即衣白襴,乘轎子出居天清寺。天清,世宗節名,而寺其功德院也。藝祖與諸將同入內,六宮迎拜。有二小兒丱角者,宮人抱之亦拜。詢之,乃世宗二子,紀王、蘄王也。顧諸將曰:"此復何待?"左右即提去,惟潘美在後以手掐殿柱,低頭不語。藝祖云:"汝以爲不可耶?"美對曰:"臣豈敢以爲不可,但於理未安。"藝祖即命追還,以其一人賜美。美即收之以爲子,而藝祖後亦不復問。其後名惟正者是也。每供三代,惟以美爲父,而不及其他。故獨此房不與美子孫連名。名夙者,乃其後也。夙爲文官,子孫亦然。夙有才,爲名帥,其英明有自云。

(宋)王銍:《默記》卷上

太祖皇帝潛龍時,雖屢以善兵著奇功,而天性不好殺,故受命之後,其取江南也,戒曹秦王、潘鄭王曰:"江南本無罪,但以朕欲大一統,容他不得,卿等至彼,慎勿殺人。"曹、潘兵臨城,久之不下,乃草奏曰:"兵久無功,不殺無以立威。"太祖覽之,赫然批還其奏曰:"朕寧不得江南,不可輒殺人也。"逮批詔到,而城已破。契勘城破,乃批奏狀之日也。

（宋）司馬光：《涑水記聞》輯佚

太祖初命曹武惠彬討江南，潘美副之。將行，賜宴於講武殿，酒三行，彬等起跪於榻前，乞面授處分。上懷中出一實封文字，付彬曰：「處分在其間，自潘美以下有罪，但開此竟斬之，不必奏稟。」二臣股栗而退。迄江南平，無一犯律者。比還，復賜宴講武殿，酒再行，二臣起跪於榻前，奏臣等幸無敗事，昨面授文字不敢藏諸家，即納於上前。上徐自發封示之，乃白紙一張也。上神武機權如此，初特以是申軍令耳。使果犯而發封，見爲空紙，則必入覆請，亦不至於專戮矣。

（清）潘永因：《宋稗類鈔》卷一

太祖皇帝龍潛時，雖屢以善兵立奇功，而天性不好殺，故受命之後，其取江南也，戒曹秦王、潘鄭王曰：「江南本無罪，但以朕欲大一統，容他不得，卿等至彼，慎勿殺人。」曹潘兵臨城，久之不下，乃草奏曰：「兵久無功，不殺無以立威。」太祖覽之，赫然批還其奏曰：「朕寧不得江南，不可輒殺人也。」逮批詔到，而城已破。契勘城破，乃批奏狀之日也。天人相感之理，不亦異哉。其後革輅至太原，亦徇於師曰：「朕今取河東，誓不殺一人！」大哉，仁乎！自古應天命，一四海之君，未嘗有是言也。

（宋）朱弁：《曲洧舊聞》卷一

太祖天表神偉，紫□而豐頤，見者不敢正視。李煜據江南，有寫御容至者，煜見之，日益憂懼，知真人之在御也。

周勛初主編：《宋人軼事彙編》卷一

太祖皇帝初入宮，見宮嬪抱一小兒，問之曰：「世宗子也。」時范質與趙普、潘美等侍側，太祖顧問，普等曰：「去之。」潘美與一帥，在後不語。太祖召問之。美不敢答。太祖曰：「即人之位，殺人之子，朕不忍爲也。”美曰：“臣與陛下北面事世宗，勸陛下殺之，即負世宗；勸陛下不殺，則陛下必致疑。”太祖曰：“與爾爲侄。世宗子不可爲爾子也。”美遂持歸。其後，太祖亦不問，美亦不復言。後終刺史，名惟吉，潘夙之祖也。美本無兄弟，其後惟吉歷任供三代。止云以美爲父，而不言祖。余得之於其家人。

（宋）王鞏：《隨手雜録》

太祖常密遣人於軍中伺察外事，趙普極言不可。上曰：“世宗朝嘗如此。”普曰：“世宗雖如此，豈能察陛下耶？”上默然，遂止。

（宋）田況：《儒林公議》卷上

太祖即位後，遣王全斌、劉民裕先鋒自大散關入蜀，劉自夔峽路，而水陸齊攻，曹彬爲都監，沈義倫爲行營判官，收復西蜀。無何，全斌殺降兵三千人，是時曹不從，但收其文案，不署字。王、曹、沈等回，太祖傳宣送中書取勘。左右曰：“方克復西蜀回，雖殺降兵，亦不可便案劾，今後陛下如何用人？”太祖曰：“不然，河東、江南皆未歸服，若不勘劾，恐今復委任者，轉亂殺人，但且令勘劾消勘。”案成，宣令後殿見責，問曰：“如何敢亂殺人？”……

（宋）江少虞：《宋朝事實類苑》卷一

王全斌伐蜀之歲，是時大寒，太祖著帽絮被裘，御講武殿氈帳曰：“此中寒尚不能御，況伐蜀將士乎？”即脫所服裘帽，遣使持賜全斌。其伐江南也，曹彬、李漢瓊、田欽祚入辭，以匣劍授彬曰：“副將而下，不用命，斬之。”漢瓊等皆股栗畏懾，此所以見御將之恩威，皆出於一。

（宋）江少虞：《宋朝事實類苑》卷一

太祖征河東，圍太原，久之不拔。宿衛之士皆自奮，告曰：“蕞爾小城而久不拔者，士不致力故也。臣等請自往力攻，必取之。”上止之曰：“吾蒐簡訓練汝曹，比至於成，心盡力竭矣。汝曹天下精兵之髓，而吾之股肱爪牙也，吾寧不得太原，豈可縻滅汝曹於此城之下哉?"遂引兵而還。軍士聞之，無不感激，往往有出涕者。

(宋)江少虞:《宋朝事實類苑》卷一

太祖聖性至仁，雖用兵，亦戒殺戮。親征太原，道經潞州麻衣和尚院，躬禱於佛前曰："此行止以吊伐爲意，誓不殺一人。"開寶中，遣將平金陵，親召曹彬、潘美戒之曰："城陷之日，慎無殺戮。設若困鬥，則李煜一門，不可加害。"故彬於江南，得王師吊伐之體，由聖訓丁寧也。

(宋)江少虞:《宋朝事實類苑》卷一

周廣者，開寶中爲內外馬步軍都頭，親近，好言外事。一日白太祖曰："朝廷遣使吳越，錢俶南面坐，傍設使者位。俶雖貴極人臣，況尊無二上，而奉命者，不能正其名，此大辱國。"太祖曰："汝頗能折之否?"廣曰："臣請行。"俶生辰，即遣廣爲使。俶猶襲故態，廣曰："比肩事主，不敢就席。"俶遂移床西向，正賓主之禮。復命，廣氣甚驕，將希寵賞。太祖曰："汝蓋倚朝廷威勢，不然者，俶何有於汝哉?"廣大慚。其御下之英略如此。

(宋)江少虞:《宋朝事實類苑》卷一

或勸太祖誅降王，久則變生，太祖笑曰："守千里之國，戰十萬之師，而爲我擒，孤身遠客，能爲變乎?"

(宋)陳師道:《後山談叢》卷三

太宗嘗爲手詔，戒陳王元僖等，曰："朕周顯德中，年十六時，江淮未賓，從昭武皇帝南征戰，軍屯揚、泰等州，數與交戰。朕雖年少，擐甲冑，習弓馬，屢與賊軍交鋒，應弦而踣者甚眾，行伍皆見。太祖駐兵六合，得知其事，拊髀大喜。十八，從周世宗及太祖下瓦橋關、瀛、莫等州，亦在行陣。泊太祖即位，親討李筠、李重進，朕留守帝京，鎮撫都城,上下如一……"

(宋)李攸:《宋朝事實》卷三

太祖即位後,車駕初出,過大溪橋,飛矢射黃傘,禁衛驚駭。帝披其胸,笑曰:"教射教射。"既還內,左右力請捕賊,帝不聽,久之,亦無事。

周勛初主編:《宋人軼事彙編》卷一

太祖即位,方鎮多偃蹇,所謂十兄弟者是也。上一日召諸方鎮,授以弓劍,人馳一騎,與上私出固子門大林內,下馬酌酒。上語方鎮曰:"此處無人,爾輩要作官家者,可殺我而爲之。"方鎮伏地戰慄。上再三諭之,伏地不敢對。上曰:"爾輩既欲我爲天下主,爾輩當盡臣節,今後無復偃蹇。"方鎮再拜呼萬歲。

周勛初主編:《宋人軼事彙編》卷一

藝祖始受命,陰計釋氏何神靈而患苦天下,今我抑嘗之,不然,廢其教也。日且暮,微行入大相國寺,將昏黑。俄至一小院,則望見一髡大醉吐穢於道。藝祖陰怒,忽爲醉僧攔胸腹抱定,曰:"莫發惡心。且夜矣,懼有人害汝,汝宜歸也。"藝祖心動,默以手加額而加禮焉,髡乃舍之去。藝祖還,密召小當覘此髡在否,且以吐物狀來。及至,則已不見。小當爬取地下遺吐狼籍,至御前視之,悉御香也。釋氏得不廢。

周勛初主編:《宋人軼事彙編》卷一

(6) 其他

僞吳鄂帥王璵少爲小將,從軍圍潁州,夜夢道士告之曰:"旦有流星墮地,能避之,當至將相。"明日,衆軍攻城,城中矢石如雨。璵仗劍,倚柵木而督戰。俄有大石,正中其柵木及璵。鎧甲之半皆糜碎,而璵無傷,因嘆曰:"流星正爾耶。"由是自負,卒至大官。

(宋)李昉:《太平廣記》卷二七八《王璵》

　　劉存爲舒州刺史，辟儒生霍某爲團練判官，甚見信任。後爲左右
所譖，因構其罪，下獄，白使府請殺之。吳帥知其冤，使執送楊都，存
遂縊之於獄。既而存遷鄂州節度使，霍友人在舒州，夢霍素服自司命
祠中出，撫掌大笑曰：“吾已獲雪矣。”俄而存帥師征湖南，霍表兄馬
鄴，爲黄州刺史。有夜扣齊安城門者曰：“舒州霍判官將往軍前，馬
病，白使君借馬。”守陴者以告，鄴嘆曰：“劉公枉殺霍生，今此人往矣，
得無禍乎。”因畫馬數匹，焚之水際。數日存敗績，死之。

（宋）李昉：《太平廣記》卷一二四《劉存》

　　鍾山相李建勛，少好學，風調閒粹。徐温以女妻之，奩橐之外，復
賜田沐邑，歲入巨萬。雖極富盛，不喜華靡，屏斥世務，喜從方外之
游。遍覽經史，資稟純儒，故所以常居重地，寡斷不振。其爲詩，少猶
浮靡，晚年方造平淡。營別墅於蔣山，泉石佳勝。再罷相，逼疾求退，
以司徒致仕，賜號鍾山公。或謂曰：“公未老無疾，求此命，無乃復爲
九華先生耶？”九華即宋齊丘，常乞骸，屢矯國主。公曰：“余嘗笑宋公
輕以出處，敢違素心，吾必非壽考之物，勞生紛擾，耗真蠹魂，求數年
閒適爾。”嘗畜一玉磬，尺餘，以沈香節安柄，叩之，聲極清越，客有談
及猥俗之語者，則擊玉磬數聲於耳。客或問之，對曰：“聊代洗耳。”一
軒，榜曰“四友軒”。以琴爲嶧陽友，以磬爲泗濱友，南華經爲心友，湘
竹簟爲夢友。果遂閒曠五年而卒，江南之佳士也。

（宋）文瑩：《玉壺清話》卷一○

　　壽州節度使姚景，鍾離人。少賤，善事馬，郡刺史劉金收爲厩奴。
馬瘦瘠骨立者，景用唐刺史南卓養馬法飼秣爪翦，針烙啖燷，不數月，
盡良馬。金暇日因至厩中，值景熟寝，二赤蛇長不及尺，戲景面上，金
以杖叩脛，驚之，遽入其鼻。金因奇之，引爲親事，小心厚重，以女
妻之。積勞爲裨將，李先主昇重其爲人，使鎮壽州。景無他技能，
但廉畏有守。先是，屬郡苦於供億，刺史廳廡閒置一巨匱，俾吏投
銀於中，滿則易之，謂之“鎮廳匱”，任内三易之，習以爲常。景至，

則首命去之,取與有度,諸郡頗樂。後至使相,八十三卒於位。何必讀書乎?

(宋)文瑩:《玉壺清話》卷一〇

將帥
崔太初、王輿、姚景、祖重恩、李鎬。

(明)陶宗儀:《說郛》卷五八《江表志》

戊寅歲,吳師征越,敗於臨安。裨將劉宣傷重,臥於死人中。至夜,有官吏數人,持簿書至,遍閱死者。至宣,乃扶起視之曰:"此漢非是。"引出十餘步,置路左而去,明日賊退,宣乃得歸。宣肥白如瓠,初伏於地,越人割其尻肉,宣不敢動。後瘡愈,肉不復生,臀竟小偏,十餘年乃卒。

(宋)李昉:《太平廣記》卷三一四《劉宣》

將帥
馬先進、陳誨、魏昭、何洙、林仁肇、張漢卿、鄭彥華、丘仁謅、陸孟俊、王建封、祖重恩、馬存貴、鄭再誠、張彥卿、劉崇俊、張全約、時厚、武彥暉、成師朝、查文徽、許文縝、邊鎬、陳承昭、高弼。

(明)陶宗儀:《說郛》卷五八《江表志》

將帥
陳謙、陳得誠、孫彥祥、李彥虬、沙萬金、劉存忠、胡則、宋克明、高彥、林益、張粲、張遇、馬信仁、蔡振、穆堅、譚宗、張進勛、張仁照、李雄、吳翰、龔慎儀、羅延原、馬承俊、謝彥質、謝文節。

(明)陶宗儀:《說郛》卷五八《江表志》

邊和尚
五代南唐邊鎬節度湖南,政無紀綱,無日不設齋盛修佛事。潭人謂之"邊和尚"。

（明）陶宗儀：《説郛》卷三《實賓録》

邊羅漢

鼎州劉言叛，襲長沙，邊鎬弃城走。鎬柔懦，酷喜釋氏，爲將惟務全活，人號"邊羅漢"。後克潭州，至是弱而無斷，唯事齋施，人號"邊和尚"。

（宋）曾慥：《類説》卷一八《江南野録》

謝靈運托生爲邊鎬

江南邊鎬初生，其父忽夢謝靈運持刺來謁。自稱前永嘉守，修髯秀采，骨清神竦，所披衣巾，輕若烟霧。曰："欲托君爲父子。頃寄浙西飛來峰翻譯《金剛經》，有未合佛旨處，願生君家刊正。慎勿以葷羶啖我，七歲放我出家爲僧，以畢前經。"夢訖，鎬生，貌類夢中者，父愛之，小字康樂。成童聰敏，堅求出家，其父不允，以葷迫之。及冠，强爲娶。後嗣主愛其博雅，累用之。而柔懦寡斷，惟好釋氏。初從軍，平建州，惟務全活，人號"邊羅漢"。及充湘潭，號"邊菩薩"。及帥潭，政出多門，絶無威斷，楚人失望，人號"邊和尚"。

（宋）曾慥：《類説》卷五五《玉壺清話》

江南邊鎬初生，其父忽夢謝靈運持刺來謁，自稱前永嘉守，修髯秀采，骨清神竦，所被衣巾，輕若烟霧，曰："欲托君爲父子。頃寄浙西飛來峰翻譯《金剛經》，然其經流分，中有未合佛旨處，願寄君家刊正。無他祝，慎勿以葷羶啖我，及七歲放我出家爲真僧，以畢前經。"夢訖，鎬生。眉貌高古，類夢中者，父愛之。小字康樂，成童聰敏，攻文字盡若凤誦。堅求出家，其親不肯，以葷迫之，初不能食，後亦稍稍。及冠，翹秀變姻者衆，雙親强而娶焉。後嗣主愛其博雅，累用之，然而柔懦寡斷，惟好釋氏。初從軍平建州，凡所克捷，惟務全活，建人德之，號爲"邊羅漢"。及克湘潭，鎬爲統軍，諸將欲縱掠，獨鎬不允，軍入其城,巷不改市,潭人益喜之,謂之"邊菩薩"。及帥於潭,政出多門,絕無威斷,惟事僧佛,楚人失望,謂之"邊和尚"。

（宋）文瑩:《玉壺清話》卷二

江南邊鎬初生,父忽夢前永嘉守謝靈運來謁,願托君爲父子。鎬生貌類夢中者,小字康樂,及冠穎秀,嗣主累用之,平建州,克湘潭,號"邊羅漢"。

（宋）祝穆:《古今事文類聚》後集卷五

江南邊鎬克建州,凡所俘獲,皆全之,建人謂之"邊佛子";及克潭州,市不易肆,潭人謂之"邊菩薩"。既爲潭帥,政無綱紀,惟日設齋供盛修佛事。潭州人失望,謂之"邊和尚"矣。

（宋）孔平仲:《續世説》卷六

畫紅樓,王蜀先主所建,綵繪華侈。初,穎川人華洪,隨先主入蜀,賜姓王,名宗侃。至是造紅樓,城中相率來觀,曰"看畫紅樓"。先主以爲應華洪之讖,乃誅之。

（明）陳耀文:《天中記》卷一四

王蜀先主所建,綵繪華侈。初,穎川人華洪隨先主入蜀,賜姓王,名宗侃。至是造紅樓,城中相率來觀,曰"看畫紅樓"。先主以爲應華洪之讖,乃誅之。

（明）陳耀文:《天中記》卷一四

姜志,許昌人。自小亂離,失其父母。爾後仕蜀,至武信軍節度使。先是,厩中圉人姜春者,事之多年,頻罹鞭撲。一旦告老於國夫人,請免馬厩之役,而丐食於道路。夫人愍之,詰其鄉貫姻親,兼云有一子,隨軍入川,莫知存亡,其小字,身上記驗,一一述之,果志之父也。洎父子相認,悲號殞絕。志乃授父杖,俾答其背,以償昔日所誤之事。舉國嗟嘆之,此事川蜀皆知。

(五代)孫光憲:《北夢瑣言》卷二〇

　　五代蜀王宗滌爲將,好謀得衆,所向克捷,與王宗賀、宗恪相善,時稱"三驍將"。

(宋)馬永易:《實賓錄》卷一

　　五代蜀王宗阮,本姓文,名武。堅毅沉厚,好賓客,善撫士卒,能用闊劍,軍中號爲"文大劍"云。

(宋)馬永易:《實賓錄》卷一〇

　　僞蜀王宗裕,建之宗屬。善遁甲,從平東川,諸將争功,宗裕獨立於枯松下,未嘗自伐,人皆服其謙。謂漢有大樹將軍,號宗裕爲枯松太保。

(宋)馬永易:《實賓錄》卷一

　　五代蜀吕彦德,驍勇善騎射,常從王宗播、宗壽征討,冠牛革帽,被漆甲,跨烏馬,執斫刺刀刃,軍中目爲"薄地鴉"。

(宋)馬永易:《實賓錄》卷八

　　五代蜀吕彦德,驍勇善騎射,常從王宗播、宗儔征討,冠牛革帽,被漆甲,跨烏馬,執斫刺刀,軍中目爲"薄地鴉"。

(唐)白居易、(宋)孔傳:《白孔六帖》卷九四

　　周彦章,本姓王,以軍功爲金吾衛使。後主采選宮妓,王有女甚美,因命内人欲選入宮。王乃按劍曰:"某是先皇令與周氏作義男,本姓王,爲衆所聞也。豈有王氏女而事王氏乎?"因召左右小軍將無婦者,以女衣襟結之,便爲夫妻。爾後國變,王乃領兵於大安樓前,脅後主誅君側韓昭等,即其事也。

(五代)孫光憲:《北夢瑣言》卷二〇

王延政據建州，令大將章某守建州城，嘗遣部將刺事於軍前，後期當斬，惜其材，未有以處，歸語其妻。其妻連氏，有賢智，私使人謂部將曰：“汝法當死，急逃乃免。”與之銀數十兩，曰：“徑行，無顧家也。”部將得以潛去，投江南李主，以隸查文徽麾下。文徽攻延政，部將適主是役。城將陷，先喻城中：“能全連氏一門者，有重賞。”連氏使人謂之曰：“建民無罪，將軍幸赦之。妾夫婦罪當死，不敢圖生。若將軍不釋建民，妾願先百姓死，誓不獨生也。”詞氣感慨，發於至誠。不得已爲之戢兵而入，一城獲全。至今連氏爲建安大族，官至卿相者相踵，皆連氏之後也。又李景使大將胡則守江州，江南國下，曹翰以兵圍之三年，城堅不可破。一日，則怒一饔人鱠魚不精，欲殺之。其妻遽止之曰：“士卒守城累年矣。暴骨滿地，奈何以一食殺士卒耶？”則乃舍之。此卒夜縋城，走投曹翰，具言城中虛實。先是，城西南依險，素不設備。卒乃引王師自西南攻之。是夜城陷，胡則一門無遺類。二人者，其爲德一也，何其報效之不同邪？

（宋）沈括：《夢溪筆談》卷九

王延政據建州，令大將軍章某守建州城。嘗遣部將某刺事於軍前，後期當斬，惜其材，未有以處。歸語其妻。其妻連氏有賢智，使人謂部將曰：“汝法當死，急逃乃免。”與之銀數十兩，曰：“徑行，毋顧家也。”部將得以活，去投江南，居程以疑、查文徽麾下。文徽攻延政，部將爲主。是夜，城將陷，先喻城中能全連氏一門者，有重賞。連氏使人謂之曰：“建民無罪，將軍幸赦之。妾夫婦罪當死，不敢圖生，若將軍不惜建民，妾願先百姓死，誓不獨生也。”詞氣感慨，發於至誠。不得已爲之戢兵而入，一城獲全。至今連氏爲建安大族，官至卿相者相踵，皆連氏之後也。

（宋）彭乘：《墨客揮犀》卷一

《五國故事》：王延稟，審知之養子，眇一目，人亦謂之獨眼龍。

（清）陳元龍：《格致鏡原》卷一一

五代楚高郁，沉毅有善謀，治軍旅，有佐命功。楚王子希聲忌其奢侈，請罷其兵，乃左遷行軍司馬。郁謂所親曰：“猘子漸長，能咋人矣，吾將營西山而老焉。”希聲聞之，甚怒，遂害郁。

(宋)馬永易:《實賓錄》卷八

五代楚將軍潘璋，持二十斤劍，出入軍陣中，謂之“潘大劍”。狀偉善食啖，嘗率兵救韶州，嶺南兵聞璋至，開城一面，以避其鋒。後爲連州刺史。

(宋)馬永易:《實賓錄》卷一〇

劉言世爲馬氏宿將，節度朗州，號“劉咬牙”。及馬氏將亂，民間謠曰：“馬去也，不用鞭，咬牙過今年。”其後邊鎬入長沙，盡俘諸馬歸於金陵，而鎬亦爲王逵所逐，言是歲亦爲潘叔嗣所殺，皆其應也。

(宋)吳處厚:《青箱雜記》卷七

五代楚劉言爲朗州留後。先是，南唐命邊鎬率師入長沙，盡俘馬氏之族，歸於金陵。江南召言入覲，言不行，因令副使王逵、行軍司馬何景真、指揮使張放、蒲公益、朱全琇、宇文瓊、周行逢、彭方和、潘叔嗣、張文表等，號十指揮使，同率兵攻湖南，逐鎬奔江南，復馬氏境土有之。

(宋)馬永易:《實賓錄》卷一

五代吳越曹師魯，爲鎮東軍都押衙。師魯短小多智，武肅王曰：“今之晏嬰也。”人號爲曹嬰。

(宋)馬永易:《實賓錄》卷二

光啓中，六合鎮將徐約攻陷蘇州，逐刺史楊茂實，擾其地，劫吳越貢賦。錢鏐遣其弟銶，率兵破約，約竄入海中劫剽，中箭死。鏐以海昌鎮將沈璨權知州事。

(宋)范成大:《紹定吳郡志》卷五〇

五代丁從貴爲常州刺史，苛刑暴名，謂之"丁滅門"。後爲吴越武肅王所戮。

（宋）馬永易：《實賓録》卷一〇

淮將楊行密寇姑蘇，別將秦裴屯崑山，吴越將顧全武擊裴，圍之於崑山，甚急。裴援絕不降，頗殺傷士卒，全武爲長檄諭之，裴乃納款。

（宋）范成大：《紹定吴郡志》卷五〇

五代吴越顧全武，餘姚人。少嘗爲僧，博通外學，機警有才略。錢鏐每延接與語，甚器之。辟令從戎，以爲裨將，軍中號曰"顧和尚"。征討有功，嘗圍淮將秦裴於崑山，裴援絕不降，全武自爲長檄以諭。裴封書納款，全武喜，召諸將觀之，發函乃佛經一卷。蓋以全武嘗爲僧也，諸將失色，全武大喜曰："爾不憂死，何暇相謔也。"及裴降乃爲言，鏐卒全活之，時稱長者。

（宋）馬永易：《實賓録》卷九

五代吴越鮑君福，餘姚人。少羇貧，性淳厚，有膽勇。餘姚有井，面闊丈餘，橫以雙梁，深不可測。君福每醉，必寢其上。及從軍以驍果聞，累從征討有功，能馬上輪雙劍，望之若飛電。沈默少語，軍中謂之"鮑不鬧"。

（宋）馬永易：《實賓録》卷七

鮑君福，字慶臣。爲錢氏相。賜田於錢唐，今所謂鮑家田是也。君福性淳厚，有膽氣，從軍以驍果稱，累從征伐有功，爲衢州應援指揮使，尋授衢州刺史。從錢球攻信州有功，仍刺衢，判湖州，授洮州刺史、保順軍節度使、同平章事，兼侍中。卒，贈開府儀同三司，謚忠壯。子修遜，卒，官上直諸軍、都鈐轄使，同參丞相府事。

（宋）潛説友：《咸淳臨安志》卷六四

吴越杜建徽,棱子也。治軍嚴整,累從征伐,未嘗介甲,所至輒有功,軍中謂之"虎子"也。

(宋)馬永易:《實賓錄》卷八

杜建徽,字延光,新城人。少强勇,嘗代父棱爲武安都將。棱刺常州,爲淮人所逼,建徽馳赴代守其城。軍中嚴整,棱見甚稱之。棱將没散家財於諸子,惟授建徽一笏,笏,《成化志》誤劍,以《吴越備史》校。曰此吾歷任所秉者,獨汝能傳之。徐縮叛鏐,攻杭内城,聚木將焚北門,建徽使以火鈎取其木,先焚之,木不得聚。賊計遂阻。勸鏐無保會稽,而當告急於淮南。鏐始疑建徽有二心,後感悟,益加殊待。子孫昆弟,朱紫盈門。性儉率,道從不過數人,財物輒散鄉里親族,每從征伐,單騎入陣,皆披靡,軍中謂之虎子。年高不廢騎射,嘗從擊球於廣場,興酣有宿,中箭鏃,自臂中飛出,人皆壯之。仕吴越,歷三檢校太師、左丞相,以乾祐三年卒,贈太師,謚威烈。

(宋)潛說友:《咸淳臨安志》卷六四

崔仁冀父詢,天成中有蕃使假道來聘,仍以弧矢大誇於吴人。武肅王宴之於龍山擊場。酒酣,因以金瓶置射掤之上,命蕃使射之,蕃一發中瓶之寶。武肅王命詢曰:"汝能賽之乎?"詢曰:"詢雖不能,願假王之威德,請兼嘴寶以勝之。"遂授以親箭二,一發中瓶之寶,再發中瓶之嘴,蕃使慚服久之。王大悦,因賜金瓶並帛器以獎之。

(宋)謝維新:《古今合璧事類備要》前集卷五七

成及,錢塘人。父貞,國子博士,按《九國志》字宏濟,祖克平,唐嘉王府長史。及以篤厚爲鄉里所重。乾符中,代聞人宇掌八都兵,遂以富春鎮稱靖江都將。劉漢宏作亂,與錢鏐同討平之,累官兵部尚書,充常州防禦使,累遷校(太)尉,司空,司徒,太傅,保大、彰義等軍節度使,開府儀同三司,檢校太師,兼侍中,卒。

(宋)潛說友:《咸淳臨安志》卷六四

馬綽,餘杭人。嘗從董昌於越州。及昌僭叛,遂弃家奔錢鏐。累官兩浙行軍司馬,表授雄武軍節度使、同平章事。

(宋)潛説友:《咸淳臨安志》卷六四

曹圭,仁和人。家臨平,少有膽氣。唐末,仕吳越爲嘉興都將。淮人圍嘉禾,圭與族人師魯守之,淮人望氣曰:"此雖孤城,中有貴人,不可圖也。"嘉禾平,圭以功授蘇州刺史。子仲達,性仁厚,仕吳越,累官至丞相,卒,謚安成。師魯形短而多智,人號爲"曹晏嬰"。

(宋)潛説友:《咸淳臨安志》卷六四

曹仲達,圭之子,生於臨平,室有紫光。少小圭嘗節其飲食,雖嚴冬尚未挾纊品膳,悉與僕隸等。又日令運覽,累授臺、處二州刺史。元瓘襲封,命仲達權知政事,國建,拜丞相,佐嗣攝政事。時大賚諸軍,有舉仗不受賜,諸將不能制,仲達諭之,皆釋仗致拜。性仁厚好施,食不兼味。卒,謚安成。

(宋)潛説友:《咸淳臨安志》卷六四

水丘昭券,臨安人。性忱厚,知書,能文章。事吳越王佐爲内都監使。三年,李景攻李達即李孺贇。於福州,達求救,昭券勸佐當救,佐欲誅程昭悦,令昭券夕率甲士千人圍其第。昭券曰:"昭悦家臣也,有罪當顯戮,不宜夜興兵。"未幾,佐卒,倧嗣與何承訓謀逐胡進思,昭券諫,不從。謀泄難作,遂害昭券。進思之妻曰:"他人猶可殺,昭券君子也,奈何害之?"進思後亦悔。懼曰:"我不幸獨害君子。"

(宋)潛説友:《咸淳臨安志》卷六四

吳敬忠,於潛人。嘗從錢鏐以八都兵討劉漢宏,有功,梁封正國功臣、浙西營田副使、太師。兄順以□□功授《成化志》功上闕二字。鎮海軍保成都指揮使、檢校司空,弟許爲太傅,八子仕本國,皆貴顯,家潛川,墓俱在焉。

（宋）潛説友:《咸淳臨安志》卷六四

孫陟,新城人。仕錢氏爲尚書,任常州防禦。時寇盜充斥,調兵督戰,竟殁於陣。吕城爲之立廟,以恤禮歸葬,墓在所居太平鄉百丈村之西,立廟於斯,雙楓合抱,至今猶存。

（宋）潛説友:《咸淳臨安志》卷六四

五代後蜀李正遠,同光中,董璋以爲鹽亭、通泉、射洪等令。時兩川連橫,群盜尤盛。正遠所在擒捕,當時號爲健令。

（宋）馬永易:《實賓録》卷一

五代後蜀張洪從孟知祥入蜀,屢有戰功,强勇猛厲,軍中號爲“張大蟲”。

（宋）馬永易:《實賓録》卷八

五代後蜀趙崇韜,累從征討有功。周師來侵,崇韜率勵將士,行陣整肅,士卒有黥其頰爲斧形者,號破柴都。周師前鋒,屢爲崇韜所破。

（宋）馬永易:《實賓録》卷一四

王師初伐蜀,李昊、范仁恕勸後主不拒而降,不聽。雍則仁恕之後也。

（宋）陳師道:《後山談叢》卷五

江陵高季興請附於吴,徐温曰:“高氏事唐久矣,洛陽去江陵不遠,唐人襲之甚易,我泝流救之甚難,臣人而不救不可也。”乃受其貢物,辭其稱臣,聽其附唐。

（宋）胡寅:《讀史管見》卷二八

五代之間，出休兵息民之言者，惟徐溫而已。溫非怠於攻取，假休息之美名也。攻非所當攻，取非所當取，而勞民費財，至或驅所愛子弟以殉之，則不如其已，其已之是也。

（宋）胡寅：《讀史管見》卷二七

徐溫可以取國而不取，賢於迫奪者矣。然父子專政，使其主尸位，不得有所施爲，雖隆以虛名而盜其實利，卒成知誥之篡。其愈幾希爲溫者，宜如何歸大柄於楊隆演，殺生除拜不自己出，示具國有君，以訓於下，不以軍國重務私諸異姓之子，措江淮於平治，俟中原有道，舉而歸之。十國之賢，孰出溫右哉。今名守臣節，實用主柄，乃董仲舒所謂“外有事君之禮，內有背上之心”者，其所經營爲他人積忠，與智皆不足稱衆。

（宋）胡寅：《讀史管見》卷二七

五代吳徐溫，佐楊氏，政舉大綱，民皆安堵。性儉約，剛毅寡言，望之凜然可畏，雖大將莫敢仰視，時人謂之“徐嗔”。

（宋）馬永易：《實賓錄》卷七

按《吳史》云：“徐知訓怙威，嬌淫調謔王，無敬長之心。嘗登樓狎戲，荷衣木簡，自號參軍，令王髽髻鶉衣爲蒼頭以從。”歐公《五代史·吳世家》云：“訓爲參軍，隆演鶉衣髽髻爲蒼鶻。”前云蒼頭非也。

（宋）姚寬：《西溪叢語》卷下

陸游《南唐書》：徐知諤知潤州，好奇寶怪物，所蓄不可計。有蜀估持鳳首，至自言得之徼外，蠻夷狀，如雄雞，廣五寸，冠上正平，可用爲枕。朱冠，金喙，文彩煥爛如生。人咸異之。

（清）陳元龍：《格致鏡原》卷七七

王建封事李氏，爲天威軍都虞候，驍勇剛直，平建州，功冠諸將，擢刺史。後圍福州，與諸將爭功，城垂克，建封勒兵退，致壞成績。主銜其恨，方理擅退兵者，將誅之，建封大怖，納官以自劾。李主佯示寬厚，召還，付以精兵，稔其熟也。後果怙權，漸侵朝政。時鍾謨、魏岑、李德明二三小人，以奸佞獲幸，傾害忠良。建封上書歷詆數子之惡，庭諍喧訴，請盡誅竄，進用公直。璟大怒曰："武臣既握重兵，復干預國政，如何可事主君耶？"流池州，道殺之。才死，鍾、魏等目見建封爲祟，厲聲曰："吾爲國擊邪去惡，欲誅君輩以肅朝綱，嗣君反誅於我，今奉候諸君，共辨於陰。"晝夕隨之。岑等呼道士奏章告天，竟不能脱，不月餘，二三子相繼卒。

（宋）文瑩：《玉壺清話》卷一〇

五代南唐王建封爲信州節度使、同平章事。建封不識大體，求中書政事，嗣主曰："卿乃使相，安可亂常，僭於台輔，汝無惹閙。"自是，人皆號爲"王惹閙"。

（宋）馬永易：《實賓録》卷七

南唐王建封不識文義，族子有《動植疏》，俾吏録之。其載鴿事，以傳寫訛謬，分一字爲三，變而爲人日鳥矣。建封信之，每人日開筵，必首進此味。

（宋）陶穀：《清異録》卷上

五代吳張融始爲群盜，以善劍，號"張神劍"。

（宋）馬永易：《實賓録》卷一〇

五代南唐陳誨，生期月，足勁能履，父母異之，小字阿鐵。爲人勇敢，足膂力，爲都裨將，累有戰功，至節度使，軍中壯之，呼爲"陳鐵"。

（宋）馬永易：《實賓録》卷一〇

五代吳壽州團練使鍾泰章諸子及其婿,皆縱恣,爲郡人患。有告泰章侵市官馬,徐知誥稱王命,使徐州刺史王稔巡霍丘,因爲壽州團練使,以泰章爲饒州刺史。召至金陵,徐溫使陳彦謙三詰之,皆不對,或謂之曰:"公自壽徙饒,乃左遷也,胡不自明。"泰章曰:"吾在揚州十萬軍中,號爲壯士,壽州去淮數里,步騎不下五千,苟有他志,豈王稔單騎可代我? 義不負國,雖黜爲縣令且行,況刺史乎? 何爲自辯,彰朝廷之失。"聞者嘉之。

(宋)馬永易:《實賓錄》卷一二

汪武者,唐乾符中,仕州爲游奕使。先是州遣羅荽爲弦高鎮將,追寇於銅步以溺死。四年,遣武繼之,武乃於武口創鎮,至中和二年,又於湲灘爲營。自武口徙判婺源,都鎮事,戰守數有功。至龍紀初,楊行密錄其功。有云昨者,趙乾芝殘黨經過,遽能出軍戰敵,擒節級六十餘董,殺凶徒二百餘人,獲樊津之素書,收熊秦之朱記。時行密爲寧國節度留後,遂補爲節度押衙。光化三年,遙領汀、滁二州刺史。始武以私財買民地,置縣城邑,以其税入己户左右。戰守凡數歲,遷縣入焉,因以制置二十餘年,使其人不爲外寇侵擾。陶雅爲歙州刺史,暴增民賦,武不爲屈,以故迄武之世,縣人賴之。天祐三年二月,武死,雅使衙内指揮朱環代之,因制置巡轄四縣。後劉津爲都制置使,而縣人至今祠武,號汪司空。子袞,天復三年,楊氏承制補左押衙、長劍都副指揮使、檢校工部尚書。吳乾正中,萬景中以左右建威都指揮使,知政縣事,官銀青光禄、大卿、檢校尚書、上柱國、左僕射,兼御史大憲。見於汪臺符所作《如意院記》,則是乾正中,不轄四縣也。至南唐昇元中,劉津乃復爲都制置焉。

(宋)羅願:《新安志》卷五

李彦光爲秦内外都指揮使,主帥中書令李崇委任之,專其生殺,虐酷黷貨,遭枉害者甚衆。部將樊某者,有驟一頭,甚駿。彦光使人達意求之,樊吝之不與,因而蓄憾,以他事構而囚之。僞通辭款,承主帥醉而呈之，帥不復詳察，光即矯命斬之。樊臨刑曰："死若無知則已，死若有知，當刻日而報。"及死未浹旬，而彥光染疾，樊則形見，晝夜不去。或來自屋上，或出自牆壁間，持杖而前，親行鞭棰，左右長幼皆散走。於是便聞決罪之聲，不可勝忍，唯稱死罪，如是月餘方卒。自爾持權者頗以爲戒。

（宋）李昉：《太平廣記》卷一二四《李彥光》

軍將劉璠性強直勇敢，坐法徙海陵。郡守褚仁規嫌之，誣其謀叛，詔殺於海市。璠將死，謂監刑者曰："爲我白諸兒，多置紙筆於棺中，吾必訟之。"後數年，仁規入朝，泊舟濟灘江口，夜半，聞岸上連呼："褚仁規，爾知當死否？"舟人盡驚起，視岸上無人，仁規謂左右曰："爾識此聲否？劉璠也。"立命酒食，祭而謝之。仁規至都，以殘虐下獄，獄吏夜夢一人，長大黔面，從二十餘人，至獄，執仁規而去。既寤，爲仁規所親說之，其人撫膺嘆曰："吾君必死，此人即劉璠也。"其日中使至，遂縊於獄矣。

（宋）李昉：《太平廣記》卷一二四《劉璠》

張崇帥廬，遇生日，設延生大齋，僧道獻功德疏，祈祝之詞往往上比彭李。有草衣叟聞之，笑曰："分身夢宅，會歸變滅，革囊污穢，煩惱所生。何足多戀！"或言於崇，崇以壽日免決，押領出。

（宋）陶穀：《清異錄》卷下

張崇帥廣，在鎮不法。酷於聚斂，從者數千人，出遇雨雪，皆頂蓮花帽、琥珀衫，所費油絹不知紀極，市人稱曰"雨仙"。

（宋）陶穀：《清異錄》卷下

時又有大將王緒，令"軍中無得以老弱自隨，犯者斬"。王潮兄弟獨扶其母，緒責之曰："軍皆有法，未有無法之軍。汝違吾令而不誅，是無法也。"三子曰："人皆有母，未有無母之人；將軍奈何使人弃其母!"緒怒,命斬其母。三子曰:"潮等事母如事將軍,既殺其母,請先母死。"將士皆爲之請,乃舍之,亦以其辭正也。或免或不免,係於一時。未幾,緒爲潮所擒。

(宋)周煇:《清波雜志》卷一〇

王彥儔,上蔡人。五代之際,爲本郡軍校,材質雄偉,剛毅有謀,勇冠群卒,久欲奮發,而無其端。一旦,同列輩五六人者語彥儔曰:"天下紛紛,能者可立,吾輩何忍端坐,以溫飽自墮耶? 可相共起事,以圖富貴乎?"彥儔私自計曰:"此六人者,死氣侵面,是爲我啓迹也。"遂許之曰:"吾今夜正當宿直,君輩可持短兵入,吾奉爲内應,富貴之來,不出今夕。"六人者喜,是夜皆至。彥儔伏甲於内,盡殺之,持其首詣閤,泣告刺史曰:"巡警無狀,致奸盜竊發,已伏其罪矣,願公親出以撫衆。"刺史驚喜而出,方慰勞次彥儔,立斬之,遂據上蔡。明日,籍其六家,郡中震恐,無敢動者。後朝廷力討之,勢不能守,奉其母奔金陵郡。李先主特喜其來,至其家親拜其母,以彥儔爲和州刺史。

(宋)文瑩:《玉壺清話》卷六

王興爲江南楊氏軍中小校,少從軍,圍潤州,中巨弩射右耳,其矢穿左耳而去,旁二人中矢死之。興卧病百餘日乃愈,至老不聾,亦無瘢迹。又嘗攻潁,夜有道士告之曰:"旦有流星下墜,能避之則富貴不可名,不爾則斃矣。"及旦,興拔劍倚柵木驅兵城中,飛大石正中其柵,及興鎧甲,皆糜碎而壞,興曰:"流星乃此也。"益自貴重,終爲使相。

(宋)文瑩:《玉壺清話》卷六

吕師周謂其裨將綦毋章曰:"吾與楚人爲敵境,吾常望其營上雲氣甚佳,未易敗也。"

(唐)白居易、(宋)孔傳:《白孔六帖》卷二五代呂師周謂其裨將綦毋章曰："吾與楚人爲敵境,吾嘗望其營上,雲氣甚嘉,未易敗也。"

(明)陳耀文:《天中記》卷二

五代吳柴再用,沈毅有斷,面色如鐵,人望而畏之,曰"柴黑驍勇善騎"。仕吳有戰功。

(宋)馬永易:《實賓録》卷七

吳柴再用爲光州,一日大震雷,家人皆伏匿,再用當户坐不動。俄見有襦褲四人舁再用坐敗床出庭中,復大震,屋折有龍出。

(宋)祝穆:《古今事文類聚》前集卷四

李遇,僞吳時,爲常州刺史。安仁義反,焚東塘,遇出戰,大罵之,仁義止軍曰:"李遇敢辱我乎!"遇設伏退賊,追至夾岡而回。

(宋)史能之:《(咸淳)重修毗陵志》卷七

南唐保大中,睦昭符爲守。一日坐聽事,雷暴至,電光如金蛇繞案,吏卒驚仆,昭符不懼。聞案下叱叱有聲,雷電倏散,得鐵索,重逾百斤,昭符色亦不變,命納諸庫。

(宋)史能之:《(咸淳)重修毗陵志》卷二八

睦昭符,金陵人。南唐保大中,爲常州刺史。州當吳越之衝,屢交兵,城邑荒凉。政務寬簡,招納逋亡,未幾富實。

(宋)史能之:《(咸淳)重修毗陵志》卷七

趙仁澤,保大中,爲常州團練使。吳越兵犯境,力戰被執,歸錢塘,見王不拜,責以背盟。王怒,抉其口至耳,竟不屈。相臣元德昭命傅良藥,尋愈。

(宋)史能之:《(咸淳)重修毗陵志》卷七

姚鳳,保大中,爲常州團練使。

(明)卓天錫:《(成化)重修毗陵志》卷一一

張訓,僞吳時。

(明)卓天錫:《(成化)重修毗陵志》卷一一

張訓,字克明。滁之清流人,與楊行密號"三十六英雄"。孫儒爲亂,從行密擒儒。有土軍陳可兒,竊據毗陵,訓受命克常州,都虞候掩其不備而圖之,可兒計無所措,果出迎接。訓於馬上察其色變,乃手刃之,入城綏撫,一軍帖然。景福中,行密由毗陵入利港,赴廣陵,中途謂左右曰:"張訓以一劍下此郡,未嘗自伐其功。"即授檢校右散騎常侍,守常州刺史。今子孫皆家焉。

(宋)史能之:《(咸淳)重修毗陵志》卷一七

張伯悰,吳順義中。

(明)卓天錫:《(成化)重修毗陵志》卷一一

徐景邁,吳天祚二年。

(明)卓天錫:《(成化)重修毗陵志》卷一一

禹萬誠,南唐時。並常州刺史。

(明)卓天錫:《(成化)重修毗陵志》卷一一

五代南唐朱令贇,大將朱業之從子。少隨業征伐,初爲小校,拳捷善射,軍中號爲朱深眼。以軍功累爲神衛軍都虞候。

(宋)馬永易:《實賓錄》卷七

楊業,并州太原人也。父信,仕劉氏爲麟州刺史。業少任俠,善射好田獵,謂其徒曰:"我他日爲將用兵,亦如用鷹犬逐雉兔爾。"弱冠事劉崇爲保衛指揮使,累遷至建雄軍節度使,屢立戰功,所向克捷,國人號爲"楊無敵"。太宗征太原,業扞城之東南面,拒城苦戰。及繼元降,太宗聞其勇,欲生致之,令中使諭繼元以招之。業乃北面再拜,大慟,釋甲來見。太宗得之大喜,以爲左領軍衛大將軍。

(宋)王稱:《東都事略》卷三四

楊晟,始事鳳翔節度使李昌符。累立軍功,因而疑之,潛欲加害。昌符愛妾周氏,憫其無辜,密告之,由是亡去而獲免。後爲駕前五十四軍都指揮使,除威勝軍節度使。建節於彭州。撫綏士民,延敬賓客,洎僧道輩,各得其所。厚於禮敬,人甚懷之。李昌符之敗,因令求周氏。既至,以義母事之。周氏自以少年,復有美色,懇有好合之請。晟告誓天地,終不以非禮偶之。每旦,未視事前,必申問安之禮。雖厄在重圍,未嘗廢也。新理之郡,兵力不完,遂爲王蜀先主攻圍。保守孤壘,救兵不至,凡千日,爲西川所破而害焉。有馬步使安師建者,楊氏之腹心也,城克執之。蜀先主知其忠烈,冀爲其用,欲寬之。師建曰:"某受楊司徒提拔,不敢惜死。"先主嗟賞而行戮,爲其設祭而葬之。

(宋)李昉:《太平廣記》卷一六八《楊晟》

唐軍容使田令孜擅權,有回天之力。嘗致書於許昌,爲其兄陳敬瑄求兵馬使職,節將崔侍中安潛不允。爾後崔公移鎮西川,敬瑄與楊師立、牛勗、羅元杲以打毬爭三川,敬瑄獲頭籌,制授右蜀節旄以代崔公,中外驚駭。報狀云,陳僕射之命,莫知誰何。青城縣彌勒會妖人,彌勒會,北中金剛禪也。窺此聲勢,乃僞作陳僕射行李,云山東盜起,車駕必謀幸蜀,先以陳公走馬赴任。乃樹一魁妖,共翼佐之。軍府未喻,亦差迎候。至近驛,有指揮索白馬四匹,察事者覺其非常,乃羈縻之。未供承間,而真陳僕射亦連轡而至,其妖人等悉擒縛,而俟命潁川,俾隱而誅之。識者曰:"陳僕射由閹官之力,無涓塵之效,盜處方鎮,始爲妖物所憑,終以自貽誅滅,非不幸也。"

(五代)孫光憲:《北夢瑣言》卷四

　　張相濬富於權略,素不知兵。昭宗朝,親統扈駕六師,往討太原,
遂至失律,陷其副帥侍郎孫揆。尋謀班師,路由平陽。平陽即蒲之屬
郡也,牧守姓張,即蒲帥王珂之大校。珂變詐難測,復慮軍旅經過,落
其詭計。濬乃先數程而行,泊於平陽之傳舍。六軍相次,由陰地關而
進。濬深忌晉牧,復不敢除之。張於一舍郊迎,既駐郵亭,濬令張使
君升廳,茶酒設食畢。復命茶酒,不令暫起,仍留晚食。食訖,已晡
時,又不令起,即更茶數甌。至張燈,乃許辭去。自旦及暮,不交一
言。口中咀少物,遙觀一如交談之狀。珂性多疑,動有警察。時偵事
者尋已密報之云:敕史與相國密話竟夕。珂果疑,召張問之曰:"相國
與爾,自旦至暮,所話何?"對云:"並不交言。"王殊不信,謂其不誠,
戮之。六師乃假途歸京,了無纖慮。後判邦計,諸道各致紈綺之類。
並不受之,乃命專人面付之曰:"爾述吾意,以此物改充軍行所費之
物。鍋幕布槽啖馬藥,土産所共之物,咸請備之。"於是諸藩鎮欣然奉
之,以至軍行十萬,所要無闕,皆心匠之所規畫。梁祖忌之,潛令刺客
殺之於長水莊上。

(宋)李昉:《太平廣記》卷一九〇《張濬》

　　李小喜,幽帥劉守光之愛將。雖守光凶淫出於天性,然而稔惡侈
毒,多爲小喜贊成。燕城將破前一日,逾垣請罪,莊宗宥之。至守光
之將伏鑕,泣而訴曰:"臣死無恨,教臣爲惡不早歸向者,由小喜熒惑
故也。罪人不死,臣必訴於地下!"急召小喜至。小喜瞋目睨守光曰:
"囚父殺兄,烝淫骨肉,亦小喜教耶?"守光大慚。帝怒其失舊君之節,
即命斬之。

(宋)王欽若等編纂:《冊府元龜》卷九四三《總録部》